Strauchau

Die Entstehungszeit des jehowistischen Geschichtswerkes

Europäische Hochschulschriften

Publications Universitaires Européennes
European University Papers

Reihe XXIII

Theologie

Série XXIII Series XXIII

Théologie
Theology

Bd./Vol. 109

PETER LANG
Frankfurt am Main · Bern · Las Vegas

Hermann Vorländer

Die Entstehungszeit des jehowistischen Geschichtswerkes

PETER LANG
Frankfurt am Main · Bern · Las Vegas

CIP-Kurztitelaufnahme der Deutschen Bibliothek

Vorländer, Hermann

Die Entstehungszeit des jehowistischen Geschichtswerkes. – Frankfurt am Main, Bern, Las Vegas: Lang, 1978.
(Europäische Hochschulschriften: Reihe 23, Theologie; Bd. 109)
ISBN 3-261-02521-2

ISBN 3-261-02521-2

Druck: Fotokop Wilhelm Weihert KG, Darmstadt
Titelsatz: Fotosatz Aragall GmbH, Wolfsgangstraße 92, Frankfurt am Main.

VORWORT

Bereits seit ungefähr 1970 bewegten mich Zweifel an der Richtigkeit der in der Forschung üblichen Datierung von Jahwist und Elohist. Meine Lehrtätigkeit an der Near East School of Theology in Beirut (Libanon) gab mir die Möglichkeit, diese Zweifel aufzuarbeiten und sie zur Grundlage des vorliegenden Buches zu machen. Ich bin mir bewußt, daß diese Arbeit erheblichen Widerspruch hervorrufen wird. Ich wage aber zugleich die Behauptung, daß die darin enthaltenen Thesen, die ja gelegentlich auch von anderen Forschern vertreten wurden bzw. werden, sich innerhalb der nächsten Generation durchsetzen und die Wissenschaft in eine neue Richtung lenken werden. Trotz möglicher Schwächen meiner Argumentation bin ich von der grundsätzlichen Richtigkeit meiner Thesen überzeugt.

Für zahlreiche Ratschläge und Hinweise danke ich meinem verehrten alttestamentlichen Lehrer, Herrn Professor Dr. Ernst Kutsch, Erlangen. Er hat die Arbeit begleitet, obwohl er mit ihrem Ergebnis nicht übereinstimmt. Meine Frau hat mir durch ihr Mitdenken und Mittragen, insbesondere in der schweren Zeit des libanesischen Bürgerkriegs, viel geholfen. Der Landeskirchenrat der Evang.-Luth. Kirche in Bayern sowie mein Vater haben die Drucklegung durch Zuschüsse unterstützt. Ihnen gilt an dieser Stelle mein herzlichster Dank.

Kaufbeuren (Allgäu), Pfingsten 1978

INHALT

ABKÜRZUNGEN

Die Abkürzungen sind entnommen aus: Die Religion in Geschichte und Gegenwart, hrsg. v. K. Galling, 3. Auflage 1957ff. Außerdem werden folgende Abkürzungen verwendet:

AnchorB	Anchor Bible
BiLe	Bibel und Leben
CAH	The Cambridge Ancient History, 1925ff
CTM	Calwer Theologische Monographien
DBAT	Dielheimer Blätter zum Alten Testament
Einl	Einleitung
ExpT	The Expository Times
fzb	forschung zur bibel
Ges. St.	Gesammelte Studien
IB	The Interpreter's Bible
IDB	The Interpreter's Dictionary of the Bible
Int	Interpretation
Introd.	Introduction
Kl. Schr.	Kleine Schriften
OTL	Old Testament Library
SBS	Stuttgarter Biblische Studien
SBT	Studies in Biblical Theology
TB	Theologische Bücherei
TBC	Torch Bible Commentaries
ThAT	Theologie des Alten Testaments
THAT	Theologisches Handwörterbuch zum Alten Testament
ThWAT	Theologisches Wörterbuch zum Alten Testament
WO	Welt des Orients
UF	Ugarit-Forschungen
WMyth	Wörterbuch der Mythologie
ZBK	Zürcher Bibelkommentare

EINLEITUNG

Als sich gegen Ende des 19. Jahrhunderts die sog. neuere Urkundenhypothese durchsetzte, wurde um die Frage der Datierung der Pentateuchquellen intensiv gerungen. Seitdem hatte die Frage - einer Beobachtung Smends (1) aus dem Jahre 1966 folgend - "an Bedeutung verloren". Man einigte sich weithin auf bestimmte Entstehungsdaten und benutzte sie als Ausgangspunkt für das Verständis der alttestamentlichen Literatur- und Religionsgeschichte. Nun ist in jüngster Zeit hier und dort Bewegung in dieser Frage entstanden. (2) H.H. Schmid (3) schlägt vor, den Jahwisten in der Nähe des Deuteronomikers anzusiedeln. Für Zuber (4) läßt sich der Verdacht nicht umgehen, daß "die herkömmlich ältesten und jüngsten Elemente unseres Pentateuch so weit nicht auseinanderliegen können, wie die klassische Pentateuchkritik dies übereinstimmend annimmt." Rendtorff (5) gesteht zu, "daß wir kaum zuverlässige Kriterien für die Datierung der pentateuchischen Literatur besitzen. Jede Datierung der Pentateuch 'quellen' beruht auf rein hypothetischen Annahmen, die letzten Endes nur durch den Konsens der Forscher Bestand haben." Allerdings will er auf die Frage nach der absoluten Datierung keine Antwort geben, da er erst die Entstehungsgeschichte des Pentateuch neu klären will. Stolz (6) plädiert ebenfalls für eine Späterdatierung von Jahwist und Elohist und fordert als "Zukunftsaufgabe ..., eine 'geistesgeschichtliche Einordnung' (Verwandschaft mit anderer alttestamentlicher Literatur) methodisch durchdacht durchzuführen".

Das Unbehagen an der herkömmlichen Datierung der sog. älteren Pentateuchquellen bildet den Ausgangspunkt für diese Untersuchung. Sie hat zum Ziel, die Entstehungszeit von Jahwist und Elohist neu zu bestimmen. Dabei beansprucht die Arbeit nicht, alle Probleme gelöst zu haben. Sie will aber zur Überprüfung der weithin vorherrschenden Hypothesen anregen.

---

1 BHH III, 1417. - Im Folgenden werden Monographien nach ihrem Kurztitel und Aufsätze nach ihrem Fundort zitiert. Im übrigen ist auf die ausführliche Bibliographie am Schluß zu verweisen.

2 Vgl. die auf S. 285 mit Anm. (1) genannte Literatur sowie die Diskussion in JSOT 3, 1 ff.

3 Jahwist, pass.

4 Studien 11.

5 Pentateuch 169.

6 Altes Testament 37.

Die herkömmliche Datierung von Jahwist und Elohist wurde hauptsächlich auf Grund von inneren Kriterien gewonnen. (1) Im folgenden gehen wir von einer Analyse aller Texte außerhalb des Tetrateuch aus, in denen die in JE verarbeiteten Geschichtsstoffe bezeugt sind. Von diesem überlieferungs- und literaturgeschichtlichen Befund her sollen äußere Kriterien für die zeitliche Einordnung der Pentateuchquellen gewonnen werden. (1. Hauptteil). Sodann wird im 2. Hauptteil eine Kritik an den bisher für die Datierung von J und E vorgebrachten Argumenten durchgeführt. Schließlich wird im 3. Hauptteil der Versuch einer Einordnung des jehowistischen Geschichtswerkes in die exilisch-nachexilische Zeit auf Grund von historischen und theologiegeschichtlichen Überlegungen unternommen.

Zunächst ist zu klären, welcher literarische Charakter und Bestand den hier als "jehowistisches Geschichtswerk" bezeichneten Texten zukommt.

Die neuere Urkundenhypothese unterscheidet zwischen den Quellen Jahwist (J) und Elohist (E). Dabei ist jedoch zu beachten, daß die beiden Quellen oft nur schwer voneinander zu trennen sind, da sie weithin parallel laufen. (2) E ist wesentlich fragmentarischer erhalten als J. (3) Volz und Rudolph sind noch einen Schritt weitergegangen und haben E als "Irrweg der Pentateuchkritik" (4) bezeichnet. Ihrer Meinung nach ist E lediglich ein Umdichter von J bzw. eine spätere Ausgabe des jahwistischen Werkes, nicht aber ein eigener Verfasser oder Erzähler. (5) Mowinckel (6) benutzt statt J und E die Ausdrücke "Jahvista invariatus" und "Jahvista variatus", wobei der "Jahvista variatus" ("E") das Ergebnis der mündlichen Tradition darstellt, die neben dem schriftlich fixierten "Jahvista invariatus" ("J") herlief. Winnett (7) spricht von "early J" und "late J". Rendtorff (8) bestreitet in seinen jüngsten Untersuchungen die Urkundenhypothese insgesamt.

Es soll hier nicht weiter diskutiert werden, ob und wie weit die Unterscheidung in jahwistische und elohistische Stücke zu Recht besteht. Diese Unterscheidung spielt für die Frage der Datierung eine untergeordnete Rolle. Wir befassen uns im folgenden mit dem Zeitpunkt der schriftlichen Fixierung der gewöhnlich als jahwistisch und elohistisch angesehenen Texte einschließlich der redaktionellen Passagen, die zumeist mit dem Kürzel R^{JE}

---

1 S. die im 2. Hauptteil diskutierten Argumente.

2 So z.B. Wellhausen, Composition 207f; Baudissin, Einl 89; Greßmann, Mose 368; Oesterley-Robinson, Introd. 47; v. Rad, Genesis 16f; Bentzen, Introd. II, 31; Winnett, JBL 85, 3ff.

3 Vgl. Gottwald, Light 247; Rost, Credo 31. - Wolff, EvTh 29, 59ff, gebraucht den Ausdruck "elohistische Fragmente".

4 Untertitel ihres Buches.

5 Elohist 6ff.

6 Tetrateuch 5ff; ders., Pentateuchquellenfrage 112ff.

7 JBL 85, 5ff.

8 Pentateuch, pass.

charakterisiert werden. Die an sich notwendige zeitliche und sachliche Differenzierung zwischen J, E und R^{JE} soll zunächst außer Acht bleiben. Es geht darum, im Vergleich zur außertetrateuchischen Literatur im Rahmen der alttestamentlichen Religions- und Literaturgeschichte den Zeitpunkt zu bestimmen, zu dem die jehowistischen Texte in der jetzt vorliegenden Form zuerst niedergeschrieben wurden. Für die grobe zeitliche Einordnung genügt es, die jahwistischen und elohistischen Texte einschließlich der redaktionellen Passagen im Rahmen der Untersuchung zum "jehowistischen Geschichtswerk" (JE) zusammenzufassen.

Der Mehrzahl der Forscher folgend und ohne hier eine detaillierte literarkritische Analyse vorlegen zu können, rechnen wir folgende Texte zum jehowistischen Geschichtswerk:

Gen 2,4b-25; 4,1-26; 6,1-8; 7,1-5.7-10.12.23-24; 8,2b-31. 6-12.13b. 20-22; 9,18-27; 10,8-19.21.24.30; 11,1-9; 12,1-4a.6-20; 13,1-5.7-11. 13-18; 16,2.4-14; 18,1-33; 19,1-28.30-38; 20,1-18; 21,1-2a.6-34; 22, 1-24; 24,1-67; 25,1-6.11.18.21-34; 26,1-33; 27,1-45; 28,10-22; 29, 1-28a.30-35; 30,1-43; 31,1-54; 32,1-33; 33,1-20; 34,1-31; 35,1-5.6b-8.14.16-22; 36?; 37,3-36; 38-45; 46,1-5.28-34; 47,1-5.12-31; 48,1-3. 8-21; 50,1-11.14-26.

Ex 1,6.8-12.15-22; 2,1-23a; 3,1-6,1; 7,14-18.21.23-29; 8,4-11.16-28; 9,1-7.13-35; 10,1-29; 11,1-8; 12,21-23.29-39; 13,17-22; 14,1-31; 15, 20-27; 16,3b-5.13-36; 17-18; 19,2-3a.9-25; 20,18-21; 24,1-15b; 32,1-6. 15-20.30-35?; 33,7-11?.

Num 10,29-36; 11,1-12,16?; 13,17b.18-20.22-24.27-31.33; 14,8-9. 24.39-45; 16,12-15.25f.27b-34; 20,1b.3a.5.8b-9.11.14-21; 21,1-32, 22,2-24,25; 25,1-5; 32,1-6.16-42.

Dtn 34,1-6.

Die dem Jahwisten oder dem Elohisten zugeschriebenen Texte stellen keineswegs ein einheitliches Gebilde dar. Sie sind vielmehr das Ergebnis der Verknüpfung von vorjahwistischen und redaktionell-jahwistischen Stükken. Dies haben Kilian (1) für die Abrahamserzählungen, Weimar und Zenger (2) für die Exoduserzählungen und Fritz (3) für die Wüstenerzählungen wahrscheinlich gemacht. Bereits Hempel (4) hatte beobachtet, daß die Urgeschichte als relativ selbständiger Vorbau vor den Patriarchenerzählungen steht. Staerk (5) wies darauf hin, daß die Befreiung aus Ägypten im Exodus-

---

1 Abrahamserzählungen 285ff.
2 Exodus 22ff.
3 Israel 107f.
4 Geschichte 11.
5 Studien I, 32.

buch nie mit der Väterverheißung, sondern lediglich mit Jahwes Erbarmen (vgl. Ex 3, 9) begründet wird. (1) Rendtorff (2) bestreitet auf Grund der Uneinheitlichkeit des Materials neuerdings die Existenz eines "Jahwisten" überhaupt. Auf Grund ihrer inneren Uneinheitlichkeit wurden J und E verschiedentlich in Unterquellen unterteilt. (3)

Daran schließt sich die Frage an, um welche Art von Verfasserschaft es sich hier handelt. Vielfach wird betont, J und E seien von "Schriftstellerpersönlichkeiten" verfaßt worden. (4) Teilweise werden sie mit konkreten Namen wie Abjathar und Nathan identifiziert. (5) Die neuere Forschung hebt ihren Charakter als Theologen hervor. (6) Andere sehen in J und E eher "Erzählerschulen".(7) Greßmann (8) hat den vielzitierten Ausdruck geprägt, daß es sich bei JE in vielen Fällen um nichts anderes als um "Etiketten, die man beliebig vertauschen darf", handele.

Die Frage der literarischen Beziehung zwischen J und E ist umstritten. Eine Anzahl von Forschern treten für eine literarische Abhängigkeit des Elohisten vom Jahwisten ein. (9) Andere betonen die Selbständigkeit des

---

1 Vgl. auch Gunkel, Genesis LXXX; Cornill, Einl 42f; Sellin-Rost, Einl 58.

2 Pentateuch, bes. 109ff.

3 Dabei wurden folgende Lösungen vorgeschlagen:

J_1, J_2	Smend, Hexateuch 1ff; Budde, Litteraturgeschichte 58ff Meyer, Israeliten 3ff; Holzinger, Einl 138ff; Simpson, Growth 193ff.
L, J	Eißfeldt, Einl 258ff; Zobel, ZAW 85, 281ff; Wallis, ZAW 81, 18ff; ders., ZAW 83, 1ff; Beltz, Kaleb-Traditionen 4ff.
J_1, J_2, J_3	Cornill, Einl 42ff; Hempel, Literatur 116.
J, N	Fohrer, Einl 173ff.
J, S	Pfeiffer, Introd. 159ff.
E_1, E_2	Procksch, Sagenbuch 232ff; Steuernagel, Deuteronomium 281; Moore, Judges XXVI; Sellin, Einl 33ff; Cornill, Einl 36ff; Meyer, Israeliten 3ff; North, History 35ff.

4 So z.B. Luther, Persönlichkeit 105ff; Kittel, Geschichte I, 301; vgl. Noth, Pentateuch 256.

5 S. dazu u. S. 309

6 So z.B. v. Rad, Ges. St. 55ff; Noth, Pentateuch 247ff; Jacob, Theology 11. - Ellis, Yahwist, bezeichnet den Jahwisten im Untertitel seines Buches sogar als "The Bible's First Theologian".

7 So Gunkel, Genesis LXXXV; Lods, Israel 14; Moore, Judges XXVI.

8 Mose 368.

9 So Kuenen, Einl I, 1, 237 mit Anm. 24ff; Wellhausen Composition, pass.; Meyer, Israeliten 7ff; Luther, Persönlichkeit 176; Smend, Hexateuch 343; Holzinger, Einl 219; Hempel, Literatur 114; Pfeiffer, Introd. 171.

Elohisten gegenüber dem Jahwisten. (1) Die zahlreichen Übereinstimmungen zwischen J und E führen einige Forscher auf eine gemeinsame Grundschrift (G) zurück. (2)

Über den Anfang von J und E herrscht weitgehender Konsensus. Über das Ende dieser Quellen gehen die Meinungen jedoch weit auseinander. Dabei wurden alle nur denkbaren Alternativen vorgeschlagen. (3)

Wir wollen hier nicht in die schwierige Diskussion über den Nachweis der Pentateuchquellen außerhalb des Pentateuch eintreten. Auch die Anhänger der Hexateuch-These gestehen zu, daß J und E im Josuabuch nicht mehr so sicher nachgewiesen werden können wie in der Genesis. (4) Obwohl im Josuabuch Stücke zu finden sind, die mit den Pentateuchquellen eine starke Verwandtschaft ausweisen, erscheint es fraglich, ob man das

---

1 So Gunkel, Genesis LXXXIII; Brightman, Sources 121f; Sellin, Einl 39; Noth, Pentateuch 40f; ders., Exodus 6.

2 So ansatzweise bereits Eichrodt, Quellen 60. Näher begründet findet sich diese These bei Driver, Introd. 60; Noth Pentateuch 40ff; Albright, Stone Age 189; Weiser, Einl 93; Burrows, Israel 117; Fohrer, Einl 136ff; Speiser, Genesis XXXVIIff.

3 Das Ende von J und E wird folgendermaßen bestimmt:

Num 33,42	Noth, Pentateuch 5ff; Schultze, Großreichidee 5; Wolff, Ges.St. 346.
Dtn 34	Weiser, Einl 94ff.
Jos 8,31	Zenger, Sinaitheophanie 137f.
Jos 24	Kuenen, Einl I, 1,133ff; Wellhausen, Prolegomena 6; ders., Composition 116ff; Procksch, Sagenbuch 7ff; Holzinger, Einl 71ff; v. Rad, Ges.St. 9ff.
Ri 2,5 (9)	Meyer, ZAW 1,117ff; Brightman, Sources 21; Eißfeldt, Hexateuch-Synopse; Sellin-Rost, Einl 57ff; Weiser, Einl 133.137; Mowinckel, Tetrateuch 32; Fohrer, Einl 214ff; Ruppert, Jahwist 103; Kaiser, Einl 73f.
Ri 16/21	Moore, Judges XXVff; Stade ZAW 1,339ff; Pfeiffer, Introd. 314ff; North, History 35ff.
2S 5,10	Bewer, Literature 60ff; Guthrie, God 159 A.29; McKenzie, JBL 86,5.
2S 24	Burney, Judges XXXVIIff; Sellin, Einl 33.
1K 2,46	Budde, Litteratur 63; ders., Richter XIIff.
1K 12,19	Smend, Hexateuch 7ff; Hempel, Literatur 116.126; Simpson, Hexateuch 196; Schulte, Geschichtsschreibung 217f.
2K 23	Benzinger, Jahvist; Hölscher, Fs.Gunkel I, 158ff; ders., Anfänge 13ff.

4 So z.B. Steuernagel, Deuteronomium[1] 279; Holzinger, Einl 174.

gesamte Buch quellenkritisch wie den Pentateuch behandeln darf. Der Einfluß des Dtr ist hier sehr viel stärker als in den Büchern Genesis - Numeri, so daß Noth's These vom dtr Geschichtswerk sehr vieles für sich hat. Als Grundbestand des jehowistischen Werkes sollen im Rahmen dieser Arbeit nur diejenigen Texte angesehen werden, die innerhalb des Pentateuch J, E oder R^{JE} zugewiesen werden.

In jüngster Zeit ist die Tendenz zu beobachten, mehr und mehr Stücke J bzw. E abzusprechen und späteren Redaktoren zuzuschreiben. (1) Mit starker dtr Bearbeitung ist in Ex 3f; 32-34 und Num 11f zu rechnen. Doch geht in diesen Texten ein gewisser Grundbestand wohl auf J bzw. E zurück.

Als Entstehungsort wird für J gewöhnlich Juda, für E Ephraim/Nordreich angenommen. Dabei weist man auf die beim Jahwisten zu beobachtende Bevorzugung der südlichen Heiligtümer Hebron und Beerscheba in den Abrahamserzählungen sowie auf die besondere Stellung Judas in der Josephsgeschichte und im Jakob-Segen (Gen 49, 10) hin. Eine Reihe von Forschern (2) haben diese Auffassung in Frage gestellt: Sie weisen darauf hin, daß auch J zahlreiche Nordtraditionen enthält, z.B. über Bethel (Gen 12, 8; 13, 3f; 28, 10ff; 35, 1ff), Sichem (Gen 12, 6f; 33, 18; 35, 4ff) oder über ephraimitische Grabstätten (Gen 35, 8. 16-20). Die Hervorhebung Judas kann rein erzähltechnisch bedingt sein, da beide Quellen im übrigen gesamtisraelitisch denken. (3) Der Ephraimit Josua spielt in J eine nicht unwichtige Rolle (vgl. Ex 17, 8ff usw.). Andrerseits bringt auch der Elohist eine Anzahl von Südtraditionen, z.B. über Moria (Gen 22) und Beerscheba (Gen 21, 22ff). Deshalb vertreten einige Forscher (4) die Ansicht, der Elohist stamme aus dem Südreich.

Diese Forschungsübersicht macht deutlich, wie wenig sichere Kriterien es für die Bestimmung des Herkunftsortes von J oder E gibt. Auch wenn der Elohist aus dem Norden stammt, ist er später im Süden rezipiert worden. Da fast alle alten Traditionen eher bei den Nordstämmen ihren Ursprung haben, sind viele Argumente für eine Ansetzung in Juda oder Ephraim relativ, so daß wir die Frage letztlich offen halten müssen.

---

1 Vgl. die Arbeiten von Perlitt, Bundestheologie; H.H. Schmid, Jahwist; Weimar-Zenger, Exodus; L. Schmidt, De Deo 136ff; Kutsch, Verheißung 66ff.

2 Z.B. Kuenen, Einl I, 1, 218f; Reuß, Geschichte 249ff; Gunkel, Genesis LXXXVI; Smend, Hexateuch 33; Noth, Pentateuch 61 A. 179; Eißfeldt, Einl 269f; ders., Genesis 37; Mowinckel, ZAW 48, 270f.

3 S. u. S.

4 Z.B. Luther, Persönlichkeit 158ff; Smend, Hexateuch 31ff; Hölscher Geschichtsschreibung 179f; Eißfeldt, Einl 270.

Wenn wir im folgenden das sog. jehowistische Geschichtswerk zur Grundlage unserer Untersuchungen machen, so soll damit keineswegs impliziert sein, daß es sich dabei um ein aus einem Guß bestehendes Werk handelt. JE stellt vielmehr das Ergebnis eines längeren Prozesses des Sammelns und Redigierens dar, wobei eine jahwistische und eine elohistische Schicht erkennbar ist. Der Zeitraum, in welchem sich dieser Prozeß ereignet hat, soll nunmehr im Vergleich zur außertetrateuchischen Literatur näher bestimmt werden. Dabei klammern wir die poetischen und gesetzlichen Partien des Pentateuchs aus, da diese wohl nicht zum ursprünglichen Bestand der Quellen gehören. (1)

---

1 So z.B. Eißfeldt, Einl 191; Noth, Exodus 8.

1. HAUPTTEIL: DIE JEHOWISTISCHEN GESCHICHTSSTOFFE IN DER AUßERTETRATEUCHISCHEN LITERATUR DES ALTEN TESTAMENTS

Methodische Vorüberlegungen

Bei der herkömmlichen Datierung von J und E wird gewöhnlich darauf hingewiesen, daß in der prophetischen Literatur des 8. Jahrhunderts Gestalten und Ereignisse erwähnt werden, die der Verfasser aus J bzw. E entnommen haben muß. Dabei weist man auf die Erwähnung Jakobs (Hos 12,4-6), des Untergangs von Sodom und Gomorrha (Jes 1,9 usw.), der Herausführung aus Ägypten (Am 9,7; Hos 13,1 u.ö.) oder des Wüstenaufenthalts (Hos 2,16f; Am 5,25 u.ö.) hin. Dieser zumeist als selbstverständlich angesehene Grundpfeiler der Pentateuchkritik soll auf seine Tragfähigkeit hin untersucht werden. Zu diesem Zweck werden alle außertetrateuchischen Belege der in JE vorkommenden Geschichtsstoffe untersucht, und zwar unter folgenden Aspekten:

1. Wo sind die in JE verarbeiteten Stoffe belegt?
2. Wie alt sind diese Stellen?
3. Wie verhalten sich diese Stellen inhaltlich zur JE-Erzählung?
4. Ist eine literarische oder überlieferungsgeschichtliche Abhängigkeit von JE erkennbar bzw. nachweisbar?
5. Wo und ab wann sind mehrere Pentateuchthemen miteinander verknüpft und entsprechen dem in JE vorausgesetzten heilsgeschichtlichen Schema?

Bereits früher haben einzelne Forscher davor gewarnt, aus den Bezugnahmen auf Pentateuchstoffe in der vorexilischen Prophetie unmittelbar auf J bzw. E schließen zu wollen. Holzinger (1) stellt fest: "Ein auch nur einigermassen nötigender Beweis, dass die Anspielungen schriftliche Vorlagen, und wenn das, dass sie gerade die jahw. Niederschrift voraussetzen, ist nicht zu erbringen." Er setzt sich mit Kittel auseinander, der in der ersten Auflage seiner "Geschichte der Hebräer" behauptet hatte, Amos und Hosea hätten erzählen müssen, anstatt bloß anzudeuten, wenn nicht schriftliche Vorlagen vorhanden gewesen wären. "Das mag richtig sein, aber die jahw. Schrift ist sicher nicht die erste gewesen, welche diese Gegenstände über-

---

1 Einl 166.

lieferte; dass gerade sie und nicht etwa eine ältere Vorlage citiert sei, ist mit diesem Schluss nicht gegeben." Steuernagels Überlegungen gehen in eine ähnliche Richtung: "Aber nirgends läßt sich nachweisen, daß hier das Werk des J vorausgesetzt wird, da der Inhalt des von J Erzählten sich ja auch in andern Werken sowie in den Quellen des J gefunden haben kann, vor allen Dingen aber auch in der mündlichen Überlieferung des Volkes lebendig war." (1)

Finden sich in einem Text somit Anspielungen auf Ereignisse, die auch in JE berichtet werden, so bestehen in bezug auf die Herkunft des Materials mehrere Möglichkeiten:

(1) Der Stoff stammt aus mündlicher Tradition.

(2) Der Stoff stammt aus einer unbekannten literarischen Vorlage.

(3) Der Stoff stammt aus einer Vorform der uns bekannten Pentateuchquellen.

(4) Der Stoff stammt aus J, E, D oder P in der jetzt vorliegenden Form.

(5) Der Stoff stammt aus dem fertigen Pentateuch.

Die Möglichkeiten (1) - (3) werden bei der Behandlung solcher Stellen und ihrer Herkunft zumeist nicht in Betracht gezogen. Man schließt häufig sofort auf die Möglichkeiten (4) oder (5).

Die Gewinnung von Kriterien zum Nachweis, welche Möglichkeit im Einzelfall vorliegt, ist schwierig. Nach Nielsen (2) beruht ein Bericht auf mündlicher Tradition, wenn folgende Kriterien gegeben sind:
"A monotonous style, recurrent expressions, a fluent paratactic style, a certain rhythm and euphony, ... anacolytha which a literary writer would hardly have let pass." Monoton wiederkehrende Formeln lassen folglich eher auf mündliche Tradition als auf eine schriftliche Vorlage schließen. Lord (3) kommt nach einer gründlichen empirischen Untersuchung der volkstümlichen Überlieferung Jugoslawiens zu einem ähnlichen Ergebnis: "Ein mündlicher Text wird zum überwiegenden Teil aus klar nachweisbaren Formeln bestehen, während der Rest fast durchweg 'formelhaft' ist, und nur eine kleine Anzahl von Ausdrücken zurückbleibt, die 'einmalig' genannt werden müssen. Ein literarischer Text wird dagegen zum größten Teil aus 'einmaligen' Ausdrücken bestehen, einige formelhafte Wendungen enthalten und nur eine sehr geringe Anzahl von eindeutigen Formeln aufweisen."

---

1 Deuteronomium 280; vgl. auch Gottwald, Light 214.
2 Tradition 36.
3 Sänger 193.

Das Vorkommen von stereotypen Formeln deutet also eher auf mündliche Überlieferung hin, während ein auf literarische Vorlagen zurückgehender Text nur wenige Formeln und mehr "einmalige" Ausdrücke enthält. Nun besteht ein großer Teil der Bezugnahmen auf Pentateuchstoffe im Alten Testament aus formelhaften Wendungen. Es wird also im einzelnen zu prüfen sein, ob sich daraus eine literarische Vorlage bzw. J oder E erschließen läßt. Durch Spuren in der vorexilischen Literatur haben Wellhausens Gegner das hohe Alter der Priesterschrift zu erweisen gesucht. Jedoch muß es als wahrscheinlicher angesehen werden, daß das Vorkommen von formelhaften Wendungen auf mündliche Überlieferung hindeutet.

Die Benutzung gleicher Vokabeln muß nicht notwendigerweise auf eine literarische Abhängigkeit schließen lassen. Diese Vokabeln können aus mündlicher Tradition entnommen sein, da sie einen Bestandteil des Materials bilden und auch die mündliche Überlieferung den Wortlaut einer Erzählung genau bewahrt. Auch muß im Einzelfall geprüft werden, ob es sich um allgemeinen Sprachgebrauch handelt.

Methodisch muß festgehalten werden: Um die literarische Abhängigkeit eines Textes von JE postulieren zu können, muß eine weitgehende inhaltliche und wörtliche Übereinstimmung nachzuweisen sein. Folgende Beispiele literarischer Abhängigkeit können angeführt werden: Die Chronikbücher haben deutlich das dtr Geschichtswerk als literarische Vorlage benutzt, da weite Passagen fast wörtlich mit den Paralleltexten in den Samuel- und Königsbüchern übereinstimmen. Zugleich ist deutlich, wo der Chronist seine eigene Interpretation hinzugefügt hat. Über die dem Dtr zuzuordnenden Stellen besteht in der atl. Wissenschaft weitgehende Einigkeit. Bestimmte Inhalte und eine stereotype Terminologie gelten als Kriterien für die dtr Herkunft eines Textes. Demgegenüber sind "jehowistische" bzw. "jahwistische " oder "elohistische" Texte außerhalb des Tetrateuch keineswegs eindeutig zu klassifizieren. Es gibt keinen dem dtr Stil vergleichbaren "jahwistischen" oder "elohistischen" Stil. Zumeist wurde die literarische Abhängigkeit eines Textes von J oder E auf Grund von inhaltlichen oder einzelnen terminologischen Übereinstimmungen postuliert. Bei den nachkanonischen Schriftstellern Philo und Josephus springt die literarische Abhängigkeit vom Alten Testament sofort ins Auge: Sie bringen zwar eigene Formulierungen und Ergänzungen, doch folgen sie ziemlich genau dem atl. Erzählgang. (1) Dasselbe gilt für die ntl. Schriftsteller, die häufig Zitate und freie Wiedergaben aus der Septuaginta aufweisen.

Es muß damit gerechnet werden, daß es im alten Israel eine große Masse mündlicher Überlieferungen gab, von denen nur ein Bruchteil in unser jetziges Altes Testament aufgenommen wurde. (2) Bei der Erwähnung der Erz-

1 Vgl. Philo, Vita Mosis; Josephus, Ant. III, 5; IV, 3 usw.; JesSir 44, 1ff; Judith 5; 3Makk 2; SapSal 16ff; 4Esr 3, 4ff.

2 Vgl. Jirku, Geschichte 167.

väter oder Moses, des Exodus oder der Wüstenwanderung denkt man häufig an den Pentateuch und die ihm zugrundeliegenden Quellen. Doch enthalten J, E, D, P nur einen Bruchteil der ursprünglich vorhandenen Überlieferung, da die schriftliche Fixierung einen einschneidenden Filtrierungsprozeß bedeutete, bei dem viel Material ausgeschieden wurde. Selbst nach der schriftlichen Fixierung eines Stoffes kann dieser weiterhin mündlich überliefert werden, so daß in Israel - wie in vielen anderen Kulturen - beide Formen der Überlieferung nebeneinander existieren. Bei den Überlieferungen von Israels Aufenthalt in der Wüste wird beispielhaft deutlich, wie mehrere Versionen über dasselbe Ereignis tradiert wurden. (1)

Die Möglichkeit von Vorformen zu den Pentateuchquellen wurde verschiedentlich wahrscheinlich gemacht. (2) Es ist damit zu rechnen, daß J oder E nicht die ersten schriftlichen Fixierungen der Überlieferung gewesen sind. Eine Vorform kann z. B. dann angenommen werden, wenn ein Text eine ungefähre inhaltliche und wörtliche Übereinstimmung mit einem JE-Text aufweist.

Oft wird behauptet, ein Text sei von JE literarisch abhängig, doch habe er diesen frei abgewandelt bzw. aus dem Gedächtnis zitiert. (3) Mit einer solchen Möglichkeit muß gerechnet werden, doch ist dabei Vorsicht am Platze. Andernfalls setzt man sich dem Vorwurf einer völlig willkürlichen Interpretation aus. Man kann so weit gehen, mit dem Begriff "dichterische Freiheit" alles zu erklären und dennoch an einer literarischen Abhängigkeit von JE festzuhalten. Nur kleinere formale und inhaltliche Varianten sind bei einer literarischen Abhängigkeit möglich. Andernfalls ist eher auf mündliche Tradition zu schließen bzw. auf eine Vorform von JE.

Inhaltliche Übereinstimmung zwischen einem Text und JE muß nicht notwendigerweise auf literarische Beziehung schließen lassen. Auch J und E berichten weitgehend über dieselben Ereignisse, obwohl eine Reihe von Forschern annehmen, daß sie literarisch voneinander unabhängig sind. (4) Hinzukommen muß die Übereinstimmung in Einzelheiten und einer Anzahl von Formulierungen, damit literarische Abhängigkeit postuliert werden kann.

Entsprechend den im vorangehenden angestellten Überlegungen und den daraus abgeleiteten Kriterien werden wir nun sämtliche außertetrateuchische Texte, die Pentateuchstoffe enthalten, darauf hin untersuchen, ob aus ihnen die Benutzung von J oder E als Vorlage zu erschließen ist. Eine literarische Abhängigkeit wird nur dann anzunehmen sein, wenn deutliche inhaltliche und formale Übereinstimmungen mit JE zu beobachten sind. In allen übrigen Fällen ist damit zu rechnen, daß ein Text aus mündlicher Überlieferung schöpft.

---

1 S. u. S. 169ff.

2 S. o. S. 18.

3 Vgl. z.B. Driver, Deuteronomy 112; Holzinger, Einl 306.

4 S. o. S. 19.

I. Schöpfung- und Paradieserzählung (Gen 2f)

Gen 2,4b - 3,24 berichtet, wie Jahwe "am Tag, als er Erde und Himmel machte", in der Steppe einen Garten pflanzte. Dort setzte er den von ihm geschaffenen Menschen hinein. Er erschuf sodann alle Tiere, doch diese waren als Partner des Menschen nicht geeignet, bis er schließlich aus seiner Rippe die Frau formte. Gen 3 schildert als unmittelbare Fortsetzung von Gen 2 den Ungehorsam des ersten Menschenpaares, die in 3,20; 4,1.25 mit den Eigennamen Adam und Eva benannt werden. Im Unterschied zum priesterschriftlichen Schöpfungsbericht fehlt bei JE weithin die kosmologisch-systematische Perspektive. Die Darstellung der Schöpfung erfolgt in Form einer Geschichte mit kosmologischer Einleitung (2,4b), die auf den Sündenfall hinzielt.

1. Die Paradieserzählung (Gen 2f)

Es ist bereits verschiedentlich darauf hingewiesen worden, daß die Geschichte von Paradies und Sündenfall nirgendwo im übrigen Alten Testament explizit erwähnt wird. (1) Dies ist umso erstaunlicher als Gen 2f in der späteren christlichen und jüdischen Dogmatik eine so große Rolle spielt. Einzelelemente aus dieser Geschichte kommen jedoch gelegentlich vor:

a) Der Garten Eden

Der Garten, den Jahwe nach Gen 2f für den ersten Menschen pflanzt, wird als גן עדן (Gen 2,15; 3,23f) bzw. גן בעדן (Gen 2,8) bezeichnet (vgl. 4,16 קדמת עדן) . עדן ist ursprünglich ein sumerisches Lehnwort und bedeutet Steppe. (2) עדן kommt an folgenden Stellen vor:

<u>Ez 28,13</u> "In Eden warst du, im Garten Gottes, geschmückt mit Edelsteinen jeder Art: Karneol, Topas und Jaspis, Chrysolith, Soham und Onyx, Saphir, Rubin und Smaragd, und von Gold war die Arbeit der Fassung und der Vertiefungen an dir. An dem Tag, da du geschaffen wurdest, wurden sie alle bereitet."

Der Text gehört zur Einleitung des Klageliedes über den König von Tyrus. Mit der jehowistischen Paradiesgeschichte stimmen der Name Eden, die Vorstellung eines paradiesischen Gartens und die Erschaffung des ersten Menschen überein. Zugleich sind jedoch erhebliche Unterschiede zu beobachten: Der hier verwendete Ausdruck גן אלהים findet sich in Gen 2f nicht.

---

1 Vgl. v. Rad, Genesis 82; Sparks, JThSt 50,132; De Vries, IDB IV,363; Rendtorff, Ges. St. 195.

2 Vgl. Gunkel, Genesis 7; Kapelrud, VT 24,182.

Während der Garten hier als auf einem hohen Berg liegend und voll von kostbaren Steinen vorgestellt wird, liegt er nach Gen 2 offensichtlich in der mesopotamischen Tiefebene. Eine Kenntnis der jehowistischen Paradieserzählung läßt sich dem Text nicht entnehmen. Die für Gen 2 wesentlichen Elemente, wie die Erschaffung der Tiere, der Frau, sowie der darauffolgende Sündenfall, werden in Ez 28,13 nicht erwähnt. Da auch keine wörtlichen Übereinstimmungen vorliegen, kann weder eine direkte überlieferungsgeschichtliche noch eine literarische Beziehung zu JE postuliert werden. (1) Gen 2f und Ezechiel haben unabhängig voneinander einen ähnlichen Mythos vom Gottesgarten Eden und dem Urmenschen benutzt und ihn literarisch verschieden verarbeitet.

Auch die übrigen Erwähnungen von Eden im (2) Ezechielbuch zeigen keinerlei überlieferungsgeschichtliche oder literarische Beziehung zu Gen 2f. Ez 31,9.16.18 führt auf "alle Bäume von Eden" (כל-עצי עדן) im Zusammenhang mit der Beschreibung des Pharao als gestürzten Zedernbaumes im" Garten Gottes" (גן אלהים). In Ez 36,35 vergleicht der Prophet das nach der Rückkehr der Exilierten neubebaute Land mit dem "Garten Eden" (גן עדן). Eden erscheint auch innerhalb einer Handelsliste in Ez 27,23 als Ort im oberen Zweistromland.

Dtjes 51,3 "Ja, Jahwe tröstet Zion, er tröstet alle ihre Trümmer und macht ihre Wüste wie Eden und ihr dürres Land wie den Garten Jahwes, daß man Wonne und Freude darin findet, Dank und Lobgesang."

Der Prophet kündet an, daß Jahwe das verwüstete Juda in einen Garten Jahwes (גן יהוה) bzw. Eden verwandeln wird. Ähnlich wie im Ezechielbuch gilt auch hier der Garten Eden als Inbegriff paradiesischer Fruchtbarkeit. Eine überlieferungsgeschichtliche oder literarische Abhängigkeit von Gen 2f ist jedoch nicht zu erkennen. Die für die Genesis-Erzählung charakteristischen Elemente und Personen werden nicht erwähnt. Dtjes hat unabhängig von JE den Mythos vom Gottesgarten Eden für seine Botschaft benutzt. (3) Er stammt offensichtlich aus mündlicher Überlieferung.

b) Sonstige Elemente

Nur im chronistischen Stammbuch 1Ch 1,1 wird Adam als Stammvater des Menschengeschlechtes außerhalb des Pentateuch erwähnt.
In Hos 6,7 ist אדם offensichtlich der Name eines Ortes in der Nähe der Jabbokmündung (vgl. Jos 3,16). (4)

---

1 So auch Gunkel, Genesis 34f; Fohrer, Ezechiel, 162; Sparks, JThSt 50, 133; v.d. Merwe, Pentateuchtradisies 257.

2 Vgl. dazu Stolz, ZAW 84, 14ff.

3 So auch v.d. Merwe, ebd. 257f.

4 S. Robinson, 12 Propheten 27,; Wolff, Amos 154.

Der "Baum der Erkenntnis" (עץ הדעת ; Gen 2, 9; 3, 3ff) kommt im übrigen AT nicht vor. (1) Dagegen erscheint der "Baum des Lebens" (עץ החיים Gen 2, 9; 3, 22. 24) als bildliche Redeweise in der späten Spruchweisheit (Prov 11, 30; 13, 12; 15, 4). Ein Zusammenhang mit der jehowistischen Paradieserzählung läßt sich jedoch nicht erkennen. (2)

Die Cheruben (כרובים), die nach Gen 3, 24 den Eingang von Eden bewachen, erscheinen als Einzelgestalten im Ez-Buch (9, 3; 10, 1ff; 11, 22; 28. 14; 41, 18) sowie in dem wohl als spät anzusetzenden Ps 18, 11. (3) In Ez 28, 14 werden die Cheruben mit dem Garten Eden in Verbindung gebracht. Nach 1K 6, 23ff (vgl. 7, 29. 36; 2 Ch 3, 7) stellte Salomo im Allerheiligsten des Tempels zwei Cheruben auf. (4) Jahwe wird häufig "Cherubenthroner" (ישב הכרובים) genannt (1S 4, 4; 2K 19, 15; 1 Ch 13, 6; Ps 80, 2; 99, 1; Jes 37, 16).
Es handelt sich hierbei zumeist um späte Stellen. Eine Beziehung zu Gen 2f ist nicht erkennbar.

2. Jahwe als Schöpfer

Albertz (5) unterscheidet zu Recht zwischen Weltschöpfung und der Menschenschöpfung im AT. Nun muß innerhalb der Vorstellung von der Menschenschöpfung noch zwischen der Erschaffung des Individuums und der Erschaffung der Menschheit als ganzer unterschieden werden. Die Erschaffung des Individuums gehört in die Vorstellung vom "persönlichen Gott" und hat zunächst mit der Erschaffung der Menschheit und der Welt nichts zu tun. Im alten Orient können diese Aussagen verschiedenen Göttern zugeordnet werden. (6) Gen 2f handelt von der Erschaffung des Stammvaters der gesamten Menschheit. Wir klammern deshalb für unsere Analyse die Stellen aus, die von der Erschaffung des Individuums handeln. (Jer 1, 5; Prov 14, 31; 17, 5; Hi 10, 8f; 32, 22; 33, 4. 6; 35, 10f; 36, 3; Koh 12, 1) oder von der Erschaffung Israels (vgl. Djes 41, 20; 43, 1. 7. 21; 44, 21 usw.; Ps 149, 2).

In den folgenden Stellen wird der Glaube an Jahwe als Schöpfer der Welt und der Menschheit zum Ausdruck gebracht:

<u>Am 4, 13</u> "Denn siehe, der die Berge gebildet und den Wind geschaffen hat, der dem Menschen kundtut, was sein Sinnen ist, der die Morgenröte und das Dunkel macht, der über den Höhen der Erde schreitet, - Jahwe, Gott der Heerscharen ist sein Name."

---

1 Vgl. v. Rad, Genesis 63.
2 So auch v. Rad, ebd.
3 So Duhm, Psalmen 79, Briggs, Psalms I, 140; Kraus, Psalmen 141, Fohrer, Einl 309.
4 S. dazu Noth, Könige 122ff.
5 Weltschöpfung 7ff im Anschluß an C. Westermann.
6 S. dazu Vorländer, Mein Gott 15f. 124f. 274f.

Am 5,8 "Der das Siebengestirn und den Orion gemacht hat, der das Dunkel zum Morgen wandelt, und den Tag verfinstert zur Nacht, der den Wassern des Meeres ruft und sie ausgießt über die Erde - Jahwe ist sein Name."

Am 9,5f "5 Jahwe, der Gott der Heerscharen, der die Erde anrührt, daß sie wogt und alle ihre Bewohner trauern, daß sie allenthalben sich erhebt wie der Nil und sich senkt wie der Strom Ägyptens; 6 der im Himmel seinen Söller gebaut und sein Gewölbe auf die Erde gründet, der den Wassern rief und sie ausgoß über die Erde - Jahwe ist sein Name."

Die drei Stellen aus dem Amosbuch gehören offensichtlich zusammen und stammen vielleicht aus einem ursprünglich zusammenhängenden Hymnus. Zwar stimmen die Termini יצר (4,13) und עשה (4,13) mit den Gen 2,4b. 7f überein; doch handelt es sich dabei um im AT häufig vorkommende Ausdrücke. Die übrige Terminologie und Vorstellungswelt zeigt keinerlei Übereinstimmung mit JE. הרים "Berge", שחר "Morgenröte", רוח "Wind", ברא "schaffen", עיפה "Dunkel", כימה "Siebengestirn", כסיל "Orion", מעלות "Söller", צבאות "Heerscharen" sind in Gen 2f nicht belegt. Der kosmologische Horizont erinnert an P, obwohl keine direkte Verwandtschaft erkennbar ist. Eine literarische Beziehung zu JE ist somit nicht gegeben.

Bereits seit langem werden diese sog. Doxologien als spätere Einschübe angesehen. (1) In bezug auf die zeitliche Ansetzung kommt Berg (2) zu dem Ergebnis, daß 4,13 und 5,8 frühestens aus der Exilszeit, 9,5f wohl aus der nachexilischen Periode stammen.

Jer 5,22 "Mich wollt ihr nicht fürchten? spricht Jahwe, vor mir nicht zittern? Der ich dem Meer den Sand als Grenze gesetzt, als ewige Schranke, die es nicht überschreiten darf. Ob es schon stürmt, es bezwingt sie nicht; ob seine Wellen tosen, sie überschreiten sie nicht."

Die Stelle zeigt in Vorstellungswelt und Stil Berührungspunkte mit Hi 38,10f; Prov 8,29; Ps 104,9; Tritojes 57,20f und Dtjes. Eine literarische Beziehung zu Gen 2f liegt nicht vor, da keinerlei inhaltliche oder termino-

---

1 Vgl. Sellin, Einl 92; Duhm, ZAW 31,7f; Marti, 12 Propheten 185f. 191. 222f; Gottes Recht 55f; Wolff, Amos 254ff; Berg, Hymnenfragmente 5ff. - Robinson, 12 Propheten 87 schreibt die Verse als Stücke eines Hymnus einem Redaktor zu; sie können seiner Meinung nach allerdings auf Amos selbst zurückgehen.

2 Ebd. 315ff.

logische Übereinstimmungen festzustellen sind.

Der Vers wird gewöhnlich als nichtjeremianisch angesehen. (1)

Jer 10, 11-13. 16 "11 So sollt ihr zu ihnen sprechen: Die Götter, die weder Himmel noch Erde gemacht haben, sollen von der Erde und unter diesem Himmel verschwinden, 12 Jahwe ist es, der die Erde durch seine Kraft erschaffen, der durch seine Weisheit den Erdkreis gegründet und den Himmel ausgespannt hat durch seine Einsicht. 13 Beim Rollen seines Donners erbrausen die Wasser am Himmel; auf sein Geheiß ziehen Wolken herauf vom Ende der Erde, Blitze schafft er zum Regen und holt den Wind hervor aus seinen Kammern. 16 Aber er (d.h. Jahwe), Jakobs Teil ist nicht wie diese (Götzen); er ist der Bildner des Alls, und Israel ist der Stamm seines Eigentums. Jahwe Zebaoth ist sein Name."

Abgesehen von dem gängigen Ausdruck עשה ist keinerlei terminologische Übereinstimmung mit Gen 2f zu beobachten. Die hier verwendeten Vokabeln נשיא "Wolke", יוצר הכל "Bildner des Alls", כח "Kraft", חכמה "Weisheit", היכין "aufrichten", תבל "Erdkreis", נטה "ausspannen", תבונה "Verstand" usw. sind in Gen 2f nicht belegt. Die Verbindung von Monotheismus und Schöpfungsglaube sowie die Vorstellung vom Ausspannen des Himmels läßt eine Abhängigkeit von Dtjes vermuten, (vgl. Dtjes 40, 19ff; 41, 6f; 44, 9ff; 45, 12; 46, 5f). Der Abschnitt V. 11ff wird deshalb gewöhnlich als nachexilischer Zusatz angesehen. (2) Er stimmt wörtlich mit Jer 51, 15. 16. 19 überein, die ebenfalls spät sind.(3)

Jer 27, 5 "Ich bin es, der die Erde gemacht hat, die Menschen und die Tiere auf der Erde durch meine große Kraft und meinen ausgestreckten Arm, und ich gebe sie dem, der mir gefällt."

Der Vers bildet die Einleitung zu einem Spruch über Nebukadnezzar, dem Jahwe alle Länder in die Hände gegeben hat. Duhm (4) spricht mit Recht von

---

1 Duhm, Jeremia 62ff, und Rudolph, Jeremia 37f, betrachten V. 18-31, Volz, Jeremia 65f, V. 20-24, und Stade, ZAW 3, 15f, V. 20-22 als sekundär. Das Wort ist also in jedem Fall als nichtjeremianisch anzusehen. Volz, Jeremia 65, sieht darin "eine Predigt deuterojesajanischer Art mit Anlehnung an jerem. Gedanken und Worte".

2 So auch Baumgartner, ZAW 45, 101; Rudolph, Jeremia 65f; Hyatt, Jeremia 897; Stuhlmueller, Redemption 64.

3 Vgl. Duhm, Jeremia 363; Stuhlmueller, Redemption 64.

4 Jeremia 218.

"der deuteronomischen Farbe der Sprache der Gedanken". Hierzu ist insbesondere auf die Ausdrücke בזרועי הנטויה "durch meinen ausgestreckten Arm" und בכחי הגדול "durch meine große Kraft" hinzuweisen, die sich häufig im Dtn finden (vgl. 4, 34; 5, 15; 7, 19; 9, 29; 11, 2; 26, 8). (1)

Es handelt sich somit wohl um einen dtr Zusatz. (2)
Eine literarische Beziehung zu JE ist nicht erkennbar.

Jer 31, 35 "So spricht Jahwe, der die Sonne gesetzt hat zum Licht am Tage, den Mond und die Sterne zum Licht für die Nacht, der das Meer erregte, daß seine Wogen brausten - Jahwe Zebaoth ist sein Name."

V. 35b stimmt wörtlich mit Dtjes 51, 15 überein, weshalb es sich hier um einen späteren Zusatz handelt. (3)

Jer 32, 17 "Ach, Her Jahwe, du hast Himmel und Erde geschaffen durch deine große Kraft und deinen ausgestreckten Arm; für dich ist kein Ding unmöglich."

Der erste Halbvers zeigt eine gewisse Übereinstimmung mit Gen 2, 4b.

Hier: אהה אדני יהוה הנה אתה עשית את-השמים ואת-הארץ
Gen 2, 4b ביום עשות יהוה אלהים ארץ ושמים
In beiden Fällen liegen jedoch formelhafte Wendungen vor, die häufig im AT belegt sind und nicht notwendigerweise auf eine literarische Verwandtschaft hindeuten müssen. Die übrige Terminologie zeigt typisch dtn Einfluß: בכחך הגדול "durch deine große Kraft", בזרועך הנטויה "durch deinen ausgestreckten Arm" (vgl. Jer 27, 5). Der Vers gehört zu dem gewöhnlich als späterer Zusatz angesehenen Gebet Jeremias im Rahmen des Ackerkaufs in Anathot (V. 16-25). (4)

Als Zwischenergebnis ist festzuhalten, daß sämtliche Schöpfungsbelege im Jeremiabuch als sekundäre bzw. dtr Zusätze zu beurteilen sind.

Bei Ez fehlt das Bekenntnis zu Jahwe als Schöpfer völlig. Auch das Bild von der Wiederbelebung des Volkes in Ez 37, 11ff kann mit dem eigentlichen Schöpfungsgedanken nicht in Verbindung gebracht werden.

---

1 Vgl. Diepold, Land 17.

2 Duhm, Jeremia 218; Rudolph, Jeremia 159. - Anders Volz, Jeremia 255; Stuhlmueller, Redemption 64.

3 So Duhm, Jeremia 297f; Stuhlmueller, Redemption 64. - Anders Volz, Jeremia 297f; Rudolph, Jeremia 186f; Eißfeldt, Einl 487.

4 So Duhm, Jeremia 266f; Volz, Jeremia 300; Rudolph, Jeremia 193; Hyatt, Jeremia 1045f; Galling, Erwählungstraditionen 23; Weippert, Prosareden 231 A. 16; Stuhlmueller Redemption 64; Diepold, Land 17.

Dagegen nimmt der Schöpfungsglaube in der Botschaft Dtjes eines zentralen Platz ein. (1)

Dtjes 40, 22. 26. 28 — "22 Der da thront über dem Kreis der Erde,
daß ihre Bewohner wie Heuschrecken sind,
der den Himmel ausbreitet wie einen Flor
und ihn ausspannt wie ein Zelt zum Wohnen. ...
26 Erhebt eure Augen zur Höhe und schaut:
Wer hat jene geschaffen? Er, der ihr Heer
herausführt nach der Zahl, sie alle mit Namen
ruft. Ihm, der groß ist an Kraft und stark an
Macht, bleibt nicht eines aus ... 28 Ein ewiger Gott ist Jahwe, der die Enden der Erde
geschaffen hat."

Zu den hier gebrauchten Schöpfungsaussagen gibt es keine Parallele in JE. Das Bild vom Ausspannen des Himmels (נטה את-השמים) findet sich häufig in Dtjes (42, 5; 44, 24; 45, 12; 51, 13. 16) sowie in Jer 10, 12; 51, 15; Sach 12, 1; Ps 104, 2; nicht jedoch in Gen 2f. Der Terminus ברא kommt nur im priesterschriftlichen Schöpfungsbericht Gen 1, 1ff vor. Auch das Himmelsheer (צבא) wird in Gen 2f nicht erwähnt. Der Ausdruck אל עולם findet sich zwar in Gen 21, 33 JE, jedoch nicht im Zusammenhang mit Schöpfungsaussagen. Deshalb kann keine literarische Abhängigkeit von JE festgestellt werden.

Dtjes 42, 5 — "So spricht der Gott Jahwe, der die Himmel geschaffen und ausgespannt hat, der die Erde befestigt samt ihrem Gesproß, der Odem gibt dem Menschengeschlecht auf ihr und Lebenshauch denen, die über sie wandeln."

Der Ausdruck נשמה "Odem" kommt auch in Gen 2, 7 vor. Dagegen haben נטה את-השמים "die Himmel ausspannen" (vgl. 40, 22 usw.) "schaffen" רקע הארץ "die Erde befestigen" keinerlei Parallele in JE. Eine literarische Abhängigkeit vom Jehowisten scheidet folglich aus. (2)

Dtjes 44, 24 — "Ich bin Jahwe, der alles gemacht hat, der die Himmel ausgespannt hat ganz allein, der die Erde gegründet hat - wer war bei mir?"

Die hier verwendete Terminologie stimmt wesentlich mit den bereits behandelten Stellen überein und zeigt keinerlei literarische Verwandtschaft zu JE.

---

1 S. dazu v. Rad, Ges. St. 136ff; Rendtorff, GesSt. 209ff; Stuhlmueller, Redemption 193ff.

2 So auch Stuhlmueller, ebd. 148 A. 495.

Dtjes 45, 12. 18 "12 Ich habe die Erde gemacht und die Menschen auf ihr geschaffen, meine Hände haben den Himmel ausgespannt, ich habe all sein Heer bestellt...
18 Denn so spricht Jahwe, der die Himmel geschaffen, er, der alleinige Gott, der die Erde gebildet und der sie gemacht, der sie befestigt hat - nicht zur Öde hat er sie geschaffen, zum Wohnen hat er sie gebildet: Ich bin Jahwe und keiner sonst."

Die Ausdrücke עשה , ארץ und אדם kommen auch in Gen 2f vor, doch handelt es sich um geläufigen Sprachgebrauch. Die Vorstellungen vom Ausspannen des Himmels und von der Bestellung des Himmelsheeres haben dort keine Parallele. Dasselbe gilt für V. 18: die Termini ברא und תהו kommen nur in P (Gen 1, 2 usw.) vor. Eine literarische Abhängigkeit von JE ist folglich nicht zu beobachten.

Dtjes 51, 13. 16 "13... Und vergißt Jahwe, der dich gemacht hat, der den Himmel ausgespannt und die Erde gegründet hat... 16 Ich lege mein Wort in deinen Mund und bedecke dich unter dem Schatten meiner Hände, damit ich den Himmel pflanze und die Erde gründe und zu Zion spreche: Du bist mein Volk."

V. 13 enthält wiederum die für Dtjes charakteristische Terminologie. V. 16 verbindet Jahwes Schöpfertum mit der Zusage der Neugründung des Volkes. Eine literarische Beziehung zu JE ist nicht erkennbar. Die Ausdrücke נטה שמים und יסה ארץ kommen in Gen 2f nicht vor. Djes 51, 9 handelt nicht von der Schöpfung, sondern vom Chaos-(drachen)kampf. (Vgl. Ps 74, 13f; 89, 10f). Die in Ugarit zu beobachtende deutliche Unterscheidung zwischen Schöpfung und Chaoskampf gilt auch für die atl. Stellen. (1)

Sach 12, 1 "So spricht Jahwe, der den Himmel ausspannt und die Erde gegründet und den Geist im Menschen gebildet hat."

Die Stelle zeigt typisch dtjes Terminologie: נטה את-השמים , יסד הארץ . (2) Eine literarische Abhängigkeit von JE ist wohl ausgeschlossen.
Die Stelle gehört zum sog. Trito-Sacharja, der gewöhnlich in die spät-nachexilische Zeit datiert wird. (3)

Während Schöpfungsaussagen im dtn Gesetz fehlen, finden sie sich in zwei Stellen der Einleitungsreden zu diesem Buch:

---

1 S. dazu Fisher, VT 15, 313ff; Jeremias, Theophanie 93.

2 S. o. S. 33.

3 Vgl. Wellhausen, Geschichte 232 A. 2; Bousset, Judentum 10; Marti, 12 Propheten 396f (2. Jh.); Duhm, ZAW 31, 195f; Eißfeldt, Einl 593f. (350-200 v. Chr.); Fohrer, Einl 515 (Ende des 4. Jh.).

Dtn 4, 32

"Denn frage doch nach früheren Tage, die vor dir gewesen sind, von dem Tage an, da Gott Menschen auf der Erde schuf, und von einem Ende des Himmels bis zum anderen, ob je solch große Dinge geschehen oder je dergleichen gehört worden ist."

Die Schöpfungsaussage besteht hier aus dem Satz:
למן-היום אשר ברא אלהים אדם על-הארץ.
Es handelt sich um eine formelhafte Wendung, die keinerlei literarische Berührung mit JE erkennen läßt.

Dtn 10, 14

"Siehe, Jahwe, deinem Gott, gehört der Himmel und aller Himmel Himmel und die Erde, und alles, was darauf ist."

Der Vers enthält keine eigentliche Schöpfungsaussage, sondern umschreibt allgemein Jahwes Herrschaft über die ganze Erde. Der Ausdruck שמי השמים kommt sonst nur in den späten Texten 1K 8, 27; Neh 9, 6; 2Ch 2, 5; 6, 18; Ps 148, 4 vor.

Es ist nicht ausgeschlossen, daß V. 14 einen späteren Zusatz bildet. Von Rad (1) beobachtet: "Das Argument von der Herrschaft Jahwes über die ganze Welt erinnert schon an den Eifer Deuterojesajas, der die Glaubwürdigkeit Jahwes gern durch einen Hinweis auf die Weltschöpfung begründet (Jes 42, 5; 44, 24)." V. 15 schließt ohne weiteres an V. 13 an. Läßt man V. 14 weg, so hat man nicht den Eindruck, es fehle etwas. In ähnlichen Paränesen der Einleitungsreden fehlt der Hinweis auf Jahwes Schöpfertun. Eine sichere Entscheidung ist jedoch nicht zu treffen.

Neh 9, 6

"Du, Jahwe, bist der einzige, du hast den Himmel gemacht, der Himmel Himmel und all ihr Heer, die Erde und alles was auf ihr ist, die Meere und alles, was in ihnen ist; ihnen allen gibst du das Leben und das Himmelsheer betet dich an."

Insbesondere in dem Ausdruck שמי השמים zeigt die Stelle deutliche Verwandtschaft mit Dtn 10, 14; 1K 8, 27; 2Ch 2, 5; 6, 18; Ps 148, 4. Der Ausdruck היה kommt auch in Dtn 32, 39 vor. (2)
Deshalb ist auf keine literarische Beziehung zu JE zu schließen. Die hier verwendeten Ausdrücke צבא, שמי השמים usw. sind in JE nicht belegt, so daß eine Abhängigkeit nach Gen nicht gegeben sein kann.

Ps 8

Der bekannte Schöpfungspsalm zeigt insbesondere in seinen Aussagen über die Sonderstellung des Menschen (V. 4ff) eine "gewisse ideenmäßige, aber

---

1 Deuteronomium 60.

2 Vgl. Siegfried, Esra usw. 106; Welch, ZAW 47, 132f.

nicht wörtliche Verbindung" mit dem priesterschriftlichen Schöpfungsbericht (vgl. Gen 1,26). (1)
Eine literarische Abhängigkeit von JE läßt sich nicht feststellen. Die Mehrzahl der Forscher datiert den Psalm in die nachexilische Zeit, obwohl er durchaus alte Elemente enthalten kann. (2)

Ps 19 A
Der Psalm schildert die Erschaffung der Sonne und zeigt eine gewisse Verwandtschaft mit ägyptischen Hymnen. Berührungspunkte mit der jehowistischen Schöpfungstradition sind nicht zu erkennen. (3) Obwohl der Psalm alte Elemente aufgenommen haben kann, stammt er in seiner jetzigen Form aus nachexilischer Zeit. Darauf weisen insbesondere die Aramäismen in V. 3. 5 hin. (4)

Ps 24,1 "1 Jahwe gehört die Welt und was sie füllt, der Erdkreis und die darauf wohnen. 2 Denn er hat sie über den Meeren gegründet und über den Strömen sie befestigt."

Die Stelle ist mit Ps 74,16f; 89,12f; 95,4f; 115,16: sowie Gen 1 verwandt. (5) Mit JE bestehen jedoch keinerlei Berührungspunkte, da die hier verwendete Terminologie und Vorstellungswelt in Gen 2f nicht belegt ist.

Das Alter des Psalms ist umstritten. Gunkel (6) und Kraus (7) halten den Psalm für sehr alt, während ihn Fohrer (8) als "spätvorexilisch?" klassifiziert. Doch sind die z.B. von Gunkel vorgebrachten Argumente für eine frühe Datierung nicht stichhaltig. Gunkel weist auf die Verherrlichung Jahwes als Kriegsgott (V.8) sowie auf die in V. 7ff vorausgesetzte Existenz der Lade hin. Doch wird Jahwe auch noch in späten Texten als Kriegsgott verherrlicht. (9) Die Annahme, daß die Existenz der Lade vom Psalmisten

---

1 Lauha, Geschichtsmotive 25f; vgl. Gunkel, Psalmen 29; Kraus Psalmen 72.

2 So Duhm, Psalmen 37; Briggs, Psalms I, 62; Taylor, Psalms 49; Fohrer, Einl 309. Vorsichtig datieren Gunkel, Psalmen 29; Kraus Psalm 67.

3 Vgl. Duhm, Psalmen, 82; Briggs, Psalms I, 163f; Fohrer, Einl 309 ("ursprünglich nichtisraelitisch und sehr alt, nachexilisch verwendet, zusammen mit 19, 8-15"); Taylor, Psalms 104. - Anders Gunkel, Psalmen 79; Kraus Psalmen 154.

5 Vgl. Lauha, Geschichtsmotive 27.

6 Psalmen 104.

7 Psalmen 195.

8 Vgl. die Schilderung des "Heiligen Krieges" in den Chronikbüchern, sowie Stellen wie Psalm 78 u.a.

9 Einl 310.

vorausgesetzt sei, ist nicht zwingend notwendig. Kraus (1) führt überhaupt keine Argumente an. Er bestreitet lediglich Duhms Spätdatierung, die seiner Meinung nach "einem unsachgemäßen Vorurteil im Hinblick auf die Entstehungsgeschichte der Psalmen" entstammt. Nun haben einige Forscher (2) mit Recht den Psalm in die Spätzeit datiert. Taylor (3) weist darauf hin, daß V. 3-6 prophetischen Einfluß auf den Kult erkennen lassen. Der Ausdruck "Gott Jakobs" (V. 6) kommt nur in späten Texten vor (vgl. 2 Sam 23, 1; Ps 20, 2; 46, 8. 12; 75, 10; 76, 7; 81, 2. 5; 84, 9; 94, 7; 114, 7). (4) Somit muß einer exilisch-nachexilischen Ansetzung der Vorzug gegeben werden.

<u>Ps 33, 6f</u> "6 Durch das Wort Jahwes sind die Himmel gemacht, durch den Hauch seines Mundes ihr ganzes Heer. 7 Er faßt wie im Schlauch die Wasser des Meeres, er legt in Kammern den Ozean."

In den Vorstellungen von Jahwes Schöpfung durch das Wort und der Zusammenfassung der Wasser im Meer liegt eine inhaltliche, aber nicht wörtliche Berührung zu P vor. Dagegen lassen sich keinerlei Berührungspunkte mit JE erkennen. (5)

Der Psalm wird übereinstimmend in die nachexilische Periode datiert. (6)

<u>Ps 65, 7f. 11</u> "Der du die Berge feststellst durch deine Kraft, mit Macht umgürtet, 8 der du stillst das Brausen der Meere, das Brausen ihrer Wellen und das Tosen der Völker. ... 11 Du wässerst seine (d.h. des Landes) Furchen und ebnest seine Schollen; du machst es weich durch Regenschauer."

Die hier verwendete Terminologie und Vorstellungsweise hat keinerlei literarische oder überlieferungsgeschichtliche Bezüge zu Gen 2f. Der Psalm wird gewöhnlich in die nachexilische Zeit datiert. (7)

<u>Ps 74, 16</u> "16 Dein ist der Tag, dein auch die Nacht; du hast hingesetzt Leuchte und Sonne. 17 Du hast festgestellt alle Grenzen der Erde, Sommer und Winter hast du geschaffen." (8)

---

1 Psalmen 195.
2 Duhm, Psalmen 104; Briggs, Psalms I, 214; Taylor, Psalms 132.
3 Ebd.
4 S. dazu Vorländer, Mein Gott 300f.
5 So auch Duhm, Psalmen 96; Lauha, Geschichtsmotive 27.
6 Duhm, Psalmen 136; Gunkel, Psalmen 139; Briggs, Psalms I, 286; Taylor, Psalms 163; Kraus, Psalmen 261; Fohrer, Einl 311.
7 Vgl. Duhm, Psalmen 250; Briggs, Psalms II, 81; Gunkel, Psalmen 272ff; Taylor, Psalms 339; Kraus, Psalmen 450; Fohrer, Einl 313.
8 Die vorausgehenden Verse 13 - 15 handeln vom Chaoskampf und gehören deshalb nicht in die Schöpfungsvorstellung.

In der Verwendung des Begriffs מאור zeigt V. 16 eine gewisse Verwandtschaft mit Gen 1, 14-16. V. 17 benutzt die Vokabeln קיץ und חרף, die auch in Gen 8, 22 vorkommen. Im übrigen weist die Formulierung jedoch keinerlei Berührung mit Gen 2f auf, so daß die Möglichkeit einer literarischen Abhängigkeit ausscheidet. Der Psalm wird gewöhnlich in die exilische (1) bzw. nachexilische Zeit (2) datiert. Die Erwähnung des Aufhörens der Prophetie in V. 9 läßt wohl eher an die nachexilische Zeit denken, da es im 6. Jh. noch zahlreiche und bedeutende Propheten gab.

Ps 78, 69 "Er baute sein Heiligtum wie Himmelshöhen, (3)
wie die Erde, die er gegründet hat für immer."

V. 69b beschreibt Jahwes Schöpfung mit dem Ausdruck יסד ארץ, der in JE nicht vorkommt. Eine literarische Beziehung zu Gen 2f ist deshalb nicht zu erkennen.

Für die Bestimmung des Alters des Psalms werden verschiedene Vorschläge gemacht: Eißfeldt (4) datiert ihn ins 11. Jh., da die Reichsteilung nicht erwähnt wird. Die meisten Forscher sehen jedoch in dem dtr Charakter des Psalms einen Anhalt für die Festlegung des terminus a quo.

Schildenberger (5), Junker (6) gehen jedoch mit der dtn Bewegung bis ins 8. Jh. hinauf und datieren deshalb den Psalm in die Zeit Hiskias. Andere schlagen die spätvorexilische Periode vor. (7)
Da die meisten dtr Texte aus exilisch-nachexilischer Zeit stammen, ist eine Datierung in diese Epoche wahrscheinlicher. (8) Gunkel hat auf die weisheitlichen Elemente des Psalms aufmerksam gemacht, die ebenfalls auf eine späte Entstehung hindeuten.

Ps 89, 12f. 48 "12 Dein ist der Himmel, dein auch die Erde; der Erdkreis und was ihn erfüllt - du hast ihn gegründet. 13 Nord und Süd hast du geschaffen; Tabor und Hermon jubeln in deinem Namen. ...
48 Gedenke, Herr, was Lebensdauer ist, zu welcher Nichtigkeit du alle Menschenkinder schufst."

---

1 So Briggs, Psalms II, 151; McCullough, Psalms 393; Kraus, Psalmen 515; Fohrer, Einl 313.

2 So Wellhausen, Geschichte 232 A. 2; Duhm, Psalmen 289; Gunkel, Psalmen 322.

3 Statt כמו-רמים ist כמרמים zu lesen.

4 Lied Moses.

5 Fs. Junker, 237.

6 Bibl 43, 493f.

7 So Kittel, Psalmen 289f; Schmidt, Psalmen 150; Weiser, Psalmen 367f; Fohrer, Einl 314; McCullough Psalms 415.

8 So Duhm, Psalmen 308; Gunkel, Psalmen 342; Briggs, Psalms II, 181; Noth, Pentateuch 51 A. 164; Löhr, PsSt I, 14.

Auf die Schilderung des Kampfes Jahwes gegen den Chaosdrachen (1) folgt das Lob des Schöpfers in V. 12f. Der Abschnitt V. 10ff ist eingebettet in ein Lied, das die Erwähnung Davids und seines Hauses preist. Eine literarische Abhängigkeit von JE ist nicht zu erkennen, da keinerlei terminologische oder inhaltliche Berührungspunkte zu beobachten sind. (2) In der Datierung gehen die Meinungen auseinander. Albright (3) schlägt das 10. Jh. vor, während Gunkel (4), Kraus (5) und Fohrer (6) an ein Datum in der Königszeit denken. Für eine exilische Datierung treten Briggs (7) und McCullough (8) ein. Duhm (9) schlägt die Hasmonäerzeit vor, wobei er V. 10 als einen späteren Einschub ansieht.

Die Argumente für eine vorexilische Datierung sind nicht stichhaltig. Gunkel führt die Erwähnung von Tabor und Hermon als Hauptkultstätten des Nordreichs an, die auf einen Zeitpunkt vor 722 hindeuten. Doch werden beide Berge nirgendwo als vorexilische Kultorte erwähnt. Sie müssen auch nicht notwendigerweise als solche verstanden werden. Ps 98, 8 spricht vom Fröhlichsein der Berge; nach Ps 114, 4 hüpfen die Berge wie Lämmer. Somit sind Tabor und Hermon hier nur Beispiele für Berge, die samt der ganzen Natur in das Schöpferlob einstimmen. Auch noch in späten Texten werden Tabor und Hermon genannt (vgl. Jer 46, 18; Ps 133, 3; Cant 4, 8). Kraus erwägt einen Nachfolger Josias als Verfasser des Psalms, der den Niedergang der davidischen Dynastie beklagt (vgl. V. 39ff), da seiner Meinung nach nur ein König die Worte V. 48ff sprechen kann. Doch sind auch dies kaum zwingende Argumente für eine vorexilische Abfassung des Psalms. Somit ist einer exilisch-nachexilischen Ansetzung der Vorzug zu geben.

Ps 90, 2f — "2 Ehe denn die Berge geboren waren und die Erde und die Welt geschaffen, bist du Gott von Ewigkeit zu Ewigkeit. 3 Du läßt die Menschen zum Staub zurückkehren und sprichst zu ihnen: Kehret zurück, ihr Menschenkinder!"

V. 3 erinnert in gewisser Hinsicht an Passagen im jehowistischen Schöpfungsbericht: Nach Gen 2, 7 hat Jahwe den ersten Menschen aus עפר "Staub" bzw. אדמה "Erde" geschaffen. Gemäß dem Fluch Jahwes (Gen 3, 19) muß der Mensch wieder zur אדמה zurückkehren. Doch wird hier für Staub דכא statt עפר in Gen 2f verwendet. Der hier gebrauchte Terminus חבל

1 S. dazu o. S. 34.
2 So auch Lauha, Geschichtsmotive 24.
3 Archaeology 129.
4 Psalmen 389.
5 Psalmen 617.
6 Einl 314.
7 Psalms II, 253.
8 Psalms 479.
9 Psalmen 336.

kommt in JE nirgendwo vor. Lauha (1) vermutet deshalb eine "freie Rückerinnerung" an Gen 2f. Doch ist dies eine vage Behauptung. Auf Grund von Motivübereinstimmungen kann nicht geschlossen werden, daß der Verfasser den jehowistischen Schöpfungsbericht gekannt und benutzt hat. Die Motive können auch einer gemeinsamen mündlichen Tradition entnommen sein. Da der Wortlaut jeweils verschieden ist, liegt keine literarische Abhängigkeit von JE vor. Der Psalm stammt wohl aus der nachexilischen Epoche. (2)

Ps 93, 1ff

"1... Gefestigt hat er (d.h. Jahwe) den Erdkreis, daß er nicht wankt, 2 Fest ist dein Thron von jeher, von Ewigkeit bist du Gott. 3 Es erhoben sich Ströme, o Jahwe, erhoben Ströme ihre Stimme, erhoben Ströme ihr Brausen, 4 Mehr als das Donnern großer Wasser, mächtiger als Meerwogen, mächtig ist Jahwe in der Höhe."

Nur V. 1 enthält eine eigentliche Schöpfungsaussage, während V. 2f Jahwes Sieg über die Chaosfluten beschreiben. Anklänge an die jehowistische Tradition lassen sich nicht erkennen. Der Psalm wird gewöhnlich in die nachexilische Zeit datiert. (3)

Ps 95, 3ff

"3 Denn ein großer Gott ist Jahwe und ein König über alle Götter, 4 in dessen Hand sind die Tiefen der Erde, und die Gipfel der Berge gehören ihm.
5 Sein ist das Meer, er hat es geschaffen, und das Festland, seine Hände haben es gebildet."

Vorstellungswelt und Terminologie des Psalms haben keinerlei Parallele in JE. Lauha (4) vermutet vage Beziehungen zu P. Andrerseits widerspricht der hier noch durchschimmernde Polytheismus einer direkten Abhängigkeit von P. Der Psalm gehört in die Spätzeit. (5)

---

1 Geschichtsmotive 24.

2 So Duhm, Psalmen 344; Briggs, Psalms II, 272; Kraus, Psalmen 629; Fohrer, Einl 315; McCullough, Psalms 487. - Gunkel, Psalmen 399, charakterisiert den Psalm als eine "Kompilierung aus verschiedenen Zeiten".

3 So Duhm, Psalmen 349; Briggs, Psalms II, 299; Psalmen 410ff; Fohrer, Einl 315. - Anders Kraus, Psalmen 648, der an die frühe Königszeit denkt. Als Begründung führt er an: "Archaisch sind die Überlieferungen, altertümlich die Vorstellungen." Doch ist dies ein unzureichendes Argument, denn auch die nachexilische Priesterschrift enthält archaische Überlieferungen. S. dazu u. S. 294.

4 Geschichtsmotive 28.

5 So Duhm, Psalmen 353; Gunkel, Psalmen 419f; Briggs, Psalms II, 293; Fohrer, Einl 315. - Kraus, Psalmen 661, und Weiser, Psalmen 428, denken an die späte Königszeit; doch gibt es dafür keine positiven Hinweise.

Ps 96, 5 "Denn alle Götter der Völker sind Götzen, aber Jahwe hat den Himmel geschaffen."

Die Nichtigkeit der anderen Götter wird hier durch den Hinweis auf Jahwes Schöpfertum begründet. Die formelhafte Wendung ויהוה שמים עשה läßt weder eine Beziehung zu JE noch zu P erkennen.
Da der Psalm deuterojesajanischen Einfluß zeigt und in 1 Ch 16, 23 - 33 benutzt wird, gehört er wohl ins 5. Jh. (1)

Ps 102, 26 "Du hast vorzeiten die Erde gegründet, und die Himmel sind deiner Hände Werk."

Dieses kurze kosmologische Stück innerhalb eines Klageliedes läßt auf keinerlei literarische oder überlieferungsgeschichtliche Beziehung zu JE schließen. Der Terminus יסד kommt in Gen 2f nicht vor (vgl. Dtjes 51, 13. 16; Ps 24, 2; 78, 69; 89, 12).
Der Psalm setzt wohl Deuterojesaja voraus und gehört in die exilisch-nachexilische Periode. (2)

Ps 103, 14. 19 "14 Denn er weiß, woraus wir gebildet sind, ist eingedenk, daß wir Staub sind. 19 Jahwe hat seinen Thron im Himmel errichtet und seine Königsmacht herrscht über das All."

Ähnlich wie in Ps 90, 3 wird hier die Vergänglichkeit des Menschen im Gegensatz zur Ewigkeit Gottes beschrieben. Auch Gen 2, 7 berichtet, daß der Mensch aus Staub עפר gebildet ist.

Doch handelt es sich um eine sprichwörtliche Redeweise, die aus mündlicher Tradition stammen kann. Daß der Verfasser Gen 2f gekannt und benutzt hat, ist nicht mit Sicherheit zu erweisen. (3) V. 19 läßt ebenfalls keine literarische Beziehung zu JE erkennen.

Der Psalm setzt wohl Deuterojesaja und Tritojesaja voraus und gehört deshalb in die nachexilische Periode. (4)

Ps 104
Der ausgeführte Schöpfungspsalm zeigt Parallelen zu P. Eine literarische Abhängigkeit scheidet jedoch aufgrund erheblicher Unterschiede aus; der Psalm gehört offensichtlich demselben Traditionsstrom wie P an. (5) Literarische Berührungen zu JE bestehen wohl nicht. V. 29 redet ähnlich wie 90, 3 von der Rückkehr des Menschen zu Staub. Der Psalm ist wohl spät-

---

1 So Duhm, Psalmen 355f; Gunkel, Psalmen 422; Briggs, Psalms II, 299f; Fohrer, Einl 315; Kraus, Psalmen 666.

2 So Duhm, Psalmen 368; Gunkel, Psalmen 438; Briggs, Psalms II, 318; Kraus, Psalmen 697; Fohrer, Einl 315.

3 So auch Lauha, Geschichtsmotive 24.

4 So Duhm, Psalmen 370f; Gunkel, Psalmen 444; Briggs, Psalms II, 324; Kraus, Psalmen 702; Fohrer, Einl 315.

5 Vgl. Lauha, Geschichtsmotive 19ff; Kraus, Psalmen 709.

nachexilisch anzusetzen. (1)

Ps 115, 15; 121, 2; 128, 8; 134, 3 und 146, 6 enthalten die Formel יהוה עשה שמים וארץ. Zwar finden sich die Vokabeln עשה שמים und ארץ auch in Gen 2, 4b. Doch wird man daraus kaum eine literarische Abhängigkeit ableiten können, da die Formel wohl eher der mündlichen Tradition entnommen ist.
"Himmel und Erde" bezeichnet auch sonst häufig im AT das Weltall (vgl. Gen 1, 1; 2, 1; 14, 19. 22 usw.). Alle diese Psalmen gelten als nachexilisch. (3)

Ps 136, 5ff

"5 Der die Himmel mit Weisheit geschaffen hat, ja seine Güte währet ewiglich. 6 Der die Erde auf die Wasser gegründet hat, ja seine Güte währet ewiglich. 7 Der die großen Leuchten gemacht hat, ja seine Güte währet ewiglich. 8 Die Sonne zur Herrschaft am Tage, ja seine Güte währet ewiglich. 9 Den Mond und die Sterne zur Herrschaft bei Nacht, ja seine Güte währet ewiglich."

Die Aussagen dieses Psalms zeigen deutliche Verwandtschaft mit der priesterschriftlichen Schöpfungstradition.

Die Beziehung von Sonne und Mond als "große Leuchten" (אורים גדולים) und ihre Funktionsbestimmung zur Herrschaft über Tag und Nacht stimmen im wesentlichen mit Gen 1, 16ff überein. In Gen 1, 16 wird allerdings der Ausdruck אור "Leuchte" verwendet. V. 8f enthält fast wörtliche Zitate aus Gen 1, 16. Dagegen lassen sich keinerlei Berührungspunkte mit dem jehowistischen Schöpfungsbericht feststellen. Der Psalm stammt aus sehr später Zeit. (4)

---

1 Vgl. Duhm, Psalmen 376f; Briggs, Psalms II, 331; Fohrer, Einl 315. - Gunkel, Psalmen 453f, und Kraus, Psalmen 709 erwägen die Möglichkeit einer vorexilischen Entstehung. Doch gibt es dafür nur Vermutungen und keine konkreten Argumente.

2 Vgl. Lauha, Geschichtsmotive 29f.

3 Zu Psalm 115 vgl. Duhm, Psalmen 408; Gunkel, Psalmen 498; Briggs Psalms II, 393; Kraus, Psalmen 786; Fohrer, Einl 316. - Zu Ps 121 vgl. Duhm, Psalmen 429f; Briggs, Psalms II, 446; Taylor, Psalms 645; Fohrer, Einl 317. - Zu Psalm 124 vgl. Duhm, Psalmen 434; Gunkel, Psalmen 547; Briggs, Psalms II, 452; Taylor Psalm 657; Kraus, Psalmen 847; Fohrer, Einl 317. - Zu Psalm 134 vgl. Duhm, Psalmen 448f; Gunkel, Psalmen 547; Briggs, Psalms II, 477; Kraus, Psalmen 847; Fohrer, Einl 317. - Zu Psalm 146 vgl. Duhm, Psalmen 475f; Gunkel, Psalmen 613; Briggs, Psalms II, 530; Kraus, Psalmen 847; Taylor, Psalms 746; Fohrer, Einl 318.

4 Vgl. Duhm, Psalmen 452; Gunkel, Psalmen 577; Kraus, Psalmen 901; Taylor, Psalms 699; Fohrer, Einl 317.

Ps 147, 4. 8f

"4 (Jahwe,) der den Sternen die Zahl bestimmt und sie alle mit Namen ruft, 8 der den Himmel mit Wolken bedeckt, der der Erde den Regen schafft, der auf den Bergen das Gras sprießen läßt, 9 der dem Getier seine Speise gibt, den jungen Raben, die zu ihm schreien."

Eine terminologische oder inhaltliche Übereinstimmung mit JE ist nicht festzustellen. חציר kommt in JE nicht vor, dort wird für Gras עשב verwendet (vgl. Gen 2, 5; 3, 18). Da der Psalm offensichtlich von Dtjes beeinflußt ist, datiert man ihn gewöhnlich in die nachexilische Zeit. (1)

Ps 148, 5f

"5 Sie (d.h. alle Kreaturen) sollen loben den Namen Jahwes; denn er gebot, und sie waren geschaffen. 6 Er stellt sie fest auf immer und ewig, er gab eine Ordnung, die übertreten sie nicht."

Der Psalm zeigt zwar Verwandtschaft mit P, z.B. in der Vorstellung von der Schöpfung durch das Wort (V. 5; vgl. Gen 1, 6ff) oder der Terminologie für die Tiere (V. 10; vgl. Gen 1, 24f), jedoch keinerlei Anklänge an Gen 2f. (2)
Er stammt aus spätnachexilischer Zeit. (3)

Aus dem Hiobbuch sind folgende Stellen anzuführen:

Hi 5, 10

"(Gott,) der Regen spendet auf die Erde und Wasser auf die Fluren sendet."

Eine literarische Beziehung zu JE ist nicht erkennbar.

Hi 9, 8f

"8 (Gott,) der die Himmel ausspannt, er allein, und einherschreitet auf den Höhen des Meeres, 9 der den Bären gemacht und den Orion, das Siebengestirn und die Kammern des Süden."

Die Terminologie des Abschnitts zeigt deutlich Anklänge an Dtjes, insbesondere die Redeweisen vom Ausspannen des Himmels und der Einzigartigkeit Jahwes (vgl. Dtjes 40, 22; 42, 5; 44, 24; 51, 13; Jer 10, 12; 51, 15; Sach 12, 1; Ps 104, 2).

Fohrer (4) betrachtet die V. 5-10 als spätere Einfügung. Eine überlieferungsgeschichtliche oder literarische Beziehung zu JE liegt nicht vor.

---

1 So z.B. Duhm, Psalmen 477f; Gunkel, Psalmen 615; Briggs, Psalms II, 534; Kraus, Psalmen 955f; Fohrer, Einl 318.

2 So auch Lauha, Geschichtsmotive 27.

3 Duhm, Psalmen 482; Briggs, Psalms II, 539; Gunkel, Psalmen 618; Kraus, Psalmen 961; Taylor, Psalms 754f; Fohrer, Einl 318.

4 Hiob 205.

Hi 26, 7ff

"7 Er spannt den Norden aus über der Leere und hängt die Erde über das Nichts. 8 Er bindet die Wasser in seine Wolken, doch nicht zerbirst darunter das Gewölk. ... 10 Eine Grenze zog er um die Wasser, bis wo sich scheiden Licht und Finsternis. 11 Die Säulen des Himmels fangen an zu schwanken, sind bestürzt ob seinem Schelten. 12 Durch seine Kraft stillte er das Meer, durch seine Einsicht schlug er Rahab nieder. 13 Durch seinen Hauch ward der Himmel heiter, seine Hand durchbohrte die flüchtige Schlange."

Der Text handelt wohl mehr vom Kampf Jahwes gegen den Chaosdrachen als vom eigentlichen Schöpfungsakt (vgl. Dtjes 51, 9f; Ps 74, 13f; 89, 10ff). Er ist in seiner Kosmologie mit P verwandt, zeigt jedoch keinerlei Beziehung zu JE. Fohrer (1) sieht die Verse als sekundären Einschub an.

Hi 38-41

In diesen Kapiteln gibt Jahwe zwei Antworten auf Hiobs Fragen. Er weist auf seine umfassende Schöpfermacht hin. Ihr gegenüber muß der Mensch seiner eigenen Ohnmacht inne werden. Eine Schilderung der Schöpfung findet sich insbesondere in 38, 4ff. Die hier zu beobachtende Terminologie und Vorstellungsweise (Gründung der Erde, Zähmung der Wasser, Morgensterne usw.) lassen eine gewisse Verwandtschaft mit P vermuten, nicht jedoch mit JE.

II. Die Flutgeschichte (Gen 6-8)

Die Flutgeschichte der Genesis stellt eine enge Verflechtung der jahwistischen und priesterschriftlichen Quellenschicht dar. Im Mittelpunkt der Erzählung steht Noah, der die von Jahwe als Strafe für die Sünde der Menschheit verhängte Flut überlebt. Ihm gibt Jahwe die Zusage für eine neue Zukunft des Menschengeschlechts (Gen 8, 20-22).

Als Bezugnahmen auf diese Erzählung scheiden folgende Stellen von vornherein aus: Jer 5, 24; Am 9, 6b; Hab 3, 9-11; Ps 29, 10; 74. 16; Hi 22, 15-20. In diesen Stellen sind lediglich vage Übereinstimmungen in der Terminologie oder Kosmologie zu beobachten.

Sie haben jedoch mit der Sintfluterzählung, ob nach P oder JE, nichts zu tun. Folgende Stellen zeigen eine nähere Beziehung zu Gen 6-8:

Jes 24, 18

"Wer flieht vor dem Ton des Grauens, der fällt in die Grube, und wer aus der Grube emporsteigt, der fängt sich im Garn; denn die Fenster droben sind aufgetan, und die Grundfesten der Erde erbeben."

---

1 Ebd. 383.

Es handelt sich hier um die Beschreibung des künftigen Weltgerichtes. Dabei ist in V. 18b eine weitgehende Übereinstimmung mit Gen 7, 11P festzustellen:

Jes 24, 18b כי ארבות ממרום נפתחו
Gen 7, 11 וארבות השמים נפתחו

Das Ereignis der Flut wird nicht ausdrücklich erwähnt. Lediglich wird in beiden Texten vom Öffnen der Fenster des Himmels berichtet. Deshalb ist nicht mit Sicherheit nachweisbar, daß der Verfasser den priesterschriftlichen Flutbericht gekannt und benutzt hat. Da diese Ausdrücke in JE nicht vorkommen, scheidet eine literarische Abhängigkeit von JE aus. Die Stelle gehört zur sog. Jesaja-Apokalypse, die in die nachexilische Zeit zu datieren ist. (1)

Jer 33, 20f. 25f

"20 So spricht Jahwe: So gewiß ihr meine Setzung in bezug auf den Tag und meine Setzung in bezug auf die Nacht nicht aufheben könnt, so daß Tag und Nacht nicht mehr eintreten würden zu ihrer Zeit, 21 so gewiß wird auch meine Setzung in bezug auf David nicht aufgehoben werden. ... 25 So spricht Jahwe: So gewiß ich meine Setzung in bezug auf den Tag und die Nacht (und) die Ordnungen des Himmels gegeben habe, 26 so gewiß werde ich auch das Geschlecht Jakobs und meinen Knecht David nicht verwerfen..."

Zweimal wird hier die Zusage der Treue Jahwes zu David mit der Setzung verglichen, die Jahwe in bezug auf die Beständigkeit von Tag und Nacht gegeben hat, wobei jeweils der Begriff ברית verwendet wird. (2) Der Abschnitt erinnert an Gen 8, 22, wonach Jahwe nach dem Aufhören der Flut folgende Zusage gibt: "So lange die Erde besteht, soll nicht aufhören Saat und Ernte, Frost und Hitze, Sommer und Winter, Tag und Nacht." In beiden Fällen geht es um die Fortdauer des Rhythmus von Tag und Nacht. Zugleich sind jedoch erhebliche Unterschiede zu beobachten:

1. Die in Gen 8, 22 aufgeführten übrigen Naturelemente, nämlich Saat und Ernte, Frost und Hitze, Sommer und Winter, werden hier nicht erwähnt. Man könnte allerdings annehmen, daß die "Ordnungen des Himmels und der Erde" die übrigen Naturelemente meinen.
2. Der Ausdruck חקות שמים וארץ fehlt in Gen 8, 22.
3. Während Jahwe nach Gen 8, 21f zu sich selbst spricht, handelt es sich hier um eine feierliche ברית . Dieser Terminus findet sich nur im

---

1 Duhm, Jesaja 143f, und Marti, Jesaja 183, schlagen die erste Hälfte des 2. Jh. vor, während Fohrer, Einl 404, an das 5. Jh. denkt und Kaiser, Jesaja 13-39, 1, allgemein in die Zeit zwischen 350 und 150 v. Chr. datiert.

2. S. zu der Bedeutung von ברית an dieser Stelle Kutsch, Verheissung 118f.

priesterschriftlichen Parallelbericht Gen 9, 1ff. Allerdings handelt es sich in beiden Fällen um eine Selbstverpflichtung.

4. Das Ereignis der Flut und deren Zentralgestalt Noah werden nicht ausdrücklich erwähnt.

Somit kann eine literarische Abhängigkeit von Gen 8, 21f nicht mit Sicherheit nachgewiesen werden. Der Text ist auch ohne diesen Rückbezug verständlich. Er beschreibt Jahwes absolute Herrschaft über die Ordnung der Natur und der Schöpfung. (1) Der Abschnitt V. 12-26 wird gewöhnlich zur dtr bzw. nachjeremianischen Redaktion des Buches gerechnet. (2)

Dtjes 54, 9 — "Gleich den Tagen Noahs (3) ist mir diese Zeit: Wie ich geschworen habe, daß die Wasser Noahs nicht mehr über die Erde kommen sollen, so habe ich geschworen, dir nicht zu zürnen und dich nicht zu schelten."

Mit Gen 6-8 hat der Text die Erwähnung von Noah im Zusammenhang mit einer großen Flut und einer nachfolgenden Zusage Jahwes gemein. Im einzelnen bestehen jedoch Unterschiede:

1. Der jehowistische Schluß der Flutgeschichte(Gen 8, 20-22) erwähnt nur ein Zu-sich-selbst-Reden Jahwes, nicht aber ein Schwören (שבע). Die Priesterschrift benutzt in Gen 9, 11f den Terminus ברית

2. Der Ausdruck מי נח "Wasser Noahs" fehlt in Gen 6-8.

3. Nach Gen 8, 20ff besteht der Inhalt der Zusage Jahwes darin, daß Jahwe die Erde nicht mehr verfluchen will und ihren Fortbestand in Jahreszeiten und Tag- und Nachtwechsel garantiert. Hier ist jedoch von einem Schwur die Rede, daß die Wasser Noahs nicht mehr über die Erde kommen sollen. Sowohl Dtjes 54, 9 als auch Gen 6-8 schöpfen aus derselben Tradition, die von Noah und der Flut handelt. Insofern besteht zwischen beiden Texten eine überlieferungsgeschichtliche Verwandtschaft. Eine literarische Beziehung ist jedoch nicht festzustellen, da die Formulierungen und das Vokabular nicht übereinstimmen. (4) Dtjes basiert viel-

---

1 So auch v. d. Merwe, Pentateuchtradisies 260.

2 So z. B. Jepsen, Quellen 50; Volz, Jeremia 306f. 311f; Rudolph, Jeremia 201; Hoftijzer, Verheissungen 76f. - Duhm, Jeremia 270, datiert den Text in die Zeit nach der Entstehung der LXX, da er dort fehlt.

3 מי נח ist hier wohl als "Tage Noahs" und nicht als "Wasser Noahs zu verstehen. Ein ähnlicher Ausdruck kommt in Dtjes 51, 9 vor: כימי קדם "wie in den Tagen der Vorzeit".

4 So auch Sparks, JThSt 50, 133; v. d. Merwe, Pentateuchtradisies 259f.

mehr auf einer gegenüber JE selbständigen Ausformung der Überlieferung, die wahrscheinlich mündlicher Art war. (1)

Ez 14.14.20

"14 (Wenn ein Land gegen Jahwe sündigt) und es wären in seiner Mitte diese drei Männer: Noah, Daniel und Hiob, so sollen nur sie gerettet werden um ihrer Gerechtigkeit willen, spricht der Herr Jahwe ... 20 ... Und es wären Noah, Daniel und Hiob in seiner Mitte, so wahr ich lebe, spricht Gott Jahwe, sie sollen weder Sohn noch Tochter retten..."

In beiden Versen wird Noah als paradigmatischer Gerechter der Vorzeit neben Daniel und Hiob erwähnt. Sowohl JE (vgl. 7.1) als auch P (vgl. Gen 6,9) bezeichnen Noah als צדיק . Neben der Nennung des Namens bildet dies die einzige Übereinstimmung. Insbesondere fehlt bei Ez die Erwähnung der Flut, in der Noah nach Gen 6-8 den zentralen Platz einnimmt. Hätten wir Gen 6-8 nicht, so könnten wir aus diesen Versen nicht entnehmen, daß Noah die Hauptgestalt der Sintflut war. Nach Ez 14 ist genauso gut möglich, daß Noah eine Gestalt der Vorzeit war ähnlich wie bei Daniel und Hiob. Bertholet (2) folgert, daß Ez die drei Gerechten natürlich nicht nennen könnte, "wenn sie seinen Lesern nicht schon als Muster der Rechtschaffenheit bekannt und vertraut gewesen wären. Aber was für ein Wissen sich im Übrigen mit ihren Namen verband, darüber vermögen wir schlechterdings nichts zu sagen." Zwar besteht zwischen Ez 14, 14.20 und Gen 6-8 eine überlieferungsgeschichtliche Verwandtschaft, da es sich in beiden Fällen um die Tradition von einem paradigmatischen Gerechten aus der Vorzeit namens Noah handelt. Es ist unserer Stelle aber nicht mit Sicherheit zu entnehmen, daß Noah mit der Flut in Verbindung steht. Ez kann auch eine selbständige Überlieferung benutzt haben, die die Flut noch nicht kannte. Die Gestalt Noahs erscheint traditionsgeschichtlich in verschiedenen Zusammenhängen und Inhalten. Gen 9,20-27 enthält die Überlieferung von Noah als dem ersten Weinbauern, die mit der Flutgeschichte nicht notwendig in einem ursprünglichen Zusammenhang gestanden hat. (3) Die Vermutung legt sich nahe, daß Noah ursprünglich als paradigmatischer Gerechter überliefert wurde und erst sekundär zum Helden der Flutgeschichte wurde, indem man ihn mit dem babylonischen Utnapištim identifizierte, Bei Dtjes ist diese Identifikation allerdings bereits vollzogen.

---

1 Westermann, Jesaja 40-66, 221, weist darauf hin, daß V. 9 sich vom Kontext dadurch abhebt, daß er "fast Prosa" ist, während der darauffolgende Vers wieder zur ausgeprägt rhythmischen Sprache von V. 8 zurückkehrt. Vielleicht muß deshalb mit der Möglichkeit eines sekundären Zusatzes gerechnet werden.

2 Ezechiel 75.

3 S. dazu Rost, Credo 44ff; Fohrer, Ezechiel 78.

Die Möglichkeit einer literarischen Verwandtschaft zu Gen 6-8 muß ebenfalls ausgeschlossen werden. (1) So wenig wie aus dem Vers auf die Abfassungszeit der Bücher Daniel und Hiob geschlossen werden kann, so wenig kann das Alter oder Vorhandensein von J daraus abgeleitet werden. "Bekanntlich kann das Vorhandensein einer Sage weit älter sein als ihre schriftliche Aufzeichnung." (2)

Der Name Noah erscheint sonst nur im chronistischen Stammbaum 1Ch 1,4. Folgende Erzählungen der jehowistischen Urgeschichte haben nirgendwo im übrigen AT eine Erwähnung gefunden:

1. Die Geschichte vom Brudermord (Gen 4,1-16). Kain wurde lediglich als Völkername in Num 24,22 und Ri 4,11, sowie als Name einer Stadt in Jos 15,57 genannt. Kain und Abel fehlen auch in den chronistischen Stammbäumen.
2. Die Geschichte vom Turmbau in Babel (Gen 11,1-9) wird nirgendwo erwähnt.

III. Zusammenfassung

Die Erwähnung der Schöpfung fehlt gänzlich in der vorexilischen Prophetie. Die Stellen Am 4,13; 5,8; 9,5f; Jer 5,22; 10,11-13.16; 27,5; 31,35; 32,17; 51,15.16.19 sind spätere Zusätze. Erst mit Dtjes wird der Schöpfungsglaube ein Teil der prophetischen Verkündigung: Dtjes 40,22.26. 28; 42,5; 44,24; 45,9.12.18; 51,11.13; Sach 12,1. In den Geschichtsbüchern sind nur Dtn 4,32; 10,14 und Neh 9,6 zu nennen. Dies bedeutet, daß z.B. das dtr Geschichtswerk vom Glauben an Jahwe als Schöpfer schweigt.

Bei Dtn 10,14 kann es sich evtl. um einen Zusatz handeln. Am häufigsten finden sich Beschreibungen von Jahwes Schöpfertum in den Psalmen: 8; 19A; 24; 33,6; 65,7ff; 74,13; 89,10ff; 90,2f; 93,2ff; 95,3ff; 96,5; 102,26; 103,14; 104; 121,2; 124,8; 136,5ff; 146,6; 147,4ff; 148,5f. Keiner dieser Psalmen gehört in die vorexilische Epoche. Sodann ist der Schöpfungsglaube in dem spät anzusetzenden Hiobbuch belegt (vgl. 5,10; 9,8f; 26,7ff; 38-41). Die Erwähnung Edens bzw. des "Garten Eden" spiegeln eine auch in Gen 2f verarbeitete Überlieferung vom Gottesgarten wieder, haben jedoch mit der dortigen Erzählung nicht unmittelbar etwas zu tun. Adam kommt nur in dem chronistischen Stammbaum 1 Ch 1,1 vor, während es sich in Hos 6,7 um einen Ortsnamen handelt.

---

1 So auch Sparks, JThSt 50,138.
2 Bertholet, Ezechiel 75.

Die Flutgeschichte wird außerhalb der Genesis nur in Dtjes 54, 9 erwähnt. Bei Jes 24, 18 und Jer 33, 20. 25f ist kein direkter überlieferungsgeschichtlicher Zusammenhang mit Gen 6-8 zu erkennen. Ez 14, 14. 20 erwähnt den Namen Noahs als eines paradigmatischen Gerechten, ohne daß ein Bezug zur Flutüberlieferung deutlich ist.

Somit sind die urgeschichtlichen Stoffe in der vorexilischen Literatur nirgendwo belegt. Mit Beginn des Exils werden sie häufiger erwähnt, insbesondere Aussagen von Jahwe als Schöpfer. Keiner der außertetrateuchischen Texte läßt eine literarische Abhängigkeit von der jahwistischen Urgeschichte erkennen. Es handelt sich vielmehr überall um selbständige Wiedergaben einer gemeinsamen Überlieferung. Zahlreiche Erzählungen, wie Sündenfall, Kains Brudermord, oder Turmbau zu Babel, sind nirgendwo aufgenommen worden.

B Die Patriarchenerzählungen (Gen 12-50)

Die Patriarchenerzählungen der Genesis bestehen aus folgenden Teilen:

a) Abrahamerzählungen: Gen 12-25;

b) Isaakerzählungen: Gen 25-26;

c) Jakob-Esau-Erzählungen: Gen 27-36;

d) Josephsgeschichte: Gen 37-50.

Wir wollen nun die Literatur außerhalb des Tetrateuch daraufhin untersuchen, wo die in diesen Erzählungen vorkommenden Personen und Ereignisse erwähnt werden. (1)

1. Die Abrahamerzählungen (Gen 12-25)

Als Leitfaden zieht sich die Verheißung von Land, Mehrung und Segen durch die jehowistischen Abrahamerzählungen (Gen 12, 1-3. 7; 13. 14-17). Die Einzelepisoden berichten von Abrahams Umherziehen in Kanaan und der Darbringung von Opfern an verschiedenen Heiligtümern (12, 1-9), der Gefährdung Saras in Ägypten (12, 10-20) sowie den Auseinandersetzungen mit Lot (13, 1-18). Gen 16 und 21 handeln vom Schicksal Hagars und Ismaels. Gen 18f enthält die Episode vom Besuch der drei Männer und vom Untergang Sodoms und Gomorrhas, wobei Abraham für Sodom Fürbitte tut. Sara gerät durch Abimelech ein zweites Mal in Gefahr (Gen 20, 7). Die berühmte Geschichte von Isaaks Opferung wird in Gen 22 berichtet. Es folgen die Novelle von der Brautwerbung für Isaak (Gen 24) und schließlich der Bericht über Abrahams Tod (Gen 25, 1ff).

Am 3, 2 — "Euch allein habe ich erwählt vor allen Geschlechtern der Erde; darum suche ich an euch heim all eure Schuld."

Gelegentlich wird in V. 2a eine Anspielung auf die Väterverheißung gesehen. (2) Vriezen führt zur Begründung an, daß der Ausdruck כל- משפחות האדמה nur noch in Gen 12, 3 und 18, 4 vorkommt. Doch reicht diese terminologische Übereinstimmung nicht aus, um eine überlieferungsgeschichtliche oder literarische Beziehung zur jehowistischen Väterverheißung wahrscheinlich zu machen.

משפחה und אדמה sind im AT häufig gebrauchte Vokabeln. Andererseits kommt ידע im Sinne von "erwählen" in den Genesiserzäh-

---

1 Vgl. Staerk, Studien 21ff; Galling, Erwählungstraditionen 37ff; Diebner, DBAT 7, 38ff; Diebner-Schult, Fs. Rendtorff 24ff.

2 So Vriezen, Erwählung 79; Lubsczyk, Auszug 43.

lungen nicht vor. Auch ist nicht deutlich, ob Abraham und die Väterverheißung tatsächlich gemeint sind. Konnte der Prophet erwarten, daß seine Zuhörer allein aus einem Ausdruck, der noch dazu gängige Vokabeln enthält, schließen können, wen er meint? Abraham wird nicht namentlich genannt; auch der Inhalt der an ihn ergangenen Verheißungen wird nicht erwähnt. Somit kann weder eine überlieferungsgeschichtliche noch eine literarische Beziehung zu den Abrahamerzählungen wahrscheinlich gemacht werden. (1)

Jes 29, 22 "Darum so spricht Jahwe, der Gott des Hauses Jakob, der Abraham erlöst hat: nicht soll Jakob mehr zuschanden werden und sein Antlitz soll nicht mehr erbleichen."

Der Vers kennzeichnet Jahwe in einer formelhaften Wendung mit dem Satz: אשר פדה את-אברהם . Ob hier Abraham die Person oder das Volk bezeichnet, ist nicht ganz deutlich. Der Parallelismus zu Jakob läßt eher das letztere vermuten. Eine literarische Beziehung zu den jehowistischen Abrahamerzählungen kann ohnehin nicht erwiesen werden. Der Terminus פדה kommt dort nicht vor. Staerk (2) beobachtet zu Recht, daß die Stelle "mit der in Genesis gezeichneten Patriarchenfigur nur in loser, auf den Namen Abraham beschränkter Beziehung" steht.

Der Text gehört in den Zusammenhang der Ankündigung der eschatologischen Heilszeit (V. 16. 24). Er stammt nicht von Jesaja selbst, sondern wird gewöhnlich in die nachexilische Zeit datiert. (3)

Mi 7, 20 "Du wirst Jakob Treue erweisen und Abraham Güte, wie du unseren Vätern geschworen hast in den Tagen der Vorzeit."

Da Abraham hier parallel zu Jakob genannt wird, ist es möglich, daß beide als Volksbezeichnungen gemeint sind. (4) Ob sich der Ausdruck "Väter" auf die Erzväter bezieht, ist ebenfalls nicht deutlich. Inhalt des Schwures ist die Zusage von אמת und חסד , die sich im Pentateuch im Zusammenhang mit dem Schwur an die Erzväter nicht finden. "Väter" kann auch allgemein die Vorfahren bezeichnen (vgl. Dtn 4, 31; 5, 3. 9 usw.). Der

---

1 Auch Wolff, Amos 215, lehnt die Möglichkeit einer literarischen Abhängigkeit ab, vermutet jedoch, daß die Texte derselben geistigen Heimat entstammen.

2 Studien, I, 24.

3 Vgl. Marti, Jesaja 218 und Duhm, Jesaja 182, die in die Makkabäerzeit datieren. Etwas früher setzen an Galling, Erwählungstraditionen, 55; Eißfeldt, Einl 426f; Fohrer, Jesaja III, 82; Clements, Abraham 61 A. 1; Vollmer, Rückblicke 169f; Kaiser, Jesaja 221f.

4 Vgl. Staerk, Studien I, 31.

Vers gehört zu einer sog. prophetischen Liturgie (V. 8-20), die allgemein in die spätnachexilische Zeit datiert wird. (1)

Jer 11, 5 — "Damit ich den Eid halten kann, den ich euren Vätern geschworen habe, ihnen ein Land zu geben, darin Milch und Honig fließt, so wie es heute ist..."

Der Prophet erwähnt einen Eid (שבועה), den Jahwe den Vätern geschworen hat. Ein solcher Schwur wird im Dtn häufig erwähnt (vgl. Dtn 1, 8; 6, 10 9, 5 usw.). (2) Innerhalb der Genesiserzählungen kommt er in 22, 16; 24, 7; 26, 3 und 50, 24 vor. Doch handelt es sich in allen diesen Stellen offensichtlich um spätere dtr beeinflußte Zusätze. (3) In den als ursprünglich anzusehenden Verheißungstexten (vgl. Gen 12, 1-3; 13, 14-17) fehlt der Begriff des Schwörens.

Der Vers gehört zu dem Abschnitt V. 1-14, der deutlich einen dtr Charakter trägt: כור הברזל "Schmelzofen" (V4), ארץ זבת חלב ודבש "Land, wo Milch und Honig fließt" (V. 5; vgl. Dtn 6, 3; 11, 9; 26, 9. 15; 27, 3; 31, 20; Jos 5, 6; Ex 3, 8), u.a. Er stammt deshalb nicht von Jer selbst, sondern gehört zur dtr Redaktion des Buches. (4)

Jer 33, 26 — ("Wenn ich die Ordnungen des Himmels und der Erde nicht einhielte) so wollte ich auch verwerfen das Geschlecht Jakobs und Davids, meines Knechtes, daß ich nicht mehr aus ihrem Geschlecht Herrscher nehme über die Nachkommen Abrahams, Isaaks und Jakobs."

Die Erzväter werden in der bekannten Trias-Formel aufgeführt, deren זרע das gegenwärtige Volk ist. Eine inhaltliche Bekanntschaft mit der jehowistischen Geschichtstradition läßt sich nicht feststellen. Der dtr Cha-

---

1 Vgl. Marti, 12 Propheten 26f. 29; Galling, Erwählungstraditionen 55; Smith, Micah 152; Robinson, 12 Propheten 151f; Clements, Abraham 61 A. 1; McKeating, Amos etc. 193; Fohrer, Einl 491.

2 S. dazu u. S. 56f.

3 Gen 22, 16 gehört zu dem gewöhnlich als sekundär angesehenen Stück V. 15-18. S. dazu Wellhausen, Composition 26; Gunkel, Genesis 239f; Noth, Pentateuch 38 A. 132; v. Rad, Genesis 207; J.G. Plöger, Untersuchungen 70. - Gen 24, 7 ist ein Rückverweis, der ebenfalls gewöhnlich als Zusatz beurteilt wird. S. dazu Procksch, Sagenbuch 272; ders., Genesis 149; Plöger, ebd. 69. - Gen 26, 3-5 ist nach v. Rad, Genesis 235, "von sehr später Hand zu einer großen programmatischen Verheißungsrede ausstilisiert" worden. S. dazu auch Gunkel, Genesis 300; Skinner, Genesis 364; Noth, Pentateuch 30 mit A. 92. - Auch Gen 50, 24 stammt von einem späten Redaktor, S. dazu Gunkel, Genesis 491; Plöger, ebd. 70.

4 So auch Duhm, Jeremia 106ff; Rudolph, Jeremia 71; Rohland, Bedeutung 66f; Weinfeld, Deuteronomy 352; Diepold, Land 16.

rakter des gesamten Abschnitts wurde bereits behandelt. (1)

Ez 33, 24 "Abraham war ein einzelner Mann und nahm dieses Land in Besitz; wir aber sind viele, so gehört uns das Land erst recht."

Der Prophet zitiert einen Ausspruch der Zurückgebliebenen, die sich auf ihren Vorfahren Abraham berufen. Sie begründen ihren Anspruch auf das Land mit dem Hinweis darauf, daß sie viele seien, während ihr Vorfahr nur ein einzelner Mann war. Doch Ez weist ihren Anspruch auf das Land zurück und begründet dies mit dem Götzendienst seiner Bewohner. Den Exilierten und denen, die sich vom Götzendienst losgesagt haben, gehört vielmehr das Land. Es handelt sich hier um die älteste Stelle außerhalb des Tetrateuch, die Abraham erwähnt und ihn mit dem Landbesitz in Verbindung bringt. Die für JE charakteristische Landverheißung wird allerdings nicht erwähnt. Erstaunlich ist, daß der Prophet hier die Berufung auf Abraham kritisiert. Eine literarische Abhängigkeit von JE kann nicht angenommen werden, da Inhalt und Terminologie von JE abweichen. Der Ausdruck ירש את-הארץ erscheint nicht in JE im Zusammenhang der Landgabe, jedoch sehr häufig im Dtn (1, 8. 21. 39; 2, 12 usw.).

Dtjes 41, 8f "8 Du aber, Israel, mein Knecht, Jakob, den ich erwählt habe, du Sproß Abrahams, meines Freundes, 9 den ich fest ergriffen habe von den Enden der Erde her und berufen von ihren Grenzen, zu dem ich sprach: Du sollst mein Knecht sein, ich erwähle dich und verwerfe dich nicht."

Israel wird in V. 8b als זרע אברהם אהבי bezeichnet. V. 9 bildet offensichtlich die Fortsetzung von V. 8a, nicht von V. 8b und bezieht sich demnach nicht auf Abraham. Die Bezeichnung "Freund" (אהב) kommt noch einmal in 2 Ch 20, 7 vor. (2) Sie fehlt jedoch in JE. Folglich kann eine literarische Beziehung zu JE nicht nachgewiesen werden. (3)

Die Echtheit von V. 8b ist umstritten. Fohrer (4) weist darauf hin, daß V. 8b mit 51, 2 in Spannung steht. Während hier Abraham mit Israel zu einer Einheit zusammengenommen wird, unterscheidet 51, 2 zwischen Israel und dem Erzvater. Hinzufügen kann man noch folgende Beobachtung: Während V. 8a einen klaren Parallelismus aufweist, fehlt das parallele Glied in V. 8b. Auch kann man V. 8b weglassen, ohne den Eindruck zu haben, es

---

1 S. 46.

2 S. dazu u. S. 60.

3 Anders Westermann, Jesaja 40-55, 59f: "Die Stelle zeigt mit Sicherheit, daß Deuterojesaja ... das Werk des Jahwisten kennt." - Aus einer bloßen Formel kann die Existenz eines ganzen Geschichtswerkes ohnehin nicht abgeleitet werden.

4 Prophetie 182ff.

fehle etwas. V. 8b unterbricht den direkten Zusammenhang zwischen 8a und 9. So wird man wohl anzunehmen haben, daß die Erwähnung Abrahams einen späteren Zusatz bildet, der wohl aus 2 Ch 20, 7 entnommen ist. (1)

Dtjes 51, 1f

"... Schaut auf den Felsen, aus dem ihr gehauen,
auf den Steinbruch, daraus ihr gebrochen seid.
2 Schaut auf Abraham, euren Vater, und auf Sara,
von der ihr geboren seid. Denn als einen einzelnen
berief ich ihn, damit ich ihn segne und mehre."

Duhm (2) bringt den in V. 1 erwähnten Felsen (צור) mit der Höhle von Machpela (Gen 23P) in Verbindung. Zwar kann צור auch die Felshöhle bezeichnen; doch gebraucht Gen 23 den Terminus מערה . Somit ist eine direkte Beziehung zu Gen 23 unwahrscheinlich. Zudem legt sich die Annahme nahe, daß צור hier bildlich gemeint ist. V. 2b weist verschiedene Lesarten und Interpretationen auf. Die masoretische Punktation lautet וַאֲבָרְכֵהוּ וְאַרְבֵּהוּ und beinhaltet somit futurische Bedeutung: "und ich werde ihn segnen und mehren". LXX, Vulgata, Peschitto und Targum lesen: וָאֲבָרְכֵהוּ וארבהו , was mit "und ich segnete ihn und mehrte ihn" zu übersetzen ist. Die Jesajarolle aus Qumran hat ואפרהו statt ואברכהו : "und ich machte ihn zahlreich und mehrte ihn". Dies stellt aber offensichtlich eine Angleichung an priesterschriftliche Terminologie dar (vgl. Gen 1, 22. 28; 8, 17; 35, 11; 47, 27). Unter den ersten beiden Möglichkeiten ist wohl der präteritalen Lesart der Vorzug zu geben. (3) Die futurische Lesart paßt nicht in den Zusammenhang, der auf die Berufung Abrahams zurückblendet. Eine weitere Schwierigkeit besteht darin, daß V. 2b im Singular fortfährt, während nach der Erwähnung von Abraham und Sara in V. 2a eigentlich der Plural zu erwarten wäre.

In den Motiven der Berufung, Segnung und Mehrung Abrahams stimmt der Vers mit Gen 12, 1-3 überein. Beide Texte schöpfen demnach aus derselben oder einer ähnlichen Abrahamüberlieferung. Doch läßt sich eine literarische Abhängigkeit von Gen 12 nicht nachweisen. Zwar wird der jahwistische Prolog zu den Erzvätergeschichten gern als Berufung Abrahams bezeichnet. Doch kommt dort der hier verwendete Terminus קרא nicht vor. Zudem fehlt in Dtjes 51, 2 die für JE charakteristische Landverheißung.

Gen 12, 1-3 weist den für den Jahwisten charakteristischen Sprachgebrauch auf und ist wohl von ihm formuliert. Doch geht sein Inhalt sicher auf ältere Tradition zurück. Abraham muß bereits in der vorjahwistischen

---

1 Anders Duhm, Jesaja 271; Westermann, Jesaja 40-55, 59f; v. d. Merwe, Pentateuchtradisies 261f.

2 Jesaja 344f.

3 Mit Duhm, Jesaja 344; Volz, Jesaja II, 109; Fohrer, Jesaja III, 142; Westermann, Jesaja 40-55, 188. Anders Ehrlich, Randglossen IV, 183f; Muilenburg, 591.

Überlieferung eine bestimmte Bedeutung gehabt haben, die wohl darin lag, daß er von seinem Gott berufen war, um mit Hilfe seines Segens zum Stammvater eines großen Volkes zu werden. Auf diese vorjahwistische Abrahamüberlieferung greift auch Dtjes zurück. Um eine literarische Verwandtschaft nachweisen zu können, müßte jedoch eine weitgehende Übereinstimmung in der Formulierung vorliegen. Diese ist jedoch nicht gegeben. Auch im übrigen Deuterojesajabuch läßt sich keinerlei Einzelerkenntnis der jehowistischen Abrahamerzählungen aufzeigen. (1) In der Betonung des Einzelnseins Abrahams zeigt der Vers vielmehr eine gewisse Verwandtschaft mit Ez 33, 24.

Tritojes 63, 16 — "Denn du bist unser Vater! Abraham weiß nichts von uns und Israel (2) kennt uns nicht; du, Jahwe, bist unser Vater, unser Erlöser, das ist von alters her dein Name."

כי-אתה אבינו wird von Fohrer (3) als Zusatz angesehen. In dem zu einem Gebet der exilischen Gemeinde gehörenden Text stehen Abraham und Israel in Parallele zueinander. Die Art, wie von Abraham gesprochen wird, besagt, daß hier "offenbar eine Art Verehrung der Stammesheroen als hilfespendendes Wesen bei dem Volke vorausgesetzt ist." (4)

Mit der in der Genesis beschriebenen Patriarchenfigur steht die Stelle "nur in loser, auf den Namen Abraham beschränkter Beziehung". (5)

Daß Abraham eine halbgöttliche Fürsprechergestalt sei, wie es hier vorausgesetzt wird, kann aus JE nicht entnommen werden. Deshalb scheidet die Möglichkeit einer literarischen Abhängigkeit von JE aus. Der Text schöpft vielmehr aus dem Volksglauben seiner Zeit.

Das Volksklagelied Tritojes 63, 7-64, 11 wird gewöhnlich in das 6. Jh. datiert. (6) Andere gehen bis ins 5. oder 4. Jh. hinunter. (7)

Dtn enthält eine Fülle von stereotypen Rückverweisen auf die an die Erzväter gegebene Landverheißung:

---

1 Anders Gunkel, Schöpfung 345; "Der Vers beweist wieder schlagend, daß Dtjes den Jahwisten viel gelesen hat."

2 ישראל ist vielleicht sekundärer Zusatz. S. Duhm, Jesaja 426.

3 Jesaja III, 251.

4 Staerk, Studien I, 24f; vgl. Marti, Jesaja 396. - Ein später Reflex dieser Anschauung ist in Matth 3, 9 zu beobachten.

5 Staerk, ebd. 24.

6 So v. Rad, ThAT II, 292 mit A. 2 (Zeit um Hag und Sach); Anderson, Introd. 120; Fohrer, Einl 424; Kaiser, Einl 208.

7 Duhm, HK XIX; Zillessen, ZAW 26, 231ff; Galling, Erwählungstraditionen 55; Pfeiffer, Introd. 459.

Dtn 1,8 "... Gehet hinein und nehmet das Land in Besitz, von dem ich euren Vätern Abraham, Isaak und Jakob geschworen habe, daß ich es ihnen und ihren Nachkommen geben werde."

Dtn 6,10 "Wenn dich nun Jahwe, dein Gott in das Land bringt, von dem er deinen Vätern Abraham, Isaak und Jakob geschworen hat, daß er es dir geben werde..."

Dtn 9,5 "(Jahwe führt Israel in das Land) um das Wort wahrzumachen, das Jahwe deinen Vätern Abraham, Isaak und Jakob geschworen hat..."

Dtn 30,20 "... Damit du in dem Land bleibst, das Jahwe deinen Vätern Abraham, Isaak und Jakob zu geben geschworen hat."

Andere Texte erwähnen die Erzväter nicht namentlich, sondern sprechen nur vom Schwur an die Väter: Dtn 1,35; 6,18.23; 7,8.13; 8,1; 10,11; 11,9.21; 19,8; 26,3.15; 28,11; 31,7.23. Doch sind wohl auch hier die Erzväter und nicht allgemein die Vorfahren gemeint. (1) Der Eid an die Väter wird auch in den dtr Stellen Jos 1,6; 5,6; 21,4f erwähnt.

Im Tetrateuch kommt der Eid an die Väter in Gen 22,16; 24,7; 26,3; 50,24 vor; diese Stellen wurden bereits als dtr Zusätze bestimmt. (2) Auch die übrigen Erwähnungen des Väterschwures in Ex 13,5.11; 32,13; 33,1; Num 11,2; 14,16.23; 32,11 gehören zur dtr Redaktion. (3) Gegenüber den genuin jehowistischen Verheißungstexten treten Segensverheißung und Mehrungsverheißung stark zurück. (4) Sie werden lediglich in 7,13 und 13,18 erwähnt. Nun argumentiert v. Rad, (5) dem Verfasser des Dtn kam es nur auf die Landverheißung an, da das Land auch sonst im Mittelpunkt seines theologischen Denkens stehe. Doch ist es schwer vorstellbar, daß ein Verfasser, der JE als Vorlage benutzt hat, die übrigen Verheißungsinhalte praktisch übergeht und nur das Land erwähnt. Deshalb ist eine literarische Abhängigkeit des Dtn von JE unwahrscheinlich. Offensichtlich sind z. Z. des Dtn Landverheißung und Mehrungsverheißung noch getrennt überliefert worden. Das Dtn hat nur die eine Form der Verheißung wohl aus mündlicher Tradition übernommen. Erst später wurden die verschiedenen Verheißungsinhalte kombiniert. (6)

---

1 Allerdings werden in Dtn 5,3; 30,5.9; Ri 24,6; Ri 2,17 u.ä. unter den "Vätern" allgemein die Vorfahren verstanden.

2 S. 52 mit Anm. 3.

3 S. dazu J.G. Plöger, Untersuchungen 66.

4 S. dazu Staerk, Studien I, 21ff; Plöger, ebd.

5 ThAT II, 237f.

6 So Plöger, ebd. 68.

Andere Stellen im Dtn sprechen von einer ברית , die Jahwe den Vätern geschworen hat (Dtn 4, 31; 7, 12; 8, 18). Der Inhalt dieser ברית wird jedoch nicht näher bestimmt.

JE und Dtn schöpfen zwar aus derselben Überlieferung. Doch wurde sie von ihnen selbständig verarbeitet und unterschiedlich formuliert. Alle dtn Texte weisen den für dieses Buch charakteristischen wiederholend-paränetischen Stil auf. Mehr als eine überlieferungsgeschichtliche Verwandtschaft ist aus ihnen nicht zu entnehmen.

Eine andersartige Erwähnung der Erzväter liegt in Dtn 9, 27 vor: "Gedenke deiner Knechte Abraham, Isaak und Jakob!..." Die Stelle stimmt fast wörtlich mit Ex 32, 13 überein:

Ex 32, 13	זכר לאברהם. ליצחק ולישראל עבדיך
Dtn 9, 27	זכר לעבדיך לאברהם ליצחק ולישראל

Ex 32, 13 gehört jedoch nicht zur ursprünglichen jehowistischen Erzählung, sondern bildet einen späteren Zusatz. (1)

Die Bezeichnung der Erzväter als "Knecht" Jahwes fehlt in JE. Sie wird gern vom Dtr für besondere Gestalten der Heilsgeschichte verwendet. (vgl. Dtn 34, 5; Jos 1, 1ff; 24, 29; Ri 2, 8; 2 K 9, 7; Jer 7, 25; Dtn 34, 5; Jos 1, 1 usw.). Auch in Ps 105, 6. 42 wird Abraham עבד genannt.

Abschließend ist noch festzuhalten, daß die Erwähnung der Väter im Dtn-Buch ausschließlich in formelhaften Wendungen erfolgt. Es fehlen sämtliche Einzelheiten über das Leben der Erzväter, wie sie in der Genesis berichtet werden. Es ist kaum zulässig, aus Formeln die Existenz eines Geschichtswerkes ableiten zu wollen. So muß angenommen werden, daß dem Verfasser des Dtn lediglich mündliche Überlieferungen über die Väter zur Verfügung standen.

Jos 24, 2f

"2... Eure Väter, Terach, Abrahams und Nahors Vater, wohnten vor Zeiten jenseits des Stromes und dienten anderen Göttern. 3 Da holte ich euren Vater Abraham von der anderen Seite des Stromes und ließ ihn durch das Land Kanaan wandern und mehrte sein Geschlecht."

Der Abschnitt enthält Motive, die mit der JE-Erzählung übereinstimmen: Die Namen Terach, Abraham und Nahor (vgl. Gen 11, 26f), (2) die Herkunft Abrahams aus Mesopotamien (vgl. Gen 24, 10), die Wanderung Abrahams durch Kanaan (vgl. 12ff), die Mehrung seines Geschlechts in der Gestalt seines Sohnes Isaak. Zwar kommt der Ausdruck רבה זרע auch in Gen 16, 10; 26, 24 vor. Doch sind im übrigen erhebliche Unterschiede zu beobachten:

1 Vgl. Plöger, ebd. 77; Kuenen, Einl I, 1, 235; Wellhausen, Composition 91; Eißfeldt, Hexateuch-Synopse 154; Noth, Exodus 200.

2 Noth, Josua 135 sieht תרח אבי אברהם ואבי נחור allerdings als schlecht eingefügte Glosse an.

1. Abgesehen von der Josephsgeschichte (Gen 42, 5. 7. 13. 29. 32; 44, 8; 45, 17. 25; 46, 6 usw.) kommt die Bezeichnung Palästinas als ארץ כנען nur in P vor (vgl. Gen 11, 31; 12, 5; 13, 12; 16, 3; 17, 8; 23, 2. 19; 31, 18; 35, 6; 36, 5f; 37, 1).

2. Die Ortsbezeichnung בעבר הנהר hat in JE keine Parallele.

3. Während nach JE die Patriarchen den mit Jahwe identifizierten Vätergott verehren, werden sie hier als Götzendiener apostrophiert. (1)

Insbesondere der in (3) aufgeführte inhaltliche Unterschied läßt eine literarische Abhängigkeit von JE unwahrscheinlich erscheinen. Nach Noth (2) steht der geschichtliche Rückblick V. 2-13 "nicht in einer unmittelbaren Beziehung zu einer der literarischen Pentateuch-Quellen, sondern beruht auf einer eigenständigen, kultisch verwurzelten Tradition des Verkündens der heilsgeschichtlich wichtigen Ereignisse".

Die Josuarede V. 2-13 ist nicht einheitlich. Kühlewein (3) unterscheidet zwischen zwei Rezensionen, die "euch" (V. 5-7) bzw. "eure Väter" (V. 2b-4. 6f) sagen. Staerk (4) sieht V. 2f als Glosse an. Insbesondere früher wurde das Kapitel hauptsächlich E bzw L zugewiesen. (5) In jüngster Zeit setzt sich mit Recht immer mehr die Überzeugung durch, daß Jos 24 von einem dtn-dtr Verfasser stammt. (6)

<u>1K 18, 36</u> "Um die Zeit aber, wo man das Gabeopfer darzubringen pflegt, trat der Prophet (Elia) herzu und sprach: Jahwe, Gott Abrahams, Isaaks und Israels, laß heute kundwerden, daß du Gott bist in Israel, und ich dein Knecht und daß ich auf dein Wort hin dies alles getan habe."

Der Vers bildet die Eröffnung des Gebetes Elias während des "Gottesurteils" auf dem Karmel. Es wird hier auch die in Ex 3, 6. 15; 4, 5 vorkommende Formel יהוה אלהי אברהם יצחק וישראל gebraucht. Statt Jakob erscheint hier Israel. Der Wechsel von Jakob zu Israel wird in Gen 32, 28 JE berichtet. Bereits Benzinger (7) hatte darauf

---

1 Darauf hat bereits Clements, Prophecy 67 A. 1, hingewiesen.

2 Josua 138.

3 Geschichte 155f.

4 Studien I, 25f.

5 So Wellhausen, Composition 133; Holzinger Josua XXI. 95; Steuernagel, Josua 242; Eißfeldt, Hexateuch-Synopse 248ff; Noth, Josua 139.

6 Vgl. W.H. Schmidt, Glaube 102; Nielsen, Shechem 86ff; Smend, Bundesformel 16ff; Perlitt, Bundestheologie 246ff; Kutsch, Verheißung 171f. - Auerbach, VTS 1, 3, hatte bereits früher die Zeit des Exils als Entstehungsdatum vorgeschlagen.

7 Könige 111.

hingewiesen, daß V. 36b und 37 Dubletten darstellen. Diese Beobachtung ist von Smend (1) aufgenommen und weitergeführt worden. Smend weist darauf hin, daß sowohl V. 36 als auch V. 37 eine Anrufung Jahwes und die im Imperfekt bzw. Jussiv formulierte Bitte um eine bestimmte Erkenntnis enthalten.

Er folgert: "Betrachten wir beide Teile im Zusammenhang der Erzählung, dann kann es keinen Zweifel geben, daß 37 viel genauer in diesen Zusammenhang paßt als 36." Die Bitte "antworte mir" erscheint nur in V. 37; die Septuaginta zieht diese Phrase deshalb zu V. 36. Somit muß V. 36 als sekundäre Variante angesehen werden, die über den unmittelbaren Zusammenhang hinausgeht und sich ohne weiteres wegdenken läßt. (2) Eine literarische Beziehung zu JE ist der formelhaften Wendung nicht zu entnehmen; ein Zusammenhang mit der dtn Tradition ist ebenso wahrscheinlich.

<u>2K 13, 23</u> "Doch Jahwe bewies ihnen (d. h. Israel und Juda) Gnade und erbarmte sich ihrer und wandte sich ihnen wieder zu um seiner Zusage an Abraham, Isaak und Jakob willen."

Der Text erwähnt die ברית, die Jahwe den Vätern gegeben hat. Er zeigt deutliche Verwandtschaft mit Dtn 4, 31; 7, 12; 8, 18, wo der Inhalt der ברית ebenfalls nicht näher bestimmt wird. (3) Innerhalb der JE-Erzählung kommt nur in Gen 15, 18 vor, das jedoch zu einem sekundären Stück gehört. (4) 2K 13, 23 wird allgemein zur dtr Redaktion der Königsbücher gerechnet. (5) Eine literarische Beziehung zu JE ist nicht erkennbar.

In den Chronikbüchern wird Abraham in den Stammbäumen 1Ch 1, 28. 34 erwähnt; 1 Ch 16, 15ff stimmt fast mit Ps 105 überein und soll später behandelt werden. Es bleiben folgende Stellen:

<u>1Ch 29, 18</u> "Jahwe, Gott unsrer Väter Abraham, Isaak und Israel, erhalte solches Sinnen und Trachten für immer in den Herzen deines Volkes und leite ihre Herzen zu dir!"

Der zu dem Abschiedsgebet Davids gehörende Vers enthält dieselbe Vätergottformel, die wir bereits im Zusammenhang mit 1K 18, 36 behandelt haben. Eine literarische Abhängigkeit von JE ist daraus nicht zu entnehmen.

---

1 VT 25, 526f. Bereits Greßmann, Könige 262, hatte beobachtet, daß das Gebet später erweitert worden ist. Hoftijzer, Verheißungen 69 rechnet es zur dtr Übermalung des Kapitels. Staerk, Studien I, 30, sieht in der Vätergottformel eine Glosse oder den Ersatz für ursprüngliches "Jahwe, Gott Israels".

2 Vgl. Smend ebd.

3 S. o. S. 57.

4 S. u. S. 302f.

5 Vgl. Benzinger, Könige 164; Kittel, Könige 259; Noth, Studien 84; Clements, Abraham 68; Kutsch, Verheißung 123.

2Ch 20, 7 "Du, unser Gott, hast die Bewohner dieses Landes vor deinem Volk Israel vertrieben und hast es dem Samen Abrahams, deines Freundes, gegeben für alle Zeiten."

Die Stelle gehört zum Gebet Josaphats und stimmt inhaltlich mit Gen 13, 16f überein. Die hier verwendeten Ausdrücke נתן, זרע, עד-עולם, ארץ kommen dort auch vor. Eine wörtliche Übereinstimmung ist jedoch nicht zu beobachten, so daß die Möglichkeit einer literarischen Abhängigkeit ausscheidet. Die Bezeichnung Abrahams als אהב findet sich nur noch in Dtjes 51, 2.

2Ch 30, 6 "Ihr Israeliten, bekehrt euch zu Jahwe, dem Gott Abrahams, Isaaks und Israels, damit er sich zu den Entronnenen bekehre, die euch aus der Hand der Könige von Assur übrig geblieben sind."

Der Vers gehört zu einem Befehl Hiskias im Zusammenhang mit der Passafeier in Jerusalem. Die hier verwendete Vätergottformel stimmt mit 1Ch 29, 18 und 1K 18, 36 überein.

Neh 9, 7f "7 Du, Jahwe, bist der Gott, der Abram erwählt und aus dem Ur in Chaldäa herausgeführt und mit dem Namen Abraham benannt hast. 8 Du hast sein Herz treu gegen dich befunden und ihm die Zusage gegeben, seinen Nachkommen das Land der Kanaanäer, Hethiter, Amoriter, Peresiter, Jebusiter und Girgasiter zu geben, und hast deine Worte gehalten, denn du bist gerecht!"

Der Abschnitt zeigt mancherlei Übereinstimmungen mit JE. In Gen 11, 28; 15, 7 wird als Abrahams Heimatort ebenfalls Ur in Chaldäa angegeben. Der Katalog der vorisraelitischen Bewohner Palästinas (V. 8aß) kommt ähnlich in Ex 3, 8. 17 vor. Allerdings sind alle übrigen Erwähnungen dieses Katalogs (Gen 15, 20f; Ex 23, 23; Dtn 7, 1; 15, 18-21) spät bzw. dtr. Die Hervorhebung der Treue Jahwes gegenüber Israels könnte eine Anspielung auf Gen 15, 6 sein.

Diese Übereinstimmungen reichen jedoch nicht aus, um eine literarische Abhängigkeit von JE zu postulieren. Sie können ebensogut mündlicher, priesterschriftlicher oder dtn Tradition entstammen. Die Umbenennung Abrams in Abraham wird nur in Gen 17, 5 P berichtet. Der Terminus בחר kommt in JE nicht vor, sondern stammt offensichtlich aus dem dtn Bereich (vgl. Dtn 7, 7f; 10, 14f usw.). Gegenüber Gen 15, 6 besteht lediglich eine vage Motivverwandtschaft. Der Ausdruck לב נאמן ist noch in 1S 3, 20; Ps 78, 6 belegt. Somit wird man eher auf eine literarische Abhängigkeit von P zu schließen haben. (1)

---

1 So auch Staerk, Studien I, 25; Galling, Erwählungstraditionen 54; Rudolph, Chronik 158f.

PS 47, 10 "Die Fürsten der Völker sind versammelt als Volk des Gottes Abrahams; denn Gottes sind die Schilde der Erde, hoch erhaben ist er."

Jahwe wird hier der Gott Abrahams genannt. Diese Bezeichnung kommt in JE nur in der Form "Gott Abrahams, Gott Isaaks und Gott Jakobs" vor (Ex 3, 6. 15f; 4, 45). (1) Eine literarische Abhängigkeit von JE wird man aus dieser formelhaften Wendung kaum ableiten können. "Abraham" kann hier auch ähnlich wie in Mi 7, 20 das Volk Israel meinen.

Auch Gunkel (2) bezweifelt, ob hier eine Anspielung auf Gen 12, 3 oder 17, 4 vorliegt. Der Psalm ist in die nachexilische Zeit anzusetzen. (3)

Ps 105, 8ff. 42 "8 Auf ewig gedenkt er seiner Zusage (ברית) auf tausend Geschlechter des Wortes, das er gegeben, 9 das er Abraham gewährt hat, und des Eides, den er Isaak geschworen hat. 10 Er stellte ihn auf für Jakob als Recht, für Israel als ewige Zusage, 11 er sprach: Dir will ich das Land Kanaan geben als zugemessenes Eigentum. 12 Da sie noch wenige Männer waren, erst kurz im Land und Fremdlinge dort, 13 wanderten sie von Volk zu Volk, von einem Königreich zum andern. 14 Er ließ sie von niemand bedrükken und wies Könige zurecht um ihretwillen: 15 Tastet meine Gesalbten nicht an und tut meinen Propheten kein Leid. ... 42 Denn er gedachte seines heiligen Wortes, das er Abraham, seinem Knecht gegeben hatte."

V. 8 ברית und דבר stehen hier in Parallele zueinander. Beide Termini sowie der übrige Wortlaut haben in JE kein Vorbild. Löhr (4) sieht V. 8b als Glosse zu לעולם an, da V. 9a unmittelbar an V. 8a anschließt.

V. 9 Von einem an Isaak gegebenen Eid (שבועה) berichtet die Genesis nicht. (5)

---

1 S. zu dieser Gottesbezeichnung Vorländer, Mein Gott 185ff.

2 Ps 203.

3 Vgl. Briggs, Psalms I, 398; Gunkel, Psalmen 203; Duhm, Psalmen 195; Taylor, Psalms 246; Wanke, Zionstheologie 31f; Fohrer, Einl 348ff; Clements, Abraham 64.

4 Psalmenstudien 15.

5 Vgl. Lauha, Geschichtsmotive 41. - Löhr, ebd. 15, hält V. 9b für eine Glosse; sie wurde eingefügt, weil der Glossator Isaak vermißte.

V. 10 Parallel zu den bisher gebrauchten Termini kommen hier חק und ברית עולם vor. Sie sind in JE nicht belegt, sondern weisen eher nach P (vgl. Ex 29, 28; 30, 21; Lev. 6, 11 usw.; Gen 17, 7. 13. 19 usw.).

V. 11 Nun wird der Inhalt der von Jahwe gegebenen Zusage genannt, nämlich die Gabe des Landes als "zugemessenes Eigentum" (חלב נחלה). Der Ausdruck kommt in JE nicht vor. Während Duhm (1) den ganzen Vers streicht, sieht Gunkel (2) nur לאמר als Zusatz an. Der Vers ist nach seiner Meinung "der eigentliche Mittelpunkt des Psalms". (3) Auffällig bleibt jedoch der Prosastil und der Numeruswechsel. (4)

V. 12 Auch Gen 12, 5P und 34, 30 JE berichten, daß die Erzväter eine kleine Schar gewesen sind, wobei der Ausdruck מתי מספר mit Gen 34, 30 übereinstimmt. Bei מתי מספר handelt es sich jedoch um einen im AT öfter gebrauchten Terminus (vgl. Dtn 4, 27; 33, 6; Jer 44, 28).

V. 13 Die Genesiserzählungen handeln vom Umherwandern der Erzväter, ohne daß der Vers in JE eine literarische Vorlage hat.

V. 14 Bei dem Zurechtweisen von Königen könnte an Gen 12, 10ff oder 20, 1ff gedacht sein. Der Pharao oder Abimelech werden jedoch nicht wörtlich genannt.

V. 15 Hier wie in Gen 20, 6f kommen die Termini נביא und נגע vor. Dagegen ist משיח für die Erzväter in der Genesis nicht belegt. Lauha (5) sieht in V. 14 eine "freie Anspielung" auf Gen 20.

V. 42 Zu der hier verwendeten Terminologie דבר קדשו und עבד gibt es in den jehowistischen Vätergeschichten kein Vorbild.

Eine wörtliche Übereinstimmung ist somit in der Benutzung von מתי מספר und נביא zu beobachten. Dies reicht jedoch kaum aus, um eine literarische Abhängigkeit des Psalms von JE zu postulieren. Der Abschnitt hat eine Reihe von Ausdrücken, die in JE nicht belegt sind, z. B. דבר קדשו, משיח, חק, ברית, ארץ כנען. V. 14f kann nicht ohne weiteres mit Gen 20 in Verbindung gebracht werden. Dort geht es nämlich um das Antasten von Abrahams Frau, hier aber um die Erzväter selbst. Der Psalm schöpft offensichtlich aus einer eigenstän-

1 Psalmen 378.
2 Psalmen 459.
3 Ähnlich Kittel, Psalmen 344.
4 Vgl. Löhr, ebd.
5 Geschichtsmotive 42.

digen Tradition. Er wird gewöhnlich in die nachexilische Periode datiert. (1) V. 8-22 stimmen, von kleineren Unterschieden abgesehen, mit 1Ch 16, 15ff überein.

Eine Reihe von Stellen erwähnen Sodom und Gomorrha; diese werden häufig als Anspielungen auf die Abrahamserzählungen angesehen (vgl. Gen 13, 10. 13; 18f):

Am 4, 11 "Ich habe eine Zerstörung unter euch angerichtet, wie Gott einst Sodom und Gomorrha zerstört hat."

Der Prophet vergleicht in der Jahwerede das zukünftige Gericht mit der Zerstörung von Sodom und Gomorrha. Der Ausdruck כמהפכת אלהים את-סדם ואת-עמרה ist grammatisch schwierig. מהפכת kann als Verbalnomen aufgefaßt werden, das gelegentlich mit כ konstruiert wird. (2)

In dieser Form wird es auch in den noch zu behandelnden Stellen Jer 49, 18; 50, 40; Jes 13, 19 und Dtn 29, 22 gebraucht (vgl. Jes 1, 7). Andere fassen מהפכת als (seltenen) Infinitiv auf. (3) Es handelt sich offensichtlich um "eine alte und nicht spezifisch israelitische Redensart", (4) die einen Superlativ zum Ausdruck bringt. (5)

Mit Gen 18f hat der Vers die Erwähnung der Zerstörung von Sodom und Gomorrha gemein und steht somit in einem überlieferungsgeschichtlichen Zusammenhang. Es fehlt jedoch die Erwähnung Abrahams und der in Gen 18f geschilderten Umstände. Insofern ist mit der Möglichkeit zu rechnen, daß die Überlieferung von der Zerstörung von Sodom und Gomorrha erst sekundär mit der Abrahamtradition kombiniert wurde und diese Kombination hier noch nicht vorausgesetzt ist. (6) Obwohl es dem Verfasser nur auf den Vergleich ankam, ist es bei einer Benutzung von JE als Vorlage schwer vorstellbar, warum er Abraham nicht erwähnt.

---

1 Duhm, Psalmen 382; Gunkel, Psalmen 458; Briggs, Psalms II, 342; Löhr, PsSt 18; Galling, Erwählungstraditionen 54; Hoftijzer, Verheißungen 76; Kraus, Psalmen 719; Clements, Abraham 64; Fohrer, Einl 316.

2 Vgl. Genesis-Kautzsch, Grammatik § 115d.

3 So Nowack, 12 Propheten 1, 136; Wellhausen, Propheten 80. Robinson, 12 Propheten 86, betrachtet מהפכת als "ein als Infinitiv gebrauchtes femininisches Verbalnomen" mit Präformativ. S. dazu Gesenius-Kautzsch, Grammatik § 45e.

4 Wellhausen, ebd.

5 Vgl. Thomas, VT 3, 209 ff.

6 Wellhausen, Propheten 80, weist darauf hin, daß Gen 18f "nur lose mit der Geschichte Abrahams verbunden ist".

Für die Annahme einer literarischen Abhängigkeit reichen die Beweise ohnehin nicht aus. (1) Zwar wird das hier gebraucht Verb הפך auch in den jehowistischen Stellen Gen 19, 21. 25 verwendet. Doch findet es sich auch im priesterschriftlichen Parallelbericht (Gen 19, 29) und ist auch im übrigen Alten Testament häufig belegt (vgl. Dtn 23, 6; Jos 7, 8; Ri 7, 13; 1S 10, 9; Jer 13, 23; Hos 7, 8 usw.). Es gehört also offensichtlich zu der P, JE und Am 4, 11 zugrundeliegenden Tradition. Der Vers ist literarkritisch umstritten. Auffallend ist das Vorkommen von אלהים in V. 11b. Zum einen ist dies das einzige Mal, wo אלהים im Amosbuch verwendet wird. Zum andern paßt אלהים nicht in den Zusammenhang einer Jahwerede. Duhm (2) betrachtet deshalb V. 11 als redaktionell.

Wolff (3) in Anlehnung an Köhler (4) sieht den gesamten Abschnitt 6-11 als dtr Zusatz an. Nowack (5) und Marti (6) halten an der Echtheit unter Streichung von אלהים fest. (7)

Jes 1, 7. 9

"7 ... Alles ist verwüstet wie beim Untergang Sodoms (8) ... 9 Hätte uns nicht Jahwe Zebaoth einen geringen Rest übrig gelassen, so wären wir wie Sodom geworden und glichen Gomorrha. 10 Höret Jahwes Wort, ihr Herren von Sodom ..."

V. 7 und 9 weisen wie Am 4, 11 auf die Zerstörung Sodoms und Gomorrhas hin, die mit der gegenwärtigen Situation zu vergleichen ist. V. 7bß wird gewöhnlich als Zusatz angesehen, (9) während V. 9 als echt gilt. V. 10 spricht die Führer Judas als "Herren von Sodom" an. Damit wird auf einen anderen Aspekt der Tradition angespielt, wonach Sodom und Gomorrha als Inbegriff sündhafter Städte gelten (vgl. Dtn 32, 32; Ez 16, 46-49; Jes 3, 9; Jer 23, 14; Thr 4, 6).

Nach Wildberger (10) müssen die Sündhaftigkeit und Vernichtung von Sodom und Gomorrha sprichwörtlich gewesen sein.

---

1 So auch Holzinger, Einl 166.
2 ZAW 31, 7.
3 Amos 257f.
4 SchThZ 34, 154.
5 12 Propheten 139.
6 Jesaja 184.
7 Auch Robinson, 12 Propheten 87, und Vollmer, Rückblicke 8, sehen die Stelle für echt an.
8 Statt זרים ist mit Fohrer, Jesaja I, 32; Wildberger, Jesaja 18; Kaiser, Jesaja 5; Vollmer, Rückblicke 160 A. 143, סדם zu lesen.
9 Vgl. Fohrer, Jesaja I, 27; Kaiser, Jesaja 5; Wildberger, Jesaja 18; Vollmer, Rückblicke 160 A. 143.
10 Jesaja 30.

Jes 3,9 — "Daß sie (d.h. die Herren Jerusalems) die Personen ansehen, zeugt gegen sie; ihrer Sünde rühmen sie sich wie die Leute in Sodom und verbergen sie nicht..."

כסדם wird von Duhm (1), Marti (2) und Wildberger (3) als Glosse angesehen, Fohrer (4) und Vollmer (5) halten den gesamten Vers für spät. Die "Leute von Sodom" galten offensichtlich als paradigmatische Sünder.

Jes 13,19 — "So soll Babel, das schönste unter den Königreichen die herrliche Pracht der Chaldäer, zerstört werden von Gott wie Sodom und Gomorrha."

Sodom und Gomorrha gelten auch hier als Symbol für das göttliche Gericht über sündhafte Städte. Das gesamte Kapitel stammt nach allgemeiner Überzeugung aus sehr später Zeit. (6)

Jer 23,14 — "Sie sind alle vor mir gleichwie Sodom und die Bürger Jerusalems wie Gomorrha."

Die Bosheit der Judäer und Jerusalemer wird mit der Sündhaftigkeit der Bewohner Sodoms und Gomorrhas verglichen.

Jer 49,18=50,40 — "18 Gleichwie Sodom und Gomorrha samt ihren Nachbarn zerstört wurden, spricht Jahwe, so soll auch dort niemand wohnen noch ein Mensch darin hausen."

Derselbe Spruch erscheint sowohl in einer Weissagung gegen Edom als auch in einer Weissagung gegen Babylon. Der Prophet kündigt an, daß Edom und Babylon ebenso zerstört werden sollen wie Sodom und Gomorrha. Volz (7) sieht 49,17f als Glosse an, die aus geläufigen Formeln zusammengesetzt ist (vgl. Am 4,11; Jes 13,19). Kap. 49 und 50 sind teilweise aus Ob 1-10 entlehnt und gehören in die nachjeremianische Zeit. (8)

Zeph 2,9 — "... Moab soll wie Sodom und die Ammoniter wie Gomorrha werden, ein Unkrautfeld und eine Salzgrube und ewige Wüste."

---

1 Jesaja 24.
2 Jesaja 38.
3 Jesaja 126; vgl. BHS "frt add".
4 Prophetie 157.
5 Rückblicke 160.
6 Vgl. Duhm, Jesaja Xff; Marti, Jesaja XVI; Fohrer, Einl 403; Vollmer, Rückblicke 160.
7 Jeremia 412 A.2.
8 Vgl. Duhm, Jeremia XVII; Volz, Jeremia 374ff; Eißfeldt, Einl 489; Rudolph Jeremia 266f. 274f.

Der Abschnitt V. 8-10 ist nicht authentisch und stammt aus später Zeit. (1)

Thr 4, 6 — "Die Missetat der Tochter meines Volkes ist größer als die Sünde Sodoms, das plötzlich unterging, und keine Hand zu Hilfe."

Das aus der Exilszeit stammende Klagelied vergleicht Sünde und Gericht des Volkes mit Sodom.

Ez 16. 46ff — "46 Deine große Schwester ist Samaria mit ihren Töchtern, die dir zur Linken wohnt, und deine kleine Schwester ist Sodom mit ihren Töchtern, die zu deiner Rechten wohnt. ... 48 So wahr ich lebe, spricht Gott Jahwe: Sodom, deine Schwester, samt ihren Töchtern hat es nicht so getrieben wie du und deine Töchter. 49 Siehe, das war die Schuld deiner Schwester Sodom..."

Juda wird aufgrund seiner gottlosen Sündhaftigkeit mit Sodom verglichen. Der Abschnitt wird gewöhnlich Ez abgesprochen. (2)

Dtn 29, 22 — "All ihr Land hat er (d. h. Jahwe) mit Schwefel und Salz verbrannt, daß es weder besät werden kann noch etwas wächst, noch Kraut darin aufgeht, gleichwie Sodom und Gomorrha, Adna und Zeboim zerstört sind, die Jahwe in seinem Zorn und Grimm zerstört hat."

Es wird hier dasselbe Verb הפך wie in Gen 19, 21. 25. 29; Am 4, 11 benutzt. Da Adna und Zeboim hier neben Sodom und Gomorrha genannt werden, kann auch Hos 11, 8 mit dieser Tradition in Verbindung gebracht werden.

Dtn 32, 23 — "Denn ihr Weinstock stammt von Sodoms Weinstock, und von dem Weinberg Gomorrhas..."

Das sog. Moselied ist in die Spätzeit zu datieren. (3) Die Tradition von Sodom und Gomorrha wird in den vorangehenden Stellen in zweierlei Bedeutung aufgenommen: einmal als Beispiel für ein vollständiges Vernichtungsgericht (Am 4, 11; Jes 1, 9f; 13, 19; Jer 49, 18; 50, 40; Jeph 2, 9), zum andern als Inbegriff einer besonderen Sündhaftigkeit (Thr 4, 6; Dtn 32, 23; Ez 16, 46-49; Jes 3, 9; Jer 23, 14). (4)

---

1 Vgl. Marti, 12 Propheten 369; Nowack, 12 Propheten 298ff; Horst, 12 Propheten 191; Fohrer, Einl 502.

2 Vgl. Fohrer, Ezechiel 92; Zimmerli, Ezechiel 365.

3 S. dazu u. S. 157.

4 Vgl. Fohrer, Prophetie 156f; Staerk, Studien I, 24f.

Eine literarische Beziehung zu JE ist nicht erkennbar. (1)

Von den übrigen Gestalten und Ereignissen der Abrahamgeschichte werden außerhalb des Tetrateuch erwähnt: Sara (vgl. Dtjes 51, 2) Nahor und Terach (vgl. Jos 24, 2), Ketura (vgl. 1Ch 1, 32f). Hagar bzw. die Hagariter erscheinen nirgendwo als Personennamen, sondern nur als Völkernamen in Ps 83, 7; 1Ch 5, 10. 19f; 27, 31. (2)
Lot als Neffe Abrahams wird nirgendwo genannt; in Dtn 2, 9. 19; Ps 83, 9 werden lediglich die "Söhne Lots" als Volk erwähnt. Dasselbe gilt für die Ismaeliter: Ri 8, 24; Ps 83, 7; 1Ch 2, 17; 27, 30, abgesehen vom Stammbaum 1, 28ff.

Alle bisher aufgeführten Stellen, soweit sie mit Abraham zu tun haben, erwähnen den Erzvater nur in formelhaften Wendungen. Einzelheiten, wie sie in Gen 12-25 berichtet werden, kommen nicht vor. So haben die Berichte von der Berufung, den Auseinandersetzungen mit Lot, der Gefährdung der Ahnfrau, dem Besuch der drei Männer, Isaaks Opferung, von Hagar und Ismael außerhalb des Tetrateuch keinen literarischen Niederschlag gefunden. Die Bezugnahmen auf die Zerstörung Sodoms und Gomorrhas zeigen keinen erkennbaren überlieferungsgeschichtlichen und literarischen Zusammenhang mit JE.

2. Die Isaakerzählungen (Gen 25f)

Von den Isaaküberlieferungen ist in der Genesis nur wenig übrig geblieben. Wahrscheinlich sind einige auf Abraham uminterpretiert worden. Gen 26, 1ff gibt eine Parallelerzählung zu Gen 20 wieder, die von dem Motiv der Gefährdung der Ahnfrau handelt. Zugleich beginnt in Gen 25f der Jakob-Easu-Erzählkreis.

Isaak wird außerhalb des Tetrateuch nirgendwo allein erwähnt. Zusammen mit Abraham und Jakob erscheint er in den bereits behandelten Stellen Dtn 1, 8; 6, 10; 9, 5. 27; 29, 12; 30, 20; 34, 4; 1K 18, 36; 2K 13, 23; 1Ch 1, 28. 34; 16, 16; 29, 18; 2Ch 30, 6; Ps 105, 9; Jer 33, 26.

---

1 Als Anspielungen auf Gen 18f werden zuweilen auch Jes 34, 9f und Ps 11, 6 angeführt. Jes 34, 9 spricht von einer kosmischen Katastrophe unter Feuer, Pech und Schwefel, wobei Sodom und Gomorrha jedoch nicht namentlich genannt werden. Ps 11, 6 beschreibt das Gericht Jahwes, der "regnen läßt auf Gottlose Feuerkohlen und Schwefel und Glutwind ihnen zum Lohn gibt". Doch kommen die Ausdrücke גפרית und רוח זלעפות in JE nicht vor. Nicht jede im AT zu findende Beschreibung einer kosmischen Katastrophe muß eine Beziehung zur Sodomgeschichte haben. Vielmehr hat umgekehrt Gen 18f Elemente aufgenommen, die auch sonst im AT belegt sind.

2 Vgl. Staerk, Studien I, 54.

Am 7, 9 erwähnt die "Höhen Isaaks; (במות יצחק) parallel zu den Heiligtümern Israels" (קדשי ישראל). Am 7, 16 redet der Prophet das Nordreich als "Haus Isaak" (בית יצחק) an. In beiden Fällen wird Isaak als nomen gentilicium verwendet. Ob dabei die Erinnerung an die Erzvätergestalt gleichen Namens mitschwingt, ist nicht ganz deutlich. (1) Ähnlich wie Israel kann auch Isaak erst sekundär zu einem Personennamen geworden sein.

Jos 24, 4 "Und Isaak gab ich Jakob und Esau und gab Esau das Gebirge Seir zum Besitz. Jakob und seine Söhne aber zogen hinab nach Ägypten."

Hier wird Isaak als Vater von Jakob und Esau genannt, während er bereits im vorhergehenden Vers als Sohn Abrahams aufgeführt wurde. Der Ausdruck הר שעיר stimmt mit Gen 36, 8f P überein; er hat in JE keine Parallele. Die Wendung ירד מצרים(ה) kommt sowohl in JE (Gen 43, 15) als auch in P (Gen 46, 3f) vor. Andrerseits ist V. 4b Dtn 2, 5. 9. 19 verwandt. (2) Deshalb wird eine literarische Beziehung des formelhaften Stückes zu JE nicht wahrscheinlich sein. (3)

3. Die Jakoberzählungen (Gen 27-36)

Im Unterschied zu den Abrahamerzählungen zeigt der Jakob-Esau-Erzählkreis einen geschlossenen Zusammenhang. In Gen 26 und 27 wird von der Erlistung des Erstgeburtssegens durch Jakob berichtet, Gen 28, 10ff schildert Jakobs Traum in Bethel. Gen 29-31 handeln von Jakobs Aufenthalt bei Laban, der Heirat Leas und Rahels, und Jakobs Trennung von Laban.

Nach Gen 32f kehrt Jakob zu seinem Bruder Esau zurück und söhnt sich mit ihm aus; dazwischen findet sich die Episode vom Gotteskampf am Jabbok eingeschoben. Gen 35, 1-8 erzählt Jakobs Wallfahrt von Sichem nach Bethel und das Abtun der fremden Götter. Jakob stellt vielleicht die überlieferungsgeschichtlich älteste Gestalt der Erzvätertradition dar. Nach Noth (4) stand sie ursprünglich allein im Mittelpunkt des Themas "Verheißung an die Erzväter".

Der Name Jakobs wird innerhalb der Erzvätertrias an einer Reihe von Stellen erwähnt, die bereits behandelt wurden: Dtn 1, 8; 6, 10; 9, 5. 27; 29, 12; 30, 20; 34, 4; Jos 24, 4; 1K 18, 36; 2K 13, 23; 1Ch 16, 16; 29, 18; 2Ch 30, 6; Ps 105, 9; hinzu kommt der Stammbaum 1Ch 2, 1ff. Nicht zu berücksichti-

---

1 Vgl. Galling, Erwählungstraditionen 49; Wolff, Amos 348. - Nowack, 12 Propheten 159; sieht Amos 7. 16bß als Glosse an.

2 Vgl. Schmitt, Landtag 16.

3 Steuernagel, Josua 242, und Noth Josua 135f, rechnen לרשת אותו zur dtr Bearbeitung des Kapitels.

4 Pentateuch 60.

gen sind die Stellen, in denen Jakob offensichtlich als Name für Israel erscheint. (1)

Hos 12,4ff "4 Im Mutterschoß überlistete er seinen Bruder, und in seiner Manneskraft rang er mit Gott. 5 Er rang mit dem Engel und siegte; er weinte und flehte ihn an um Erbarmen. In Bethel fand er ihn und redete dort mit ihm (2) ... 7 Und du kehre zu deinen Zelten (3) zurück; übe beständig Liebe und Recht und hoffe stets auf deinen Gott."

Der Text birgt große textliche und literarische Schwierigkeiten in sich, die hier nicht alle diskutiert werden können. Wir beginnen mit einem Vergleich dieser Verse mit der JE-Erzählung:

V.4 Der erste Halbvers entspricht Gen 25,23, wo ebenfalls der Ausdruck בטן vorkommt. Die Überlistung Esaus geschieht nach JE jedoch nicht im Mutterleib, sondern zu einem späteren Zeitpunkt. עקב wird in Gen 27,36 gebraucht. Der zweite Halbvers geht mit Gen 32,23ff parallel. שור kommt auch in Gen 32,29 vor, während Gen 32,25 אבק sagt.

V.5 Während hier vom Kampf mit einem Engel (מלאך) die Rede ist, ringt Jakob nach Gen 32,25ff mit einem Mann (איש).

Das hier berichtete Weinen und Flehen Jakobs kommt in Gen 32,25ff nicht vor. Holladay (4) deutet es auf die Begegnung Jakobs mit Esau (Gen 33). Diese Deutung wird jedoch von Rudolph (5) mit Recht zurückgewiesen. Es wäre höchstens auf Gen 35,8 hinzuweisen, wonach Debora unter der Klageeiche (בכות) in Bethel begraben wurde. Bethel spielt zwar in den Jakoberzählungen eine Rolle (vgl. Gen 28,10ff; 35,1), jedoch nicht als Ort, wo Jahwe zu Jakob nach dem Kampf redete. Vielmehr findet das Gespräch nach Gen 32,26ff am Jabbok statt.

V.7 Von einem nach dem Kampf gegebenen Gebot wird in Gen 32 nicht berichtet. Es stellt eine "freie Schöpfung Hoseas" (6) dar.

---

1 Vgl. Am 3,13; 6,8; 7,2.5; 8,7; 10,11; 12,3; Mi 2,12; 3,8; 7,20; Jes 9,7; 14,1; 27,6; 29,22; Ez 28,25; 37,25; Dtjes 40,27; 41,8.14; 42,24; Tritojes 58,14; 59,20; 65,9; Jer 10,25; 30,7.10; Ob 10; Ps 47,5 usw.

2 Mit Marti, 12 Propheten 95, und Robinson, 12 Propheten 46 ist עמו statt עמנו zu lesen.

3 באלהיך ist in באהליך zu ändern.

4 VT 16,57f.

5 Hosea 227f.

6 Rudolph, ebd. 229.

Wörtliche Übereinstimmungen sind somit nur in den Ausdrücken שור, בטן und עקב festzustellen. Doch handelt es sich dabei um geläufigen Sprachgebrauch. Zwar stimmen die Motive des Kampfes und der Überlistung des Bruders mit JE überein. Doch sind im übrigen erhebliche Unterschiede zu beobachten: (1)

1. Die Reihenfolge der Ereignisse ist verschieden: Während nach V. 5b Jakob zuerst mit der Gottheit ringt und dann nach Bethel kommt, erhält er nach Gen 28, 10f zuerst eine Offenbarung in Bethel und kämpft auf der Rückkehr von Harran mit Gott.

2. Es fehlen wichtige Elemente, die in Gen 32 eine Rolle spielen: Jabbok als Ort des Kampfes sowie die Tatsache, daß Jakob eine Verletzung davontrug, werden nicht erwähnt. Es fehlt der Name Esaus, stattdessen spricht V. 4a lediglich von "seinem Bruder". Jakobs Erschleichung des Erstgeburtssegens, der vorausgehende Herrschaftsanspruch Esaus und die Flucht aus dem Elternhaus werden nicht berichtet.

Aus den starken inhaltlichen Abweichungen von JE wurden unterschiedliche Folgerungen gezogen. Rudolph (2) begründet die andere Reihenfolge durch den Hinweis auf den Stil Hoseas und das "Anschwellen des Inhalts". Duhm (3) und Gartner (4) fassen den Text als Midrasch zu Gen 32 bzw. als "homiletic arrangement" auf. Wellhausen (5) stellt fest: "Hosea setzt hier bei seinen Zuhörern oder Lesern eine genaue Bekanntschaft mit den Geschichten der Genesis voraus, in der Gestalt wie wir sie im Jahwisten lesen. In welcher Ordnung er die Geschichten kennt, läßt sich schlecht feststellen." Alle diese Forscher halten also an einer Benutzung von JE als Vorlage fest. (6) Dieser Auffassung hat insbesondere Marti (7) widersprochen. Ihm zufolge kennt Hosea zwar die alten Jakoberzählungen, "aber in anderer Version als wie sie vom Jahwisten resp. Elohisten in der Genesis überliefert sind". (8) Somit besteht zwar eine überlieferungsgeschichtliche Beziehung zwischen Hos 12 und JE, nicht jedoch eine literarische Abhängigkeit. Um diese nachweisen zu können, müßte eine weitgehende formale und

---

1 S. zum Folgenden Robinson, 12 Propheten 47; Wolff, Hosea 274; Jenks, Elohist 269f.

2 Hos 227f.

3 ZAW 31, 39.

4 VT 10, 284.

5 Propheten 128.

6 Vgl. auch Staerk, Studien I, 8ff; Holladay, VT 16, 53ff; Good, VT 16, 137ff.

7 12 Proph. 95.

8 Ähnlich auch Holzinger, Einl 166; Mauchline, Hosea 694; Jenks, Elohist 274ff; Diedrich, Anspielungen 476ff.

inhaltliche Übereinstimmung vorliegen. Beide Texte weichen jedoch erheblich voneinander ab. Hos 12 schöpft aus demselben Traditionskomplex, aus dem auch JE seine Stoffe entnommen hat. Eine literarische Verwandtschaft besteht jedoch nicht.

Der Abschnitt ist literarkritisch umstritten. V. 6 wird allgemein als spätere Glosse ausgeschieden. Nachdem V. 5-7 bereits Wellhausen (1) verdächtig vorgekommen waren, haben Nowack (2), Marti (3) und Vollmer (4) die Verse als späten Zusatz ausgeschieden.

Andere (5) sprechen den gesamten Abschnitt V. 4-7 Hosea ab. Sie weisen darauf hin, daß die Propheten die Patriarchen sonst nur in farbloser Weise erwähnen, während hier konkrete Einzelheiten gegeben werden. Hosea führt die Sündhaftigkeit Israels sonst auf die Zeit der Wüstenwanderung oder der Ansiedlung in Palästina zurück, nicht aber auf den Erzvater. Jakob kommt in V. 3 als Name des Volkes vor, während V. 4ff ohne Übergang von ihm als Einzelperson reden. V. 8 handelt dann offensichtlich wieder vom Volk, so daß V. 4-7 wie eine störende Unterbrechung wirken, die ohne Schaden weggelassen werden kann. Der Inhalt von V. 4ff paßt nicht in den Zusammenhang, da hier im wesentlichen Positives vom Erzvater berichtet wird. Somit ist der Abschnitt wohl als sekundäre Glosse anzusehen.

Hos 12, 13 — "Jakob floh nach dem Gefilde Arams, und Israel diente um eine Frau, um eine Frau hütete er."

Der Prophet berichtet von der Flucht Jakobs nach Nordsyrien und dem Erwerb einer Frau durch Hüten von Vieh. Die hier verwendeten Vokabeln kommen auch in Gen 27ff vor: עבד (vgl. Gen 29, 20. 30), שמר (vgl. Gen 30, 31) und ברח (vgl. Gen 27, 43; 31, 20ff; 35, 1. 7). Jedoch ist שדי ארם in JE nicht belegt. (6) Da es sich bei den übereinstimmenden Vokabeln um gängigen Sprachgebrauch handelt, kann aus dem kurzen Vers eine literarische Abhängigkeit von JE nicht mit Sicherheit erschlossen werden. Der Vers kann genauso gut aus mündlicher Tradition schöpfen.

V. 13f zerreißen den Zusammenhang zwischen V. 12 und 15 und sind im Unterschied zum Kontext in Prosa gehalten. Sie werden deshalb gewöhnlich als späterer Einschub angesehen. (7).

---

1 Ebd. 129.
2 12 Proph 71f.
3 12 Proph 95.
4 Rückblicke 107.
5 Duhm, ZAW 31, 38f; Harper, Amos 373; Ackroyd, VT 13, 253. - Mauchline, Hosea 696f, hält nur 4-6 für einen Zusatz.
6 Vgl. Wellhausen, Propheten 130; Marti, 12 Propheten 98.
7 So Wellhausen, Propheten 130; Marti, 12 Propheten 98; Nowack, 12 Propheten 74; Staerk, Studien I, 11; Harper, Amos 373; Robinson, 12 Propheten 49.

Jer 9, 3 "Ein jeder hüte sich vor dem Freund und keiner traue dem Bruder; denn jeder Bruder betrügt und jeder Freund übt Verleumdung."

Der Ausdruck עקוב יעקב wird häufig als Anspielung auf die in Gen 27, 36 gegebene Etymologie des Namen Jakob gesehen. (1) Doch ist die Anspielung vage. Ackroyd (2) fragt zu Recht, warum der Prophet den Bezug auf Jakob nicht deutlicher macht, wenn er ihn im Auge gehabt hat. Der Vers ist auch ohne diese Anspielung in sich verständlich. Der Verb עקב kommt im AT häufig vor.

Mal 1, 2f "2 Ist nicht Esau Jakobs Bruder? - Ausspruch Jahwes- (3) Und doch habe ich Jakob geliebt, 3 Esau aber gehaßt. Darum habe ich sein Gebirge zur Einöde gemacht und sein Erbteil zur Wüste gewandelt."

In der Erwähnung des Brüderpaares Jakob und Esau sowie der Bevorzugung Jakobs stimmt der Text mit der jehowistischen Erzählung überein. (4) Die hier verwendete Terminologie hat jedoch in JE keine Parallele. Die Termini אהב und שנא werden dort zur Kennzeichnung von Jahwes Verhältnis zu dem Brüderpaar nicht verwendet. JE berichtet auch nicht, daß Jahwe das Gebirge Esaus zur Wüste gemacht hat. Es ist möglich, daß Jakob und Esau hier nicht als Personennamen, sondern als Völkernamen verstanden sind. (5)

Dtjes 43, 27 "Schon dein Ahnherr hat gesündigt, und deine Machthaber brachen mir die Treue."

Die meisten Kommentatoren nehmen es als selbstverständlich an, daß der Prophet hier an Jakob als Prototyp des Betrügers und als Ahnherr des Volkes denkt. (6) Dabei wird verschiedentlich auf Hos 12, 4ff hingewiesen. Diese Annahme ist zwar naheliegend, doch nicht sicher beweisbar, da Jakob nicht namentlich erwähnt wird.

---

1 So z.B. Staerk, Studien I, 6ff; Galling, Erwählungstraditionen 66f; Bright, Jeremia 71f; Rudolph, Jeremia 58.

2 VT 13, 254; vgl. auch Redford, Story 249 A. 1.

3 נאם יהוה ist evtl. zu streichen.

4 Auch Am 1, 11; Dtn 2, 4ff; 23, 8f bezeichnen Edom als Bruderland Israels.

5 In Mal 3, 6 redet der Prophet die Israeliten als "Söhne Jakobs" an, die sich nicht geändert haben und noch immer dieselben sind. Doch ist der Bezug auf Jakobs umlauteren Charakter nicht direkt angesprochen.

6 So z.B. Duhm, Jesaja 295; Volz, Jesaja II, 46; Westermann, Jesaja 40-66, 108; Muilenburg, Jesaja 500; Fohrer, Jesaja III, 71.

Torrey (1) erwägt, ob nicht auch Abraham oder Adam gemeint sein können. Zudem kann es sich um eine bildliche Redeweise handeln, die die gegenwärtige Sünde des Volkes mit der Sünde der Vorfahren zusammensieht, ohne eine konkrete Gestalt im Auge zu haben. Keinesfalls kann der Verfasser das jehowistische Geschichtswerk benutzt haben, denn dort ist Jakob erst der dritte in der Ahnenreihe und kann unmöglich mit אביך הראשון bezeichnet werden. (2)

Dtjes 48, 1 — "Höret dies, Haus Jakob, die sich mit dem Namen Israel nennen und aus den Wassern Judas entspringen, die bei dem Namen Jahwes schwören und zum Gott Israels sich bekennen..."

Westermann (3) und Staerk (4) sehen in dem Vers eine Anspielung auf Jakobs Namensänderung von Jakob in Israel (vgl. Gen 32, 28; 35, 10). Doch ist dieser Bezug fraglich und für das Verständnis des Verses nicht notwendig. Jakob und Juda stehen hier in Parallele und werden offensichtlich als Volksnamen verwendet (vgl. auch Djes 40, 27; 41, 8. 14; 42, 24; 43, 1. 22. 28; 44, 1ff; 45, 4; 48, 12. 20; 49, 5). Duhm (5) sieht V. 1b-2 als sekundär an, da der Inhalt zu V. 1a "höret" erst in V. 3 beginnt. Fohrer (6) hält den gesamten Abschnitt V. 1-11 für einen nicht von Dtjes stammenden Zusatz, der von der Theologie des Dtn und Ezechiels beeinflußt ist. Er weist darauf hin, daß der Prophet Israel nie Unglauben oder Aberglauben, sondern lediglich Kleinglauben vorwirft.

Dtjes 48, 19 — "Dem Sand gleich wäre dein Geschlecht und die Sprößlinge deines Leibes wie seine Körnlein; nicht würde ausgerottet noch getilgt sein Name vor mir."

Der Prophet stellt dem Volk vor Augen, daß sie eine zahlreiche Nation hätten sein können, wenn sie Jahwes Gebote geachtet hätten.

Die Stelle wird häufig als Erinnerung an die Väterverheißung gesehen, wonach die Nachkommen der Patriarchen so zahlreich wie der Sand des Meeres sein sollten (Gen 22, 17; 32, 13). (7) Allerdings kann es sich auch hier um eine allgemeine Redeweise handeln, die ohne den Rückgriff auf

---

1 Second Isaiah 343.
2 So auch v. d. Merwe, Pentateuchtradisies 261.
3 Jesaja 40-55, 159.
4 Studien I, 3.
5 Jesaja 324.
6 Jesaja III, 112.
7 So Duhm, Jesaja 329; Volz, Jesaja II, 96; Muilenburg, Jsaiah 562; Fohrer, Jesaja III, 117.

die Väterverheißung verständlich ist. Sie wird in ähnlicher Weise auch in 1K 4,20 verwendet. Eine literarische Abhängigkeit von JE kann nicht festgestellt werden. (1)

Dtjes 52,4 — "Denn so spricht der Herr Jahwe: Mein Volk zog vor Zeiten hinab nach Ägypten, um als Gast dort zu weilen, und nun hat es der Assyrer um nichts vergewaltigt."

In dem Vers wird gelegentlich eine Anspielung auf Jakobs Übersiedlung nach Ägypten gesehen (vgl. Gen 46). Mehrere hier verwendete Termini finden sich auch in JE: ירד מצרים (Gen 12,10; 43,15; vgl. 46,3fP), גור (Gen 47,4). (2) Doch handeln die V.4-6 offensichtlich von einem Ereignis der jüngsten Vergangenheit, nämlich der Auswanderung von Judäern nach Ägypten nach der Katastrophe von 587 (vgl. Jer 42f). Eine überlieferungsgeschichtliche oder literarische Beziehung zu den jehowistischen Jakobserzählungen ist nicht deutlich zu erkennen. (3) Da die V.4-6 den Zusammenhang unterbrechen und im Unterschied zum Kontext in Prosa gehalten sind, werden sie gewöhnlich als Zusatz angesehen. (4)

In einer Reihe von Stellen redet der Prophet die Exulanten mit יעקב an, häufig in Parallele zu Israel (vgl. Dtjes 40,27; 41,8.14; 42,24; 43,1.22.28; 44,1f.21.23; 45,4; 48,12.20; 49,5.26). Als spezielle Ausdrücke kommen בית יעקב "Haus Jakobs" (46,3) und die Bezeichnung Jahwes als "Starker Jakobs" אביר יעקב (49,26) vor. Dabei wird "Jakob" als Volksname gebraucht, ohne daß notwendigerweise an den gleichnamigen Ahnherrn gedacht sein muß.

Dtn 10,22 — "Ihrer siebzig Seelen zogen deine Väter hinab nach Ägypten, und nun hat dich Jahwe, dein Gott, so zahlreich gemacht, wie die Sterne des Himmels."

Die Angabe, daß Jakobs Familie aus insgesamt 70 Seelen bestand, findet sich nur in P (vgl. Gen 46,27; Ex 1,5). Der Vergleich der Menge des Volkes mit der Zahl der Sterne kommt auch in Gen 15,5 vor, ohne daß eine wörtliche Übereinstimmung festzustellen ist.

Dtn 26,5 — "... Ein umherirrender Aramäer war mein Vater; er zog hinab mit wenig Leuten nach Ägypten und wohnte dort als Fremdling; dann wurde er dort zu einem großen, starken und zahlreichen Volk."

---

1 So auch v.d.Merwe, Pentateuchtradisies 260f.

2 Vgl. גר in Gen 15,13JE; 23,4 P.

3 Vgl. v.d.Merwe, ebd. 261.

4 So auch Duhm, Jesaja 352f; Torrey, Second Isaiah 406; Westermann, Jesaja 40-66, 200. - Fohrer, Jesaja III,153, betrachtet nur כי כה אמר אדני יהוה und לגור שם als Zusätze.

Der Vers steht am Beginn des sog. "kleinen geschichtlichen Credo", das die wesentlichen Ereignisse der Heilsgeschichte bekenntnisartig zusammenfaßt. Von Rad (1), Noth (2), u.a. nehmen an, mit dem "umherirrenden Aramäer" sei der Erzvater Jakob gemeint. Doch ist diese Identifizierung keineswegs sicher, Zwar kommen die Ausdrücke ירד מצרים, גור , גדול, גור und עצום auch in JE vor (vgl. Gen 12, 10; 43, 15; 47, 4; 18, 18; Ex 1, 9 Num 14, 12). מתי מעט ist mit מתי מספר in Gen 34, 30 (vgl. Ps 105, 12) zu vergleichen. Doch gibt es für den Ausdruck ארמי אבד in JE keine Parallele. Van Seters (3) beobachtet daß die Väterverheißung nicht erwähnt wird. Zudem zeigt der Vers im übrigen typisch dtn Terminologie (vgl. Dtn 4, 38; 9, 1; 11, 23; Jos 23, 9 u. ä.). Inhaltlich paßt das hier gezeichnete Bild Jakobs nicht zur JE-Erzählung. Dort wird Jakob als "Gesegneter Jahwes" bezeichnet (vgl. Gen 27, 28), der im Laufe seines Lebens einen erheblichen Reichtum ansammelt.

Hier jedoch erscheint er als umherirrender Nomade. Auch kennt Dtn 26, 5 offensichtlich den in JE berichteten Aufenthalt der Erzväter in Palästina noch nicht. (4) Eine literarische Abhängigkeit von JE ist deshalb wenig wahrscheinlich.

Das Alter des Credo ist umstritten. G. v. Rad (5), der als erster die Aufmerksamkeit auf diesen Text gelenkt hat, sah darin einen Abschnitt "mit allen Anzeichen eines hohen Alters", wenn auch mit "deuteronomischer Übermalung". Dengegenüber hat insbesondere Rost (6) nachgewiesen, daß Dtn 26, 5ff verhältnismäßig viele Wendungen enthält, die für die Rahmenreden des Dtn und die Baruchbiographie des Jeremiabuches charakteristisch sind. Er setzt deshalb das Credo in die Zeit Josias an. (7)

<u>1K 18, 31</u> "Da nahm Elia zwölf Steine, nach der Zahl der Stämme der Söhne Jakobs, an den das Wort Jahwes ergangen war: Du sollst Israel heißen."

V. 31b ist mit Gen 32. 29 JE und 35, 10 P zu vergleichen:

1K 18, 32: אשר היה דבר-יהוה אליו לאמר ישראל יהיה שמך
Gen 32, 29: ויאמר לא יעקב יאמר עוד שמך כי אם-ישראל
Gen 35, 10: ויאמר-לו אלהים שמך יעקב לא יקרא שמך עוד יעקב כי אם
ישראל יהיה שמך ויקרא את-שמו ישראל

---

1 Ges. St. 63.
2 Pentateuch 60.
3 JBL 22, 448ff.
4 S. Galling, Erwählungstratitionen 8.
5 Ges. St. 9ff.
6 Credo 11ff.
7 Ähnlich auch Richter, Fs. Schmaus I, 175ff; Childs, VTS 16, 39; Carmichael, VT 19, 279ff; Kühlewein, Geschichte 160; Mittmann, Fs. Ellinger 147. - 1S 12, 8 wird u. S. 110 behandelt.

Eine Übereinstimmung liegt eher mit P als mit JE vor. V. 32a steht in Widerspruch zu V. 30b: Nach V. 30b hat Elia den zerstörten Jahwealtar bereits aufgebaut, während er nach V. 32b einen neuen aus zwölf Steinen erbaut. Deshalb ist V. 31. 32a wohl als späterer Zusatz anzusehen. "Der Überarbeiter stieß sich wohl an der Benützung des alten Altars, also der Bama, durch Elia und ließ ihn lieber einen neuen erbauen." (1) Die LXX hat diese Doppelung erkannt und deshalb die Notiz vom Herstellen des zerfallenen Altars hinter V. 32a gestellt. Die Stelle erinnert an die Errichtung von zwölf Steinen nach der Jordanüberquerung in Gilgal, einem priesterschriftlich-dtr Stück (Jos 4, 20ff). (2)

Unter den übrigen Gestalten der Jakobserzählungen wird insbesondere Rahel außerhalb des Tetrateuch erwähnt:

Jer 31, 15 — "Horch! In Rama hört man klagen, bitterlich weinen. Rahel weint um ihre Kinder, will sich nicht trösten lassen, weil sie nicht mehr da sind."

In Rama befand sich nach 1S 10, 2 das Grab der Rahel. Jer schildert hier, wie die Ahnfrau der Josephstämme um ihre Kinder weint. Offensichtlich handelt es sich hier um die Vorstellung eines Lokalnumens, das kultische Verehrung genoß. (3) Eine literarische Beziehung zu JE läßt sich nicht feststellen. Der Ort Rama wird in den Genesiserzählungen nicht erwähnt. (4) Die bloße Namensnennung läßt eher auf eine mündliche Lokaltradition schließen.

Dtjes 49, 21 — "Da wirst du bei dir denken: Wer hat mir diese geboren? Ich bin ja der Kinder beraubt und unfruchtbar. Und diese, wer hat sie mit großgezogen? Siehe, ich war allein noch übrig; wo waren denn diese?"

Man könnte in diesem Text eine Anspielung auf die Kinderlosigkeit der drei Ahnfrauen Sara, Rebekka und Rahel sehen. Doch wird keine dieser Frauen namentlich genannt. Zudem wird hier der Terminus גלמוד gebraucht, während in Gen 11, 30; 25, 21; 29, 31 עקר verwendet wird. Der Text ist auch ohne die Anspielung auf die Ahnfrauen sinnvoll. Ähnliche Aussagen finden sich des öfteren in der exilischen Prophetie, ohne erkennbaren Zusammenhang mit den Erzvätererzählungen (vgl. Jer 15, 7; 18, 21; Ez 5, 17; 14, 15). Die Kinderlosigkeit ist eine bildliche Redeweise für Israels Dezimierung durch die Einnahme Jerusalems. Eine literarische und

---

1 Kittel, Könige 148; ähnlich Benzinger, Könige 110; Steck, Elia 17 A. 25; Fohrer, Elia 15 A. 22. - Anders Würthwein, ZThK 59, 13f, der annimmt, V. 31-32a seien ursprünglich, während die Angabe der Wiederherstellung in V. 30b als dtr in Abhängigkeit von 1K 19, 10. 14 aufzufassen sei.

2 S. dazu u. S. 102.

3 Vgl. Staerk, Studien I, 16.

4 Vgl. Redford, Story, 249 A. 1.

überlieferungsgeschichtliche Beziehung zu JE ist nicht festzustellen. (1)

Ru 4, 11 — "Und alle Leute, die im Tor waren, und die Ältesten sprachen: Wir sind Zeugen. Jahwe mache die Frau, die in dein Haus kommt, wie Rahel und Lea, die beide das Haus Israel gebaut haben."

Hier werden die beiden Hauptfrauen Jakobs als Beispiele für Frauen aufgeführt, die das Volk Israel aufgebaut haben. Ob der Vers auf mündlicher Tradition beruht oder die Pentateucherzählung benutzt hat, ist nicht zu erweisen. Das Buch Ruth wird gewöhnlich in die nachexilische Periode datiert. (2)

Esau kommt in den bereits behandelten Stellen Jos 24, 4; Mal 1, 2f vor und ist wohl in Hos 12, 4ff gemeint. Hinzu kommt noch folgende Stelle:

Dtn 2, 4ff — "4 Ihr werdet durch das Land eurer Brüder, der Söhne Esaus, ziehen, die auf dem Seir wohnen... Aber hütet euch sehr 5, sie zu bekriegen. Ich werde euch von ihrem Land nicht einen Fuß breit geben, denn das Gebirge Seir habe ich den Söhnen Esaus zum Besitz gegeben... 13 Auch wohnten vorzeiten auf dem Seir die Horiter; und die Söhne Esaus vertrieben und vertilgten sie vor sich her und wohnten an ihrer Statt..." (vgl. auch V. 22. 29)

Auch JE gibt Seir als Wohnort von Esau und seinen Nachkommen an (Gen 32, 4; 35, 14). Die Priesterschrift berichtet in Gen 36, 1ff auführlich, wie Esau aus Palästina auswandert und sich auf dem Gebirge Seir niederläßt. Allerdings findet sich zu der Aussage, daß Jahwe Esau dieses Gebiet zum Besitz gegeben hat, keine Parallele in JE oder P. Der hier verwendete Begriff הר שעיר kommt nur in P (Gen 36, 8f) vor, JE sagt dafür ארץ שעיר (Gen 32, 4; 36, 30), oder nur שעיר (Gen 33, 14. 16). Eine literarische Abhängigkeit von JE ist deshalb nicht zwingend beweisbar. Auch kann עשו hier eher als Volksname wie in Jer 49, 8. 10; Ob 6, 18; Mal 1, 2f gebraucht sein. Edom wird auch in Am 1, 11; Ob 10, 12; Mal 1, 2f als Israels Brudervolk bezeichnet.
Esau wird noch im Stammbaum 1 Ch 1, 34f aufgeführt.

Eine Reihe von Gestalten und Ereignissen der Jakoberzählungen haben nirgendwo außerhalb der Genesis einen literarischen Niederschlag gefunden, so z. B. die Episoden mit Laban, die Offenbarung in Bethel, die Wallfahrt von Sichem nach Bethel samt der feierlichen Entfernung der fremden Götter.

---

1 So auch v. d. Merwe, Pentateuchtradisies 262.

2 Vgl. z. B. Nowack, 12 Propheten 180ff; Fohrer, Einl 271.

4. Die Josephsgeschichte (Gen 37-50)

Die Josephsgeschichte stellt ein in sich geschlossenes Literaturstück dar, das gewöhnlich der Gattung der Novelle zugeordnet wird. Die Geschichte handelt von dem zweitjüngsten Sohn Jakobs, der von seinen Brüdern nach Ägypten verkauft wird und dort auf mancherlei Umwegen zu einer hohen Position aufsteigt. Während Joseph des öfteren als Name für Israel belegt ist (vgl. Ez 37, 16; 47, 13; Am 5, 6; Ob 18; Ps 77, 16; 87, 67; 80, 2; 81, 6: u. ö.), findet sich auf den Inhalt der Josephsgeschichte nur eine Bezugnahme außerhalb des Tetrateuch:

Ps 105, 16ff — "16 Als er (d. h. Jahwe) einen Hunger ins Land rief, jegliche Stütze an Brot zerbrach, 17 sandte er vor ihnen her einen Mann: Joseph ward als Sklave ververkauft. 18 Sie zwangen seine Füße in Fesseln, in Eisen kam er zu liegen 19 bis zur Zeit, da sein Wort eintraf, der Spruch Jahwes ihn bewährte. 20 Er setzte ihn zum Herrn seines Hauses, zum Gebieter über alle seine Güter, 22 daß er seine Fürsten zurechtweise nach Wunsch und seine Ältesten Weisheit lehre. 23 Und Israel kam nach Ägypten, Jakob ward Gast im Land Hams."

Der Abschnitt enthält mancherlei Parallelen zur jehowistischen Josephsnovelle:

V. 16 Die Hungersnot wird auch in Gen 41, 47ff berichtet, dort kommt derselbe Ausdruck רעב vor. Löhr (1) sieht den Vers als Zusatz an, da er die Hungersnot vor dem Verkauf Josephs ansetzt. Doch kann der Vers ursprünglich sein, da ein solcher "Fehler" gerade in einem Zusatz nicht wahrscheinlich ist und auf eine selbständige Tradition hinweist.

V. 17 Der Verkauf Josephs nach Ägypten wird in Gen 37, 25ff berichtet. In 37, 28. 36; 45, 5 kommt dasselbe Wort מכר "verkaufen" vor, nicht jedoch in Verbindung mit לעבד .

V. 18 Der Inhalt dieses Verses unterscheidet sich von JE insofern, als in Gen 39, 20ff berichtet wird, daß Joseph sich frei im Gefängnis bewegen konnte. Die Termini כבל (nur noch 149, 8) und ברזל werden in JE nicht gebraucht.

V. 19 Zu dem Wortlaut des Verses gibt es keine Parallele in JE. Während hier das Eintreten eines von Joseph geäußerten (prophetischen) Wortes als Zeitpunkt der Freilassung Josephs berichtet wird, geschieht die Freilassung nach Gen 41, 37ff sofort nach der Traumdeutung.

---

1 PsSt 15f.

V. 20 Der Vers stimmt inhaltlich mit Gen 41 überein. Dort kommt auch שלח (V. 8, 14) vor, nicht jedoch נתר, משל עמים und פתח

V. 21 Die hier wiedergegebene Erhöhung Josephs wird in Gen 41, 37ff berichtet; doch besteht keinerlei terminologische Übereinstimmung.

V. 22 Keine Parallele in JE.

V. 23 Die Übersiedlung nach Ägypten wird in Gen 46 erzählt. Der Terminus גור wird zwar nicht in Gen 46, jedoch in 47, 4 gebraucht. Der Ausdruck ארץ חם (vgl. Ps 105, 23. 27; 106, 22) bzw. חם (vgl. Gen 5, 32; 6, 10 usw.) kommt in der Josephsgeschichte nicht vor.

Eine literarische Abhängigkeit von JE ist aus formalen und inhaltlichen Gründen wenig wahrscheinlich:

1. Es bestehen kaum wörtliche Übereinstimmungen mit Gen 37-50. Wenn gelegentlich dieselben Ausdrücke verwendet werden, so kann es sich um allgemeinen Sprachgebrauch handeln.

2. Der in JE gebrauchte Titel פרעה kommt in Ps 105 nicht vor. Hier erscheint lediglich מלך (vgl. מלך מצרים Gen 40, 1. 5; 41, 46).

3. Die Hungersnot trat nach Ps 105 bereits vor Josephs Verkauf ein, während sie nach JE erst später kam. Die Freilassung Josephs erfolgt in Gen 41 auf Grund von Josephs Traumdeutung, hier jedoch nach dem Eintreffen eines prophetischen Wortes.

Zwar gehen unser Psalm und die jehowistischen Josephserzählung auf eine ähnliche Überlieferung zurück, doch wurde diese in beiden Fällen selbständig verarbeitet und literarisch ausgeformt. (1)

5. Zusammenfassung

Abraham kommt in der vorexilischen Prophetie nicht vor. Sein Name wird erstmals in Ez 33, 24 genannt, sodann in Djes 51, 2; Tritojes 63, 15f und in späteren Zusätzen Djes 41, 8f; Mi 7, 20; Jes 29, 22; Jer 33, 26. Dies bedeutet, daß Abraham in der gesamten Prophetie nur insgesamt siebenmal erwähnt wird. In den geschichtlichen Büchern erscheint Abraham zumeist in der Triasformel zusammen mit Isaak und Jakob (Dtn 1, 8; 6, 10; 9, 5. 27; 29, 12; 30, 20; 34, 4; 1K 18, 36; 2K 13, 23; 1Ch 29, 18). Alle diese Stellen gehören der dtr bzw. chron Bearbeitung an. (2) Ausführlichere Bezugnahmen auf Abraham kommen in Jos 24, 2f; 2Ch 20, 7; Ps 105, 8ff; 1Ch 16, 15ff und Neh 9, 7 vor. In den Psalmen wird Abraham nur zweimal (Ps 47, 10 und

---

1 Zur Datierung des Psalms s. o. S. 63.

1 So auch Staerk, Studien I, 30; Hoftijzer, Verheißungen 77; Diebner, DBAT 7, 39ff.

2 Von Rad, Ges. St. 9ff; Noth, Pentateuch 227.

105, 8ff) genannt. Keine dieser Stellen ist älter als das Exil. Die Erwähnungen von Sodom und Gomorrha als Stätten der Sünde und des Gerichtes Gottes (Am 4, 11; Jes 1, 9f; 3, 9; 13, 19; Jer 23, 14; 49, 18; 50, 40; Zeph 2, 9; Thr 4, 6; Ez 16, 46ff; Dtn 32, 32) haben mit der Abrahamtradition von Haus aus nichts zu tun. Sie bilden vielmehr eine selbständige Überlieferung. Sara wird nur in Djes 51, 2 erwähnt. Die übrigen Gestalten der Abrahamerzählungen kommen - abgesehen von den chron Stammbäumen - im übrigen AT nicht vor.

Isaak wird nur in Jos 24, 4 als selbständige Einzelpersönlichkeit erwähnt. Sonst erscheint sein Name lediglich im Zusammenhang mit den drei Erzvätern in der Triasformel. Die übrigen Belege meinen Isaak als Name des Volkes.

Jakob wird insgesamt dreimal in der Prophetie genannt: Hos 12, 4ff; 12, 13; Mal 1, 2f. Die beiden Hoseastellen sind wohl als spätere Zusätze anzusehen. Jer 9, 3; Dtjes 43, 27; 48, 1. 19; 52, 4 sind zu vage, als daß sie mit einiger Sicherheit auf Jakob bezogen werden könnten. In den geschichtlichen Büchern erscheint Jakob - abgesehen von seiner Erwähnung in der Triasformel - nur in Dtn 10, 22; und 1K 18, 31. Rahel wird in Jer 31, 15 unabhängig von JE sowie zusammen mit Lea in Ru 4, 11 erwähnt. Esau kommt in Jos 24, 4; Mal 1, 2f; Dtn 2, 4ff und in den chron Stammbäumen vor. Sein Name fehlt erstaunlicherweise in Neh 9 und Ez 33, 24, wo jeweils Abraham genannt wird.

Von der Josephsgeschichte findet sich nur in dem nachexilischen Ps 105, 15ff eine ausführliche Wiedergabe, die allerdings in dem Paralleltext 1Ch 16 fehlt. Sonst wird Joseph nirgendwo erwähnt. (1) Sein Fehlen in der vorexilischen Literatur stimmt mit dem Sachverhalt überein, daß in der Namengebung Joseph erst vom Exil an populär wird. (2)

Die in JE vorausgesetzte genealogische Verknüpfung der drei Erzväter ist außerhalb des Tetrateuch erst in exilisch-nachexilischen Texten belegt. Neben der Triasformel sind hierfür nur Jos 24 und Ps 105 zu nennen.

Für die jehowistische Geschichtserzählung ist die Kombination von Land-, Mehrungs- und Segensverheißung charakteristisch. Nun erwähnen Ez, die dtr Einleitungsreden, Neh 9 und Ps 105 nur die Landverheißung. Staerk (2) weist darauf hin, daß der Landbesitz bei Ez und Jer durch Exodus und nicht durch die Väterverheißung begründet wird. Dtn 1, 8. 21; 31, 23 ergeht die Landverheißung, Dtn 7, 13; 13, 18 die Mehrungsverheißung direkt an das Volk. Die Mehrungsverheißung an die Väter wird nirgendwo explizit erwähnt. Sie kann vielleicht in Jos 24, 2f und Djes 51, 2 vorausgesetzt werden. Eine Reihe von Texten berichteten lediglich von dem engen Verhältnis zwischen

---

1 So Noth, Namengebung 60 A. 2.
2 Studien I, 49f.

Jahwe und den Erzvätern, ohne eine Verheißung zu erwähnen (Jes 29, 22; Mi 7, 20; Djes 41, 8f; 2 Ch 20, 7; 1K 18, 36; Ps 47, 10). Die Segensverheissung wird außerhalb der Genesis nirgendwo erwähnt.

Die Stellen, die nur von Jakob handeln, zeigen keine Kenntnis von seiner Funktion als Verheißungsträger bzw. - empfänger (vgl. Hos 12, 4ff; 12, 13; Mal 1, 2f).

Nur wenige Stellen berichten über Einzelheiten aus dem Leben der Erzväter, wie Hos 12, 4ff; Ps 105, 7ff. 16ff; Jos 24, 2ff; Neh 9, 7f; Mal 1, 2f; Dtn 2, 4f. Aus ihnen gehen nur ihre Namen, ihr besonderes Verhältnis zu Jahwe und die an sie ergangene Landverheißung hervor.

Von Jakob berichtet Hos 12, 4ff. 13, daß er seinen Bruder betrogen, mit Gott gekämpft, etwas mit Bethel zu tun und um eine Frau gedient hat. Jos 24, 2ff gibt als Herkunftsland Abrahams das nördliche Zweistromland an und erwähnt sein Umherziehen in Kanaan sowie sein Hinabziehen nach Ägypten. Von Sara können wir aus Dtjes 51, 2 entnehmen, daß sie Abrahams Frau war. Lea und Rahel werden in Ru 4, 11 erwähnt. Aus Mal 1, 2f und Dtn 2, 4ff wissen wir, daß Esau Jakobs Bruder war. Alle diese außertetrateuchischen Informationen zusammen ergeben nur ein sehr dürftiges Bild vom Leben der Erzväter. Demgegenüber bietet JE eine Fülle von Episoden, die außerhalb der Genesis keine Erwähnung gefunden haben. Nur Ps 105, 16ff macht eine Ausnahme, indem hier ein kurzer Abriß der Josephsgeschichte geboten wird.

Abgesehen von der Triasformel wird oftmals nur einer der Erzväter allein erwähnt: Hos 12, 4ff nennt nur Jakob; Ez 33, 24; Neh 9; Tritojes 63, 15f; Jes 29, 22; Djes 41, 8f; 51, 2 nur Abraham. Jos 24 läßt die Gestalt Josephs aus. Das Fehlen sämtlicher Erzväter in den großen geschichtlichen Rückblicken (Ez 20; 1S 12; Jer 32, 16ff; Ps 78; 80; 106; 136) ist zuerst v. Rad (1) aufgefallen. Die Verbindung der Erzvätertradition mit den übrigen Pentateuchthemen läßt sich erst ab dem Exil nachweisen. Sie stellt nach v. Rad (2), Noth (3) und Kühlewein (4) ein überlieferungsgeschichtlich spätes Stadium dar. Die Väter fehlen völlig im dtn Gesetz, bei Hag, Sach, Jo, Ob, Jon, Hab, Zeph.

Abraham und die an ihn ergangene Landverheißung werden von Ezechiel zitiert und kritisch gegen die im Land Zurückgebliebenen gewandt. Auch Jakob erscheint in den von ihm handelnden Stellen in einem negativen Licht. Es fehlt jegliche heilsgeschichtliche Perspektive, wie sie für die jehowistische Geschichtserzählung charakteristisch ist. (5)

---

1 Ges. St. 16ff.
2 Ebd. 62ff.
3 Pentateuch 58ff. 86ff.
4 Geschichte 160.
5 Vgl. Staerk, Studien I, 12.

C Die Exoduserzählung (Ex 1-15)

Die jehowistische Exoduserzählung besteht aus folgenden Teilen:

1. Unterdrückung der Israeliten in Ägypten: Ex 1.
2. Moses Geburt, Flucht nach Midian, Offenbarung am Gottesberg und Beauftragung durch Jahwe: Ex 2-4.
3. Moses Verhandlungen mit dem Pharao und die ersten neun Plagen: Ex 5-11.
4. Die letzte Plage der Tötung der Erstgeburt, Einsetzung des Passa: Ex 12.
5. Das Meerwunder: Ex 13, 17-14, 41.

Auf diese Ereignisse wird häufig außerhalb des Pentateuch Bezug genommen.

1. Das Exodusereignis einschließlich Schilfmeerwunder (1)

Hos 11, 1 — "Als Israel jung war, hatte ich ihn lieb und rief ihn, meinen Sohn, aus Ägypten." (2)

Israel wird hier Jahwes "Sohn" (נער bzw. בן) genannt, den er in seiner Jugend liebte und aus Ägypten rief. Eine literarische Beziehung zu JE läßt sich nicht nachweisen.

---

1 Hos 2, 17 soll u. S. 144f behandelt werden.

2 Das letzte Wort לבני ist textlich umstritten. Marti, Jesaja 85f, liest mit LXX לְבָנָיו und übersetzt: "Und seit Ägypten rief ich seinen Kindern". Als Begründung weist er darauf hin, daß Israel erst seit dem Exodus Jahwes Sohn ist und zudem V. 2 im Plural fortfährt. Doch ist wohl mit Wolff, Hosea 247, der Masoretische Text als lectio difficilior beizubehalten.

Der Titel "Sohn" kommt dort für Israel insgesamt nicht vor. Es handelt sich hier um eine für das gesamte Alte Testament singuläre Formulierung. Lediglich die Bezeichnung "Söhne Jahwes" o. ä. ist in Dtn 14, 1; 32, 5; Jes 1, 2; 30, 1. 9; Jes 3, 14 belegt. (1)

Hos 11 stellt ein äußerst schwieriges Kapitel dar. Mehrere Verse (bes. V. 4f. 7) sind textlich korrupt und unübersetzbar. Andere lassen sich nur unter Zuhilfenahme von Änderungen und Ergänzungen einigermaßen übersetzen. V. 10f sind wohl ohnehin als sekundär anzusehen. (2) Zwischen V. 1 und V. 2 erfolgt ein Subjektwechsel von der 1. Pers. Sg. zur 3. Pers. Plural, der zumeist in Anlehnung an die Septuaginta geglättet wird. Es muß als äußerst zweifelhaft erscheinen, ob das Kapitel zum ursprünglichen Bestand des Hoseabuches gehört. Zum vorausgehenden Abschnitt 10, 9-15 besteht keinerlei Verbindung; 12, 1 bildet vielmehr einen Neuansatz. (3) Wolff (4) klassifiziert das Kapitel als eine geschichtstheologische Anklagerede, die mit Am 4, 6ff; Jes 9, 7ff; Ez 16 und 20 zu vergleichen ist. Im Unterschied zu Hos 2, 4-17 und 3, 1-5 wird hier die Not des Gerichts als bereits vergangen bzw. gegenwärtig geschildert, ohne daß Israels Umkehr zu erkennen wäre. Dagegen steht das Gericht nach Hos 2 noch bevor. Auf Grund dieser Unterschiede führt Wolff (5) das Kapitel nicht unmittelbar auf Hosea zurück, sondern sieht darin "die Nachschrift eines Auditionsberichtes des Propheten aus seinem Freundeskreis".

Von diesen kritischen Beobachtungen her ist es nur noch ein kleiner Schritt zu der Folgerung, in Hos 11 das Werk späterer Redaktoren zu sehen. Hinzu kommt der im Folgenden zu beweisende Sachverhalt, daß die in V. 1 enthaltene Exodustradition im übrigen Hoseabuch sowie bei sämtlichen vorexilischen Propheten fehlt.

<u>Hos 12, 10</u> "Ich, Jahwe, bin dein Gott vom Land Ägypten her
und ich will dich wieder in Zelten wohnen lassen
wie in den Tagen der Vorzeit."

V. 10a stimmt wörtlich mit 13, 4a überein. Eine literarische Beziehung zu JE ist nicht erkennbar. Dort wird nicht berichtet, daß Israel während der Wüstenzeit in Zelten (אהל) wohnte. (6) Der Vers ist wohl als Einschub anzusehen, wobei folgende Gründe anzuführen sind: (7)

---

1 Auch Jenks, Elohist 274, und Vollmer, Rückblicke 57ff, sehen in dem Vers eine selbständige Aufnahme und Verarbeitung der Exodustradition.

2 Vgl. BHS; Kaiser, Einl 172.

3 Wolff, Hosea 249.

4 Ebd. 249.

5 Ebd. 254.

6 Vgl. lediglich den Ausdruck אהל מוער in Ex 33, 7 und Num 11, 24.

7 Vgl. Marti, 12 Propheten 96; Nowack, 12 Propheten 75; Zillessen, ARW 6, 289f. - Anders Robinson, 12 Propheten 47f; Vollmer, Rückblicke 97f.

1. V. 10a stimmt wörtlich mit 13, 4a überein, was darauf schließen läßt, daß der Halbvers von dort übernommen ist.

2. Die feierliche Selbstproklamation אנכי יהוה אלהיך מארץ מצרים kommt sonst bei Hos nicht vor. (1)

3. V. 10b paßt nicht in den Zusammenhang, da er das Gegenteil der zu erwartenden Strafankündigung beinhaltet.

4. Sowohl V. 9b als auch V. 11 werden gewöhnlich als sekundär angesehen. (2) V. 10 steht - bei Annahme der Echtheit - völlig isoliert da.

Diese Gründe sind so gewichtig, daß die Wahrscheinlichkeit auf die Unechtheit des Verses hindeutet.

Hos 12, 14 "Aber danach führte Jahwe durch einen Propheten Israel aus Ägypten, und durch einen Propheten ließ er sie hüten."

Der Vers zeigt formal wie inhaltlich einige Merkwürdigkeiten: Gegenüber V. 13, wo zweimal das Wort "Frau" vorkommt, betont er zweimal, daß Jahwe Israel durch einen Propheten aus Ägypten herausführte. Es hat den Anschein, als ob ein gutes und ein böses Prinzip einander gegenüberstünden.

Der Name Mose wird nicht ausdrücklich genannt; viele Forscher nehmen jedoch an, daß Mose gemeint ist. (3) Da Mose erst seit dem Dtn als Prophet bezeichnet wird (vgl. Dtn 18, 15. 18; 34, 10 usw.), nehmen die meisten Forscher an, daß der Vers als späterer Zusatz anzusehen ist. (4) Zudem ist der Vers zusammen mit V. 13 in Prosa gehalten, während der Kontext poetisches Versmaß zeigt.

Eine literarische Abhängigkeit von JE läßt sich nicht feststellen. Der Terminus שמר für Moses Führung kommt in JE nicht vor; auch fehlt in Ex die Bezeichnung Moses als נביא . Der Vers schöpft vielmehr aus mündlicher Tradition (vgl. Tritojes 63, 11).

---

1 Zimmerli, Ges. St. 28, stellt fest, daß diese "Selbstvorstellungsformel" in der älteren Prophetie - abgesehen von Hos 12, 10; 13, 4 - fehle. Erst seit Djes ist sie belegt.

2 Vgl. Marti, 12 Propheten 96f.

3 So z. B. H. Schmid, Mose 98; Kuenen, Einl I, 1, 168; Weiser, 12 Propheten 93; Wolff, Hosea 280 (vorsichtig).

4 So Marti, 12 Propheten 98; Nowack, 12 Propheten 74; Robinson, 12 Propheten 49; Zillessen, ARW 6, 289f; Noth, Pentateuch 40 A. 161 ("wahrscheinlich nicht hoseanisch"); H. Schmid, Mose 62; Vollmer, Rückblicke 110.

Hos 13,4 "Ich bin Jahwe, dein Gott von Ägypten her. Einen Gott außer mir kennst du nicht und einen Helfer außer mir gibt es nicht."

V. 4a stimmt - wie bereits erörtert - wörtlich mit 12, 10a überein.
V. 4b zeigt auffallende Verwandtschaft mit djes Texten:
V. 4b: אלהים זולתי לא תדע ומושיע אין בלתי
Djes 45, 5 אני יהוה ואין עוד זולתי אין אלהים אאזרך ולא ידעתני
הלא אני יהוה ואין-עוד אלהים מבלעדי אל צדיק ומושיע אין זולתי
Djes 45, 21
(vgl. auch 43, 11; Tritojes 64, 3). Der Ausdruck אין מושיע in bezug auf Jahwe kommt noch in 2S 22, 42; Ps 18, 42 vor. מושיע wird sonst von Hos oder anderen vorexilischen Propheten nicht gebraucht. Das Wort ist erst seit dem Exil belegt (vgl. Djes 43, 3. 11; 45, 15. 21; 47, 15; 49, 26; Tritojes 60, 16; 63, 8; Ob 21; Jer 14, 8). Somit spricht der terminologische Befund für eine späte Entstehungszeit. Da der Vers zudem zwischen den beiden Gerichtsworten V. 1-3 und 5-8 keinen Platz hat, ist er als sekundärer Zusatz auszuscheiden. (1)

Hos 8, 13 und 9, 3 reden davon, daß Israel zurück nach Ägypten müsse. Vollmer (2) faßt die Stellen als indirekte Anspielungen auf den Exodus auf. Doch besteht eine gewisse Spannung zu 11, 1 und 12, 10. Während dort der Aufenthalt in Ägypten als "Zeit der ersten Liebe" zwischen Jahwe und Israel charakterisiert wird, ist Ägypten in 8, 13 und 9, 3 der angedrohte Verbannungsort. (3)

Am 2, 10 "Ich bin es, der euch aus dem Land Ägypten heraufgeführt und in der Wüste geleitet hat vierzig Jahre, um das Amoriterland in Besitz zu nehmen."

Der Text zeigt eine deutliche Verwandtschaft mit dem dtn Schrifttum:

Der Ausdruck במדבר ... הוליך findet sich auch in Dtn 8, 2. 15; 29, 4; Jer 2, 6. Das Hi von הלך wird in JE nicht verwendet. האמרי ist ein beliebter Terminus in Dtn (1, 7. 19f. 44; 2, 24; 3, 9 usw.). Die vierzigjährige Wüstenwanderung kommt nur in dtr bzw. späten Texten vor: Dtn 2, 7; 8, 2. 4; 29, 5; Jos 5, 6; in P: Ex 16, 35; Num 14, 33; 32, 13; Neh 9, 21; Ps 95, 10. Da der Vers zudem im Unterschied zum Kontext in Prosa gehalten ist, wird man ihn einem dtr Redaktor zuschreiben müssen. (4) Eine literarische Beziehung zu JE ist nicht zu erkennen.

---

1 So auch Balscheit, Monotheismus 113 A. 6; Vollmer, Rückblicke 68f. Anders z. B. Robinson, 12 Propheten 50; Wolff, Hosea 293.

2 Rückblicke 68 A. 72.

3 Vgl. Zillessen, ARW 6, 289f.

4 So Duhm, ZAW 31, 4; Marti, 12 Propheten 169; Nowack, 12 Propheten 127; Noth, Pentateuch 50 A. 159; Weiser, 12 Propheten 95; Wolff, Heimat 37 A. 4; ders., Am 205; W. H. Schmidt, ZAW 77, 178ff; Smend, EvTh 23, 411 A. 36; Vollmer, Rückblicke 24f. - Anders Stoebe, Fs. Eichrodt 209ff; Hobbs, ZAW 81, 384ff.

Am 3, 1 "Höret, was Jahwe wider euch redet, ihr Israeliten, wider alle Geschlechter, die ich aus dem Land Ägypten geführt habe."

Der Hinweis auf den Exodus in V. 1b stimmt fast wörtlich mit 2, 10 und 9, 7 überein.

Da לאמר zudem in echten Am-Sprüchen nicht vorkommt, wird der Halbvers gewöhnlich als Zusatz angesehen. (1) Eine literarische Abhängigkeit von JE ist aus der formelhaften Wendung nicht zu entnehmen.

Am 9, 7 "Seid ihr mir nicht wie das Volk der Kuschiten, ihr Israeliten? spricht Jahwe. Habe ich nicht Israel heraufgeführt aus dem Land Ägypten und die Philister aus Kaphtor und die Aramäer aus Kir?"

V. 7b stimmt in dem Ausdruck העליתי את-ישראל mit 3, 1b und 2, 10 überein. Auf Grund dieser Übereinstimmung haben verschiedene Forscher die Echtheit des Verses bezweifelt. (2) Auch andere Aspekte sprechen dafür, daß es sich hier um einen Zusatz handelt. Nowack (3) weist auf den Widerspruch zwischen 9, 7 und 2, 10f; 3, 2; 8, 2 hin. Er erklärt diesen Widerspruch dadurch, "dass der Prophet hier von einem Affect sich fortreissen läßt". Doch hat eine solche psychologische Erklärung wenig für sich. Kaphtor wird sonst nur in exilisch-nachexilischen Texten genannt (vgl. Dtn 2, 23; Jer 47, 4), Kir kommt noch 2K 16, 9; Jes 22, 6; Am 1, 5 vor. Der Vers steht nach vorn und hinten völlig isoliert da. Vorausgeht die bereits als sekundär ausgeschiedene Doxologie V. 5f. Dahinter folgt der später hinzugefügte Anhang V. 8ff. (4) Auch Duhm (5) und Robinson (6), die den Vers für echt halten, sprechen von einem Bruchstück, das später angehängt wurde. Somit muß bezweifelt werden, daß der Vers auf Amos selbst zurückgeht.

---

1 So Duhm, ZAW 31, 4; Marti, 12 Propheten 172; Weiser, Prophetie 117f; Wolff, Heimat 37 A. 4; ders., Am 213; W.H. Schmidt, ZAW 77, 172f; Vollmer, Rückblicke 29. - Nowack, 12 Propheten 130 und Auerbach, VTS 1, 9 sehen den gesamten Vers für sekundär an. Die Möglichkeit der Unechtheit erwägen Noth, Pentateuch 50 A. 159, und Smend, EvTh 23, 409 mit A. 25, 411 A. 36.

2 Auerbach, VTS 1, 9; Wolff, Heimat 38; ders., Amos 397f. - Anders Wellhausen, Composition 94f; Marti, 12 Propheten 223f; Duhm, ZAW 31, 17 ("augenscheinlich ein Bruchstück, aber ein echtes"); Nowack, 12 Propheten 166; Stoebe, Fs. Eichrodt 215; Hobbs, ZAW 81, 385; Smend, EvTh 23, 411 A. 36; Stuhlmueller, Redemption 62; Lubsczyk, Auszug 48ff; W.H. Schmidt, ZAW 77, 180.

3 12 Propheten[1], 157; anders 12 Propheten[3], 166.

4 Marti, 12 Propheten 224; Fohrer, Einl 480.

5 ZAW 31, 17.

6 12 Propheten 106.

Galling (1) sieht in Jes 1, 2 eine Anspielung auf den Exodus. Doch wird dies mit Recht von Procksch (2) und Davies (3) zurückgewiesen.

Jes 4, 5f "5 Und Jahwe wird schaffen über der ganzen Stätte des Berges Zion und über seinen Versammlungen eine Wolke bei Tag und Rauch und flammenden Feuerglanz bei Nacht; denn über allem ist die Herrlichkeit Jahwes (4) ein Schutz 6 und Schirm, und sie wird zum Schatten dienen vor der Hitze und zur Zuflucht und zum Obdach vor Unwetter und Regen."

Der Abschnitt beschreibt die zukünftige Gegenwart Jahwes auf dem Zion. Dabei werden die Termini ענן "Wolke" und אש "Feuer" gebraucht, die auch in Ex 13, 21f, vgl. 14, 19 und Num 14, 14 vorkommen. Wolken und Feuersäule dienen den Israeliten bei Tag und bei Nacht als Wegweiser. Zugleich bestehen zwischen Jes 4, 5f und den Exodus-Erzählungen erhebliche Unterschiede:

1. Der für JE charakteristische Ausdruck עמוד "Säule" fehlt hier.

2. Die Funktion von Wolke und Feuer ist verschieden. In JE dienen sie dazu, dem Volk den Weg zu weisen. Hier beschützen sie die endzeitliche Ziongemeinde.

3. Das hier gebrauchte Wort כבוד kommt nur bei P im Zusammenhang mit der Sinaioffenbarung vor (Ex 24, 17; 28, 2 usw.). Ebenso ist ברא ein ausschließlich priesterschriftlicher Terminus (cf. Gen 1 usw.).

Da zudem das Exodusereignis direkt nicht erwähnt wird, hat der Text mit dem Exodus und mit JE überlieferungsgeschichtlich und literarisch nichts zu tun. (5) Es handelt sich vielmehr um die freie Aufnahme von Theophanievorstellungen (vgl. Ps 18, 8ff; Jes 6, 1ff), die teilweise auch in der jehowistischen Sinaierzählung eine Rolle spielen. (6) Auffallend ist die Redeweise, daß Jahwe Wolke und Feuer "schafft" (ברא), was diesen ein fast hypostasenartiges Wesen verleiht. (7)

---

1 Erwählungstraditionen 13.
2 Jesaja 30.
3 Studies 41 A. 23.
4 So mit LXX zu lesen.
5 Die LXX hat diese fehlende Verbindung mit dem Exodus erkannt und bietet deshalb eine Textform, die dem Stil der Exoduserzählung mehr angepaßt ist. S. dazu Duhm, Jesaja 31, Marti, Jesaja 50; Mauchline, Jesaja 195.
6 Anders Duhm, Jesaja 31; Budde, ZAW 50, 50.
7 Vgl. Budde, ZAW 50, 50.

Der gesamte Abschnitt V. 2-6 wird gewöhnlich in die spätnachexilische Periode datiert. (1)

Jes 10, 24. 26

"24 Darum spricht Jahwe, der Gott der Heerscharen: Fürchte dich nicht, mein Volk, das in Zion wohnt, vor Assyrien, das dich mit dem Stock schlägt und seine Stecken wider dich erhebt in der Weise Ägyptens. 26 Und Jahwe der Heerscharen wird eine Geißel über sie schwingen wie damals, da er Midian schlug am Rabenfelsen, und seinen Stab über das Meer, den wird er erheben, in der Weise Ägyptens."

Mit der hier verwendeten Formel בדרך מצרים könnte in V. 24 die Bedrückung in Ägypten und in V. 26 der von Mose am Schilfmeer benutzte Stab gemeint sein. Doch wird nicht recht deutlich, was mit der Formel gemeint ist. Procksch (2) sieht sie deshalb als Zusatz an. Eine literarische Beziehung zu JE ist nicht erkennbar. Der Abschnitt V. 24-27a wird gewöhnlich in die spätnachexilische Epoche datiert. (3)

Jes 11, 15

"Jahwe wird die Zunge des ägyptischen Meeres vernichten durch seinen Gluthauch und seine Hand schwingen über den Strom (d. h. den Euphrat) und ihn zerschlagen zu sieben Bächen, daß man mit den Schuhen hindurchgehen kann."

Man könnte in dieser Gerichtsankündigung eine Rückerinnerung an das Austrocknen des Schilfmeeres durch Jahwe während des Exodus sehen. Doch stehen hier das "ägyptische Meer" und der Euphratstrom nebeneinander, so daß sich wohl eher um ein Bild für die außerordentliche Macht Jahwes handelt, die sich insbesonders in der Natur zeigt. Der Ausdruck בעים רוחו kommt nur hier vor und hat keine Parallele in JE. Statt dem hier gebrauchten Verb חרם wird in Ex 14, 21 שים לחרבה gebraucht. Jahwes Herrschaft über das Meer wird auch in Djes 50, 2; 51, 9f; Jes 37, 25 u. ö. beschrieben.

---

1 So Stade, ZAW 4, 149ff; Budde, ZAW 50, 44ff; Duhm, Jesaja 28f; Marti, Jesaja 47; Gray, Jesaja 77; Weiser, Einl 171f; Pfeiffer, Introd. 439; Kuhl, Entstehung 183; Bentzen, Introd. II, 108; Kaiser, Jesaja 41f; Fohrer, Jesaja I, 73; Mauchline, Jesaja 194; Rohland, Bedeutung 113; v. Rad, ThAT II, 175f; Vollmer, Rückblicke 176f; Wildberger, Jesaja 153f. - Für die Echtheit tritt H. Schmidt, Propheten 112f, ein.

2 Jesaja 172f.

3 Duhm, Jesaja 76; Marti, Jesaja 108; Gray, Isaiah 203; Kaiser, Jesaja 110; v. Rad, ThAT II, 175f; Childs, Crisis 63; Stuhlmueller, Redemption 64f.

Der Abschnitt V. 11-15 wird praktisch übereinstimmend in der neueren Forschung in die nachexilische Zeit datiert. (1)

Mi 6, 4 "Habe ich dich doch aus dem Land Ägypten geführt und aus dem Sklavenhaus erlöst und vor dir her gesandt Mose, Aaron und Mirjam."

Der Text zeigt deutliche Verwandtschaft mit dtn Sprachgut. Die Ausdrücke בית עבדים und פדה sind dort häufig belegt. (2) Das Senden von Mose und Aaron wird auch in Jos 24, 5; 1S 12, 8; Ps 105, 26 berichtet. Mirjam wird außerhalb des Tetrateuch nur hier und in Dtn 24, 9 erwähnt. Eine literarische Beziehung zu JE ist nicht nachweisbar.

Der Abschnitt 6, 1-5 stammt nach Meinung der Mehrzahl der Forscher aus spätexilischer Zeit. (3)

Mi 7, 15 "Laß uns Wunder sehen wie zur Zeit als du aus dem Land Ägypten zogst."

Der Ausdruck נפלאות ist auch in JE belegt (Ex 3, 20; 34, 10); im Zusammenhang mit dem Exodusereignis wird er in Ps 78, 4. 11; 105, 5 und 106, 7. 22 gebraucht. Eigentümlich ist die Vorstellung, daß Jahwe aus Ägypten auszieht, wofür es m. W. sonst im AT keine Parallele gibt. Ob aus dem formelhaften Text eine literarische Abhängigkeit von JE ableitbar ist, erscheint zweifelhaft. Der Abschnitt 7, 14-20 stammt nicht von Micha, sondern wird gewöhnlich in die spätnachexilische Zeit datiert. (4)

Jer 2, 6 "Sie (d. h. die Väter) dachten niemals: Wo ist Jahwe, der uns aus dem Land Ägypten führte und uns leitete in der Wüste, im wilden, ungebahnten Land, im dürren und finstern Land, im Land, das niemand durchwandert und kein Mensch bewohnt?"

---

1 Duhm, Jesaja 82 (2. Jh.); Marti, Jesaja 114; Fohrer, Jesaja I, 156; Kaiser, Jesaja 131; Rohland, Bedeutung 113f; v. Rad, ThAT II, 175f; Lauha, VTS 9, 39; Gray, Jesaja 223.

2 S. u. S. 100.

3 Nowack, 12 Propheten 227f; Marti, 12 Propheten 291f; Stade, ZAW 1, 161ff; Robinson, 12 Propheten 145f; Rohland, Bedeutung 59f; Weiser, 12 Propheten 230f; Beyerlin, Kulttraditionen 29ff; Davies, Studies, 41; Hyatt, AThR 34, 232ff; Smith, Micah 119; Fohrer, Einl 490. - Für die Echtheit plädieren Galling, Erwählungstraditionen 12; Eißfeldt, Einl 555f; Lubsczyk, Auszug 56ff.

4 Vgl. Marti, 12 Propheten 298; Nowack, 12 Propheten 236f; Robinson, 12 Propheten 151f; Weiser, 12 Propheten 288; Davies, Studies 41; Auerbach, VTS 1, 8; Fohrer, Einl 491. - Anders Eißfeldt, Einl 556.

Die Beschreibung von Exodus und Wüstenwanderung ist deutlich mit dtr Texten verwandt: Die Wendung הוליך במדבר kommt auch in Dtn 8, 2. 15; 29, 4 und Am 2, 10 vor. Für die übertriebene Beschreibung der Schrecklichkeit der Wüste gibt es nur in Dtn 8, 15 ein Vorbild; JE hat dazu keine Parallele. Der Abschnitt 2, 4-13 ist mit Duhm (1) und Weinfeld (2) gegen Rudolph (3) als sekundär bzw. dtr anzusehen.

Jer 7, 22f. 25

"22 Denn ich habe euren Vätern, als ich sie aus dem Land Ägypten herausführte, nichts von Brandopfern und Schlachtopfern gesagt noch geboten, 23 sondern dieses Gebot habe ich ihnen gegeben: Höret auf meine Stimme, so will ich euer Gott sein, und ihr sollt mein Volk sein ... 25 Von dem Tag an, da eure Väter auszogen aus dem Land Ägypten bis auf den heutigen Tag sandte ich zu euch alle meine Knechte, die Propheten, Tag für Tag, früh und spät."

Der Abschnitt zeigt deutlich einen dtr Charakter, bes. in den Ausdrücken שמע בקל (vgl. Dtn 1, 45; 4, 30; Ex 19, 5 u. ö.), היטיב (vgl. Dtn 4, 40; 5, 16. 29; 6, 3. 18 usw.). Das Exodusereignis wird in einer formelhaften Wendung erwähnt. Daß Jahwe dem Volk damals nicht die Darbringung von עולה und זבח geboten habe, stimmt mit JE nicht überein. Eine ähnliche Aussage findet sich in Am 5, 25. Auch zu dem in V. 23 erwähnten Gebot gibt es keine Parallele in JE (vgl. aber Ex 19, 5; Lev 26, 12). (4)

Jer 11, 3f. 7

"3 So spricht Jahwe, der Gott Israels: Verflucht sei, wer nicht gehorcht den Worten dieser Verpflichtung (ברית), 4 die ich euren Vätern gebot an dem Tag, als ich sie aus dem Land Ägypten führte, aus dem glühenden Ofen, und sprach: Gehorcht meiner Stimme und tut, wie ich euch geboten habe, so sollt ihr mein Volk sein... 7 Denn hoch und teuer habe ich eure Väter beschworen zu der Zeit, da ich sie aus dem Land Ägypten heraufführte, bis auf diesen Tag, beschworen früh und spät: Hört auf meine Stimme."

---

1 Jeremia 17.

2 Deuteronomy 359.

3 Jeremia 13.

4 Zur dtr Herkunft des Abschnitts vgl. Duhm, Jeremia 80; Rudolph, Jeremia 51ff; Weiser, Jeremia 67; Rohland, Bedeutung 66f; Diepold, Land 16; Weinfeld, Deuteronomy 353; Thiel, Redaktion 121ff - Duhm, Rohland und Weiser nehmen allerdings an, daß der Inhalt des Stücks teilweise auf Jeremia selbst zurückgeht und später dtr überarbeitet wurde.

Die hier für den Exodus verwendete Terminologie stammt aus dem dtr Bereich. Der Ausdruck כור הברזל kommt auch in Dtn 4, 20; 1K 8, 51 vor, nicht jedoch in JE. Ebenso gehört die Gottesrede V. 4b. 7 zum Sprachgebrauch des Dtr, (1) die in JE kein Vorbild hat. (2)

Jer 16, 14=23, 7 "14 Darum siehe, es kommen Tage, spricht Jahwe, da man nicht mehr sagen wird: So wahr Jahwe lebt, der die Israeliten aus dem Land Ägypten heraufgeführt."

Dieser Rückblick auf den Exodus bildet die Einleitung zur Ankündigung der Rückführung der Israeliten aus dem Exil in das ihnen verheißene Land. Der Text ist ebenfalls nicht ursprünglich und wird gewöhnlich als dtr angesehen. (3)

Jer 31, 31f "31 Siehe, es kommen Tage, spricht Jahwe, da will ich dem Haus Israel und dem Haus Juda eine neue Verpflichtung (ברית) festsetzen, 32 nicht wie die Verpflichtung gewesen ist, die ich ihren Vätern festgesetzt habe, als ich sie bei der Hand nahm, um sie aus dem Land Ägypten zu führen..."

Diese formelhafte Erwähnung des Exodusereignisses gehört zu einem dtr Abschnitt. (4)

Jer 32, 20f "20 Der du Zeichen und Wunder getan hast im Land Ägypten, bis auf den heutigen Tag, an Israel und an den andern Menschen und dir so einen Namen gemacht hast, wie es heute am Tag ist; 21 der du dein Volk Israel mit Zeichen und Wundern, mit starker Hand und ausgerecktem Arm und großem Schrecken aus dem Land Ägypten herausgeführt hast."

Die Verse gehören zu dem Gebet Jeremias in Anatot (V. 16-44). Die dtr Sprache ist unverkennbar: אותות ומפתים (vgl. Dtn 4, 34; 6, 22; 7, 18f; 26, 8; 29, 2; 34, 11; cf. Ex 7, 3; Ps 78, 43; 105, 27; Neh 9, 10) יד חזקה (vgl. Dtn 3, 24; 4, 34; 5, 15; 6, 21; 7, 8. 19; 9, 26; 11, 2; 26, 8; 34, 12), באזרוע נטויה (vgl. Dtn 4, 34; 5, 15; 7, 19; 26, 8). Eine literarische Beziehung zu JE besteht nicht. Das gesamte Gebet wird gewöhnlich als späterer dtr Einschub angesehen. (5)

---

1 Vgl. Ex 19, 5; Jer 7, 23 u. ö.

2 Bereits Duhm, Jeremia 106ff, hat den Abschnitt als sekundär erkannt. Der dtr Charakter wird von Skinner, Prophecy 97ff; Rohland, Bedeutung 66f; Weinfeld, Deuteronomy 352; Rudolph, Jeremia 71; Diepold, Land 16, gesehen.

3 Duhm, Jeremia 138; Volz, Jeremia XLVIII; Stuhlmueller, Redemption 64; Hyatt, Jeremia 989; Diepold, Land 17; Thiel, Redaktion 150.

4 Vgl. Duhm, Jeremia 254f; Rohland, Bedeutung 67f; Thiel, Redaktion 122; Diepold Land 17.

5 S. o. S. 32.

Jer 34, 13 "So spricht Jahwe: Ich selbst habe euren Vätern eine Verpflichtung auferlegt, als ich sie aus dem Land Ägypten, aus dem Sklavenhaus, herausführte..."

Der Abschnitt V. 2-22 wird gewöhnlich als dtr angesehen. (1) Darauf deutet in unserem Vers der Ausdruck בית עבדים hin (vgl. Dtn 5, 6; 6, 12; 7, 8; 8, 14; 13, 6. 11). Auch die Redeweise von den Vätern ist typisch für die Texte.

Ez 20, 5-26

Das Kapitel enthält einen ausführlichen geschichtlichen Rückblick. (2) Es sind zahlreiche sprachliche Anklänge mit dtr und priesterschriftlichen Texten zu beobachten: בחר (V. 5; vgl. Dtn 4, 37; 7, 6f; 10, 15; 14, 7), ארץ זבת חלב ודבש (V. 6, 15; vgl. Dtn 6, 3; 11, 9; 26, 9. 15; 27, 3; 31, 20; Jos 5, 6; Jer 11, 5; 32, 22; Ex 3, 18; 13, 5; 33, 5; Num 13, 27; P: Lev 20, 24; Num 14, 8; 16, 14), בזרוע נטויה (V. 33f; vgl. Dtn 4, 34; 5, 5. 15; 7, 19; 9, 29; 26, 8; vgl. 2K 17, 36). V. 11 stimmt fast wörtlich mit Lev 18, 5 P überein. V. 12 ist mit Ex 31, 13 P verwandt. Der Ausdruck נטה יד mit ל + Infinitiv (V. 6. 28) kommt nur in den priesterlichen Texten Ex 6, 8; Num 14, 30; Neh 9, 15 vor. Die Aussage, daß Jahwe sich in Ägypten den Israeliten kundgetan (הודיע) und ihnen das Land zugeschworen hat, stimmt allein mit dem priesterschriftlichen Exodusbericht (Ex6) überein. In die priesterschriftliche Traditionslinie paßt auch die Selbstvorstellungsformel (V. 5. 7. 12 usw.), die in Ex 6, 2. 6P belegt ist.

Gegenüber der jehowistischen Geschichtserzählung bestehen erhebliche Unterschiede:

1. Während nach JE die Erwählung Israels mit den Erzvätern beginnt, vollzieht sich diese in Ez 20, 5ff in Ägypten. (3) Dabei ist das Volk primäres Objekt der Erwählung. Die Väter werden in dem geschichtlichen Rückblick überhaupt nicht erwähnt. (4)

---

1 Vgl. Duhm, Jeremia 279f; Thiel, Redaktion 122. - Anders Volz, Jeremia 318f.

2 S. dazu v. Rad, Ges. St 1ff; ders., ThAT I, 127f; Zimmerli, Ezechiel 439f; Fohrer, Ezechiel 108ff. - Hölscher, Hesekiel 110, vertritt die Ansicht, das Kapitel stamme nicht von Ezechiel selbst, da es im Unterschied zu den Weissagungen in Prosa verfaßt sei. Außerdem weist es nach seiner Meinung zahlreiche wörtliche Berührungen mit der dtn Literatur und dem Heiligkeitsgesetz auf. Doch wird man sich wohl der Mehrzahl der Forscher anzuschließen haben, die das Kapitel für echt halten.

3 So beobachtet richtig Bertholet, Ezechiel 105.

4 Vgl. die kritische Erwähnung Abrahams in Ez 33, 24.

2. Der Befehl Jahwes, die Götzenbilder wegzuwerfen (V. 7), fehlt in JE. Ebenso wird in JE nicht berichtet, daß das Volk bereits in Ägypten durch seine Verunreinigung mit den Götzen Jahwes Zorn erregt hätte. (vgl. Jos 24, 14; Ez 23, 2ff)

3. Die hier vorausgesetzte Gesetzgebung während des Exodus - der Sinai wird nicht namentlich erwähnt - läßt sich in dieser Form auf die jehowistischen Gesetze nicht zurückführen. Im Unterschied zu den ins jehowistische Geschichtswerk eingefügten Gesetzen steht das Sabbatgebot im Mittelpunkt.

4. Es fehlt die Erwähnung der menschlichen Hauptgestalten des Exodusereignisses, wie Mose, Aaron, Mirjam und Josua. Viele Ereignisse, die in JE erwähnt werden, fehlen, z.B. Plagen, Meerwunder, Sinai/Horeb, Goldenes Kalb usw.

Da somit formal und inhaltlich keinerlei Übereinstimmungen mit JE festzustellen sind, ist Ez 20 als "eine von der des Tetrateuchs verschiedene, über dieselbe hinausgehende Überlieferung" zu betrachten. (1) Zwar berichten sowohl Ez 20 als auch JE vom Exodus aus Ägypten und von der Wüstenwanderung. Diese Übereinstimmung reicht jedoch für den Nachweis, daß hier J und E als Grundlagen benutzt wurden, nicht aus. Ezechiel hat wohl eine selbständige mündliche Tradition benutzt.

Ez 23, 3ff

Das Kapitel beinhaltet die Parabel von den beiden Schwestern Ohola und Oholiba, die bereits in Ägypten Unzucht mit fremden Völkern getrieben haben (V. 3. 8. 19. 27). Mit den beiden Schwestern sind Israel und Juda gemeint, denen der Prophet das Gericht durch ihre Buhler ankündigt. Wörtliche Übereinstimmungen mit JE sind auch hier nicht zu beobachten. Die Aussage, daß Israel bereits in Ägypten Götzendienst getrieben habe, widerspricht dem jehowistischen Bericht.

Dtjes 43, 16f

"16 So spricht Jahwe, der einen Weg bahnt im Meer und einen Pfad in mächtigen Wassern, 17 der ausziehen läßt Wagen und Rosse, Streitmacht und Gewaltige zumal - sie liegen da, stehen nicht mehr auf, sind ausgelöscht, wie ein Docht verglommen. (2)

---

1 Jirku, Geschichte 116. - Anders Fohrer, Ezechiel 108ff, der annimmt, daß hier J und E als Grundlage benutzt wurde, die Ezechiel jedoch abgewandelt und neu interpretiert habe.

2 Vgl. zum Folgenden Fischer, ThQ 110, 111f; Zillessen, ARW 6, 289ff; Zimmerli, Ges.St. 192ff; B.W. Anderson, Essays Muilenburg 177ff; Stuhlmueller, Redemption 66ff.

Faßt man die Partizipien präterital auf, so legt sich ein Bezug auf das in Ex 13f berichtete Meerwunder nahe. (1) Sowohl hier als auch in Ex 13f wird der Untergang einer Streitmacht im Meer berichtet. Eine wörtliche Übereinstimmung ist jedoch nicht festzustellen: Während hier für Streitmacht רכב וסוס gesagt wird, erscheint in Ex 14, 26. 28 רכב ופרשים (vgl. סוס ורכב in Ex 15, 1). Auch zu den übrigen Vokabeln, z.B. נתיבה, עזוז, שכב, פשתה, דעך, דרך gibt es keine Parallele in JE. Nur חיל kommt in Ex 14, 4. 9. 17. 28 vor. Doch handelt es sich dabei um einen im AT außerordentlich häufig verwendeten Terminus. Somit kann eine literarische Beziehung zu JE nicht konstatiert werden. (2)

Die Deutung auf das Meerwunder ist keineswegs sicher. Faßt man die Partizipien präsentisch auf, so kann es sich auch um eine allgemeine hymnische Beschreibung des Sieges Jahwes über seine Feinde handeln. Es fehlt die Erwähnung der in Ex 13f berichteten Personen und Ereignisse, wie Mose, die Ägypter, der Ort des Wunders usw. Der Text ist auch ohne den Bezug auf das Meerwunder verständlich.

Dtjes 44, 27 "(Jahwe), der zu der Tiefe spricht: Versiege!
und deine Ströme trockne ich aus."

Der Vers gehört zu der hymnischen Einleitung des Kyrosorakels, das im darauffolgenden Vers beginnt. Viele Forscher sehen darin einen Bezug auf das Exodusereignis. (3)

Andere (4) heben die Verknüpfung des Motivs vom Chaosdrachenkampf bzw. der Schöpfung mit dem Schilfmeerwunder hervor. Fohrer (5) nimmt an, daß weder Chaoskampf noch Schilfmeer gemeint seien, sondern der Prophet vom babylonischen Weltreich spricht, in dem die Deportierten zu versinken drohen. In der Tat erscheint eine überlieferungsgeschichtliche Beziehung zum Exodus fraglich. Auch lassen sich keinerlei wörtliche Berührungen mit Ex 13f beobachten. Lediglich der Terminus תהום wird im Meerlied (Ex 15, 5; vgl. Neh 9, 11; Sach 10, 11) erwähnt. Der Vers sagt aus, daß Jahwe in der Lage ist, durch seinen Gesalbten Kyros die Israeliten in eine neue Zukunft zu führen.

---

1 So z.B. Duhm, Jesaja 291f; Volz, Jesaja II 43; North, History 124; Muilenburg, Jesaja 494; Lauha, VTS 9, 37; Fohrer, Jesaja III, 67; Westermann, Jesaja 40-66, 104; Stuhlmueller, Redemption 67ff; Zimmerli, Ges. St. 198f.

2 So auch v.d. Merwe, Pentateuchtradisies 264; Coats, VT 17, 264.

3 Marti, Jesaja 307; North, History 147; Westermann, Jesaja 40-66, 128; Stuhlmueller, Redemption 93.

4 Z.B. Duhm, Jesaja 305; Muillenburg, Jesaja 519; Lauha, VTS 9, 38.

5 Jesaja III, 82.

Dtjes 48, 20 "Ziehet aus von Chaldäa! Verkündet es mit Jubelruf, lasset es hören, tragt es hinaus bis an das Ende der Erde: Losgekauft hat Jahwe seinen Knecht Jakob."

Da der hier verwendete Terminus ברח "fliehen" auch in Ex 14, 5 für den Auszug der Israeliten aus Ägypten vorkommt, sehen einige Ausleger in dem Vers einen Rückbezug auf das Exodusereignis. (1) Doch wird das Exodusereignis nicht erwähnt; das Verb ברח kommt häufig im AT in den verschiedensten Zusammenhängen vor. Eine wörtliche Übereinstimmung mit JE ist im übrigen nicht zu erkennen; das Verb גאל wird im jehowistischen Geschichtswerk nicht verwendet (vgl. aber Ex 6, 6P; Ex 15, 13). (2)

Dtjes 50, 2 "Warum war niemand da, als ich kam, gab keiner Antwort, als ich rief? Ist etwa meine Hand zu kurz zum Befreien? Oder ist in mir keine Kraft zu erlösen? Siehe durch mein Schelten trockne ich das Meer aus, mache Ströme zur Wüste, daß ihre Fische verfaulen aus Mangel an Wasser und ihre Tiere sterben vor Durst."

Viele Ausleger sehen in dieser Beschreibung des Austrocknens des Meeres eine Anspielung auf das Exodusereignis. (3) Doch erscheint dies fraglich. Die konkreten Umstände des Meerwunders werden nicht erwähnt. Es kann sich dann nur um eine sehr verhüllte Anspielung handeln, und man wird fragen müssen, warum sich der Prophet nicht deutlicher ausdrückt. Smart (4) weist darauf hin, daß das Austrocknen der Flüsse nicht zu dem Exodusbericht paßt. "Es liegt in der Schilderung weit eher eine Anspielung auf dem babylonischen Schöpfungsmythus verwandte Anschauungen als auf die Wunder des Auszugs aus Ägypten. (5)

Weiterhin lassen sich kaum Übereinstimmungen in der Terminologie beobachten. Für das Austrocknen des Meeres wird in Ex 14, 21 שים לחרבה gesagt, während hier החריב vorkommt. Das Stinken der Fische wird in JE nicht im Zusammenhang mit dem Meerwunder, sondern lediglich bei den Plagen erwähnt (vgl. Ex 7, 18. 21; 8, 10), wobei dort allerdings auch die Wurzel באש erscheint. Doch reicht dies nicht aus, um eine literarische Beziehung zu postulieren.

---

1 So Zillessen, ARW 6, 294; Fohrer, Jesaja III, 119; North, History 184; Westermann, Jesaja 40-66, 166.

2 S. dazu Baltzer, Ezechiel 13 A. 56.

3 So Zillessen, ARW 6, 292; North, History 199; Fohrer, Jesaja III, 135. - Eine Kombination von Historie und Mythologie sehen Volz, Jesaja 108, und Muilenburg, Jesaja 581.

4 History 169.

5 Marti, Jesaja, 333; vgl. Duhm, Schöpfung 98f.

Somit muß der Text ohne den Rückbezug auf das Exodusereignis interpretiert werden. Er beschreibt Jahwes Schöpfungsmacht und will den Israeliten damit neues Vertrauen zu ihrem Gott einflößen. (1)

Ähnliche Beschreibungen kommen auch in Ps 106, 9; 107, 33; Jer 4, 23-26; Hi 34, 14f vor. (2)

Dtjes 51, 10 "Bist du es nicht, der das Meer austrocknet, die Wasser der großen Urflut, der die Tiefen des Meeres zum Weg macht, daß die Erlösten hindurchziehen."

Die meisten Ausleger sehen in diesem Vers eine Rückerinnerung an den Exodus. (3) Duhm (4) und v. d. Merwe (5) haben diese Interpretation entschieden abgelehnt. Nach Duhms Meinung muß Rahab in V. 9 nicht unbedingt Ägypten meinen, sondern kann sich auch auf das Meerungeheuer beziehen. Auch erscheint es ihm unmöglich, das seichte Schilfmeer hier mit תהום רבה zu bezeichnen. Die Deutung auf den Exodus sei durch V. 10b bedingt, den Duhm als Zusatz ansieht. (6) Gunkel (7) und v. d. Merwe (8) verstehen die Stelle in erster Linie vom Motiv des Chaoskampfes her.

Bei einem Vergleich der Terminologie zwischen Dtjes 51, 10 und Ex 14 lassen sich kaum Übereinstimmungen feststellen. Für "austrocknen" wird hier das Verb החריב gebraucht, während in Ex 14, 21 der Ausdruck שים לחרבה vorkommt. עבה גאולים, דרך, מעמקים, תהום finden sich nicht in Ex 13f. Eine literarische Beziehung zu JE kann deshalb nicht festgestellt werden.

Somit kann weder eine literarische noch eine überlieferungsgeschichtliche Verwandtschaft zu Ex 13f nachgewiesen werden. Das Meerwunder als solches wird nicht ausdrücklich genannt. Falls der Prophet dieses Ereignis im Sinn hatte, warum drückt er sich nicht deutlicher aus?

---

1 So auch Torrey, Second Isaiah 390; v. d. Merwe, Pentateuchtradisies 265; Smart, History 169f.

2 Duhm, Jesaja 341, erwägt die Möglichkeit, daß es sich bei 2b - 3 um einen sekundären Einschub handelt. Er stützt dies auf die Beobachtung, daß der Beweis der Stärke Jahwes zu allgemein und nicht sehr überzeugend erscheine. Doch reicht ein solches subjektives Argument kaum aus, um die Verse als Zusatz zu beurteilen.

3 Volz, Jesaja II, 118f; North, History 211f; Muilenburg, Jesaja 596; Kaiser, Meer 140f; Fohrer, Jesaja III, 147; Westermann Jesaja 40-66, 195.

4 Jesaja 347.

5 Pentateuchtradisies 264.

6 Jesaja 339.

7 Schöpfung 30ff.

8 Ebd. 264.

Deshalb ist der Erklärung Duhms und v.d. Merwes der Vorzug zu geben, wonach der Text allgemein Jahwes Herrschaft über die Chaosmächte beschreibt. Die Chaosmächte symbolisieren zugleich Israels Unterdrücker (vgl. 44,27). Jahwe ist in der Lage, die Israeliten sicher aus den Chaosfluten des Exils herauszuführen.

Dtjes 52,11f

"11 Fort! Fort! Zieht von dannen! Rühret nichts Unreines an! Zieht weg aus ihrer Mitte! Reiniget euch, die ihr die Geräte Jahwes tragt! 12 Denn nicht in angstvoller Hast sollt ihr ausziehen und nicht als Flüchtlinge wandern; Jahwe zieht vor euch her, und der Gott Israels schließt euren Zug."

Der Terminus בחפזון (V. 12a) stimmt auffallend mit Ex 12,11P und Dtn 16,3 überein. Im übrigen zeigt jeder Text seine eigene Ausdrucksweise. Eine Reihe von Auslegern nehmen an, daß der Prophet hier aus Ex 12,11 zitiert. (1) V. 12b erinnert an Ex 13,21f und 14,19f, wo berichtet wird, daß Jahwe beim Zug durch das Meer in einer Wolken- und Feuersäule gegenwärtig war (13,21) bzw. sich vor und hinter das israelitische Heer stellte (14,19f). Jedoch ist keine wörtliche Übereinstimmung zu beobachten. Die Aufforderungen von V. 11 zeigen Ähnlichkeit mit Ex 12,31, jedoch ohne wörtliche Parallelen.

Auch hier ist der überlieferungsgeschichtliche Zusammenhang mit dem Exodusereignis unklar. Warum spricht der Prophet so verschlüsselt, wenn er dieses Ereignis meint? Konnte er annehmen, daß seine Zuhörer auf Grund einiger übereinstimmender oder ähnlicher Vokabeln wissen, daß er den Exodus meint? Der Text ist auch ohne diesen Rückbezug verständlich. Der Prophet will sagen, daß die Israeliten dank des machtvollen Eingreifens Jahwes in Ruhe und Würde heimkehren dürfen.

Der Text enthält - wenn überhaupt - nur literarische Berühungspunkte mit der Priesterschrift und dem Dtn, nicht jedoch mit JE. Der Terminus מנוסה ist in JE nicht belegt. Ex 14,5 benutzt das Verb ברח .

Auch die anderen gelegentlich als Belege für die Exodustradition angeführten Stellen scheiden aus, so Dtjes 40,3-11; 41,17-20; 42,14-17; 43,1-7.16-21; 44,1-5; 49,8-12; 55,12f. In sämtlichen Dtjes-Stellen fehlt die Erwähnung Moses, des Pharao, der Ägypter oder anderer nach JE am Exodus beteiligter Personen, sowie die konkreten Umstände dieses Ereignisses.

---

1 Zillessen, ARW 6,294f; v.d. Merwe, ebd 264; B.W. Anderson, Essays Muilenburg 183; Fohrer, Jesaja III, 157f; Westermann, Jesaja 40-66, 204.

Tritojes 63, 11ff "11 Nun gedachten sie (d.h. die Israeliten) (1) der Tage der Vorzeit, Moses seines Knechtes. (2) Wo ist er, der aus dem Strom herauszog (3) den Hirten seiner Herde? Wo ist er, der seinen heiligen Geist in sein Inneres legte? 12 der seinen glorreichen Arm einherziehen ließ zur Rechten Moses, der vor ihnen das Wasser zerteilte, sich einen ewigen Namen zu machen? 13 Der sie durch Tiefen gehen ließ wie das Ross in der Steppe, ohne Straucheln?"

V. 11 Es ist nicht klar, ob Jahwe Mose oder das Volk aus dem Wasser gezogen hat. Bei ersterem wäre an die Episode Ex 2, 1ff zu denken, bei zweiterem an das Schilfmeerwunder. Der MT denkt offensichtlich an das Volk, während insbesondere LXX den Ausdruck auf Mose bezieht. Mose wird hier der "Hirte seiner Herde" (ראה צאנו) genannt, ein Ausdruck, der sich nur hier findet (vgl. שמר in Hos 12, 14). Zwar spielt der Geistbesitz auch im Num 11, 17 eine Rolle, jedoch kommt dort nicht der Ausdruck רוח קדשו vor. (vgl. Ps 15, 13).

V. 12 Jahwe ließ zur Rechten Moses seinen glorreichen Arm (זרוע תפארתו) gehen, ein Terminus, der sich in JE nicht findet: Dagegen wird das Zerteilen (בקע) des Wassers auch in Ex 14, 16. 21 JE berichtet. Der Ausdruck עשה שם עולם hat in JE keine Parallele (vgl. Jer 32, 20; Ez 20, 9. 14; Ps 106, 8; Neh 9, 10; Dan 9, 15).

V. 13 תהום wird nur im Meerlied Ex 15, 5. 8 und Ps 77, 16 in bezug auf das Schilfmeer gebraucht. Auch der übrige Vers zeigt keinerlei Beziehung zu JE. Die Ausdrücke כצאן und כשל kommen in Ps 78, 52 und 105, 37 vor.

---

1 Statt ויזכר ist ויזכרו zu lesen.

2 MT liest משה עמי , was keinen Sinn ergibt. Der Ausdruck fehlt in der LXX. Was hier ursprünglich gestanden hat, ist unklar. Vielfach wird עמי in עבדו geändert. Vgl. Fohrer, Jesaja III, 248; Westermann, Jesaja 40-66, 306.

3 Das Suffix ם–paßt nicht in den Kontext, d.h. zu משה . Deshalb ist mit Westermann, Jesaja 40-66, 306, u.a. המעלה zu lesen. Man wird die gesamte Stelle mit Vorsicht zu behandeln haben, da sie textlich sehr unsicher ist.

Eine literarische Beziehung zu JE ist nicht erkennbar. Nach Westermann (1) hat sich hier "eine eigentümliche und ganz eigenständige Überlieferung des Auszugs aus Ägypten erhalten". Kühlewein (2) weist darauf hin, daß der Exodus nicht ausdrücklich erwähnt wird. Wir haben hier eine der wenigen Stellen innerhalb der Prophetie vor uns, in der Mose namentlich genannt wird, während zumeist der Exodus ohne ihn erwähnt wird. (3)

<u>Hag 2,4f</u> "4 ... Denn ich bin mit euch, spricht Jahwe der Heerscharen. 5 Die Zusage, die ich euch gegeben habe als ihr auszogt aus Ägypten, und mein Geist bleibt mitten unter euch; fürchtet euch nicht!"

V.5a war syntaktisch schwierig. Statt רבר paßt wohl nur ברית zu כרת. Doch stört der Halbvers den Gedankenfortschritt und muß deshalb als Glosse zu רוחי aufgefaßt werden. Er fehlt zudem in dem Großteil der LXX-Überlieferung. (4) (Vgl. auch Jes 59,21)

<u>Sach 10,11</u> "Sie (5) werden durch das Meer Ägyptens ziehen, und er (d.h. Jahwe) wird im Meer die Wellen schlagen und alle Tiefen des Nil austrocknen; und gestürzt wird der Hochmut Assurs, und das Szepter Ägyptens muß weichen."

Der Vers spricht offensichtlich von einem neuen Exodus: Die in Ägypten Exilierten werden wie ihre Vorfahren nach Palästina zurückkehren. Doch ist der Text sehr unsicher, so daß man dem Vers nicht viel entnehmen kann. (6)

---

1 Jesaja 40-66, 308.

2 Geschichte 135.

3 Zum Alter des Textes s. o. S. 55.

4 So Wellhausen, Propheten 175; Marti, 12 Propheten 385; Nowack, 12 Propheten 318f; Horst, 12 Propheten 206; Kutsch, Verheißung 126 mit A. 148.

5 Statt ועבר ist ועברו zu lesen. - Für בים גלים lies בים מצרים.

6 Tritosach 12,8 kündigt an, daß in der letzten Zeit Jahwe Jerusalem beschirmen wird "wie der Engel Jahwes vor ihnen her" (כמלאך יהוה לפנהם). Der Ausdruck erinnert an die dtr Stellen Ex 23,23 und 32,43, wonach Jahwe einen Engel vor den Israeliten beim Einzug in das Land hersenden wird. Im übrigen ist die hier vorliegende Anspielung sehr vage und braucht in keiner Beziehung zum Ex-Bericht zu stehen. Als vage sind auch Nah 1,4; Hab 3,8 anzusehen.

Das Dtn bringt eine Fülle von Erwähnungen des Exodus: 1, 27. 30f; 4, 20. 34. 37. 46; 5, 6. 15; 6, 12. 21ff; 7, 8. 18f; 8, 14; 9, 7ff; 10, 22; 11, 3f. 10; 13, 6. 11; 15, 15; 16, 1. 3. 6; 17, 16; 20, 1; 23, 5; 24, 9. 18. 22; 25, 17; 26, 5ff; 28, 68; 29, 1f. 15. 24; 34, 10ff. Davon sind wohl als sekundäre Erweiterungen anzusehen: 4, 20; (1) 4, 37; (2) 4, 46; (3) 9, 7; (4) 13, 6; (5) 11, 3; (6) 29, 1ff; (7) 34, 10f. (8)

Häufig findet sich mit leichten Varianten folgende Herausführungsformel: אני יהוה אלהיך אשר הוצאתיך מארץ מצרים מבית עבדים (5, 6; 6, 12; 8, 14; 13, 6. 11). (9) Typisch für den dtn Sprachgebrauch sind folgende Wendungen:

בכח הגדול "mit großer Kraft": 4, 37; 9, 29;
כהיום הזה "an jenem Tag": 2, 30; 4, 20. 38; 6, 24; 8, 18; 10, 15; 29, 27;
באתת ובמפתים "mit Zeichen und Wunder": 4, 34; 6, 22; 7, 18f; 26, 8; 29, 2; 34, 11
ביד חזקה "mit starker Hand": 4, 34; 5, 15; 6, 21; 7, 8. 19; 9, 26; 11, 2; 26, 8; 34, 10
בזרוע נטויה "mit ausgerecktem Arm": 4, 34; 5, 5. 15; 7, 19; 9, 29; 26, 8
בית עבדים "Sklavenhaus": 5, 6; 6, 12; 7, 8; 8, 14; 13, 6. 11
פדה "befreien": 7, 8; 9, 26; 13, 6; 15, 15; 21, 8; 24, 18. 22
מסא "Prüfung": 4, 34; 29, 2;
במוראים גדולים "mit großem Schrecken": 4, 34; 26, 8; 34, 12

Außer in Dtn 20, 1 wo העלה vorkommt, wird die Herausführung immer mit dem Verb הוציא beschrieben, zumeist in der Formel: יהוה הוציאך מארץ מצרים (21x) mit verschiedenen Variationen und Ergänzungen. (10) Childs (11) weist darauf hin, daß die Herausführungsformel ursprünglich das gesamte Handeln Jahwes bis hin zur Landnahme umfasst, wie aus 1S 12, 7ff und Jer 32, 21ff (vgl. auch Dtn 23, 5) zu ersehen ist. Häufig wird

---

1 Vgl. Noth, Pentateuch 51.
2 Vgl. Noth, ebd.
3 Vgl. Noth, ebd.
4 Vgl. Steuernagel, Deuternomium[2] 83; J.G. Plöger, Untersuchungen 107.
5 Vgl. Noth, Pentateuch 51.
6 Vgl. Childs, VTS 16, 35. - S. u. S. 125f.
7 Noth, ebd. 50.
8 Vgl. Noth, Studien 209 A. 3. Noth nimmt an, daß hier mit Rücksicht auf Ex 33, 11 eine Berichtigung von Dtn 18, 15 vorgenommen wurde.
9 Vgl. Plöger, Untersuchungen 109.
10 S. dazu Childs, VTS 16, 30ff; J.G. Plöger, Untersuchungen 100ff.
11 VTS 16, 36f.

angenommen, daß mit den "Zeichen und Wundern" die Plagen gemeint seien. (1) Childs (2) beobachtet jedoch richtig, daß die "Zeichen und Wunder" im Dtn niemals mit den Plagen identifiziert werden. Sie beziehen sich vielmehr auf das wunderhafte Handeln Jahwes während des gesamten Exodus, einschließlich der Wüstenzeit (vgl. Dtn 29, 2; Ps 135, 9b). Auch ist die Herausführungsformel nicht primär mit dem Meerwunder zu identifizieren. Galling (3) und Wijngaards (4) deuten die Formel "mit ausgestrecktem Arm" auf das Wunder am Schilfmeer. Doch wird das Meer nur an einer einzigen Stelle ausdrücklich erwähnt, nämlich in 11, 4. Doch gehört 11, 4 wohl zu einem sekundären Einschub. (5)

Nur in dem sekundären Zusatz 11, 4 ist eine literarische Beziehung zu JE festzustellen. Die Ausdrücke בתוך (vgl. Ex 11, 4), חיל (vgl. Ex 14, 4); סוסיו ורכבו (vgl. Ex 14, 9), ים-סוף (vgl. 10, 19; 13, 18; 15, 4. 22), רדף (vgl. Ex 14, 4. 8f. 23) sind dort belegt.

הוציך und אבד kommen in JE allerdings nicht vor. Daraus, daß der Terminus יצא auch in Ex 13, 3. 9f (dtr); 13, 14. 16; 15, 32; 20, 2 (dtr); 32, 11f (dtr); Num 20, 16; 23, 22; 24, 8; sowie in Ex 17, 3; 32, 1. 4; 33, 12 u. ö. vorkommen, wird man kaum eine literarische Abhängigkeit ableiten können, denn hier handelt es sich um im AT häufig benutzte Vokabeln. In allen übrigen Aspekten zeigen die Belege typisch dtn Sprache und Begriffswelt, die in JE keinerlei Parallele haben. Hinzu kommen noch inhaltliche Kriterien: Plagen, Schilfmeer, Mose werden in diesen Formeln nicht erwähnt. Es fehlen jegliche Einzelheiten, wie Moses Aufenthalt in Midian, die übrigen Personen der JE-Erzählung oder geographische Angaben. Somit wird man anzunehmen haben, daß das Dtn aus einer eigenen Tradition schöpft, die vielleicht mündlich vorlag. Es fällt auf, daß das Dtn aus der Wüstentradition viele Einzelheiten berichtet, nicht jedoch vom Aufenthalt und der Herausführung aus Ägypten. Zu der in 17, 16 und 28, 68 vorausgesetzten Gottesrede gibt es keine Vorlage in JE.

Jos 2, 10 — "Denn wir haben gehört, wie Jahwe das Wasser des Schilfmeeres vor euch ausgetrocknet hat, als ihr aus Ägypten zogt, und was ihr den zwei Königen der Amoriter, Sihon und Og, jenseits des Jordan getan habt, an denen ihr den Bann vollstreckt habt."

Dieser Rückblick auf das Schilfmeerwunder gehört zur Rede der Hure Rahab an die Kundschafter. Dabei redet sie einerseits "als habe sie den

---

1 So z. B. Noth, Exodus 52.
2 Ebd. 32.
3 Erwählungstraditionen 7 A. 3.
4 VT 15, 94.
5 S. u. S. 125f.

ganzen Pentateuch gelesen" (1), andrerseits wie eine Prophetin, die die Zukunft ansagt. Die V. 10f enthalten eine Fülle von dtr Wendungen und werden gewöhnlich deshalb als sekundäre Erweiterung angesehen. (2) Für das Austrocknen wird hier das Hi יבש gebraucht, während in Ex 14,21f der Ausdruck שים לחרבה vorkommt (vgl. ביבשה Ex 14,16.22.29). (3)

Es handelt sich hier um einen aus der späteren dtr Schule stammenden Zusatz, da das Dtn selbst das Schilfmeerwunder nicht erwähnt. (4) Aus der formelhaften Wendung ist keine literarische Beziehung zu JE zu erkennen. (5)

<u>Jos 4,23</u> "Denn Jahwe, euer Gott, ließ das Wasser des Jordan vor euch vertrocknen, bis ihr drüben waret, wie Jahwe, euer Gott, mit dem Schilfmeer getan hat, das er vor euch vertrocknen ließ, bis wir drüben waren."

Die Stelle ist mit der vorhergehenden deutlich verwandt und wird deshalb ebenfalls gewöhnlich als dtr angesehen. (6) Eine literarische Beziehung zu JE ist nicht gegeben.

<u>Jos 5,4ff</u> "4 Und das ist die Ursache, warum Josua sie beschnitt: Alles Volk männlichen Geschlechts, das aus Ägypten gezogen war, alle Kriegsleute waren in der Wüste unterwegs gestorben bei ihrem Auszug aus Ägypten. 5 Denn alles Volk, das auszog, war beschnitten gewesen. Aber alles Volk, das in der Wüste unterwegs geboren war, bei ihrem Auszug aus Ägypten, war nicht beschnitten worden. 6 Denn vierzig Jahre war Israel in der Wüste gewandert, bis alles Volk umgekommen war - die Kriegsleute, die aus Ägypten gezogen waren -, weil sie der Stimme Jahwes nicht gehorcht hatten; denn Jahwe hatte ihnen geschworen, daß er sie das Land nicht werde sehen lassen , das uns zu geben Jahwe ihren Vätern geschworen hatte, ein Land, das von Milch und Honig fließt."

---

1 Wellhausen, Composition 117.

2 So Holzinger, Josua 3f; Steuernagel, Josua 213f; Eißfeldt, Hexateuch-Synopse 204*.280* ; Rudolph, Elohist 165. - Anders Noth, Josua 29f, der nur V. 10b als sekundär ansieht. Doch sind beide Versteile nicht voneinander zu trennen.

3 In Jos 4,23; 5,1 wird dasselbe Wort für das Austrocknen des Jordan verwendet, was darauf hindeutet, daß beide Vorgänge parallel gesehen wurden. Vgl. auch Ps 114,3.5.

4 S. o. S. 101.

5 Vgl. auch Noth, Josua 16.

6 Wellhausen, Composition 120; Steuernagel, Josua 221f; Holzinger, Josua 9; Noth, Josua 16; Rudolph, Elohist 178. - Anders Eißfeldt, Hexateuch-Synopse 209*, der das Stück zu E rechnet.

Es ist allgemein zugestanden, daß der aus V. 2.3.8.9 bestehende literarische Grundbestand durch die V. 4-7 erweitert wurden. (1) Steuernagel (2) und Noth (3) nehmen an, daß V.5 den ältesten Zusatz bildet, während V.4.6.7 später hinzugefügt wurden. (4)

Die Zusätze weisen typisch dtn Sprachgebrauch auf, z.B. V.6 שמע בקל (vgl. Dtn 1,45; 4,30 ; 8,20; 9,23 usw.), ארץ זבת חלב ודבש (vgl. Dtn 6,3; 11,9.21; 26,9.15; 27,3; 31,20), ארבעים שנה (vgl. Dtn 2,7; 8,2; 29,4) אשר נשבע יהוה לאבותם (vgl. Dtn 1,8.35; 4,31.37; 6,10; 9,5 usw.). Der Ausdruck בצאתם ממצרים kommt zweimal (V.4 und 5) vor. Eine literarische Beziehung zu JE ist nicht erkennbar. Die Beschneidung des Volkes wird in JE nicht berichtet.

<u>Jos 9,9</u> "Sie (d.h. die Gibeoniten) antworteten ihm (d.h. Josua): Aus sehr fernem Land kommen deine Knechte um des Namens Jahwes, deines Gottes, willen, denn wir haben von ihm gehört und was er alles in Ägypten getan hat."

Die Gibeoniten beziehen sich in einer formelhaften Wendung auf Jahwes Taten in Ägypten. Dabei ist nicht klar, ob die Plagen oder das Meerwunder gemeint sind. Die Rede ist deutlich mit Rahabs Rede in Jos 2,10f verwandt. Kap. 9 besteht aus einer Haupterzählung, zu der gewöhnlich V. 3-5.8-13.15a. 16.22-27 gerechnet werden. Sie wurde vom dtr Redaktor überarbeitet und mit Zusätzen versehen, zu denen auch der uns interessierende V.9 gehört. (5) Eine literarische Beziehung zu JE liegt nicht vor.

---

1 So Wellhausen, Composition 120; Steuernagel, Josua² 223; Holzinger, Josua 11; Eißfeldt, Hexateuch-Synopse 210*. 280*; Noth, Studien 42; ders., Josua 39; Rudolph, Elohist 180; Hölscher, Anfänge 338; Otto, Mazzotfest 59.

2 Josua² 223.

3 Josua 39.

4 Anders Otto, ebd. 60f, der V.4f als zusammengehörend ansieht und V. 6f als spätere Zusätze auffaßt.

5 Vgl. Wellhausen, Composition 125; Steuernagel, Josua 299; Holzinger, Josua XVIII. 31f; Noth, Josua 55.59; Rudolph, Elohist 200. - Anders Eißfeldt, Hexateuch-Synopse 221*, und Budde, Josua 133, die diese Verse zu E rechnen.

Jos 24, 5ff "5 Da sandte ich Mose und Aaron und plagte Ägypten, wie ich unter ihnen getan habe. 6 Danach führte ich euch und eure Väter aus Ägypten. Und als ihr ans Meer kamt und die Ägypter euren Vätern nachjagten mit Wagen und Gespannen ans Schilfmeer, 7 da schrien sie zu Jahwe. Er setzte eine Finsternis zwischen euch und die Ägypter und ließ das Meer über sie kommen, und es bedeckte sie. Und eure Augen sahen, was ich den Ägyptern getan habe... 14 So fürchtet nun Jahwe und dienet ihm aufrichtig und treu; tut die Götter von euch, denen eure Väter jenseits des Stromes und in Ägypten gedient haben, und dient Jahwe. 15 Gefällt es euch aber nicht, Jahwe zu dienen, so wählet heute, wem ihr dienen wollt: den Göttern, denen eure Väter jenseits des Stromes gedient haben, oder den Göttern der Amoriter, in deren Land ihr wohnt. Ich aber und mein Haus wollen Jahwe dienen. 16 Da antwortete das Volk und sprach: Das sei ferne von uns, daß wir Jahwe verlassen und andern Göttern dienen!

17 Denn Jahwe ist unser Gott; er ist es, der uns und unsere Väter aus dem Land Ägypten, aus dem Sklavenhause, geführt hat und vor unseren Augen diese großen Zeichen getan hat und uns behütet hat auf dem ganzen Weg, den wir gegangen sind und unter allen Völkern, durch die wir mitten hindurchgezogen sind."

Jos 24 enthält einen der großen geschichtlichen Rückblicke des AT und zeigt Verwandtschaft insbesondere mit 1S 12. (1)

V. 5 ואשלח את־משה ואת־אהרן fehlt in der LXX und wird deshalb als Zusatz angesehen. (2) Das Senden von Mose und Aaron wird auch in Mi 6,4; 1S 12,8; Ps 105,26 ausgesagt. Im folgenden ist dann Jahwe das Subjekt des Exodus. Das Verb נגע "schlagen, plagen" kommt in JE nicht vor.

V. 6 Die Schilderung des Meerwunders ist mit Ex 14,18ff verwandt. Beidesmal erscheint der Ausdruck רכב ופרשים (14,9) sowie רדף (Ex 14,4.8f.23).

1 Vgl. Burney, Judges XLII.

2 So Steuernagel, Josua 243; Holzinger, Josua 97; Noth, Josua 104; v. Rad, Ges. St. 14.

V. 7 Das Schreien (צעק) zu Jahwe erscheint hier und in Ex 14, 10ff. Während nach diesem Vers Jahwe eine Finsternis (מאפל) zwischen die Israeliten und die Ägypter setzt, stellt er nach Ex 14, 19f eine Wolkensäule (עמוד ענן) dazwischen. Das Bedecken (כסא) der Ägypter im Meer wird hier und in Ex 14, 28 (vgl. 15, 5. 10) erwähnt. Die Redeweise ותראנה עיניכם אשר-עשיתי kommt in ähnlicher Form häufig im Dtn vor (vgl. 4, 3. 9; 7, 19; 10, 21; 11, 7; 29, 2; vgl. Ex 19, 4).

V. 17 Der Vers zeigt typisch dtn Vokabular: אבותנו, אתות הגדולות , בית עבדים, מארץ מצרים . (1) Zu V. 17b ist Dtn 29, 1f zu vergleichen; ein großer Teil des Verses fehlt in der LXX. (2)

Der sprachliche Befund ist dahingehend zusammenzufassen, daß V. 7 eine inhaltliche, nicht jedoch wörtliche Übereinstimmung mit JE zeigt, während die übrigen Verse in typisch dtn Sprachgebrauch einhergehen. Auch der Inhalt im ganzen zeigt erhebliche Unterschiede zu JE:

1. Die Aussage von V. 14f, daß die Väter jenseits des Stromes und in Ägypten fremden Göttern gedient haben, widerspricht der jehowistischen Geschichtserzählung. (3)

2. Josua stellt das Volk vor die Entscheidung, Jahwe oder den anderen Göttern zu dienen, als ob sich das Volk niemals auf das Gesetz Jahwes verpflichtet hätte. Ein Autor, der JE benutzt hat, kann eine solche Darstellung unmöglich bringen.

3. Mose und Aaron, die in der jehowistischen Geschichtserzählung eine bedeutende Rolle spielen, werden in dem ursprünglichen Text nicht erwähnt. Dies ist offensichtlich schon früheren Generationen aufgefallen, weshalb sie die Glosse V. 5aα einfügten.

Somit schließen wir uns dem Urteil Noths an, daß der in Jos 24 vorliegende geschichtliche Rückblick "nicht in einer unmittelbaren Beziehung zu einer der literarischen Pentateuch-Quellen (steht), sondern ... auf einer eigenständigen, kultisch verwurzelten Tradition des Verkündens der heilsgeschichtlich wichtigen Ereignisse" beruht. Das Kapitel ist in keinem Falle einheitlich, sondern war offensichtlich späteren Ergänzungen ausgesetzt und geht vielleicht auf mehrere parallele Versionen zurück. (4)

---

1 S. o. S. 100.
2 Vgl. die Kommentare z. St.
3 Vgl. Rudolph, Elohist 250.
4 Jos 138; vgl. dazu Kühlewein, Geschichte 156f.

Ri 2, 1 "Und er (d. h. der Engel) sprach: Ich habe euch aus Ägypten heraufgeführt und in das Land gebracht, das ich euren Vätern zugeschworen habe..."

Insbesondere die Redeweise vom Väterschwur (1) weist auf den dtr Charakter des Verses hin, wobei teilweise angenommen wird, daß eine JE-Grundlage dtr bearbeitet wurde. (2) Die Frage, ob Bochim mit Bethel zu identifizieren ist, ist umstritten. (3) Das gesamte Stück 1, 1 - 2, 5 ist offensichtlich erst sekundär an den Anfang des Ribuches gestellt worden. Eine literarische Abhängigkeit von JE ist nicht erkennbar.

Ri 6, 8f. 13 "8 Jahwe sandte einen Propheten zu den Israeliten, der sprach zu ihnen: So spricht Jahwe, der Gott Israels: Ich habe euch aus Ägypten heraufgebracht und euch aus dem Sklavenhaus herausgeführt. 9 Ich habe euch errettet aus der Hand der Ägypter und aus der Hand all eurer Bedränger und habe sie vor euch vertrieben und euch ihr Land gegeben. ... 13 Gideon aber sprach zu ihm (d. h. dem Engel): Ach, mein Herr! Ist Jahwe mit uns, warum ist uns dann all das widerfahren? Wo sind alle seine Wunder, von denen uns unsere Väter erzählten, indem sie sprachen: Jahwe hat uns aus Ägypten heraufgeführt!..."

V. 8 Der Ausdruck בית עבדים ist typisch dtn (vgl. Dtn 5, 6; 6, 12; 8, 14; 13, 11; Ex 13, 3), כה אמר יהוה findet sich auch in den dtr Texten Jos 24, 2; 1S 12, 10. (4)

V. 9 Der Ausdruck נפלאות kommt in Ex 3, 8; 18, 9f JE vor. Ist nur Ri 2, 18; 6, 9; Jer 30, 20; Jes 19, 20 belegt. גרש findet sich hauptsächlich im dtr Schrifttum (Dtn 33, 27; Jos 24, 12. 18; Ri 2, 3; 9, 41; 11, 2. 7; 1K 2, 27).

V. 13 נפלאות kommt Ex 3, 20 (JE); Ps 78, 32; 105, 2; 136, 4; Mi 7, 15 im Zusammenhang mit dem Exodus vor. Die Herausführungsformel mit עלה ist häufig im dtn-dtr Schrifttum belegt (vgl. Dtn 20, 1; Jos 24, 17; Ri 2, 1; 1S 10, 18; 8, 8; 12, 6; 2K 17, 7. 36; Jer 2, 6; 11, 7; 16, 14; 23, 7). Der Hinweis auf die Väter ist ebenfalls typisch dtn. (5) Die Frageform erinnert an Tritojes 63, 11.

Im ganzen überwiegen Vokabeln, die aus dem dtn-dtr Sprachgebrauch stammen. Deshalb erscheint die von Noth (6) und Wijngaards (7) vertretene

1 S. o. S. 56.

2 Vgl. Wellhausen, Comp. 210; Budde, Josua 16; Noth, Studien 9; Rudolph, Elohist 273; Richter, Bearbeitungen 108.

3 Für die Identifizierung tritt Burney, Judges 40, ein. Kritisch äußert sich Rudolph, Elohist 273.

4 Zum übrigen Vokabular des Verses vgl. Richter, Bearbeitungen 98ff.

5 S. o. S. 56.

6 Pentateuch 50.

7 VT 15, 92.

These fraglich, daß es sich hier um eine alte bzw. vor-dtn Stelle handele.

Der Abschnitt V. 7-10 bildet ein selbständiges Stück. (1) Das Auftreten eines unbekannten Propheten kommt völlig überraschend und endet ebenso abrupt.

V. 11ff berichten von einem מלאך יהוה, ohne daß ausdrücklich gesagt wird, daß der Prophet abtritt. Während Budde (2), Burney (3), und Stade (4) den Abschnitt einer späteren Ausweitung von E (=E_2) zuweisen, sehen Holzinger (5), Nowack (6), Schmitt (7) und Richter (8) ihn als dtr an. (9) In jedem Fall handelt es sich um ein spätes Stück: "Die in den historischen Büchern auftretenden anonymen Männer sind die Geschöpfe späterer Überarbeiter." (10) Eine literarische Beziehung zu JE läßt sich weder für V. 8f noch V. 13 erkennen.

Ri 10, 10ff

"10 Da schrieen die Israeliten zu Jahwe und sprachen: Wir haben an dir gesündigt; denn wir haben unsern Gott verlassen und den Baalen gedient. 11 Aber Jahwe antwortete den Israeliten: Haben euch nicht die Ägypter, die Amoriter, die Ammoniter, die Philister, 12 die Sidonier, die Amalekiter und die Midianiter bedrängt, und habe ich euch nicht, wenn ihr zu mir schriet, aus ihrer Hand errettet?"

V. 10 Hier kommt dieselbe Formel ויזעקו wie in 3, 15; 4, 3; 6, 6; 1S 12, 10 vor.

V. 11 Der Vers nennt die Ägypter unter einer Menge andrer Völker, die die Israeliten bedrängt haben und aus deren Hand Jahwe sie errettet hat. Wegen des Wechsels in der Konstruktion sieht Budde (11), V. 11b. 12a als späteren Zusatz an. Nach Burney (12) könnte der Text ursprünglich gelautet haben:
הלא ממצרים העליתי אתכם

1 So z.B. Stade, Geschichte I, 182; Meyer, Geschichte II, 1, 357; Budde, Josua 52f; Richter, Bearbeitungen 98ff.
2 Ebd.
3 Judges 177.
4 Ebd.
5 Nach Nowack, Richter 60.
6 Richter 20.
7 Landtag 18ff.
8 Bearbeitungen 108f.
9 Eißfeldt, Einl 349, ordnet das Stück E zu. Doch wird diese Auffassung der Tatsache nicht gerecht, daß das Stück völlig isoliert im Kontext steht. Läßt man es weg, so hat man nicht den Eindruck, es fehle etwas.
10 Stade, ebd. 182 A. 2.
11 Josua 80.
12 Judges 296f.

Der Abschnitt V. 6-16 gehört zu dem dtr Rahmen des Richterbuches. (1) Eine literarische Abhängigkeit von JE ist nicht feststellbar. (2)

Ri 19, 30 "Da befahl er (d.h. der Levit) den Männern, die er aussandte: So sollt ihr zu allen Männern Israels sprechen: Ist dergleichen je geschehen seit der Zeit da die Israeliten aus dem Land Ägypten heraufgezogen sind, bis auf diesen Tag? Überlegt es euch, beratet und redet! Und ein jeder, der es sah, sprach: Dergleichen ist nicht geschehen noch gesehen worden seit der Zeit, da die Israeliten aus dem Land Ägypten heraufgezogen sind, bis auf diesen Tag."

Die zweite Vershälfte ist nur in der LXX belegt. V. 30a enthält die Formel למיום עלות בני ישראל מארץ מצרים. Noth (3) sieht den Text als alt an. Doch steht dem der Kontext entgegen. Der Bericht von der Schandtat der Benjaminiten setzt ein gemeinsames Handeln der zwölf Stämme voraus, das im übrigen Richterbuch fehlt. Die gewaltigen Zahlen (26000 Männer der Benjaminiten 4000 000 von Gesamt-Israel) sprechen für eine späte Entstehungszeit. Dahin deuten auch die Termini עדה (20, 1; 21, 10. 13. 16) und קהל 20, 2; 21, 5. 8). Deshalb werden K. 19-21 gewöhnlich in die nachexilische Periode datiert. (4)

1S 2, 27 "Da kam ein Gottesmann zu Eli und sprach zu ihm: So spricht Jahwe: Ich habe mich doch deines Vaters Haus geoffenbart, als sie noch in Ägypten unter dem Haus des Pharao waren..."

Der Vers bildet die Einleitung der Gerichtsankündigung eines unbekannten Propheten über das Priestergeschlecht der Eliden. (V. 27-36) In seiner

---

1 Vgl. Noth, Studien 53; Richter, Bearbeitungen 18ff. 61f. - Dagegen schreibt Budde, Josua 79f, den Text E, Burney, Judges 293, E_2 zu. Allerdings werden in jüngster Zeit zu Recht die von Burney E_2 zugeschriebenen Passagen (z.B. Jos 24; Ri 6, 7-10; 1S 7, 2-4; 10, 17-19) als dtr bestimmt.

2 Ri 11, 15f wird u. S. 191f behandelt.

3 Pentateuch 50 A. 159.

4 So Wellhausen, Composition 229ff; Budde, Richter 125f (der allerdings damit rechnet, daß ein jehowistischer Text später überarbeitet wurde); Nowack, Richter XVIII. 156f; Greßmann, Anfänge 269; Eißfeldt, Kl.Schr. II, 64ff. - Greßmann (270) nimmt an, daß der Abschnitt der Sodomsage nachgebildet sei, da jeweils die Motive des Wanderers am Abend, der Gastfreundschaft und der Freveltat in der Nacht vorkommen.

jetzigen Form wird der Abschnitt allgemein als spät angesehen. (1)

Die Eliden gehören wahrscheinlich zu den Landpriestern, die durch die Reform Josias endgültig verdrängt wurden (vgl. Dtn 18, 6; 2K 23, 9) die Jerusalemer Zadokiden treten an ihre Stelle. Folglich kann der Text nicht vor dem 7. Jh. entstanden sein. V. 36 deutet offensichtlich darauf hin. V33aß ist mit Dtn 28, 65; Lev 26, 16 verwandt. Der Bezug auf den Aufenthalt in Ägypten in V. 27 erfolgt in einer formelhaften Wendung, aus der eine literarische Beziehung zu JE nicht entnommen werden kann. Von einer Offenbarung an die Eliden beim Auszug aus Ägypten wird in JE nicht berichtet.

<u>1S 8, 8</u> "So wie sie mir getan haben seit dem Tag, da ich sie aus Ägypten herausgeführt habe, bis auf diesen Tag, indem sie mich verließen und anderen Göttern dienten, tun sie nun auch dir."

Der Vers steht am Beginn der Antwort Jahwes an Samuel, nachdem das Volk einen König gefordert hatte. Die Formel מיום העלתי אתם ממצרים ist mit 2S 7, 6 und Jer 11, 7 verwandt. Das gesamte Kapitel wird gewöhnlich auf den Dtr zurückgeführt. (2)

<u>1S 10, 18</u> "Da sprach er (d. h. Samuel) zu den Israeliten: So spricht Jahwe, der Gott Israels: Ich habe Israel aus Ägypten heraufgeführt und euch errettet aus der Hand der Ägypter und aller Königreiche, die euch bedrängten."

Der Vers bildet den Anfang der Rede Samuels in Mizpa, woraufhin Saul als König durch das Los bestimmt wird. Sie Stelle wird gewöhnlich als dtr

---

1 Vgl. Wellhausen, Composition 237; Budde, Samuel 22; Steuernagel, Fs. Kittel 204ff; Stoebe, Samuel 86f. 117f; Smith, Samuel 21; Noth, Studien 61 A. 1.
Umstritten ist die Frage, in wie weit hier ein älterer Text überarbeitet wurde. Stoebe, ebd. 86, weist darauf hin, daß bereits die ursprüngliche Erzählung das Motiv des Untergangs des Priestergeschlechts besessen haben muß. Budde, ebd., nimmt an, ursprünglich sei das Haus Levi gemeint, das sein Priestertum an einen Nichtleviten, nämlich Samuel, abtreten mußte. An die Neufassung eines älteren Stückes denken auch Wellhausen, ebd., Cornill, Einl 99; Steuernagel, ebd., Driver, Literature 174, - Smith, Samuel, bestreitet dies und findet keinen Beweis dafür, daß es sich hier um eine Neufassung handelt.

2 Vgl. Wellhausen, Composition 243; Noth, Studien 54f; Fohrer, Einl 243; Stoebe, Samuel 184. - Budde, Samuel, hält V. 8 für einen dtr Einschub, der V. 7 widerspricht. Burney, Judges XL rechnet V. 1-22 zu E_2.

angesehen. (1) Der Rückbezug auf den Exodus erfolgt formelhaft, ohne daß sich eine literarische Beziehung zu JE erkennen läßt. (2)

1S 12, 6ff

"6 Dann sprach Samuel zum Volk: Jahwe ist Zeuge, der Mose und Aaron geschaffen und eure Väter aus dem Land Ägypten herausgeführt hat! 7 So tretet nun her, daß ich mit euch rechte vor Jahwe und euch vorhalte alle Wohltaten Jahwes, die er euch und euren Vätern erwiesen hat: 8 Als Jakob und seine Söhne nach Ägypten kamen, (3) da schrieen eure Väter zu Jahwe und Jahwe sandte Mose und Aaron; sie führten eure Väter aus Ägypten. Dann liess er sie in diesem Land wohnen."

Mit diesen Worten eröffnet Samuel seine Abschiedsrede vor dem Volk.

V. 6 Der Vers enthält die eigentümlich Aussage, daß Jahwe Mose und und Aaron geschaffen (עשה)habe. Die Herausführung wird mit dem Terminus עלה umschrieben, der auch in JE belegt ist. (4)

V. 8 Der Vers berichtet vom Kommen Jakobs und seiner Söhne nach Ägypten, ihrem Schreien zu Jahwe und der Entsendung von Mose und Aaron als Führer des Exodus. Die Bedrückung durch die Ägypter wird im MT nicht berichtet. זעק kommt häufig im dtr Geschichtswerk vor (vgl. Ri 3, 9. 15; 6, 6f; 10, 10. 14; 12, 2; 1S 4. 13; 5, 10; 7, 8f; vgl Ex 2, 23). Die Sendung Moses und Aarons wird auch in Jos 24, 5; Mi 6, 4 und Ps 105, 26 erwähnt. Im Unterschied zu den meisten Exodusbelegen sind hier Mose und Aaron als Subjekt des Exodus genannt.

Die Verse sowie das gesamte Kapitel stammen deutlich von Dtr. (5) Trotz einiger übereinstimmender Termini wird man auf eine literarische Abhängigkeit von JE kaum schließen können. In V. 8 fällt das Fehlen der Plagen, des Sinaiereignisses auf. (6) Abraham und die an ihn ergangene Verheißung wird nicht erwähnt. (7)

---

1 Vgl. Wellhausen, Composition 243; Noth, Studien 54f; Fohrer, Einl 243; Stoebe, Samuel 216. - Budde, Samuel 70f, und Burney, Judges 177, rechnen das Kapitel zu einer dtr Überarbeitung von E, d. h. zu E_2.

2 עלה kommt allerdings auch Ex 3, 8; 5, 23; 18, 4 vor.

3 Die LXX fügt nach מצרים ein: ויענום מצרים.

4 S. o. S. 101.

5 Vgl. Wellhausen, Composition 243; Noth, Studien 54f; Wijngaards, VT 15, 92; Fohrer, Einl 243; Stoebe, Samuel 237. - Burney, Judges XLII, rechnet das Kapitel zu E_2.

6 Darauf hat zuerst v. Rad, Ges. St. 61, hingewiesen.

7 1S 15, 2 soll u. S. 170 behandelt werden.

2S 7,6.23 "6 Habe ich doch in keinem Haus gewohnt seit dem Tag, da ich die Israeliten aus Ägypten heraufführte, bis auf diesen Tag, sondern in einem Zelt und in einem Lager bin ich umhergezogen. 23 Und wo ist ein Volk auf Erden wie dein Volk Israel, um dessentwillen Gott hingegangen ist, es zu erlösen, daß es sein Volk sei und ihm einen Namen zu machen und so große und furchtbare Dinge zu tun, damit du die Völker und ihre Götter vertriebest vor deinem Volk, das du dir aus Ägypten erlöst hast."

V. 6 Der Vers beinhaltet, daß Jahwe seit dem Exodus nicht in einem festen Tempel, sondern in Zelt und Lager gewohnt habe. Das Nebeneinander von und ist nur in priesterschriftlichen Texten belegt (vgl. Ex 25ff; 35ff; Lev 1ff; Num 1ff). Die hier gebrauchte Konstruktion ist mit 1S 8,8 und Jer 11,7 zu vergleichen:

Hier למיום העליתי את-בני ישראל ממצרים
1S 8,8 ביום העליתי אותם ממצרים
Jer 11,7 ביום העליתי אותם מארץ מצרים

Beide Texte sind dtr Ursprungs. Somit liegt in dem Vers eine Kombination dtr und priesterschriftlicher Terminologie vor. Eine Beziehung zu JE ist nicht erkennbar.

V. 23 Der Vers stimmt weitgehend mit ICh 17,21 überein. Hier wie dort wird der Satz אשר פדית לך ממצרים gewöhnlich als Zusatz angesehen. (1) Somit entfällt der für unseren Zusammenhang entscheidende Bezug auf den Exodus. Im übrigen trägt der Vers einen dtr Charakter.

In der Literarkritik des Kapitels gehen die Meinungen auseinander. Rost (2) sieht V. 1-7. 11b. 16. 18-21. 25-29 als ältesten Grundbestand an; nach Procksch (3) bilden V. 1-3. 4a. 5b11bß. 12. 18f. 27a die ältere Haupterzählung. Kittel (4) hält V. 1a. 2-11b. 12. 14-17 für die älteste Schicht. Demgegenüber verzichten Wellhausen (5) und Smith (6) auf eine Unterteilung und weisen das gesamte Kapitel dem dtr Redaktor zu. Budde (7) rechnet mit einem dtr überarbeiteten elohistischen Stück.

---

1 Vgl. Smith, Samuel 303; Nowack, Samuel 179; Budde, Samuel 236f.
2 Credo 159ff.
3 Fs. Kittel 123f.
4 Geschichte I, 156 A. 5.
5 Composition 254f.
6 Samuel 297f.
7 Samuel 232f.

Übereinstimmung besteht somit darin, daß das Kapitel verschiedene Redaktionen erfahren hatte. V. 6 wird verschiedentlich als alt angesehen. (1) Doch gibt es dafür überhaupt keine Beweise. Die Terminologie weist vielmehr - wie wir gesehen haben - in den dtr und priesterschriftlichen Bereich. V. 23 wird ohnehin gewöhnlich dem dtr Redaktor zugeschrieben. (2)

<u>1K 6, 1</u> "Im 480. Jahr nach dem Auszug der Israeliten aus dem Land Ägypten, im 4. Jahr seiner Regierung über Israel, im Monat Siw - das ist der zweite Monat - begann Salomo den Tempel für Jahwe zu bauen."

Bereits Wellhausen (3) hat den Vers als spätere Einfügung erkannt, die aus 6, 37 entstanden ist. Während die ältere Erzählung in 6, 37f und 8, 2 für Monat ירח sagt, kommt in diesem Vers חדש זו statt ירח זו vor. Die 480 Jahre seit dem Exodus stellen eine künstliche spätere Chronologie dar. Die späte Entstehungszeit läßt sich auch daraus ersehen, daß der Vers ursprünglich nicht in der LXX stand und später dort zwischen 5, 32a und b nachgetragen wurde. (4) Aus der Formel לצאת בני ישראל מארץ מצרים läßt sich eine literarische Abhängigkeit von JE nicht erschließen; sie deutet vielmehr auf dtr Sprachgebrauch hin.

<u>1K 8, 9</u> "Es war nichts in der Lade als die zwei steinernen Tafeln, die Mose am Horeb hineingelegt hatte, (5) die Tafeln der Verpflichtung (ברית), die Jahwe den Israeliten auferlegte, als sie aus dem Land Ägypten zogen."

Der Vers wird gewöhnlich als nachexilischer Zusatz angesehen. (6) Eine literarische Beziehung zu JE besteht nicht. Die Lade wird in der jehowistischen Sinaiperikope nicht erwähnt; sie taucht unvermittelt im Zusammen-

---

1 So Rost, Credo 179 u. ö.; Noth, Pentateuch 50 A. 159; Wijngaards, VT 15, 98; Richter, Fs. Schmaus I, 180.

2 So z.B. Rost, Credo 161; Noth, Studien 64. - In dem Paralleltext zu 2S 7, 6, nämlich 1Ch 17, 5, wird Ägypten nicht namentlich genannt.

3 Composition 265.

4 So auch Benzinger, Könige 30; Kittel, Könige 46; Noth, Studien 25; ders., Könige 110.

5 Mit der LXX ist vor dem zweiten Relativsatz לחות הברית einzufügen, da sonst der letzte אשר -Satz in der Luft hängt. S. Wellhausen, Composition 266; Benzinger, Könige 58; Noth, Könige 168. 180; Kutsch, Verheißung 81. - Kittel, Könige 72, schlägt nur die Einfügung des Wortes ברית vor.

6 Wellhausen, Composition 266; Benzinger, Könige 58; Kittel, Könige 72; Noth, Könige 180.

hang mit dem Ladespruch Num 10, 35 auf. Auch der Name Horeb ist in der jehowistischen Sinaiperikope nicht ursprünglich. Die literarische Heimat des Verses ist vielmehr im dtn Bereich, speziell in Dtn 10, 5 zu suchen, wonach Mose die Tafeln in die Lade gelegt hat. (1)

1K 8, 16. 21. 51. 53

"16 Seit dem Tag, da ich mein Volk Israel aus Ägypten führte, habe ich in keinem der Stämme Israels je eine Stadt erwählt, daß dort ein Haus gebaut werde als Wohnstätte für meinen Namen. 21 Und dort (d. h. in Jerusalem) habe ich eine Stätte bereitet für die Lade, in der das Gesetz (ברית) ist, das Jahwe unsern Vätern auferlegt hat, als er sie aus dem Land Ägypten herausführte. ... 51 Denn sie sind dein Volk und Eigentum, das du aus Ägypten, aus dem Schmelzofen, herausgeführt hast. ... 53 Denn du hast sie aus allen Völkern der Erde ausgesondert, dir zum Eigentum, wie du durch deinen Knecht Mose verheißen hast, als du unsere Väter aus Ägypten führtest, Herr Jahwe."

Die Verse gehören zum sog. Tempelweihgebet Salomos (V. 14-66), das nach allgemeiner Meinung als dtr anzusehen ist. (2) Auch die hier zu behandelnden Verse zeigen deutlich eine dtn Sprache: כור הברזל "Schmelzofen" (V. 51; vgl. Dtn 4, 20, Jer 11, 4) נחלה "Eigentum" (V. 53, vgl. 4, 20; 9, 26. 29), משה עבדך "dein Knecht Mose" (V. 53; vgl. Dtn 34, 5; Jos 1, 1; Num 12, 7 dtr); להיות שמי שם (V. 16; vgl. Dtn 12, 5. 9). Die Lade wird der jehowistischen Sinaiperikope nicht erwähnt; dort fehlt auch der Ausdruck כרת ברית . In dem Paralleltext 2Ch 6, 3-42 kommt nur V. 8 (=V. 5) vor.

1K 9, 8f

"8 Und dieses Haus wird zu einem Trümmerhaufen werden, und jeder, der daran vorübergeht, wird sich entsetzen und spotten; und wenn man fragt: Warum hat Jahwe diesem Land und diesem Haus solches angetan? 9 so wird man antworten: Weil sie Jahwe, ihren Gott, der ihre Väter aus dem Land Ägypten herausgeführt hat, verlassen und sich an andere Götter gehalten, sie angebetet und ihnen gedient haben, darum hat Jahwe all dieses Unglück über sie gebracht."

---

1 Der Vers ist parallel zu 2Ch 5, 10.

2 So Wellhausen, Composition 268; Benzinger, Könige 59; Kittel, Könige 70; Noth, Studien 70; ders., Könige 182ff; Wijngaards, VT 15, 92.

Der Exodus wird in einer formelhaften Wendung erwähnt, die keine literarische Verwandtschaft zu JE erkennen läßt. Der Text zeigt deutlich eine dtr Verfasserschaft. (1)

2K 17, 36 — "Denn Jahwe, der euch mit großer Kraft und ausgestrecktem Arm aus dem Land Ägypten heraufgeführt hat, ihn sollt ihr verehren, ihn anbeten, und ihm sollt ihr opfern."

Der Termini כח הגדול und זרוע נטויה (2) kennzeichnen den Text als dtr. (3)

Neh 9, 9ff — "9 Du hast das Elend unserer Väter in Ägypten angesehen und ihr Schreien am Schilfmeer erhört 10 und Zeichen und Wunder an Pharao getan, an allen seinen Knechten und allem Volk seines Landes; denn du wußtest, daß sie vermessen an ihnen gehandelt haben. So hast du dir einen Namen gemacht, wie es heute offenbar ist. 11 Du hast das Meer vor ihnen zerteilt, daß sie auf dem Trocknen hindurchgehen konnten; ihre Verfolger aber wirfst du in die Tiefe, wie einen Stein ins mächtige Wasser."

V. 9 Zu dem Ausdruck ראה את-עני ist Ex 3, 7 zu vergleichen. Das Schreien (זעק) am Schilfmeer wird auch Ex 14, 10 erwähnt.

V. 10 Der Ausdruck אתת ומפתים ist typisch dtn. (4) Die Qal-Form von הזיד ist auch Ex 18, 11 JE belegt. Der "Pharao und seine Knechte" kommen auch in Ex 5, 15f. 21; 7, 10. 20. 28f usw. vor. Zu dem Ausdruck עשה שם ist Jer 32, 20 zu vergleichen; Ex 9, 16 erwähnt die Verkündigung des Namens Jahwes.

V. 11 Der Vers zeigt gewisse Berührungen mit Ex 14f. Die Ausdrücke בקע (vgl. Ex 14. 16. 21) ביבשה (vgl. Ex 14, 16. 22. 29.; 15, 19) sind auch dort belegt. Statt עבר wird in Ex 14, 16. 29 בוא gebraucht. Zu dem Satz השלחתי במצולת כמו אבן ist Ex 15, 5 ירדו במצולת כמו אבן zu vergleichen. צולה kommt auch in Ex 15, 5 (vgl. Sach 10, 11; Dtjes 44, 27) vor. בתוך הים findet sich in Ex 14, 16. 22f. 27. 29.

---

1 Vgl. Wellhausen, Composition 268; Benzinger, Könige 65; Noth, Studien 70; ders., Könige 196ff. - Der Vers hat seine Parallele in 2Ch 7, 22. Zu 1K 12, 28 s. u. S. 226ff.

2 S. dazu o. S. 100.

3 Vgl. Wellhausen, Composition 297; Noth, Studien 85. - Benzingen, Könige 175, nimmt an, daß V. 35-40 auf einen sehr späten Verfasser zurückgehen, für den das Gebot Jahwes bereits ein geschriebenes Gesetz und nicht mehr ein lebendiges Zeugnis im Munde der Propheten ist.

4 S. die Belege o. S. 100.

Da der Abschnitt Übereinstimmungen sowohl zu Ex 14 als auch Ex 15 (Meerlied) zeigt, haben Noth (1) und Rudolph (2) die Auffassung vertreten, Neh 9 sei von der abgeschlossenen Pentateucherzählung abhängig. Doch ist dies keineswegs sicher. Bei den Übereinstimmungen handelt es sich durchweg um gängige Vokabeln, die auch sonst im AT belegt sind. Offensichtlich ist der Text nicht ganz einheitlich, da das Schreien am Schilfmeer (V. 9) vor den Plagen (V. 10) aufgeführt wird. Somit scheint spätere Redaktion am Werk gewesen zu sein. Dennoch ist wohl mit der Möglichkeit zu rechnen, daß der Abschnitt JE als Vorlage benutzt hat, obwohl das Exodusgeschehen frei beschrieben wird. (3)

Dan 9, 15 "Und nun, Herr, unser Gott, der du dein Volk aus dem Land Ägypten geführt hast mit starker Hand und hast dir einen Namen gemacht bis auf den heutigen Tag; wir haben gesündigt, sind gottlos gewesen."

Der Terminus ביד חזקה weist in den dtn Bereich. (4) Der Ausdruck עשה שם kommt auch in Neh 9, 10; Jer 32, 20 vor. Eine literarische Beziehung zu JE kann nicht nachgewiesen werden. Bentzen (5) sieht das gesamte Bußgebet Daniels als sekundäre Einfügung an.

Ps 66, 6 "Er verwandelte das Meer in trockenes Land, sie konnten zu Fuß durch den Strom gehen. Darum freuen wir uns seiner."

Faßt man das Partizip präterital auf, so könnte man einen Bezug auf das Schilfmeerwunder sehen. (6) Doch entstehen dabei Schwierigkeiten. In Ex 14 geht es nicht um die Verwandlung des Meeres in trockenes Land (ליבשה), sondern um das Teilen bzw. Zurückdrängen des Meeres, so daß die Israeliten trocken (ביבשה ; vgl. Ex 14, 16. 22. 29) hinüberziehen können. Der Ausdruck נהר paßt nicht auf das Schilfmeerwunder. Viele Ausleger nehmen an, daß damit der Jordan gemeint sei und somit Schilfmeerwunder und Jordanwunder kombiniert seien. (7)

Die Anspielung ist in jedem Falle sehr vage und man kann fragen, warum der Psalmist, wenn er das Meerwunder meint, sich so undeutlich ausdrückt. Die Termini עבר ברגל, הפך kommen in Ex 14 nicht vor.

---

1 Pentateuch 51 A. 164.
2 Chronik 162f.
3 2Ch 20, 10 wird
4 S. o. S. 100.
5 Daniel 75.
6 So Lauha, Geschichtsmotive 69; Gunkel, Psalmen 277; Kraus, Psalmen 458.
7 So Gunkel, Psalmen 277; Kühlewein, Geschichte 143; Kraus, Psalmen 458.

Selbst wenn hier das Schilfmeerwunder gemeint ist, liegt keine literarische Abhängigkeit von JE vor. (1). Die näheren Umstände einschließlich der Zentralfigur Mose werden nicht erwähnt. Der Psalm wird aufgrund seiner zahlreichen Aramaismen sowie der universalen Konzeption in die nachexilische Zeit datiert. (2)

Ps 74, 12 hat mit dem Schilfmeerwunder nichts zu tun, sondern beschreibt den Chaosdrachenkampf. (3) Auch in Ps 18, 16 ist der Bezug auf das Exodusereignis zu undeutlich. (4)

Ps 76, 7 "Von deinem Schelten, Gott Jakobs, sinken in Schlaf Roß und Wagen."

Der Ausdruck "Roß und Wagen" könnte darauf hindeuten, daß hier an das Schilfmeerwunder gedacht sei. Die Ausdrücke סוס und רכב kommen auch in Ex 14, 9; vor, sowie in 14, 17f. 23 רכבו ופרשיו. Allerdings findet sich dort der Terminus גערה "Schelten" nicht (vgl. 2S 22, 16; Jes 51, 20; Ps 18, 16; 80, 17; 104, 7). Daß hier das Schilfmeerwunder gemeint sei, ist nicht sicher auszumachen. Gunkel (5) und Kraus (6) bestreiten dies mit Recht. Näher liegt es, an den Chaoskampf zu denken. Die konkreten Umstände von Ex 14 werden nicht erwähnt. Doch weist Taylor (7) mit Recht darauf hin, daß es dafür keine eindeutigen Kriterien gibt. (8) Deshalb ist einer nachexilischen Entstehungszeit der Vorzug zu geben. (9)

Ps 77, 16ff "16 Du hast dein Volk mit starkem Arm erlöst, die Söhne Jakobs und Josephs. 17 Die Wasser sahen dich und erbebten, die Meerestiefen erzitterten. 18 Es gossen Wasser die Wolken, es donnerte das Himmelsgewölk, und deine Pfeile fuhren dahin ... 20 Dein Weg ging durchs Meer und dein Pfag durch gewaltige Wasser, doch deine Spuren waren nicht zu erkenne. 21 Du führtest dein Volk wie eine Herde durch Moses und Aarons Hand."

---

1 So auch Lauha, Geschichtsmotive 69.
2 Vgl. Duhm, Psalmen 252; Briggs, Psalms II, 96; Gunkel, Psalmen 277; Taylor, Psalms 344; Fohrer, Einl 313.
3 So Duhm, Psalmen 287, gegen Weiser, Psalmen 354.
4 Vgl. Lauha, Geschichtsmotive 70.
5 Psalmen 331.
6 Psalmen 527.
7 So Weiser, Psalmen 357, Kraus, Psalmen 525.
8 So auch Briggs, Psalms II, 165; Fohrer, Einl 313; Gunkel, Psalmen 371f, der zwischen der Zeit vor 700 und der Makkabäerzeit schwankt.
9 Psalms 404.

V. 16 זרע erinnert an den Ausdruck בזרע הגדול , der im Dtn häufig belegt ist; פדה weist in diesem Bereich. (1)

V. 17-20
Die Verse beschreiben das Meerwunder mit Termini, die in Theophanietexten häufig auftreten (vgl. Hab 3, 8. 11; Ps 18, 15). Eine wörtliche oder inhaltliche Parallele zu Ex 14 ist nicht aufweisbar. רגז kommt in Ex 15, 14, jedoch in anderem Zusammenhang, vor. Zu V. 17 ist Ps 114, 3 zu vergleichen.

V. 21 כצאן kommt in JE vor, jedoch als Bild für Israel häufig in poetischen Texten (Ps 74, 1; 78, 52. 70 u. ö.). נחה ist auch Ex 13, 17. 21; 15, 13; 32, 34 belegt.

Der Abschnitt ist auch ohne Bezug auf das Schilfmeerwunder verständlich. Dieser Bezug wird nur durch die Rahmenverse V. 17 und V. 21 hergestellt, ohne daß er völlig klar wird. In jedem Fall scheidet eine literarische Abhängigkeit von JE aus. Ex 14 enthält keine Theophanieschilderungen. Auch sonst bestehen, abgesehen von gängigen Vokabeln, keinerlei terminologische Übereinstimmungen. Der Psalm wurde früher in die Makkabäerzeit datiert. (2) Gegenwärtig wird zumeist die exilisch-nachexilische Periode vorgeschlagen. (3)

Ps 78, 13. 53 "13 Er zerteilte das Meer und führte sie hindurch, ließ die Wasser feststehen gleich einem Damm. ... 53 Er führte sie sicher ohne Schrecken, während das Meer ihre Feinde bedeckte."

V. 13 בקע "zerteilen" kommt auch in Ex 14, 16. 21 vor. Der Vergleich der Wasser mit einem "Damm" stimmt mit Ex 15, 8 überein, beidesmal כמו נד . Ein ähnlicher Vergleich findet sich in Ex 14, 22, jedoch unter Benutzung von חמה .

V. 53 נחה stimmt mit Ex 13, 17. 21; 15, 13; 32, 34 überein. In Ex 14 sind פחד ,איב und לבטח jedoch nicht belegt. כסא findet sich in Ex 14, 28; 15, 5. 10.

---

1 S. o. S. 100.
2 So Duhm, Psalmen 297; Wellhausen, Geschichte 232 A. 2; Bousset, Judentum 9.
3 So Gunkel, Psalmen 335; Briggs, Psalms II, 172 (Exil); Kraus, Psalmen 530; Fohrer, Einl 313. - Nach McCullough, Psalms 409, ist jede dunkle Periode der Geschichte Israels als Entstehungszeit denkbar.

Auf Grund dieser terminologischen und inhaltlichen Übereinstimmungen legt sich die Annahme nahe, daß der Verfasser JE als literarische Grundlage benutzte. (1)

Der Psalm zeigt deutlich eine Abhängigkeit von der dtr Bewegung und ist deshalb in die nachexilische Zeit zu datieren. (2)

Ps 80, 9 "Du hast einen Weinstock aus Ägypten geholt,
du hast die Völker vertrieben und ihn eingepflanzt."

Dieser Rückbezug auf den Exodus steht als "Hinweis auf Gottes früheres Heilshandeln" innerhalb eines Volksklageliedes. (3) Das Bild vom Weinstock kommt in JE nicht vor (vgl. aber Ez 17; Hos 10,1; Jer 2,21 u.ö.); deshalb scheidet eine literarische Abhängigkeit von JE aus.

Die Datierung des Psalms ist umstritten: Wegen der Erwähnung der drei Stämme Ephraim, Benjamin und Manasse in V. 3 nehmen Weiser (4) Eißfeldt (5) und McCullough (6) die Zeit vor dem Untergang des Nordreichs an. Doch ist dieses Argument nicht stichhaltig. Auch in Ps 60, 9 werden Gilead, Manasse Ephraim und Juda genannt, obwohl der Psalm gewöhnlich in die exilisch-nachexilische Zeit datiert wird. (7) Der spätnachexilische Text Sach 10, 6f führt Juda, Joseph und Ephraim nebeneinander auf. Ez 47-48 gibt einen ausführlichen Verteilungsplan des Landes in bezug auf die einzelnen Stämme. Während Kraus (8) und Fohrer (9) an die Josiazeit denken, ist wohl einer exilisch-nachexilischen Datierung der Vorzug zu geben. (10)

---

1 Vgl. Schildenberger, Fs. Junker 243; Noth, Pentateuch 51 A. 164. Noth vermutet zudem, der Psalm sei "von der schon abgeschlossenen Pentateucherzählung abhängig." - Zur Datierung s. o. S. 38.

2 So Duhm, Psalmen 278; Gunkel, Psalmen 342; Briggs, Psalms II, 178ff; Kittel, Psalmen 289f. Für vorexilisch halten Eißfeldt, Lied Moses 41; Schmidt, Psalmen 150; Weiser, Psalmen 540; Schildenberger, Fs. Junker 236; Junker, Bibl 34, 487ff; Coats, Rebellion 222ff, den Psalm. Doch gibt es dafür keine stichhaltigen Argumente, da die dtr Bewegung erst seit dem Exil ihre eigentliche literarische Tätigkeit entfaltet hat. V. 61 setzt zudem deutlich das Exil voraus.

3 Vgl. Westermann, Loben 40f.

4 Psalmen 372.

5 Kl. Schr. III, 221ff.

6 Psalmen 431.

7 Vgl. Gunkel, Psalmen 258f; Fohrer, Einl 312; Kraus, Psalmen 428.

8 Psalmen 557.

9 Einl 314.

10 Mit Gunkel, Psalmen 353; Duhm, Psalmen 314; Bousset, Judentum 9; Briggs, Psalms II, 203.

Der Psalm enthält kunstvolle literarische Formen wie Kehrreim und Allegorie und stellt ein rein literarisches Produkt dar. (1) Dies sowie die Verwandtschft mit Thr und Tritojes weisen auf eine späte Entstehungszeit hin.

Ps 81,6f.11 — "6 Als Zeugnis hat er (d.h. Jahwe) es (d.h. das Gesetz) festgesetzt in Joseph, da er auszog wider Ägypten. Eine Sprache, die ich nicht kannte, vernehme ich: 11 Ich bin Jahwe, dein Gott, der dich aus dem Land Ägypten geführt hat: Tue deinen Mund auf, laß mich ihn füllen. 7 Ich habe deine Schulter von der Bürde befreit, deine Hände sind des Tragkorbes ledig."

V. 6 Der Vers enthält den eigentümlichen Ausdruck כצאתו על-ארץ. Als lectio difficilior ist hier wohl gegenüber der von Mowinkel (2) in Anlehnung an die LXX vorgeschlagene Lesart מארץ מצרים beizubehalten. Gunkel (3) erwägt, ob dabei an die letzte Plage (vgl. Ex 11,4) gedacht sei, nämlich die Tötung der Erstgeburt.

V. 11 Der Vers gehört wohl unmittelbar nach V. 6. (4) Die Jahwerede אנכי יהוה אלהיך המעלך מארץ מצרים ist mit Hos 12,10; 13,4; Ex 20,2 weithin identisch.

V. 7 Lauha (5) versteht den Vers als freie Anspielung auf die in Ex 1,11-14 berichtete Bedrückung in Ägypten. Doch bestehen dafür keine sicheren Anzeichen.

Wegen der Erwähnung von Israel und Joseph nebeneinander in V. 6 nehmen Gunkel (6) und Weiser (7) an, daß der Psalm aus dem Nordreich stammt und somit vor 722 entstanden ist. Doch auch die späten Texte Ps 77.16; 78,67; 80,2; 105,17; Ez 37,19.27 nennen Israel und Joseph nebeneinander. Kraus (8) weist darauf hin, daß die Verkündigung des Psalms dem Typus der dtn-dtr Geschichts- und Gerichtspredigt nahesteht. Er denkt jedoch mehr an die späte Königszeit ähnlich wie Weiser. (9) Da die

---

1 Gunkel, Psalmen 353.
2 Psalmenstudien II, 153.
3 Psalmen 359.
4 So auch Gunkel, Psalmen 356; Kraus, Psalmen 561.
5 Geschichtsmotive 59.
6 Psalmen 358f.
7 Psalmen 376.
8 Psalmen 563.
9 Psalmen 376.

dtn Bewegung gerade in exilisch-nachexilischer Zeit wirksam war, ist einer Datierung in diese Epoche der Vorzug zu geben. (1)

Ps 105, 23 ff "23 Und Israel kam nach Ägypten, Jakob ward Gast im Land Hams. 24 Da machte er sein Volk sehr fruchtbar, er machte es stärker als seine Bedränger. 25 Er wandelte ihren Sinn, sein Volk zu hassen und Arglist zu üben an seinen Knechten. 26 Da sandte er Mose, seinen Knecht, und Aaron, den er erwählt hatte. 37 Er ließ Israel ausziehen mit Silber und Gold, und es war kein Strauchelnder in ihren Stämmen. 38 Ägypten war fröhlich, als sie auszogen; denn der Schrecken war auf sie gefallen. 42 Denn er gedachte seines heiligen Wortes, das er Abraham seinem Knecht, gegeben hatte. 43 So ließ er sein Volk ausziehen in Freude, unter Frohlocken seine Erwählten."

V. 23 Israel und Jakob stehen hier in Parallele; mit Jakob ist deshalb hier das Volk, nicht die Patriarchengestalt gemeint. (2) גור kommt auch Gen 47, 4 JE vor. Der Ausdruck ארץ חם findet sich allerdings nur in poetischen Texten (Ps 78, 51; 106, 22).

V. 24 Der Terminus עצם kommt auch in JE (Ex 1, 7. 20), פרה jedoch nur in P (Ex 1, 7) vor. צר ist in JE nicht belegt.

V. 25 Der Vers entspricht inhaltlich Ex 1, 11ff. Eine wörtliche Übereinstimmung ist jedoch nicht festzustellen. Im Unterschied zu JE wird hier vom gesamten ägyptischen Volk geredet, während in JE der Pharao als Hauptverantwortlicher genannt wird. Doch kann man das vielleicht nicht so scharf trennen, da der Pharao als Repräsentant des Volkes aufgefaßt werden kann. Daß Jahwe die Ägypter aufstachelte, wird in JE nicht gesagt.

---

1 So auch Gunkel, Psalmen 358f; Duhm, Psalmen 317; Briggs, Psalms II, 210. - Fohrer, Einl 314, schwankt zwischen spätvorexilisch bis nachexilisch. Weiser, Psalmen 376, und Kraus, Psalmen 661, denken an die späte Königszeit. - Bei Ps 89, 11 muß nicht an den Exodus oder an das Meerwunder gedacht sein. Vielmehr beschreibt der Vers in allgemeiner Weise Jahwes Gewalt über Rahab und alle Feinde. S. auch Kühlewein, Geschichte 134f.

2 Anders Gunkel, Psalmen 460, der auf Gen 46, 6f P verweist.

V. 26 Es fällt auf, daß in V. 26f zwar Mose und Aaron erwähnt werden, sie im folgenden jedoch keine Rolle mehr spielen. Vielmehr ist sonst Jahwe das Subjekt von Exodus und Wüstenwunder. (1) Dies läßt vielleicht darauf schließen, daß V. 26f einen späteren Einschub bilden. (2) V. 28 bezieht sich wieder - ohne daß der Subjektwechsel gekennzeichnet wird - auf Jahwe. Es handelt sich hier um die verbreitete Formel, daß Jahwe Mose und Aaron sandte (vgl. Jos 24, 5; 1S 12, 8; Mi 6, 4). Der Terminus בחר in Bezug auf Mose und Aaron ist in JE nicht belegt.

V. 37 Der erste Halbvers entspricht sinngemäß Ex 3, 21; 11, 2f; 12, 35f, ohne daß eine wörtliche Übereinstimmung, abgesehen von כסף und זהב festzustellen ist.
V. 37b hat keine Parallele in JE. Die Stämme werden in diesem Zusammenhang in JE nicht ausdrücklich erwähnt. Der Halbvers ist mit Jes 5, 27 und Tritojes 63, 13 verwandt.

V. 38 Daß Ägypten über den Auszug der Israeliten fröhlich war, weil ein Schrecken auf sie gefallen war, wird in JE nicht berichtet. Gunkel (3) erwägt, ob der Vers durch Ex 12, 35f veranlaßt sein könnte.

V. 42 Der Vers greift offensichtlich noch einmal auf den Exodus zurück. Daran ist erkennbar, daß der Psalm nicht aus einem Guß ist. Das Eingreifen Jahwes wird hier durch den Rückgriff auf die Väterverheißung begründet. Eine solche Begründung fehlt in der jehowistischen Exoduserzählung; dort gibt Jahwe als Motiv für sein Eingreifen lediglich das Schreien des Volkes an (Ex 3, 8). Erst in P (Ex 2, 23-25) wird das Eingreifen Jahwes mit dem Hinweis auf sein Gedenken an die den Vätern gegebene Zusage (ברית) begründet. Ähnlich wird auch in Dtn 4, 37; 78, 8; 10, 15 die Herausführung mit der Väterverheißung in Verbindung gebracht. Der Terminus kommt in JE nicht vor.

Lauha (4) weist darauf hin, daß nur in diesem Psalm außerhalb des Pentateuch über die Vorgeschichte des Exodus berichtet wird. Nun bestehen zwar einige terminologische und inhaltliche Übereinstimmungen. Andrerseits gibt der Psalm diese Ereignisse im wesentlichen in seiner eigenen Sprache und Vorstellung wieder. Eine literarische Abhängigkeit ist deshalb

---

1 Vgl. Noth, Pentateuch 172.
2 So Duhm, Psalmen 380, der beobachtet, daß V. 27 fast wörtlich mit 78, 43 übereinstimmt.
3 Psalmen 461.
4 Geschichtsmotive 46.

wenig wahrscheinlich und wohl kaum mit Sicherheit nachweisbar. Die in diesem Psalm verarbeiteten Angaben können genauso gut aus mündlicher Tradition stammen, die allerdings eine gewisse Verwandtschft mit der in JE aufgenommenen Überlieferung zeigt. Die wenigen wörtlichen Übereinstimmungen können auf allgemeinen Sprachgebrauch zurückgeführt werden.

Ps 106, 7ff. 21f

"7 Unsere Väter in Ägypten achteten nicht auf deine Wundertaten, gedachten nicht der Fülle deiner Gnaden und empörten sich wider den Höchsten (1) am Schilfmeer. 8 Aber er errettete sie um seines Namens willen, um seine Stärke kundzutun. 9 Und er schalt das Schilfmeer, daß es vertrocknete, und führte sie durch Tiefen wie durch eine Wüste. 10 Er errettete sie aus der Gewalt des Hassers und erlöste sie aus der Gewalt des Feindes. 11 Wasser bedeckte ihre Gegner, auch nicht einer von ihnen blieb übrig. 12 Da glaubten sie an seine Worte, besangen seinen Ruhm. ... 21 Sie vergaßen des Gottes, der sie gerettet, der Großes getan in Ägypten, 22 Wunderbares im Land Hams, Furchtbares am Schilfmeer."

V. 7 נפלאות kommt auch in Ex 3, 20 und 34, 10 vor. Es ist ein in den Psalmen häufig benutztes Wort (vgl. Ps 86, 10; 78, 4. 11. 32; 111, 4; 105, 2; 107, 8. 15. 21. 31; 119, 18. 27; 131, 1; 136, 4; 145, 5). Auch JE berichtet, daß die Israeliten sich am Schilfmeer gegen Jahwe und Mose auflehnten (vgl. Ex 14, 11), doch besteht keine terminologische Übereinstimmung.

V. 8 Die Aussage, daß Jahwe das Volk "um seines Namens willen" (למען שמו) errettete, kommt in JE nicht vor. (vgl. aber Ez 20, 9. 14. 22. 44). Auch גבורה findet sich nicht in JE.

V. 9 Das Schilfmeer wird hier wie ein Widersacher Jahwes geschildert, während es nach dem jehowistischen Bericht ein bloßes Hilfsmittel in der Hand Jahwes darstellt. (2) Das Schelten (גער)des Meeres gehört in den Vorstellungsbereich des Chaoskampfes, wo das Meer einen mythischen Charakter trägt. (3) Die Termini חרב und תהום kommen in JE nicht vor (vgl. Ex 15, 5. 8). תהומת und מדבר deuten auf eine Verwandtschaft mit Tritojes 63, 13 hin. (4)

---

1 Statt על-ים ist wohl mit Gunkel, Psalmen 465; Kraus, Psalmen 726 u.a. על-אליון zu lesen.

2 So Lauha, Geschichtsmotive 65.

3 Vgl. Ps 104, 7; 114, 3; 18, 16; Dtjes 50, 2, wo das Substantiv גערה gebraucht wird.

4 So auch Duhm, Psalmen 383.

V. 10 Löhr (1) sieht den Vers als Glosse an. Er beginnt mit derselben Verbform ויושיעם wie V. 8 und enthält ein zweimaliges מיד. Die Termini אויב, גאל, שואני kommen in JE nicht vor, hingegen ישע (vgl. Ex 14, 30).

V. 11 Der Vers stimmt inhaltlich mit Ex 14, 28 überein. In beiden Texten werden die Ausdrücke כסא und אחר gebraucht. Die übrige Terminologie ist verschieden; statt יתר sagt Ex 14, 28 שאר .

V. 12 Der erste Halbvers geht mit Ex 14, 31 parallel. Statt ויאמינו בדבריו wird in Ex 14, 31 ויאמינו ביהוה ובמשה gesagt. Beidesmal kommt das Verb האמין vor, wobei Mose hier nicht erwähnt wird. V. 12b kann auf das Singen des Schilfmeerliedes bezogen werden, ohne daß dafür eine zwingende Notwendigkeit besteht.

V. 21f Die Verse hinken eigentümlich nach und werden deshalb mit Recht als Zusätze angesehen. (2) Der Ausdruck נפלאות בארץ חם stimmt mit Ps 105, 23. 27 überein und kann von dort übernommen sein. Der Titel מושיע kommt in JE nicht vor, sondern findet sich erst in Ps 18 und bei Djes. (3) Eine literarische Beziehung zu JE läßt sich nicht erkennen.

Zwar zeigt der Psalm eine enge Verwandtschaft mit der jehowistischen Geschichtstradition. Doch finden sich kaum sprachliche oder wörtliche Übereinstimmungen, außer in gängigen Wendungen. Eine literarische Abhängigkeit von JE kann deshalb kaum angenommen werden. (4) Der Psalm hat selbständig formuliert und aus einer eigenständigen Tradition geschöpft. Da der Psalm Zitate aus P-Stücken enthält (vgl. V. 29f), wird er gewöhnlich in die nachexilische Zeit datiert. (5)

Ps 114, 1f "1 Als Israel aus Ägypten zog, das Haus Jakobs aus stammelndem Volk, 2 Da ward Juda sein Heiligtum, ward Israel sein Königreich. 3 Das Meer sah es und floh; der Jordan wandte sich zurück. 4 Die Berge hüpften wie Widder, die Hügel wie junge Lämmer. 5 Was ist dir, du Meer, daß du fliehst? du Jordan, daß du zurückweichst?"

---

1 PsSt 19.
2 So Löhr, ebd. 20.
3 S. o. S. 85.
4 Anders Noth, Pentateuch 172f.
5 So Duhm, Psalmen 388; Briggs, Psalms II, 342; Gunkel, Psalmen 464f; McCullough, Psalms 565; Kraus, Psalmen 728; Fohrer, Einl 316.

Der Psalmist schildert mit großer dichterischer Phantasie das Meerwunder und sieht es in einem mit Israels Durchzug durch den Jordan. Auch Jos 3f setzt beide Ereignisse parallel und benutzt teilweise dieselbe Terminologie (vgl. Jos 4, 23f). Der Psalm benutzt Elemente aus der Theophanieschilderung (V. 3-5), wonach die Natur durch das Eingreifen Jahwes in Bewegung gerät (vgl. Ri 5, 5; Ps 68, 9; Nah 1, 5). (1) Eine literarische Beziehung zu JE ist nicht erkennbar. Es fehlen dort sowohl die Theophanieelemente, als auch die mythische Personifikation des Meeres (V. 3. 5; vgl. Ps 106, 9; 77, 17; 104, 7). (2) Das Fliehen vor Jahwe wird auch in Jes 17, 13; 29, 5ff; 31, 8f; 33, 3 geschildert. Der Psalm stammt aus nachexilischer Zeit. (3)

Ps 136, 11ff

"11 Er führte Israel von dort heraus, denn seine Güte währet ewiglich. 12 Mit starker Hand und ausgerecktem Arm, denn seine Güte währet ewiglich. 13 Der das Schilfmeer in Stücke zerteilte, denn seine Güte währet ewiglich. 14 Und Israel mitten hindurchziehen ließ, denn seine Güte währet ewiglich. 15 Und den Pharao samt seinem Heer hineintrieb, denn seine Güte währet ewiglich."

V. 11 Der Vers enthält die allgemeine Herausführungsformel ויוצא ישראל מתוכם .

V. 12 ביד חזקה und בזרע נטויה sind typisch dtn Ausdrücke. (4)

V. 13 Das Zerteilen des Meeres wird in Ex 14, 16. 21 mit dem Wort beschrieben, hier findet sich der Ausdruck גזר לגרזים .

V. 14 בתוך kommt häufig in Ex 14 vor. Statt עבר wird dort jedoch בוא gesagt. עבר ist auch Ps 66, 6 belegt.

V. 15 Der Vers zeigt eine gewisse Übereinstimmung mit Ex 14, 28 (Hier: פרעה וחיל , dort חיל פרעה). Der Inhalt des Verses geht über JE insofern hinaus, als hier der Tod des Pharao bei der Schilfmeerkatastrophe berichtet wird. Das dabei gebrauchte Verb נער kommt auch in Ex 14, 27 vor. Das Ni. von נער ist außer diesen beiden Stellen nur noch in Neh. 5, 13 belegt. Doch ist die Formulierung des Verses im übrigen gegenüber Ex 14, 27 verschieden.

---

1 S. dazu Jeremias, Theophanie.

2 S. Jirku, Geschichte 159; Kühlewein, Geschichte 146; Briggs, Psalms II, 390.

3 S. dazu u. S. 168.

4 S. o. S. 100.

Da im ganzen kaum wörtliche Übereinstimmungen festzustellen sind, wird man den knappen Anspielungen des Psalms eine literarische Abhängigkeit von JE nicht entnehmen können. (1) Der Psalm gehört in sehr späte Zeit. (2)

2. Die Plagen

In der jehowistischen Pentateucherzählung bildet die Schilderung der Plagen in Ex 7-12 den Auftakt zum eigentlichen Exodusereignis. Erst auf Grund der letzten und schärfsten Plage, der Tötung der Erstgeburt, läßt der Pharao das Volk ziehen. Mit der letzten Plage ist zugleich die Einsetzung des Passa verknüpft. Insgesamt gibt es 10 Plagen.

1. Die Verwandlung des Nilwassers in Blut (דם): Ex 7,14-25 (JEP);
2. Frösche (צפרדעים): Ex 7,26-8,11 (JEP);
3. Mücken (כנם): Ex 8,12 - 15 (P)
4. Stechfliegen (ערב): Ex 8,16 - 26 (JE)
5. Viehpest (דבר): Ex 9,1-7 (JE)
6. Blattern (שכין) : Ex 9,8-12 (P)
7. Hagel (ברד): Ex 9,13-35 (JE)
8. Heuschrecken (ארבה): Ex 10,1-20 (JE)
9. Finsternis (חשך): Ex 10,21-29 (JEP)
10. Tötung der Erstgeburt (בכור): Ex 11f (JEP)

Demnach berichtet JE von 8 Plagen, während P von zwei weiteren Plagen erzählt. Die Plagenerzählungen bilden eine eigene Tradition, die wohl erst sekundär zur Pentateuchüberlieferung hinzugewachsen ist, wobei die Tötung der Erstgeburt den Ausgangspunkt bildete. (3)

Im Buch Dtn werden die Plagen nur an zwei Stellen erwähnt:

Dtn 11,3 "(Ihr kennt) seine (d.h. Jahwes) Zeichen und Taten, die er in Ägypten an Pharao, dem König von Ägypten und an seinem ganzen Land getan hat."

---

1 So auch Jirku, Geschichte 159; Lauha, Geschichtsmotive 67; Kühlewein, Geschichte 146.

2 So auch Gunkel, Psalmen 577; Briggs, Psalms II,482; Duhm, Psalmen 452; Galling, Erwählungstraditionen 22; Taylor, Psalms 699; Kraus, Psalmen 900f; Fohrer, Einl 317.

3 Vgl. Noth, Pentateuch 70ff; Kühlewein, Geschichte 147f.

V. 3 gehört zu dem sekundären Einschub V. 3-7, von dem später gehandelt wird.

אות ist ein im Dtn häufig vorkommender Begriff, מעשה kommt zwar in 2, 7; 3, 24; 4, 28f; 15, 10 usw. vor, jedoch nicht im Zusammenhang mit Jahwes Werk, sondern von Menschenwerk. Dieser singuläre Ausdruck deutet ebenfalls auf den sekundären Charakter des Verses hin. Nur hier und in 29, 12 werden die Zeichen Jahwes mit den Plagen identifiziert. (1) Der Ausdruck פרעה מלך מצרים kommt nur noch in 7, 8 vor, während sonst פרעה gesagt wird (vgl. 6, 21f; 7, 18; 29, 1; 34, 11). Einzelheiten aus den Plageerzählungen werden nicht aufgeführt. Eine literarische Abhängigkeit von JE läßt sich nicht feststellen.

Dtn 29, 1f — "1 Da berief Mose ganz Israel und sprach zu ihnen: Ihr habt alles gesehen, was Jahwe vor euren Augen in Ägypten dem Pharao und allen seinen Großen und seinem ganzen Land getan hat. 2 Die gewaltigen Proben seiner Macht, die deine Augen gesehen haben, die großen Zeichen und Wunder."

Der Abschnitt ist deutlich mit 11, 3 verwandt. Er enthält ebenfalls typisch dtn Ausdrücke: מפת, אות, מסה, עשה לעיניכם . Offensichtlich ist hier wie in 11, 3 an die Plagen gedacht, während die "Zeichen und Wunder" ursprünglich Jahwes Handeln bis zur Landnahme kennzeichnen. (2)

Jos 24, 5 — "Dann sandte ich Mose und Aaron und ich schlug Ägypten mit dem, was ich in seiner Mitte tat."

Die Stelle wurde bereits behandelt; dabei wurde ואשלח את-משה ואת-אהרן als Glosse ausgeschieden. (3) V. 5b bezieht sich offensichtlich auf die Plagen. Der Ausdruck נגף kommt auch in Ex 7, 27 und 12, 23. 27 vor. Im übrigen fehlen Einzelheiten, sodaß eine literarische Abhängigkeit von JE nicht nachzuweisen ist.

1S 4, 8 — (Die Philister sprachen:) "Wehe uns! Wer wird uns aus der Hand dieses gewaltigen Gottes erretten? Das ist der Gott, der die Ägypter mit allerlei Plagen in der Wüste schlug."

Es handelt sich hier um einen eigentümlichen Vers. Der MT lautet:
האלהים המכים את-מצרים בכל-מכה במדבר.
Diese Aussage paßt nicht zu der JE-Erzählung, wonach die Plagen an den Ägyptern nicht in der Wüste, sondern in Ägypten selbst stattfanden. Deshalb liest LXX ובמדבר . Bei den Plagen in der Wüste wäre an Num 11, 33

---

1 Vgl. Childs, VTS 16, 32ff.
2 Vgl. Childs, ebd.
3 S. 104.

zu denken, wo Jahwe eine "große Plage" (מכה רבה) über das Volk schickt. Nun sieht die Lesart der LXX wie eine spätere Glättung aus, sodaß dem MT als lectio difficilior der Vorzug gegeben werden muß. Driver (1) und Nowack (2) lesen ובדבר "und mit der Pest"; doch dafür gibt es keinen textlichen Anhalt. Der hier (wie in Num 11, 33) gebrauchte Terminus מכה kommt in den jehowistischen Plagenerzählungen nicht vor. Er wird im AT lediglich für andere Plagen benutzt (Dtn 25, 3; 28, 29. 61; Jos 10, 10. 20 usw.), niemals jedoch für die ägyptischen Plagen. (3) Eine literarische Beziehung zu JE kann in dem Vers nicht gesehen werden.

Während Nowack (4) und Noth (5) V. 8 für alt halten, rechnet Budde (6) ihn zu E. Schicklberger (7) kommt in einer literarkritischen Analyse von 1S 4 zu dem Ergebnis, daß V, 1. 2-4. 10-12. 13aαßb. 14b-18a. 19-21 zur Grundschicht gehören, während V. 5-9. 13a. 14a. 18b. 22 sekundäre Erweiterungen bilden. Er datiert die Erweiterungen in die Zeit um 700, als sich in Jerusalem eine Theologie durchsetzte, die angesichts der assyrischen Hegemonieansprüche die Bedeutung der Lade betonte und Jahwes Geschichtsmächtigkeit in den Mittelpunkt stellte. Schicklberger ist in der Herausarbeitung der Überarbeitungsschicht von 1S 4 zuzustimmen. Der uns hier interessierende V. 8 ist also keineswegs alt. Die Datierung in die Zeit um 700 erscheint jedoch willkürlich.

Man könnte die Schicht genau so gut auch erst ins Exil ansetzen, wo die von Schicklberger dafür als wesentlich angesehenen theologischen Elemente ebenfalls eine große Rolle spielten. Jahwe - Kriegs - Darstellungen kennzeichnen besonders das chronistische Werk. Schicklberger weist selbst auf die Berührungen mit der dtn Jahwe - Kriegs- Ideologie hin. (8) Das Lehrhafte der Philisterrede in V. 5-9 sowie die Motive der Züchtigung und Verstockung deuten ebenfalls auf eine späte Zeit hin.

<u>1S 6, 6</u> "Warum verstockt ihr euer Herz, wie die Ägypter und der Pharao ihr Herz verstockten? Ist es nicht so: als Jahwe seine Macht an ihnen bewies, liessen sie sie ziehen, so daß sie gehen konnten."

---

1 Notes 103.
2 Samuel 22.
3 Schicklberger, Ladeerzählungen 30 A. 76; erwägt, daß mit "Wüste" hier möglicherweise Ägypten gemeint sei, und verweist auf Ps 105, 27 und Ez 20, 36.
4 Samuel XV.
5 Pentateuch 50.
6 Samuel 35.
7 Ladeerzählungen 25ff.
8 Ebd. 188.

Der Vers gehört zu dem Ratschlag, den die Priester und Wahrsager der Philister ihren Landsleuten gaben, um die durch die Anwesenheit der Lage verursachte Pest abzuwenden. Die Philister reden hier, als ob sie den Pentateuch gelesen hätten oder Propheten gegenüber Israel wären (vgl. Jos 2, 10). Der Vers ist mit den jehowistischen Plagenerzählungen deutlich verwandt. Für "Verhärten" benutzt er dieselbe Wurzel כבד wie der Jehowist. Jedoch ist das Pi. von כבד nur hier belegt, während Ex 8, 11. 28; 9, 34; 10, 1 das Hi. benutzen. Im Unterschied zu JE werden auch die Ägypter verstockt, nicht nur der Pharao. Doch ist hier vielleicht nicht so scharf zu trennen, da der Pharao als Repräsentant des Volkes aufgefaßt werden kann. העליל kommt auch in Ex 10, 2 in einer Moserede vor. V. 6b stimmt inhaltlich mit Ex 12, 31 überein, ohne jedoch wörtliche Berührungen aufzuweisen. Eine literarische Beziehung zu JE ist möglich. Nur hier wird außerhalb des Tatrateuch die Verstockung des Pharao erwähnt.

V. 5f machen den Eindruck einer späteren Glosse. Wellhausen (1) hält ohnehin V. 5a bis את-הארץ für einen Einschub. Die Ausdrücke "gebt dem Gott Israels die Ehre" sowie "euer Gott" und "euer Land" wirken seltsam im Mund von heidnischen Priestern und haben im übrigen AT keine Parallele.

Die Aufforderung von V. 6 ist nicht sehr sinnvoll, da von einer vorangehenden Weigerung der Philister, Jahwe zu besänftigen, nicht die Rede ist. Im Gegenteil: Nach V. 2 rufen sie ihre Priester und Wahrsager zu sich und fragen sie um Rat. Die Abbilder der Beulen und Mäuse werden in V. 8 nicht mehr erwähnt. Dort kommen vielmehr nur die "goldenen Dinge" (כלי זהב) von V. 4; auch der Terminus אשם "Sühnegabe" erscheint wieder. V. 7 schließt ohne Schwierigkeiten an V. 4 an. Die beiden dazwischenliegenden Verse würde man nicht vermissen. So ist V. 5f wohl als späterer Zusatz anzusehen.

Neh 9, 10 — "Du hast Zeichen und Wunder getan an Pharao und allen seinen Knechten und allem Volk seines Landes. Denn du wußtest, daß sie vermessen gehandelt haben. So hast du dir einen Namen gemacht, wie es heute offenbar ist."

Auch hier sind wie in Dtn 11, 3 und 29, 1f die "Zeichen und Wunder" mit den Plagen in Ägypten identifiziert. עשה שם kommt in JE nicht vor. (2)

Jer 32, 20 wurde bereits oben (3) behandelt. Es ist nicht ganz deutlich, ob hier die Plagen gemeint sind oder allgemein Jahwes Wundertaten bei der Herausführung aus Ägypten.

---

1 Composition 239.
2 Zum dtr Charakter s. o. S. 35.
3 S. o. S. 91.

Am 4, 10 "Ich habe die Pest wider euch losgelassen wie gegen Ägypten."

Der hier verwendete Begriff דבר wird auch in Ex 9, 3. 15 für die über Ägypten geschickte Viehpest verwendet. Doch steht er hier in einer Plagenreihe, die von V. 6 bis V. 11 reicht. Bei dieser Plagenreihe ist offensichtlich nicht an den Exodus gedacht, sondern an Katastrophen aus der jüngsten Vergangenheit. (1)

Pestepidemien sind damals mehrfach bezeugt, z. B. die unter Sanherib (2K 19, 35). Einige Exegeten (2) halten בדבר מצרים für eine Glosse, die analog zu כמצרים in Jes 10, 24. 26 hier hinzugefügt wurde, um eine historische Anspielung zu machen. Wolff (3) sieht die gesamte Plagenreihe für unecht an, da sie enge Berührungen mit späten Texten wie Lev 26; Dtn 28 und 1K 8 aufweist. Demgegenüber sehen andere (4) sie als echt an. Doch scheinen Wolffs Argumente eher für die Unechtheit zu sprechen. Selbst Robinson gesteht als Verfechter der Echtheit den redaktionellen Charakter des Abschnitts zu. Ein Bezug auf die Exodus-Erzählungen scheidet wohl aus. (5)

Ps 78, 12. 42ff "12 Vor ihren Vätern tat er Wunder im Land Ägypten, im Gefilde Zoans. 42 Sie (d. h. die Israeliten) gedachten nicht mehr seiner Hand, des Tages, da er sie vom Feind erlöste, 43 da er seine Zeichen tat in Ägypten, seine Wunder im Gefilde Zoans, 44 da er ihre Flüsse in Blut verwandelte und ihre Bäche ungenießbar machte, 45 da er Stechfliegen auf sie losließ, die sie fraßen, und Frösche, die ihnen Verderben brachten, 46 da er ihre Ernte dem Fresser gab und ihre Arbeit den Heuschrecken, 47 da er ihren Weinstock mit Hagel schlug und ihre Sykomoren mit Schloßen, 48 da er ihr Vieh dem Hagel preisgab und ihre Herden den Flammen (oder Seuchen), 49 da er auf sie losließ die Glut seines Zornes, Grimm, Wut und Drangsal, eine Rotte verderbender Engel, 50 da er freie Bahn schuf seinem Zorn, ihre Seele nicht dem Tod bewahrte und ihr Leben der Pest dahingab, 51 da er alle Erstgeburt schlug in Ägypten, die Blüte der Kraft in den Zelten Hams."

---

1 So Marti, 12 Propheten 183; Robinson, 12 Propheten 87.

2 Z. B. Marti, 12 Propheten 183, Nowack, 12 Propheten[3] 139; Duhm, ZAW 31, 7.

3 Am 250ff.

4 Duhm, ZAW 31, 7; Nowack, 12 Propheten[1] 136 - anders 12 Propheten[3] 139; Marti, 12 Propheten 183; Robinson, 12 Propheten 87.

5 So Wolff, Amos 250ff und die in A. 236 genannten Exegeten.

Die Aufzählung der Plagen in V. 42ff klappt deutlich nach. V. 52b. 53 beinhalten nochmals Auszug und Wüstenwanderung. Löhr (1) sieht deshalb V. 42-53 als sekundär an.

V. 12 Die Stadt Zoan wird in den Exoduserzählungen nicht erwähnt (vgl. aber Num 13, 22; Jes 30, 4; 19, 11. 13); sie ist wohl mit Tanis zu identifizieren. Tanis war Hauptstadt Ägyptens im 1. Jt. vor Chr. פלא kommt in der jehowistischen Erzählung nicht vor, sondern nur im Meerlied Ex 15, 11.

V. 42 Der Vers hat keine Parallele in JE, wo פדה und צר nicht belegt sind.

V. 43 אות und מופת sind hauptsächlich im dtn Bereich beheimatet.

V. 44 Die Verwandlung von Wasser in Blut bildet auch in JE die erste Plage. Beidesmal wird der Ausdruck הפך דם gebraucht. Statt des Plurals יארים und נזלים wird in Ex 7, 17 der Sg. יאר (=Nil) verwendet. Die zweite Hälfte des Verses entspricht sinngemäß Ex 7, 18, jedoch in unterschiedlichem Wortlaut. In V. 44 wird nicht erwähnt, daß - wie in Ex 7, 18. 21 - auch die Fische sterben. (2)

V. 45 Die Hundsfliegen werden hier an zweiter Stelle aufgeführt, während sie in JE erst an vierter Stelle erscheinen. In beiden Fällen wird derselbe Terminus ערב verwendet. Darauf folgen die Frösche, die hier ebenfalls als צפרדע wie in Ex 7, 26ff bezeichnet werden. Sie erscheinen in JE bereits an zweiter Stelle. Die Ausdrücke שלך , אכל und שחת kommen in Ex 8, 16-26 nicht vor.

V. 46 Die Heuschrecken (beidesmal ארבה) kommen in JE an vorletzter Stelle (nach dem Hagel), hier jedoch bereits an vierter Stelle. Zwar wird beidesmal ארבה gesagt; jedoch finden sich die Ausdrücke חסיל "Fresser", יבול "Ertrag" und יגיע "Arbeit" nicht in JE.

V. 47 Die Plage des Hagelschlags (beidesmal ברד) kommt in JE vor den Heuschrecken, hier jedoch danach. Im übrigen liegt hier eine eigenständige Formulierung vor: חנמל, שקמה, גפן, גרג werden in JE nicht erwähnt.

---

1 PsSt 11.

2 Vgl. Lauha, Geschichtsmotive 51f.

V. 48 Auch JE berichtet in Ex 9, 19ff, daß der Hagel das Vieh vernichtete. Da רשף auch die Pestseuche bezeichnen kann (vgl. Dtn 32, 24; Hab 3, 5), liest Kraus (1) mit einigen hebräischen Handschriften לדבר statt לברד. Doch ist diese Lesart leicht als spätere Glättung erkennbar, weshalb die lectio difficilior vorzuziehen ist. Gunkel (2) und Lauha (3) verstehen רשפים als "Feuerflammen", da Feuer und Hagel auch in Ex 9, 23f und Ps 105, 32 nebeneinander erwähnt werden. Somit ist dann hier nicht an die Viehpest gedacht, sondern eine Fortsetzung der Hagelplage gegeben. Die Termini סתר, בעיר, מקנה und רשף kommen in JE nicht vor.

V. 49 Die V. 49-51 schildern die letzte Plage, nämlich die Tötung der Erstgeburt. V. 49 stimmt inhaltlich mit Ex 12. 23 überein, jedoch wird dort משחית statt מלאכי רעים gesagt. (vgl. Hi 20, 23; 2K 19, 35). Die Ausdrücke חרון אפו "Glut seines Zornes", עברה "Grimm", זעם "Wut", צרה "Drangsal" fehlen in JE.

V. 50 Der Vers bringt eine völlig eigene Formulierung. דבר wird nur in Ex 9, 3. 15 bei der Viehpest, nicht aber im Zusammenhang mit der Tötung der Erstgeburt verwendet.

V. 51 הנכה kommt auch in Ex 12, 12f. 29 vor, ebenso בכור "Erstgeburt". Der Vers entspricht inhaltlich Ex 12, 29f; er weist jedoch eine eigene Formulierung auf: ראשית אונים und אהלי-חם sind in JE nicht belegt. Es fehlt die in JE mit der letzten Plage verknüpfte Einsetzung des Passa.

Aus dieser Analyse ergibt sich, daß die für die einzelnen Plagen verwendeten Termini mit JE übereinstimmen. Im übrigen sind jedoch erhebliche Unterschiede zu beobachten:

1. Die Reihenfolge der Plagen ist anders.
2. Die Plagen der Finsternis und der Viehpest fehlen, d. h. der Psalm bringt insgesamt nur 5 Plagen (statt 7).
3. Die in JE mit der Tötung der Erstgeburt untrennbar verwobene Einsetzung des Passa kommt nicht vor.
4. Die menschlichen Hauptfiguren der jehowistischen Plagenerzählungen, nämlich Mose und Aaron, werden nicht erwähnt. Vielmehr ist Jahwe das Subjekt.

---

1 Psalmen 539.
2 Psalmen 345.
3 Geschichtsmotive 52.

5. Im ganzen weist der Psalm - abgesehen von den für die Plagen verwendeten Termini, die offensichtlich aus der Tradition stammen - eine völlig selbständige Formulierung auf.

Die Frage der literarischen Beziehung zu JE wurde verschieden beantwortet. Duhm (1), Gunkel (2) und Noth (3) treten für eine literarische Abhängigkeit von der bereits abgeschlossenen Pentateucherzählung ein. Dem haben andere (4) widersprochen. Jirku (5) vertritt die Meinung, "daß die lehrhaften Darstellungen (sc. Ps 78; 105; 106; 135; 136; Neh 9; Jos 24 u.a.) inhaltlich nicht vom Pentateuch abhängig sein können; daß sie vielmehr ebenso wie der Tatrateuch ihrer eigenen Überlieferung gefolgt sein werden". Kittel (6) geht zwar von der Annahme einer schriftlichen Vorlage aus, doch vermutet er, daß die Plagen hier "in ganz freier Weise gegenüber Ex 7ff und wohl nur nach dem Gedächtnis, vielleicht auch nach eigener Phantasie" wiedergegeben seien. Eine sichere Entscheidung ist nicht zu treffen. Formale Übereinstimmung und inhaltliche Unterschiede halten sich in etwa die Waage.

Da die übrigen Teile des Psalms jedoch ebenfalls weitgehend mit JE parallel gehen, wird man eine Benutzung von JE als wahrscheinlich zu halten haben. Dabei wird man die zu beobachtenden Unterschiede auf die dichterische Freiheit des Psalmisten zurückführen müssen. (7)

Ps 105, 27ff

"27 Sie (d.h. Mose und Aaron) taten seine (d.h. Jahwes) Zeichen "in Ägypten" (8) und Wunder im Land Hams. 28 Er sandte Finsternis und es ward finster; doch sie achteten nicht seiner Worte. 29 Er verwandelte ihre Wasser in Blut und ließ ihre Fische sterben. 30 Es wimmelte ihr Land von Fröschen, bis in die Gemächer ihrer Könige. 31 Er gebot, da kamen die Bremsen, die Stechmücken über ihr ganzes Gebiet. 32 Er sandte ihnen Hagel als Regen, flammendes Feuer auf ihr Land. 33 Er schlug ihren Weinstock und Feigenbaum, zerschmetterte

---

1 Psalmen 304.
2 Psalmen 341ff.
3 Pentateuch 51 A. 164.
4 Jirku, Geschichte 110ff; Schildenberger, Fs. Junker 240ff; Lauha, Geschichtsmotive 51ff; Kühlewein, Geschichte 53. 146.
5 Ebd. 154.
6 Psalmen 292.
7 Jirku, ebd. 112, sieht in der fehlenden literarischen Abhängigkeit des Psalms von JE einen Beweis dafür, "daß unsere lehrhaften Darstellungen der ältesten Geschichte Israels einer selbständigen, vom Tetrateuch unabhängigen Überlieferung gefolgt sind und zu diesem nicht in einem Verhältnis der Abhängigkeit stehen".
8 Statt בם דברי ist wohl במצרים zu lesen. Vgl. Kraus Psalmen 718.

die Bäume in ihrem Gebiet. 34 Er gebot, da kamen die Heuschrecken und die Grillen ohne Zahl; 35 sie fraßen alles Kraut ihres Landes, verzehrten die Frucht ihres Ackers. 36 Er schlug alle Erstgeburt in ihrem Land, die Blüte all ihrer Kraft."

V. 27 Der Vers gehört evt. zu einem späteren Zusatz (1), da Mose im folgenden keine Rolle mehr spielt. Der Ausdruck אות ומפת weist in den dtn Sprachgebrauch. ארץ חם kommt in JE nicht vor.

V. 28 Die Finsternis, die hier wie in JE mit חשך bezeichnet wird, erscheint an erster Stelle, während sie in JE den vorletzten Platz einnimmt. Dieser Sachverhalt hat Gunkel (2) in Anlehnung an Wellhausen zu der Annahme veranlaßt, daß es sich hier um einen sekundären Nachtrag handelt. Doch ist das Motiv für diese These allein in dem Bedürfnis zu sehen, den Vers mit der jehowistischen Plagenerzählung auszugleichen. Die Nennung der Finsternis gleich zu Anfang deutet vielmehr darauf hin, daß der Psalmist nicht von JE literarisch abhängig ist, vielmehr eine eigenständige Überlieferung benutzt hat. Auch der Wortlaut ist verschieden: Der Ausdruck שלח חשך ויחשך kommt in JE nicht vor, vgl. Ex 10, 15 ותחשך הארץ. Der Vers zielt auf den fortwährenden Unglauben des Volkes hin, während die Plagen schließlich den Pharao veranlassen, das Volk ziehen zu lassen.

V. 29 Die Formulierung des Verses ist mit Ps 78, 44 verwandt, wo wie in Ex 7, 17 der Ausdruck הפך לדם vorkommt. Das Sterben der Fische wird in Ex 7, 21 berichtet, wobei beidesmal die Vokabeln דגה und מות gebraucht werden.

V. 30 Der erste Halbvers entspricht fast wörtlich Ex 7, 28a.
Hier: שרץ ארצם צפרדעים
Ex 7, 28 ושרץ היאר צפרדעים
Hier wie dort wird weiterhin dem Pharao in einer Jahwerede angekündigt, daß die Frösche in seine Gemächer kommen werden, beidesmal erscheint שרף.

V. 31 Es folgen die Plagen der Stechfliegen (ערב) und der Mücken (כנים), die nur in P berichtet wird, jedoch in umgekehrter Reihenfolge als im Pentateuch. Der Ausdruck גבול findet sich in JE erst im Zusammenhang mit der Heuschreckenplage (Ex 10, 4. 14. 19) und der Tötung der Erstgeburt (Ex 13, 7).

---

1 S. o. S. 121.
2 Psalmen 460.

V. 32f Die hier beschriebene Plage des Hagels (ברד wie in JE) folgt in JE nach der Viehpest (דבר), die in diesem Psalm völlig fehlt. Hier wie in Ex 9, 18. 23 wird der Hagel mit dem Regen verglichen, wobei hier גשם , in Ex 9, 18. 23 מטר gesagt wird. Daneben erwähnt V. 32 אש להבות "flammendes Feuer", das als einfaches אש in Ex 9, 23f vorkommt. Der "Weinstock" גפן wird auch in Ps 78, 47 erwähnt. Dagegen wird in Ex 9, 25 nur allgemein von dem Kraut und den Bäumen des Feldes geredet. תאנה "Feigenbaum" findet sich nicht in JE; Ps 78, 48 erwähnt an dieser Stelle die Sykomore, doch kann es sich hier um dichterische Abwandlungen handeln. Die Bäume עץ kommen zwar auch in Ex 9, 25 vor, jedoch findet sich zu שבר "zerbrechen" dort keine Parallele.

V. 34f Die Beschreibung der Heuschreckenplage erfolgt durch denselben Terminus ארבה , dazu steht ילק in Parallele, was sich in JE nicht findet. Das Auffressen der Bäume usw. wird auch in Ex 10, 5 beschrieben, jedoch nicht der "Früchte ihrer Erde" (פרי אדמתם).

V. 36 Die Tötung der Erstgeburt bildet auch hier wie in JE und Ps 78 die letzte Plage. Es werden dieselben Termini הכה (vgl. Ex 12, 12f. 29) und בכור (Ex 11, 5; 12, 29; 13, 15) verwendet. Der Ausdruck ראשית און kommt auch in Ps 78, 51 vor, nicht jedoch in JE.

Die Analyse läßt sich folgendermaßen zusammenfassen:

1. In der Terminologie liegen vielerlei Berührungen mit den jehowistischen Plagenerzählungen vor. Diese Berührungen sind enger als zwischen Ps 78 und JE.

2. Die Reihenfolge der Plagen weicht teilweise von JEP ab:

Ps 105	JEP
Finsternis	
Verwandlung Wasser in Blut	Verwandlung Wasser in Blut
Frösche	Frösche
Stechfliegen	Mücken (P)
Mücken	Stechfliegen
- - - - -	Viehpest
Hagel	Hagel
Heuschrecken	Heuschrecken
	Finsternis
Erstgeburt	Erstgeburt

3. Gegenüber JE fehlt die Erwähnung der Viehpest; aus P sind die Finsternis- und die Mückenplage entnommen, es fehlen jedoch die Blattern.

4. Das Passa wird nicht erwähnt.

Die Frage einer literarischen Beziehung zu JE oder zum abgeschlossenen Pentateuch ist schwer zu entscheiden. Lauha (1) kommt zu dem Ergebnis, daß der Dichter in "freier Erinnerung" volkstümliche Überlieferung aufgenommen hat. Jirku (2) hält wegen der Erwähnung von nur 8 Plagen eine literarische Abhängigkeit vom Gesamtpentateuch für ausgeschlossen. Er vermutet, daß eine ältere Form als die im Exodusbuch verwendete benutzt wurde. (3)

Für eine literarische Abhängigkeit vom jetzigen Pentateuch treten Gunkel (4), Noth (5) und Kraus (6) ein. Doch lassen sich wohl für eine literarische Abhängigkeit von einer oder allen Pentateuchquellen nicht genügend Beweise finden. Deshalb wird man wohl eher auf die Verwendung von mündlicher Überlieferung zu schließem haben, die allerdings mit JE eng verwandt ist.

Ps 135, 8f — "8 Der die Erstgeburten Ägyptens schlug, vom Menschen bis zum Vieh, 9 der Zeichen und Wunder sandte in deine Mitte, Ägypten, über Pharao und alle seine Knechte."

V. 8 Von den Plagen wird hier nur die letzte, nämlich die Tötung der Erstgeburten erwähnt. Auffällig ist der Plural בכורי מצרים der in JE nicht vorkommt. Auch in JE wird berichtet, daß die Plage "Mensch" (אדם) und "Vieh" (בהמה) betraf (Ex 12, 12), wobei ebenfalls נכה benutzt wird (Ex 12, 12ff).

V. 9 Der Ausdruck אותות ומפתים ist typisch dtn. Der Vers stimmt weitgehend mit Neh 9, 10 überein. Gunkel (7) streicht בתוככי מצרים aus metrischen Gründen. Kraus (8) weist auf den erstaunlichen Sachverhalt hin, daß hier nur die Plagen und später die Besiegung der Könige, nicht aber das Schilfmeerwunder erwähnt werden. Auch das Sinaiereignis wird übergangen.

Obwohl die Formulierung mit JE nahe verwandt ist, kann eine literarische Abhängigkeit nicht mit Sicherheit angenommen werden. (9)

---

1 Geschichtsmotive 56.
2 Geschichte 113f.
3 Ähnlich auch Kühlewein, Geschichte 55, 146.
4 Psalmen 458.
5 Pentateuch 51 A. 164.
6 Psalmen 719.
7 Psalmen 575.
8 Psalmen 897.
9 So auch Jirku, Geschichte 159; Kühlewein, Geschichte 146.

Es fehlen wichtige Elemente der jehowistischen Geschichtserzählung, die ein Verfasser, der JE benutzt, nicht hätte übergehen können. Der Psalm wird gewöhnlich - u.a. auf Grund seines dtn Einflußes - in die späteste Zeit datiert. (1)

Ps 136,10 "Der Ägypten in ihren Erstgeburten schlug, denn seine Güte währet ewiglich."

Ähnlich wie in Ps 135,8, mit dem Ps 136 eng verwandt ist, wird auch hier nur die Tötung der Erstgeburt erwähnt. Die Erwähnung geschieht in einer formelhaften Wendung, die keinerlei literarische Beziehung zu JE erkennen läßt.

3. Das Passa

In Ex 12 ist die letzte Plage mit der Einsetzung des Passa verknüpft. (2) Nun fehlt die Erwähnung des Passa - abgesehen von Dtn 16 - in allen bisher aufgeführten Exodusbelegen. Es ist als Feier lediglich in einigen wenigen Texten belegt, die nun behandelt werden sollen:

Dtn 16,1ff "1 Beobachte den Monat Abib und feiere ein Passa Jahwe, deinem Gott; denn im Monat Abib hat dich Jahwe, dein Gott, aus Ägypten herausgeführt bei Nacht. 2 Und du sollst Jahwe, deinem Gott, als Passa Rinder und Schafe opfern an der Stätte, die Jahwe erwählt, daß er seinen Namen daselbst wohnen lasse. 3 Du sollst nichts Gesäuertes dazu essen; sieben Tage lang sollst du dazu ungesäuerte Brote essen, Brot des Elends- denn in angstvoller Eile bist du aus dem Land Ägypten herausgezogen -, damit du dein Leben lang an den Tag deines Auszugs aus dem Land Ägypten denkst. 4 Und man soll sieben Tage lang bei dir keinen Sauerteig in deinem ganzen Gebiet sehen, und es soll auch von dem Fleisch, das du am Abend des ersten Tages opferst, nichts über Nacht bis zum Morgen übrigbleiben. 5 Du darfst das Passa nicht in irgendeiner deiner Ortschaften opfern, die Jahwe, dein Gott, dir geben wird, 6 sondern an der Stätte, die Jahwe, dein Gott, erwählt, daß er seinen Namen dort wohnen lasse, sollst du das Passa opfern am Abend, wenn die Sonne unter-

---

1 Duhm, Psalmen 449f; Gunkel, Psalmen 575; Briggs, Psalms II,478; Vriezen, Erwählung 63; Koch, ZAW 67,213; McCullough, Psalms 694; Kraus, Psalmen 895ff; Fohrer, Einl 317.

2 Pedersen, ZAW 52,161ff, hat deshalb die gesamte Exodusperikope als "Passalegende" charakterisiert.

geht, zu der Zeit, da du aus Ägypten auszogst, 7 und du sollst es kochen und essen an der Stätte, die Jahwe, dein Gott, erwählt, und am andern Morgen sollst du umkehren und heim in deine Hütte gehen."

Nur in Dtn 16 wird die Begehung von Passa und Mazzot mit dem Exodus in Verbindung gebracht:

V. 1 עשה פסח ליהוה ist ein terminus technicus, der auch in 2K 23,21ff; Ex 12,47fP; Num 9,2ff; Jos 5,10P; 2Ch 30,1-3.5; 35,1. 16-19; Esr 6,19 belegt ist, nicht jedoch in JE. Der zweite Halbvers ist mit Ex 34,18 verwandt: Hier בחדש האביב הוציאך יהוה אלהיך ממצרים לילה. Ex 34,18 כי בחדש האביב יצאת ממצרים.

V. 2 Während hier Rinder und Schafe als Passaopfer vorgeschrieben werden, erwähnt Ex 12,3-6P nur das Lamm (שה).

V. 3 Der Ausdruck לחם עני stimmt inhaltlich mit Ex 12,39 JE überein, ohne daß er dort wörtlich vorkommt. בחפזון stimmt mit Ex 12,11P und Djes 52,12 überein. Das Verb חפז ist auch Dtn 20,3; 1S 23,26; 2S 4,4; Ps 48,6 belegt. Die Vorschrift, sieben Tage lang kein gesäuertes Brot zu essen, findet sich auch in Ex 12,15.18-20P und 13,6f Dtr.

V. 4 Die Vorschrift, das Passa am Abend zu halten (vgl. V.6) findet sich auch in Ex 12,6P. Auch nach Ex 12,16P soll das Fleisch nicht bis zum Morgen aufbewahrt werden.

V. 5 Der Vers enthält das typisch dtn Zentralisationsgebot.

V. 6 מועד auch Ex 9,5 JE; 1S 9,24; 13,8.

V. 7 Hier wird vorgeschrieben, daß das Fleisch gekocht werden soll, während es nach Ex 12,8P zu braten ist.

In der literarkritischen Aufteilung des Abschnitts gehen die Meinungen auseinander. Übereinstimmung besteht in der Ausscheidung der Mazzotverordnung (V. 3aß.b.4a). (1) Horst (2) rechnet V.1a.3aα.4b zur dtn Schicht, während V.1b vom Deuteronomiker hinzugefügt wurde. Demgegenüber sieht Kutsch (3) V.1.2a. 3aα.4b. 6aß. b.7 als literarische Grund-

---

1 S. Steuernagel, Deuteronomium[1] 59; Kutsch, Herbstfest 73ff; Seitz, Studien 197; Horst, Privilegrecht 81.

2 Ebd. 81ff.

3 Ebd. 73ff.

schicht an, während ein 1. Redaktor V. 2b. 5. 6a , ein 2. P nahestehender Redaktor V. 3aß. b. 4a hinzufügte. Nach v. Rad (1) bildet V. 1 mit dem apodiktisch formulierten Rechtsatz das älteste Element. Formelhafte Rückbeziehungen auf den Auszug aus Ägypten finden sich in V. 1b. 3b. 6b. In V. 1b und 3b sind die Formeln jeweils mit angefügt und nur lose mit dem ersten Halbvers verknüpft. Mit Horst sind sie wohl dem dtn Redaktor zuzuschreiben, der ja auch sonst formelhafte Erwähnungen des Exodus gern einfügt. Auch der Ausdruck מועד צאתך ממצרים in V. 6b sieht wie ein Zusatz des Deuteronomikers aus, den man ohne Schaden weglassen könnte. Die Historisierung der Feste erfolgte wahrscheinlich erst in der dtn Bewegung. Somit können die Anspielungen auf den Exodus kaum als alt angesehen werden.

Folgende Unterschiede sind zwischen dem jehowistischen Bericht und Dtn 16 zu beobachten:

1. Dtn 16 erwähnt nicht, daß die Einsetzung des Passa mit der Tötung der Erstgeburt verknüpft ist. Lediglich die Verbindung mit dem Auszugsereignis ist hier vorausgesetzt.

2. Es fehlen die in Ex 12, 21f erwähnten Anweisungen, die Türpfosten mit Ysopbüscheln zu bestreichen.

3. In JE wird das Fest in den einzelnen Häusern begangen, hier jedoch - entsprechend dem dtn Zentralisationsgesetz - im Zentralheiligtum. Die jehowistische Gestalt des Festes stimmt mit den älteren Festkalendern Ex 23, 14ff und 34, 18ff überein. Allerdings wird dort das Passa nicht aufgeführt.

Auf Grund dieser inhaltlichen Unterschiede und dem Fehler jeglicher wörtlicher Übereinstimmungen ist wohl zu folgern, daß eine literarische Abhängigkeit von JE nicht vorliegt.
Dtn 16 bildet die Überarbeitung eines älteren Festkalenders. Der Verfasser betont dabei insbesondere die Verknüpfung mit geschichtlichen Ereignissen und die Kultzentralisation. Die Exodustratition übernahm er wohl der mündlichen Überlieferung, da sich die Benutzung von JE als Vorlage nicht nachweisen läßt.

Jos 5, 10ff

"10 Als nun die Israeliten in Gilgal lagerten, hielten sie das Passa am 14. Tag des Monats am Abend in der Steppe von Jericho. 11 Und sie aßen am Tag nach dem Passa vom Ertrag des Landes, ungesäuertes Brot und geröstetes Korn. An eben diesem Tag 12 hörte das

1 Deuteronomium 79.

> Manna auf, als sie vom Ertrag des Landes aßen, und die Israeliten bekamen kein Manna mehr, sondern in jenem Jahr aßen sie von den Früchten des Landes Kanaan."

Der Abschnitt wird gewöhnlich als priesterschriftlich bestimmt. (1) Einige Exegeten (2) sehen die darin enthaltene Überlieferung als alt an. Noth lehnt allerdings auf Grund der singulären Verbindung מצות וקלוי (V. 11) die Herleitung von P ab. Lediglich das Datum in V. 10 (vgl. Ez 45, 21; Lev 23, 5; Ex 12, 6) und die Wendung (V. 11) בעצם היום הזה stamme von P. Er charakterisiert das Stück als "eine vielleicht vom 'Sammler' stammende zusammenfassende Bemerkung" (3). Der Abschnitt berichtet von der ersten Abhaltung des Passa in Kanaan, ohne daß eine literarische Beziehung zu JE erkennbar ist.

<u>2K 23, 21ff</u>

> "21 Und der König gebot allem Volk: Feiert ein Passa für Jahwe, euren Gott, wie es im Buch des Gesetzes (ברית) geschrieben steht. 22 Denn ein solches Passa war nie mehr gefeiert worden seit der Zeit der Richter, die Israel gerichtet haben, während der ganzen Zeit der Könige von Israel und der Könige von Juda. 23 Erst im 18. Jahr des Königs Josia wurde Jahwe dieses Passa zu Jerusalem gefeiert."

Die Notiz über die Begehung des Passa gehört zu dem vom Dtr gestalteten Bericht über die sog. josianische Reform. V. 21-23 setzt wahrscheinlich den älteren Bericht fort, der in V. 16 aufhört. (4) Mit ספר הברית ist wohl das dtn Gesetz gemeint. Eine literarische Beziehung zu JE läßt sich nicht erkennen. Als Begründung für die Feier des Passa wird nicht das Exodusereignis, sondern der Befehl im Gesetzbuch angegeben. Der Terminus עשה פסח ליהוה kommt in JE nicht vor (vgl. aber Dtn 16, 1 u. ö.).

---

1 Dabei rechnen Wellhausen, Composition 120; Holzinger, Josua 12; Steuernagel, Josua 169; Fohrer, Religion 90. den Abschnitt zu P, während Smend, Hexateuch 290; Eißfeldt, Hexateuch-Synopse 69f; Rudolph, Elohist 179f; Otto, Mazzotfest 62f, ihn als einen Zusatz zu P ansehen.

2 Noth, Josua 39; Kraus, Gottesdienst 189ff.

3 Josua, 39.

4 Vgl. Budde, Könige 194; Kittel, Könige 303.

2Ch 35, 1ff — "1 Dann feierte Josia zu Jerusalem Jahwe ein Passa; sie schlachteten das Passa am 14. Tag des 1. Monats... 6 So schlachtet das Passa und heiligt euch und richtet für eure Brüder zu, indem ihr tut, wie es Jahwe durch Mose verordnet hat. ... 18 Ein solches Passa war in Israel nicht mehr begangen worden seit den Tagen des Propheten Samuel, und von allen Königen Israels hatte keiner ein Passa gefeiert, wie es Josia und die Priester und Leviten usw. feierten."

Der Text läuft parallel zu 2K 23, 21ff. Als Begründung für die Begehung des Passa wird nicht das ספר הברית erwähnt, sondern die Verordnung Jahwes durch Mose. Dabei ist wohl an die priesterschriftlichen Gesetze (Ex 12, 1-14P; Num 9) gedacht. Das Exodusereignis und die Tötung der Erstgeburt bleiben unerwähnt. Deshalb ist eine literarische Beziehung zu JE kaum möglich.

2 Ch 30, 1ff berichtet von einer Passafeier unter Hiskia, die offensichtlich eine "Erfindung" des Chronisten darstellt. Auch hier ist eine literarische Verbindung zu JE nicht erkennbar.

Esr 6, 19ff — "19 Hierauf feierten die aus der Verbannung Zurückgekehrten das Passa am 14. Tag des 1. Monats. 20 Denn die Priester und Leviten hatten sich insgesamt gereinigt ... 22 Dann feierten sie das Fest der ungesäuerten Brote sieben Tage lang mit Freuden."

Im Unterschied zu Dtn 16, 2 und Ex 12 wird das Passatier hier von den Leviten geschlachtet (vgl. auch 2Ch 35, 6. 11) während dies sonst von Laien getan wird. Exodus und Tötung der Erstgeburt als Anlass für die Stiftung des Passa werden nicht erwähnt, so daß eine literarische Beziehung zu JE nicht wahrscheinlich ist.

Ez 45, 21 — "Am 14. Tag des 1. Monats sollt ihr das Passafest halten; da soll man sieben Tage lang ungesäuerte Brote essen."

Diese Anordnung zur Feier des Passa gehört zu dem Abschnitt Ez 45, 21 - 46, 15, der wohl einen späteren Zusatz zum Ezechielbuch bildet. (1) Eine literarische Beziehung zu JE ist dem Vers nicht zu entnehmen. (2)

---

1 So Fohrer, Ezechiel 450; Zimmerli, Ezechiel 1246.

2 Lauha sieht auch in Psalmen 111, 4 eine Anspielung auf das Passa "Er (d.h. Jahwe) hat ein Gedächtnis (זכר) gestiftet seinen Wundern", da in Ex 12, 14 (P) das Passa als "Gedächtnis" bezeichnet wird. Allerdings kommt dort der Terminus זכרון vor, so daß die Anspielung in jeder Hinsicht als unsicher gelten muß.

Vielmehr ist hier wie in den Chronikstellen deutlich bereits P vorausgesetzt.

4. Zusammenfassung

Sämtliche Hinweise auf das Exodusereignis in der vorexilischen Prophetie (Hos 2, 16f; 11, 1; 12, 10. 14; 13, 4; Am 2, 10; 3, 1; 9, 7; Jes 10, 24. 26; Mi 6, 4; 7, 15; Hag 2, 4f) müssen als unecht angesehen werden. Sie zeigen, daß späteren Redaktoren das Fehlen des in der exilisch-nachexilischen Theologie so wichtigen Exodusereignisses auffiel und sie deshalb entsprechende Zusätze hinzufügen. Somit benutzen Hosea, Amos, Micha und Jesaja den Exodus nirgendwo in ihrer Botschaft. Sämtliche Belege im Jer-Buch gehören der dtr Redaktion an. Die gewöhnlich als Hinweise auf das Exodusereignis gewerteten Dtjes-Stellen (43, 16f; 51, 10; 52, 11f) müssen als fragwürdig bezeichnet werden. Sodann erwähnen Tritojes (63, 11f) und Ez (20, 5ff; 23, 3ff) den Exodus. Somit sind nur insgesamt 4 Stellen in der gesamten Prophetie als echt anzusehen.

Die überwiegende Mehrzahl der Exodus-Belege stammt aus den geschichtlichen und poetischen Büchern: Dtr (53); Dtn (12); Pss (10); nachexilische Zusätze (1=), Chron (4), insgesamt 92. Daraus ergibt sich, daß von insgesamt ca. 100 Belegen für den Exodus ca. 2/3 aus der dtn-dtr Literatur stammen. Auch einige Psalmen sind von dort beeinflußt, ebenso der Chronist.

Zum größten Teil geschieht die Erwähnung des Exodus in formelhaften Wendungen. Mit bestimmten Abwandlungen kommt die Formel יהוה הוצא ישראל מארץ מצרים in folgenden Stellen vor: (1)

DtrG: Dtn 1, 27; 4, 20. 37; Jos 24, 5f; Ri 6, 8; 1K 8, 16. 21. 51. 53; 9, 9; Jer 7, 22; 11, 4; 31, 32; 32, 21; 34, 13; Ez 20, 6. 9. 10. 14. 22; Ps 105, 37. 43; 136, 11; Dan 9, 15; 2Ch 6, 5=1K 8, 16; 7, 22=1K 9, 9. Sie ist auch in JE (Ex 13, 3. 9. 14. 16; 18, 1; 20, 2; 32, 11f; Num 20, 16; 23, 22; 24, 8), P (Ex 6, 6f; 7, 4f; 12, 17. 42. 51; 14, 11; 16, 6. 32; 29, 46; Num 15, 41), und im Heiligkeitsgesetz (Lev 19, 36; 22, 33; 23, 43; 25, 38. 42. 55; 26, 13. 45) belegt.

Mose und Aaron werden als Subjekte des Exodus in Dtn 9, 12 und 1S 12, 8 genannt. Alle diese Stellen können frühestens im Exil angesetzt werden; die meisten gehören dem dtn-dtr Bereich an. (2)

---

1 Die Formel kommt im Pentateuch auch Ex 20, 2 = Dtn 5, 6 und Num 24, 8 3 23, 22 vor. S. zu der Übersicht Jenni, THAT I, 760f.

2 Obwohl Noth, Pentateuch 52, den Exodus als "Urbekenntnis Israels" ansieht, muß er zugestehen, daß "unzweideutig alte Belege nur sehr spärlich sind."

Folgende von den in JE berichteten Einzelheiten des Exodusgeschehens werden außerhalb des Tetrateuch erwähnt:

1. Bedrückung in Ägypten: Dtn 26,6; Neh 9,9; Ps 105,24f.

2. Plagen: Jos 24,5dtr; Ps 78,12.42ff; 105,26ff; 135,8; 136,10; Neh 9,10; 1S 4,8 (sec.); 6,6 (sec.)

Ausführlich werden eine Reihe von Plagen nur in Ps 78,42ff und 105,26ff aufgeführt. Ps 135,8 und 136,10 erwähnen nur die Tötung der Erstgeburt. Jos 24,5 und Neh 9,10 sprechen nur allgemein von den "Zeichen und Wundern", die Jahwe an den Ägyptern tat. 1S 6,6 spielt auf die Verstockung des Pharao an.

3. Schilfmeerwunder: Dtn 11,4; Jos 2,10 Dtr; 4,23 Dtr; Tritojes 63,12f; Neh 9,10f; Ps 66,6; 77,16ff; 78,13; 106,7ff.21f; 114,3ff; - 136,13ff.

Demnach fehlt die Erwähnung des Schilfmeerwunders völlig in der vorexilischen Prophetie. (1) Von den ca. 100 Belegen für das Exodusereignis erwähnen nur 12 das Schilfmeerwunder. Dieses Ergebnis läßt die These Noths als zweifelhaft erscheinen, wonach das Meerwunder den Kern des Exodusgeschehens darstellt. (2) Coats (3) nimmt an, daß das Schilfmeerereignis ursprünglich einen Teil der Wüstentradition bildete.

4. Passa: Das Passa, dessen Einsetzung mit der JE-Erzählung eng verwoben ist, wird nur in Dtn 16,1ff; Jos 5,10ff; 2K 23,21ff; 2Ch 30,1ff; 35,1ff; Esr 6,19ff erwähnt. Es fehlt in sämtlichen Exodusbelegen, abgesehen von Dtn 16,1ff; nur hier ist seine Herkunft mit dem Exodus in Beziehung gebracht. Alle anderen Passabelge erwähnen den Exodus nicht. Auch Ps 78 und 105, die eine ausführliche Schilderung der Plagen enthalten, erwähnen das Passa nicht.

Eine Reihe von Episoden aus der jehowistischen Exoduserzählung haben außerhalb des Tetrateuch keinen literarischen Niederschlag gefunden: Moses Geburt, Flucht nach Midian, Heirat mit Zippora, Offenbarung am Gottesberg, Tötung des Ägypters, Deutung des Jahwenamens kommen im übrigen AT nicht vor.

---

1 Vgl. auch Lauha, VTS 9,32ff; Coats, VT 17,262; J.M. Schmidt, ZAW 82,14.

2 Pentateuch 52. - Kritik an Noth ist bereits von Coats, VT 17,253ff, und Lauha, VTS 9,32ff, geübt worden. S. auch Kühlewein, Geschichte 153.

3 Rebellion 265; ders., VT 17,253ff.

D Die Erzählungen vom Aufenthalt in der Wüste und im Ostjordanland (Ex 15-18; Num 10-32)

I. Der Wüstenaufenthalt einschließlich der Naturwunder

Ex 15,22 - 18,27 sowie Num 10,11 - 32,42 berichten von Israels Aufenthalt in der Wüste. In der jehowistischen Erzählung tritt das Motiv des Murrens hervor, das als überlieferungsgeschichtlich spät zu beurteilen ist. (1) Durch verschiedene Wunder erhält Jahwe sein Volk: Manna und Wachteln (Ex 16,1ff), das Schlagen von Wasser aus dem Felsen (Ex 17,1ff). In einer Wolken- und Feuersäule leitet er die Israeliten auf ihrem gefahrvollen Weg. (Ex 13,21f usw.). Während in diesem Abschnitt die außertetrateuchische Bezeugung des Wüstenaufenthalts als solchem einschließlich der Naturwunder behandelt werden soll, folgt im zweiten Abschnitt eine Analyse der Einzelepisoden.

Am 5,25 "Habt ihr mir Schlachtopfer und Speiseopfer dargebracht in der Wüste vierzig Jahre lang, Haus Israel?"

Der Inhalt des Verses widerspricht der jehowistischen Erzählung, wonach die Israeliten während ihres Wüstenaufenthaltes tatsächlich Opfer dargebracht haben (Vgl. Ex 18,12; 24,5). Die Termini מנחה und זבח kommen in JE allerdings nicht vor. Auf Grund der inhaltlichen Differenz kann unmöglich eine literarische Abhängigkeit von JE angenommen werden. (2)

Die Echtheit des Verses wird bereits seit langem bezweifelt. (3) Dabei werden folgende Gründe angeführt:

1. Der Vers unterscheidet sich durch seine Prosaform vom vorausgehenden Abschnitt (V.21-24).
2. Das Motiv der 40 Jahre in der Wüste erscheint sonst nur in späten bzw. dtr. Texten (vgl. Dtn 2,7; 8,24; 29,5; Jos 5,6; Ex 16,35P; Num 14,33P; 32,13P; Ps 95,10; Neh 9,21; Jer 7,22). W.H. Schmidt (4) erwägt deshalb vorsichtig, evt. nur ארבעים als Zusatz anzusehen.

---

1 Noth, Pentateuch 134ff; Coats, Rebellion 249ff; De Vries, JBL 84,51ff. - Nach Coats, ebd. 249f, weisen die Erzählungen vom Murren den Stil von J auf; das Motiv ist deshalb offensichtlich erst von J in das Material eingebracht worden.

2 So auch Schmidt, Landtag 45.

3 So Stade, ThAT I, 37.220; Würthwein, ThLZ 72,150 mit A.4; Gunneweg, Tradition 111; Vollmer, Rückblicke 37ff; Wolff, Amos 306. Für die Echtheit des Verses tritt z.B. Duhm, ZAW 31,11 ein.

4 ZAW 77,180.189 A.60.

Nowack (1) hält ארבעים שנא בית ישראל für eine Glosse. Während er zudem מנחה als sekundär ansieht, scheidet Wolff (2) זבחים aus.

3. V. 25 widerspricht V. 21-24 insofern, als in V. 21-24 lediglich die Nichtannahme von Opfern in einer bestimmten Zeit ausgesagt wird, während V. 25 das Opfer grundsätzlich ablehnt.

4. Die Klassifizierung der Opfer als מנחה und זבח erscheint als spät.

Da diese Gründe einleuchtend sind, wird man den Vers als spät einzustufen haben.

Hos 2, 16f "16 Darum, siehe, ich will sie locken und in die Wüste führen und ihr zu Herzen reden. 17 Dann will ich ihr ihre Weinberge geben und das Tal Achor zur Pforte der Hoffnung machen. Dorthin wird sie hinaufziehen (3) wie in den Tagen der Jugend, wie damals als sie aus Ägypten heraufzog."

V. 16f blicken auf die Wüstenzeit als positive Periode zurück. Eine solche positive Perspektive findet sich auch in Hos 9, 10; 13, 5f; Jer 2, 2f; 31, 2; Dtn 32, 10. Bach (4) hat wohl als erster beobachtet, daß in allen diesen Texten eine von der jehowistischen Wüstenerzählung unterschiedene und selbständige Tradition vorliegt. Er nennt sie "Tradition von der Harmonie zwischen Jahwe und Israel in der Wüste". (5) Hos 9, 10; Dtn 32, 10 und Ez 16, 1ff lassen zudem noch die Rudimente einer alten "Fundtradition" erkennen, die in keinem direkten Zusammenhang mit der Erzväter- und Sinaitradition steht. (6)

In jedem Fall weichen diese Stellen einschließlich Hos 2, 16f inhaltlich stark von der jehowistischen Darstellung ab, so daß eine literarische Abhängigkeit von JE ausgeschlossen erscheint. Vielmehr liegt hier eine eigenständige Überlieferung vor. (7) Die Texte sind ein Symptom dafür, daß es sehr viele und verschiedenartige Überlieferungen von der Wüstenzeit gab,

---

1 12 Propheten 147.

2 Amos 309.

3 Statt ענתה ist עלתה zu lesen.

4 Erwählung, vgl. die Zusammenfassung in ThLZ 78, 687.

5 Vgl. auch v. Rad, ThAT I, 133; Gese, ZAW 79, 146ff.

6 S. zu dieser These kritisch Vollmer, Rückblicke 80f. Vollmer weist darauf hin, daß das tertium comparationis in Hos 9, 10 nicht das Finden in der Wüste, sondern die Wertschätzung durch Jahwe sei.

7 So auch Barth, VTS 15, 14ff; Wolff, Hosea 212f, und Vollmer, Rückblicke 81f, der von einer "eigenständigen Geschichtsbetrachtung" des Propheten spricht, die seine "großartige Freiheit gegenüber der Tradition" beweist.

und nur ein Teil davon vom Jehowisten verarbeitet wurde.

Die Echtheit des Abschnitts V. 15-25 ist umstritten. Buhl (1), Duhm (2) und Marti (3) halten den Abschnitt für sekundär. Duhm weist darauf hin, daß die Aussagen in dem Text von späteren Prophetenschriften abhängig seien. Marti beobachtet, daß in V. 15-25 ein anderer Ton herrscht als in V. 4-15a. Dort ist von Zorn, hier von Liebe, dort von Strafe, hier von Besserung, dort vom Tod der ehebrecherischen Gattin, hier von Wiedervereinigung, dort von Verödung, hier von neuer Fruchtbarkeit die Rede. Zudem findet sich der Ausdruck נאם יהוה sonst nicht bei Hosea. Robinson (4) sieht V. 16-25 als Fragmente an, die auf Hosea zurückgehen können, da kein Gegenbeweis möglich sei. Vollmer (5) beobachtet gewisse Schwierigkeiten in Bezug auf die Echtheit des Abschnitts und kommt zu dem Schluß: "Von 2, 16-25 lassen sich nur die Verse 16f. 19. 21f mit einiger Wahrscheinlichkeit von Hosea her verstehen." (6)

Nun wurden von den Verfechtern der Echtheit des Abschnitts kaum triftige Gründe vorgebracht, außer daß der Text eben im Hoseabuch steht. Andrerseits sprechen doch gewichtige Gründe für die Unechtheit: Der Text trägt einen eschatologischen Charakter, wie er in der exilisch-nachexilischen Prophetie vorherrscht.

Die Beschreibung des Friedens unter den Menschen und der Natur (V. 18), der überfließenden Fruchtbarkeit (V. 22) erinnert an Texte wie Jes 2, 2-4; 11, 7ff. Auch sonst ist in den Prophetenbüchern zu beobachten, daß an Gerichtsankündigungen Heilsworte angefügt wurden (vgl. Am 9, 7ff; Jer 30f usw.). Somit erscheint die Unechtheit des Abschnitts als wahrscheinlich.

<u>Hos 9, 10</u> "Wie Trauben in der Wüste habe ich Israel einst gefunden, wie Frühfeigen am jungen Feigenbaum habe ich eure Väter erschaut ..."

Der Vers wird von Bach ebenfalls zur "Fundtratition" gerechnet, worin eine positive Sicht des Wüstenaufenthaltes zum Ausdruck kommt. Es muß jedoch bezweifelt werden, daß der Vers überhaupt vom Wüstenaufenthalt der Israeliten handelt. במדבר gehört vielmehr zum Bild, das Israel

---

1 ZAW 5, 179ff.

2 ZAW 31, 19f.

3 12 Propheten 27f.

4 12 Propheten 12ff. Ähnlich Nowack, 12 Propheten 16ff, der die Meinung vertritt, daß die im Grundbestand echten Fragmente erst vom Redaktor hinter V. 4 gestellt wurden.

5 Rückblicke 90.

6 Dagegen bezweifeln Rudolph, Hosea 75f; Lubsczyk, Auszug 19ff; Wolff, Hosea 49ff; Eißfeldt, Einl 524; Fohrer, Einl 463, nicht die Echtheit des Abschnitts.

in seiner Anfangszeit mit in der Wüste gefundenen Trauben bzw. Frühfeigen am jungen Feigenbaum vergleicht. Obwohl der Vers gewöhnlich als echt angesehen wird, (1) erscheinen mir eine Reihe von Beobachtungen, die teilweise auch von den Verfechtern der Echtheit des Textes gemacht wurden, dafür zu sprechen, daß es sich hier um eine Glosse handelt:

1. Der Vers steht nach vorn und hinten völlig isoliert da. Er gehört weder zu V. 1-9 noch V. 11-13. (2)

2. Die Termini בשת und שקוץ kommen sonst nur in exilisch-nachexilischen Texten vor. (3) Nowack (4) weist darauf hin, daß Hosea sonst בעל und nicht בשת sagt.

3. Die Ausdrücke אבותיכם und נזר werden sonst von Hosea nicht verwendet.

4. Baal - Peor wird nur hier und in Dtn 4, 3 als Ortsname gebraucht, während sonst בית פעור vorkommt (vgl. Dtn 3, 29; 4, 46; 34, 6; Jos 14, 20).

Normalerweise bezeichnet Baal - Peor die Gottheit (vgl. Num 25, 3. 5; Ps 106, 28 usw.).
Daraus ergibt sich die Beurteilung des Textes als spätere Einfügung.

Hos 13, 5f

"5 Ich habe dich erwählt in der Wüste, dich geweidet in dem Land der Glut. 6 Als sie Weide hatten, wurden sie satt, und da sie satt wurden, erhob sich ihr Herz; darum vergaßen sie meiner."

V. 5 ist mit 2, 16f verwandt und betrachtet die Wüstenzeit ebenfalls als positive Periode. Die hier verwendete Terminologie ידע "erwählen" und ארץ תלאבות kommt in JE nicht vor. Eine literarische Abhängigkeit von JE scheidet deshalb aus formalen und inhaltlichen Gründen aus. Der Abschnitt wird gewöhnlich als echt angesehen. (5) Doch muß die Echtheit aus folgenden Gründen in Frage gestellt werden:

---

1 Vgl. Duhm, ZAW 31, 30; Nowack, 12 Propheten 57f; Robinson, 12 Propheten 37; Rudolph, Hosea 184f; Wolff, Hosea 212f; Vollmer, Rückblicke 76ff.

2 Rudolph, Hosea 184, schlägt deshalb eine Umstellung des Abschnitts vor, mit der Reihenfolge 10. 16a. 11. 16b. 12-14.

3 בשת Jes 30, 3. 5; 42, 17; 61, 7; Jer 2, 26; 3, 25; 7, 19; 20, 18 usw.
שקוץ 1K 11, 5. 7; 2K 23, 13; Jes 66, 3; Ez 51, 11; 11, 21; 20, 30; 27, 23; Jer 4, 1; 7, 30; 13, 27; 32, 34 usw.

4 12 Propheten 58.

5 So Duhm, ZAW 31, 40; Nowack, 12 Propheten 76; Marti, 12 Propheten 101; Robinson, 12 Propheten 50; Wolff, Hosea 293f; Vollmer, Rückblicke 66ff.

1. In V. 4-6 "liegt erstmalig ein Gedankengang vor, der unter Aufnahme seiner Hauptstichworte in der dtn Paränese wiederholt aufgenommen ist" (1). Wolff weist auf Dtn 8, 11-20; 6, 12-19 hin. Der Abschnitt weist ein typisch dtn Vokabular auf: שכח (vgl. Dtn 8, 14; 17, 20; nicht bei Hos) und רום (vgl. Dtn 4, 9. 23. 31; 6, 12; 8, 11. 14. 19; 19, 7; 24, 19; 25, 19; 26, 13; 32, 18 usw.). Nun sind Hos und Dtn miteinander verwandt, so daß eine Vorform dtn Gedanken hier vorliegen könnte. Andrerseits ist die Nähe zum Dtn doch recht auffallend.
2. Das Stück trägt einen fragmentarischen Charakter und steht im Kontext völlig isoliert da. (2) V. 4 wurde bereits als sekundär ausgeschieden.

Diese Beobachtungen lassen die Echtheit des Textes als zweifelhaft erscheinen.

Jer 2, 2f — "2 so spricht Jahwe: Ich gedenke der Treue deiner Jugend und der Liebe deiner Brautzeit, wie du mir folgtest in der Wüste, im Land, wo man nicht sät. 3 Da war Israel Jahwe heilig, die Erstlingsfrucht seiner Ernte; wer von dem ißt, muß es büßen, Unheil kommt über ihn, spricht Jahwe."

Auch dieser Text enthält die "Tradition von der Harmonie zwischen Jahwe und Israel in der Wüste" (Bach). Inhaltlich besteht keinerlei Übereinstimmung mit JE, da dort die Wüstenerzählungen unter dem Vorzeichen des Murrens und der Auflehnung gegen Jahwe stehen. Auch terminologisch lassen sich keinerlei Berührungspunkte mit JE erkennen. Die in V. 2 verwendeten Bilder von Jugend- und Brautzeit kommen in JE nicht vor. Die Beschreibung der Wüste als Land, wo man nicht sät, erinnert an Dtn 8, 15. Daß Israel Jahwe heilig ist, wird in JE nicht gesagt (vgl. aber Ex 28, 36P; Jes 23, 18; Sach 14, 20f; Esr 8, 28). Zwischen V. 2 und V. 3 erfolgt ein Subjektwechsel. Eine literarische Beziehung zu JE ist nicht zu erkennen. Gegen die Echtheit des Textes lassen sich wohl keine Bedenken erheben. (3)

Jer 31, 2 — "So spricht Jahwe: Gnade fand in der Wüste das Volk, dem Schwert entronnen, als Israel wanderte, zu seiner Ruhe zu kommen."

---

1 Wolff, Hosea 294.

2 Dies beobachtet auch Robinson, 12 Propheten 50.

3 Vgl. Duhm, Jeremia 16; Rudolph, Jeremia 12f. - Der Text nimmt sich nach Duhm allerdings "seltsam aus in einem Buch, das Israel den Untergang verkündigen soll und dessen Verf. später zur ruhigen Unterwerfung rät". Er hält an der Echtheit mit dem Hinweis fest, V. 2f bilden die Einleitung zu einem größeren Gedicht, in dem Jer über Gegenwart und Zukunft im Gegensatz zur idealen Vergangenheit spricht. - Jer 2, 6 wurde bereits S. 89 behandelt.

Der Ausdruck מצא חן ist in JE häufig belegt (vgl. Gen 18, 3. 19; 30, 27 usw.). In Bezug auf das Verhältnis des Menschen zu Gott wird er jedoch nur in dem dtr beeinflußten Abschnitten Ex 33, 12ff und Num 11, 11. 15 verwendet. Der Terminus הרגיע kommt in JE nicht vor, dagegen in Dtn 28, 65 und Jes 34, 14. Im ganzen hat der Vers keine wörtliche Entsprechung in JE. Es liegt ihm vielmehr eine selbständige, poetische Version der Wüstentradition zugrunde. (1)

Ez 20, 10ff

Der Abschnitt gehört zu dem großen geschichtlichen Rückblick Ezechiels. Charakteristisch ist, daß er die gesamte Vergangenheit des Volkes einschließlich der Wüstenzeit in einem negativen Licht sieht. Damit unterscheidet er sich von den eben behandelten Stellen Hos 2, 16f; 9, 10; 13, 5; Jer 2, 2f; 31, 2. Der Rückblick erfolgt in der für Ezechiel typischen Sprache und Konzeption, unter Benutzung zahlreicher Wiederholungen. In Übereinstimmung mit JE sieht auch Ez die Wüstenzeit als Zeit des Abfalls und der Auflehnung gegen Jahwe an. Zugleich sind jedoch wichtige Unterschiede zu beobachten:

1. In Ez 20 richtet sich der Ungehorsam des Volkes gegen die Gebote Jahwes. In JE lehnt sich das Volk gegen Jahwes Führung auf, und zwar bereits vor der Verkündigung der Gebote am Sinai.

2. Die Gestalt Moses, die in JE einen zentralen Platz einnimmt, wird bei Ez nicht erwähnt. Dies gilt auch für Nebengestalten wie Aaron, Josua, Mirjam usw.

3. Der Sinai als der Ort, an dem Jahwe nach JE das Gesetz verkündet, wird hier nicht erwähnt. Die Gesetzesverkündigung erfolgt vielmehr allgemein "in der Wüste".

4. In JE wird nicht berichtet, daß Jahwe der zweiten Wüstengeneration in einem nochmaligen Akt die Gebote verkündete (vgl. V. 18ff). Auch gibt es dort keine Parallele dafür, daß Jahwe dem Volk nunmehr ungute Gebote gab, die das Volk verunreinigten.

5. Bei Ez 20 steht das Sabbatgebot im Zentrum der Gebote. Dies ist in den in die jehowistische Erzählung eingefügten Dekalogen (Ex 20; 34) nicht der Fall. Dort erscheint vielmehr das Sabbatgebot als ein Gebot neben anderen (vgl. aber Neh 9, 14; Ex 31, 13P; Lev 19, 3. 30; 26, 2).

---

1 Der Vers wird von Duhm, Jeremia 243, und Rudolph Jeremia 177, als echt angesehen. Weinfeld, Deuteronomy 361, klassifiziert ihn dagegen als dtr.

6. In der Terminologie gibt es keine direkten Übereinstimmungen, außer in gängigen Vokabeln. חקה kommt in JE nicht vor, nur in Ex 24, 3, dagegen häufig im Dtn (4, 8; 18, 3; 19, 6; 21, 17 usw.). Das Hiphil von מרה wird in JE nicht gebraucht; dort findet sich auch der Ausdruck למען שמי nicht. Die Wendung ארץ זבת חלב ודבש (V. 15) gehört ursprünglich in den dtn Sprachgebrauch (Dtn 6, 3; 11, 9; 14, 21 usw.) und ist von dort in die jehowistische Erzählung eingedrungen (Ex 3, 8. 17; 23, 19; 33, 3; 34, 26).

Auf Grund dieser erheblichen inhaltlichen Abweichungen und des Fehlens von wörtlichen Übereinstimmungen kann eine literarische Abhängigkeit von JE nicht vorliegen. Der Prophet hat vielmehr die ihm vorliegende Überlieferung selbständig aufgenommen und verarbeitet.

Hölscher (1) schlägt vor, das gesamte Kapitel als sekundäre Einschaltung zu betrachten. Doch reichen dafür seine Argumente kaum aus.

Dtjes 40, 3-11

Die Schilderung der Rückkehr des Volkes bzw. Jahwes nach Palästina wird häufig als neuer Exodus angesehen, der dem ersten Exodus aus Ägypten analog verläuft und ihn überbietet. (2)
Jedoch werden der Auszug aus Ägypten und die im Pentateuch damit verbundenen Gestalten und Ereignisse nicht ausdrücklich erwähnt. Eine wunderbare Verwandlung der Natur, wie sie V. 4 schildert, kommt im Pentateuch nicht vor. Sie gehört vielmehr in den Vorstellungsbereich der Epiphanie. (3) Der Prophet benutzt auch sonst Bilder aus der Natur, um die Rückkehr des Volkes zu beschreiben. Gottes Kommen ist wie der Regen, der auf dürres Land fällt (44, 3; 45, 8; 55, 10), sein Kommen ist wie das Öffnen von Quellen (vgl. 41, 18; 43, 19; 48, 21; 49, 10). Er verwandelt die Wüste in den Garten Eden (51, 3ff). Die Rückkehr wird mit einem Weg durch die Wüste verglichen (vgl. 49, 11f; 43, 2. 16).

Der Exodusbezug ist also nicht deutlich. Näher liegt es, an die Vorstellung der babylonischen Prozessionsstraße zu denken. (4)

---

1 So z. B. North, Isaiah 40-55, 41; Westermann, Jesaja 40-66, 31.
2 Jesaja III, 81f.
3 Vgl. Westermann, Loben 73ff.
4 Vgl. Stummer, JBL 45, 171ff; Volz, Jesaja II 3f; Fohrer, Jesaja III, 18f; Smart, History 45ff.

Dtjes 41, 18ff "Ich will Wasserbäche auf den Höhen öffnen und Quellen mitten auf den Feldern und will die Wüste zu Wasserstellen machen und das dürre Land zu Wasserquellen. 19 Ich will in der Wüste wachsen lassen Zedern, Akazien, Myrten und Ölbäume; ich will in der Steppe pflanzen miteinander Zypressen, Buchsbaum und Kiefern, 20 damit man zugleich sehe und erkenne, merke und verstehe: Jahwes Hand hat dies getan, und der Heilige Israels hat es geschaffen."

Die in den Kontext von V. 17-20 gehörenden Verse enthalten nach Meinung vieler (1) einen Rückbezug auf den Exodus. Doch ist die von Heßler (2) mit Recht bestritten worden. Sie hält diese Interpretation für einen "Überschuß an Deutung". Sie schlägt vor, in den Versen nur das Motiv der Schöpfungstat zu sehen, das aus Gen 2 entnommen sei. In der Tat deutet nichts in dem Abschnitt mit Sicherheit darauf hin daß der Prophet an die Wüstenwanderung denkt. V. 18 zeigt keinerlei terminologische Verwandtschaft mit JE. Weder in Ex 17, 1ff noch in 14, 22ff geht es um die Erschaffung von Bächen in der Wüste oder auf den Höhen, sondern um die Beschaffung von Trinkwasser. (Vgl. aber Ps 78, 15f; 105, 41). Die wunderbare Verwandlung der Wüste in einen Fruchtgarten (V. 19) hat im Pentateuch keine Parallele. V. 20 enthält typisch deuterojesajanische Formulierungen, die in JE nicht vorkommen. Somit kann weder eine inhaltliche noch eine literarische Verwandtschaft zu den jehowistischen Wüstenerzählungen festgestellt werden. (3) In der Theologie Dtjes dient die Wüste als Symbol für das Leben ohne Gott. (4) Deshalb vergleicht der Prophet das Kommen Jahwes mit Regen oder Schnee (44, 3; 45, 8; 55, 10), dem Öffnen von Quellen (41, 18; 43, 19; 48, 21; 49, 10), und der Verwandlung Palästinas in einen Gottesgarten (51, 3-12).

Die Wüste fungiert als "representation of the very life of this scattered people ... into whose midst God is about to come" (4a). Eine Beziehung zur Exodustradition ist dem Text folglich nicht zu entnehmen.

---

1 Z.B. North, Isaiah 40-55, 55; Volz, Jesaja II, 23; Fohrer, Jesaja III, 43; Westermann, Jesaja 40-66, 68.

2 EvTh 25, 359f.

3 So auch v. d. Merwe, Pentateuchtradisies 263.

4 Vgl. Smart, History 47.

4a Smart, ebd.

Dtjes 43, 19f "Denn siehe, ich will ein Neues schaffen, jetzt wächst es auf, erkennt ihr es nicht? Ich mache einen Weg in der Wüste und Wasserströme in der Einöde. 20 Das Wild des Feldes preist mich, die Schakale und Strauße; denn ich will in der Wüste Wasser und in der Einöde Ströme geben, zu tränken mein Volk, meine Auserwählten."

Viele Ausleger sehen in dieser Stelle ebenfalls eine Rückerinnerung an den Wüstenzug. (1) Doch ist diese Verbindung unwahrscheinlich und unbeweisbar. (2) In Ex 17, 1ff geht es um die Schaffung von Trinkwasser aus dem Felsen, nicht um die Entstehung ganzer Ströme נהרות . (Vgl. aber Ps 78, 15f; 105, 41). Daß Jahwe einen Weg für das Volk durch die Wüste gebahnt hat, wird in JE nicht berichtet. Das Volk wandert vielmehr auf bekannten Wegen von einer Wasserstellle bzw. Oase zur andern. Auch in der Terminologie zeigt der Abschnitt keinerlei spezifische Übereinstimmung mit JE. Der Prophet will mit den hier verwendeten Bildern vielmehr Jahwes Wunderkraft beschreiben: Jahwe ist in der Lage, die Wüste in Kulturland zu verwandeln. Deshalb kann er auch die Exilierten in eine neue Zukunft führen. Auch Ez 20, 35 bezeichnet die Diasporasituation Israels als "Wüste der Völker".

Dtjes 48, 21 "Sie litten keinen Durst, als er sie leitete in der Wüste. Er ließ ihnen Wasser aus dem Felsen fließen, er spaltete den Felsen, daß Wasser herausrann."

Der Rückbezug auf die Wüstenereignisse ist deutlich und wird wohl von allen Auslegern gesehen. (3) Die Verben צמא und צור kommen auch in Ex 17, 3 vor, nicht dagegen הוליך in bezug auf die Führung des Volkes durch Jahwe.

Auch הנזיל, חרבה und בקע (vgl. Ps 78, 15) sind in JE nicht belegt. Somit bestehen nur geringe wörtliche Übereinstimmungen mit JE, so daß eine literarische Abhängigkeit kaum postuliert werden kann. Dies ist auch deshalb unwahrscheinlich, weil Mose als Werkzeug Jahwes und Mittler des Volkes hier nicht erwähnt wird. Weiterhin fehlen die in Ex 17, 1ff aufgeführten Örtlichkeiten.

---

1 So North, Isaiah 40-55, 75; Westermann, Jesaja 40-66, 107f; Fohrer, Jesaja III, 68.

2 Vgl. Torrey, Second Isaiah 317; v. d. Merwe, Pentateuchtradisies 263.

3 So Marti, Jesaja 326; Volz, Jesaja II, 97; Torrey, Second Isaiah 379; North, Isaiah 40-55, 106; Westermann, Jesaja 40-66, 166; Muilenburg, Jesaja 563.

Dtn 1, 19. 32f "19 Da brachen wir vom Horeb auf und wanderten durch jene ganz große und furchtbare Wüste, die ihr gesehen habt auf dem Weg nach dem Gebirge der Amoriter, wie uns Jahwe, unser Gott, geboten hatte, und kamen bis Kades-Barnea. 32 Trotzdem vertrautet ihr nicht auf Jahwe euren Gott, 33 der vor euch herging auf dem Weg, euch die Stätte zu weisen, wo ihr lagern solltet: bei Nacht im Feuer, damit ihr sehen könntet auf dem Weg, den ihr gehen solltet und bei Tag in der Wolke."

V. 19 Der Vers beschreibt ähnlich wie Num 10 den Aufbruch des Volkes vom Gottesberg, der in JE jedoch Sinai heißt, während Horeb nur in späteren Zusätzen (Ex 3, 1; 17, 6; 33, 6) vorkommt. (1) Die Beschreibung der Wüste als גדול und נורא ist typisch dtn (vgl. 7, 21; 8, 15; 10, 17) und hat in JE kein Vorbild. Der Ausdruck הר האמרי kommt nur noch in Dtn 1, 7. 19f vor, nicht jedoch in JE.

V. 32 אמן kommt auch in JE vor (vgl. Ex 14, 31; Num 14, 11; 20, 12). Doch handelt es sich dabei um eine im AT häufig verwendete Vokabel.

V. 33 Lohfink (2) sieht in V. 33 eine Nachbildung der Motivfolge von Ex 13, 21f.

Ex 13, 21: יהוה הולך לפנהם יומם בעמוד ענן לנחתם הדרך ולילה בעמוד אש להאיר להם ללכת יומם ולילה

Dtn 1, 33 ההלך לפנכם בדרך לתור לכם מקום לחנתכם באש לילה לראתכם בדרך אשר תלכו בה ובענן יומם

Zunächst stellen wir eine gewisse Übereinstimmung in der Verwendung der Ausdrücke ענן, אש, יומם, לילה, לפני, הלך fest.

Doch sind zugleich erhebliche Unterschiede zu beobachten: Während JE von Wolkensäule (עמוד ענן) und Feuersäule (עמוד אש) spricht, kommen hier nur אש und ענן vor. Während Jahwe durch diese Phänomene nach JE den ununterbrochenen Marsch garantieren will, dienen nach Dtn 1, 33 Wolke und Feuer dazu, geeignete Lagerplätze zu finden. Statt נחה in Ex 13, 21 (vgl. Ex 13, 17; 15, 13; 32, 34) wird hier תור gesagt (3). Auf Grund dieser Unterschiede wird man eine literarische Abhängigkeit von JE kaum postulieren können.

---

1 Vgl. Noth, Studien 29 A. 4.

2 Bibl 41, 119.

3 Num 10, 34 erwähnt nur die Wolke (ענן יהוה עליהם). Der Vers ist nach Eißfeldt, Hexateuch-Synopse 160*, als Zusatz anzusehen.

Ein Verfasser, der Ex 13, 21 als Vorlage benutzt hat, kann unmöglich statt עמוד ענן nur ענן sagen. Auch wird der Zweck dieser Hilfeleistungen anders bestimmt. Zwar benützen Dtn 1, 19. 32f und JE verwandte Überlieferungen, doch sind sie literarisch voneinander unabhängig.

Dtn 2.1.7

"1 Dann kehrten wir um und zogen in die Wüste auf dem Weg zum Schilfmeer, wie Jahwe zu mir (d. h. Mose) gesagt hatte, und umwanderten das Gebirge Seir eine lange Zeit. 7 Denn Jahwe, dein Gott, hat dich in allem deinem Tun gesegnet; er hat achtgehabt auf deine Wanderung durch diese große Wüste: schon vierzig Jahre ist Jahwe, dein Gott, nun mit dir, so daß dir nichts mangelt."

Kap. 2 schließt sich an die Episode von der Aussendung der Kundschafter an.

V. 1 Der erste Halbvers ist mit Num 21, 25b verwandt. In der Formulierung מחר פנו וסעו לכם המדבר דרך ים-סוף stimmen beide Verse überein. Allerdings muß die Echtheit von Num 14, 25b bezweifelt werden, zumal Num 14, 25a ohnehin gewöhnlich als Zusatz angesehen wird. (1) Der דרך ים-סוף verläuft in der Gegend von Suez bis nach Eilat (vgl. Num 21, 4; 1K 9, 26; Ex 13, 18). Diese Ortsangabe paßt nicht zum Aufenthaltsort der Israeliten bei der Aussendung der Kundschafter, wonach sie sich offensichtlich im Negev unmittelbar südlich vom Hebron befinden. Noth nimmt deshalb an, die Israeliten werden aufgefordert, in Richtung auf den Schilfmeerweg zu wandern. (2) Somit muß mit der Möglichkeit gerechnet werden, daß V. 25b ein von Dtn 1, 40 und 2, 1 her beeinflußter Zusatz ist. (3) Im Kontext ist V. 25 völlig entbehrlich.

V. 1b ונסב את-הר שעיר ימים רבים ist mit Num 21, 4 מהר ההר דרך ים-סוף לסבב את-ארץ אדם zu vergleichen. Zwar kommt beidesmal סבב vor, doch finden sich im übrigen andere Formulierungen und Ortsangaben. Statt הר שעיר in V. 1b kommt in Num 21, 4 ארץ אדם vor.

---

1 Vgl. Eißfeldt, Hexateuch-Synopse 171*; Gray, Numbers 159f.

2 Noth, Numeri 97.

3 Auch Wellhausen, Composition 102, macht der Vers "besondere Schwierigkeiten". Er löst diese, indem er erwägt, der Vers könnte vielleicht der Schluß zu V. 30-35 gewesen sein.

V. 7 Die hier gegebene Beschreibung der Wüste ist mit 1, 19 usw. zu vergleichen und enthält typisch dtn Terminologie. Die Vorstellung von der vierzigjährigen Wüstenwanderung findet sich nicht in JE. Sie ist vielmehr für dtn-dtr Texte charakteristisch. (1) Die Verben und ירע (in der hier vorliegenden Bedeutung) sind in JE nicht belegt. Deshalb scheidet eine literarische Abhängigkeit von JE aus.

Dtn 6, 16 uoL "Ihr sollt Jahwe, euren Gott nicht versuchen, wie ihr ihn versucht habt in Massa."

Massa kommt in den jehowistischen Wüstenerzählungen zweimal vor: In Ex 15, 22-27 wird berichtet, daß Jahwe dort den Israeliten Satzung und Recht gab und sie versuchte (נסה). Nach Ex 17, 1-7 hat Mose in Massa Wasser aus dem Felsen geschlagen. Dabei wird ebenfalls das Verb נסה gebraucht (V. 2. 4; vgl. Ex 16, 4). Die Versuchung geschieht hier jedoch von seiten des Volkes, in Ex 15, 22-27 von seiten Jahwes. Auch in Dtn 6, 16 ist von einer Versuchung (נסה) Jahwes durch das Volk die Rede. Aus dem kurzen Rückbezug wird man eine literarische Abhängigkeit kaum entnehmen können. Es fehlen jegliche Einzelheiten, wie Felswunder, Mose, die übrigen Orte Mara (Ex 15, 23), Elim (Ex 15, 27; 16, 12; Num 33, 9f). Gese (2) hält V. 16f für einen Einschub (vgl. V. 15. 18). Die Ausdrücke מצות , חקה, עדות erscheinen sonst nur in Zusammenfassungen wie 4, 45 und 6, 20, nicht jedoch mitten in einer Aufzählung. Statt des gewöhnlichen Partizips מצוה (vgl. 6, 6; 7, 11; 8, 1. 11; 10, 13) wird hier das Perfekt צוך im Promulgationssatz gebraucht.

Dtn 8, 2ff "2 Du sollst gedenken des ganzen Weges, den dich Jahwe, dein Gott, vierzig Jahre lang geführt hat in der Wüste, um dich zu demütigen und zu erproben, damit er erkenne wie du gesinnt seist, ob du seine Gebote halten werdest oder nicht. 3 Er demütigte dich und ließ dich hungern und speiste dich dann mit Manna, das du und deine Väter nicht gekannt hatten, um dir kundzutun, daß der Mensch nicht von Brot allein lebt, sondern von allem, was der Mund Jahwes hervorbringt, lebt der Mensch. 4 Schon vierzig Jahre sind nun deine Kleider an dir nicht zerfallen und deine Füße nicht geschwollen. 15 (Jahwe) der dich durch diese große und furchtbare Wüste geleitet hat, wo es Feuerschlangen gibt und Skorpione und dürres Land, in dem kein Wasser ist; der für dich Wasser aus dem Kieselfelsen quellen ließ, 16 der in der Wüste dich mit Manna speiste, von dem deine Väter nichts gewußt haben, um dich zu demütigen und zu erproben, damit er dir dann zuletzt Gutes tue."

---

1 S. o. S. 143.
2 ZAW 79, 151 A. 59.

Ein Vergleich mit der JE-Erzählung ergibt folgendes Bild:

V. 2 Das Verb נסה kommt in JE mehrfach vor. (1) Nach JE erprobt Jahwe jedoch nicht das Volk, ob es die Gebote im ganzen hält, sondern ob es seiner Führung vertraut. Im Unterschied zu JE faßt Dtn die gesamte Wüstenzeit als Periode der Erprobung auf, während in JE nur in einzelnen Episoden davon die Rede ist. Die konkreten Einzelheiten und Örtlichkeiten der Erprobungen werden hier nicht aufgeführt. Das hier gebrauchte Verb ענה kommt in den jehowistischen Wüstenerzählungen nicht vor. Die vierzig Jahre sind ein charakteristisches Element der dtn Konzeption von der Wüstenzeit.

V. 3 Die Gabe des Manna wird auch in Ex 16, 15. 31ff; Num 11, 6ff berichtet. Der hier genannte Zweck, nämlich daß Israel erkenne, daß der Mensch nicht allein von Brot lebt, hat in JE keine Parallele. Daß Jahwe das Volk dadurch "demütigen" (ענה) wollte, wird in JE nicht gesagt. Die konkreten Umstände, die bei der Mannagabe auftraten, (vgl. Ex 16; Num 11) werden hier nicht erwähnt.

V. 4 Diese übertreibende Schilderung der Schrecklichkeit der Wüste ist typisch für das Dtn (vgl. 1, 19; 8, 15). Der hier berichtete Sachverhalt, daß die Kleider nicht zerfielen und die Füße nicht anschwollen, hat in JE kein Vorbild.

V. 15 Der Vers enthält eine weitere Beschreibung der Schrecken der Wüste, wozu es in JE keine Vorlage gibt. Die Ausdrücke עקרב und צמאון kommen dort nicht vor, lediglich Feuerschlangen (נחש שרף) werden in Num 21, 6 erwähnt. In V. 15b wird von einer wunderbaren Wasserspende berichtet, zu der es in Ex 17, 1-7 und Num 20, 1-13 Parallelen gibt. Jedoch findet sich die Wendung צור החלמיש "Kieselfelsen" dort nicht (vgl. aber Ps 114, 8).

V. 16 Der Vers erzählt noch einmal vom Manna in ähnlichen Wendungen wie V. 3. Die hier angespielte pädagogische Intention der Mannaspende hat in JE keine Parallele.

Im ganzen wird man für den Abschnitt die Möglichkeit einer literarischen Abhängigkeit von JE verneinen müssen. Zwar enthält er einige mit JE gemeinsame Elemente, wie Versuchung, Manna, Wasserwunder etc. Doch können diese der mündlichen Tradition entnommen sein, da sich in Einzelformulierungen keinerlei direkte Übereinstimmungen nachweisen lassen.

<u>Dtn 9, 7f. 22ff</u> "7 Denke daran und vergiß es nicht, wie du Jahwe, deinen Gott, erzürnt hast in der Wüste. Von dem Tag an, da ihr aus dem Land Ägypten auszogt, bis ihr an

---

1 S. o. S. 154.

diesen Ort gekommen seid, seid ihr widerspenstig gewesen gegen Jahwe. 22 Auch in Thabera und in Massa und bei den Lustgräbern habt ihr Jahwe erzürnt. 23 Und als Jahwe euch von Kades-Barnea fortschickte, und sprach:
Ziehet hinauf, besetzt das Land, das ich euch bestimmt habe, da ward ihr widerspenstig gegen den Befehl Jahwes, eures Gottes, und vertrautet nicht auf ihn und hörtet auf seine Stimme. 24 Widerspenstig seid ihr gegen Jahwe gewesen, so lange ich euch kenne."

V. 7 Der Vers charakterisiert die gesamte Wüstenperiode als Zeit der Auflehnung gegen Gott, wobei die Ausdrücke הקציף und היה עם gebraucht werden. Beide sind in JE nicht belegt.

V. 22 Der Ort תבערה wird auch in Num 11, 3 erwähnt, die "Lustgräber" קברת התאוה in Num 11, 4ff. Massa erscheint in Ex 17, 1ff usw. Das hier und in 9, 7 gebrauchte Verb kommt in JE nicht vor.

V. 23 Der Vers enthält einen Rückbezug auf Dtn 1, 20; er ist in typisch dtn Sprachgebrauch gehalten: ירש את-הארץ (vgl. 1, 8; 3, 12. 18. 20 usw.), נתן הארץ (vgl. 1, 45; 4, 30 usw.) שמע בקול (vgl. 1, 8. 20f; 2, 5 usw.); kommt nur in Dtn 1, 26. 43; 9, 7; 31, 27, nicht jedoch in JE vor.

V. 22-24 werden gewöhnlich als sekundär angesehen. (1) Sie unterbrechen den Zusammenhang zwischen V. 21 und V. 25. Eine literarische Beziehung zur jehowistischen Geschichtserzählung läßt sich nicht feststellen. Es bestehen zwar einige überlieferungsgeschichtliche Übereinstimmungen, jedoch keinerlei wörtliche Parallelen. Dtn entnahm diese Angabe wohl der mündlichen Tradition und formulierte sie selbständig.

<u>Dtn 29, 4f</u> "4 Und ich habe euch doch vierzig Jahre lang in der Wüste geführt: Eure Kleider sind an euch nicht zerfallen, und dein Schuh ist an deinem Fuß nicht zerfallen. 5 Brot habt ihr nicht gegessen, und Wein und starkes Getränk habt ihr nicht getrunken, damit ihr erkennen solltet, daß ich Jahwe euer Gott, bin."

V. 4 Der Vers zeigt weitgehende Übereinstimmung mit 2, 7 und 8, 2. 4. Eine literarische Beziehung zu JE ist nicht erkennbar.

V. 5 Hier wird die sonst nicht belegte Aussage gemacht, die Israeliten haben in der Wüste weder Wein noch starkes Getränk zu sich genommen. Davon wird in JE nichts berichtet. Die Erkenntnisformel

1 Vgl. Steuernagel, Deuteronomium 86; von Rad, Deuteronomium 56.

למען תדעו כי אני יהוה kommt in ähnlicher Form in Ex 7, 17; 8, 18; 10, 2 vor. Sie ist jedoch auch in der übrigen atl. Literatur, besonders bei Ez, Djes und P belegt. (1)

Weder formal noch inhaltlich läßt sich eine Übereinstimmung dieses Textes mit JE feststellen, so daß die Möglichkeit einer literarischen Abhängigkeit ausscheidet.

Dtn 32, 10ff

"10 Er (d.h. Jahwe) fand es (d.h. Israel) in wüstem Land, in der Öde, im Geheul der Wildnis; er schützte es, nahm es in acht, hütete es wie seinen Augapfel. 11 Wie ein Adler, der seine Brut zum Flug aufstört und über seinen Jungen schwebt, so breitete er seine Flügel aus, nahm es und trug es auf seinem Fittich. 12 Jahwe allein leitete es, kein fremder Gott war mit ihm."

Der Text umschreibt in poetischen Bildern, wie Jahwe Israel in der Wüste fand und das Volk sicher führte. Es liegt hier ein weiteres Beispiel der sog. "Fundtradition" (Bach) vor, wonach das Verhältnis Jahwes zu Israel in der Wüste begann. (Vgl. Hos 9, 10; Jer 31, 2f; Ez 16, 16ff). (2) Im Gegensatz zu JE und den Einleitungsreden zum Dtn steht die Wüstenzeit hier in einem ausgesprochen positiven Licht. Das Bild des Tragens (V. 11) erscheint auch in 1, 31; Ex 19, 4 Dtr (vgl. Hos 11, 3; Djes 46, 3f). Die übrige Terminologie des Abschnitts zeigt keinerlei literarischen Berührungspunkte mit JE; deshalb scheidet eine literarische Abhängigkeit von JE aus. Der Abschnitt gehört zum sog. Moselied, das wohl in exilisch-nachexilische Zeit zu datieren ist. (3)

Dtn 32, 51

"Mose und Aaron müssen vor Eintritt in das gelobte Land sterben, weil ihr mir inmitten der Israeliten untreu geworden seid bei den Wassern von Meribat zu Kades in der Wüste Zin, weil ihr mich nicht als den Heiligen geehrt habt inmitten der Israeliten."

Die Terminologie des Verses weist deutlich in den priesterschriftlichen Bereich. (4) בתוך kommt nur in P, Ez und Chron vor; מעל ist häufig in P, während Dtn gewöhnlich קרב sagt.

1 Vgl. Zimmerli, Ges.Aufs. 41ff.

2 S. o. S. 144.

3 So Steuernagel, Deuteronomium 31f; Sellin, ZAW 43, 161ff; Driver, Deuteronomy 347; Fohrer, Einl 206; Gese, ZAW 79, 146. - Anders Eißfeldt, Einl 301f, der das Moselied ins 11. Jh. datiert.

4 Vgl. Driver, Deuteronomy 383f; Noth, Studien 190; v. Rad, Deuteronomium 144. - Eißfeldt, Hexateuch-Synopse 198*, sieht den Vers als sekundär an.

Die מי מריבת werden nur in Num 20,13.24 P und Dtn 33,8 (vgl. Ps 81,8; 106,32) erwähnt. Die Wüste Zin kommt nur in priesterschriftlichen Texten for (Num 13,21; 20,1; 27,14; 33,36; 34,3; vgl. Jos 15,1.3). Die hier gegebene Begründung, warum Mose und Aaron nicht in das Kulturland hineindürfen, stimmt weitgehend mit der priesterschriftlichen Stelle Num 20,12f überein. In JE wird überhaupt keine Begründung hierfür gegeben. Gemäß dem übrigen Dtn stirbt Mose stellvertretend um der Sünde Israels willen (vgl. Dtn 4,21; 1,37).

Dtn 33,8 "Und über Levi sprach er: Gib (1) Levi deine Thummim und deine Urim dem Mann deiner Huld, den du versucht hast zu Massa, mit dem du gestritten hast an den Wassern von Meribat."

Urim und Thummim werden nur in priesterschriftlichen Stellen erwähnt (vgl. Ex 28,30; Lev 8,8; Num 27,21), ebenso die Wasser von Meribat (vgl. Ex 17,7; Ps 95,8). In den jehowistischen Episoden über Massa (Ex 17,1ff; Num 20,1-3) kommt der Stamm Levi nicht vor; erst recht ist dort nicht von einem Streit Levis mit Jahwe die Rede. Vielmehr versucht nach JE und Dtn 6,16; 9,22 das ganze Volk Jahwe. P berichtet in Num 20,13 von einem Streit mit Jahwe an den Wassern von Meribat in Kades. איש חסיד kommt nur in späten Psalmen (4,4; 30,5; 31,24; 37,28 usw.; vgl. 1Makk 2,42; 7,13; 2Makk 14,6) vor. In jedem Fall liegt keinerlei überlieferungsgeschichtliche oder literarische Beziehung zu JE vor. (2) Der Vers gehört zum sog. Mosesegen, dessen Datierung umstritten ist. (3) Auf Grund der Verwandtschaft mit priesterschriftlichen und späten Texten wird man ihn am ehesten in die exilisch-nachexilische Zeit zu datieren haben. (4)

Neh 9,12ff "12 Durch eine Wolkensäule hast du sie geleitet am Tag, durch eine Feuersäule des Nachts, ihnen den Weg zu erhellen, den sie gehen sollen. 15 Du gabst ihnen Brot vom Himmel für ihren Hunger und Wasser aus dem Felsen ließest du ihnen strömen für ihren Durst, und du wiesest sie an hineinzuziehen und das Land einzunehmen, das du ihnen zu geben geschworen hattest. 16 Sie aber, unsre Väter, handelten vermessen und wurden halsstarrig, so daß sie nicht auf deine Gebote hörten. 17 Sie weigerten sich, zu hören, und gedachten nicht der Wunder, die du an ihnen getan hast,

---

1 Zu lesen ist חן-ללוי.

2 Vgl. Driver, Deuteronomium 400; v. Rad, Deuteronomium 148.

3 Driver, Deuteronomium 387, und Eißfeldt, Einl 303f, setzen den Mosesegen in der älteren Königszeit an. Mowinckel, ZAW 48, 270 A. 1, datiert ihn ins 7. Jh., während Fohrer, Einl 168, ihn zu E rechnet.

4 Jos 5,6 ist bereits o. S. 102f behandelt worden.

sondern sie wurden halsstarrig und setzten sich in den Kopf, zu ihrem Sklavendienst in Ägypten (1) zurückzukehren. Aber du bist ein Gott der Vergebung, gnädig und barmherzig, langmütig und reich an Huld. Du verließest sie nicht. 19 Nach deiner großen Barmherzigkeit verließest du sie nicht in der Wüste. Die Wolkensäule wich nicht von ihnen bei Tag, sie zu leiten auf dem Weg, noch die Feuersäule bei Nacht, ihnen den Weg zu erhellen, den sie ziehen sollten. 20 Du gabst ihnen deinen guten Geist, sie zu unterweisen; dein Manna entzogst du ihrem Mund nicht, und wenn sie dürsteten, gabst du ihnen Wasser. 21 Vierzig Jahre lang sorgtest du für sie in der Wüste, daß ihnen nicht mangelte; ihre Kleider zerfielen nicht und ihre Füße schwollen nicht an."

V. 12 Der Vers stimmt in seinen wesentlichen Vokabeln mit Ex 13, 21 überein, nämlich דרך, האיר, לילה, יומם, עמוד אש, עמוד ענן (vgl. Dtn 1, 33).

V. 15 V. 15a ist mit Ex16, 4 verwandt. Statt לחם משמים erscheint in Ex 16, 4 לחם מן-השמים . Als Verb wird hier נתן , dort מטר (V. 4) benutzt.
Das Wasserschlagen (V. 15aß) aus dem Felsen wird auch in Ex 17, 6 berichtet (vgl. Num 20, 8 סלע). Mose als derjenige, der nach dem Exodusbericht im Auftrag Jahwes das Wunder vollzieht, wird nicht erwähnt. In der Formulierung besteht demnach keine Übereinstimmung. Der Inhalt der Überlieferung ist allerdings im wesentlichen derselbe. Der zweite Halbvers enthält dtn Vokabular: ירש את-הארץ (vgl. Dtn 1, 8; 3, 12. 18. 20; 4, 1. 5. 22 usw.), sowie priesterschriftliches Vokabular נשא יד (vgl. Ex 6, 8 Num 14, 30 P), das in JE nicht belegt ist.

V. 16 Die hier ausgesagte Halsstarrigkeit und Vermessenheit der Väter stimmt inhaltlich mit den JE-Erzählungen überein. זוד kommt Ex 18, 11 vor, jedoch ohne Bezug auf das Volk. Im Hiphil ist es nur Ex 21, 14 sowie Dtn 1, 43; 17, 13; 18, 20 belegt. קשה את-ערף kommt in JE nicht vor, jedoch des öfteren in dtn-dtr Texten (Dtn 10, 16; 2K 17, 14; Jer 7, 26; 17, 23; 19, 15) sowie 2Ch 30, 8; 36, 13. מצוה ist in JE nicht belegt, jedoch häufig in P (Lev 4, 2 usw.). Der hier vorkommende Ausdruck שמע אל-מצות ist in Dtn 11, 13. 27f; 28, 13 belegt.

---

1 Mit LXX und mehreren hebräischen Handschriften ist במצרים statt במרים zu lesen.

V. 17 Der Vers setzt die Beschreibung des Abfalls des Volkes fort. Der Wunsch des Volkes, nach Ägypten zurückzukehren, wird auch in Num 14, 4 berichtet, jedoch in anderem Wortlaut. מאן findet sich nicht in Num 14, 4, jedoch sonstwo in JE (Ex 4, 23; 7, 14. 27; 9, 2; 10, 3f; 16, 28). נפלאות wird in den wohl dtr beeinflußten Texten Ex 3, 20; 34, 10 verwendet (vgl. Ps 87, 32; 86, 10; 105, 2 usw.). עברה kommt in JE nicht vor (vgl. Esr 9, 8; 9, 9). Der zweite Halbvers stimmt inhaltlich mit Ex 32, 7-14; 34, 6 Dtr; Num 14, 11-20 Dtr überein. Die Ausdrücke רחום, ארך-אפים, רב וחסד sind in Ex 34, 6 Dtr belegt. סליחות und חנון kommen in JE nicht vor (vgl. aber Ps 86, 15; 103, 8; 111, 4 usw.).

V. 19 Der Vers beschreibt, teilweise wiederholend, Jahwes Schutz und Führung in der Wüste. Die Ausdrücke עזב und רחמים sind in dem jehowistischen Exodusbericht nicht belegt. Die Vorstellung, daß die Wolkensäule über (על) dem Volk schwebte, begegnet nur Num 10, 34; 14, 14, zwei gewöhnlich als redaktionell angesehenen Versen, wo jedoch nur die Wolke erwähnt wird. Das Nichtweichen der Wolken- und Feuersäule vom Volk wird auch in Ex 13, 22 berichtet; als Terminus kommt dort סור statt dem hier verwendeten מוש vor.

V. 20 In Num 11, 1ff wird berichtet, daß die siebzig Ältesten den Geist Jahwes empfingen. Hier aber wird ausgesagt, daß das gesamte Volk den Geist empfing. Der Ausdruck רוח הטובה kommt in JE nicht vor, ebenso השכיל (vgl. Ps 32, 8; Prov 16, 23; 21, 11 usw.). Das Manna- und Wasserwunder wird in V. 20b nochmals beschrieben. Der Ausdruck מנך mit Personalsuffix ist singulär; מנע kommt in JE nicht vor.

V. 21 Die hier gegebene Beschreibung der Wüstenzeit zeigt deutliche dtn Züge, insbesondere in dem Motiv der vierzig Jahre sowie in dem Nichtzerfallen der Kleider und dem Nichtanschwellen der Füße (vgl. Dtn 8, 4. 9).

Aus dieser Analyse ergibt sich Folgendes: Nur V. 12 zeigt eine literarische Verwandtschaft mit JE. Die übrigen Verse stimmen zwar inhaltlich und terminologisch mehr oder weniger mit JE überein, ohne daß eine literarische Beziehung zwingend nachweisbar wäre. V. 15b. 16. 17. 21 weisen deutlich dtn Terminologie auf. Der überwiegende Teil des Abschnitts ist eher von Dtn als JE abhängig. (1)

---

1 Zu Ps 68, 8f s. u. S. 236f; zu Ps 77, 21 s. o. S. 116f.

Ps 78, 14ff

"14 (Jahwe) leitete sie mit der Wolke bei Tage, die
ganze Nacht mit Feuerschein. 15 Er spaltete Felsen
in der Wüste, tränkte die Steppe (1) wie mit Urzeits-
flut, 16 ließ Bäche hervorbrechen aus dem Stein und
Wasser herabfließen wie Ströme. 17 Dennoch sündig-
ten sie weiter an ihm und trotzten (2) dem Höchsten
in der Wüste: 18 Sie versuchten Gott in ihrem Herzen,
Speise verlangend nach ihrem Gelüste. 19 Und sie re-
deten wider Gott: Vermag wohl Gott, in der Wüste den
Tisch uns zu decken? 20 Siehe, er hat die Felsen ge-
schlagen, daß Wasser flossen und Bäche strömten;
vermag er aber auch Brot zu geben oder Fleisch zu
schaffen seinem Volk? 21 Darum, als Jahwe das hörte,
ward er entrüstet, Feuer entzündete sich wider Jakob,
und Zorn stieg auf wider Israel, 22 weil sie Gott nicht
glaubten und nicht vertrauten auf seine Hilfe. 23 Und
er gebot den Wolken droben, die Tore des Himmels tat
er auf, 24 ließ Manna auf sie regnen, sie zu speisen,
und gab ihnen Himmelskorn, 25 Menschen aßen Engel-
brot, Zehrung sandte er (3) in Fülle. 26 Er ließ den
Ost aufstehen am Himmel und führte den Südwind heran
durch seine Kraft, 27 ließ Fleisch auf sie regnen wie
Staub, fliegende Vögel wie Sand am Meer; 28 mitten
in sein Lager ließ er sie fallen, ringsum seine Wohnung
her. 29 Da aßen sie und wurden reich gesättigt, ihr Be-
gehr gewährte er ihnen. 30 Noch hatten sie ihr Gelüste
noch nicht gestillt, noch war die Speise in ihrem Mund,
31 da erhob sich der Zorn Gottes wider sie und würgte
unter ihren Großen und streckte Israels Jungmannschaft
nieder. 32 Trotz alledem sündigten sie wieder und glaub-
ten nicht an seine Wunder. 33 Darum ließ er ihre Tage
erfolglos vergehen und ihre Jahre in Schrecken. 34 Wenn
er sie hinwürgte, fragten sie nach ihm und suchten wie-
derum Gott, 35 gedachten, daß Gott ihr Fels sei und Gott,
der Höchste ihr Erlöser, 36 wollten ihn betören mit ih-
rem Mund, und logen ihm vor mit ihrer Zunge, 37 da
doch ihr Herz nicht fest zu ihm hielt und sie untreu wa-
ren seiner Zusage. 38 Er aber in seiner Gnade und sei-
nem Erbarmen, er vergab ihre Schuld und vertilgte sie
nicht, ließ oftmals ab von seinem Zorn, ließ nicht auf-
wachsen seinen ganzen Grimm; 39 denn er gedachte,

---

1 רבה ist in ערבה zu ändern. Vgl. Gunkel, Psalmen 343 u.a.

2 Statt לַמרות ist לְמָרוֹת mit Gunkel, ebd. zu lesen.

3 Mit Gunkel, Psalmen 344, und Kraus, Psalmen 538 ist להם wohl aus metrischen Gründen zu streichen.

daß sie Fleisch seien, ein Hauch, der hinfährt und nicht wiederkehrt. 40 Wie oft trotzten sie ihm in der Wüste und kränkten ihn in der Einöde. 41 Und immer wieder versuchten sie Gott, und betrübten den Heiligen Israels, 42 gedachten nicht mehr seiner Hand, des Tages, da er sie vom Feind erlöste... 52 Da er sein Volk ausziehen ließ wie Schafe, sie in der Wüste leitete wie eine Herde, 53 sie sicher führte ohne Schrecken, während das Meer ihre Feinde bedeckte."

V. 14 Der Vers beschreibt Jahwes Führung in der Wüste. Gegenüber JE (Ex 13,21 usw.) wird statt עמוד אש und עמוד ענן nur אש und ענן gesagt (vgl. Dtn 1,33). Allerdings stimmt der Vers mit JE in dem Gebrauch des Verbes נחה überein.

V. 15f Die Verse enthalten eine übertreibende Schilderung der Wasserwunder in der Wüste. צור und סלע kommen auch in JE (Ex 17,6; Num 20,8.11) vor. Das Spalten der Felsen wird in JE nicht berichtet (vgl. aber Djes 48,21). Die Beschreibung, wonach Urfluten (תהומות) und Ströme (נהרות) damals in der Wüste entstanden sind, geht über JE weit hinaus; dort wird nur vom Tränken von Mensch und Vieh berichtet. (1)

V. 17 Die Formulierung ויוסיפו erinnert an Ri 3,12 u.ö.; מרה kommt in JE nicht vor. חטא findet sich Ex 9,27.34; 10,16; 32,30ff; Num 14,40; חטא + ל kommt Ex 10,16 im Zusammenhang mit dem Pharao, nicht jedoch - wie hier - mit dem Volk vor. Die Begriffe ציה und אליון haben in JE keine Parallele (vgl. Ps 105,41; 107,35 u.ö.).

V. 18 נסה in bezug auf Gott kommt auch Ex 17,2.7; Num 14,22 vor, nicht jedoch - wie hier - verbunden mit בלבב. Der zweite Halbvers stimmt inhaltlich mit Ex 16,3; Num 11,4ff; 21,5 überein. אכל, nicht aber שאל kommt in diesen Parallelberichten (vgl. Ex 16,16.18.21) vor.

V. 19 Duhm (2) sieht den Vers als unmetrischen Zusatz an, der nach seiner Meinung aus einem prophetischen Midrasch über die Wüstenzeit stammt. Er weist in seiner jetzigen Form keinen klaren Parallelismus auf. Löhr (3) streicht באלהים .

---

1 So bereits Gunkel, Psalmen 343. - Vgl. auch Ps 105,41; Dtjes 43,19f.

2 Psalmen 301.

3 PsSt 11.

Briggs (1) und Gunkel (2) halten an der Echtheit des Verses unter Eliminierung von וידברו באלהים fest. Die hier berichtete Rede des Volkes in der Wüste hat in JE kein Vorbild. Gunkel folgert deshalb: "Diese Rede hat der Dichter, um den Stoff zu beleben, angeregt etwa durch Ex 16,6 - 12 P, frei erfunden."

V. 20 Das Schlagen des Felsens wird auch in Ex 16,6; Num 20,11 berichtet. נכה צור kommt auch Ex 17,6 (vgl. נכה סלע in Num 20,11) vor. Die übrige Formulierung des Verses stimmt mit den jehowistischen Parallelen jedoch nicht überein, außer daß יצא מים auch in Ex 17,6 (vgl. Djes 48,21; Ps 105,41) vorkommt. Daß Bäche flossen (vgl. V.15f) wird in JE nicht berichtet. Statt שאר wird in JE nur לחם erwähnt (vgl. Ex 16,12.15). Zur Rede im ganzen gibt es in JE keine Parallele. (3)

V. 21 Der Vers ist mit Num 11,1-3 verwandt. Dort wird berichtet, daß Jahwes Zorn wegen der Klagen des Volkes entbrannte und er deshalb ein Feuer sandte. Nach Moses Intervention hörte das Feuer auf und der Platz wurde Tabera genannt. Die Verben שמע und עבר kommen sowohl hier als auch in Num 11,1b vor. Die übrige Formulierung ist jedoch verschieden. Da zudem die in Num 11 berichteten Einzelheiten nicht aufgeführt werden, ist eine literarische Beziehung zwischen beiden Texten unwahrscheinlich. V.21b wird häufig als Zusatz angesehen. (4) שמע יהוה ויתעבר ist mit V.59a identisch; לכן ist hier offensichtlich hinzugefügt, um den Übergang zu erleichtern. (5)

V. 22 Der Vers stimmt inhaltlich mit Num 14,11 überein; auch ist der Terminus האמין beiden gemeinsam. Im übrigen unterscheidet sich jedoch die Formulierung.

V. 23 Zu dem Vers gibt es keine Parallele in JE. Die Ausdrücke שחק und דלתי שמים kommen in JE nicht vor.

---

1 Psalms II, 193.
2 Psalmen 344.
3 Löhr, ebd. hält den Vers für einen späteren Zusatz.
4 Vgl. Gunkel, Psalmen 344; Kraus, Psalmen 538.
5 So Gunkel, Psalmen 344; Kraus, Psalmen 538.

V. 24 Das Regnen (מטר) des Manna wird auch in Ex 16, 4 berichtet. לאכל und למו sind nach Gunkel, (2) Briggs (2) und Kraus (3) vielleicht als Zusätze zu betrachten. Der Ausdruck דגן שמים ist singulär im AT. Stattdessen sagt Ex 16, 4 לחם מן-השמים und Ps 105, 40 לחם שמים .

V. 25 Der Ausdruck צידה "Reiseproviant" kommt in Ex 12, 29 usw. im Zusammenhang mit dem Aufbruch aus Ägypten vor, nicht jedoch in den jehowistischen Mannageschichten. Auch der übrige Vers ist eine freie dichterische Gestaltung des Verfassers, ohne Parallele in JE.

V. 26 Auch nach Num 11, 31 führt der Wind die Wachteln herbei, wobei dasselbe Wort נסע verwendet wird. Dort kommt der Wind jedoch "vom Meer her", während er hier aus Süd und Ost weht.

V. 27 עליהם ist mit Gunkel (4) und Kraus (5) aus metrischen Gründen zu streichen. Zu dem poetisch übertreibenden Bild gibt es in der jehowistischen Erzählung keine Parallele.

V. 28 Die Formulierung ist mit Num 11, 31 verwandt. Statt סביבות המחנה wird hier בקרב מחנהו und סביב למשכנתיו gesagt. Das Lager (מחנה) der Israeliten wird auch in Ex 16, 13 P erwähnt. Nach dem priesterschriftlichen Bericht Ex 16, 13 kommen die Wachteln ins Lager, nach der jehowistischen Parallele Num 11, 31 liegen sie rings um das Lager. Der Psalm kombiniert offenbar beide Vorstellungen. (6)

V. 29 Das Sattwerden (שבע) nach dem Wachtelwunder wird nur in P (Ex 16, 8. 12), nicht aber in JE berichtet. Der Ausdruck תאוה kommt auch Num 11, 4 vor (vgl. Ps 106, 14).

V. 30 זרו kann eine Anspielung auf זרא "Brechruhr" (Num 11, 20; vgl. Ps 106, 15) sein. Der Vers ist parallel zu Num 11, 33. Dort wird allerdings בין שיניהם , hier בפיהם , dort בשר hier אכלה gesagt.

V. 31 V. 31a wird von Gunkel (7) als Zusatz angesehen. Der übrige Vers ist mit Num 11, 33 zu vergleichen, ohne daß eine wörtliche Übereinstimmung besteht.

---

1 Psalmen 344.
2 Psalms II, 184.
3 Psalmen 538.
4 Psalmen 344.
5 Psalmen 538.
6 Vgl. Gunkel, Psalmen 344.
7 Psalmen 345.

Während nach Num 11, 33 eine Plage gegen das Volk wütet, wird hier die Tötung der Großen und der Jünglinge berichtet. Gunkel (1) spricht deshalb von eine "phantasievollen Ausschmückung".

V. 32 Der Ausdruck בכל-זאת findet sich auch Jes 9, 11. האמינו בנפלאותיו ist mit Num 14, 11 יאמינו בי בכל-האותות zu vergleichen.

V. 33 Eine Parallele dazu in JE gibt es nicht. Gunkel (2) nimmt an, daß hier Num 14, 21ff vorausgesetzt sei. Doch ist dies vage.

V. 34-38 Die Verse zeigen keinerlei Berührung mit JE.

V. 40 מרה kommt in JE nicht vor. Als Hiphil wird es häufig im Dtn gebraucht. ישימון ist in Num 21, 20; 23, 28; Dtn 32, 10; belegt. העציב findet sich nicht in JE (vgl. Tritojes 63, 10).

V. 41 Während נסה auch Ex 15, 25; 16, 4; 17, 2. 7; Num 14, 22 vorkommt, ist תוה "kränken" nur hier belegt.

V. 52f Löhr (3) sieht V. 51-53 als Zusätze an, da sie Wiederholungen zu dem bereits am Beginn des Psalms Gesagten enthalten. Die Fürsorge Jahwes wird hier mit dem Bild von Hirte und Herde umschrieben. Eine Parallele dazu gibt es in JE nicht (vgl. aber Tritojes 63, 11; Ps 77, 21). כסה kommt in JE nicht vor, während איב auch in Ex 14, 28; 15, 10 belegt ist.

Inhaltlich geht der Psalm weithin mit den jehowistischen Wüstenerzählungen parallel. Eine literarische Benutzung des jehowistischen Werkes durch den Verfasser des Psalms ist zwar nicht mit Sicherheit zu beweisen, jedoch wohl wahrscheinlich. (4) Die Reihenfolge der Ereignisse ist teilweise verschieden. So wird z. B. der Grimm Jahwes - anders als in Ex 16 - vor dem Mannawunder berichtet. Bei der Beschreibung der Wolken - und Feuersäule fehlt die Erwähnung des מלאך (vgl. Ex 14, 19). Doch muss mit gewissen Abwandlungen auch bei literarischer Abhängigkeit gerechnet werden, da eine Fülle wörtlicher Übereinstimmungen zu beobachten sind.

Ps 81, 8 "Du riefst in der Not, und ich riß dich heraus. Ich antwortete dir im Donnergewölk, ich prüfte dich an den Wassern von Meriba."

---

1 Ebd.
2 Ebd.
3 PsSt 11.
4 Vgl. Lauha, Geschichtsmotive 80f; Noth, Pentateuch 51 A. 164; Gunkel, Psalmen 341. Anders Schildenberger, Fs. Junker 240ff.

Der Ausdruck מי מריבה kommt in JE nicht vor, sondern findet sich nur in P und anderen späten Texten (Num 20, 13. 24; 27, 14; Dtn 32, 51; 33, 8; Ps 106, 32). Eine literarische Beziehung zu Ex 17, 7, wo der Ort Meriba ebenfalls erwähnt wird, scheidet aus formalen und inhaltlichen Gründen aus:

1. Der hier gebrauchte Ausdruck בחן "Prüfen" kommt in JE nicht vor; dort werden ריב und נסה gebraucht.

2. In Ex 17, 7 versucht bzw. prüft das Volk Jahwe, während nach diesem Vers Jahwe das Volk prüft (vgl. Ps 95, 9). (1)

Der Psalm ist wohl in die nachexilische Zeit anzusetzen.

Ps 95, 8ff "8 Verhärtet euer Herz nicht wie zu Meriba, wie am Tag von Massa in der Wüste, 9 da mich eure Väter versuchten, mich prüften - und sie sahen doch mein Tun! 10 Vierzig Jahre hatte ich Abscheu vor jenem Geschlecht und sprach: Sie sind ein Volk irren Geistes - und noch erkannten sie meine Wege nicht. 11 So schwur ich in meinem Zorn: Sie sollen nicht eingehen zu meiner Ruhestatt."

V. 8 Massa und Meriba kommen auch Ex 17, 7 vor. Der Ausdruck קשה לב findet sich jedoch nicht in den jehowistischen Wüstenerzählungen.

V. 9 נסה und בחן stehen in Parallele (vgl. Ps 81, 8), nur נסה kommt in Ex 15, 25; 16, 4; 17, 2. 7 JE vor, während die übrige Formulierung dort kein Vorbild hat.

V. 10 Die Aussage von der vierzigjährigen Wüstenwanderung ist nur in dtn und späten Texten belegt. (2) Der restliche Vers zeigt ebenfalls keine Beziehung zu JE.

V. 11 Der Vers ist mit Num 14, 26ff P verwandt. מנוחה bezeichnet in Num 30, 33 den Rastplatz des Volkes. Im übertragenen Sinn für die Seßhaftwerdung Israels in Kanaan kommt מנוחה erst in Dtn 12, 9 vor.

Aus diesem Vergleich ergibt sich keinerlei literarische Verwandtschaft mit JE. Der Psalm gibt die Wüstentradition vielmehr in selbständiger Weise wieder und zeigt eher dtn und priesterschriftlichen Einfluß.

---

1 Dies wurde bereits von Gunkel, Psalmen 359, und Lauha Geschichtsmotive 78, beobachtet.

2 S. o. S. 143.

Ps 105, 39ff "39 Er (Jahwe) breitete Wolken aus, sie (d.h. Israeliten) zu decken, und Feuer, die Nacht zu erhellen. 40 Sie baten, (1) da ließ er Wachteln kommen, und er sätigte sie mit Himmelsbrot. 41 Er öffnete den Felsen, da strömten die Wasser, flossen dahin in der Wüste, ein Strom."

V. 39 Statt ענן gebraucht JE gewöhnlich den Ausdruck עמוד ענן . (2) Die Termini פרש und מסך kommen in analogen Texten des jehowistischen Werkes nicht vor. Auch inhaltlich unterscheidet sich der Vers stark von JE. Während dort die Wolken- und Feuersäule zur Führung des Volkes dienen, soll hier die Wolke das Volk vor der Hitze schützen. (3) Die Funktion des Feuers zum Leuchten stimmt mit Ex 13, 21 überein.

V. 40 Das Wachtelwunder (שלו) wird innerhalb von JE nur in Num 11, 31f erwähnt (vgl. Ex 16, 13P); dies ist neben Ps 78, 27ff die einzige Stelle außerhalb des Pentateuchs, wo auf dieses Wunder Bezug genommen wird. Der Ausdruck לחם שמים ist mit לחם אבירים (Ps 78, 25) und דגן שמים (Ps 78, 24) zu vergleichen; Ex 16, 4 gebraucht לחם מן-השמים . Das Verb השביע kommt in JE nicht vor.

V. 41 Das Felswunder hat in Ex 17, 6 und Num 20, 11 seine Parallelen. Die Formulierung zeigt keinerlei Berührungspunkte mit JE, jedoch mit Djes 48, 21 und Ps 78, 15. 20. Die Entstehung von Strömen in der Wüste wird in JE nicht berichtet. Bereits Noth (4) ist aufgefallen, daß Mose hier nicht noch einmal erwähnt wird.

Der Psalm gibt die Wüstenereignisse selbständig und unabhängig von JE wieder, ohne daß eine literarische Beziehung festzustellen ist. (5)

Ps 106, 13ff "13 Doch alsbald vergaßen sie seiner Taten, harrten nicht seines Ratschlusses. 14 Sie wurden lüstern in der Wüste und versuchten Gott in der Einöde. 15 Da gab er ihnen, was sie begehrten, bis Ekel ihre Seele erfasste. ... 32 Sie erregten Zorn an den Wassern von Meriba, und Mose erging es übel um ihretwillen. 33 Denn sie empörten sich wider seinen Geist, und er redete unbedacht mit seinen Lippen."

---

1 Mit LXX usw. ist שאלו zu lesen.

2 S. o. S. 152.

3 Dieser Unterschied wurde bereits bei Jirku, Geschichte 123f, und Lauha, Geschichtsmotive 74, beobachtet.

4 Pentateuch 172 A. 447.

5 Vgl. Lauha, Geschichtsmotive 74f; Jirku, Geschichte 123f.

V. 13 Das Vergessen (שכח) der Heilstaten Jahwes ist eine im Dtn häufige Redeweise (vgl. Dtn 4, 9. 23. 31; 6, 12; 9, 7; 25, 19; 32, 18), die in JE nicht vorkommt. Auch die übrige Terminologie hat in JE keine Vorlage, so z. B. מעשה, עצה und חכה.

V. 14 Das hier gebrauchte Verb התאוה stimmt mit Num 11, 4 überein, נסה kommt in JE auch vor (vgl. Ex 15, 25; 16, 4; 17, 2. 7; Num 14, 22). Dagegen findet sich ישימון "Wüste" nur in P (Num 21, 20; 23, 28). Im ganzen liegt eine freie Formulierung der Wüstenereignisse vor.

V. 15 Der Vers hat keine Parallele in JE. Die Ausdrücke שאל und רזון werden in den jehowistischen Wüstenerzählungen nicht gebraucht.

V. 32 Die Verse 32f hinken eigentümlich nach. Vielleicht handelt es sich um spätere Hinzufügungen. (1) Der Ausdruck מי מריבה kommt nur in späten Texten vor. Von einer Schuld Moses im Zusammenhang mit den Ereignissen in Meriba berichtet JE nicht (vgl. aber Dtn 32, 51).

V. 33 Der Vers beschreibt näher, wie sich Mose gegen Jahwe versündigte. Eine Parallele dazu in JE gibt es nicht.

Zusammenfassend kann festgestellt werden, daß der Psalm keinerlei literarische oder überlieferungsgeschichtliche Beziehung zu JE aufweist. Er zeigt vielmehr Verwandtschaft mit priesterschriftlichen und dtn Texten. Die Übereinstimmung mit JE in dem Verb נסה kann auf allgemeinen Sprachgebrauch zurückgeführt werden und reicht für den Nachweis der literarischen Abhängigkeit nicht aus.

Ps 114, 7f "7 Vor Jahwe erbebe, o Erde, vor dem Angesicht des Gottes Jakobs. 8 Der den Felsen wandelt zum Wasserteich und den Kiesel zum sprudelnden Quell."

V. 8 beschreibt Jahwe als einen, der aus Stein Wasser schaffen kann. Es handelt sich dabei um eine allgemeine Prädikation Jahwes, ohne daß eine Beziehung zur Pentateucherzählung gegeben sein muß. Die Ausdrücke מעין, חלמיש, אגם מים, הפך kommen in den jehowistischen Paralleltexten nicht vor. Eine literarische Abhängigkeit von JE scheidet deshalb aus. Der Psalm ist nach allgemeiner Ansicht in die nachexilische Periode zu datieren.

Ps 136, 16 "(Jahwe,) der sein Volk durch die Wüste führte; denn seine Güte währet ewiglich."

---

1 Löhr, PsSt22, nimmt an, daß der Psalm eine Kompilatorenarbeit bildet.

Der Vers enthält eine kurze Anspielung auf Jahwes Führung in der Wüste. Das hier verwendete Verb הוליך kommt in JE nicht vor, es ist jedoch in Dtn 8, 2. 15; 29, 4 belegt. Deshalb muß eine literarische oder überlieferungsgeschichtliche Beziehung zur dtn Tratition angenommen werden. (1)

II. Die Einzelepisoden

Neben den Naturwundern berichten die jehowistischen Wüstenerzählungen noch von einer Reihe von Einzelepisoden. Ihre Bezeugung in der außertetrateuchischen Literatur soll nun analysiert werden.

1. Die Amalekiterschlacht (Ex 17, 8-16)

Ex 17, 8-16 berichtet von dem Sieg der Israeliten über die Amalekiter. Der Sieg wird dadurch errungen, daß Mose seine Hand hochhebt und diese von Aaron und Hur gestützt wird. Als Anführer des israelitischen Heeres fungiert Josua. In einem Zusatz (V. 14) (2) wird berichtet, daß Jahwe Mose befiehlt, das Ereignis der Schlacht in ein Buch zu schreiben. Daraufhin baut Mose einen Altar und nennt ihn יהוה נסי "Jahwe ist mein Banner" (V. 15f). Zwei Anspielungen auf dieses Ereignis finden sich außerhalb des Tetrateuch:

Dtn 25, 17ff "17 Denke daran, was dir die Amalekiter angetan haben auf dem Weg, als ihr aus Ägypten auszogt, 18 wie sie dir antgegentraten auf dem Weg und wie sie, als du müde und matt warst, alle, die aus Schwäche hinter dir blieben, von dir abschnitten, ohne Gott zu fürchten. 19 Wenn nun Jahwe, dein Gott, dir Ruhe schafft vor allen deinen Feinden ringsumher, in dem Land, das dir Jahwe, dein Gott, zu eigen geben wird, so sollst du auch den Namen der Amalekiter unter dem Himmel austilgen. Vergiß das nicht!"

V. 17 Die Formulierung des Verses stimmt weitgehend mit Dtn 24, 9 überein. (3) Zu Ex 17 ist keine Beziehung erkennbar.

V. 18 Die hier berichtete Episode wird in Ex 17 nicht erwähnt.

---

1 Ps 11, 5 und 81, 17 sind vage Anspielungen und brauchen hier nicht behandelt zu werden.

2 Mit Eißfeldt, Hexateuch-Synopse 143*; Beer, Exodus 92 (RD); Noth, Exodus 114.

3 S. u. S. 210.

V. 19 Die erste Vershälfte enthält typisch dtn Sprachgebrauch (vgl. Dtn 12, 10; 15, 4). V. 19b stimmt weitgehend mit dem Zusatz Ex 17, 14 überein:

Hier: תמחה את-זכר עמלק מתחת השמים.

Dort: כי מחה אמחה את-זכר עמלק מתחת השמים.

Der Zusatz Ex 17, 14 muß deshalb von Dtn 25, 19 her formuliert worden sein. Ein inhaltlicher Unterschied besteht darin, daß nach Ex 17, 14 Jahwe das Gedächtnis Amaleks auslöschen will, während nach Dtn 25, 19 Israel befohlen wird, das Gedächtnis auszulöschen. Die Niederschrift durch Mose wird nur in Ex 17, 14 erwähnt.

Eine literarische Abhängigkeit von Dtn 25, 17ff zu Ex 17, 8ff ist somit nicht festzustellen. Inhaltlich und sprachlich bestehen erhebliche Unterschiede. Amalek wird hier noch negativer als in der jehowistischen Erzählung gesehen. Der Abschnitt V. 17-19 macht einen sekundären Eindruck und ist den in Dtn 25 zusammengefassten Gesetzen offensichtlich erst später angehängt worden. (1)

1S 15, 2 "So spricht Jahwe Zebaoth: Ich will ahnden, was Amalek an Israel getan hat, indem es ihm in den Weg trat, als es aus Ägypten zog."

Die Formulierung zeigt eine gewisse Verwandtschaft mit Dtn 25, 17: (2)

Hier: בדרך בעלתו מצרים

Dtn 25, 17 בדרך בצאתכם ממצרים.

Der Vers schöpft zwar aus der auch in Ex 17, 8ff wiedergegebenen Überlieferung. Doch läßt sich eine literarische Abhängigkeit nicht nachweisen. (3)

2. Die Einsetzung der Richter (Ex 18, 1ff)

Ex 18, 1ff berichtet vom Besuch Jethros, des Schwiegervaters Moses, bei den Israeliten. Er freut sich über das Gute, das Jahwe dem Volk getan hat und bekennt sich zu ihm.

Sodann bringt er ein Opfer dar, an dem auch Mose, Aaron und die Ältesten teilnehmen. (V. 1-12) Am nächsten Tag bemerkt Jethro, daß Mose den ganzen Tag damit verbringt, dem Volk Recht zu sprechen. Er gibt ihm deshalb den Rat, er solle sich darauf beschränken, der Vertreter des Volkes gegenüber Gott zu sein und das Volk in den Satzungen und Rechten zu unterrichten. Für die kleineren Rechtsfälle solle er Richter einsetzen und nur die großen Angelegenheiten selbst entscheiden. Mose befolgt diesen Rat. Daraufhin verläßt Jethro wieder die Israeliten. (V. 13-27) (4)

---

1 So auch Steuernagel, Deuteronomium 143; v. Rad, Deuteronomium 111.

2 S. auch Stoebe, Samuel 284.

3 Budde, Samuel 106, und Nowack, Samuel 72, rechnen das Kapitel zu E.

4 S. außer den Kommentaren Knierim, ZAW 73, 146ff, der V. 16b. 20. 21b. 25b für jüngere Zusätze hält.

Dtn 1, 9ff

"9 Damals sprach ich (d.h. Mose) zu euch: Ich vermag euch nicht allein zu tragen. 10 Jahwe, euer Gott, hat euch gemehrt; seht, ihr seid heute schon so zahlreich wie die Sterne des Himmels. 11 Jahwe, der Gott eurer Väter, mache euch noch tausendmal zahlreicher und segne euch, wie er euch verheißen hat! 12 Wie kann ich da allein die Last, eure Bürde und eure Streitigkeiten tragen? 13 Bringet weise, verständige und einsichtige Männer her aus jedem eurer Stämme; die will ich an eure Spitze stellen. 14 Da gabt ihr mir zu Antwort: Gut ist, was du zu tun gesagt hast. 15 Und ich nahm die Häupter eurer Stämme, weise und einsichtige Männer, und setzte sie zu Häuptern über euch, als Oberste über Tausend, über Hundert, über Fünfzig und über Zehn, und als Amtleute für jeden eurer Stämme. 16 Und ich gebot euren Richtern zu derselben Zeit: Höret eure Volksgenossen an und richtet gerecht in der Sache, die einer mit einem Volksgenossen oder einem Fremdling hat. 17 Ihr sollt kein Ansehen der Person kennen im Gericht; den Kleinen sollt ihr hören wie den Großen und euch vor niemand scheuen, denn das Gericht ist Gottes. Ist aber eine Sache euch zu schwer, so laßt sie an mich gelangen, daß ich sie höre. 18 Und ich gebot euch zu derselben Zeit, alles, was ihr tun sollt."

Der dtn Bericht ist sowohl mit Ex 18, 13ff als auch mit Num 11, 14ff verwandt. (1)

V. 9 Der zweite Halbvers zeigt eine gewisse Übereinstimmung mit Num 11, 14:
Hier לא אוכל לבדי שאת אתכם
Num 11, 14 לא אוכל אנכי לבדי לשאת את-כל-העם
J.G. Plöger weist jedoch darauf hin, daß es sich bei den Übereinstimmungen um geläufige Redewendungen handelt. לא אוכל kommt auch Gen 19, 19. 22; 31, 35; Num 22, 18; Ri 11, 35; 1S 17, 39; Ru 4, 6; Neh 6, 3 vor; נשא wird Gen 44, 1; Dtn 14, 24; Jes 1, 13f; Jer 44, 22; Prov 30, 21 gebraucht. Das Tragen des Volkes ist ein auch in Ex 19, 4 Dtr und Dtn 1, 31 belegter Ausdruck.

V. 10 Der Vers hat keine Parallele, weder in Ex 18 noch in Num 11. Der Vergleich der Zahl des Volkes mit den Sternen wird auch Dtn 10, 22; 28, 62; Gen 22, 17; 26, 4; 15, 5; Ex 32, 13 gebraucht.

---

1 Vgl. zur folgenden Analyse insbesondere J.G. Plöger, Untersuchungen 31ff.

V. 11 Der Vers hat ebenfalls keine Parallele im jehowistischen Bericht. Der Ausdruck "Jahwe, der Gott eurer Väter" o. ä. kommt dort nicht vor (vgl. aber Ex 3, 13. 16; Dtn 1, 21; 6, 3; 12, 1; 27, 3; Jos 18, 3 usw.). כאשר דבר לכם ist eine typisch dtn Redeweise (vgl. Dtn 1, 21; 6, 3; 9, 3; 10, 9; 11, 25 usw.). Der Vers wird gelegentlich als Zusatz angesehen, weil er eine störende Unterbrechung darstellt und eine andere Gottesbezeichnung als V. 10 enthält. (1) Das Segnen durch Jahwe kommt auch in JE vor (vgl. Gen 12. 2f; 22, 17; 26, 24), ebenso der Sternenvergleich (Gen 22, 17; 26, 4. 24).

V. 12 Die erste Vershälfte ist mit Num 11, 17b zu vergleichen.
Hier: איכה אשא לבדי טרחכם ומשאכם וריבכם
Num 11, 17b ונשאו אתך במשא העם ולא תשא אתה לבדך
Beidesmal kommen משא, נשא, לבד vor, die übrige Formulierung ist verschieden. Im Unterschied zu Num 11, 17b, wo der Satz im Rahmen einer Gottesrede steht, handelt es sich hier um eine Klage Moses.

V. 13 Der Vers steht inhaltlich in Parallele zu Ex 18, 21, ohne jedoch in der Formulierung überein zu stimmen. Das Auswählen wird in Ex 18, 21 mit dem Verb חזה , hier mit חבה umschrieben. Die Amtsträger heißen dort שר , hier ראש . Auch für die Qualitäten der auszusuchenden Männer kommen unterschiedliche Adjektive vor. Während sie hier als אנשי חכמים ונבנים וידעים bezeichnet werden, heißen sie in Ex 18, 21 אנשי חיל יראי אלהים אמת שנאי בצע . Mittmann (2) sieht den Vers als einen Zusatz an.

V. 14 Die hier berichtete Zustimmung des Volkes hat in Ex 18 keine Parallele.

V. 15 Die Beschreibung der Ämter als שרי אלפים ושרי מאות ושרי חמשים ושרי עשרת stimmt mit Ex 18, 25b überein. Knierim faßt V. 25b als späteren Zusatz auf. Nur in Dtn 1, 15 und Ex 18, 25 ist die Untergliederung in 1000, 100, 50 und 10 belegt, während sich ähnliche Aufzählungen auch in Num 31, 14. 48. 52 und 1S 8, 12 finden (3) Dabei ist jedoch der Unterschied zu beobachten, daß nach Dtn 1, 15 die Obersten der Stämme ausgewählt werden. Es ist möglich, daß V. 15b eine sekundäre Einfügung darstellt.

---

1 Vgl. Hölscher, ZAW 40, 163 A. 1; Plöger, ebd. 29; Mittmann, Deuteronomium 24.

2 Ebd. 25.

3 Bertholet, Deuteronomium 4, und Mittmann, ebd. 24, eliminieren in V. 15aα את-ראשי שבטים . Außerdem scheiden Hölscher, ZAW 40, 163 A. 1, Plöger, ebd. 29f, und Mittmann, ebd. 24f, am Schluß des Verses ושטרים לשבטיהם aus.

Die Ankündigung in V. 13 erwähnt nur ראשים, woran in V. 15aß angeknüpft wird. V. 15b macht den Eindruck einer Doppelung. Die dort erwähnten שרי אלפים usw. kommen in V. 13 nicht vor. Anders liegt der Fall in Ex 18, 21, wo bereits die Ankündigung von den שרי אלפים usw. spricht.

V. 16 Der Vers, der die Anordnung Moses betreffend der Pflichten der Richter enthält, hat in Ex 18 keine Parallele. (1)

V. 17 Der erste Halbvers setzt V. 16 fort und hat ebenfalls in Ex 18 keine Parallele. V. 17b geht mit Ex 18, 22. 26 parallel. Doch wird für die Rechtssache hier הדבר אשר יקשה מכם, in Ex 18, 22 הדבר הגדול bzw. 18, 26 הדבר הקשה gesagt. Auch das für "bringen" verwendete Verb ist unterschiedlich, nämlich קרב gegenüber בוא in Ex 18, 22. 26.

V. 18 Der Vers hat keine Parallele in JE.

Aus dem Vergleich von Ex 18 und Num 11 mit Dtn 1, 9ff sind unterschiedliche Folgerungen gezogen worden. Driver (2) sieht in der teilweise wörtliche Übereinstimmung den Beweis dafür, daß Dtn JE als literarische Grundlage benutzt hat. Knierim (3) vermutet eine "freie Wiedergabe" von Ex 18 und Num 11. Allerdings fügt er hinzu: "woher sein (d.h. des Dtr) eigenes Bild stammt, ist ... kaum zu sagen." (4) Ähnlich konstatiert Noth, (5) daß Ex 18 und Num 11 als sachliche Vorbilder dienten, der Dtr jedoch frei formulierte. Dieser Auffassung haben insbesondere v. Rad (6) und J.G. Plöger (7) widersprochen. Sie weisen auf erhebliche Unterschiede hin, die zwischen diesem Bericht und den jehowistischen Paralleltexten bestehen: (8)

1. Der Anfang von Dtn 1, 9ff klingt an Num 11, 14 an, ohne daß die dortige Fortsetzung, nämlich die Bestellung von siebzig Ältesten berichtet wird. Hierin und in anderen Zügen der Erzählung bildet Dtn 1 eine Kompilation aus Ex 18 und Num 11. Läge eine literarische Abhängigkeit vor, so müßte man annehmen, daß der Erzähler "die in den älteren Quellen weit voneinander entfernt liegenden Erzählungen zuerst beschnitten, dann kombiniert" hat. (9) Aus Ex 18 läßt der dtn Erzähler den Besuch Jethros weg, aus Num 11 die Mitteilung des Geistes.

---

1 Mittmann, ebd. 25f, sieht V. 16bß. 17b. 18 als Zusätze an.
2 Deuteronomium 9f.
3 ZAW 73, 167.
4 Ebd.
5 Studien 30.
6 Deuteronomium 27f.
7 Untersuchungen 31ff.
8 In der folgenden Aufzählung der Unterschiede wurden eigene Beobachtungen hinzugefügt.
9 Von Rad, Deuteronomium 28.

2. In Dtn 1 fehlt die in der Exodus-Erzählung wesentliche Erwähnung des Anlasses für die Einsetzung der Richter, nämlich der Besuch Jethros. So geht im Dtn-Bericht die Einsetzung der Richter auf Mose selbst zurück, während sie in Ex 18 auf den Rat Jethros hin geschieht.

3. Dtn 1, 12 klagt Mose seine Last gegenüber dem Volk, in Num 11, 11 jedoch gegenüber Jahwe.

4. Nach Ex 18, 21-25 werden die Richter von Mose ausgewählt, nach Dtn 1, 13 jedoch vom Volk selbst.

5. Das Motiv, daß Mose das Richten eine Last ist (Dtn 1, 12) wird nicht in Ex 18 erwähnt; es erscheint jedoch in Num 11, 14f in einem völlig anderen Zusammenhang.

6. In Ex 18 handelt Mose, ohne das Volk um seine Meinung zu fragen. In Dtn 1, 14 stimmt das Volk dem Vorhaben Moses jedoch ausdrücklich zu.

7. In Ex 18, 21ff werden die militärischen Führer zugleich als Richter eingesetzt. In Dtn 1, 16ff sind Richter und militärische Führer jedoch deutlich unterschieden.

8. Die Bestellung der Richter erfolgt im Dtn-Bericht nach dem Sinaiereignis, während sie in Ex 18 davor geschieht.

Mittmann (1) setzt sich ausführlich mit diesen Unterschieden auseinander. Zu dem Fehlen der Geistmitteilung (ad 1) stellt er fest, daß diese in Num 11 nur ein Nebenmotiv bildet. Eine Klage des Mose (ad 3) fehlt auch in Ex 18. Es ist nach seiner Meinung eine mögliche und notwendige Annahme, daß der Verfasser von Dtn 1 die beiden Berichte gekannt und benutzt hat. Die Unterschiede gehen auf die Intention des Verfassers zurück, der das Material unter bestimmten Gesichtspunkten verarbeitet hat.

Unterschiede und Übereinstimmungen halten sich in etwa die Waage, so daß eine sichere Entscheidung schwer fällt. Man muß auch damit rechnen, daß Dtn 1 und Ex 18 später gegenseitig ergänzt und angeglichen wurden, wie dies auch für andere Teile der dtr Einleitungsreden zu beobachten ist. (2)

---

1 So auch J.G. Plöger, ebd. 31ff.
2 Ebd. 29f.

Da der Abschnitt doch in seinem Grundinhalt und in vielen Formulierungen mit Ex 18 und Num 11 übereinstimmt, wird man wohl eine literarische Abhängigkeit von JE anzunehmen haben. (1)

3. Die Aussendung der Kundschafter (Num 13f)

In Num 13f findet sich der Bericht über die Aussendung der Kundschafter von Kadesch aus. Dem jehowistischen Bericht sind wohl die Verse 13, 17b. 18-20. 22-24. 27-31. 33; 14, 8-9. 24. 39-45 zuzurechnen, wobei eine enge Verquickung mit P zu beobachten ist. Demnach kommen die Kundschafter bis in die Gegend von Hebron. Sie bringen gute Nachricht mit, daß es sich um ein reiches Land handelt, das jedoch von starken, riesenhaften Menschen bewohnt wird. Da bekommt das Volk Angst, doch Kaleb beschwichtigt es und macht ihm Mut. Als das Volk den Wunsch äußert, wieder nach Ägypten zurückzukehren, will Jahwe es bestrafen, doch Mose tut Fürbitten. Zur Strafe muß das Volk jedoch noch so lange in der Wüste umherziehen, bis die gegenwärtige Generation gestorben ist. Nur Kaleb darf das Land sehen. Als das Volk dann auf eigene Faust versucht, das Land zu erobern, werden sie in der Schlacht bei Horma geschlagen. (2)

Dtn 1, 19ff

"19 Dann brachen wir vom Horeb auf und wanderten durch jene ganz große und furchtbare Wüste, die ihr gesehen habt, auf dem Weg nach dem Gebirge der Amoriter, wie uns Jahwe, unser Gott, geboten hatte, und kamen bis nach Kadesch-Barnea. 20 Da sprach ich (d.h. Mose) zu euch: Ihr seid nun beim Gebirge der Amoriter angekommen, das uns Jahwe, unser Gott, geben will. 21 Siehe, Jahwe, dein Gott, gibt dir dieses Land; ziehe hinauf und nimm es in Besitz, wie Jahwe, der Gott deiner Väter, dir verheißen hat. Fürchte dich nicht und sei unverzagt! Da tratet ihr alle zu mir und spracht:

---

1 Von Rad fällt keine eindeutige Entscheidung, obwohl er eine literarische Abhängigkeit von J und E stark in Zweifel zieht. Er weist auf die Einheitlichkeit der in Dtn 1 vorliegenden Erzählung hin, die nicht den Eindruck erweckt, als sei sie aus zwei Überlieferungen zusammengestückt. Deshalb liegt für ihn doch die Annahme näher, daß der Verfasser "auf einer uns nicht erhaltenen Darstellung fußt, die die Ereignisse zwischen Horeb und der Ankunft im Ostjordanland wesentlich kürzer dargeboten hat." Allerdings bleibt nach seiner Meinung eine gewisse Unsicherheit.

2 Die Quellenscheidung von Num 13f bietet besondere Schwierigkeiten, insbesondere im Hinblick auf die Herausschälung von JE, da die Darstellung von P dominiert wird. Vgl. dazu Noth, Studien 31 A. 3 und die Kommentare. Numeri 14, 11-22 bildeten nach Eißfeldt, Hexateuch-Synopse 170f*, einen Zusatz auf jehowistischer Grundlage.

Laßt uns Männer vor uns hersenden; die sollen uns das Land durchspähen und uns Bericht bringen über den Weg, den wir ziehen müssen, und über die Stätte, dahin wir kommen werden. 23 Das gefiel mir wohl, und ich nahm aus euch zwölf Männer, aus jedem Stamm einen. 24 Die gingen hinweg und zogen hinauf auf das Gebirge und kamen bis ins Tal Eskol und durchspähten das Land; 25 und sie nahmen von den Früchten des Landes mit sich und brachten sie herab zu uns und gaben uns Bericht und sprachen: Das Land ist schön, das Jahwe, unser Gott, uns geben will. 26 Aber ihr wolltet nicht hinaufziehen und ward widerspenstig gegen den Befehl Jahwes, eures Gottes. 27 Ihr murrtet in euren Zelten und spracht: Aus Hass hat uns Jahwe aus dem Land Ägypten herausgeführt, daß er uns in die Hand der Amoriter gebe, um uns zu vernichten. 28 Wohin ziehen wir? Unsre Brüder haben unser Herz verzagt gemacht, da sie sagten: Ein Volk, größer und zahlreicher als wir, und große Städte, die himmelhoch befestigt sind, und auch Enakiter haben wir daselbst gesehen. 29 Ich aber sprach: Laßt euch nicht grauen und fürchtet euch nicht vor ihnen! 30 Jahwe, euer Gott, der vor euch herzieht, er wird für euch streiten, ganz wie er euch sichtbar in Ägypten geholfen hat, 31 und in der Wüste, die du gesehen hast, wo dich Jahwe, dein Gott, getragen hat, wie einer sein Kind trägt, auf dem ganzen Weg, den ihr gewandert seid, bis ihr an diesen Ort gekommen seid. 32 Trotzdem vertrautet ihr nicht auf Jahwe, euren Gott, 33 der vor euch herging usw." (1)

V. 20f Die Verse enthalten typisch dtn Formulierungen, z.B. אשר יהוה אלהינו נתן לנו (Dtn 1,25; 2,29; 3,20; 4,40; 5,16 usw.) יהוה אלהי אבתיך (Dtn 1,11 usw.). (2) Noth (3) hält V.21 auf Grund der unmotivierten singularischen Anrede für eine Übernahme aus 9,1.

V. 22 Der Vers steht parallel zu Num 13,17-20. Er stimmt jedoch inhaltlich nur ungefähr überein: Während in Num 13,17ff Mose den Befehl zur Aussendung der Kundschafter gibt, geht dies hier auf die Initiative des Volkes zurück. In der Formulierung sind kaum wörtliche Übereinstimmungen zu beobachten; statt חפר wird in Num 13 ראה gebraucht. (4)

---

1 Vgl. zur folgenden Analyse insbesondere Plöger, ebd. 45f.

2 S. zu diesem Titel Vorländer, Mein Gott 298ff.

3 Studien 31 A.2.

4 חפר kommt auch in Jos 2,2f; Hi 3,21 u.ö. vor.

V. 23 Der Vers hat in Num 13, 2 P eine Parallele. Statt שנים עשר אנשים איש אחד לשבט wird dort איש אחד איש אחד למטה אבתיו gesagt. Es besteht also keine wörtliche Übereinstimmung, da für Stamm einmal שבט und einmal מטה verwendet wird. Außerdem kommt in Num 13, 2 שלח, hier aber לקח vor. Die Zwölfzahl findet sich allein in P. Bertholet (1) und Steuernagel (2) nehmen an, daß die Zwölfzahl ursprünglich auch in JE vorhanden war, jedoch durch die Redaktion verloren ging. Doch ist ein Einfluß von P sonst nicht festzustellen. Plöger (3) erwägt, ob V. 2b redaktionell sei, da V. 2a an 3 anschließt. Der Anfang des Verses ויפנו ויעלו ההרה zeigt gewisse Ähnlichkeiten mit Num 13, 17bß ויאמר אליהם עלו זה בנגב ועליתם את-ההר. Eine wörtliche Übereinstimmung liegt jedoch nicht vor; gemeinsam benutzte Vokabeln können sachlich bedingt sein.

V. 24 aß stimmt wörtlich mit Num 13, 23a überein in der Wendung ויבואו עד-נחל אשכל.

V. 25 Der erste Halbvers ויקחו בידם מפרי הארץ ist mit Num 13, 20b ולקחתם מפרי הארץ zu vergleichen. Abgesehen von dem Zusatz בידם und der Umformung des Befehls in Erzählform stimmen beide Passagen überein. Das Mitbringen von Früchten kann sekundär aus Num 13, 20 eingetragen sein, da es im Auftrag (V. 22) nicht vorkommt. In Num 13, 20-23 ist dieses Motiv jedoch ursprünglich beheimatet.
V. 25b stimmt in der Wendung וישבו אתנו דבר weitgehend mit Num 13, 26 P וישיבו אותם דבר überein. Da V. 25b in der Septuaginta fehlt, hält ihn Plöger (4) für einen späteren Zusatz. Zur Beschreibung des Landes wird hier allerdings eine andere Terminologie als in Num 13, 27f JE verwendet. Die Termini אשר יהוה אלהינו נתן לנו und טובה הארץ (vgl. Dtn 1, 35. 39; 3, 25; 4, 21f; 6, 18f usw.) stammen aus dem dtn Bereich.

V. 26 Der Vers hat keine Parallele in JE, wo die Ausdrücke אבה und מרה nicht vorkommen. Diese sind jedoch im Dtn häufig belegt.

V. 27 Der Vers stimmt inhaltlich mit Num 14, 2f P überein. Statt dem hier gebrauchten רגן "murren" kommt dort לון vor. (5) רגן fehlt in JE völlig.

---

1 Deuteronomium 5.
2 Deuteronomium XXXI.
3 Ebd. 45.
4 Ebd. 47.
5 Vgl. רגן באהליהם "Murren in den Zelten" Ps 106, 25.

Während in Num 14, 2f das Volk darüber klagt, warum es nicht in Ägypten gestorben sei, erhebt es hier den Vorwurf, daß Jahwe es aus Hass aus Ägypten geführt habe, um es zu vernichten. Eine Parallele in JE gibt es nicht.

V. 28 Zum ersten Halbvers gibt es keine Parallele in JE. V. 28b stimmt in der Erwähnung der Enakiter mit Num 13, 28 überein. Die Formulierung weicht jedoch leicht ab: בני ענקים gegenüber ילדי הענק in Num 13, 28. Der Ausdruck אחינו המסו את-לבבנו kommt auch in Dtn 20, 8; Jos 2, 11; 5, 1 und 7, 5 (sämtlich Dtr) vor; sie ist in JE nicht belegt. Die Annahme Drivers (1), daß sie vielleicht in einem nicht erhaltenen Stück von JE gestanden habe, ist unbeweisbar. Der Ausdruck ערים גדלת ובצורת בשמים kommt auch in Dtn 9, 1 vor. Noth (2) nimmt an, daß er von dort übernommen ist. (3)

V. 29 Zu der hier in V. 29-31 berichteten Beschwichtigungsrede Moses gibt es in JE keine Parallele. Vielmehr beschwichtigt dort Kaleb das Volk (vgl. Num 13, 30f). ערץ ist nur im dtn Sprachgebrauch belegt (vgl. Dtn 7, 21; 20, 3; 31, 6; Jos 1, 9).

V. 30 Die Formulierung des ersten Halbverses ist mit Ex 13, 21 und 14, 14 verwandt:

V. 30	ילחם לכם	ההלך לפניכם	אלהיכם	יהוה
13, 21		הלך לפניהם		יהוה
14, 14	לכם	ילחם		יהוה

Es handelt sich jedoch um gängige Formulierungen, die häufig im AT belegt sind (vgl. Dtn 1, 33; 3, 22; 31, 8; Jos 10, 14. 42; 23, 3. 10 usw.). Der Ausdruck לעיניכם kommt im Dtn oft vor (vgl. 4, 6. 34; 6, 22; 9, 17; 25, 3. 9 usw.).

V. 31 Die Redewendung vom Tragen des Volkes durch Jahwe findet sich auch in Ex 19, 4 Dtr und Dtn 32, 4 nicht jedoch in JE.

V. 32 Der Vers zeigt durch das Verb האמין eine gewisse Verwandtschaft mit Num 14, 11 JE, ohne jedoch wörtlich übereinzustimmen.

---

1 Deuteronomium 23.

2 Noth, Studien 31 A. 2.

3 Mittmann, Deuteronomium 1, 1-6, 3, 36, hält V. 28-33 für einen Zusatz, da V. 28 in Widerspruch zu V. 25 steht und V. 34 an V. 27 direkt anschließt.

V. 33 Zwischen diesem Vers und Ex 13, 21 JE und Num 14, 14 JE besteht eine vage Verwandtschaft, jedoch ohne wörtliche Übereinstimmung. Noth (1) sieht darin eine unnötige Wiederholung von V. 30a unter Verwendung dieser beiden Stellen.

V. 34 Der Vers hat keine Parallele in JE, wo das Verb nicht belegt ist.

V. 35 Der Vers zeigt gewisse Übereinstimmungen mit Num 14, 23:
Hier אם יראו איש באנשים האלה הדור הרע הזה את-הארץ
הטובה אשר נשבעתי לתת לאבתיכם
14, 23 אם יראו את-הארץ אשר נשבעתי לאבתם
Andrerseits weist der Ausdruck הארץ אשר נשבעתי לאבתם darauf hin, daß Num 14, 23 dtn beeinflußt ist. (2)

V. 36 V. 36-38 werden aus folgenden Gründen gewöhnlich als Zusätze angesehen. (3)

1. Kaleb wird hier als bekannt vorausgesetzt, obwohl er im Vorhergehenden nicht erwähnt wird.
2. Der Zorn Jahwes auf Mose erscheint völlig unmotiviert und hat keinen Anhalt im Vorhergehenden.
3. V. 35 setzt sich in V. 39 fort, während die dazwischenliegenden Verse den Zusammenhang unterbrechen.

Noth (4) hält allerdings V. 36 für echt, da seiner Meinung nach das Verhalten Kalebs den eigentlichen Kern der Erzählung bildet. (5) Er muß dann allerdings annehmen, daß die Formulierung Jahwes in der 3. Person einen Textfehler darstellt oder der Begründungssatz sekundär ist. Der Vers hat mit Num 14, 24 den Ausdruck מלא אחרי (יהוה) gemein; im übrigen zeigt er eine unterschiedliche Formulierung. Der Terminus דרך kommt in JE überhaupt nicht vor (vgl. aber Dtn 11, 24f; Jos 1, 3; 14, 9).

V. 37 Num 13f berichten von einem Zorn Jahwes über Mose nicht (vgl. aber Num 20, 10f P). Die Formulierung des Verses ist mit 4, 21; 9, 8. 20 verwandt. Auch in 4, 21 wird berichtet, daß Mose stellvertretend um der Sünde Israels willen starb (vgl. Num 20, 12; 27, 14-24 P; Dtn 32, 50f).

---

1 Ebd.

2 Plöger, ebd. 49.

3 So Bertholet, Deuteronomium 6; Steuernagel, Deuteronomium 55; v. Rad, Deuteronomium 29; Mittmann, Deuteronomium 29.

4 Studien 32 A. 1.

5 Ähnlich bereits Dillmann, Numeri usw. 239f.

V. 38 Der Vers nimmt 3, 26. 28 vorweg und hat keine Parallele in JE.

V. 39 V. 39aα findet sich nicht in der LXX. Er stimmt in der Ausdrucksweise וטפכם אשר אמרתם לבז יהיה wörtlich mit Num 14, 31a P überein (vgl. 14, 3 P). Noth (1) und J.G. Plöger (2) halten V. 39aα für sekundär und aus Num 14, 31a übernommen.

V. 40 Der Befehl stimmt weitgehend mit Num 14, 25 überein.
Hier ואתם פנו לכם וסעו המדברה דרך ים-סוף
Num 14, 25 מחר פנו וסעו לכם המדבר דרך ים-סוף
Die Übereinstimmung kann auf allgemeinen Sprachgebrauch oder auf spätere Angleichung an Num 13f zurückgehen.

V. 41 Der erste Halbvers ist mit Num 14, 40b zu vergleichen. Beidesmal kommt חטא im Sündenbekenntnis vor; jedoch steht es hier am Anfang, während es in Num 1, 40 am Schluß erscheint. V. 41b hat keine Parallele in JE.

V. 42 Abgesehen davon, daß hier eine Jahwerede und in Num 14, 42 eine Moserede vorliegt, stimmt der Vers fast wörtlich mit Num 14, 42 überein.
Hier: לא תעלו ולא-תלחמו כי אינני בקרבכם ולא תנגפו לפני איביכם
Num 14, 42 אל-תעלו כי אין יהוה בקרבכם ולא תנגפו איביכם
בקרב kommt auch Ex 17, 7; 34, 9; Num 11, 20; 14, 14. 42; Dtn 31, 17; Jos 3, 10 vor.

V. 43 Der Ausdruck פי יהוה kommt auch in Num 14, 41 vor; ansonsten zeigen beide Verse unterschiedliche Formulierungen.

V. 44 Die Formulierung ähnelt Num 14, 45. V. 44 ist allerdings wesentlich länger und ausführlicher. Die Ortsangabe Seir fehlt in JE. Statt dem hier gebrauchten יצא verwendet JE ירד . V. 44 spricht von den Amoritern, während Num 14, 45 die Amoriter und Kanaanäer erwähnt. Der Ausdruck כאשר תעשינה הדברים kommt nur hier vor. Im übrigen bestehen im Vokabular gewisse Übereinstimmungen.

V. 45 Das hier berichtete Wehklagen des Volkes in Horma hat in JE kein Vorbild.

V. 46 Vom Aufenthalt des Volkes in Kadesch wird zwar in Num 20, 1, nicht jedoch in Num 13f berichtet.

---

1 Studien 31 A. 2.

2 Ebd. 49. -Plöger sieht zudem V. 41-46 für einen Zusatz an. Dem widerspricht Mittmann, ebd. 39.

Wie ist auf Grund dieser Analyse die Frage der literarischen Abhängigkeit des Dtn-Berichtes von Num 13f zu beurteilen? Driver (1) und Mittmann (2) treten für eine literarische Abhängigkeit ein. Mittmann nimmt jedoch "keine sklavische Abhängigkeit von seiner Vorlage" an, sondern räumt dem Verfasser das "Recht zur Umgestaltung" ein, indem er neue Akzente setzt. (3) Auch Lohfink (4) nimmt an, daß der Text der alten Quellen den Zuhörern bekannt gewesen sei; nur deshalb habe der Dtr im Spiel mit den Quellen indirekte theologische Aussagen machen können. (5) Noth (6) schreibt dem Abschnitt eine selbständige Formulierung zu, die keine literarische Abhängigkeit von einer der in Num 13f verarbeiteten Schichten zeigt. Inhaltlich folgt der Dtr allerdings der Form der Überlieferung, die aus Num 13f bekannt ist. Am schärfsten hat Plöger die Annahme einer literarischen Abhängigkeit bestritten. Er kommt zu dem Schluß, daß "die Annahme literarischer Abhängigkeit nicht mehr Wahrscheinlichkeit als die Möglichkeit einer selbständigen Formulierung aus mündlich überlieferter Tradition" habe. (7)

Nun besteht vom Inhalt her sicher eine weitgehende Übereinstimmung zwischen Dtn 1 und Num 13f. In beiden Fällen schickt das Volk Kundschafter aus und will nach ihrer Rückkehr nicht ziehen. Doch dann bereut es seinen Entschluß, erhält aber das Verbot zur Eroberung. Schließlich zieht das Volk auf eigene Faust los und muß eine Niederlage erleiden.

Andrerseits muß auf erhebliche Abweichungen zwischen beiden Texten hingewiesen werden:

1. Die Zwölfzahl kommt in JE nicht vor und ist erst im priesterschriftlichen Bericht belegt. Spekulationen darüber, ob sie auch in JE ursprünglich vorhanden gewesen sei, haben keinerlei Anhalt im Text selbst. Sie wollen vielmehr der Konsequenz entgehen, daß es sich in Dtn 1 um eine selbständige Überlieferung handelt.

---

1 Deuteronomium 19ff.

2. Ebd. 57ff.

3 Zitate ebd.

4 Bibl. 41, 108f.

5 Lohfink bestimmt V. 22. 24f. 35f. 40ff als "quellennah", während V. 25-34. 37ff. 45 eigenständig formuliert sind. Ab V. 46 bringt der Dtr neues Quellenmaterial. Er folgert: "Tatsächlich scheint Dtr mit 'Text'kenntnis zu rechnen. Er scheint zu erwarten, daß seine Leser typische Formulierungen der Quelle wiedererkennen, bei Abweichungen aufhorchen, neue Tendenz registrieren. Sonst würde er nicht so eigentümlich zwischen Quellentreue und Selbständigkeit hin und her pendeln." - Lohfink argumentiert, als ob ein Leser des 6. vorchristlichen Jahrhunderts mit dem gedruckten jehowistischen Werk in der Hand die dtr Einleitungsreden studieren würde. Aber ist dies nicht eine anachronistische Vorstellung? Noch bis in die Neuzeit hinein kannten die meisten Menschen in Europa die Bibel nur aus dem Vortrag in der Kirche und der mündlichen Erzählung.

6 Studien 31.

7 Ebd. 46.

2. In Dtn 1 reagieren die Israeliten sofort mit Mißtrauen auf den Zuspruch Moses und fordern die Entsendung von Kundschaftern. In JE geht die Initiative zur Aussendung von Kundschaftern auf Mose selbst zurück.

3. Die in Num 14, 11ff berichtete Fürsprache Moses fehlt in Dtn 1.

4. Der Bericht von Jahwes Zorn über Mose (Dtn 1, 37f) hat in JE keine Parallele. Nur P erwähnt einen solchen Zorn Jahwes im Zusammenhang mit den Wassern von Meriba (Num 20, 12).

5. Die Schilderung des Murrens des Volkes nach der Rückkehr der Kundschafter (Dtn 1, 27) hat nur in P (Num 14, 2f) ein Vorbild.

6. Die in Dtn 1, 29 berichtete Beschwichtigungsrede Moses kommt in JE nicht vor; dort reden Josua und Kaleb dem Volk zu (Num 14, 6ff).

7. Das für Num 13f wesentliche ätiologische Moment (Wie kamen die Kalibiter nach Hebron?) fehlt in Dtn 1. Hebron wird dort überhaupt nicht erwähnt.

8. Das Dtn verlagert den Schwerpunkt des Geschehens weg von den Kundschaftern hin zum Geschehen zwischen Mose und dem Volk; deshalb stehen Reden hier im Vordergrund.

9. Während Dtn 1, 19 als Ausgangspunkt Kadesch angibt (vgl. 9, 23), befindet sich nach Num 13, 1 das Volk in der Wüste Paran.

Auch hier fällt die Entscheidung schwer. Sind die Unterschiede so erheblich, daß mit zwei selbständigen Überlieferungen gerechnet werden muß? Plöger (1) argumentiert: "Wer literarische Abhängigkeit annimmt, macht es sich zu leicht, die sachlichen Unterschiede nur als Umformung zu erklären." Andrerseits betreffen die Unterschiede nur Nebenzüge der Erzählung, so daß hier mit der Freiheit des dtr Verfassers gegenüber einer evt. JE-Vorlage gerechnet werden muß. Obwohl keine letzte Sicherheit zu gewinnen ist, wird wohl eine literarische Abhängigkeit von JE anzunehmen sein.

Jos 14, 6ff

"6 Da traten die vom Stamm Juda in Gilgal vor Josua und der Kenisiter Kaleb, der Sohn Jephunnes, sprach zu ihm: Du weißt, was Jahwe zu Mose, dem Mann Gottes, meinet-und deinethalben in Kades-Barnea gesagt hat.
7 Ich war vierzig Jahre alt, als mich Mose, der Knecht Jahwes, von Kades-Barnea aussandte, das Land auszukundschaften, und ich brachte ihm Bericht, so gut,

---

1 Ebd. 46; vgl. v. Rad, Deuteronomium 28; Noth, Studien 31.

als ich es wußte. 8 Aber meine Brüder, die mit mir hinaufgezogen waren, machten dem Volk das Herz verzagt, während ich unwandelbar zu Jahwe, meinem Gott, hielt. 9 Da schwur Mose an demselben Tag: Fürwahr, das Land, das dein Fuß betreten hat, soll dein und deiner Kinder Erbbesitz sein für alle Zeiten, weil du unwandelbar zu Jahwe, meinem Gott, gehalten hast. 10 Und nun, siehe, Jahwe hat nach seiner Verheißung mich seit der Zeit, da er zu Moses dieses sprach, diese 45 Jahre leben lassen, in deren Verlauf Israel durch die Wüste zog; so bin ich denn heute 85 Jahre alt. ... 12 So gib mir nun dieses Gebirge, von dem Jahwe geredet hat an jenem Tag, daß es dort Enakiter gibt und große feste Städte. Vielleicht ist Jahwe mit mir, daß ich sie vertreibe, wie Jahwe geredet hat. 13 Da segnete Josua Kaleb, den Sohn Jephunnes und gab ihm Hebron zum Erbbesitz. 14 Daher ward Hebron der Erbbesitz des Kenisiters Kaleb, des Sohnes Jephunnes, bis auf diesen Tag, weil er unwandelbar zu Jahwe, dem Gott Israels, gehalten hatte."

V. 6 Kaleb wird nur in V. 6. 14 sowie in Num 32, 12 als Kenisiter (הקנזי) bezeichnet, während er in Num 13f und Dtn als Judäer erscheint. Der Titel איש האלהים für Mose kommt in JE und dem Parallelbericht Dtn 1 nicht vor, dagegen in Dtn 33, 1; Esr 3, 2; Ps 90, 2. (2) Der Ortsname Kades-Barnea wird analog zu Dtn 1, 2. 19. 46; 2, 14; 9, 23 gebraucht, während JE in Num 13, 26 und P in Num 20, 1. 14. 16. 22 nur Kades sagen.

V. 7 Mose wird hier wie in Dtn 34, 5; Jos 1, 1; Num 12, 7; Mal 3, 22 עבד יהוה genannt; dieser Titel kommt jedoch in Dtn 1 nicht vor. Dagegen finden sich dort die hier verwendeten Ausdrücke רגל (Dtn 1, 24), הישיב דבר את- (Dtn 1, 22. 25; vgl. Num 13, 26 P), שלך (Dtn 1, 22).

V. 8 Mit Dtn 1 stimmen die Ausdrücke המסה לב(ב) (vgl. Dtn 1, 28) und מלא אחרי יהוה (vgl. Dtn 1, 36; Num 14, 24; 32, 11ff) überein.

---

1 Ebd. 46; vgl. v. Rad, Deuteronomium 28; Noth, Studien 31.

2 Der Titel erscheint für Samuel in 1S 9, 6ff, für David in Neh 12, 24. 36; 2 Ch 8, 14; für Elisa in 2K 4, 7.

V. 9 Die Formulierung des Verses entspricht weitgehend Dtn 1, 36, wo ebenfalls der Ausdruck מלא אחרי יהוה gebraucht wird. דרך erscheint in Dtn 1, 36 ohne נחלה . רגל wird nur hier gebraucht (vgl. Dtn 4, 20ff und häufig in P). Im Unterschied zu Dtn 1 ist hier von einem Schwur Moses die Rede, während Dtn 1 einen Schwur Jahwes (vgl. Num 14, 21ff; 32, 10ff) erwähnt.

V. 10 Die hier ausgeführte Chronologie Kalebs ist wohl aus priesterlichen Stücken herausgesponnen.

V. 11 Zu dem Vers gibt es in Dtn 1 keine Parallele; die Stärke Kalebs wird dort nicht erwähnt.

V. 12 ענקים entspricht בני ענקים in Dtn 1, 28; auch der Ausdruck ערים גדלות בצרות kommt dort vor. ירש wird häufig im Dtn gebraucht (vgl. I, 8. 21. 39; 2. 12. 21ff usw.).

V. 13-15 Die Verse bilden den Abschluß der Erzählung.

Der Abschnitt ist sprachlich und inhaltlich deutlich von Dtn 1, 20ff abhängig und wird deshalb gewöhnlich als dtr eingestuft. (1) Ein gewisser priesterschriftlicher Einfluß läßt sich erkennen. Eine literarische Verwandtschaft mit JE ist nacht nachweisbar.

Ps 106, 24ff

"24 Und sie verschmähten das köstliche Land und glaubten nicht seinem Wort. 25 Sie murrten in ihren Zelten und hörten nicht auf die Stimme Jahwes. 26 Da erhob er seine Hand zum Schwur, sie sterben zu lassen in der Wüste, 27 ihre Nachkommen unter die Völker zu werfen und sie in die Welt zu zerstreuen."

Die Verse berühren sich inhaltlich mit Num 13f, ohne jedoch die dort berichteten konkreten Umstände zu erwähnen:

V 24 Der hier verwendete Ausdruck מאס בארץ kommt in Num 14, 31 P vor, nicht jedoch in JE. Ebenso fehlt ארץ חמדה in JE (vgl. aber Jer 3, 19; Sach 7, 14). האמין findet sich zwar auch im jehowistischen Werk, jedoch ohne דבר (vgl. Gen 15, 6; Ex 14, 31).

---

1 Wellhausen, Composition 129; Eißfeldt, Hexateuch-Synopse 282 (E mit dtn Bearbeitung); Noth, Josua 84; ders., Pentateuch 145 A. 370; ders., Studien 15 A. 2. 32.

V. 25 Der erste Halbvers stimmt weitgehend mit Dtn 1, 27 überein:
V. 25a וירגנו באהליהם
Dtn 1, 27 ותרגנו באהליכם
Die zweite Vershälfte enthält typisch dtn Sprachgebrauch, insbesondere שמע בקל יהוה (vgl. Dtn 1, 45; 4, 30; 8, 20; 9, 23; 13, 5 usw.).

V. 26 Der Ausdruck נשא יד mit Infinitiv ל ist auch Neh 9, 15; Ex 6, 8 P; Num 14, 30 P belegt. Wie hier mit ל der Person findet er sich jedoch nur noch Ez 20, 6. 23 nicht jedoch in JE. Dort fehlt auch das hier verwendete הפיל "sterben lassen". Der Vers ist inhaltlich mit Num 14, 21ff identisch.

V. 27 Die hier vorliegende Ankündigung des Exils hat in Num 13f keine Parallele; solche Ankündigungen finden sich innerhalb des Pentateuchs nur in Lev 26, 33 P und Dtn 4, 27.

Lauha (1) nimmt zwar an, daß in diesem Abschnitt die in Num 13f berichtete Episode gemeint sei, doch gibt es dafür keine sicheren Beweise. Das Motiv des Murrens zieht sich durch viele Wüstenerzählungen hindurch. Eine literarische Verbindung mit den jehowistischen Teilen von Num 13f kann nicht konstatiert werden. In dem Text sind hauptsächlich dtn und priesterschriftliche Elemente aufgenommen.

4. Dathan und Abiram (Num 16)

Der Jehowist berichtet die Episode vom Aufstand Dathans und Abirams gegen Mose in Num 16, 1b. 2a. 12-15. 25-34, wo sie mit der Geschichte von der Auflehnung Korachs und seiner Anhänger eng verwoben ist. Demnach gehorchen Dathan und Abiram, die Söhne Eliabs, Mose nicht und werfen ihm vor, er führe sie nicht ins verheißene Land, sondern wolle sie in der Wüste töten. Daraufhin gehen Mose und die Ältesten zu dem Zelt Dathans und Abirams. Auf Moses Rede hin öffnet sich der Erdboden und verschlingt die Übeltäter.

Dtn 11, 6 "... (Ihr habt gesehen,) was er (d. h. Jahwe) an Dathan und Abiram, den Söhnen Eliabs, des Sohnes Rubens, getan hat, da die Erde ihren Schlund aufriß und sie verschlang samt ihren Familien und Zelten und ihrem ganzen Troß, inmitten von ganz Israel."

---

1 Geschichtsmotive 85.

Namen und Genealogie stimmen mit Num 16, 1 JE überein. (1) V. 6aß ist mit Num 16, 30ff zu vergleichen:

Hier: פצתה הארץ את-פיה
Num 16, 30 ופצתה האדמה את-פיה
Num 16, 32 ותפתה הארץ את-פיה

Während hier von Häusern und Zelten die Rede ist, kommen in Num 16, 30. 32 Häuser allein vor. Der Ausdruck יקום "Troß" ist in JE nicht belegt. (2) Die Redewendung בקרב כל-ישראל o. ä. findet sich häufig im Dtn (vgl. 1, 42; 2, 14; 4, 3. 5. 34 usw.). Der Vers steht folglich in enger literarischer Verwandtschaft zu Num 16, 30f. Er gehört jedoch zu dem Abschnitt V. 4-7, das aus folgenden Gründen wahrscheinlich für sekundär zu halten ist: (3)

1. Inhaltlich setzt sich V. 3 in V. 8 fort; man hat den Eindruck, daß die dazwischenliegenden Verse den Sinnzusammenhang unnötig auseinanderreißen. V.4-7 enthalten eine Aufzählung von Jahwes Geschichtstaten und weisen eine "etwas unglückliche syntaktische Gestalt" auf (4): Sie sind lediglich mit אשר עשה lose angefügt. (5)

2. Das Schilfmeerwunder wird innerhalb des Dtn-Buches nur hier in V. 4 erwähnt, obwohl sich Exodusformeln sonst sehr häufig finden.

3. Die Episode von Dathan und Abiram fehlt in Dtn 1-3, wo zahlreiche Parallelerzählungen zu Num 10-32 aufgeführt werden. Sie scheint dem Verfasser der Kap. 1-5 unbekannt oder uninteressant gewesen zu sein und wurde von einem späteren Redaktor in dem hymnischen Stück 11, 2ff nachgetragen.

4. Während das Dtn sonst die "Zeichen und Taten" auf alle Machterweise Jahwes während des Exodus bezieht, sind sie hier auf die Plagen in Ägypten (V. 3) eingeengt. (6)

---

1 Eißfeldt, Hexateuch-Synopse 173*, faßt בן-פלת בני ראובן in Num 16, 1 als Zusatz auf, während Noth, Numeri 104, mit LXX, Samaritanus usw. בני ראובן in בן-ראובן ändert und בן-פלת streicht".
2 Vgl. lediglich Gen 7, 4. 23 (P).
3 So Childs, VTS 16, 35f; Steuernagel, Deuteronomium 39.
4 Von Rad, Deutonomium 60.
5 Vgl. Childs, VTS 16, 35.
6 Vgl. Childs, ebd. 35f.

5. Die Terminologie von V. 4 weicht von den übrigen dtn Stellen ab. Nur hier kommen innerhalb des Dtn die Ausdrücke חיל מצרים (vgl. Ex 14, 4), רכב, סוס (vgl. Ex 9, 3; 14, 9. 23 u. ö.), רדף (vgl. Ex 14, 4. 8f. 23) vor. Das Piel von אבר wird sonst im Zusammenhang mit dem Exodusereignis nicht verwendet. (1)

Aus diesen Beobachtungen ist die Folgerung zu ziehen, daß es sich bei dem Abschnitt V. 4-7 um ein sekundäres Stück handelt. (2)

<u>Ps 106, 16ff</u> "Sie wurden eifersüchtig im Lager auf Mose und Aaron, den Heiligen Jahwes. 17 Da tat sich die Erde auf (3) und verschlang Dathan und bedeckte die Rotte Abirams. 18 Feuer verzehrte ihre Rotte, die Flamme verbrannte die Frevler."

V. 16 Die Ausdrücke קנא und מחנה kommen in Num 16 nicht vor. Ähnlich wie in der Priesterschrift richtet sich nach V. 16 der Aufstand gegen Mose und Aaron, während er in JE nur gegen Mose gerichtet ist. Der hier für Aaron gebrauchte Titel קדוש יהוה ist im Pentateuch nicht belegt. Lediglich in Lev 21, 6-8 P werden die Priester, in Num 6, 5. 8 P die Nasiräer קדוש genannt. Nach Num 16, 3 P ist die ganze Gemeinde קדוש, deshalb bestreitet Korach das Vorrecht Moses und Aarons.

V. 17 Der erste Halbvers ist mit Num 16, 32 JE zu vergleichen:
Hier: תפתח ארץ ותבלע דתן
Num 16, 32 ותפתח-הארץ את-פיה ותבלע אתם
Der zweite Halbvers ist mit Num 16, 33 zu vergleichen:
V. 17b ותכס על-עדת אבירם
Num 16, 33 ותכס עליהם הארץ
In beiden Fällen werden also teilweise dieselben Vokabeln verwendet. עדה als Bezeichnung der Anhängerschaft Korachs kommt allerdings nur Num 16, 16 P vor, während עדה sonst bei P die gesamte Gemeinde meint (vgl. Num 16, 2. 5ff). עדה wird vom Jehowisten nicht gebraucht, es erscheint nur in Num 16, 26 als Übernahme aus P. Der Ausdruck עדת אבירם ist singulär und hat weder in JE noch in P ein Vorbild.

---

1 Es findet sich noch zur Bezeichnung der Zerstörung der Opferstätten in Dtn 12, 2f.

2 Childs, VTS 16, 35, rekonstruiert folgenden ursprünglichen Text:
וידעתם היום כי לא את-בניכם אשר ידעו את-אתות ואת-מעשים
אשר עשה בתוך מצרים כי עיניכם הראת את כל מעשה יהוה הגדול

3 Statt תִּפְתַּח ist mit LXX usw. תִּפָּתַח zu lesen.

V. 18 Der Vers stellt eine Wiederholung zu V. 17 dar und wird deshalb verschiedentlich als Zusatz angesehen. (1) Von einem Feuer berichtet nur P in Num 16, 35. Doch frißt es nicht Korach, sondern die 250 Männer, die das Räucherwerk dargebracht hatten. Eine terminologische Übereinstimmung mit Num 16, 35 läßt sich nicht feststellen.

V. 17 weist eine gewisse Verwandtschaft mit JE auf, doch handelt es sich um allgemein gängige Ausdrücke. Da im übrigen starke sprachliche und inhaltliche Abweichungen von JE zu beobachten sind, kann eine literarische Beziehung zu JE nicht nachgewiesen werden. Der Text enthält priesterschriftliche Elemente, obwohl der Name Korach nicht erwähnt wird. (2)

5. Die Botschaft an Edom (Num 20, 14-21)

In Num 20, 14-21 JE wird berichtet, daß Mose Boten von Kades aus an den König von Edom sandte mit der Bitte, das Volk durch sein Land ziehen zu lassen. Sie wollten weder Felder betreten noch Wasser aus ihren Brunnen trinken, sondern lediglich den Königsweg entlang marschieren.

Doch Edom verweigerte Israel den Durchzug und stellte ihm sein Kriegsheer entgegen. In jüngster Zeit wird der Abschnitt als "späte redaktionelle Konstruktion und Kompilation" (3) aufgefaßt und in die nach-dtr Zeit angesetzt. (4) Doch kann der Abschnitt durchaus zu JE gerechnet werden, wenn man die Frühdatierung aufgibt.

Dtn 2, 1ff "1 Dann kehrten wir um und zogen in die Wüste auf dem Schilfmeerweg, wie Jahwe gesagt hatte, und umwanderten das Gebirge Seir eine lange Zeit. 2 Da sprach Jahwe zu mir: 3 Lange genug habt ihr nun dieses Gebirge umwandert; wendet euch nach Norden! 4 Dem Volk aber gib die Weisung: Wenn ihr nun durch das Gebiet eurer Brüder, der Söhne Esaus, zieht, die in Seir wohnen, so werden sie sich vor euch fürchten; nehmt euch aber wohl in acht. 5 Fangt keinen Krieg mit ihnen an! Ich werde euch von ihrem Land nicht einen Fußbreit geben; denn Esau habe ich das Gebirge Seir zum Eigen-

---

1 So Gunkel, Psalmen 466; Duhm, Psalmen 384; Löhr, PsSt 20.

2 Gunkel, Psalmen 466, nimmt an, daß dies mit Willen geschehen sei, um das von Korach abstammende Sängergeschlecht nicht zu beleidigen.

3 Mittmann, Fs. Ellinger 143ff. - Bereits Noth, Studien 225f, hielt den Text für ein Verbindungsstück ohne alte Tradition.

4 Van Seters, JBL 91, 192.

tum gegeben. 6 Speise sollt ihr um Geld von ihnen kaufen, daß ihr zu essen habt, und auch Wasser sollt ihr um Geld von ihnen kaufen, daß ihr zu trinken habt, 7 Denn Jahwe, dein Gott, hat dich in allem deinem Tun gesegnet; er hat achtgehabt auf deine Wanderung durch diese große Wüste: schon 40 Jahre ist Jahwe, dein Gott, nun mit dir, sodaß dir nichts gemangelt hat. 8 So zogen wir duch (das Gebiet) unsrer Brüder, der Söhne Esaus, die in Seir wohnen, hinweg von der Arabastraße, die von Elath und Ezion Geber ausgeht, wandten uns dann und zogen weiter auf dem Weg nach der Wüste von Moab. 9 Da sprach Jahwe zu mir: Bekämpfe die Moabiter nicht und fange keinen Krieg mit ihnen an. Ich werde dir von ihrem Land nicht zu eigen geben; denn den Söhnen Lots habe ich Ar zum Eigentum gegeben."

V. 1 Der Vers enthält eine von JE abweichende Tradition über Israels Aufenthalt in der Wüste. Nach Num 20, 1. 14 JE bleibt Israel während der gesamten 38 Jahre in Kades. Von dort aus schickten sie Boten zum König von Edom mit der Bitte um Durchzug. Als ihnen diese Bitte dann abgeschlagen wird, umgehen sie Edom (vgl. Num 21, 4) und ziehen durch Moab nach Norden. Dagegen halten sich die Israeliten nach dem Bericht des Dtn zunächst eine unbestimmte Zeit in Kades-Barnea auf (1, 46), wenden sich dann gemäß Jahwes Befehl um in die Wüste und umwandern das Gebirge Seir "viele Tage" (2, 1). Danach wird ihnen befohlen, sich nach Norden zu wenden, da sie lange genug das Gebirge umwandert hätten (2, 3). 38 Jahre nach ihrem Weggang von Kades erreichen sie die Grenze Moabs (2, 13f). Diese Abweichungen deuten nach Wellhausen (1) und Driver (2) darauf hin, daß die Tradition über Israels Wanderungen zur Zeit der Abfassung des Dtn noch nicht endgültig fixiert war. Die Ortsangabe דרך ים-סוף findet sich auch in Num 21, 4 JE.

V. 2-9 Der Abschnitt handelt offensichtlich von der auch in Num 20 berichteten Episode, doch sind erhebliche Abweichungen zu beobachten:

1. Nach Num 20 erbittet Israel von den Edomitern die Erlaubnis zum Durchzug, doch wird sie ihm verweigert. Dagegen ist es nach unserem Text den Israeliten offensichtlich gestattet, durch Edom zu ziehen. Sie werden lediglich ermahnt, keinen Krieg anzufangen, sich dort nicht festzusetzen und allen Lebensunterhalt käuflich zu erwerben.

---

1 Composition 197f.
2 Deuteronomium 33.

2. In Num 20 wird nur der Kauf von Wasser erwähnt, hier dagegen der käufliche Erwerb von Wasser und Speise.

3. Von einer Gesandtschaft an den König von Edom ist hier im Unterschied zu Num 20 nicht die Rede.

4. Der Befehl in V. 9, auch mit den Moabitern keinen Krieg anzufangen, hat in der JE-Erzählung kein Vorbild.

Für die Frage der literarischen Abhängigkeit des Abschnitts von Num 20 ergibt sich Folgendes: "Der Widerspruch zu Num 20, 14-21 ist so eklatant, daß es sich hier überhaupt um eine andere Episode zu handeln scheint." (1)

Doch soweit braucht man nicht zu gehen. In beiden Erzählungen handelt es sich wohl um dieselbe Episode, worauf z.B. das gemeinsame Motiv des Lebensmittelkaufs hindeutet. Jedoch sind Num 20 und Dtn 2, 1ff voneinander literarisch unabhängig. (2) Dies läßt einmal mehr erkennen, daß dieselben oder ähnliche Stoffe in verschiedenen Versionen und Überlieferungen mündlich tradiert wurden und der Pentateuch zumeist nur eine der Überlieferungen gekannt und bewahrt hat.

<u>Dtn 23, 4f</u> "4 Kein Ammoniter oder Moabiter darf in die Gemeinde Jahwes eintreten; niemals, auch im zehnten Geschlecht noch nicht, dürfen sie in die Gemeinde Jahwes eintreten, 5 weil sie euch nicht mit Brot und Wasser entgegengekommen sind auf dem Weg, als ihr aus Ägypten auszogt."

Es handelt sich hier offensichtlich um die in Num 20, 14ff und Dtn 2, 1ff berichtete Episode, wobei jedoch erhebliche Abweichungen zu beobachten sind:

1. In Num 20 ist nur von den Edomitern die Rede, die den Israeliten den Durchzug verweigerten. Hier jedoch werden Ammoniter und Moabiter aufgeführt, während die Edomiter fehlen.

---

1 Bertholet, Deuteronomium 7. - Anders Steuernagel, Deuteronomium 56. Ihmzufolge ist Num 20 die "Quelle" der dtn Parallele, und die "Abweichung hängt vermutlich mit einem inzwischen eingetretenen Stimmungswechsel gegenüber Edom zusammen", für den auf Dtn 23, 8 zu verweisen ist. - Noth, Studien 33f, hält 2, 4-6 für das Produkt einer geschichtstheologischen Systematisierung als Gegendarstellung zu Num 22.

2 So auch v. Rad, Deuteronomium 30: "Daß unserem Erzähler die ältere Darstellung literarisch schon vorlag, ist allerdings weniger wahrscheinlich." Es besteht lediglich ein überlieferungsgeschichtliches Entsprechungsverhältnis. Ähnlich auch Jirku, Geschichte 140; Sumner, VT 18, 223.

2. Dtn 2 setzt voraus, daß Edomiter, Am̄oniter und Moabiter den Israeliten die notwendige Speise zur Verfügung stellten und sie nicht unfreundlich behandelten. Hier jedoch wird das Gegenteil ausgesagt.

Aus diesen Abweichungen ist zu schließen, daß es sich hier um eine eigenständige Tradition handelt, die mit Num 20 und Dtn 2, 1ff in keinem direkten literarischen Abhängigkietsverhältnis steht. Der Abschnitt mit den Bestimmungen über den Eintritt in die Gemeinde (V. 1-8) stellt wohl ein sekundäres spätes Stück dar. (1)

Bertholet führt für die Nichtursprünglichkeit folgende Gründe an:

1. Der Abschnitt zeigt einen "geistlichen Sprachgebrauch", z. B. in dem Begriff קהל .

2. Das Stück widerspricht den Bestimmungen über den Eintritt in die Gemeinde, wie sie in Tritojes 56, 3ff festgelegt sind.

3. Die Am̄oniter und Edomiter haben im Exil den Judäern Notunterkunft gewährt (vgl. Jer 40, 11). Demgegenüber verrät unser Text eine ganz andere Stimmung, obwohl er gewöhnlich in dieselbe Zeit datiert wird.

4. Im Unterschied zu Dtn 23, 1ff können nach Jer 34, 8ff auch Entmannte sich dem Gesetz anschließen.

Bertholet folgert, daß die Bestimmungen aus der Zeit Nehemias stammen. Damit stimmt überein, daß V. 3 fast wörtlich aus Thr 1, 10 entnommen ist.

Da für unsere Fragestellung nur V. 5 eine Rolle spielt, kann es dahingestellt bleiben, ob mit Steuernagel und Noth nur V. 5f oder mit Bertholet der gesamte Abschnitt sekundär sind. Bertholets Argumente scheinen aber ein erhebliches Gewicht zu haben.

Ri 11, 14ff

"14 Jephtah aber sandte nochmals Boten an den König der Am̄oniter, 15 und ließ ihm sagen: So spricht Jephtah: Israel hat den Moabitern und den Am̄onitern ihr Land nicht weggenommen, 16 sondern als Israel aus Ägypten heraufzog und auf seiner Wanderung durch die Wüste bis an das Schilfmeer und nach Kades kam, 17 da sandte Israel Boten an den König von Edom und ließ ihm sagen: Wir möchten durch dein Land ziehen.

---

1 So Bertholet, Deuteronomium 136. - Steuernagel, Deuteronomium 85 hält V. 5f für sekundär, wobei V. 5a einen ersten Zusatz und V. 5b-6 einen zweiten Zusatz bilden. Vgl. Noth, Pentateuch 84. - Von Rad, Deuteronomium 104, sieht dagegen in dem Gesetz "ein prächtiges Stück altjahwistischen Sakralrechtes".

Aber der König von Edom willfahrte ihm nicht. Auch an den König von Moab sandten sie, aber er wollte nicht. Da blieb Israel in Kades, 18 wanderte dann durch die Wüste und umzog das Land Edom und das Land Moab. So kamen sie östlich vom Land Moab und lagerten sich jenseits des Arnon, die Grenze von Moab aber überschritten sie nicht; denn der Arnon ist die Grenze Moabs."

V. 16 Analog zu Num 20, 14 ist auch hier Kades der Ausgangspunkt für den Durchzug durch Edom.

V. 17 Der Anfang des Verses ist mit Num 20, 14 zu vergleichen:
Num 20, 14 וישלח משה מלאכים מקדם אל-מלך אדם
V. 17aα וישלח ישראל מלאכים אל-מלך אדם
Die Terminologie stimmt weitgehend überein; allerdings wird hier die Person Moses als Führer der Israeliten nicht erwähnt. Der in Num 20, 14b-16 zusammengefaßte geschichtliche Rückblick fehlt hier. Das Verb עבר wird auch in Num 20, 17f verwendet. Es handelt sich hier aber wohl um allgemeinen Sprachgebrauch, da die übrige Formulierung verschieden ist. JE gibt wesentlich ausführlichere Details. ולא שמע מלך אדם ist mit Num 20, 18 zu vergleichen, ohne daß eine wörtliche Übereinstimmung vorliegt. V. 17aα wird berichtet im Unterschied zu JE, daß Israel auch an Moab Boten geschickt habe. Andrerseits fehlt hier die Erwähnung des in Num 20, 20 berichteten Sachverhaltes, daß Edom Israel sein Heer entgegenstelle.

V. 18 Die Umgehung von Edom wird hier mit demselben Verb סבב wie in Num 21, 4 JE beschrieben. Allerdings fehlt hier die Angabe, daß die Israeliten den Schilfmeerweg benutzten. Daß der Arnon die Nordgrenze bildete, wird auch in Num 21, 13 und 22, 36 JE berichtet. Im übrigen liegt eine eigene Formulierung vor.

Zwar beinhalten Num 20 und Ri 11 dieselbe Episode, jedoch kann keine literarische Beziehung festgestellt werden. In beiden Fällen liegen eigene Formulierungen vor, die unterschiedliche mündliche Traditionen verarbeitet haben. Sprachlich und inhaltlich bestehen erhebliche Differenzen. Auch zu Dtn 2, 1ff kann keine direkte Abhängigkeit konstatiert werden.

V. 12-28 bilden innerhalb der Jephtah-Erzählungen einen eigenen Abschnitt. Die hier berichteten Verhandlungen mit den Moabitern passen nicht in den Zusammenhang, der von Jephtahs Verhandlungen mit den Am̄onitern berichtet. Budde (1) und Burney (2) rechnen das Stück zu E.

---

1 Richter 82.
2 Judges 302f.

Noth (1) faßt es als ein "erst nach Dtr hereingekommene(s) Sonderstück" auf. (2) Moore (3) weist auf die Beziehung zu Jer 49, 1 und das damalige Eindringen der Am̄oniter nach Juda hin.

Da das Stück Israels Anspruch auf den Besitz des Landes zwischen Arnon und Jabbok begründen soll, datiert er es in den Anfang des 6. Jh. Somit wird man eine exilisch-nachexilische Entstehungszeit anzunehmen haben.

<u>2Ch 20, 10f</u> "10 Aber nun kommen da die Ammoniter und Moabiter und die vom Gebirge Seir, in deren Land zu gehen du den Israeliten nicht erlaubt hast, als sie aus dem Land Ägypten kamen; sie ließen sie vielmehr unbehelligt und vernichteten sie nicht. 11 Siehe, die wollen uns nun Böses antun; sie kommen, um uns aus deinem Eigentum, das du uns gegeben hast, zu vertreiben."

Der Text gehört zu dem Gebet Josaphats aus der Zeit, als die Ammoniter und Moabiter gegen Juda in den Krieg zogen. Der König beruft sich auf eine Episode während der Herausführung aus Ägypten, als die Israeliten auf Befehl Jahwes die Ammoniter und Moabiter verschonten. Demgegenüber geht es in Num 20, 14ff nicht um die Ammoniter und Moabiter, sondern um die Edomiter. Auch gegenüber Dtn 2, 1ff gibt es deutliche Unterschiede: Während dort vorausgesetzt ist, daß die Israeliten durch das Gebiet der Edomiter, Moabiter und Ammoniter ziehen dürften, wird in 2Ch 20 gesagt, daß Jahwe den Israeliten grundsätzlich verboten habe, das Gebiet der Moabiter und Ammoniter zu betreten. Der Ausdruck שמר kommt zwar auch in Dtn 2, 12. 21ff vor; statt עמרני wird hier jedoch בני עמרן gesagt. Der Chronist schöpft somit aus einer eigenständigen Tradition, die sowohl vom Jehowisten als auch vom Deuteronomiker unterschieden ist.

<u>Neh 13, 1f</u> "1 Zu jener Zeit wurde vor dem Volk aus dem Buch Moses vorgelesen, und es fand sich darin geschrieben: Kein Ammoniter oder Moabiter darf jemals in die Gemeinde Gottes eintreten, 2 weil sie den Israeliten nicht mit Brot und Wasser entgegengekommen sind und weil er (d.h. Balak) wider sie den Bileam gedungen hat, damit er sie verfluche; unser Gott aber verwandelte den Fluch in Segen."

---

1 Studien 47 A. 2.

2 Auch Wellhausen, Composition 224; Kuenen, Einl I, 2, 18f; Moore, Judges 283; Fohrer, Einl 228; Van Seters, JBL 91, 186, halten den Abschnitt für sekundär.

3 Ebd.

Mit dem "Buch Moses" ist hier zweifellos das dtn Gesetz gemeint, da die Stelle fast wörtlich aus Dtn 23,4f entnommen ist. Der Chronist hat den dortigen Wortlaut lediglich verkürzt und leicht abgeändert. (1) Aus dem Vergleich der im Vorangehenden behandelten Stellen läßt sich entnehmen, daß in Israel drei Versionen über die Begegnung mit den Ostjordanvölker überliefert wurden:

1. Verweigerung des Durchzuges durch Edom: Num 20,14ff; Ri 11,14ff.

2. Gestattung des Durchzuges, jedoch verbunden mit dem Verbot von Kriegshandlungen und der Inbesitznahme des Landes: Dtn 2,1ff.

3. Verbot Jahwes, durch das Gebiet Ammons und Moabs zu ziehen: 2Ch 20,10.

In dem jehowistischen Werk ist nur eine dieser Versionen verarbeitet worden. Dies beweist, daß das ursprünglich vorhandene Traditionsmaterial über die älteste Geschichte Israels sehr viel umfangreicher und unterschiedlicher war, als es JE bzw. der Pentateuch jetzt zu erkennen geben. Nur ain Ausschnitt davon wurde im Pentateuch verarbeitet. Die drei Versionen sind literarisch voneinander unabhängig.

6. Die eherne Schlange (Num 21,4-9)

Num 21,4-9 berichtet, daß die Israeliten nach dem Aufbruch vom Berg Hor wieder einmal gegen Gott und Mose murrten. Da sandte Jahwe Schlangen-Saraphe, die viele zur Strafe töteten. Auf das Sündenbekenntnis des Volkes hin wandte sich Mose an Jahwe. Dieser trug ihm auf, einen Saraph bzw. eine eherne Schlange (נחש נחשת) aufzurichten. Wer diese anblickte, blieb am Leben. In dem Abschnitt fällt das Nebeneinander von Saraph und Schlange auf, doch ist eine Aufspaltung in zwei Erzählstränge nicht möglich. (2)

<u>2K 18,4</u> "(Hiskia) ist es, der die Höhenheiligtümer abschaffte. die Masseben zertrümmerte, die Aschere umhaute und die eherne Schlange, die Mose gemacht hatte, zerschlug; denn bis zu dieser Zeit hatten die Israeliten ihr geopfert. Man hieß sie Nehustan."

In diesem Abschnitt aus dem Bericht über Hiskias Reformmaßnahmen stimmt der Terminus נחש נחשת mit Num 21,9 überein.

---

1 Vgl. Siegfried, Esra-Nehemia-Esther 125f; Noth, Pentateuch 84 A.22. - Zur Verwendung der Balaktradition s.

2 Mit Noth, Numeri 137.

Allerdings wird der Name נחשתן in Num 21,4ff nicht erwähnt. Auch berichtet das Königsbuch nicht über die Umstände, unter denen die Schlange angefertigt wurde. Deshalb erscheint eine literarische Abhängigkeit fraglich, obwohl beide Texte auf derselben Überlieferung beruhen. (1)

Das Alter des Textes ist umstritten. Noth (2) sieht ihn für alt an und vertritt die These, er sei den judäischen Königsannalen entnommen. Frühere Exegeten haben demgegenüber eine kritischere Position eingenommen: "Die Nachricht 18,4.22 muß also auf einer falschen Generalisierung beruhen, die ihrerseits vor der dtn Zentralisation des Kultes nicht denkbar ist." (3) Kittel (4) vertritt die Ansicht, daß V. 1-8 vom Redaktor formuliert seien, wobei allerdings V. 4 und V. 8 seiner Quelle angehörten: "Nun leidet es keinen Zweifel, daß die Ausdrucksweise וכתת, וכרת, ושבת im klassischen Hebräisch befremdet und an die Sprache der späteren Zeit erinnert. Es ist daher nicht ausgeschlossen, daß unser ganzer v. der Form nach von Rd stammt; doch kann nach gewissen Analogien die Möglichkeit, daß die Redeweise (für Impf. mit ו) ihre Wurzel schon in der älteren Sprache hatte, nicht von der Hand gewiesen werden." Die sprachliche Form der Notiz weist somit in die Spätzeit. Die Form כתת ist nur in späten Texten (Jes 2,4; Mi 4,3; Sach 1,16) belegt. Das hohe Alter kann deshalb allein aus inhaltlichen Gründen postuliert werden. Doch erscheint es fraglich, ob dafür eindeutige Kriterien anzuführen sind.

7. Der Kampf mit Sihon (Num 21,21ff)

Num 21,21 berichtet, wie Israel Boten an Sihon, den König der Amoriter, sandte mit der Bitte, durch sein Gebiet marschieren zu dürfen. Doch Sihon verweigerte seine Zustimmung und griff Israel mit seinem Heer an. Er wird jedoch besiegt, so daß Israel sein ganzes Gebiet vom Arnon bis zum Jabbok besetzt. Das Spottlied über Heschbon (V. 27-20) bildet den Höhepunkt des Abschnitts. V. 33-35 schildert die Besiegung von Og, des Königs von Baschan. Da die Verse fast wörtlich mit Dtn 3,1-3 übereinstimmen, werden sie gewöhnlich als Zusatz angesehen, der von dort übernommen ist. (5)

---

1 Auch Noth, Pentateuch 174, sieht in 2K 18,4 eine vom Pentateuch vielleicht unabhängige Notiz.

2 Pentateuch 174; ders., Studien 76.

3 Wellhausen, Composition 290.

4 Könige 278.

5 So Wellhausen, Composition 109; Eißfeldt, Hexateuch-Synopse 183* Noth, Studien 13 A. 1, ders., Num 142. - In Num 32.28-38 findet sich ein Parallelbericht, wonach Mose den Stämmen Ruben, Gad und Halbmanasse das Gebiet Sihons und Ogs gegeben habe. - Noth, Pentateuch 79, sieht das Siegeslied für ursprünglich an, während die Erzählung sekundär hinzukam.

Dtn 1,4 "(Mose redete zu den Israeliten) nachdem er (d.h. Jahwe) Sihon, den Amoriterkönig, der zu Heschbon wohnte, und den König Og von Basan, der zu Astharot wohnt, bei Edrei geschlagen hatte."

Der Vers stimmt mit Num 21, 34 weitgehend überein, das zu dem dtr Abschnitt V. 33-35 gehört. Die Überlieferung von Og war dem ursprünglichen jehowistischen Bericht nicht bekannt und bildet eine Sondertradition des Dtn.

Dtn 2, 24ff "24 Wohlan nun, brecht auf und geht über den Bach Arnon. Siehe, ich gebe den Amoriter Sihon, den König von Heschbon, samt seinem Land in deine Hand; hebe an, es zu besetzen und fange mit ihm Krieg an. 25 Von heute an will ich Schrecken und Furcht vor dir auf die Völker legen unter dem ganzen Himmel: wenn sie nur von dir hören, werden sei vor dir erzittern und erbeben. 26 Da sandte ich Boten aus der Wüste Kedemoth an Sihon, den König von Heschbon, mit friedlichen Worten und ließ ihm sagen: 27 Ich möchte durch dein Land ziehen. Nur wo die Straße geht, will ich gehen; weder zur Rechten noch zur Linken will ich davon abweichen. 28 Speise sollst du mir um Geld verkaufen, daß ich zu essen habe, und Wasser sollst du mir um Geld geben, daß ich zu trinken habe; nur durchziehen möchte ich - 29 wie die Söhne Esaus, die in Seir wohnen, und die Moabiter, die in Ar wohnen, es mir gestattet haben -, bis ich über den Jordan in das Land komme, das uns Jahwe, unser Gott, geben will. 30 Aber Sihon, der König von Heschbon, wollte uns nicht durch das Land ziehen lassen; denn Jahwe, dein Gott, hatte seinen Sinn verhärtet und sein Herz verstockt, daß er ihn in deine Hand gebe, wie es jetzt geschehen ist. 31 Und Jahwe sprach zu mir: Siehe, schon fange ich an, Sihon und sein Land dir preiszugeben; fange an, es zu besetzen. 32 Und Sihon zog aus gen Jahaz uns entgegen zum Streit, er und sein ganzes Volk. 33 Aber Jahwe, unser Gott, gab ihn in unsere Hand, daß wir ihn samt seinen Söhnen und samt seinem ganzen Volk schlugen. 34 Und wir nahmen damals alle seine Städte ein und vollstreckten an jeder den Bann, an Männern, Frauen und Kindern; niemand ließen wir entrinnen. 35 Nur das Vieh behielten wir für uns als Beute und den Raub aus den Städten, die wir eingenommen hatten. 36 Von Aroer, das am Ufer des Baches Arnon liegt, und von der Stadt im Tal bis nach Gliead war keine Stadt, die uns zu fest gewesen wäre; alles gab Jahwe, unser Gott, in unsere Hand.

37 Nur dem Land der Ammoniter nahtest du dich nicht, allem, was seitwärts vom Bach Jabbok liegt, und den Städten auf dem Gebirge, ganz wie Jahwe, unser Gott, geboten hatte." (1)

V. 24f Zu diesen beiden Versen gibt es in Num 21, 21ff keine Parallele.

V. 26 Die Wendung וישלח ... מלאכים ist mit Num 21, 21 וישלח מלאכים ממדבר zu vergleichen. Die Wüste Kedemoth wird im jehowistischen Werk nicht erwähnt (vgl. aber Jos 13, 18; 1Ch 6, 64). Sihon wird hier מלך חשבון genannt, während er in Num 21, 21 מלך האמרי heißt.

V. 27 Der Ausdruck אעברה בארצך stimmt mit Num 21, 22a überein. Weiterhin ist לא אסור ימין ושמאול mit Num 20, 17 לא נטה ימין ושמאול zu vergleichen. Der Rest des Verses enthält jedoch eigene Formulierungen.

V. 28 Das Motiv des Kaufes von Speise und Trank stimmt mit 2, 6 und Num 20, 19 im Rahmen der Edomgeschichte überein. Es kommt in Num 21, 21ff nicht vor. Der Ausdruck רק אעברה ברגליו ist mit Num 20, 19 רק אין-דבר ברגליו zu vergleichen.

V. 29 Der Vers hat keine Entsprechung in JE sowie in 2, 2ff.

V. 30 V. 30a ולא אבא סיחן מלך חשבון העברנו בו ähnelt Num 21, 23a ולא נתן סיחן את-ישראל עבר בגבלו. Der zweite Halbvers hat in dem jehowistischen Paralleltext keine Entsprechung. Die Verhärtung der Herzen kommt nur einmal beim Jehowisten, nämlich in Ex 7, 3 vor, wo ebenfalls das Verb הקשה gebraucht ist. (2) Noth (3) sieht V. 30b. 31 auf Grund der singularischen Anrede für sekundär an, während v. Rad (4) den gesamten Abschnitt V. 24b-30 für eine Interpolation hält.

V. 31 Der Vers hat keine Parallele in JE.

V. 32 Das Zusammentreffen von Israeliten und Amoritern bei Jahaz wird auch in Num 21, 23 berichtet, ohne daß eine wörtliche Übereinstimmung besteht.

---

1 Es folgt in 3, 1ff die Schilderung der Besiegung Ogs.

2 הקשה kommt auch Dtn 15, 7; 2Ch 36, 13 vor.

3 Studien 35 A. 2.

4 Deuteronomium 32.

V. 33 Der Inhalt des Verses geht mit Num 21, 24 parallel. Doch findet sich nur hier die Erwähnung der Ermordung der Söhne Sihons. Der Wortlaut stimmt weitgehend mit dem dtr Bericht über den Sieg über Og in Num 21, 35a überein. Eine literarische Verwandtschaft mit JE liegt nicht vor.

V. 34 Die Einnahme der Städte wird auch in Num 21, 25 berichtet, jedoch stimmt der Wortlaut nicht überein. Die Vollstreckung des Bannes wird in JE nicht berichtet.

V. 35 Der Vers hat keine Parallele in JE.

V. 36f Die Verse entsprechen Num 21, 24f. Die Beschreibung מערער אשר על-שפת-נחל ארנן stimmt mit 3, 12; 4, 48; Jos 12, 2; 13, 9. 16; 2K 10, 33 überein. Aroer wird beim Jehowisten zwar in Num 32, 34, nicht jedoch in 21, 24f erwähnt. Auch sonst werden jeweils verschiedene Ortsnamen aufgeführt, obwohl in beiden Fällen das Ammoniterterritorium ausgespart ist. Der Jabbok als Grenze der Ammoniter kommt auch Dtn 3, 16 und Jos 12, 2 vor. Steuernagel (1) und Noth (2) sehen V. 37 als sekundär an: Der Vers steht im Widerspruch zu Jos 13, 25 P, wonach Israel sich die Hälfte des ammonitischen Gebietes aneignete.

Zwischen den beiden Berichten in Num 21 und Dtn 2 sind erhebliche Abweichungen zu beobachten:

1. Während der Jehowist die Episode unmittelbar nach dem Aufbruch von Kadesch ansetzt, findet sie nach dem Dtn-Bericht am Ende der Wüstenwanderung statt.

2. Das Dtn setzt ein freundschaftliches Verhältnis zwischen Israel und Edom voraus, während nach JE erbitterte Feindschaft besteht.

3. Im Gegensatz zum Dtn wird im Num-Bericht Mose überhaupt nicht erwähnt; vielmehr ist hier das Volk Subjekt.

4. Num 21 erwähnt die Einwirkung Gottes auf das Geschehen nicht, während Dtn dies hervorhebt.

Van Seters (3) kommt in einer gründlichen Analyse zu dem Ergebnis, daß Num 21, 21-25 vollständig in Dtn 2, 26-37 enthalten und deshalb Num 21 von Dtn 2 abhängig sei. Num 21 sei als eine Mischung aus Dtn 2 und Ri 11, 19-26 aufzufassen.

---

1 Deuteronomium 59.
2 Studien 35 A. 2.
3 JBL 91, 182ff.

Sumner (1) verwirft die Möglichkeit einer literarischen Abhängigkeit, obwohl beide Texte dieselbe Quelle benutzt haben können. Auf Grund der inhaltlichen Unterschiede wird man Sumner wohl zuzustimmen haben.

Dtn 3,21f "21 Damals befahl ich Josua: Deine Augen haben alles gesehen, was Jahwe, euer Gott, diesen zwei Königen getan hat; dasselbe wird Jahwe allen Königreichen tun, dahin zu ziehen wirst. 22 Fürchte dich nicht vor ihnen; denn Jahwe, euer Gott, er ist es, der für euch streitet."

Die Verse werden gewöhnlich als Zusatz angesehen, da sie dem erst in V. 28 gegebenen Befehl zum Aufbruch vorausgreifen. (2) Sie stehen in einger Verwandtschaft zu Dtn 2,24ff und zeigen keinerlei Abhängigkeit von JE.

Dtn 4,46f "46 (Dies sind die Satzungen usw., die Mose den Israeliten kundtat) jenseits des Jordan im Tal gegenüber Beth-Peor, im Land Sihons, des Amoriterkönigs, der zu Heschbon saß, den Mose und die Israeliten schlugen, als sie aus Ägypten zogen 47 und dessen Land sie in Besitz nahmen, wie das Land des Königs Og von Basan, der beiden Amoriterkönige jenseits des Jordan gegen Osten."

Die Notiz stimmt weitgehend mit Dtn 1,4 überein und ist wohl von dort und aus 3,29 herausgesponnen. V. 46-49 werden gewöhnlich als spätere Einfügung angesehen, da sie mit dem Kontext nur lose verknüpft sind. (3)

Dtn 29,6f "6 Und als ihr an diesen Ort kamt, da zogen der König Sihon von Heschbon und der König Og von Basan uns entgegen zum Streit; wir aber schlugen sie, 7 nahmen ihnen das Land weg und gaben es den Rubeniten, den Gaditen und dem halben Stamm Manasse zum Erbbesitz."

Die Verse sind mit 2,32ff eng verwandt und von dort abhängig. Sie zeigen keine direkte literarische Beziehung zu JE. Steuernagel (4) sieht die Verse als Zusatz an, während Driver (5) und Bertholet (6) sie für ursprünglich halten.

---

1 VT 18,223.

2 Mit Steuernagel, Deuteronomium 63; Bertholet, Deuteronomium 12f. Noth, Studien 191 A. 3; anders Driver, Deuteronomy 59.

3 So Bertholet, Deuteronomium 21; Steuernagel, Deuteronomium 71; Driver, Deuteronomy 81.

4 Deuteromomium 156.

5 Deuteronomium 321f.

6 Deuteronomium 89.

Dtn 31, 3f "3 Jahwe, dein Gott, wied selbst vor dir hinübergehen, er selbst wird diese Völker vor die vertilgen ... 4 Jahwe wird ihnen tun, wie er Sihon und Og, den Amoriterkönigen, und ihrem Land getan hat, die er vertilgte."

Auch diese Notiz ist von Dtn 1, 4; 2, 24ff; 3, 29 abhängig und enthält keine eigenständige Überlieferung.

Jos 2, 10 "Denn wir haben gehört, wie Jahwe das Wasser im Schilfmeer vor euch ausgetrocknet hat, als ihr aus Ägypten zogt, und was ihr den zwei Königen der Amoriter, Sihon und Og, jenseits des Jordan getan habt, an denen ihr den Bann vollstreckt habt."

Der Ausschnitt aus der Rede Rahabs an die Kundschafter trägt deutlich einen dtr Charakter. (1) Die Bezugnahme auf Sihon und Og ist von den eben behandelten dtn Texten abhängig.

Jos 9, 10 "(Wir haben gehört, was Jahwe an Ägypten getan hat) und was er alles den beiden Amoriterkönigen jenseits des Jordan getan hat, Sihon, dem König von Heschbon, und Og, dem König von Basa, der zu Astharot wohnte."

Dieses Stück der Rede der Gibeoniten wird ebenfalls gewöhnlich als dtr angesehen, da es deutlich mit Dtn 1, 4; 2, 24ff; 3, 29 usw. verwandt ist. (2)

Jos 12, 2ff "2 Sihon, der Amoriterkönig, der zu Heschbon wohnte und herrschte von Aroer an, das am Ufer des Baches Arnon liegt, und über die Mitte des Tales ... 5 (bis) an das Gebiet Sihons, des Königs von Heschbon."

Die aus V. 1-6 bestehende Liste der besiegten Könige wird gewöhnlich als späte von Dtr und P her beeinflußte Schöpfung angesehen. (3)

Jos 13, 10 "(Ruben, Gad und Halbmanasse haben empfangen) alle Städte Sihons, des Amoriterkönigs, der zu Heschbon regierte, bis zum Gebiet der Ammoniter."

13, 1-14 stellt nach allgemeiner Auffassung ein spätes Stück innerhalb des Josuabuches dar. (4) Der Hinweis auf Sihon stimmt mit den übrigen bisher behandelten Stellen formal und inhaltlich überein.

---

1 S. o. S. 102.

2 S. o. S. 103.

3 So Wellhausen, Composition 127; Holzinger, Josua 46; Noth, Josua 71; Fohrer, Einl 221.

4 Vgl. Wellhausen, Composition 129; Eißfeldt, Hexateuch-Synopse 227*; Noth, Josua 74.

Ri 11, 19ff

"19 Hier (d. h. am Arnon) sandte Israel Boten an Sihon, den Amoriterkönig, den König von Heschbon, und Israel ließ ihm sagen: Wir möchten durch dein Land an unseren Ort ziehen. 20 Aber Sihon weigerte sich, Israel durch sein Gebiet ziehen zu lassen; er sammelte sein ganzes Volk, und sie lagerten sich bei Jahaz, und er kämpfte mit Israel. 21 Da gab Jahwe, der Gott Israels, Sihon und sein ganzes Volk in die Hand Israels, und sie schlugen sie; und Israel besetzte das ganze Land der Amoriter, die dort wohnten. 22 Sie besetzten das ganze Gebiet der Amoriter, vom Arnon bis an den Jabbok, und von der Wüste bis an den Jordan."

V. 19 Der Vers stimmt inhaltlich mit Num 21, 21 überein. Der Anfang zeigt jeweils dieselbe Formulierung וישלח ישראל מלאכים אל-סיחן מלך-האמרי. Im übrigen bestehen jedoch Unterschiede. Statt אעברה בארצך in 21, 22 wird hier נעברה-נא בארצך gesagt. (1)

V. 20 Der Vers stimmt teilweise mit Num 21, 23 überein: (2)

Hier ולא האמין סיחן את-ישראל עבר בגבלו ויאסף סיחן את-כל-עמו ויחנו ביהצה וילחם עם ישראל

21, 23 ולא נתן סיחן את-ישראל עבר בגבלו ויאסף סיחן את-כל-עמו ויצא לקראת ישראל

In einer Reihe von Formulierungen ist Übereinstimmung zu beobachten, sodaß auf eine literarische Verwandtschaft zu schließen ist. Dtn 2, 32 erwähnt ebenfalls Jahaz, jedoch in anderer Formulierung.

V. 21 Der Vers stimmt inhaltlich mit Num 21, 24 und Dtn 2, 33 überein, er enthält jedoch eine eigene Formulierung.

V. 22 Die Gebietsbeschreibung ist mit Num 21, 24 und Dtn 2, 36 zu vergleichen, ohne daß wörtliche Berührungen zu beobachten sind.

Zusammenfassend ist festzustellen, daß zwischen diesem Abschnitt und Num 21 erhebliche Übereinstimmungen bestehen, woraus sich die Wahrscheinlichkeit einer literarischen Abhängigkeit ergibt. (3) Van Seters (4) weist darauf hin, daß sich Ri 11 und Num 21 in gleicher Weise von Dtn unterscheiden, insbesondere in dem Gebrauch von Israel als Subjekt, während in Dtn 2 Mose das Subjekt bildet. Dies ist besonders im Fall von Num 21

---

1 אעברה kommt auch in Dtn 2, 27 vor.

2 Die LXX u. a. ändern לא האמין in וימאן סיחון תת. Doch stellt dies eine sekundäre Angleichung an Num 20, 2 dar.

3 So z. B. Richter, Fs. Schmaus I, 194.

4 JBL 91, 186.

auffallend , da der übrige Kontext Mose als Subjekt benutzt. Die V. 12-28 bilden einen späten Einschub innerhalb des dtr Geschichtswerkes. (1)

<u>Ps 135, 10f</u> "10 Der viele Völker schlug und mächtige Könige tötete: 11 Sihon, den Amoriterkönig, und Og, den König von Basan, und alle Reiche in Kanaan."

Das Nebeneinander von Og und Sihon kann nur aus der dtr Tradition stammen und zeigt keine direkte Beziehung zu JE. Der Terminus ממלכה kommt dort nicht vor.

<u>Ps 136, 17ff</u> "17 Der große Könige schlug, denn seine Güte währet ewiglich, 18 und gewaltige Könige tötete, denn seine Güte währet ewiglich, 19 Sihon, den Amoriterkönig, denn seine Güte währet ewiglich, 20 und Og, den König von Basan, denn seine Güte währet ewiglich, 21 und ihr Land zu eigen gab, denn seine Güte währet ewiglich, 22 zueigen Israel, seinem Knechte, denn seine Güte währet ewiglich."

Analog zu Ps 135 ist auch diese Stelle aus der dtr Tradition abzuleiten. Eine literarische Verbindung zu JE läßt sich nicht erkennen, da sie Ausdrücke מלאכים גדולים und נחלה dort nicht belegt sind. Die Bezeichnung Israels als עבד findet sich erst seit Dtjes.

<u>Jer 48, 45f</u> "45 Im Schatten von Heschbon stehen kraftlos die Fliehenden. Denn es wird ein Feuer von Heschbon und eine Flamme aus dem 'Haus' (2) Sihon ausgehen, welche die Schläfe Moabs verzehren wird und den Scheitel der kriegerischen Leute. 46 Wehe dir, Moab! Du bist verloren, Volk des Kamosch; denn weggeholt wurden deine Söhne in die Verbannung und deine Töchter in die Gefangenschaft."

V. 45 Der erste Halbvers hat keine Parallele in Num 21.
V. 45aα כי-אש יצא מחשבון ולהבה מבית סיחון stimmt weitgehend mit Num 21, 28b כי אש יצאה מחשבון להבה מקרית סיחון überein.
V. 45bß ותאכל פאת מואב וקדקד בני שאון ist verwandt mit Num 24, 17 ומחץ פאת מואב וקרקר כל-בני שת.

V. 46 Der erste Halbvers stimmt wörtlich mit Num 21, 29 überein. (3) Der zweite Halbvers enthält eine eigene Formulierung.

---

1 S. o. S. 192f.

2 בין ist in בית zu ändern.

3 אבד könnte mit einigen Manuskripten in אבדת geändert werden.

Das in Jer 48,45f gebotene Spottlied stellt somit eine Kompilation aus Num 21,28f und 24,17 dar, wobei 21,30 hier nicht wiedergegeben ist. Wahrscheinlich hat der Verfasser JE oder gar die abgeschlossene Pentateucherzählung als Vorlage benutzt. Duhm (1) datiert Jer 48 in das Ende des 2. Jh.; Volz (2) hält V.45-47 für einen späteren Einschub. Weiser (3) datiert V.45f "nicht vor dem 5. Jahrhundert", da eine Abhängigkeit von Jes 24 festzustellen sei. Auch Fohrer (4) hält den Abschnitt für spät.

Sihon und Og werden in den eben behandelten Texten mit verschiedener Terminologie bezeichnet:

1. Sihon als "Amoriterkönig" und Og als "König von Basan": Num 21; Jos 12,1ff; 13,8ff; Ri 11,19ff; Ps 135,10f; 136,17ff; Dtn 1,4; 2,24; 3,6; 4,46.
2. Sihon und Og jeweils als "Amoriterkönige": Jos 2,10; Dtn 31,4.
3. Sihon als "König von Heschbon", Og als "König von Basan: Dtn 29,16; Neh 9,22.

8. Bileam und Balak (Num 22-24)

Die Bileamperikope (Num 22-24) stellt innerhalb der jehowistischen Erzählung einen relativ selbständigen Abschnitt dar, den Noth (5) als überlieferungsgeschichtlich spät einstuft. Die poetischen Stücke von Num 24 gelten gewöhnlich als älter als die erzählenden Stücke, während die Lieder von Num 23 wohl für die Erzählung gedichtet wurden. (6) Der Inhalt der Erzählung läßt sich wie folgt zusammenfassen: Moab ergreift die Furcht vor den Israeliten. Deshalb schickt Balak, der Moabiterkönig, nach dem Seher Bileam, dem Sohn Beors, und bittet ihn, Israel zu verfluchen, da es ihm zu mächtig ist. Bileam bittet die Boten, bei ihm zu übernachten. In der Nacht erscheint ihm Gott und befiehlt ihm, das Volk nicht zu verfluchten, da es gesegnet sei. Diesen Befehl gibt Bileam an die Boten weiter, die dies ihrem König melden. Dieser schickt eine weitere Gesandtschaft und bietet Bileam zur Belohnung hohe Ehren an. Bileam weigert sich wiederum und empfängt in der Nacht eine weiter Gottesoffenbarung. Gott befiehlt ihm mitzugehen.

---

1 Jeremia 345.
2 Jeremia 405.
3 Jeremia 402.
4 Einl 435.
5 Pentateuch 81f.
6 Vgl. Mowinckel, ZAW 48,248; Noth, Pentateuch 82; ders., Numeri 151ff.

Unterwegs stellt sich ihm der Engel Jahwes entgegen, den zunächst nur der Esel bemerkt. Als der Esel zu sprechen beginnt, erkennt er Jahwes Engel. Als Bileam schließlich Balak begegnet, baut dieser Altäre und bringt Opfer dar. Doch anstatt zu verfluchen, gibt ihm Gott einen Segensspruch ein (23, 7-10). Auf Balaks Zurechtweisung hin versucht er noch einmal, einen Fluchspruch von Gott zu empfangen, doch er empfängt einen zweiten Segensspruch (23, 18-24). Trotz der Empörung Balaks segnet er das Volk Israel noch zwei weitere Male (24, 2. 9. 15-23).

Die Priesterschrift erwähnt Bileam in Num 31, 8. Demnach töteten die Israeliten Bileam im Zuge eines Rachekrieges gegen Midian. Als Mose erfuhr, daß sie die Frauen am Leben gelassen hätten, befahl er, auch diese zu töten: "Sie gerade haben ja die Israeliten auf den Rat Bileams dazu gebracht, Jahwe um des Peor willen untreu zu werden, so daß die Plage über die Gemeinde kam." Zu dieser Aussage, daß Bileam die Israeliten zum Abfall zu Baal Peor verführt habe, gibt es in JE keine Parallele. P hat demnach eine ganz andere Bileamtradition aufgenommen, die Noth (2) als "eine alte, unabhängige, noch lange bekannt gewesene, für uns aber im übrigen verschollene Bileamüberlieferung" charakterisiert.

Dtn 23, 5f

"5 (Die Ammoniter und Moabiter dürfen nicht Mitglieder der Gemeinde sein,) weil er (d.h. Balak) Bileam, den Sohn Beors, von Pethor in Aram-Naharaim gegen dich gedungen hat, um dich zu verfluchen. 6 Jahwe, dein Gott, verwandelte dir den Fluch in Segen, weil Jahwe, dein Gott, dich liebhat."

Die hier über Bileam gemachten Aussagen widersprechen der jehowistischen Erzählung: Während hier berichtet wird, daß Bileam Israel tatsächlich verflucht hat und Jahwe diesen Fluch in Segen verwandelte, kommt nach Num 22-24 Bileam nicht zum Fluchen, da Gott statt eines Fluchspruches einen Segensspruch eingibt. Während Bileam hier wie ein heidnischer Zauberer beschrieben wird, erscheint er in Num 22-24 als Jahweprophet. Zwar stimmen Name und Vatersname überein. Auch der Herkunftsort wird ähnlich angegeben: "Pethor in Aram-Naharaim" bzw. "Pethor, das am Strom liegt" (Num 22, 5). (2) Im übrigen ist die Terminologie jedoch verschieden. Num 22-24 gebraucht für "fluchen" das Verb ארר, während hier קלל vorkommt. שכר (V. 5) findet sich weder in Num 22-24 noch im übrigen jehowistischen Werk; dasselbe gilt für אבה und הפך (V. 6). Aus diesen inhaltlichen und terminologischen Unterschieden kann nur geschlossen werden, daß Dtn 23, 5f mit Num 22-24 in keiner literarischen Beziehung steht.

---

1 Noth, Pentateuch 82.

2 Eißfeldt, Hexateuch-Synopse 184, 278, und Smend, Erzählung 230, sehen פתורה אשר על-הנהר als von Dtn 23, 5 her beeinflußten Zusatz an. Noth, Numeri 153, hält die Ortsangabe für ursprünglich.

Dtn 23 hat eine eigenständige Überlieferung aufgenommen, die sich von der in Num 22-24 verarbeiteten erheblich unterscheidet. (1)

Jos 13, 22 — "Auch den Wahrsager Bileam, den Sohn Beors, töteten die Israeliten mit dem Schwert, zu den Erschlagenen hinzu."

Die Notiz ist deutlich mit der priesterschriftlichen Stelle Num 31, 8 verwandt und von ihr abhängig. (2) Allerdings findet sich der Terminus קוסם "Wahrsager" dort nicht, während הרג בחרב auch dort vorkommt. V. 21aß (von כל-ממלכות an) und V. 22 werden von Steuernagel (3) und Holzinger (4) als Zusätze angesehen, da die Erinnerung an geschichtliche Ereignisse nicht in den Kontext paßt. Der Glossator entnahm das Material den Stellen Num 31, 8. 10. Bei dem ganzen Abschnitt 13, 15-14, 5 handelt es sich nach allgemeiner Meinung um ein spätes, wohl priesterschriftliches Stück. (5)

Jos 24, 9f — "9 Da erhob sich Balak, der Sohn Zipors, der König von Moab, und stritt wider Israel; und er sandte hin und ließ Bileam, den Sohn Beors, rufen, daß er euch verfluche. 10 Aber ich wollte nicht auf Bileam hören, sondern er mußte euch immer wieder segnen, und ich errettete euch aus seiner Hand."

Bei V. 9b-10 abα handelt es sich offensichtlich um einen dtr Zusatz, der von Dtn 23, 5f her formuliert ist. Er zerreißt den ursprünglichen Zusammenhang V. 9a-10bα, denn die in V. 10bα berichtete Errettung kann sich nur auf den Kampf Balaks gegen Israel (V. 9a) beziehen. (6) Der Abschnitt spiegelt eine ursprünglich selbständige Balaküberlieferung wieder, die im jehowistischen Werk bereits mit der Bileamtradition eng verknüpft ist.

---

1 Jirku, Geschichte 147, sieht einen Rest der ursprünglich negativen Absicht Bileams in der Eselepisode, wonach der Esel die böse Absicht Jahwes, die ihren Grund in Bileams Fluchvorhaben gehabt haben muß, zuerst erkennt. Er weist auf Num 24, 1 hin, wonach Bileam erkennt, daß es Jahwe gefällt, Israel zu segnen. Eißfeldt, Hexateuch-Synopse 188. 278; Smend, Erzählung 229, und Noth, Numeri 164f, sehen 23, 27-30 und 24, 1 allerdings als redaktionell an.

2 So auch Holzinger, Josua 53; Steuernagel, Josua 203; Noth, Josua 74.

3 Ebd.

4 Josua 52f.

5 So Wellhausen, Composition 74; Noth, Josua 74; Fohrer, Einl 214.

6 So auch Steuernagel, Josua 243; Holzinger, Josua 97; Noth, Josua 135; ders., Pentateuch 85 A. 226.

In JE wird nicht berichtet, daß Balak gegen Israel kämpfte. Allerdings ist er auch dort eine Israel feindlich gesinnte Gestalt. Eine literarische Beziehung zu JE ist ausgeschlossen. Noth (1) weist darauf hin, daß auffälligerweise in V. 10bß בישראל statt בכם gesagt wird. Dies bedeutet, daß der Verfasser eine festgeprägte Überlieferung aufgenommen hat.

Der Zusatz V. 9b-10ab stimmt weitgehend mit Dtn 23, 5f überein. Hier wie dort wird für "fluchen" das Verb קלל verwendet, während JE ארר sagt. Allerdings ist hier nicht von einem tatsächlichen Fluch Bileams die Rede. Stattdessen wird gesagt, daß Bileam Israel immer wieder segnen mußte (יברך ברוך). Der Redaktor hat Dtn 23, 5f leicht gekürzt.

Neh 13, 1f

"Zu jener Zeit wurde vor dem Volk aus dem Buch Moses vorgelesen, und es fand sich darin geschrieben: Kein Ammoniter oder Moabiter darf jemals in die Gemeinde Gottes eintreten, 2 weil sie den Israeliten nicht mit Brot und Wasser entgegengekommen sind und weil er (d. h. Balak) wider sie den Bileam gedungen hat, damit er sie verfluche; unser Gott aber verwandelte den Fluch in Segen."

Die Stelle wurde oben (2) bereits im Zusammenhang mit den Ammonitern und Moabitern behandelt. V. 2b erwähnt Balak, der Bileam gedungen hat, um Israel zu verfluchen. Doch Jahwe verwandelte den Fluch in Segen. Formal und inhaltlich stimmt V. 2b weitgehend mit Dtn 23, 5 überein:

Hier: וישכר עליו את-בלעם לקללו ויהפך אלהינו הקללה לברכה

Dtn 23, 5b ואשר שכר עליך את-בלעם בן-בעור מפתור ארם נהרים לקללך

Die Stelle steht überlieferungsgeschichtlich und literarisch mit Num 22-24 in keiner direkten Beziehung.

Mi 6, 5

"Mein Volk, gedenke doch, was Balak, der König von Moab, im Schilde führte - von Sittim bis Gilgal -, und was Bileam, der Sohn Beors, ihm geantwortet hat, damit du die Wohltaten Jahwes erkenntest." (3)

Mit den bisher behandelten Stellen stimmen die Namen der Hauptakteure Bileam und Balak überein. Auffallenderweise fehlt jedoch die Erwähnung des Motivs von Segen und Fluch.

Es wird lediglich von der Antwort Bileams an den König berichtet. Num 22, 18; 23, 13. 26 erwähnen drei Antworten Bileams, die jeweils seinen unbedingten Gehorsam gegenüber Gott zum Inhalt haben. Ob mit den "Wohltaten" (צדקות), die Israel erkennen soll, das Segnen durch Bileam gemeint

---

1 Josua 138.

2 S. o. S. 193f.

3 Der Satz מן-השטים עד-הגלגל ist als Glosse auszuschalten.

ist, wird nicht deutlich. Eine literarische Beziehung zu JE läßt sich nicht erheben. Der Abschnitt V. 1-5 gehört nicht zur ursprünglichen Prophetie Michas, sondern stammt aus nachexilischer Zeit. (1) Aus den aufgeführten Stellen lassen sich als Kern der Bileam-Balak-Überlieferung die Namen, die Verbindung mit Baal-Peor und die Gestalt eines mit der Macht des Wortes begabten Sehers/Wahrsagers erkennen. (2) Dabei können drei Versionen unterschieden werden:

1. Bileam verflucht, aber Jahwe verwandelt den Fluch in Segen: Dtn 23, 5f; Jos 24, 9f; Neh 13, 2.

2. Jahwe verhindert den Fluch Bileams und läßt ihn stattdessen das Volk segnen: Num 22-24; Mi 6, 5.

3. Verführung und Tod Bileams: Num 31, 1ff; Jos 13, 22. Bileam erscheint dabei als heidnischer Zauberer, der Israel zum Abfall verführen wollte. Balak fehlt in dieser Version.

9. Abfall zum Baal-Peor (Num 25, 1-5)

Num 25, 1-5 berichtet, daß das Volk mit den Moabiterinnen zu huren begann, an ihren Opfermahlen teilnahm und sich an den Baal-Peor hing. Daraufhin entbrannte Jahwes Zorn gegen Israel und Mose befahl, alle zu töten, die sich an den Baal-Peor gehängt hatten. Num 25, 6ff berichtet sodann eine weitere Episode, wonach Pinehas einen mit einer Midianiterin verkehrenden Israeliten tötete und dadurch der Plage Einhalt geboten wurde. Pinehas erhielt als Belohnung die Zusage des ewigen Priestertums. Bei V. 6ff handelt es sich offensichtlich um ein sehr spätes Stück im priesterschriftlichen Stil, das mit dem Kontext nicht ganz in Einklang steht, da die Plage vorher nicht erwähnt wird. (3)

Hos 9, 10 "... Sie aber kamen nach Baal-Peor und weihten sich dem Schandgott und wurden zum Abscheu gleich ihrem Buhlen."

Nur hier und in Dtn 4, 3 wird Baal-Peor als Ortsname gebraucht, während sonst für den Ort בית-פעור gesagt wird (vgl. Dtn 3, 29; 4, 46; 34, 6; Jos 13, 20). In Num 25, 3. 5 meint בעל פעור die Gottheit. Auch die hier verwendeten Termini שקוץ, בשת, נזר und אהב kommen in JE nicht vor.

---

1 S. o. S. 89.

2 Vgl. Noth, Pentateuch 81.

3 Eißfeldt, Hexateuch-Synopse 278; Noth, Pentateuch 16. 81; ders., Numeri 170ff, nehmen an, daß es sich um einen sekundären Zuwachs handelt zu dem bereits fertigen Pentateuch.

Sie sind sonst erst in späten Texten belegt. (1) Demnach ist eine literarische Beziehung zu JE unwahrscheinlich. Mit Jirku (2) ist anzunehmen, daß der Text auf einer von JE unabhängigen, selbständigen Tradition beruht. Der Vers ist wahrscheinlich nach-hoseanisch. (3)

Dtn 4, 3f

"Eure Augen haben gesehen, was Jahwe wegen des Baal-Peor getan hat: einen jeden, der dem Baal-Peor nachging, hat Jahwe, dein Gott, aus deiner Mitte weggetilgt. 4 Ihr aber, die ihr Jahwe, eurem Gott, anhingt, seid alle heute noch am Leben."

Inhaltlich stimmt der Text mit Num 25 in der Tatsache des Abfalls, der Erwähnung von Baal-Peor und dem Bericht über die Vertilgung der Abtrünnigen überein. Die Sprache weist jedoch in den dtn-dtr Bereich: דבק (vgl. Dtn 10, 20; 11, 22; 13, 5; 30, 20; Jos 22, 5; 23, 8), אחרי (vgl. Dtn 6, 14; 8, 19; 11, 28; 13, 5 usw.) und השמיד (Vgl. Dtn 1, 27; 2, 12. 21ff; 6, 15; 7, 4 usw.). Alle diese Ausdrücke kommen in Num 25, 1ff nicht vor. Deshalb ist eine terminologische Übereinstimmung mit JE nicht festzustellen. Offensichtlich handelt es sich um eine selbständige Wiedergabe der Überlieferung von Israels Abfall zum Baal-Peor, die in typisch dtn Sprache formuliert ist.

Jos 22, 17

"Ist es noch nicht genug an der Missetat mit Peor, von der wir uns bis auf diesen Tag noch nicht gereinigt haben und um derentwillen die Plage über die Gemeinde kam?"

Peor (ohne Baal) kommt als Gottesname sonst nur in priesterschriftlichen Stücken vor (vgl. Num 25, 18; 31, 16). (4) Der Ausdruck עון פעור ist nur hier belegt. JE erwähnt die Plage nicht, sondern nur P (vgl. Num 25, 8f. 18f; 31, 16; vgl. Ps 106, 29f). In Num 25, 8ff wird jedoch מגפה gebraucht, während hier נגף vorkommt. (5) Der Terminus עדה ist nur in der priesterschriftlichen Tradition belegt. (6) Die Stelle gehört also deutlich in den priesterschriftlichen Bereich, obwohl sie teilweise eigenständig formuliert. Eine literarische Beziehung zu JE ist nicht erkennbar. Während nach Num 25, 1-5 der Abfall zum Baal-Peor mit der Tötung der beiden Übeltäter erledigt ist, handelt es sich hier um eine bis in die Gegenwart nachwirkende Schuld. Der Abschnitt 22, 9-34 wird allgemein entweder P oder einem von P beeinflußten Verfasser zugeordnet. (7)

---

1 S. o. S. 146.

2 Geschichte 153.

3 S. o. S. 146.

4 Vgl. Peor als Name eines Berges in Num 23, 28 JE.

5 נגף findet sich allerdings auch in den priesterschriftlichen Stellen Num 8, 19; 17, 11f; Ex 12, 13; 30, 12.

6 S. o. S. 101.

7 So z. B. Wellhausen, Composition 133; Steuernagel, Josua 236; Fohrer, Einl 221f.

Ps 106, 28ff — "28 Sie hängten sich an den Baal-Peor und aßen Totenopfer. 29 Sie erzürnten ihn mit ihren Taten; da brach die Plage über sie aus. 30 Nun trat Pinehas auf und hielt Gericht; da ward der Plage gewehrt. 31 Das ward ihm zur Gerechtigkeit angerechnet, von Geschlecht zu Geschlecht auf ewige Zeiten."

V. 28 צמד mit ל kommt auch in Num 23, 3. 5 vor. Daß die Israeliten gleichzeitig Totenopfer (זבחי מתים) dargebracht hätten, wird weder in JE noch in P erwähnt.

V. 29 Das Verb הכעים "zum Zorn reizen" wird in JE nicht verwendet, findet sich jedoch häufig im Dtn (4, 25; 9, 18; 31, 29; 32, 16. 21) sowie in dtr Stellen der Königsbücher und Jeremias (vgl. Ri 2, 12; 1K 14, 9. 15; 15, 30; 2K 17, 11 u. ö.; Jer 7, 18; 17, 17 u. ö.). V. 29a stimmt inhaltlich mit Num 25, 3 überein. Die Erwähnung der Plage (מגפה) stimmt nur mit P (Num 25, 8f), nicht jedoch mit JE überein.

V. 30f Die Gestalt Pinehas, wird nur in P (Num 25, 6ff) erwähnt. Der Psalm gibt die dort berichteten Ereignisse teilweise in eigener Formulierung wieder. Die Zusage (ברית) eines ewigen Priestertums für Pinehas und seine Nachkommen findet sich auch in Num 25, 12f (P), wobei der Ausdruck חשב לצדקה nur hier vorkommt.

Lediglich der Terminus צמד stimmt mit JE überein. Doch reicht dies kaum aus, um auf eine literarische Abhängigkeit zu schließen. Der übrige Text zeigt entweder dtn oder priesterschriftliche Ausdrucksweise und Überlieferung. (1)

10. Mirjams Aussatz (Num 12, 1-15)

Num 12, 1-15 berichtet von der Empörung Aarons und Mirjams gegen Mose. Sie lehnen sich gegen dessen kuschitische Frau und gegen seine Autorität als Prophet auf. Deshalb entbrennt Jahwes Zorn und Mirjam wird aussätzig. Aaron legt Fürsprache bei Mose ein und dieser wendet sich an Jahwe. Jahwe befiehlt, daß sie sieben Tage außerhalb des Lagers ausgeschlossen sein soll und dann wieder zurückkehren darf.

Noth (2) weist auf die Uneinheitlichkeit der Erzählung hin: Es werden zwei Vorwürfe gegen Mose in V. 1 und V. 2 erwähnt. Während in V. 1f Mirjam und Aaron bzw. Aaron und Mirjam vorkommen, erscheint in V. 9-15 Mirjam als Hauptschuldige.

---

1 Anders Noth, Pentateuch 172f, und Fohrer, Einl 316, die annehmen, daß der Verfasser des Psalms bereits die abgeschlossene Pentateucherzählung vor sich gehabt habe.

2 Numeri 82f.

Jedoch ist eine literarkritische Scheidung nicht möglich. Bei Kap 11 und 12 handelt es sich offensichtlich um sekundäre Einschaltungen, da von Moses Heirat mit einer kuschitischen Frau im AT sonst nicht berichtet wird und Kap. 12 offensichtlich die Funktion Aarons als Sprecher und Begleiter Moses (Ex 4ff) nicht kennt.

Dtn 24, 8f

"8 Habe acht bei der Plage des Aussatzes, daß du alles genau beobachtest und tust, was dich die levitischen Priester lehren; wie ich ihnen befohlen habe, genau so sollt ihr tun. 9 Denke daran, was Jahwe, dein Gott, an Mirjam getan hat auf dem Weg, als ihr aus Ägypten zogt."

Der Text bezieht sich offensichtlich auf das in Num 12, 10 berichtete Aussätzigwerden Mirjams und auf ihr Ausgestoßensein (Num 12, 14f). Eine literarische Abhängigkeit kann jedoch kaum erschlossen werden. Der Ausdruck נגע-הצרעת kommt in JE nicht vor. Es fehlen hier alle in Num 12 berichteten Einzelheiten. (1) Auffällig ist der Wechsel zwischen Singular und Plural. Steuernagel (2) schließt daraus, daß die pluralischen Stücke V. 8b. 9b sekundär seien. Seitz (3) zieht den noch weitergehenden Schluß, daß die Verse insgesamt auszusondern seien. Er verweist auf den zweimaligen Wechsel vom Singular zum Plural sowie auf die Beobachtung, daß die Verse im Kontext völlig belanglos dastehen.
V. 9 stimmt weitgehend mit Dtn 25, 17 überein:

25, 17 זכור את-אשר-עשה לך עמלק בדרך בצאתכם ממצרים
24, 9 זכור את אשר-עשה יהוה אלהיך למרים בדרך בצאתכם ממצרים

11. Landverteilung an Ruben und Gad (Num 32)

Num 32 berichtet von der Zuteilung des Ostjordanlandes an die Stämme Gad, Ruben und Halbmanasse. Da die Rubeniten und Gaditen viel Vieh hatten, erschien ihnen das Ostjordanland als geeignet. Sie kamen deshalb zu Mose und baten, ihnen dieses Gebiet zum Erbbesitz zu geben. (V. 1-6) (4) Sie verpflichteten sich, weiterhin mit ihren Volksgenossen zu kämpfen, bis diese im Westjordanland ihren Erbbesitz erhalten werden. Sie wollten nur ihre Familien zurücklassen. Mose stimmte zu und teilte ihnen das von Sihon und Og eroberte Gebiet zu (V. 16-42).

---

1 Auch v. Rad, Deuteronomium 108, gibt zu bedenken, daß "nicht unbedingt vorauszusetzen ist, daß unsere Stelle nur diese Fassung der Überlieferung (sc.Num 12) gekannt haben müsse".

2 Deuteronomium 140.

3 Studien 166.

4 V. 7-15 bilden einen späteren Zusatz.

Nach Noth (1) bildet in Num 32 JE die Grundlage der Erzählung, die mit späteren Bearbeitungen und Zusätzen vielfach verquickt ist. Eine klare Quellenscheidung ist nicht durchzuführen.

Dtn 3, 8ff

V. 8-13 Der Abschnitt erzählt von der Eroberung des Ostjordanlandes im Kampf gegen Sihon und Og und seine Zuteilung an Gad, Ruben und Halb-Manasse. Das in Num 32, 1 entscheidende Motiv, wonach Ruben und Gad wegen ihres vielen Viehs das Ostjordanland haben wollten, wird hier jedoch nicht berichtet. Im Grundbestand von Num 32 geht es nur um Gad und Ruben, während in der dtn Überarbeitung von Dtn 3, 8ff Halb-Manasse hinzugefügt wurde. Von hier stammt auch die Angabe, daß es sich um das von Sihon und Og eroberte Gebiet handelt (Num 32, 33).
V. 9-11 werden allgemein als Glossen angesehen. (2) Zu der Überlieferung von einem monumentalen Basaltsarg Ogs in Rabba gibt es in JE keine Parallele.

V. 14-17 Diese Verse sind wohl als spätere Zusätze zu betrachten. (3) V. 15 widerspricht V. 12 insofern, als in V. 12 berichtet wird, daß Halb-Gilead an Gad und Ruben und die andere Hälfte an Halb-Manasse gegeben wurde, während nach V. 15 ganz Gilead an Machir, den Sohn Manasses, überlassen wird. V. 16f wiederholen V. 12 unter Angabe genauerer Details. Die Zusätze stammen aus Num 32, 39-41, wobei die Reihenfolge umgekehrt ist.

V. 14 Der Vers will die Erwähnung von Basan in V. 13 mit Num 32, 39-41 harmonisieren, wobei Basan nicht erwähnt wird. (4) Eine ähnliche Angabe findet sich auch in Jos 13, 30, wo ebenfalls fälschlicherweise die Eroberung Jairs in Basan statt in Gilead lokalisiert wird.
אתם hat kein vorausgehendes Bezugswort. Der Satzteil
ויקרא אתם ... חות יאיר stimmt weitgehend mit Num 32, 41
ויקרא אתכם חות יאיר überein. Im übrigen herrscht unterschiedliche Terminologie vor.

V. 15 Der Vers entspricht Num 32, 40, ohne daß die in 32, 39 berichtete Vertreibung der Amoriter erwähnt wird. Eine wörtliche Übereinstimmung liegt nicht vor.

---

1 Numeri 204; vgl. Holzinger, Numeri 153f; Eißfeldt, Einl 265; Fohrer, Einl 161.

2 So z.B. Bertholet, Deuteronomium 11; Noth, Studien 37.

3 So Bertholet, Deuteronomium 11; Steuernagel, Deuteronomium 62; Driver, Deuteronomium 54f; v. Rad, Deuteronomium 32f.

4 Vgl. Driver, Deuteronomium 55.

V. 16f Die detailierten Ortsangaben sind aus Jos 12, 2f entnommen.

V. 18 Der zweite Halbvers entspricht teilweise Num 32, 17. In beiden Texten werden die Wurzel חלץ und der Ausdruck לפני בני ישראל verwendet. Als typisch dtr Sprache sind חלוצים תעברו (vgl. Jos 1, 14; 4, 12) und (vgl. Dtn 1, 3 usw) zu charakterisieren.

V. 19 Der Vers stimmt inhaltlich mit Num 32, 17b überein, wo jedoch die Frauen nicht erwähnt werden. טף kommt auch in Num 32, 16. 24 JE vor.

V. 20 Der Vers stimmt inhaltlich mit Num 32, 18 überein, ohne daß literarische Abhängigkeit festzustellen ist. Der Ausdruck עד-אשר יניח יהוה gehört zum dtr Sprachgebrauch (vgl. Dtn 12, 10; 25, 19; Jos 1, 13. 15; Jos 21, 42; 22, 4; 23, 1).

V. 21-29 Nach Noth (1) stellen V. 21f eine sekundäre Vorwegnahme von 3, 28 dar, die aus geläufigen dtr Wendungen zusammengestzt ist. Der Abschnitt hat keine Parallele im Jehowisten, der überhaupt keinen Grund dafür angibt, warum Mose nicht in das gelobte Land durfte. P berichtet von einer Schuld des Mose (Num 20, 12; 27, 12ff; Dtn 32, 51), während nach Dtn 3, 26 Mose der Eintritt in das gelobte Land um der Schuld des Volkes willen verweigert wird. Der Berg Pisga wird auch Num 21, 20; 23, 14; Dtn 34, 1 erwähnt.

Zwar gibt es gelegentliche Übereinstimmungen zwischen Num 32 und unserem Abschnitt. Doch können diese auf spätere Harmonisierungen zurückgehen. (2) Dtn 3 berichtet von demselben Ereignis zumeist in typisch dtn Terminologie unter Benutzung selbständiger, von JE unabhängiger Überlieferung, so daß eine literarische Abhängigkeit nicht zwingend zu beweisen ist.

Jos 13, 15ff

Der Abschnitt berichtet in Form von Gebiets- und Ortsbeschreibungen von der Aufteilung des Ostjordanlandes an die Stämme Ruben, Gad und Halb-Manasse. Es handelt sich hier um einen sehr späten Text, dessen literarischer Charakter bereits behandelt wurde. (3)

---

1 Studien 37.
2 Vgl. Noth, Numeri 204.
3 S. o. S. 200.

III. Zusammenfassung

In den älteren Schriften des AT wird der Wüstenaufenthalt der Israeliten in Hos 2, 16f; 9, 10; 13, 5; Am 5, 25; Jer 2, 2f; 31, 2 erwähnt. Doch muß die Echtheit aller dieser Stellen bezweifelt werden. Die Bücher Jes, Mi, Jo, Ob, Jon, Nah, Hab, Zeph, Sach und Mal nehmen niemals auf die Wüstenwanderung Bezug. Sie kommt auch in sicher vor-exilisch zu datierenden Psalmen nicht vor. Aus der exilischen Prophetie sind Ez 20 und Djes 48, 21 belegt. Bei den übrigen Djes-Stellen muß jedoch offen bleiben, ob hier der Wüstenaufenthalt der Israeliten gemeint ist. Die übrigen Stellen in den geschichtlichen und poetischen Bücher sind in die exilisch-nachexilische Zeit zu datieren: Jer 2, 5f; Dtn 1, 19. 32; 2, 17; 6, 16; 8, 2ff; 9, 22ff; 11, 5; 24, 8f; 25, 17ff; 29, 4; 32, 10ff. 51; 33, 8; Jos 5, 6; Neh 9, 12ff; Ps 77, 21; 78, 14ff; 95, 8ff; 105, 39ff; 106, 32ff; 114, 7f; 136, 16.

Eine Reihe von Stellen sehen den Wüstenaufenthalt in einem positiven Licht (Hos 2, 16f; 9, 10; 13, 5f; Jer 2, 2f; 31, 2; Dtn 32, 10) und unterscheiden sich somit inhaltlich vom jehowistischen Bericht. (1)
Nur in Ps 78 und Ri 11, 14ff läßt sich mit Sicherheit eine literarische Abhängigkeit von JE nachweisen. Bei allen übrigen Stellen handelt es sich um selbständige Wiedergaben der Wüstentradition, die von JE literarisch unabhängig sind. Teilweise bestehen erhebliche inhaltliche Unterschiede. Auch die dtn Texte sind literarisch selbständig und wurden höchstens in einem sekundären Stadium an die jehowistischen Erzählungen angeglichen.

An Einzelereignissen und Einzelmotiven werden außerhalb des Tetrateuch erwähnt:

1. Das Schlagen von Wasser aus dem Felsen: Djes 48, 21; Ps 78, 15f. 20; 105, 41; 118, 8; Neh 9, 15.

2. Manna: Ps 78, 23ff; Neh 9, 15. 20; Dtn 8, 3. 16.

3. Massa und Meriba: Ps 81, 8; 95, 8; 106, 32; Dtn 6, 16; 32, 51P; 33, 8.

4. Wachteln: Ps 78, 27ff; 105, 40.

5. Wolken- und Feuersäule: Ps 78, 14; 105, 39; Neh 9, 12. 15; Neh 1, 33.

6. Amalikiterschlacht: Dtn 25, 17ff.

7. Einsetzung der Richter: Dtn 1, 9ff.

---

1 Allerdings muß dabei beachtet werden, daß das Motiv des Murrens wahrscheinlich überlieferungsgeschichtlich sekundär in die Wüstentradition eingedrungen ist. S. o. S. 143.

8. Lustgräber: Ps 78, 29? ; 106, 14; Dtn 9, 22.

9. Dathan und Abiram: Ps 106, 16ff; Dtn 11, 6.

10. Botschaft an Edom: Dtn 2, 1ff; Ri 11, 14ff; Dtn 23, 4f.

11. Aussendung der Kundschafter: Dtn 1, 19ff; Jos 14, 6ff; Ps 106, 24ff.

12. Eherne Schlange: 2K 18, 4.

13. Og und Sihon: Dtn 1, 4; 2, 24ff; 4, 46f; 3, 21f; 29, 6f; 31, 4; Jos 2, 10; 9, 10; 12, 2ff; 13, 10; Ri 11, 19ff; Ps 135, 10f; 136, 17ff.

14. Bileam und Balak: Jos 13, 22; 24, 9f; Dtn 23, 5f; Neh 13, 1f; Mi 6, 5.

15. Abfall zum Baal-Peor: Hos 9, 10; Dtn 4, 3f; Jos 22, 17.

16. Mirjams Aussatz: Dtn 24, 8f.

17. Landverteilung an Gad und Ruben: Jos 13, 15ff; Dtn 3, 8ff.

Keine dieser Stellen ist älter als das Exil. Eine literarische Abhängigkeit von JE kann nur für folgende Texte als wahrscheinlich angesehen werden: Neh 9, 12; Dtn 1, 9ff. 19ff; Ri 11, 19ff und Jer 48, 45f. Die in den einzelnen Texten aufgenommenen Überlieferungen weisen teilweise große inhaltliche Unterschiede auf, z. B. bei Bileam und Balak, beim Durchzug durch Edom. Dies zeigt, daß sehr viel mehr und andersartiges Überlieferungsmaterial vorhanden war, als später im Pentateuch verarbeitet wurde. Die Fülle der außertetrateuchischen Belege für die Wüstenwanderung hebt sich deutlich von dem geringen Vorkommen von Vätergeschichten außerhalb des Pentateuch ab.

E Die Sinaierzählungen (Ex 19-24. 32-34)

1. Das Sinaiereignis (1)

Die literarkritische Aufteilung der Sinaiperikope ist umstritten. Übereinstimmung besteht weithin nur in der Bestimmung der priesterschriftlichen Partien. Bei der Ausscheidung der dtr Stücke, besonders in Ex 32-34, gehen die Meinungen auseinander, wobei in der neueren Forschung die Tendenz zu beobachten ist, mehr und mehr Stücke der dtr Redaktion zuzuschreiben. (2) Die erzählenden Partien der Sinaiperikope umfassen in etwa folgende Texte: Schilderung der Theophanie (Ex 19, 2. 9-25); Wirkung der Theophanie auf das Volk (Ex 20, 18-21), Verpflichtung des Volkes auf die Worte Jahwes in einer Blutzeremonie, Aufstieg Moses und seiner Begleiter auf den Berg, Schau Gottes, Empfang der Gesetzestafeln durch Mose und Josua (Ex 24, 1-15), Anfertigung des goldenen Kalbes unter Anführung Aarons, Benachrichtigung und Herabstieg Moses, Zerschmettern des Stierbildes, Tötung der 3 000 Mann durch die Leviten, Abweisung von Moses, Bitte um Vergebung (Ex 32, 1-8. 15-34); Aufstellen des Zeltes (Ex 33, 7-11). (3) Nach der Einschaltung umfangreicher priesterschriftlicher Materialien wird in Num 10, 29 JE der Aufbruch vom Sinai berichtet.

Die Sinaiperikope bildet innerhalb des jehowistischen Werkes einen selbständigen, in sich abgeschlossenen Abschnitt. Sie ist vom Kontext deutlich unterschieden und auf beiden Seiten von Wüstenerzählungen umrahmt. Von Rad (4) hat die These vertreten, der Jahwist habe als erster die Sinaiperikope in den heilsgeschichtlichen Aufriß eingefügt. Er wies darauf hin, daß der Sinai in den credoartigen Zusammenfassungen der Heilsgeschichte (z. B. Dtn 26; Jos 24; 1S 12) nicht erwähnt wird. (5) Noth (6) nimmt an, die "Offenbarung am Sinai" sei "erst spät und offenbar als letztes" Thema in die Pentateucherzählung hineingekommen.

---

1 Vgl. unter der neueren Literatur insbesondere Noth, Pentateuch 155ff; Beyerlin, Herkunft; Jeremias, Theophanie 105ff; Huffmon, CBQ 27, 101ff; Gese, ZAW 79, 137ff; Perlitt, Bundestheologie 156ff; H. H. Schmid, Jahwist 33ff.

2 Vgl. Perlitt, ebd., Schmid, ebd.

3 Die Episode vom goldenen Kalb wird von Noth, Pentateuch 160, "nicht nur als Spätling, sondern auch als Fremdling innerhalb der Pentateucherzählung" bezeichnet. Sie enthält nach seiner Meinung keine volkstümliche Überlieferung, sondern stellt ein Produkt der Reflexion dar, das wahrscheinlich erst sekundär eingefügt wurde. Ähnlich Jeremias, Theophanie 105ff; Schmid, ebd. 34ff. - Die gesetzlichen Partien sollen in unserem Zusammenhang nicht berücksichtigt werden.

4 Ges. St. 28ff. 60ff.

5 Diese These wurde in der Folgezeit von vielen Forschern übernommen.

6 Pentateuch 156.

Dtn 4, 10ff

"10 (Und du sollst davon erzählen deinen Kindern und deinen Kindeskindern) 10 von dem Tag, da du am Horeb vor Jahwe, deinem Gott, standest, als Jahwe zu mir sagte: Versammle mir das Volk, daß ich sie meine Worte hören lasse, damit sie mich fürchten lernen alle Tage, die sie auf Erden leben, und daß sie auch ihre Kinder lehren. 11 Da tratet ihr herzu und standet unten an dem Berg; der Berg aber brannte lichterloh bis in den Himmel hinein bei Finsternis, Gewölk und Dunkel. 12 Und Jahwe redete zu euch mitten aus dem Feuer; den Schall von Worten hörtet ihr, nur einen Schall, doch eine Gestalt saht ihr nicht. 13 Und er verkündigte euch seine Verpflichtung, die er euch zu halten gebot, die zehn Worte, und er schrieb sie auf zwei steinerne Tafeln. 14 Mir aber gebot Jahwe zu jener Zeit, euch Satzungen und Rechte zu lehren, daß ihr danach tätet in dem Land, dahin ihr ziehen werdet, um es zu besetzen. 15 So hütet euch nun wohl um eures Lebens willen - ihr habt ja keinerlei Gestalt gesehen an dem Tag, da Jahwe am Horeb aus dem Feuer zu euch redete -, 16 daß ihr nicht frevelt und euch ein Gottesbild macht in Gestalt irgendeiner Bildsäule. ... 21 Jahwe aber ward so zornig über mich um euretwillen, daß er schwur, ich sollte nicht über den Jordan gehen, noch in das schöne Land kommen, das der Jahwe, dein Gott, zu eigen geben will, 22 sondern ich muß in diesem Land sterben und werde nicht über den Jordan gehen. ... 36 Vom Himmel her hat er (Jahwe) dich seine Stimme hören lassen, daß er dich unterweise, und auf Erden hat er dich sein großes Feuer sehen lassen, und seine Worte hast du aus dem Feuer gehört."

Noth hält V. 1. 2. 5-8. 10-14. 22. 23a. 25-28 für ursprünglich. (1) V. Rad (2) weist darauf hin, daß ein Wechsel von "du" und "ihr" vorliegt. Auch werden zwei Ermahnungen, nämlich das Gesetz am Horeb (V. 9-14) und Bilderverbot (v. 15-20. 23f) gegeben. Zwischen V. 14 und V. 15 liegt ein Bruch vor, so daß anzunehmen ist, daß das Bilderverbot (V. 15-19) sekundär angefügt wurde.

---

1 Studien 38f. - Mit ihm stimmt Mittmann, Deuteronomium 1, 1-6, 3. 119ff, weitgehend überein.

2 Deuteronomium 36.

Steuernagel (1) vertritt die Ansicht, daß V. 10-28 ein im späten Exil verfaßtes ursprünglich selbständiges Stück bilden, das erst nachträglich durch V. 9 mit V. 1-8 verbunden wurde. Sodann wurden als Anhang V. 29-40 beigefügt.

V. 10 Der erste Halbvers stimmt inhaltlich mit Ex 19, 9ff überein, jedoch ohne wörtliche Berührungen. Die Termini עמד und הקהיל sind dort nicht belegt.
Der zweite Halbvers unterscheidet sich von Ex 19, 9 dadurch, daß dort die Worte Jahwes in erster Linie an Mose ergehen, während sie hier an das gesamte Volk gerichtet sind. Die in Ex 19 geschilderten Einzelheiten der Vorbereitung auf die Begegnung mit Jahwe werden hier nicht erwähnt. Typisch dtn sind die Ausdrücke אשר ילמדון ליראה (vgl. 14, 23; 17, 19; 31, 13) und כל-הימים (vgl. 12, 1; 31, 13). Der Name Horeb für den Gottesberg kann nicht aus JE stammen, da alle drei Horeb-Stellen (Ex 3, 1; 17, 6; 33, 6) als sekundär anzusehen sind. (2) Der Name muß vielmehr aus einer anderen Überlieferung stammen.

V. 11 Der erste Halbvers stimmt inhaltlich mit Ex 19, 17b überein, wobei er jedoch eine völlig andere Terminologie benutzt. Statt dem hier gebrauchten קרב wird dort יצא לקראת gesagt.
Der zweite Halbvers stimmt mit Ex 19, 18 im Inhalt überein. Beidesmal handelt es sich um Theophanieschilderungen, in denen Feuer eine Rolle spielt. Doch sind im übrigen erhebliche terminologische Unterschiede. Während sich hier die Ausdrücke ענן, חשך, וההר בער עד-לב-השמים finden, kommen in Ex 19, 18 ענן, עשן הכבשן, ירד עליו יהוה באש vor. (3)

V. 12 Der Ausdruck בתוך/מתוך האש ist auch Dtn 4, 15. 33. 36; 5, 4. 21. 23; 9, 10; 10, 4 belegt. In JE dient das Feuer lediglich als Manifestation der göttlichen Macht, ohne daß - wie hier - ein Reden Jahwes aus dem Feuer berichtet wird. Reden und Theophanieschilderungen sind in JE vielmehr deutlich getrennt (vgl. Ex 19, 19; 20, 1. 19). Nach Ex 19, 19 redet Jahwe im Donner; nach Dtn 4, 12 redet er im Feuer, wobei betont wird, daß Israel nur seine Stimme gehört, nicht aber seine Gestalt gesehen habe. Dazu gibt es in JE keine Parallele.

---

1 Deuteronomium 28f.

2 Vgl. Noth, Studien 29 mit A. 4.

3 Vgl. die Erwähnung von עשן in Ex 20, 18 und von ערפל in Ex 20, 21. P bietet in Ex 24, 16ff eine ähnliche Theophanieschilderung mit ענן und אש .

V. 13 Die Horeb- ברית wird auch in Dtn 5, 2f; 9, 9. 11. 15; 10, 8; 28, 69 erwähnt. Nach Kutsch (1) meint ברית hier nicht "Bund", sondern das am Gottesberg gegebene Gesetz, nämlich den Dekalog (vgl. 5, 6-21). Zu dem Ausdruck נגע את-ברית gibt es in JE keine Parallele. (2) Der Terminus עשרת הדברים ist beim Jehowisten nicht belegt, er findet sich auch in Dtn 10, 4. Die לחות אבנים werden auch in 9, 10; 10, 4 erwähnt. In Ex 24, 12 JE kommen לחות האבן , in 31, 18 P לחות אבן vor. Es besteht demnach eine sachliche, nicht aber eine wörtliche Übereinstimmung.

V. 14 Die Ausdrücke חק und משפט sind in der jehowistischen Sinaiperikope nicht belegt. (3) Die Redeweise ארץ אשר אתם עברים kommt auch in Dtn 6, 1; 11, 8. 11 vor.

V. 15 Der Abschnitt über das Bilderverbot wird von Noth sekundär angesehen. (4) Das Bilderverbot ist auch in den verschiedenen Gebotsreihen (Ex 20, 3; 34, 17) enthalten. Eine terminologische Übereinstimmung besteht jedoch nicht; die hier angeführten theologischen Argumente sind vielmehr singulär.

V. 21f Die Verse enthalten typisch dtn Formulierung, die in keinem direkten literarischen Zusammenhang mit JE stehen. Auch bestehen gegenüber JE erhebliche inhaltliche Unterschiede: Daß Jahwe über Mose am Sinai zornig gewesen sei, wird in JE nicht berichtet. Nach Dtn 1, 37 stirbt Mose stellvertretend um der Sünde Israels willen. Dagegen berichtet die Priesterschrift von einer Sünde Moses in Kadesch (Num 20, 12f; 27, 12-14; Dtn 32, 50f).

V. 36 Der Vers wiederum mit dem jehowistischen Bericht keine Übereinstimmungen. Nach Ex 19, 16 hört das Volk Blitze und Donner, die nach Ex 19, 19 als Antwort an Mose erscheinen. Hier wird jedoch von einer Stimme aus dem Feuer berichtet.

Auf Grund der formalen und inhaltlichen Unterschiede wird man eine literarische Abhängigkeit des dtn Berichtes von JE nicht behaupten können. Zwar berichten beide Texte von demselben Ereignis, nämlich von Jahwes Übergabe der Gesetzestafeln samt Theophaniephänomenen.

---

1 Verheißung 136f.

2 Die Ausdrücke ספר הברית und דם-הברית gehören zu dem dtr Abschnitt Ex 24, 3-7. S. dazu Kutsch, Verheißung 80ff.

3 Vgl. aber משפט in Ex 21, 1. 9. 31; 26, 30; 28, 15 usw. חק kommt in den priesterschriftlichen Stellen Ex 29, 28; 30, 21 usw. vor.

4 S. o. S. 216.

Sie schöpfen demnach aus einer gemeinsamen Überlieferung, die jedoch offensichtlich in verschiedenen Varianten vorlag und von jedem Autor selbständig verarbeitet und wiedergegeben wurde. Für den dtn Bericht sind die Erwähnung der Stimme Jahwes und sein Zorn über Mose charakteristisch. Beide Motive haben in JE keine Parallele. Andrerseits fehlt in Dtn 4 die detailierte Schilderung der Theophanievorbereitungen (vgl. Ex 19).

<u>Dtn 5, 22ff</u>

"22 Diese Worte redete Jahwe auf dem Berg zu eurer ganzen Gemeinde, mitten aus dem Feuer, dem Gewölk und Dunkel, mit lauter Stimme, und weiter nichts. Und er schrieb sie auf zwei steinerne Tafeln und gab sie mir. 23 Als ihr aber die Stimme aus der Finsternis heraus hörtet, während der Berg im Feuer brannte, tratet ihr zu mir, alle Häupter eurer Stämme und eure Ältesten, 24 und spracht: Siehe, Jahwe, unser Gott, hat uns seine Herrlichkeit und seine Größe sehen lassen, und wir haben seine Stimme aus dem Feuer heraus gehört. Heute haben wir gesehen, daß Gott mit den Menschen reden kann, ohne daß sie sterben müssen. 25 Aber warum sollen wir jetzt sterben? Denn dieses große Feuer wird uns verzehren; wenn wir noch länger die Stimme Jahwes, unseres Gottes, hören, müssen wir alle sterben. 26 Denn wo wäre ein sterblicher Mensch, der wie wir die Stimme des lebendigen Gottes aus dem Feuer hätte reden hören und am Leben geblieben wäre? 27 Tritt du hinzu und höre alles, was Jahwe, unser Gott, reden wird, und du magst uns dann alles sagen, was Jahwe, unser Gott, zu dir reden wird: Wir wollen darauf hören und darnach tun. 28 Als nun Jahwe die Worte hörte, die ihr zu mir sagtet, sprach er zu mir: Ich habe die Worte gehört, die dieses Volk geredet hat. Es ist alles gut, was sie geredet haben. ... 30 Geh, sage ihnen: Kehret zurück zu euren Zelten! ..."

V. 22 Der Vers bildet den Abschluß des Abschnittes V. 6-22; v. Rad (1) erwägt die Möglichkeit, daß es sich dabei um einen sekundären Zusatz handelt. Der Ausdruck בתוך/מתוך האש kommt auch in 4, 12 vor. ענן und ערפל sind in 4, 11 belegt, לחות אבנים in 4, 13. Im übrigen werden die Aussagen von 4, 10 wiederholt.

V. 23 Nach Ex 20, 18ff ist das ganze Volk Zeuge des Geschehens, ohne daß Häupter und Älteste besonders - wie hier - hervorgehoben werden.

---

1 Deuteronomium 43; vgl. Mittmann, ebd. 137f, der auch V. 23. 24b. 25a für sekundär hält.

V. 24f Das Motiv des Sterbenmüssens beim Anblick Gottes kommt auch Ex 20, 19ff vor. Eine wörtliche Berührung läßt sich jedoch nicht beobachten. Die Stimme aus dem Feuer wird in JE nicht erwähnt.(1)

V. 26 Keine Parallele in JE.

V. 27 Der Vers stimmt inhaltlich mit Ex 20, 19 überein. Die Formulierungen sind jedoch unterschieden.
Hier: קרב אתה ושמע את כל-אשר יאמר יהוה אלהינו
Dort: דבר אתא עמנו ונשמעה דבר אתה עמנו ונשמעה

V. 28-32 Zu diesen Versen hat der jehowistische Bericht weder Parallele noch Vorlage. Die Zustimmung Jahwes zu dem Vorschlag des Volkes, daß Mose allein Jahwes Worte hören sollte (V. 28), wird in JE nicht erwähnt. (2)

Dtn 5 schildert den Gesetzesempfang wesentlich ausführlicher als JE. Jahwe steht beim Deuteronomisten viel mehr im Mittelpunkt als bei JE, wo sich das Geschehen mehr zwischen Mose und dem Volk abspielt. Wörtliche Übereinstimmungen kommen praktisch nicht vor. Auch inhaltlich sind Abweichungen zu beobachten. Deshalb kann eine literarische Beziehung zwischen beiden Texten nicht angenommen werden.

Vielmehr haben JE und der Verfasser von Dtn 5 ähnliche Überlieferungen desselben Ereignisses benutzt und dieses in der ihnen eigenen Terminologie und Vorstellungsweise beschrieben. (3)

Dtn 9, 7ff (4)

Mit 9, 7b beginnt ein neuer Abschnitt, was daraus ersichtlich ist, daß statt des bisherigen Singular der Plural benutzt wird. Es handelt sich um einen geschichtlichen Rückblick inmitten einer paränetischen Rede. Der Sprachgebrauch stimmt vielfach mit Dtn 1-3 überein, weshalb zu vermuten ist, daß der Abschnitt von demselben Verfasser stammt. (5) Nach Seitz (6) gehören die VV 9. 13f. 26-29 und 10, 10 zusammen und entsprechen dem sekundären Stück Ex 32, 9-14.

---

1 S. o. S. 217.
2 Mittmann, ebd. 139, sieht V. 29. 32f als paränetische Erweiterungen an.
3 Anders Mittmann, ebd. 160. - Perlitt, Bundestheologie 81, hält Dtn 5 für eine relativ späte Schicht.
4 Vgl. zu dem Abschnitt 9, 7b-10, 9 außer den Kommentaren besonders Jirku, Geschichte 133ff; Lohfink, Hauptgebot, 207ff; Seitz, Studien 52f.
5 So Bertholet, Deuteronomium 30.
6 Studien 52f.

Fohrer (1) setzt den Abschnitt in exilische Zeit an, während Steck (2) ihn als nachexilische Weiterbildung von Ex 32ff auffaßt.

V. 7 Der Vers hat keine direkte Parallele in JE. Jedoch wird auch dort berichtet (Ex 15, 24; 17, 1-7 usw.), daß sich Israel bereits seit der Errettung aus der Hand der Ägypter in der Wüste gegen Jahwe auflehnte. (3)

V. 8 Der Vers enthält typisch dtn Terminologie, z. B. התאנף (vgl. 1, 37; 4, 21; 9, 20), השמיד (vgl. 1, 27; 2, 12. 21 u. ö.), הקציף (vgl. V. 9. 22; 1S 8, 14). Diese Termini kommen in JE nicht vor.

V. 9 לחות האבנים stimmt mit 4, 13; 5, 22 überein. לחות הברית ist auch in V. 11. 15 und 1K 8, 9 belegt. (4) Beide Termini haben in JE keine Parallele. Das Hinaufgehen Moses wird auch Ex 24, 18P und 24, 12 JE berichtet. Das Motiv der vierzig Tage und vierzig Nächte erscheint in Ex 24, 18. (5) Die hier erwähnte zusätzliche Angabe, daß Mose ohne Brot zu essen und Wasser zu trinken hinaufstieg, findet sich nur in dem dtr Text Ex 34, 28 in Bezug auf den dritten Hinaufstieg Moses.

V. 10 Der Ausdruck שני לחות האבנים כתבים בעצבע אלהים ist mit Ex 31, 18b identisch. Bertholet (6) und Steuernagel (7) sehen V. 10 als späteren Zusatz an, dessen zweite Hälfte aus 5, 14. 19; 10, 4 zusammenkomponiert ist. Noth (8) und Elliger (9) rechnen Ex 31, 18 zu P. Noth (10) nimmt an, daß V. 18 aus Dtn 9, 10 entnommen sei, da in Ex 32, 15f die Tafeln in ganz anderer Weise beschrieben werden.

---

1 Einl 191.
2 Überlieferung 115 A. 4.
3 Von Rad, Deuteronomium 55, weist darauf hin, daß bei diesem Vers die pädagogisch-didaktische Tendenz des Dtn gegenüber JE besonders deutlich wird: Israel soll aus den Ereignissen der Vergangenheit lernen.
4 S. o. S. 112f.
5 Eißfeldt, Hexateuch-Synopse 153*; Steuernagel, Einl 150, und Beyerlin, Herkunft 21, weisen den Vers E zu, während Noth, Pentateuch 18, ihn für priesterschriftlich hält. Letzterem ist wohl zuzustimmen, da die Notiz inmitten eines P-Textes steht und mit dem jehowistischen Bericht keine Verbindung zeigt.
6 Deuteronomium 31.
7 Deuteronomium 83f.
8 Pentateuch 18; ders., 202.
9 Ges. St 175.
10 Exodus 202.

V. 11 Der Vers wiederholt mit anderen Worten die Angaben von V. 10a.

V. 12 Der Vers stimmt fast wörtlich mit Ex 32, 7f überein, das als dtr anzusehen ist. In JE sind die hier gebrauchten Ausdrücke שחת (vgl. Gen 13, 10; 19, 13. 29; 38, 9 usw.), צוה (vgl. Gen 2, 16; 3, 11. 17 usw.) ebenfalls belegt. Der Terminus מסכה erscheint auch in Ex 32, 4. 8; 34, 17.

V. 13 Der Vers stimmt weitgehend mit Ex 32, 9 Dtr überein. Da Ex 32, 9 in der LXX fehlt, ist er wohl von hier später ergänzt worden. Der Terminus קשה-ערף ist in dtn-dtr Texten mehrfach belegt (vgl. 9, 6; Ex 33, 3. 5; 34, 9).

V. 14 Der Vers stimmt mit Ex 32, 10b Dtr weitgehend überein.

V. 15 Der Herabstieg Moses wird auch in Ex 32, 15 berichtet:

Hier: ואפן וארד מן-ההר וההר בער באש ושני לחת הברית על-שתי ידי

Ex 32, 15 ויפן וירד משה מן-ההר ושני לחת הערת בידו לחת כתבים משני עבריהם מזה הם כתבים

Es liegt teils übereinstimmende und teils unterschiedliche Terminologie vor. Die Übereinstimmungen sind wohl darauf zurückzuführen, daß Ex 32, 15 durch Dtn beeinflußt ist. (1) Die Detailangaben über die Tafeln, die in Dtn 9, 15 zu finden sind, fehlen in der jehowistischen Parallelstelle.

V. 16 Der erste Halbvers ist mit Ex 32, 19aß zu vergleichen, wo allerdings eine andersartige Formulierung vorliegt.

V. 17 Gegenüber dem jehowistischen Parallelvers Ex 32, 19b bestehen inhaltliche und terminologische Unterschiede. Zwar wird beidesmal das Verb שבר "zerschmettern" gebraucht. Doch faßt nach V. 17 Mose die beiden Tafeln mit den Händen und zerschmettert sie vor den Augen des Volkes, während er nach Ex 32. 19b die Tafeln aus der Hand wirft und sie am Fuß des Berges zerschmettert.

V. 18 Von einem vierzigtägigen Fasten und Beten berichtet JE nicht an dieser Stelle. (Vgl. Ex 34, 28 Dtr)

---

1 So Eißfeldt, Hexateuch-Synopse 154*.

V. 19 Der Vers gehört mit V. 18 eng zusammen und hat keine Parallele in JE. גם בפעם ההוא "auch diesmal" hat im Kontext keinen Sinn, da von einer früheren Fürbitte und Erhörung nicht berichtet wird (vgl. aber Ex 14, 15; 17, 10; Num 11, 2; 12, 13f). Noch zwei weitere Male erwähnt der Dtr die Fürbitte Moses, nämlich in V. 25-29 und 10, 10. Steuernagel (1) folgert daraus, daß drei Quellen benutzt wurden.

V. 20 Die Gestalt Aarons taucht plötzlich und unvermittelt auf, ohne daß sie vorher bei der Anfertigung des Stierbildes erwähnt wurde. Der Vers wird deshalb mit Recht als sekundärer Einschub angesehen, der durch Ex 32, 21ff veranlaßt ist. (2)

V. 21 Der Vers ist mit Ex 32, 20 zu vergleichen; beidesmal kommen die Ausdrücke עד-אשר דק, שרף באש, לקח את-העגל vor. Während unser Vers allerdings berichtet, daß Mose den Staub der Tafeln in den Bach geworfen habe, der vom Berg herabkommt, streut er den Staub nach Ex 32, 20 auf das Wasser und gibt dies den Israeliten zu trinken.

V. 22-24 Die Verse werden gewöhnlich als Einschub betrachtet, da sie den Zusammenhang zwischen V. 21 und 25 unterbrechen. (3) Der Jehowist berichtet an dieser Stelle die Zurechtweisung Aarons durch Mose, die hier fehlt.

V. 25 Der Vers schließt an V. 21 an. (11b=26b)

V. 26 Der Beginn des Gebets Moses ist mit Ex 32, 11b=26b zu vergleichen, die allerdings ebenfalls dtn Terminologie enthalten:
Ex 32. 11b אשר הוצאת מארץ מצרים בכח גדול וביד חזקה
Hier: אשר הוצאת ממצרים ביד חזקה
Statt "dein Volk und Erbteil" wird dort "dein Volk" gesagt.

V. 27 Der Vers wurde wörtlich in Ex 32, 13 übernommen.

V. 28 Der Vers stimmt in etwa mit Ex 32, 12 Dtr überein, wobei leichte Abwandlungen bestehen. Hier משנאתו am Schluß, dort ברעה am Anfang.

V. 29 Keine Parallele in JE.

---

1 Deuteronomium 83.

2 So Steuernagel, Deuteronomium 83; Berry, JBL 59, 138; anders Bertholet, Deuteronomium 31f.

3 So Steuernagel, Deuteronomium 83f; Noth, Studien 17 A. 2; v. Rad, Deuteronomium 56. - S. auch S. o. S. 156.

V. 1 Der erste Halbvers entspricht in etwa dem dtr Text Ex 34, 1a, beidesmal erscheint שני-לוחת אבנים כראשנים. Der zweite Halbvers berichtet von der Aufforderung an Mose, auf den Berg zu kommen und die Lade anzufertigen. Die Lade wird in der jehowistischen Sinaiperikope überhaupt nicht erwähnt; sie erscheint erst in Num 10, 35 (vgl. aber Ex 36, 2f; 37 P).

V. 2 Der Vers entspricht Ex 34, 1b Dtr. Hier wird allerdings noch die zusätzliche Anordnung berichtet, die Tafeln in die Lade zu tun.

V. 3 Der erste Halbvers hat keine Parallele in JE. V. 3aß stimmt teilweise wörtlich mit Ex 34, 4 Dtr überein.

V. 4 Der Vers entspricht dem dtr Text Ex 34, 28b. Die Rede Jahwes aus der Mitte des Feuers gehört zur typisch dtn Vorstellungswelt (vgl. 4, 12; 9, 10; 18, 16).

V. 5 Zum Bericht über das Deponieren der Tafeln in der Lade gibt es keine Parallele in JE.

Zusammenfassend lassen sich folgende inhaltliche Unterschiede zwischen unserem Text und den jehowistischen Parallelstellen feststellen:

1. Das Dtn berichtet von der Anfertigung der Lade durch Mose; sie dient als Aufbewahrungsort für die Gesetzestafeln. Die jehowistische Sinaiperikope dagegen erwähnt die Lade überhaupt nicht; sie taucht vielmehr in Num 10, 35 unvermittelt auf. (1)

2. Aaron spielt im jehowistischen Bericht als Anführer eine entscheidende Rolle, währenddessen er im ursprünglichen Bestand von Dtn 9-10 fehlt. Auf ihn wird lediglich in Zusätzen Bezug genommen.

3. Ein nochmaliges Fasten von vierzig Tagen und Nächten nach dem Herabstieg (9, 18) wird in Ex 32ff nicht berichtet.

4. Dtn 9-10 enthält keine Parallele zu den in Ex 24 berichteten Ereignissen, nämlich Blut- und Opferzeremonie, Verpflichtung des Volkes auf den ספר הברית und Gottesschau der Ältesten.

---

1 Von Rad, Deuteronomium 56, und Noth, Exodus 209, nehmen allerdings an, daß der Bericht über die Ladeanfertigung nach Ex 33, 6 ausgefallen sei. Doch ist dies eine reine Vermutung, die den jehowistischen Bericht mit dem Dtn harmonisieren möchte.

5. Während beim Jehowisten das Ringen Moses mit Gott nur ein Ereignis unter vielen bildet, steht es in Dtn 9-10 im Mittelpunkt des Geschehens.

6. Das Zentralmotiv des jehowistischen Fürbittgebetes Moses, nämlich die Bitte, seinen Namen aus Jahwes Buch zu streichen, falls Jahwe sich weigert, dem Volk zu vergeben, fehlt in der Moserede.

7. Die Anfertigung des heiligen Zeltes (vgl. Ex 33, 7ff) wird in Dtn 9-10 nicht berichtet.

Nun können die Unterschiede auf die Eigenart des dtr Verfassers zurückgeführt werden, der dadurch bestimmte Akzente in seiner Wiedergabe und theologischen Interpretation des Sinaiereignisses setzt. Überlieferungsgeschichtlich gehören Ex 32 und Dtn 9-10 eng zusammen. Beide stimmen in dem Bericht der Hauptereignisse überein. Hinzu kommen eine Reihe von wörtlichen Übereinstimmungen, wobei allerdings damit zu rechnen ist, daß die beiden Berichte nachträglich einander angeglichen wurden. (1) Die meisten Exegeten nehmen deshalb an, daß der Verfasser JE als Vorlage benutzt hat. (2) Allerdings hat er sie mehrfach frei wiedergegeben und erweitert.

<u>Dtn 18, 15f</u>

"15 Einen Propheten wie mich wird dir Jahwe, dein Gott, erstehen lassen aus der Mitte deiner Brüder, auf den sollt ihr hören! 16 Ganz wie du es am Horeb von Jahwe, deinem Gott, erbeten hast am Tage der Versammlung, indem du sprachst: Ich möchte die Stimme Jahwes, meines Gottes, nicht mehr hören und dieses große Feuer nicht länger sehen, daß ich nicht sterbe."

V. 16 beruht auf 5, 23ff, ohne in der Formulierung ganz übereinzustimmen. In beiden Texten erscheinen die Motive des Sterbenmüssens sowie Jahwes Stimme im Zusammenhang mit Feuer. (3) Der Abschnitt V. 14-22 ist wohl als sekundäre Einfügung zu betrachten. (4)

---

1 So z.B. Steuernagel, Deuteronomium 84.

2 Driver, Deuteronomium 112; Steuernagel, Deuteronomium 84.

3 Anders Diebner-Schult, Fs. Rendtorff 24ff, die annehmen, der Text sei von Ex 20, 19 abhängig. Auch Bertholet, Deuteronomium 58, hält es für möglich, daß Dtn 18, 16 nicht von 5, 20ff abhängig ist. Doch sind die Übereinstimmungen allzu deutlich.

4 So Cornill, Einl 26; Steuernagel, Deuteronomium 141; Noth, Studien 29, Seitz, Studien 240, bezweifelt wegen des Plural die Ursprünglichkeit von 15b.

Dtn 28.69 "Dies sind die Worte der Verpflichtung, die Mose nach dem Gebot Jahwes mit den Israeliten im Land Moab festsetzte, außer der Verpflichtung, die er ihnen am Horeb festsetzte." (1)

Ob der Vers den Abschluß des vorangehenden Abschnittes oder die Einleitung zum nachfolgenden Text bildet, ist umstritten. (2) Die für das Dtn charakteristische Moab- ברית wird hier ausdrücklich von der Horeb- ברית unterschieden. Die Horeb- ברית wird auch in 4,13; 5,2f; 9,9. 11.15; 10,8 erwähnt. Perlitt (3) faßt den Vers als sekundäre überlieferungsgeschichtliche Harmonisierung auf, die später als Dtn 29f entstanden ist.

1K 12,28 "Darum ging der König (Jerobeam I.) mit sich zu Rate, ließ zwei goldene Kälber machen und sprach zum Volk: Lange genug seid ihr nun nach Jerusalem gepilgert! Siehe, diese sind deine Götter, Israel, die dich aus dem Land Ägypten herausgeführt haben."

Die Deuteformel stimmt weitgehend mit Ex 32,4.8 und Neh 9,18 überein:

Ex 32,4.8	אלה אלהיך ישראל אשר העלוך מארץ מצרים
1K 12,28	הנה אלהיך ישראל אשר העלוך מארץ מצרים
Neh 9,18	זה אלהיך אשר העלך ממצרים

Statt אלה in Ex 32,8 sagt 1K 12,28 הנה, während Neh 9,18 eine etwas gekürzte und veränderte Version enthält. Der hier gebrauchte Ausdruck עגל זהב kommt zwar in Ex 32 nicht vor; jedoch wird auch dort gesagt, daß das Kalb aus Gold gefertigt wurde (vgl. Ex 32,2f.24.31). In Ex 32 wird jedoch nur von der Anfertigung eines Kalbes berichtet, während es sich hier um zwei Kälber handelt.

Über das Alter der Stelle gehen die Meinungen auseinander. Benzinger (4) nimmt auf Grund der Angabe eines sonst nicht bekannten Festes in V. 32a an, daß es sich hier um eine alte Überlieferung handle. Eine solche Angabe kann nicht von einem Interpolator erfunden worden sein. Allerdings stellt er zum literarischen Charakter des Textes fest: "Allein in ihrer jetzigen Form sind die Verse 26-31 Eigentum des Redaktors und es gelingt nicht, den etwaigen Wortlaut des alten Berichtes herauszuschälen." Kittel (5) sieht V. 25-31 als einen Abschnitt an, "der im Ton und Urteil mehrfach an einen späteren judäischen Verfasser erinnert". Allerdings sind in V. 25 und 28 alte Materialien verarbeitet. Kutsch (6) führt den Abschnitt auf den Deuteronomiker zurück, der darin dem Jerobeam alle Arten von Götzendienst und Abfall von Jahwe vorwirft. Insbesondere ist die Datierung von V. 32 "über-

1 Zur Bedeutung von ברית vgl. Kutsch, Verheißung 138ff.

2 S. dazu Kutsch, ebd. 138 mit A. 204f; dort ist auch weitere Literatur aufgeführt.

3 Bundestheologie 43 A. 4.

4 Deuteronomium 89.

5 Ähnlich urteilt Kittel, Könige 107.

6 Herbstfest 29.125f.

haupt erst nach 587 vorgenommen (worden); sie kann keinen Anspruch auf historische Zuverlässigkeit erheben". (1) Die Argumentation läßt sich durch einen Blick auf den Kontext noch erhärten. V. 27 setzt in gewisser Weise bereits die dtn Kultzentralisation voraus, da er von regelmäßigen Wallfahrten nach Jerusalem spricht. In V. 31 kritisiert der Verfasser, daß Jerobeam nichtlevitische Priester bestellte. Eine solche Kritik kann nur von einem späten Autor stammen, denn in alter Zeit üben häufig nichtlevitische Personen priesterliche Funktionen aus. (2) In V. 32f kritisiert der Verfasser, daß Jerobeam priesterliche Rechte für sich in Anspruch nahm.

"Sie wird anscheinend als illegitime Eigenmächtigkeit verstanden, stammt also aus einer Zeit, in der es in Jerusalem nicht mehr (vgl. dagegen 2S 6, 18; 24, 25) üblich war, daß die Davididen als Könige priesterliche Funktionen wahrnahmen." (3) Die Angabe des Festes in V. 32a muß nicht alt sein, da das Wort חדש sich z.B. in der späten Interpolation 1K 6, 1 findet (4) sowie in dem priesterschriftlichen Text Ex 19, 1 u.ö. Es kann sich hier auch um einen künstlich erfundenen Termin handeln.

Daraus folgt mit einiger Sicherheit, daß der Abschnitt als literarisch jung anzusehen ist. Noth (5) beobachtet, daß dem Kapitel eine seltsam "ungeistliche" Grunderzählung zu Grunde liegt, in der von Jahwe praktisch überhaupt nicht die Rede ist. Auch die deutet auf späte Redaktorenarbeit hin, worin das Negative der Reichsteilung und der Errichtung der Heiligtümer Dan und Bethel herausgestellt werden soll. Obwohl eine späte schriftliche Fixierung altes Material zum Inhalt haben kann, muß ein hohes Alter der Überlieferung aufgrund des literarischen Charakters des Abschnitts zumindest bezweifelt werden.

Wie verhalten sich nun Ex 32 und 1K 12, 28 zueinander? Beide Berichte enthalten das Motiv des Stierbildes und stimmen in der Deuteformel fast wörtlich überein. Aus folgenden Gründen muß Ex 32 als später angesehen werden:

1. Noth (6) beobachtet: "Die pluralische Formulierung der Deuteformel ... hat im Kontext von Ex 32 gar keinen Sinn und muß von 1Kö 12, 28bß in irgend einer Weise abhängig sein." Er nimmt allerdings an, daß 1K 12 bereits früher mündlich vorgelegen habe. (7)

---

1 Ebd. 126.
2 Vgl. 1S 13, 8ff; Saul und Samuel; 2S 8, 18; Davids Söhne; 1K 8; 3, 4; Salomo.
3 Noth, Könige 286.
4 S. o. S. 112.
5 Könige 287.
6 Könige 284.
7 Ähnlich auch Kittel, Könige 107.

Greßmann (1) vermutet, daß die Sage von goldenen Kalb ihrem Kern nach älter als die Prophetie sein müsse, da die Polemik z.B. bei Hosea gegen den Stierdienst nur einen Sinn habe, wenn sie sich auf damals bereits umlaufende Sagen berufen konnte. Doch ist dies eine unbewiesene und unnötige Annahme. Die Propheten polemisieren auch sonst gegen verschiedene Formen des Götzendienstes, ohne daß uns damit zusammenhängende Erzählungen bekannt sind. Vielmehr muß auf Grund der Formulierung der Deuteformel angenommen werden, daß Ex 32 literarisch und überlieferungsgeschichtlich später als 1K 12,28 anzusetzen ist. Ex 32 wird ohnehin als "Spätling" (Noth) innerhalb der Pentateuchüberlieferung angesehen. (2) Kittel datiert das Kapitel deshalb in die Mitte des 7. Jahrhunderts, während sich Noth zur Frage der absoluten zeitlichen Ansetzung nicht äußert.

2. In Ex 32 ist die Geschichte vom goldenen Kalb untrennbar mit Mose und den Ereignissen am Sinai verknüpft. Demgegenüber erwähnt 1K 12,28 weder Mose noch die Sinaiereignisse, obwohl dies nahegelegen hätte. Der Verfasser hätte durch den Hinweis auf Mose und die in Ex 32 berichteten Ereignisse die Verabscheuungswürdigkeit der Tat Jerobeams noch unterstreichen können. Aus dem Fehlen jeglichen Hinweises ist wohl zu schließen, daß der Verfasser von 1K 12,28 Ex 32 weder benutzt noch die darin enthaltene Überlieferung gekannt hat.

3. Noth (3) weist darauf hin, daß in 1K 12,28 nur der König verantwortlich gemacht wird, während es nach Ex 32 das gesamte Volk ist. Die Einbeziehung des ganzen Volkes muß gegenüber 1K 12,28 als späteres Stadium angesehen werden. In dem Motiv von einem bzw. zwei goldenen Kälbern sowie in der Deuteformel besteht zwar eine gewisse überlieferungsgeschichtliche Verwandtschaft zwischen Ex 32 und 1K 12,28. Doch läßt sich keine literarische Beziehung nachweisen. Bei 1K 12,28 handelt es sich um einen dtr Text, dessen Überlieferung den Anlaß für die Erzählung von Num 21 gegeben hat. Die Erzählung von Num 21 gibt umgekehrt keine Ätiologie für 2K 18,4, "denn sie läuft nicht darauf hinaus, daß die Israeliten die von Mose angefertigte bronzene Schlange etwa mitgenommen hätten, um sie später in ihrem Lande irgendwo aufzustellen". (4)

---

1 Mose 206.

2 So Kittel, Könige 107; Noth, Pentateuch 160; Jeremias, Theophanie 105ff; Perlitt, Bundestheologie 208.

3 Pentateuch 160.

4 Numeri 137.

1K 19, 7ff

Auf eine Morddrohung Isebels hin flüchtet Elia in die Wüste Negev und wünscht dort zu sterben. Da weckt ihn ein Engel, speist und tränkt ihn und weist ihn an, vierzig Tage und vierzig Nächte zum Gottesberg Horeb zu wandern. Dort übernachtet er in einer Höhle und erlebt eine Theophanie. Nach Sturm und Erdbeben erscheint Jahwe schließlich im Windbusch. Sodann schickt ihn Jahwe nach Damaskus, um Hasael und Jehu zu Königen zu salben.

Der Text weist eine Anzahl Parallelen zu der Sinaiperikope auf: (1)

1. Das Motiv der vierzig Tage und vierzig Nächte (V. 8b) kommt auch in Ex 24, 18P; 34, 28Dtr sowie Dtn 9, 9. 11. 18. 25 vor.

2. Das Übernachten in einer Höhle (V. 9a) erinnert an den in Ex 33, 21 erwähnten Felsspalt, in dem sich Mose vor Jahwes כבוד verbirgt. Allerdings handelt es sich bei 33, 12ff um einen späteren Zusatz. (2)

3. Die Theophanie V. 11ff stimmt z. B. in dem Motiv des Vorübergehens (עבר) mit den dtr Abschnitten Ex 33, 18ff; 34, 6 überein.

Überlieferungsgeschichtlich gesehen müssen die Übereinstimmungen als vage bezeichnet werden. Zwar spielt in beiden Fällen der Gottesberg eine Rolle. Die Identifizierung des Berges mit dem Horeb muß jedoch als sekundäre Glosse angesehen werden. (3) Folgende Unterschiede sind zu beobachten:

1. 1K 19, 8 berichtet von einer vierzigtägigen Wanderschaft, während die Sinaiperikope von einem vierzigtägigen Aufenthalt auf dem Berg bzw. einem vierzigtägigen Fasten und Beten handelt.

2. Ein Auf- und Abstieg Elias - wie er in der Sinaiperikope berichtet wird - kommt in 1K 19 nicht vor.

3. In 1K 19 fehlt das Motiv der Fürbitte.

4. Nach Ex 33, 22 erlebt Mose die Theophanie in der Felshöhle, nach 1K 19, 13 erscheint Jahwe dem Elia beim Verlassen der Höhle.

5. Die zentralen Personen und Ereignisse am Sinai, wie Mose, Gesetzgebung, Verpflichtung des Volkes, werden in 1K 19 nicht erwähnt.

---

1 Vgl. Fohrer, Elia 48f; Steck, Überlieferung 110ff; Seybold, EvTh 33, 10.
2 Vgl. Noth, Exodus 211 u. a.
3 Vgl. Noth, Studien 29 A. 5 und 82 A. 5.

Auf Grund dieser Unterschiede scheidet die Möglichkeit einer direkten überlieferungsgeschichtlichen Verwandtschaft von 1K 19 mit der Sinaitradition aus. (1) Nachträglich scheinen beide Traditionen einander angeglichen worden zu sein. Es ist unwahrscheinlich, daß der Verfasser von 1K 19 die Sinaitradition gekannt hat, da es sonst nahegelegen hätte, die Verpflichtung des Volkes auf Jahwes Willen, um dessen Verwirklichung es Elia ja gerade geht, zu erwähnen.

Auch in literarischer Hinsicht bestehen keinerlei Beziehungen zu JE. Die oben angeführten Parallelen nehmen nur auf dtr bzw. priesterschriftliche Abschnitte Bezug. Selbst Steck (2) bestreitet, "daß 1Kön 19... von einer bereits literarischen Fixierung der Sinaitradition abhängig" sei. Wenn die Berichte Ex 32ff und 1K 19 in ihrer jetzigen Form gewisse Übereinstimmungen aufweisen, so ist dies teilweise das Resultat nachträglicher Harmonisierungen. In ihrer ursprünglichen Form handelt es sich überlieferungsgeschichtlich und literarisch um zwei selbständige Episoden.

<u>Neh 9. 13f. 17f</u> "13 Du fuhrest herab auf den Berg Sinai und redetest mit ihnen vom Himmel her und gabst ihnen richtiges Recht, zuverlässige Weisungen, gute Satzungen und Gebote. 14 Du machtest ihnen deinen heiligen Sabbat kund und gabst ihnen Gebote, Satzungen und Weisungen durch deinen Knecht Mose. ... 17 Du verließest sie nicht, 18 obgleich sie ein gegossenes Kalb machten und sprachen: Das ist dein Gott, der dich aus Ägypten geführt hat, und obwohl sie überaus Lästerliches verübten."

V. 13 Das Herabfahren Jahwes (ירד) wird auch in Ex 19, 18. 20 berichtet, dort unter den Begleiterscheinungen Feuer und Rauch. Während Jahwe in Ex 19f nur mit Mose redet, redet er hier mit dem ganzen Volk. Die Ausdrucksweise des Redens משמים kommt in JE nicht vor, findet sich jedoch in Dtn 4, 36. Nach Ex 19, 16. 19 redet Jahwe aus der Wolke. Die Termini חקה, תורה, משפט und מצוה sind in JE nicht belegt. Daß Jahwes Gebote gut sind, wird in JE nicht gesagt. Parallele Aussagen sind lediglich in Dtn 4, 8; Ps 19, 9 und 119, 39 belegt.

V. 14 Die Hervorhebung des Sabbats ist typisch für die Spätzeit und hat kein Vorbild in JE. Der Titel Moses als עבד erscheint fast ausschließlich in dtr bzw. späten Texten (vgl. Dtn 34, 5; Jos 1, 1ff; 8, 30ff; 11, 12; 12, 6; 13, 8; 14, 7; 18, 7; 22, 2ff; Ri 2, 8; 1K 8, 53. 56; 2K 18, 12; Mal 3, 22; 2Ch 1, 3; 24, 6. 9; Ps 105, 26; Dan 9, 11). Es muß angenommen werden, daß Ex 14, 31 und Num 12, 7f dtr beeinflußt sind. Die Hervorhebung des Sabbats ist auch in Neh 10, 32ff und 13, 15ff belegt (vgl. Ex 20, 8-11; 31, 13-17).

---

1 So auch Seybold, EvTh 33, 10ff. - Anders Steck, Überlieferung 112. 114 Jeremias, ebd. 107. 109 mit A. 2. 112. 162.

2 Ebd. 114.

V. 18 Der Ausdruck עגל מסכה stimmt mit Ex 32, 4 überein; in beiden Fällen wird auch das Verb עשה gebraucht. Die Deuteformel unterscheidet sich leicht von Ex 32, 8: (1)

Hier: זה אלהיך אשר העלך ממצרים

Ex 32, 8 אלה אלהיך ישראל אשר העלוך מארץ מצרים

Abgesehen von der Ersetzung אלה durch זה und einer Verkürzung fällt auf, daß das Verb hier im Singular erscheint. Der Chronist hat also den anstössigen Plural erkannt und entsprechend verändert. Es ist anzunehmen, daß Ex 32 als Vorlage diente. Der Vers hinkt eigentümlich nach, so daß mit der Möglichkeit eines späteren Zusatzes gerechnet werden muß. Der Kontext (V. 17 und 19) handelt vom Wüstenaufenthalt. Die Bezugnahme auf die Episode vom goldenen Kalb unterbricht den Zusammenhang und könnte weggelassen werden, ohne daß man den Eindruck hat, es fehle etwas.

V. 13f lassen keinerlei literarische Abhängigkeit von JE erkennen. Sie zeigen dagegen deutliche Verwandtschft mit dtn und priesterschriftlichen Texten und Vorstellungen. Dagegen scheint der Zusatz V. 18 mit Ex 32 literarisch verwandt zu sein.

Jer 7, 22f

Der bereits oben (2) behandelte Text redet von dem Gebot, das Jahwe den Israeliten beim Auszug aus Ägypten gegeben hat, nämlich auf seine Stimme zu hören und auf Jahwes Wegen zu wandeln. Es handelt sich um einen dtr Abschnitt. Der Sinai und die damit verknüpften Ereignisse und Personen werden nicht erwähnt. Wo dieses Hauptgebot während des Auszuges aus Ägypten gegeben wurde, verrät der Text nicht. Deshalb ist weder eine überlieferungsgeschichtliche noch eine literarische Verbindung mit JE zu erkennen.

Jer 11, 3f

Der oben (3) behandelte Text ist mit dem eben behandelten eng verwandt. Er gehört ebenfalls zur dtr Redaktion des Jer-Buches und steht mit der Sinaiüberlieferung in keinem direkten Zusammenhang.

Jer 31, 31ff

Der oben (4) behandelte Abschnitt vergleicht die von Jahwe auferlegte neue Verpflichtung (ברית) mit der ersten, die er bei der Herausführung aus Ägypten auferlegte. Gemeint ist wohl ebenfalls das dtn Gesetz, wobei der Ort der Gesetzgebung und die näheren Umstände nicht erwähnt werden. Eine direkte Beziehung zur jehowistischen Sinaiperikope liegt deshalb nicht vor.

---

1 S. 226.
2 S. o. S. 90.
3 S. o. S. 90f.
4 S. o. S. 32.

Ez 16,8.60 "Ich schwur dir und gab dir eine Zusage (ברית), spricht der Allherr Jahwe, und du wurdest mein. ... 60 Dann will ich meiner Zusage gedenken, die ich dir in den Tagen deiner Jugend gegeben habe, und will dir eine ewige Zusage geben."

Kap. 16 enthält einen geschichtlichen Rückblick, worin der Prophet Jerusalem mit einem Findelkind vergleicht, das Jahwe aufnimmt und großzieht. Doch statt seine Liebe zu erwidern, wendet es sich anderen Liebhabern zu. Nach V. 8 hat Jahwe dem Mädchen bei seiner Auffindung eine Zusage gegeben und damit die Fürsorgepflicht übernommen. (1)
V. 60 gehört zu dem Abschnitt V. 59-63, der wohl aus der Schule Ezechiels stammt. (2) Darin kündigt der Prophet an, daß Jahwe in Analogie zu der ersten Zusage dem Volk eine neue geben wird.

Das Sinaiereignis kann nicht gemeint sein, da es dort um die Auferlegung einer ברית im Sinne von Gesetz/Verpflichtung geht. Lediglich der dtr Abschnitt Ex 19,4ff hat eine bedingte Zusage zum Inhalt. Jedoch werden hier weder der Sinai noch die damit verbundenen Personen und Ereignisse direkt erwähnt.

Ez 20,11f.18ff "11 Dort (d.h. in der Wüste) gab ich ihnen meine Satzungen und tat ihnen meine Gebote kund, die der Mensch halten soll, damit er am Leben bleibe. 12 Auch meine Sabbate gab ich ihnen, daß sie ein Zeichen seien zwischen mir und ihnen, damit man erkenne, daß ich, Jahwe, es bin, der sie heiligt. ... 18 Dann sprach ich in der Wüste zu ihren Söhnen: Wandelt nicht in den Satzungen eurer Väter und befolgt nicht ihre Gebote! Verunreinigt euch nicht mit ihren Götzen! 19 Ich bin Jahwe, euer Gott; in meinen Satzungen sollt ihr wandeln, und meine Gebote sollt ihr getreulich erfüllen! 20 Und meine Sabbate sollt ihr heilig halten, daß sie ein Zeichen seien zwischen mir und euch, damit man erkenne, daß ich Jahwe, euer Gott, bin. ... 25 So habe ich ihnen Satzungen gegeben, die nicht gut waren, und Gebote, durch die sie nicht am Leben bleiben konnten."

Der geschichtliche Rückblick berichtet von einer zweimaligen Gesetzesmitteilung in der Wüste, die von dem Volk jedoch nicht befolgt wurde. Daraufhin gibt Jahwe Gebote, die nicht gut waren. Zu einer solchen dreifachen Mitteilung des Gesetzes gibt es in JE kein Vorbild. Ähnlich wie in Neh 9,13f steht hier das Sabbatgebot im Mittelpunkt, wofür es in JE ebenfalls keine Parallele gibt.

---

1 Vgl. Kutsch, Verheißung 128.

2 So. z.B. Zimmerli, Ezechiel 341.369ff; Kutsch, ebd. 97.

Da nur an dieser Stelle im Ez-Buch eine solche Hochschätzung des Sabbat berichtet wird, während der Sabbat bei der Aufzählung von Geboten in 18, 6ff bzw. von Sünden in 24, 6ff; 35, 25, sowie bei der Beschreibung des neuen Israel in 20, 32ff und 36f fehlt, wurde verschiedentlich die Meinung vertreten, daß der Sabbat später von einem priesterlichen Redaktor aus Ex 31, 13. 17 eingefügt wurde. (1)

Da der Sabbat jedoch in als echt angesehenen Stellen wie 22, 8. 26; 23, 37-39 erwähnt wird, erscheint es fraglich, ob man die Verse unseres Kapitels von dem Kontext trennen kann. Die Termini חקה und משפט kommen in JE nicht vor. Zwar besteht zu JE insofern eine überlieferungsgeschichtliche Beziehung, als in beiden Fällen von Jahwes Gebotsoffenbarung in der Wüste berichtet wird. Da aber die für die pentateuchische Sinaiperikope entscheidenen Personen und Ereignisse fehlen, scheidet eine literarische Abhängigkeit aus.

Mal 3, 22 "Gedenket des Gesetzes Moses, meines Knechtes, dem ich am Horeb für ganz Israel Satzungen und Rechte aufgetragen habe."

Der Vers enthält typisch dtn Terminologie, wie תורת משה , חקים ומשפטים sowie die Bezeichnung Moses als עבד . (2) Eine literarische Beziehung zum jehowistischen Werk scheidet deshalb aus. Der Abschnitt V. 22-24 wird gewöhnlich als späterer Anhang angesehen. (3)

Ps 99, 6f "6 Mose und Aaron sind unter seinen Priestern,
Samuel unter denen, die seinen Namen anrufen.
Sie riefen zu Jahwe, und er erhörte sie.
7 In der Wolkensäule redete er mit ihnen, die
da bewahrten seine Gebote, die Satzung, die er
ihnen gegeben hatte."

V. 6 Mose, Aaron und Samuel werden hier als Priester bezeichnet, die in besonderer Weise Fürbitte tun können und denen die Erhörung ihrer Gebete gewährt wird. Im gesamten Pentateuch ist die Bezeichnung כהן für Mose nicht belegt. Die Priesterschrift hebt das Priestertum Aarons im Unterschied zu Mose hervor. Allerdings berichtet der Jehowist von der Kraft der Fürbitte Moses (vgl. Ex 17, 11f; 32, 30ff; Num 12, 13; 21, 7), ohne die hier gebrauchte Wendung קרא אל-יהוה zu gebrauchen.

---

1 So z.B. Cooke, Ezechiel, 213; Eichrodt, Ezechiel 170f.

2 Vgl. Wellhausen, Propheten 211; Nowack, 12 Propheten 428; Marti, 12 Propheten 478f; Horst, 12 Propheten 267; Elliger, 12 Propheten 216; Noth, Pentateuch 173.

3 Vgl. z.B. Nowack, ebd.; Marti, ebd.; Elliger, ebd.; Fohrer, Einl 516. - Nowack weist darauf hin, daß Maleachi zwar die Ausdrücke התורה in 2, 8f, חקים in 3, 7 und משפטים in 2, 17; 3, 5 verwendet, jedoch niemals in der hier vorliegenden Kombination.

V. 7 Nach dem Bericht von Ex 33, 9 stieg die Wolkensäule auf Mose herab, während Mose in das Zelt ging und Jahwe mit ihm redete. In Num 12, 5ff spricht Jahwe auch zu Aaron und Mirjam in der Wolkensäule. Allerdings wird von Samuel etwas Ähnliches nicht berichtet. Die Ausdrücke עדה und חק kommen in JE nicht vor, sie sind aber in dtn und priesterschriftlichen Texten belegt (vgl. Dtn 4, 1. 45; 6, 1. 20 usw.; Ex 29, 28; 30, 21; Lev 6, 11 usw).

Für eine literarische Abhängigkeit des Textes von JE reicht die Übereinstimmung in einigen Motiven wohl nicht aus. Die Terminologie zeigt keinerlei jehowistische Züge. Der Psalm wird gewöhnlich in die nachexilische Periode datiert. (1)

Ps 106, 19ff "19 Sie machten ein Kalb am Horeb und beteten an vor dem gegossenen Bild. 20 So tauschten sie ihren Ruhm an das Bild eines Rindes, das Gras frißt, 21 Sie vergaßen Gottes, ihres Heilandes, der große Dinge in Ägypten getan hat, 22 Wunder im Land Hams und gewaltige Taten am Schilfmeer. 23 Da gedachte er sie zu verderben, wäre nicht Mose, sein Auserwählter, vor ihn in den Riß getreten, seinen Grimm vom Vertilgen zu wenden."

V. 19 Mit Ex 32 stimmen die Ausdrücke מסכה, עגל und ישתחוו überein. Der Name Horeb kommt beim Jehowisten jedoch nur in sekundären Zusätzen vor und stammt ursprünglich aus dem dtn Bereich. (2)

V. 20 Die Formulierung hat in Jer 2, 11 und Hos 4, 7 Parallelen. In allen drei Texten werden die Ausdrücke כבוד und מור für das Vertauschen Jahwes mit Götzen verwendet. (3) In Dtn 4, 16f wird verboten, sich das תבנית eines Mannes oder einer Frau oder irgendeiner sonstigen Kreatur anzufertigen. Zu dem Ausdruck כבודם ist Dtn 10, 21 zu vergleichen, wo Jahwe als תהלתך bezeichnet wird. Terminologie und bildliche Redeweise haben in JE kein Vorbild.

1 So Duhm, Psalmen 361; Gunkel, Psalmen 430; Fohrer, Einl 315. Kraus, Psalmen 682f, und Schmid, Mose 110, sehen den Psalm für vorexilisch an. McCullough, Psalms 529, läßt das Datum unbestimmt.
2 S. o. S. 217.
3 Auch Hos 10, 5 und 1S 4, 21 benutzen כבוד für die Gottheit.

V. 21f Die Verse wurden bereits oben (1) behandelt. Während hier das Vergessen der Taten Jahwes im Vordergrund steht, geht es im jehowistischen Bericht darum, daß sich die Israeliten durch den Weggang Moses führerlos vorkommen und deshalb einen neuen Gott statt Jahwe bauen (vgl. Ex 32, 1).

V. 23 Innerhalb der Sinaiperikope berichtet nur das sekundäre Stück Ex 32, 9-14 von der Absicht Jahwes, das Volk zu vernichten. Die Terminologie des ersten Halbverses ist mit Dtn 9, 25 verwandt. Statt ויאמר להשמידם wird dort כי אמר יהוה לחשמיד אתכם gesagt. Der hier für Mose gebrauchte Titel בחיר ist in JE nicht belegt. Die Ausdrucksweise des 2. Halbverses ist mit Ez 22, 30 (vgl. 13, 5) verwandt. In beiden Fällen kommt die Wendung עמד בפרץ vor. Zu dem jehowistischen Bericht besteht keine Parallele. Zwar wird dort gelegentlich von Moses fürbittendem Eintreten (vgl. Ex 17, 11f; 32, 30ff; Num 12, 13; 21, 7) und der Abwendung von Jahwes Zorn (vgl. Ex 15, 25; 17, 4; Num 11, 2) berichtet; doch besteht keine wörtliche Übereinstimmung. (2)

Der Psalm schöpft aus der Sprache und Vorstellungswelt der Prophetie (bes. Hos, Jer, Ez) sowie des Dtn und zeigt keine direkte Abhängigkeit von JE. Das Sinaiereignis als solches mit Theophanie und Gesetzesmitteilung wird nicht erwähnt. Der Psalm gibt jedoch eine Überlieferung wieder, die mit der Ex 32-34 zugrunde liegenden Tradition einige Gemeinsamkeiten aufweist.

2. Die Theophanieschilderungen

Außer den bereits behandelten Texten werden folgende Theophanieschilderungen mit der Sinaitratition in Verbindung gebracht:

Ri 5, 4f "4 Jahwe, als du auszogst von Seir, einherschrittest von Edoms Gefilde, da erbebte die Erde, es troffen die Himmel, ja die Wolken troffen von Wasser. 5 Die Berge wankten vor Jahwe - das ist Sinai - vor Jahwe, dem Gott Israels."

Der Abschnitt aus dem Debora-Lied beschreibt Jahwes Kommen von Seir bzw. Edom, das von einer Verwandlung der Natur begleitet ist.

1 S. o. S. 123.
2 Die Fürbitte Moses wird auch Dtn 9, 18f. 25ff; 10, 10 berichtet (vgl. Jer 15, 1).

Ein später Glossator hat durch die Einfügung von זה סיני (1) Seir mit dem Sinai identifiziert. Dies ist geographisch gesehen durchaus möglich, da der Sinai u. U. in der Gegend von Seir/Edom zu suchen ist. Im Hinblick auf das Verhältnis zur Sinaiperikope stellte bereits Budde (2) fest: "Die Verse haben mit der Gesetzgebung am Sinai nichts zu tun, sondern reden vom Heranziehen Jahwes zur Hilfe in der Schlacht vom Sinai her, weil er dort wohnt." Insofern scheidet eine überlieferungsgeschichtliche wie eine literarische Beziehung zu JE aus.

Dtn 33, 2 "Jahwe kam vom Sinai und glänzte ihnen auf von Seir. Er strahlte auf vom Gebirge Paran und nahte von Meribat-Kades (3), zu seiner Rechten brennendes Feuer."

Vier Ortsangaben erscheinen hier nebeneinander Sinai, Seir, das Gebirge Paran und Meribat-Kades. Die Theophanieschilderung ist mit Ri 5, 4f verwandt. Anfang und Ende des Kapitels (V. 2-5. 26-29) bilden einen eigenen Psalm, der von den eigentlichen Stammessprüchen zu unterscheiden ist. Er stammt wohl aus nachexilischer Zeit. (4)

Ps 68, 8f. 18 "8 Oh Gott, als du auszogst vor deinem Volk, als du einherschrittest in der Wüste, 9 da erbebte die Erde, ja die Himmel troffen vor Gott (5); vor Gott, dem Gott Israel. ... 18 Der Wagen Gottes sind vielmal tausend, tausend und abertausend; Jahwe ist vom Sinai hergekommen (6) ins Heiligtum."

V. 8f Die Verse stellen weitgehend Zitate aus Ri 5, 4f dar. Es stimmen die Ausdrücke נטפו ארץ, מפני אלהים, שמים, רעשה, בצאתך überein. Der poetische Terminus ישימון "Wüste" wird auch in Dtn 32, 10; Jes 43, 19; Ps 78, 40; 16, 14; 107, 4 gebraucht. Kraus (7) nimmt an, daß V. 8b eine Anspielung auf den Wüstenzug der Israeliten beinhaltet.

---

1 Vgl. Budde, Richter 41; Moore, Judges 141; Noth, Studien 29 A. 3. Anders z. B. Albright, JBL 54, 204.

2 Ebd.

3 Mit Steuernagel, Deuteronomium 174; Bertholet, Deuteronomium 102 ist ממרבת קדש zu lesen.

4 So. z. B. Steuernagel, Deuteronomium 173f; Bertholet, Deuteronomium 104f, anders Seligmann, VT 14, 89f.

5 זה סיני ist als Glosse auszuscheiden. S. dazu Duhm, Psalmen 256; Bückers, Bibl 32, 308; Briggs, Psalms II, 98; Kraus, Psalmen 467. Briggs sieht zudem in מפני אלהי ישראל אלהים eine aus Ri 5, 5 entnommene Glosse. - Gunkel, Psalmen 288, ändert in זע סיני "der Sinai schwankt".

6 בם סיני ist in בא מסיני zu ändern.

7 Ps 472.

Da ישימון in den übrigen Stellen im Zusammenhang mit Israels Wüstenaufenthalt vorkommt, scheint Kraus' Annahme zu Recht zu bestehen. Eine literarische Beziehung zu JE liegt jedoch nicht vor, da in der Terminologie keinerlei Übereinstimmung besteht.

V. 18 Jahwe kommt vom Sinai in sein Heiligtum auf dem Zion. Der Sinai ist folglich als sein ursprünglicher Wohnsitz vorgestellt.

Hab 3, 3 "Gott kommt von Theman her, der Heilige vom Gebirge Paran. Seine Hoheit bedeckt den Himmel, und die Erde ist voll seines Ruhmes."

Die Erwähnung von Theman und Paran weist geographisch in dieselbe Richtung wie Ri 5, 4f; Dtn 33, 2 und Ps 68, 8f. Die Schilderung des Erscheinens Jahwes ist mit den im vorangehenden behandelten Texten eng verwandt.

In welchem überlieferungsgeschichtlichen und literarischen Verhältnis stehen diese Theophanieschilderungen zu Sinaiperikope? Eine Reihe von Forschern nimmt an, daß Dtn 33, 2; Ri 5, 4f; Ps 68, 8f und Hab 3, 3 literarisch und überlieferungsgeschichtlich von JE abhängig sei. (1) Dies wird jedoch von Westermann (2) und Jeremias (3) unter Anführung triftiger Gründe bestritten:

1. Während die Theophanietexte das Eingreifen Gottes für sein Volk und gegen seine Feinde beschreiben, geht es in der Sinaiperikope um das Erscheinen Gottes gegenüber einem Mittler mit dem Zweck, mit ihm zu reden. (Westermann)

2. Ex 19 und 24 berichten vom Herabkommen Gottes auf den Gottesberg; demgegenüber handeln die Theophanietexte von Gottes Aufbrechen und Herkommen von einem bestimmten Ort. (Westermann)

3. Der Gottesberg ist in Ex 19 das Ziel des Kommens Gottes, während er in den Theophanietexten den Ausgangspunkt seines Kommens bildet. (Westermann)

4. Zwar stimmen die Schilderungen der Begleiterscheinungen in beiden Textgruppen teilweise überein. Andrerseits sind erhebliche Unterschiede zu beobachten: In Ex 19 bebt der Berg, während in den Theophanietexten Berge bzw. Hügel beben. In der Sinaiperikope fehlen die Motive des Schwankens der Erde sowie des Strömens von Wasser aus den Wolken, die sich in den Theophanieschilderungen in charakteristischer Weise wiederholen.

---

1 So z.B. Bückers, Bibl 407; Lauha, Geschichtsmotive 93; Kraus, Psalmen 475.

2 Loben 73ff.

3 Theophanie 105ff.

Während Ex 19 von vulkanischen Phänomenen wie Feuer, Rauch und Erdbeben bestimmt ist, berichten die Theophanietexte von Gewittererscheinungen wie Donner, Blitz und Regen. קול kennzeichnet in Ex 19, 19 eine vernehmbare Stimme, während dasselbe Wort in den Theophanietexten einen Donner bzw. ein Brüllen meint. (Westermann, Jeremias)

5. Das für die Theophanietexte charakteristische Moment des Aufruhrs der Natur fehlt in der Sinaiperikope. (Jeremias)

Auf Grund dieser Unterschiede muß ein überlieferungsgeschichtlicher Zusammenhang zwischen diesen Texten und der Sinaitradition verneint werden. Lediglich Ps 68, 8f gehören in den Zusammenhang mit der Überlieferung von Israels Wüstenaufenthalt. Im übrigen gehören die Theophanieschilderungen einem ursprünglich selbständigen Überlieferungskreis an, der erst später mit der Offenbarung der Gebote am Sinai kombiniert wurde. (1) Auch literarisch besteht keinerlei Beziehung zur Sinaiperikope. Das Herabsteigen Jahwes (ירד) wird zwar auch in Ex 19, 18; 34, 5 berichtet; doch handelt es sich hier um einen gebräuchlichen Terminus. Erst in 2Esr 3, 17f läßt sich eine literarische Beeinflussung durch die Sinaiperikope feststellen. Die für die pentateuchische Sinaiüberlieferung charakteristischen Personen und Ereignisse wie Mose, Mitteilung des Gesetzes, Aufenthalt Israels am Sinai, werden in den Theophanietexten nicht erwähnt. (2)

---

1 So auch Noth, Pentateuch 64 A. 186; Kühlewein, Geschichte 140; J. M. Schmid, ZAW 82, 23. - Die Kombination von Sinai - und Theophanietraditionen ist später z. B. in 2Esr 3, 17f; 9, 29-31; JesSir 17, 11-14; 45, 5; Apg 7, 36 zu beobachten.

2 Anklänge an die Sinaitradition werden außerdem in Ps 29, 8; 50, 16-19; 81, 5; 104, 32; 101, 5 (Erwähnung von חק, משפט und ברית); 114, 4. 6 (Theophanieschilderungen) gesehen. S. dazu Lauha, Geschichtsmotive 91ff. Doch sind diese Anklänge sehr vage und enthalten keine sicheren Beweise für einen Zusammenhang mit der Sinaitradition, geschweige denn eine literarische Abhängigkeit von JE. So auch Bückers, Bibl 32, 411; Kühlewein, Geschichte 139f.

3. Zusammenfassung

Die Offenbarung am Sinai, die Mitteilung des Gesetzes und die Verpflichtung des Volkes werden außerhalb des Tetrateuch nur in den dtr Rahmenstücken (Dtn 4, 10ff; 5, 23ff; 9, 7ff; 28, 69), in der sekundären Stelle Dtn 18, 15f sowie in den späten Texten 1K 8, 9; Neh 9, 13f; Mal 3, 22 erwähnt. Die Episode vom goldenen Kalb wird lediglich an drei Stellen außerhalb des Tetrateuch, nämlich Dtn 9, 7ff; Neh 9, 17f und Ps 106, 19ff berichtet. Die Theophanietexte Dtn 33, 2; Ri 5, 4f; Hab 3, 3; Ps 68, 18 sowie 1K 19, 7ff haben mit der Sinaiüberlieferung ursprünglich nichts zu tun. Es gab offensichtlich Theophanie- und Gottesbergtraditionen, die unabhängig von den in der pentateuchischen Sinaiperikope berichteten Ereignissen und Personen tradiert wurden. 1K 12, 28 muß älter als Ex 32, 1ff sein und hat den jehowistischen Bericht beeinflußt.

F Die Hauptgestalten der jehowistischen Exodus- und Sinaiüberlieferung

1. Mose

Die Gestalt Moses steht zweifellos im Mittelpunkt der Exodus- und Sinaierzählungen. (1) Mose ist der von Jahwe berufene Befreier des Volkes aus der ägyptischen Knechtschaft, der am Sinai Jahwes Gesetz empfängt und das Volk darauf verpflichtet. Schließlich führt er die Israeliten bis ins Ostjordanland, wo er kurz vor der Einnahme des verheißenen Landes stirbt. Auf die überlieferungsgeschichtliche und historische Problematik der Gestalt Moses soll hier nicht eingegangen werden. Vielmehr wollen wir im Folgenden untersuchen, wo und ab wann die Gestalt Moses außerhalb des Tetrateuch erwähnt wird und in welcher Beziehung diese Texte zum Jehowisten stehen.

Eine Reihe von Stellen, die Mose erwähnen, wurden bereits behandelt: Tritojes 63, 11f; Mi 6, 4; Mal 3, 22; Dtn 1-11; Jos 14, 6; 24, 5; 1S 12, 6.8; 1K 8, 9. 53; 2K 18, 4; 2Ch 5, 10; 35, 6. 12; Neh 9, 14; 13, 1f; Ps 77, 21; 99, 6f; 105, 26; 106, 16. 23. 32. Ob der Verfasser des späteren Zusatzes Hos 12, 14 an Mose gedacht hat, ist schwer feststellbar. Alle diese Stellen sind in exilisch-nachexilische Zeit zu datieren. Nirgendwo ist eine literarische Beziehung zu JE aufzuweisen.

Nun sollen noch die übrigen Erwähnungen Moses behandelt werden:

<u>Jer 15, 1</u> "Da sprach Jahwe zu mir: Wenngleich Mose und Samuel vor mich träten, mein Herz würde sich diesem Volk nicht zuwenden. Schicke es hinweg aus meinen Augen, sie sollen gehen!"

Mose wird hier neben Samuel als exemplarischer Fürsprecher genannt. Rudolph (2) verweist auf Ex 17, 11; 32, 1ff und Num 14, 13-20 als Parallelen zu der hier aufgeführten Fürbittfunktion Moses. Nun handelt es sich bei Ex 32, 11ff und Num 14, 13ff um dtr Zusätze zu JE. (3) Ex 17, 11ff wird von Fritz (4) nicht zu dem bereits schriftlich vorliegenden vorjahwistischen Material gerechnet.

Es geht hier auch nicht um Fürbitte im eigentlichen Sinne, sondern um eine magische Handlung. Daß Mose betet, wird nicht ausdrücklich gesagt. Auch in Num 12, 13 und 21, 7 wird berichtet, daß Mose in Notsituationen für das Volk zu Jahwe betete. Num 12 zeigt insgesamt den Einfluß einer dtr

---

1 S. dazu Noth, Pentateuch 172ff; H. Schmid, Mose 98ff.

2 Jeremia 95.

3 Zu Ex 32, 1ff vgl. Noth, Exodus 200; Perlitt, Bundestheologie 208. - Zu Num 14, 13ff vgl. Holzinger, Numeri 53; Noth, Numeri 97.

4 Israel 107.

Redaktion. (1) Num 21,4-9 stellt nach Holzinger (2) "keine urwüchsige, sondern eine künstliche Legende" dar.

Für die Fürbitte Samuels verweist Rudolph (3) auf 1S 7,9; 12,19. Beide Stellen gehen nicht auf alte Tradition zurück, sondern gehören zur dtr Redaktion. (4)

Daraus ergibt sich, daß das Motiv der Fürbitte aus dem dtr Bereich stammt. Jer 15,1-4 wird deshalb zu Recht von einigen Exegeten als dtr eingestuft. (5) Bereits Duhm (6) hatte 14,19 - 15,4 als einen sekundären Zusatz angesehen, der als spätere Dublette zu 14,11-16 eingeschoben wurde.

Jer 15,1 beruht also nicht auf alter Tradition, sondern stammt offensichtlich aus dem dtr Bereich. Eine literarische Beziehung zu JE läßt sich nicht erkennen. Der Ausdruck עמד לפני ist dort nicht belegt, kommt jedoch häufig im Jer Buch (vgl. 7,10; 15,19; 18,20; 35,19) und im Dtn (vgl. 4,10; 10,8) vor.

Mose wird im gesamten Jeremiabuch nur hier erwähnt. Sein Name fehlt in den Texten, die vom Exodus oder Wüstenaufenthalt der Israeliten handeln.

Dtn 18,15 verheißt einen Propheten wie Mose. Der Text wurde bereits oben (7) behandelt.

Dtn 33,4 "Ein Gesetz hat Mose uns gegeben. (8) Sein (d.h. Jahwes) Eigentum ist die Gemeinde Jakobs."

Der erste Halbvers apostrophiert Mose als Geber des Gesetzes. Dies stimmt inhaltlich mit der jehowistischen Erzählung überein. Jedoch läßt sich keine literarische Beziehung erkennen. Der Terminus תורה ist in JE nicht belegt und gehört eher in den dtn Bereich; dasselbe gilt für מורשה, das nur im priester(schrift)lichen Kontext belegt ist (vgl. Ex 6,8; Ez 11,15; 25,4.10 u.ö.). Der Ausdruck קהלה kommt nur noch Neh 5,7 vor. Noth (9) erwägt deshalb mit Recht, daß hier eine von der Pentateucherzählung unabhängige Aussage vorliegen könnte.

---

1 Beide Texte sind nach Fritz, Israel 107, nicht vor-jahwistisch. Num 12 und 21,4-9 sind literarisch uneinheitliche Texte; vgl. dazu Noth, Numeri 82ff. 136ff.

2 Numeri 93.

3 Ebd.

4 Zu 1S 7,9 vgl. Noth, Studien 54f; Stoebe, Samuel 170f. - Zu 1S 12 s. o. S. 110.

5 So Hyatt, Jeremia 936; Thiel, Redaktion 191; Diepold, Land 16.

6 Jeremia 130f.

7 S.o. S. 225.

8 Statt מורשה ist מורשו zu lesen. S. App. BHS.

9 Pentateuch 174f.

V. 4a ist wohl als Zusatz aufzufassen, der als exegetische Glosse zu V. 3bß eingefügt wurde. (1) Während in V. 3 und 4b. 5 Jahwe das Subjekt bildet, ist es hier Mose. Zugleich wird hier von Israel in der 1. Person geredet, während der Kontext die 3. Person benutzt. Der Text gehört zu dem Rahmenpsalm V. 2-5. 26-29, der in nachexilische Zeit zu datieren ist. (2)

Jos 1, 1ff

"1 Nachdem Mose, der Knecht Jahwes gestorben war, sprach Jahwe zu Josua, dem Sohn Nuns, Moses Diener: 2 Mein Knecht Mose ist gestorben; so mach dich nun auf, ziehe über den Jordan hier, du und dieses ganze Volk, in das Land, das ich ihnen, den Israeliten gebe. 3 Jeden Ort, darauf eure Fußsohle treten wird, gebe ich euch, wie ich Mose versprochen habe. ... 5 Niemand soll vor dir standhalten können dein ganzes Leben lang. Wie ich mit Mose gewesen bin, so will ich mit dir sein. Ich will dich nicht verlassen noch preisgeben. ... 7 Sei nur getrost und ganz unverzagt, daß du hälst und tust (3) wie dir Mose, mein Knecht, geboten hat. Weiche nicht davon ab, weder zur Rechten noch zur Linken, damit du Glück habest auf allen deinen Wegen. 8 Von diesem Gesetzbuch sollst du allzeit reden und darüber nachsinnen Tag und Nacht, daß du genau tust nach allem, was darin geschrieben steht; denn dann wird es dir auf deinen Wegen gelingen und du wirst Glück haben."

In dem Text stehen zwei Aspekte im Vordergrund:

1. Die Kontinuität zwischen Mose und seinem Nachfolger Josua in ihrem Verhältnis zu Jahwe (V. 1-6).

2. Die Ermahnung an Josua, das Gesetzbuch Moses genau zu befolgen (V. 7-9).

V. 6 und 7 entsprechen sich zu Beginn fast wörtlich: חזק ואמץ bzw. רק חזק ואמץ .

V. 1 Der hier verwendete Titel עבד für Mose wurde bereits oben (4) behandelt. Josua wird auch in Ex 24, 13; 33, 11; Num 11, 28; Num 12, 7f משרת משה genannt. In allen diesen Texten handelt es sich um späte bzw. dtr Stellen. (5)

---

1 So z. B. Steuernagel, Deuteronomium 175; Kühlewein, Geschichte 140.
2 S. o. S. 236.
3 כל-התורה ist mit LXX, Vulgata zu streichen.
4 S. o. S. 230.
5 Zu Ex 24, 13 vgl. Eißfeldt, Hexateuch-Synopse 152*; zu Num 11f vgl. Noth, Numeri 78, 83.

V. 2 Zu dem Ausdruck ועתה קום עבר ist Dtn 2, 13. 24, zu הירדן הזה ist Dtn 3, 27; 31, 2; 31, 2 zu vergleichen.

V. 3 Die Redeweise כאשר דברתי אל-משה ist im Dtn häufig belegt (vgl. Dtn 1, 11. 21; 2, 1. 17 u. ö.).

V. 5 Der Vers knüpft an Dtn 11, 25 und 31, 8 an.

V. 7 Der zweite Halbvers למען תשכיל ... כל-אשר geht mit dem Wortlaut von Dtn 29, 8 überein. Wendungen mit חזק begegnen häufig im Dtn und dtr Geschichtswerk.

V. 8 Josua wird hier aufgefordert, von dem ספר התורה הזה allzeit zu reden, darüber Tag und Nacht nachzusinnen und es genau zu befolgen. Der Ausdruck ספר התורה הזה ist auch Dtn 28, 61; 29, 20; 30, 10 belegt; vgl. ספר Dtn 17, 18; 29, 26 u. ö.; הספר הזה Dtn 28, 58; 29, 19. Die Formulierung im ganzen ist mit Dtn 17, 19 verwandt, wo eine ähnliche Ermahnung an den König ergeht.

Der dtr Charakter des ganzen Abschnittes ist deutlich. (1) Eine literarische Beziehung zu JE ist nicht erkennbar. Mit "Gesetz" sind nicht das in das jehowistische Werk eingefügte sog. Bundesbuch oder die Dekaloge gemeint, sondern das dtn Gesetz.

Jos 8, 30ff "30 Damals baute Josua Jahwe, dem Gott Israels, einen Altar auf dem Berg Ebal, 31 wie Mose, der Knecht Jahwes, Israel geboten hatte, wie es geschrieben steht im Buch des Gesetzes Moses, einen Altar von unbehauenen Steinen, über die man kein Eisen geschwungen hatte, und sie brachten Jahwe darauf Brandopfer dar und schlachteten Heilsopfer. 32 Und er schrieb daselbst vor den Augen Israels auf die Steine eine Abschrift des Gesetzes Moses, das dieser aufgezeichnet hatte. 33 Und ganz Israel samt seinen Ältesten, Amtleuten und Richtern stand zu beiden Seiten der Lade, den levitischen Priestern gegenüber, welche die Lade des Gesetzes Jahwes trugen, die Fremdlinge sowohl als die Einheimischen, die eine Hälfte gegen den Berg Garizim, die andere gegen den Berg Ebal hin, wie Mose, der Knecht Jahwes, vormals geboten hatte, das Volk

---

1 Vgl. Wellhausen, Composition 117; Holzinger, Josua 1f; Steuernagel, Josua 153f; Eißfeldt, Hexateuch-Synopse 195*.

Israel zu segnen. 34 Darnach las er alle Worte des Gesetzes vor, den Segen und den Fluch, ganz wie es im Gesetzbuch geschrieben steht. 35 Von allem, was Mose geboten hatte, war nicht ein Wort, das Josua der ganzen Gemeinde Israels nicht vorgelesen hätte, auch den Frauen und Kindern und den Fremdlingen, die mit ihnen zogen."

V. 30f Der Text spielt deutlich auf das in Dtn 27, 1-10 berichtete Ereignis an. Der Ausdruck תורת משה begegnet auch Jos 23, 6; 1K 2, 3; 2K 14, 6; 23, 25; Mal 3, 22; Dan 9, 11. 13; Esr 3, 2; 7, 6; Neh 8, 1; 2Ch 23, 18; 30, 16. Es ist damit immer das dtn Gesetz gemeint.

V. 32 Der Ausdruck משני תורת משה kommt auch Dtn 15, 18; 17, 18 vor.

V. 33 Der Vers stimmt mit Dtn 27, 9 in dem Terminus הכהנים הלוים überein. Die Lade wird in Dtn 27 allerdings nicht erwähnt; sie erscheint in den Zusätzen Dtn 10, 1ff sowie in 31, 25f.

V. 34f Die Verse sind deutlich von Dtn 27, 11ff abhängig.

Der dtr Charakter des Abschnittes ist offenkundig. (1) Der Text basiert auf der in Dtn 27, 1ff berichteten Episode, wonach Mose dem Volk befiehlt, am Ebal einen Altar zu bauen, Jahwe Opfer darzubringen und die Worte des Gesetzes auf die Steine zu schreiben. Zum Jehowisten bestehen weder inhaltliche noch terminologische Parallelen.

Jos 9, 24 "Sie (d.h. die Gibeoniten) antworteten Josua: Es ist deinen Knechten kundgetan worden, daß Jahwe, dein Gott, seinem Knecht Mose geboten hat, euch das ganze Land zu geben und alle Bewohner des Landes vor euch zu vertilgen; da fürchteten wir von eurer Seite große Gefahr für unser Leben und haben das getan."

Der Vers gehört deutlich zur dtr Redaktion des Kapitels. (2) Die Terminologie stammt aus dem dtn-dtr Bereich:
יהוה אלהיך (vgl. Dtn 1, 21. 31 usw.), משה עבדו (3) (vgl. Dtn 1, 3. 16. 18f usw.), השמיד (vgl. Dtn 1, 27; 2, 12. 21ff usw.). Der Befehl, die Bewohner des Landes zu vertilgen, findet sich in Dtn 7, 1ff und 20, 16ff. Somit zeigt der Vers keinerlei literarische Beziehung zu JE, sondern ist als dtr zu klassifizieren.

---

1 Vgl. Wellhausen, Composition 124; Noth, Josua 51f; ders., Studien 43; Holzinger, Josua 28f, und Steuernagel, Josua 184, nehmen an, daß hier eine elohistische Grundlage von Dtr überarbeitet wurde.

2 S. o. S. 103.

3 S. o. S. 233.

Noth (1) erwägt, daß es "sich um eine ziemlich alte Aussage handeln" könne, die in keinem unmittelbaren Zusammenhang mit der Pentateucherzählung steht. Doch gibt es keinen stichhaltigen Beweis dafür, daß hier ein alter Text vorliegt, da Sprache und Inhalt deutlich dem Dtr zuzuordnen sind.

Jos 23, 6 "So seid nun recht fest, alles zu halten und zu tun, was im Buch des Gesetzes Moses geschrieben steht, indem ihr davon nicht abweicht, weder zur Rechten noch zur Linken."

Das Vokabular des Verses ist mit Jos 1, 7 verwandt, wo ebenfalls die Ausdrücke לשמר ולעשות, חזק und סור ממנו ימין ושמאול vorkommen. תורת משה meint hier - ähnlich wie in vielen anderen dtr Stellen - das dtn Gesetz. (2) Der Vers ist eindeutig dtr. (3) Rückverweise auf Anweisungen, die Jahwe durch Mose gegeben hat, finden sich noch in einer Reihe von dtr Stellen des Jos-Buches:

11, 12	כאשר צוה משה עבד יהוה
11, 15. 20; 14, 5	אשר צוה יהוה את-משה
11, 15	כן-צוה משה את-יהושע
14, 2; 21, 8;	כאשר צוה יהוה ביד-משה
17, 4	יהוה צוה את-משה
21, 2	יהוה צוה ביד-משה
22, 2 vgl. 5	אשר צוה אתכם משה עבד יהוה

Die meisten dieser Stellen gehören zu dem Abschnitt Jos 13-22, der erst nachträglich in das dtr Geschichtswerk eingefügt wurde, aber sprachlich dem Dtr nahesteht. (4)

Ri 1, 16 "Aber die Söhne des Keniters, des Schwiegervaters Moses, waren mit den Judäern aus der Palmenstadt (5) in die Wüste von Arad heraufgezogen; sie gingen nun hin und ließen sich bei den Amalekitern (6) nieder."

Der Ausdruck ובני קיני חתן משה birgt syntaktische Schwierigkeiten in sich. קיני bezeichnet im AT den Volksstamm der Keniter (vgl. Gen 15, 19; Num 24, 21; Ri 4, 11; 1S 15, 6; 1Ch 2, 55 usw.), nicht aber eine Person.

1 Pentateuch 175.

2 So auch Steuernagel. Deuteronomium 296.

3 Wellhausen, Composition 133; Steuernagel, Josua 296; Holzinger, Josua 96; Noth, Josua 133; ders., Studien 7ff.

4 Vgl. Noth, Studien 45.

5 יהודה אשר בנגב ist mit Nowach, Richter 6f, zu tilgen.

6 Statt את-העם ist mit LXX את-העמלקי zu lesen.

קיני ist eine Ableitung von קין , das in Gen 4, 1ff als Person, in Num 24, 22 als Völkername vorkommt. Nun ist חתן משה nur sinnvoll, wenn ein Personenname vorangeht. Man könnte an "Söhne des Keniters" denken, doch müsste dies dann הקיני lauten. Die LXX liest ובני חבב in Übereinstimmung mit 4, 11. Diese Lesart wird auch von Noth (1) bevorzugt.

Eine weitere Schwierigkeit besteht darin, daß die Verben in V. 16b im Singular stehen (וילך ,ישב), während in V. 16a ein pluralisches Subjekt (בני קיני) erscheint. Budde, (2) Meyer, (3) Nowack (4) und Burney (5) lesen deshalb auch in V. 16a den Singular עלה bzw. ויעלה und sehen וחבב הקיני als Subjekt des Satzes an. Der Vers muß in irgendeiner Beziehung zu Num 10, 29 gesehen werden. Dort teilt Mose seinem Schwiegervater Hobab mit, daß er nun zum verheißenen Land aufbrechen wolle. Der hier und in Num 10, 29 gebrauchte Name חבב für den Schwiegervater widerspricht Ex 18, 1ff, wo יתרו als Name des Schwiegervaters angegeben wird. Während Hobab nach Num 10, 29 sowie Ex 3, 1; 2, 16; 18, 1 als Midianiter bezeichnet wird, erscheint er in Ri 1, 16 als Keniter. Die Lesarten der verschiedenen Varianten der LXX wechseln zwischen Hobab und Jethro. Nun nehmen Wellhausen, (6) Holzinger (7) und Noth (8) an, daß der Schwiegervater Moses ursprünglich überhaupt keinen Namen besaß und Jethro in Ex 2, 18; 3, 1 später eingefügt wurde.

Auf Grund der Unterschiede zu JE sieht Noth (9) Ri 1, 16 und 4, 11 als "ziemlich alt" an und betrachtet sie als "einzige von der Pentateucherzählung sicher unabhängige" Stellen. Sie stehen völlig isoliert da und zeigen keine direkte überlieferungsgeschichtliche oder literarische Beziehung zu JE. Allerdings sind die Stellen textlich sehr verderbt so daß man ihnen wenig entnehmen kann.

Ri 1, 20 "Da gaben sie (d. h. die Judäer) Hebron, wie Mose geboten hatte, dem Kaleb, er aber vertrieb daraus die drei Söhne Enaks."

---

1 Pentateuch 185 A. 475.
2 Richter 8.
3 ZAW 1, 137 mit A. 3.
4 Richter 7.
5 Judges 14.
6 Composition 72. 82. 101.
7 Einl 75.
8 Pentateuch 201.
9 Ebd. 174.

Die Anordnung, Hebron an Kaleb zu geben, findet sich sowohl in Num 14, 24 JE als auch in Dtn 1, 36. Jos 15, 13f berichtet, daß Kaleb von Josua Hebron zugeteilt wurde und dieser daraus die drei Söhne Enaks vertrieb.(1)

Die Formulierung des Verses weist insbesondere in dem Ausdruck כאשר דבר משה in den dtn Bereich. (2) Inhaltlich unterscheidet die Aussage von der in Num 14, 24 und Dtn 1, 36 berichteten Anordnung, die dort nicht von Mose, sondern von Jahwe erlassen wurde.

Die Aussage des Textes widerspricht Jos 1, 10, wonach Hebron von den Judäern erobert wurde. Daraus ist zu schließen, daß Ri 1, 1-2, 5 aus verschiedenen Stücken zusammengesetzt ist. Wellhausen (3) vermutet in V. 19-21 einen späten Anhang. Der gesamte Abschnitt 1, 1-2, 5 enthält zwar altes Material, wurde jedoch erst von einem nach-dtr Redaktor in seinen jetzigen Zusammenhang eingefügt. (4)

Ri 3, 4 — "Durch diese (d.h. die Völker, die Jahwe im Land wohnen ließ) sollte Israel geprüft werden, damit es sich zeige, ob sie auf die Gebote hören würden, die Jahwe ihren Vätern durch Mose gegeben hatte."

Ri 3, 4 gehört zu dem Abschnitt 2, 6-3, 6, der gewöhnlich als dtr angesehen wird. (5) Innerhalb dieses Abschnittes stellen die Verse 2, 20-3, 6 eine spätere Wucherung dar, die vom Wohnenbleiben der fremden Völker handeln und 1, 21. 27ff voraussetzen. V. 4 enthält typisch dtn Terminologie, wie נסה (vgl. Dtn 4, 34; 6, 16; 8, 2; Ri 2, 22; 3, 1; 6, 39 u. ö.), מצוה (vgl. Dtn 5, 10; 6, 1; 11, 13. 27f; 17, 20 usw.), צוה (vgl. Dtn 1, 3. 16. 18 usw.). מצות wird im Dtn allerdings immer mit שמר und עשה verbunden, während hier das Verb שמע gebraucht wird.

Ri 4, 11 — "Heber, aber, der Keniter, hatte sich von den Kenitern, den Söhnen Hobabs, des Schwiegervaters Moses, getrennt und hatte zuletzt sein Zelt bei der Eiche von Zaanaim aufgeschlagen, das bei Kedes liegt."

---

1 Jos 15, 13f wird teilweise zu P (Eißfeldt, Hexateuch-Synopse 231*; Fohrer, Einl 221), teilweise zu JE (Wellhausen, Composition 129) gerechnet. Noth, Studien 46 A. 4, hält V. 13-19 für ein erst später auf Grund von Ri 1 eingeschobenes Stück.

2 Burney, Judges 14. - S. auch o. S. 246.

3 Compositon 209.

4 Burney, Judges 1, schreibt das Stück einem nachexilischen priesterlichen Redaktor zu, während Meyer, ZAW 1, 135, es zu J, Fohrer, Einl 215f, es zu N rechnet.

5 So z. B. Budde, Richter 19f; Noth, Studien 7.

Der Vers berichtet, wie sich Heber vom Stamm Kain, dessen Mitglieder als Söhne Hobabs, des Schwiegervaters Moses apostrophiert werden, getrennt hat. Nowack, (1) Moore, (2) Burney (3) und Nowack (4) sehen מבני חבב חתן משה als Glosse zu מקין an, die offensichtlich aus 1, 16 eingedrungen ist. Deshalb müssen 1, 16 und 4, 11 zusammen gesehen und gewertet werden. Die oben (5) über den überlieferungsgeschichtlichen und literarischen Charakter von 1, 16 gemachten Aussagen treffen deshalb auch auf diesen Vers zu.

Ri 18, 30

"Darnach stellten die Daniten das Bild für sich auf, und Jonathan, der Sohn Gersons, des Sohnes Moses, und seine Söhne waren Priester des Stammes der Daniten bis zur Entvölkerung des Landes."

Der Vers enthält die Notiz, daß sich die Priesterschaft von Dan von einem Enkel Moses (6) namens Gerson ableitete. Der Name Gerson kommt auch in Ex 2, 22; 18, 3 JE vor; dagegen wird der Moseenkel Jonathan nur hier erwähnt. (7)

V. 30f bilden zwei Anhänge zur Geschichte vom Raub eines Götterbildes durch die Daniten (Ri 17f). Der Charakter des Nachtrages wird u. a. daraus ersichtlich, daß erst jetzt der Name des Leviten genannt wird, während er vorher nur הלוי heißt. (8) Es fällt auf, daß eine solche wichtige Nachricht, wie die Existenz eines sich von einem Moseenkel ableitenden Priestergeschlechtes, nur als angehängte Notiz erscheint. Eine direkte literarische und überlieferungsgeschichtliche Abhängigkeit von JE ist nicht erkennbar. Die Kenntnis der Namen stammt vielmehr wohl aus mündlicher Tradition. Bei der Bestimmung des Alters der Stelle ist zunächst von dem Schlußsatz עד-יום גלות הארץ auszugehen. (9) Um welche Wegführung handelt es sich hier? Budde (10 und Moore (11) erwägen die Wegführung der Bevölkerung des Nordreiches im Jahre 734 oder 722. Da der Vers die Bewohnerschaft des Nordreiches jedoch nicht ausdrücklich erwähnt und die eigentliche Wegführung erst 597 bzw. 587 stattfand, ist wohl eher an die Zeit des 6. Jh. zu denken.

---

1 Richter 36.

2 Judges 118.

3 Judges 90.

4 Richter 36.

5 S. 246.

6 MT hat ein hochgestelltes נ und liest מנשה. Doch ist mit LXX u. a. משה als ursprünglicher Text anzunehmen.

7 Gerson erscheint als Sohn Moses auch in den chronistischen Stammbäumen (1Ch 23, 15ff; 26, 24ff) sowie als Sohn Levis in 1Ch 6, 1ff; 15, 7; vgl. Num 3, 17ff; Jos 21, 1ff.

8 Vgl. Burney, Judges 415; Nowack, Richter 154.

9 Burney, Judges 414f, liest הארון statt הארץ, doch hat dies wenig Wahrscheinlichkeit für sich.

10 Richter 124.

11 Judges 400.

Hinzu kommt, daß es sich bei der gesamten Erzählung Ri 17f um einen nach-dtr Zusatz handelt, der allerdings ältere Überlieferung enthalten kann. (1)

1K 2, 3 — "Tue getreu deine Pflicht gegen Jahwe, deinen Gott, indem du in seinen Wegen wandelst und seine Satzungen und Gebote, seine Rechte und Verordnungen hälst, wie im Gesetz Moses geschrieben steht, damit du Glück habest in allem, was du tust und überall, wohin du dich wendest."

Der Vers bildet einen Teil der Mahnrede Davids an seinen Sohn und Nachfolger Salomo und trägt eindeutig dtr Charakter. (2) Die Formulierung ist mit Jos 1, 7 verwandt. (3) Die Termini תורת משה, מצות ומשפטים gehören zum dtn-dtr Sprachgebrauch, עדות kommt auch in P vor (vgl. Ex 25, 22; Lev 16, 13 u. ö.). Eine literarische Beziehung zu JE läßt sich nicht feststellen.

1K 8, 56 — "Gepriesen sei Jahwe, der seinem Volk Israel Ruhe verliehen, ganz wie er verheißen hat! Von all seinen guten Worten, die er durch seinen Knecht Mose geredet hat, ist nicht eines hingefallen."

Mit diesen Worten beginnt Salomo sein Schlußgebet bei der Einweihung des Tempels. Der dtr Charakter des gesamten Kapitels ist allgemein anerkannt. (4) Der Vers zeigt eine weitgehende Übereinstimmung mit Jos 21, 43ff.

Hier: לא נפל דבר אחד מכל דברו הטוב אשר דבר ביד משה עבדו

Jos 21, 45a לא נפל דבר מכל הדבר הטוב אשר דבר יהוה אל-בית ישראל

Die von Jahwe verschaffte Ruhe (מנוחה) betont auch Dtn 12, 9. Zu JE besteht keinerlei Beziehung.

2K 14, 6 — "Die Söhne der Mörder aber tötete er (d. h. Amazia) nicht, nach dem Gebot Jahwes, das im Gesetzbuch Moses geschrieben steht: Die Väter sollen nicht samt den Kindern, noch die Kinder samt den Vätern getötet werden; sondern ein jeder soll nur für seine eigene Sünde getötet werden."

---

1 Vgl. Noth, Studien 54 A. 2; Fohrer, Einl 232.

2 So auch Wellhausen, Composition 258; Kittel, Könige 13; Benzinger, Könige 9; Noth, Studien 103.

3 S. dazu o. S. 242f.

4 S. o. S. 113.

Der Ausdruck ספר התורת משה meint das dtn Gesetz. Die hier zitierte Vorschrift ist Dtn 24, 16 entnommen. Somit handelt es sich um eine dtr Stelle, (1) mit der 2Ch 25, 4 übereinstimmt.

2K 18, 12 "(Der König von Assyrien führte das Nordreich in die Verbannung) weil sie Jahwe, ihrem Gott nicht gehorcht und sein Gesetz übertreten hatten, alle die Gebote, die Mose, der Knecht Jahwes, gegeben hat; sie hatten nicht darauf gehört und nicht darnach getan."

Es handelt sich hier um einen Kommentar des dtr Redaktors, der den Grund für den Untergang des Nordreiches angibt. Die Ausdrücke שמע בקל יהוה und עבד יהוה gehören zum typisch dtr Sprachgebrauch. (2)

2K 21, 8 "Und nie mehr will ich, daß Israel seinen Fuß außerhalb des Landes setzen muß, das ich ihren Vätern gegeben; nur müssen sie getreulich alles halten, was ich ihnen geboten habe, das ganze Gesetz, das mein Knecht Mose ihnen gegeben hat."

Die Ausdrücke עבד, התורה, צוה, שמר, אשר נתתי לאבותם weisen wiederum auf den dtr Verfasser hin. (3) התורה meint das dtn Gesetz, so daß keinerlei Beziehung zum Jehowisten erkennbar ist.

2K 23, 25 "Seinesgleichen ist vor ihm kein König gewesen, der sich so von ganzem Herzen und von ganzer Seele und mit aller Kraft zu Jahwe bekehrte, ganz nach dem Gesetz Moses; und auch nach ihm ist seinesgleichen nicht erstanden."

Diese zusammenfassende Würdigung der Person Josias geht ebenfalls auf den dtr Redaktor zurück. (4) Als Maßstab dient das dtn Gesetz.

Esr 3, 2 "Josua aber, der Sohn Jozadaks, nebst seinen Brüdern, den Priestern, und Serubbabel, der Sohn Sealthiels, nebst seinen Brüdern, gingen daran, den Altar des Gottes Israels wieder aufzubauen, um Brandopfer darauf darzubringen, wie es im Gesetz Moses, des Mannes Gottes, vorgeschrieben ist."

Es handelt sich hier um einen Rückbezug auf die priesterschriftlichen Gesetze des Pentateuch. Eine Beziehung zu JE liegt nicht vor, zumal dort der Terminus איש האלהים nicht belegt ist.

---

1 Vgl. Benzinger, Könige 164; Kittel, Könige 260; Noth, Studien 103.
2 Vgl. Benzinger, Könige 177; Kittel, Könige 279; Noth, Studien 85.
3 Benzinger, Könige 188; Kittel, Könige 294f; Noth, ebd.
4 Vgl. Benzinger, Könige 195; Kittel, Könige 304; Noth, Studien 86.

Esr 6, 18 — "Auch bestellten sie die Priester nach ihren Abteilungen und die Leviten nach ihren Klassen zum Dienst des Gottes zu Jerusalem, wie es im Buch Moses vorgeschrieben ist."

Der Vers gehört zu dem aramäisch verfaßten Teil des Esra-Buches. An die jehowistischen Gesetze kann nicht gedacht sein, da sich solche Bestimmungen über Priester und Leviten dort nicht finden. Vielmehr sind hier wohl priesterschriftliche Gesetze wie Ex 29; Lev 8; Num 3, 5ff; 8, 5ff gemeint.

Neh 1, 7f — "7 Wir haben uns schwer vergangen gegen dich; wir haben die Gebote, Satzungen und Rechte nicht gehalten, die du deinem Knecht gegeben hast. 8 Gedenke doch des Wortes, das du deinem Knecht Mose aufgetragen hast, als du sprachst. Wenn ihr mir die Treue brecht, so werde ich euch unter die Völker zerstreuen."

Das Gebet Nehemias (V. 5-11) trägt dtr Gepräge. Rudolph (1) weist z. B. auf die Parallelen zwischen V. 5 und Dtn 7, 9. 21; V. 10 und Dtn 9, 29; V. 8f und Dtn 30, 1-4, hin. Es kommen typisch dtn-dtr Ausdrücke vor:
משה עבדו, צוה, משפטים, חקים, שמר מצות.
V. 8f bildet ein freies Zitat aus Dtn 30, 1-4. Jehowistische Elemente lassen sich nicht erkennen.

Neh 8, 14 — "Und sie fanden im Gesetz, das Jahwe durch Mose gegeben hatte, geschrieben, daß die Israeliten an dem Fest im 7. Monat in Laubhütten wohnen sollten."

Die Datierung des Laubhüttenfestes auf den 7. Monat ist nur in Lev 23; Num 29, 12; vgl. Ez 45, 25 belegt. In den gewöhnlich zu JE gerechneten Festkalendern (Ex 23, 16; 34, 22) werden keine oder andere Daten gegeben. (2) Eine literarische Abhängigkeit von JE liegt deshalb nicht vor.

Neh 10, 30 — "(Alle, die sich von den Heidenvölkern abgesondert haben) schließen sich ihren Brüdern an, den Vornehmen unter ihnen, und nehmen die eidlich beschworene Verpflichtung auf sich, nach dem Gesetz Gottes zu wandeln, das durch Mose, den Knecht Gottes, gegeben worden ist, und alle Gebote Jahwes, unseres Gottes, seine Ordnungen und Satzungen getreulich zu erfüllen."

Die Terminologie, חק, משפט, מצות, שמר, משה עבד האלהים, תורה läßt eine Abhängigkeit von der dtn-dtr Tradition erkennen. (3) Als normatives Gesetzbuch ist auch hier offensichtlich das dtn Gesetz gemeint.

---

1 Esr-Neh 105.
2 Vgl. Rudolph, Esr-Neh 150f.
3 Vgl. Rudolph, Esr-Neh 176.

In den Chron-Büchern wird Mose dreimal in den Stammbäumen Levis aufgeführt: 1Ch 5, 29ff; 23, 13ff; 26, 24ff. Es handelt sich dabei wohl um jüngere Kombinationen. (1) Sodann wird Mose an folgenden Stellen erwähnt:

1Ch 15, 15 — "Da hoben die Leviten die Lade Gottes mit den Tragstangen auf ihre Schultern, wie Mose nach dem Wort Jahwes geboten hatte."

Der Vers gehört zu dem Bericht 1Ch 15f, der 2S 6 weitgehend parallel läuft. Hier haben wir es jedoch mit einem Zusatz des Chronisten zu tun, der sein spezifisch kultisches Interesse verrät. Die Tragstangen (מוטות) der Lade werden auch in den priesterschriftlichen Texten Ex 25, 13f und 37, 4f unter dem Terminus בדים erwähnt. Eine literarische Beziehung zu JE ist nicht erkennbar.

1Ch 21, 29 — "Die Wohnung Jahwes, die Mose in der Wüste hatte erstellen lassen, und der Brandopferaltar befanden sich zu jener Zeit auf der Opferhöhe zu Gibeon."

1Ch 21 bildet die Parallelerzählung zu Davids Volkszählung (2S 24). V. 29 ist deutlich von Ex 25ff; 35ff; Num 1ff (P) abhängig, wo die Termini מזבח העולה, משכן häufig belegt sind. Der Vers will eine Erklärung dafür geben, warum Salomo auf der Tenne des Jebusiters Ornan opferte, obwohl sich Jahwes Wohnung damals in Gibeon befand. Nach V. 30 hatte ihm nämlich ein Engel dort in den Weg gestellt. (2) Der Vers stellt eine spezifisch chronistische Notiz dar, die keine Beziehung zu JE erkennen läßt, sondern auf priesterschriftlicher Tradition beruht.

1Ch 22, 13 — "Alsdann wird dir alles wohlgeraten, wenn du die Satzungen und Rechte getreulich befolgst, die Jahwe Mose für Israel gegeben hat, sei fest und unentwegt, furchtlos und unverzagt."

Die Ausdrücke חזק ואמץ, צוה, משפטים, חקים, שמר weisen in den dtr Bereich. Der Vers zeigt deutliche Verwandtschaft mit Dtn 17, 18f; Jos 1, 7; 1K 2, 3, während zu JE keinerlei Verbindung vorliegt.

2Ch 1, 3 — "Sodann zog er (d. h. Salomo) und mit ihm die ganze Volksgemeinde zum Höhenheiligtum in Gibeon. Denn dort befand sich das heilige Zelt Gottes, das Mose, der Knecht Jahwes, in der Wüste gemacht hatte."

Der Chronist will mit dieser über seine Vorlage hinausgehenden Bemerkung erklären, warum Salomo an einem Höhenheiligtum eine Jahweoffenbarung erhielt. Der Terminus אהל מועד ist nur in priesterschriftlichen Texten belegt (vgl. Ex 27, 21; 28, 43; 29, 4; 35ff; Lev 1ff).

---

1 S. Noth, Pentateuch 174 A. 453.

2 Vgl. Rudolph, Chronik 148.

Aus dem in 1K 3,4 berichteten ersten Opfer Salomos ist hier ein Staatsakt vor dem gesamten Volk geworden. Zu JE besteht keinerlei literarische Beziehung.

2Ch 8, 12f

"12 Damals opferte Salomo Jahwe Brandopfer auf dem Altar Jahwes, den er vor der Halle gebaut hatte, 13 und zwar nach dem Erfordernis eines jeden Tages, indem er Opfer darbrachte, wie es Mose geboten hatte, an den Sabbaten, an den Neumonden und dreimal im Jahr an den Festen, am Fest der ungesäuerten Brote und am Wochenfest und am Laubhüttenfest."

Die Notiz stellt eine Ausweitung von 1K 9, 25 und beruht auf den priesterschriftlichen Kultgesetzen, wie sie z. B. in Num 28f zusammengefaßt sind. (1)

2Ch 24, 6. 9

"6 Da berief der König (d. h. Joas) den Oberpriester Jojada und sprach zu ihn: Warum hast du von den Leviten nicht verlangt, sie sollten aus Juda und Jerusalem die Abgabe einbringen, die Mose, der Knecht Jahwes, und die Volksgemeinde Israels für das Zelt des Gesetzes zusammenbrachten? 9 Da ließen sie in Juda und Jerusalem ausrufen, daß man Jahwe die Abgabe bringe, die Mose, der Knecht Gottes, in der Wüste den Israeliten auferlegt hatte."

In dem Paralleltext 1K 12, 5-17 wird berichtet, daß der König vom Volk eine Abgabe erhob, die teilweise für die Priester und teilweise für die Reparatur des Tempels benutzt wurde, während dafür bisher der König allein zu sorgen hatte. Hier dagegen geht es um eine allgemeine Tempelsteuer bzw. Kopfsteuer, deren Auferlegung mit den priesterschriftlichen Gesetzen (Ex 30, 12ff; 38, 25f; vgl. Neh 10, 33f) übereinstimmt. (2)

2Ch 34, 14

"Als sie (d. h. die Führer Judas) nun das Geld herausnahmen, das in den Tempel gebracht worden war, fand der Priester Hilkia das Buch mit dem Gesetz, das Jahwe durch Mose gegeben hatte."

Der Vers gehört zu dem chronistischen Parallelbericht zu 2K 22f über die sog. Josianische Reform. Während in 2K 22, 8 nur von einem ספר התורה die Rede ist, wird hier der Ausdruck ספר תורת-יהוה ביד משה gebraucht. Seine Herkunft aus dtn-dtr Tradition ist unverkennbar. (3)

---

1 Vgl. Rudolph, Chronik 221.

2 Vgl. Rudolph, Chronik 275.

3 Zu 2Ch 35, 6. 12 s. o. S. 140.

Dan 9, 11. 13 "11 Ganz Israel hat dein Gesetz übertreten und ist abgewichen, indem es nicht auf deine Stimme gehört hat. So hat sich denn der Fluch und Schwur, der im Gesetz Moses, des Knechtes Gottes, geschrieben steht, über uns ergossen, weil wir wider Gott gesündigt haben. ... 13 Ja, wie es im Gesetz Moses geschrieben steht, ist all dies Unheil über uns gekommen."

Dieser Auszug aus dem Bußgebet Daniels zeigt deutlich dtn Terminologie: אלה, שמע בקל, תורת משה (vgl. Dtn 29, 11. 18. 20.). (1) Ein Einfluß des Jehowisten läßt sich nicht feststellen. V. 4b-19 bilden wohl einen späteren Einschub. (2) Bei den Bestimmungen des Gesetzes denkt der Verfasser an das dtn Gesetz (vgl. Dtn 28f).

Ps 90, 1 "Ein Gebet Moses, des Mannes Gottes. ..."

Die Psalmenüberschrift enthält den Titel איש אלהים der auch in Dtn 33, 1; Jos 14, 6 und Esr 3, 2 für Mose belegt ist. Er hat in JE keine Parallele. Da der Psalm wohl aus nachexilischer Zeit stammt, (3) muß die Überschrift mindestens aus derselben oder aus einer späteren Periode stammen.

Ps 103, 7 "Er (d. h. Jahwe) hat seine Wege Mose wissen lassen, die Israeliten sein Tun."

Mose wird hier als Empfänger des Gesetzes apostrophiert. Eine Beziehung zu JE ist nicht erkennbar. Der Psalm stammt aus später Zeit. (4)

Zusammenfassung

Die Stellen, in denen Mose außerhalb des Pentateuch erwähnt wird, lassen sich in folgende Kategorien unterteilen:

1. Mose als Führer des Exodus: Dtn 1-11; 27-34; Jos 1, 1ff; 9, 24; 14, 6; 24, 5; 1S 12, 6. 8; 1K 8, 53. 56; 2Ch 35, 6. 12; Ps 77, 21; 105, 26; 106, 16ff; Tritojes 63, 11f; Mi 6, 4.

2. Mose als Gesetzgeber: Dtn 1-11; 34, 4; Jos 1, 1ff; 8, 30; 11, 12. 15. 20; 14, 2. 5; 17, 4; 21, 2. 5. 8; 23, 6; Ri 3, 4; 1K 2, 3; 8, 9; 2K 14, 6; 18, 12; 21, 8; 23, 25; Esr 3, 2; 6, 18; Neh 1, 7f; 8, 14; 9, 14; 10, 30; 13, 1; 1Ch 15, 15; 21, 29; 22, 13; 2Ch 1, 3; 5, 10; 8, 12f; 24, 6. 9; 34, 14; 35, 6. 12; Dan 9, 11. 13; Ps 99, 6f; 103, 7; Mal 3, 22.

---

1 Vgl. Noth, Pentateuch 173.
2 So Bentzen, Daniel 75.
3 S. o. S. 39.
4 S. o. S. 41.

3. Mose als Gottesmann, Priester o. ä.: Ri 1, 16. 20; 4, 11; 18, 30; 2K 18, 4; 1Ch 5, 29ff; 23, 13ff; 26, 24ff; Ps 90, 1; 99, 6f.

Mose wird in der gesamten Prophetie nur viermal erwähnt, nämlich in Jer 15, 1 und Tritojes 63, 11. Die Stellen Mi 6, 4; Mal 3, 22; Dan 9, 11. 13 sind als sekundäre Zusätze anzusehen. Nur in Tritojes 63, 11 erscheint er als Führer des Exodus, während er in Jer 15, 1 lediglich als paradigmatischer Fürsprecher neben Samuel erwähnt wird. Ob in dem als sekundär einzustufenden Text Hos 12, 14 Mose gemeint ist, kann nicht mit Sicherheit festgestellt werden. Mose wird somit in der Prophetie erst seit der Exilszeit genannt und auch von dann an nur äußerst selten. Er fehlt bei sämtlichen vorexilischen Propheten wie Hosea, Amos, Micha, Jesaja, Zephanja sowie auch bei exilisch-nachexilischen Propheten wie Dtjes, Ez, Hag, Sach, Jo, Ob, Jon, Hab. Dies ist umso erstaunlicher als einige dieser Propheten Exodus und Wüstenaufenthalt sehr wohl kennen, jedoch ohne Mose zu erwähnen.

In den geschichtlichen Büchern gibt es keine mit Sicherheit alte Stelle, die Mose im Zusammenhang mit Exodus, Wüstenaufenthalt und Sinai nennt. Die vielleicht alten Notizen Ri 1, 16. 20; 4, 11 bringen den Stamm der Keniter mit Moses Schwiegervater Hobab in Verbindung. Sie stehen gegenüber der Pentateuchüberlieferung völlig isoliert da. Eine Beziehung zu den Exodus- und Sinaiereignissen ist nicht erkennbar. Die übrigen Stellen, in denen Mose als Führer des Exodus oder als Gesetzgeber beschrieben wird, gehören fast ausschließlich der dtr und chron Redaktion an. Praktisch alle Belege, die von Mose als Führer des Exodus außerhalb des Tetrateuch handeln, stammen aus der dtr Schule. Der Ausdruck תורת משה ist in Jos 8, 31f; 23, 6; 1K 2, 3; 2K 14, 6; 23, 25; Mal 3, 22; Dan 9, 11. 13; Esr 3, 2; 7, 6; Neh 8, 1; 2Ch 23, 18; 30, 16 belegt, und meint das dtn Gesetz. In Neh 9. 12f wird Mose bei der Schilderung des Exodus nicht erwähnt, sondern erscheint erst im Zusammenhang mit dem Sinaiereignis (V. 14). Mose fehlt in den meisten geschichtlichen Rückblicken, wie Dtn 26, 5ff; Ps 78; 135f. Sein Name wird weder im dtn Gesetz (Dtn 12-26), noch in den Büchern Hiob, Prov, Esther, Ruth, Koh, Cant genannt.

Für keinen der außertetrateuchischen Belege über Mose läßt sich eine literarische Abhängigkeit von JE nachweisen. Die meisten Stellen gehören vielmehr in den dtr und chron Zusammenhang, während einige Stellen auf selbständigen Überlieferungen beruhen.

2. Aaron (1)

In der jehowistischen Pentateuchüberlieferung erscheint Aaron zumeist als Begleiter Moses ohne eine selbständige Funktion. Ausnahmen bilden lediglich Ex 32 und Num 12, die jedoch als spät zu klassifizieren sind. Erst in der Priesterschrift erscheint Aaron als eigenständige Figur. Gewöhnlich wird angenommen, Aaron sei erst sekundär in die Pentateucherzählung eingedrungen. (2)

Von den Stellen, in denen Aaron außerhalb des Tetrateuch erwähnt wird, sind bereits folgende behandelt worden: Dtn 9,20; 32,50; Jos 24,5; 1S 12,6. 8; Ps 77,21; 99,6; 105,26; 106,16; Mi 6,4. Zumeist wird Aaron neben Mose als Begleitfigur aufgeführt. Keine der Stellen steht in einer literarischen Beziehung zu JE. Außerdem kommt Aaron noch an folgenden Stellen vor:

Dtn 10,6 — "Da brachen die Israeliten von Beeroth-Bene-Jaakan auf nach Moser; dort starb Aaron und wurde begraben, und sein Sohn Eleasar wurde Priester an seiner Statt."

V. 6f werden gewöhnlich als sekundär angesehen. Sie unterbrechen den Zusammenhang zwischen V. 5 und V. 8 und sind im Unterschied zu dem übrigen geschichtlichen Rückblick in der dritten Person gehalten. (3) Die Notiz widerspricht dem priesterschriftlichen Bericht über den Tod Aarons in Num 20,22ff, wonach dieser am Horeb starb. Die Ortsangaben stehen im Widerspruch zu der priesterschriftlichen Stationenliste in Num 33. Eine literarische Beziehung zu JE liegt nicht vor.

Dtn 32,50f — "50 Auf dem Berg (Nebo), auf den du steigen sollst, mußt du sterben und zu deinen Stammesgenossen versammelt werden, wie dein Bruder Aaron auf dem Berg Hor gestorben und zu seinen Stammesgenossen versammelt worden ist, 51 weil ihr mir inmitten der Israeliten untreu geworden seid bei den Wassern von Meribat in Kadesch in der Wüste Zin, weil ihr mich nicht als den Heiligen geehrt habt inmitten der Israeliten."

Diese Notiz über Aarons Tod stimmt weitgehend mit Num 27,13P überein, und liegt hier in leicht gekürzter Form vor. Der Ausdruck אסף אל-העם ist eine stereotype Redewendung in P (vgl. Gen 25,8; 35,29; Num 20,24.26; 27,13; 31,2 u.ö.). Somit handelt es sich bei dem gesamten Abschnitt V. 48-52 um ein priesterschriftliches Stück, das keine Beziehung zu JE aufweist.

---

1 Vgl. Wellhausen, Prolegomena 135ff; Westphal, ZAW 26, 201ff.

2 So Wellhausen, Composition 68.71; Noth, Pentateuch 195ff; Rudolph, Elohist 274f u.a.

3 So Driver, Deuteronomium 118f; Noth, Studien 17 A.2; v. Rad, Deuteronomium 56.

Jos 21, 4ff

"4 Da kam das Los für die Geschlechter der Kahathiter heraus und es fielen durch das Los unter den Leviten den Nachkommen Aarons, des Priesters, dreizehn Ortschaften zu..." (vgl. V. 10. 13. 19)

Jos 21 bildet einen späten Nachtrag zum Josuabuch (1), der aus priesterlicher Hand stammt.

Ps 133, 2

"Wie das köstliche Öl auf dem Haupt, das niederfließt auf den Bart, den Bart Aarons, niederfließt auf den Saum seiner Gewänder."

Nach Lev 21, 5 darf der Bart Aarons, des Hohenpriesters, nicht beschnitten werden. Gunkel vertritt die Ansicht, daß der Psalm rein weltlich gemeint sei und mit der Salbung des Hohenpriesters sowie der kultischen Bedeutung seines Bartes nichts zu tun hat. (2) Es handelt sich in jedem Falle um einen späten Psalm, (3) der keine erkennbare Beziehung zu JE aufweist.

Ri 20, 28

"Und Pinehas, der Sohn Eleasars, des Sohnes Aarons, versah den Dienst bei ihr (d. h. der Lade) in jenen Tagen..."

V. 28a ist zusammen mit V. 27b als späte Glosse anzusehen, die das Opfer in Bethel rechtfertigen will. (4) Die Glosse unterbricht deutlich den Zusammenhang zwischen V. 27a und 28b. (5)

In späten Genealogien wird Aaron in 1Ch 5, 29; 6, 34f. 39. 42; 23, 13; 24, 9. 19; 27, 17 erwähnt. Als Priesterstand erscheinen die "Söhne Aarons" (בני אהרן) in 1Ch 12, 27; 15, 4; 23, 28. 32; 24, 31; 2Ch 13, 9; 26, 18; 29, 21; 31, 19; 35, 14; Neh 10, 39; 12, 47; in Ps 115, 10. 12; 118, 3; 135, 19 werden die aaronitischen Priester בני אהרן genannt. Es handelt sich dabei durchwegs um späte Psalmen. Eleasar, der Sohn Aarons, wird Jos 22, 13. 31f; 24, 33 u. ö. genannt.

---

1 Vgl. Wellhausen, Composition 127f; Steuernagel, Josua 232; Holzinger, Josua 88; Noth, Josua 123; Fohrer, Einl 221f.

2 Ps 570f; vgl. Kraus, Psalmen 889ff.

3 So z. B. Gunkel, Psalmen 570ff; Kraus, Psalmen 889ff; Fohrer, Einl 317.

4 So z. B. Budde, Richter 136; Nowack, Richter 170.

5 Eine ähnliche legitimierende Glosse wurde bereits im Zusammenhang mit 2Ch 1, 3ff behandelt. S. o. S. 252f.

Zusammenfassung

In der gesamten Prophetie fehlt, abgesehen von der sekundären Stelle Mi 6,4, der Name Aarons. Die dtr Einleitungsreden erwähnen ihn nur in den sekundären Zusätzen 9,18-20 und 10,6. Ansonsten erscheint er nur in priesterschriftlichen, dtr und chronistischen Texten, bzw. in späten priesterlichen Psalmen. In der priesterlichen Überlieferung nimmt er eine selbständige Funktion als erster Hoherpriester und Ahnherr des priesterlichen Geschlechtes der Aaroniden ein. In der dtr Überlieferung erscheint er lediglich - ähnlich wie in JE - als Begleiter neben Mose.

3. Mirjam

Mirjam wird als Schwester Moses bei JE in Ex 15,20f und Num 12,1ff, bei P in Num 20,1; 26,29 erwähnt. Sie spielt in der Pentateuchüberlieferung nur eine untergeordnete, sekundäre Rolle. (1) Außerhalb des Tetrateuch kommt Mirjam - abgesehen von dem Stammbaum 1Ch 5,29 - nur an den bereits behandelten Stellen Dtn 24,9 und Mi 6,4 vor, die beide als späte Zusätze anzusehen sind.

4. Josua (2)

Nach dem jehowistischen Bericht steht Josua Mose als Diener zur Seite und wird schließlich von Jahwe als sein Nachfolger bestimmt (vgl. Ex 17,8ff; 24,12-15a; 32,1ff; 33,7-11; Num 11,26-29. P: Num 27,15-23; Dtn 34,9; vgl. die sekundären Zusätze Num 32,28; 34,17).

Allerdings ist seine Gestalt nicht sehr eng mit der Pentateucherzählung verklammert. Noth (3) sieht sämtliche Stellen, in denen Josua vorkommt, als überlieferungsgeschichtlich jung an.

Außer den bereits behandelten Stellen Dtn 1,38; 3,21f, die beide als Zusätze anzusehen sind, kommt Josua noch an folgenden Stellen außerhalb des Tetrateuch vor:

Dtn 3,28 — "Beauftrage aber Josua, ermutige und stärke ihn; denn er soll vor dem Volk her hinübergehen, und er soll ihnen das Land zu eigen geben, das du sehen wirst."

Der Vers ist deutlich dtr Ursprungs und zeigt Verwandtschaft mit 1,38; 31,7.23; Jos 1,6ff; 10,25. Eine Beziehung zu JE ist nicht erkennbar, da der Jehowist die Einsetzung Josuas als Moses Nachfolger nicht berichtet (vgl. Num 27,15ffP).

---

1 Vgl. Noth, Pentateuch 199f.

2 Vgl. zu der Gestalt Josuas Noth, Pentateuch 192ff; Möhlenbrink, ZAW 59,14ff.

3 Pentateuch 192f.

Dtn 31, 3ff

"3 Jahwe, dein Gott, wird selbst vor dir hinübergehen, er selbst wird diese Völker vor dir vertilgen, daß du sie bezwingst; Josua wird vor dir hinübergehen, wie Jahwe geboten hat. ... 7 Und Mose berief Josua und sprach zu ihm vor ganz Israel: Sei fest und unentwegt. Denn du wirst dieses Volk in das Land bringen, das ihnen zu geben Jahwe ihren Vätern geschworen hat, und du wirst es ihnen als Erbbesitz zuteilen. 8 Jahwe aber, er zieht vor dir einher... 14 Und Jahwe sprach zu Mose: Siehe, die Zeit ist gekommen, da du sterben mußt. Rufe Josua und tretet in das heilige Zelt, daß ich ihn bestelle. Da gingen Mose und Josua hin und traten in das heilige Zelt in einer Wolkensäule, und die Wolkensäule stand am Eingang des Zeltes. ... 23 Und er (d.h. Jahwe) bestellte Josua, den Sohn Nuns, und sprach: Sei fest und unentwegt! Denn du wirst Israel in das Land bringen, das ich ihnen zugeschworen habe, und ich will mit dir sein."

Das Kapitel zeigt einen vorwiegend dtr Charakter. (1) Zu dem Bericht über die Bestellung Josuas zum Nachfolger Moses gibt es in JE keine Parallele.

V. 3-6 werden gewöhnlich als Zusatz angesehen, da sie V. 7ff vorwegnehmen. (2) Die Verse, die von Josua handeln, sind mit 1, 38; 3, 28; Jos 1, 7 verwandt.

Dtn 34, 9

"Josua aber, der Sohn Nuns, war erfüllt vom Geist der Weisheit; denn Mose hatte ihm die Hände aufgelegt. Und die Israeliten hörten auf ihn und taten, wie Jahwe Mose geboten hatte."

Die Terminologie weist den Vers als priesterschriftlich aus, z.B. רוח חכמה (vgl. Ex 28, 3P), סמך את-יד (vgl. Num 27, 18.23; Lev 1, 4; Num 8, 10.12) שמע אל- (vgl. Num 27, 20). (3)

Das Josuabuch schildert Josua als Führer der Israeliten bei der Landnahme. Noth (4) nimmt an, daß Josua erst mit der dtr Bearbeitung in die Landnahmeüberlieferung eingedrungen sei. Ri 1, 1; 2, 6-9. 21 berichten sodann in Anknüpfung an Jos 24, 28. 31 vom Tod Josuas, wobei es sich dabei um dtr Stellen handelt. (5)

---

1 S. v. Rad, Deuteronomium 134.

2 Vgl. v. Rad, ebd.

3 So Wellhausen, Composition 115; Steuernagel, Deuteronomium 182; Bertholet, Deuteronomium 112f; Driver, Deuteronomium 424; Fohrer, Einl 196.

4 Josua 12f.

5 Vgl. Budde, Richter 20f; Noth, Studien 47.

Neh 8, 17 "... Denn seit der Zeit Josuas, des Sohnes Nuns, bis auf jenen Tag hatten die Israeliten es (d. h. das Laubhüttenfest) nicht mehr so gehalten."

Die Feier des Laubhüttenfestes durch Josua wird im JosBuch nicht berichtet.

1K 16, 34 nimmt auf Jos 6, 26 Bezug, wonach Josua schwört, die Stadt Jericho nicht mehr aufzubauen. 1Ch 7, 27 erwähnt Josua innerhalb eines Stammbaumes.

Zusammenfassung

Die Gestalt Josuas ist außerhalb des Tetrateuch nur in der dtr und der von ihr abhängigen chronistischen Überlieferung bekannt. Sein Name fehlt in der gesamten Prophetie, in den Psalmen, in den geschichtlichen Rückblicken, auch dort, wo Exodus- und Wüstenaufenthalt berichtet werden.

Tabelle A (Blatt 1)

	Hos	Am	Jes	Ez	Dtjes	Trtjes	vorex. Pss	Ex.-nachexil. Pss	Dtr	Chron	nachexil. Zusätze u. Stellen	Dtn 12-26	Sonst.
<u>I. Urgeschichte</u> 1. Schöpfung	-	-	-	-	40,22.26. 28;42,5;44, 24;45,9.12. 18;51,11. 13	-	-	8;19A;24;33,6f;65, 7ff;74,13;89,10ff; 90,2f;93,2ff;95,3ff; 96,5;102,26;103, 14;104;121,2;124,8; 136,5ff;146,6;147, 4ff;148,5f	Dtn 4,32 Dtn 10, 14; Jer 27,5, 32,17	Neh 9,6	Am 4,13;5,8; 9,5f;Jer 5,22; 10,11ff;31,35; Sach 12,1; Hi 5, 10;9,8f;26,7ff; 38-41	-	-
2. Eden				28,13; 31,9; 31,16. 18; 36,35									
3. Flut/Noah				14,14. 20	54,9								
<u>II. Erzväter</u> 1. Trias	-	-	-	-	-	-	-	105,9	Dtn 1,8; 6,10; 9,5.27; 29,12; 30,20; 2K 13,23 Jer 33,26	1Ch 16, 16; 29,18; 30,6	1K 18,36	-	-
2. Abraham				33,24	41,8; 51,2	63,15f	-	47,10	Jer 33,26 Jos 24,2f		Jes 29,22; Mi 7,20		
3. Sodom und Gomorrha											Am 4,11; Jes 1,9f;3,9; 13,19; Jer 49, 18;50,40; Zeph 2,9		

Tabelle A (Blatt 2)

	Hos	Am	Jes	Ez	Dtjes	Trtjes	vorex. Pss	Ex.-nachexil. Pss	Dtr	Chron	nachexil. Stellen und Zusätze	Dtn 12-26	Sonst.
4. Sara					51,2								
5. Ketura									Jos 24,2	1Ch 1,32f			
6. Nahor									Jos 24,2	1Ch 1,26			
7. Terach									Jos 24,2	1Ch 1,26			
8. Isaak		7,16							Jos 24,4				
9. Jakob											1K 18,31; Mal 1,2f; Hos 12,4-6.13		
10. Esau											Mal 1,3		
11. Rahel u. Lea											Ru 4,11		
12. Joseph								105,16ff					
III. Exodus 1. Allgemein		–	–	20,5ff 23,3ff		63,11ff	–	66,6;77,16ff; 78,12f;80,9; 81,6ff;105,12ff 106,7ff;114,1f; 135,9;136,10ff	2Ch 5,5. 10;6,5; 7,22; 1Ch 17, 21; Neh9.9ff		Am 2,10;3,1; 9,7;Hos2,16f; 12,10;12,14; 13,4;Jes4,5f; 10,24.26; Mi 6,4;7,15;Hag 2,4f;Ri19,30	16,1; 13,6.11; 15,15; 17,16; 20,1; 23,5; 24,9ff; 26,5ff	
2. Schilfmeer						63,12f		77,16ff;78,13; 106,7ff;114,1f; 136,13f	Jos2,10; 4,23; 24,6f	Neh 9, 10ff	Dtn 11,4; Ps106,21ff		
3. Plagen								78,2.42ff; 105,26ff;135,8; 136,10	Jos 24,5		Am 4,10; Dtn 11,4;		1S 4,6; 6,6;
4. Passa									2K 23,21ff Jos5,10	Esr 6, 19ff; 2Ch30,1ff 35,1ff	Ez 45,21	16,1ff	

Tabelle A (Blatt 3)

	Hos	Am	Jes	Ez	Dtjes	Trtjes	vorex. Pss	Ex.-nachexil. Pss	Dtr	Chron	nachexil. Stellen und Zusätze	Dtn 12-26	Jer
IV. Wüstenaufenthalt 1. Allgemein	-	-	-	20,10 ff	48,21	-	-	78,14ff;77,21; 95,8ff;105,39ff; 106,13ff; 114, 7f;136,16	Jer2,5f 31,2; Jos 5,6; Dtn 2,1; 6,16; 8,2ff; 9,22ff; 29,4f	Neh9, 12	Hos 2,16f;13,5f; Am 5,25;Dtn 11,5;32,10ff 51; 33,8	24,8f; 25,17ff	2,2f
2. Wasser aus Fels					48,21			78,15f.20; 105,41;114,8		Neh9, 15			
3. Manna								78,23 ff	Dtn8,3. 16	Neh9, 15.20			
4. Massa u. Meribat								81,8;106,32; 95,8			Dtn 32,51; 33,8		
5. Wolken- und Feuersäule								78,14;105,39	Dtn 1,33				
6. Amalekiterschlacht												25,17ff	
7. Einsetzung der Richter									Dtn 1,9ff				
8. Lustgräber, Thabera								78,29; 106,14	Dtn 9,22				
9. Kundschafter								106,24ff	Dtn1,19ff Jos14,6ff				
10. Dathan und Abiram								106,16ff			Dtn 11,6		
11. Botschaft an Edom									Dtn 2,1ff Ri 11,14ff		Dtn 23,4ff		

Tabelle A (Blatt 4)

	Hos	Am	Jes	Ez	Dtjes	Trtjes	vorex. Pss	Ex.-nachexil. Pss	Dtr	Chron	nachexil. Stellen und Zusätze	Dtn 12-26	Sonst.
12. Eherne Schlange									2K 18,4				
13. Sihon								135,10f 136,17ff Ri 11,19ff	Dtn 1,4; 2,24ff; 4,46f; 3,21; 31,4; Jos2,10; 9,10; 13,10;	Neh13, 1f			
14. Bileam/ Balak										Neh13, 1f	Jos 24,9f; 13,2;Mi 6,5; Dtn 23,5f		
15. Baal/Peor									Dtn 4,3f		Hos 9,10 Jos 22,17		
16. Landverteilung an Gad/Ruben									Dtn 3,8ff; Jos 13,15ff				
17. Sinai 1. Allgemein									Dtn 4,10ff 5,23ff; 9,7ff; 18,15f; 28,69; 1K 8,9; 12,28; Mal 3,22	Neh 9,13f			
2. Gold.Kalb								106,19ff		Neh 9,17ff			

Tabelle A (Blatt 5)

	Hos	Am	Jes	Ez	Jer	Dtjes	Trtjes	vorex. Pss	Ex.-nachexil. Pss	Dtr	Chron	nachexil. Stellen und Zusätze	Dtn 12-26	Sonst.
VI. Personen 1. Mose					15,1				77,21;90,1; 99,6f;103,7; 105,26; 106,10ff	Jos 1,1ff; 8,30ff; 9,24; 23,6;24,5; Ri 3,4; 2K 14,6; 18,12; 21,8; 23,25; Dan 9,11. 13; Mal 3,22; Dtn 1ff	Neh 9,14 Esr3,2; Neh 1,7f; 8,14; 10,30; 1Ch 15,15; 21,29; 22,19; 2Ch 1,3; 5,10; 8,12f; 24,6.9; 34,14	1K 8,9;Dtn 33,4;34,10ff; Hos 12,14; Ri 18,30; Jos 21,4ff; 2K 18,4 Mi 6,4		Ri 1,16; 20;4,11;
2. Aaron									132,2; 115,10ff			Dtn 10,6; 9,18ff;Mi 6,4		
3. Mirjam												Mi 6,4	24,9;	
4. Josua										Dtn 3,21ff; 1,38;34,9; 31,3ff; Jos 1,1ff; Ri 2,8				

Tabelle B

	Hos	Am	Jer	Ez	Dtjes	TrJes	DtrG	Dtn 1-11	Mal	Chron	Ps 78	Ps 105	Ps 106	Ps 135	Ps 136	Jos 24	Neh 9
1. Schöpfung			x		x										x		x
a. Noah				x	x												
2. Erzväter a. Trias			x				x	x		x		x				x	
b. Abraham allein				x		x										x	x
c. Isaak allein		x						x									
d. Jakob allein									x								
e. Esau allein									x								
f. Joseph allein												x					
3. Exodus	x		x		?	x	x	x		x	x	x	x	x	x	x	x
a. Plagen												x		x	x	x	x
b. Schilfmeer						x	x				x		x		x	x	x
4. Wüstenaufenth.			x	x	x			x					x			x	x
5. Offenbarung am Sinai								x									x
a. Gold.Kalb						x	x						x				x
6. Mose			x			x	x	x		x		?	x			x	x
7. Aaron								x		x						x	

G Zusammenfassung und Folgerungen

Die im Vorangehenden durchgeführte Analyse der außertetrateuchischen Belege für die Pentateuchstoffe soll nun zusammengefaßt und mögliche Konsequenzen für die Datierung des jehowistischen Werkes gezogen werden.

Zwei Faktoren kennzeichnen das jehowistische Werk:

1. Eine Auswahl von Stoffen aus der Frühgeschichte Israels.
2. Ein heilsgeschichtlicher Aufriß, der aus Urgeschichte, Väterüberlieferung, Exodus, Wüstenwanderung, Offenbarung am Sinai und Aufenthalt im Ostjordanland besteht.

Wo und wann sind außerhalb des Pentateuch die Stoffe und der heilsgeschichtliche Aufriß belegt, welche die Grundlage für das jehowistische Werk bilden? Welche Folgerungen lassen sich aus dem Befund der außertetrateuchischen Literatur für die Entstehungszeit von JE ziehen?

I. Die Geschichtsstoffe

1. Die Schöpfung

Wie wir gesehen (1), ist die Vorstellung von Jahwe als Schöpfer in vorexilischer Zeit nicht belegt. Sie begegnet erstmals bei Deuterojesaja, sodann in dtr Stellen, bei P, in nachexilischen Psalmen, beim Chronisten, im Hiobbuch und in einigen späten Zusätzen.

Das Fehlen des Schöpfungsglaubens in der vorexilischen Prophetie hat verschiedene Erklärungen gefunden. Stade (2) hält es für möglich, daß der Schöpfergedanke zwar schon vorher in Israel gedacht wurde. Jedoch erst im Exil ist er ein integrierter Bestandteil des Jahweglaubens geworden. Da Stade an der vorexilischen Datierung von J festhält, muß er in bezug auf Gen 2f folgern, daß man zwar schon früher von der Erschaffung der Welt durch Jahwe redete, die Erzählung von Gen 2f jedoch zunächst keine Bedeutung für die Religion gewinnen konnte. Gen 2f "war ein für den Glauben zunächst bedeutungsloses Stück des Welterkennens, denn die Beziehungen Jahwes zu Israel streifte es nicht. Daher blieb es ein Theologumenon und ging nicht in den religiösen Gemeinbesitz der Nation über." (3)

Gunkel (4) sieht das Fehlen des Schöpfungsglaubens als rein literarisches Problem an:

---

1 S. o. S. 27ff.
2 ZAW 15, 165f.
3 Ebd., vergl. ders., Geschichte II, 76.
4 Schöpfung 156. 159.

"Unsere Quellen lehren uns, dass er (sc. der Schöpfungsglaube) erst damals (sc. im Exil) ein Hauptgedanke der Religion geworden ist. Aber nicht mehr. Trotzdem kann er sehr wohl früher bestanden haben." Daß die älteren Propheten von Schöpfung, Paradies und Sintflut nichts berichte, "beweist also nicht, dass sie diese Erzählungen nicht gekannt hatten", da die prophetischen Schriften nicht als Kompendien des religiösen Stoffes ihrer Zeit betrachtet werden dürfen. Das Interesse der Propheten gilt der Geschichte und dem Verhältnis zwischen Jahwe und Israel, nicht der Natur oder Schöpfung. Erst im Exil habe der Schöpfungsglaube eine "gewaltige Bedeutung" erhalten, als sich Israel fern seiner Heimat mit den Ansprüchen der babylonischen Götter über den Kosmos auseinandersetzen mußte. Van der Merwe (1) nimmt an, daß der Schöpfungsglaube erst im 6. Jh.v. Chr. mit Deuterojesaja aktuell wurde, da sich Israel im Exil mit anderen Völkern und Religion konfrontiert sah. Sellin (2) führt das Fehlen der Urgeschichte beim Elohisten auf ein fortgeschritteneres religiöses Nachdenken zurück, da in den urgeschichtlichen Erzählungen ihr einstmals mythischer Charakter nicht ganz verschwunden war. Lauha (3) vermutet, "daß jene Stoffe, weil sie aus einem fremden Kulturkreis stammten, anscheinend als nicht voll israelitisch empfunden wurden und daher allgemeiner Beliebtheit entbehrten". Albertz (4) nimmt an, daß die Schöpfungstradition in vorexilischer Zeit nicht erwähnt wird, weil die Propheten nur das Verhältnis Jahwes zu Israel und seinen Führern im Blick hatten. Erst im Exil habe das Kreatürliche eine Rolle gespielt und sei dann zum zentralen Bestandteil des Jahweglaubens geworden.

Man kann diesen Erklärungsversuchen abspüren, wie sehr hier versucht wird, ein merkwürdiges Phänomen in der israelitischen Religionsgeschichte einigermaßen plausibel zu machen. Doch erscheinen die Versuche als wenig überzeugend. Für die Behauptung, daß der Glaube an Jahwe als Schöpfer älter ist als das Exil, gibt es außerhalb des Pentateuch keinen Beleg. Die keiner Quelle zuzuordnende Stelle Gen 14, 19 stammt nach Ansicht der meisten Forscher aus später Zeit. Zwar sind die Propheten an der Natur weniger interessiert als an der Geschichte. Doch hätte der Schöpfungsglaube als ausgezeichnete Waffe im Kampf gegen die kanaanäische Fruchtbarkeitsreligion dienen können. Die Propheten hätten darauf hinweisen können, daß die Natur eine Schöpfung Jahwes sei und deshalb die Anbetung der Baale unnötig und antijahwistisch sei. Jedoch fehlt ein solches Argument, wie v. Rad (5) mit Staunen in bezug auf das Dtn feststellt, in der vorexilischen Literatur.

---

1 Pentateuchtradisies 256.
2 Einl 30.
3 Geschichtsmotive 32.
4 Weltschöpfung 151ff.
5 Ges.St. 137.

Man würde auch bei den Propheten zumindest eine credoartige Bezugnahme auf das Bekenntnis zu Jahwe als Schöpfer erwarten können. Dieser Sachverhalt läßt es doch als recht fraglich erscheinen, daß der Schöpfungsglaube bereits in vorexilischer Zeit ein Teil der Jahwereligion war. Das Argument Sellins kann mit dem Hinweis widerlegt werden, daß sich gerade in späten Texten ein durchreflektierter Monotheismus neben und inmitten einer Fülle von mythologischem Material findet. Die Mythisierung der israelitischen Religion nimmt später stark zu, obwohl sie mit einem ausgeprägten Monotheismus einhergeht. Die Mythologie wird später geradezu benutzt, um die Einzigartigkeit und Alleinherrschaft Jahwes zu beschreiben. Lauhas Hinweis auf die fehlende Beliebtheit dieser Stoffe in vorexilischer Zeit ist wenig stichhaltig. Zu Albertz' Erläuterungen ist zu sagen, daß auch in der vorexilischen Religion und Prophetie das Kreatürliche eine Rolle spielte und nicht erst seit dem Exil. Im Gegenteil! In der Spätzeit "vergeistigt" sich die israelitische Religion immer mehr. (1)

Für unsere Frage nach der Datierung der jehowistischen Urgeschichte ist festzuhalten, daß der Schöpfungsglaube - zumindest literarisch - erst seit dem Exil belegt ist. Nach der traditionellen Datierung steht das jehowistische Geschichtswerk, das programmatisch mit dem Bericht von der Erschaffung der Welt und des Menschen beginnt, völlig singulär in der vorexilischen Literaturgeschichte da. Seine Konzeption wäre dann von den Zeitgenossen und den nachfolgenden Generationen bis zum Exil überhaupt nicht zur Kenntnis genommen worden. Nicht einmal Jesaja, der nach gängiger Meinung wie der Jahwist aus Jerusalem stammt, zeigt irgend eine Kenntnis der jahwistischen Schöpfungstradition.

Delitzsch (2) hat aus dem Fehlen der urgeschichtlichen Stoffe in der vorexilischen Literatur den m.E. richtigen Schluß gezogen, daß die Existenz von JE in vorexilischer Zeit weder beweisbar noch wahrscheinlich ist. Auch wenn der Schöpfungsglaube älter als das Exil sein sollte, so ist er doch literarisch erst ab diesem Zeitpunkt belegt. Da das jehowistische Werk ein literarisches Produkt darstellt, muß es frühestens in jener Periode angesiedelt werden, in der die von ihm verwendete Schöpfungstradition auch sonst literarisch bezeugt ist.

Der Befund im Hinblick auf die übrigen Stoffe der Urgeschichte deutet in dieselbe Richtung. Die Sündenfallgeschichte wird im gesamten Alten Testament nirgendwo erwähnt, obwohl sie in der jüdischen und christlichen Theologie später eine so große Rolle spielt. Gunkel (3) erklärt dies damit, daß "das alte Israel ... viel zu praktisch (war), als daß Theorien über den Ursprung der Dinge sein Handeln bestimmt hätten".

---

1 So auch v. Rad, Ges. St. 225ff.

2 Paradies 93f.

3 Genesis 39.

Dies ist eine völlig subjektiv-psychologisierende Erklärung. Es bleibt auffällig, daß die Propheten niemals auf die Sündenfallgeschichte anspielen, obwohl sie vortrefflich in ihre Botschaft gepaßt hätte. Bei ihren Gerichtsreden gegen das Volk hätten die Propheten gut auf den Ungehorsam und die Eigenmächtigkeit des ersten Menschenpaares hinweisen können. Bei ihrer Kritik an den Mißständen im Volk wäre ein Hinweis auf den ersten Brudermord (Gen 4) am Platz gewesen. Dasselbe gilt für die Sintflutgeschichte, die erst in exilisch-nachexilischen Texten erscheint. In Ez 14, 14. 20 erscheint die Gestalt Noahs noch ohne erkennbaren Zusammenhang mit der Sintfluttradition. Nur Dtjes 54, 9 steht in eindeutigem überlieferungsgeschichtlichen Zusammenhang mit Gen 6-8. Lauha beobachtet richtig: "Eigentümlicherweise ist ... für die Propheten die Sintflut kein Gegenstand des Anliegens, so gut dieses Gerichtsmotiv doch eigentlich in ihre Verkündigung hätte passen müssen." (1) Es wäre naheliegend gewesen, daß die Propheten des 8. Jh. zur Untermauerung ihrer Gerichtsankündigungen auf die von Jahwe wegen der Sündhaftigkeit der Menschheit verhängte Sintflut hingewiesen hätten. Stattdessen werden nur Sodom und Gomorrha als Beispiele für ein totales Gericht Jahwes erwähnt. Auch die Geschichte vom Turmbau zu Babel hätte in die prophetische Gerichtspredigt gut gepaßt.

Rendtorff (2) fordert im Hinblick auf das "Schweigen" der vorexilischen Literatur über die Themen des Pentateuch die Beantwortung der Frage, "ob ihr Vorkommen z.B. bei den Propheten erwartet werden müßte, wenn sie zu dieser Zeit bereits vorhanden gewesen wären". Die vorangehenden Überlegungen versuchen diese Frage zu beantworten. Demnach hätten die urgeschichtlichen Stoffe durchaus in der Botschaft der Propheten ihren Platz gehabt. Aus ihrem "Schweigen" ist zumindest zu schließen, daß die Schöpfungsüberlieferung noch nicht schriftlich fixiert vorlag und allgemein bekannt war. Offensichtlich gehörte der Schöpfungsglaube auch noch nicht als normativer Bestandteil zur Jahwereligion, da sonst zumindest ein credoartiger Hinweis darauf zu erwarten wäre.

Die literarische Verarbeitung der urgeschichtlichen Stoffe ist auf jeden Fall erst seit Beginn des Exils in der außertetrateuchischen Literatur nachweisbar. Man wird deshalb ein literarisches Werk wie JE erst in jener Zeit anzusetzen haben, in der diese Stoffe auch sonst in der Literatur zu finden sind. Dabei ist an einen Satz Eißfeldts zu erinnern: "Die Ansetzung literarischer Stücke nach geistesgeschichtlichen Gesichtspunkten kann aber nur in der Weise geschehen, daß dabei ausschließlich die Zeiten berücksichtigt werden, in denen die betreffende Erscheinung wirklich von geschichtlicher Bedeutung gewesen ist. Denn sonst ständen ja schließlich alle Zeiten für die Ansetzung offen..."(3) Von "geschichtlicher Bedeutung" ist der Schöpfungsglaube erst seit dem Exil. Vorher kann er es nicht gewesen sein, da jegliche

---

1 Geschichtsmotive 34.
2 Pentateuch 172.
3 ZAW 57, 212ff.

Hinweise darauf fehlen. Die schriftliche Fixierung einer Überlieferung setzt voraus, daß ihre Inhalte bereits seit einiger Zeit von "geschichtlicher Bedeutung" sind. Als die dafür relevante Epoche ist nach dem Befund der außertetrateuchischen Literatur die exilisch-nachexilische Zeit anzusehen.

Mit der Behauptung, JE sei erst in späterer Zeit entstanden, wird keinesfalls impliziert, daß die urgeschichtlichen Stoffe erst im Exil gleichsam aus dem Boden gestampft wurden. Sie können vielmehr durchaus bereits vorher existiert haben und mögen hier und dort bereits bekannt gewesen sein. Sie waren aber offensichtlich noch kein allgemein verbindliches Glaubensgut.

2. Die Patriarchen

Die Erzväter Abraham, Isaak, Jakob und Joseph werden in der vorexilischen Prophetie und Literatur nirgendwo genannt. (1) Ebenso ist ihre genealogische Verknüpfung in der Triasformel erst seit dem Exil belegt. Die Bezugnahme auf Jakob in Hos 12,4-6 wird wohl als sekundärer Zusatz anzusehen sein. Abraham allein wird erst seit dem Exil, und zwar von Ezechiel, Deuterojesaja und Tritojesaja erwähnt.

Für das Fehlen der Erzväter in der vorexilischen Literatur wurden verschiedene Erklärungen gegeben: Galling (2) sieht den Grund darin, daß die Vätertradition mit Opferhandlungen an Kultstätten und der Errichtung von Altären verknüpft war. Dies widersprach dem Kampf der Propheten gegen die Volksreligion und ihrer Kritik an den Lokalheiligtümern (vgl. Am 5,5f. 21ff; 3,14; 4,4 usw.). (3) Zimmerli (4) weist zudem darauf hin, daß die Propheten auch sonst Begriffe aus der Volksfrömmigkeit, wie "Bund" und Erwählung meiden. Lauha (5) begründet das Fehlen damit, "daß die Erzvätergeschichten nicht organisch auf dem Boden des Jahwismus gewachsen sind ... (und) deshalb erst verhältnismäßig spät den zentralen Platz erhalten haben, den ihm das Judentum zuweist".

Diese Erklärungsversuche demonstrieren mehr die Ratlosigkeit der Exegeten als daß sie stichhaltige Argumente enthalten. Wären die Erklärungen plausibel, so dürfte auch Deuterojesaja die Patriarchen nicht erwähnen, denn auch er kritisiert die Volksreligion (vgl. Dtjes 43,22-28; 48,1 usw.). (6)

---

1 S. o. S. 50ff.
2 Erwählungstraditionen 56.
3 Ähnlich auch Koch, ZAW 67,218; Clements, Abraham 61; Zimmerli, ThW V,664,15; Preuß, Jahweglaube 121.
4 Ebd.
5 Geschichtsmotive 35.
6 So mit v.d. Merwe, ebd. 263.

Andrerseits benützen die Propheten durchaus Vorstellungen aus der Volksreligion, z. B. das Bild von Mann und Frau für das Verhältnis Jahwes zu Israel (Hos 1-3). Wenn die Erzvätertradition tatsächlich der Botschaft der Propheten widersprach, warum zitieren sie diese nicht wenigstens kritisch, ähnlich wie Am 5, 18-20 die volkstümliche Vorstellung vom Tag Jahwes korrigiert? Auch müßten die Erzväter wenigstens in credoartigen Zusammenfassungen aufgeführt werden.

Staerk (1) bringt noch folgenden Einwand: "Aber freilich muss ... betont werden, daß die Gestalt Abrahams bei Ezechiel bereits als so fester Bestandteil der religiösen Vorstellung, und zwar des volkstümlichen religiös-nationalen Glaubens erscheint, daß sie nicht erst zu seiner Zeit in die religiöse Gedankenwelt des Volkes aufgenommen sein kann." Er schließt daraus, daß das Volk mit der "in den hexateuchischen Quellen vorliegenden schriftlichen Darstellung vertraut ist". (2) Nun soll nicht bestritten werden, daß die einzelnen Erzvätergestalten bereits in vorexilischer Zeit hier und dort bekannt gewesen sind. Es existierten aber offensichtlich nur Einzeltraditionen, in denen die Erzväter noch nicht zu der in JE vorausgesetzten Trias verbunden waren. Sie wurden zwar von einzelnen Lokalgruppen verehrt und tradiert, wofür Tritojes 63, 15f ein Indiz ist. Sie gehörten aber offensichtlich noch nicht dem offiziellen Credo des gesamten Volkes an.

Verschiedentlich hätte es nahegelegen, die Erzväterüberlieferung in der vorexilischen Prophetie zur Untermauerung und Illustration zu benutzen. Galling (2) beobachtet: "Ein 'glaubet ihr nicht, so bleibet ihr nicht' konnte kaum besser als durch Gen 12 und 22 gekennzeichnet werden!" Die Vätergestalten wären gut als Beispiele der Gottesfurcht, der Demut und Dankbarkeit zu benutzen gewesen. Wie Clements beobachtet wäre bei der Erwähnung der Erwählung Israels (Am 3, 2 u. ö.) ein Hinweis auf die Väter am Platz gewesen. (3) In Am 7, 2 wird als Entschuldigung Israels nur seine Kleinheit aufgeführt. Viel treffender wäre es gewesen, auf die Erwählung der Väter und die an sie ergangenen Verheißungen hinzuweisen. Bei der Ankündigung der Rückkehr des Volkes aus dem Exil berufen sich Deuterojesaja, Ezechiel, Jeremia, Haggai und Sacharja niemals auf die den Vätern gegebene Zusage des Landes. In der Polemik des Amos gegen den Sicherheitsglauben (5, 1-3) fehlt der Hinweis auf die Erzväterverheißung, die ebenfalls dem Volksglauben angehört. (4)

Wir wollen die traditionsgeschichtlichen Konsequenzen unserer Analyse hier nicht weiter verfolgen. Man wird festzuhalten haben, daß die literarische Verwertung der Erzväterüberlieferung - sieht man von JE ab - erst mit dem Exil einsetzt. (5)

---

1 Studien I, 31.
2 Erwählungstraditionen 66.
3 Abraham 61. Vgl. später Neh 9, 7ff.
4 Vgl. Galling, ebd. 64.
5 So auch Staerk, Studien I, 9.

Vorher sind höchstens einige unzusammenhängende Bezugnahmen - falls diese echt sind - bezeugt. JE muß deshalb in jene Zeit angesiedelt werden, in der die literarische Verarbeitung der Erzvätertradition auch sonst nachweisbar ist. Andernfalls steht JE völlig isoliert in der vorexilischen Literaturgeschichte da und das Schweigen der Propheten über die Erzväter ist kaum erklärlich.

Somit ist Redford (1) zuzustimmen, der im Hinblick auf das Fehlen der Josephsgeschichte in der vorexilischen Literatur gefolgert hat: "One can only conclude that the reason why the historical books and the Prophets say nothing of the Joseph romance is because the narrative was not yet in existence when they were written." Datiert man JE in die exilisch-nachexilische Zeit, so erklärt sich das "Erzväterschweigen" in der vorexilischen Literatur am einfachsten.

3. Die Herausführung aus Ägypten

Das Exodusereignis ist nirgendwo in der vorexilischen Prophetie bezeugt. Erst seit dem Exil wird der Exodus in der atl. Literatur erwähnt. Die meisten Belege bestehen jedoch lediglich aus formelhaften Wendungen, die auf mündliche Tradition zurückzuführen sind. Auch die mit der jehowistischen Exoduserzählung untrennbar verknüpften zentralen Personen und Ereignisse kommen in der vorexilischen Literatur nicht vor. Mose und Aaron, die Plagen, das Schilfmeerwunder und das Passa sind erst seit ca. 600 v. Chr. literarisch belegt.

Das Fehlen der Exodustradition bei Jesaja oder Micha wird gewöhnlich durch die Annahme erklärt, die Exodustradition sei im Nordreich beheimatet. (2) Die judäischen Propheten stünden stattdessen in der Zions- und Davidstradition. Doch ist dem entgegenzuhalten, daß für den Jahwisten gerade Jerusalem als Entstehungsort angenommen wird. (3) Demnach war - wenn man der herkömmlichen Datierung von J folgt - die Exodustradition dort seit dem 10. Jh. bekannt und bildete einen wesentlichen Teil der jahwistischen Geschichtserzählung. Die Theorie, wonach die Exodustradition durch die Zions- und Davids-Tradition verdrängt wurde, erscheint als wenig plausibel. Wie kann man eine Tradition verdrängen, die nach der Theologie von J und E zum Zentrum des Jahweglaubens gehörte und nach weitverbreiteter Anschauung das "Urbekenntnis" Israels bildete? Man müßte erwarten, daß ein Prophet wie Jesaja wenigstens am Rande auf ein solch zentrales Ereignis der Frühgeschichte wie den Exodus Bezug nimmt. Kann man sich einen christlichen Theologen vorstellen, der ein Werk schreibt, ohne jemals den Kreuzestod Christi zu erwähnen? Einen ähnlichen Stellen-

1 Story 250.
2 Vgl. Galling, ebd.
3 S. u. S. 309.

wert besitzt das Exodusereignis in der Theologie des jehowistischen Werkes.

Es hätte verschiedentlich nahegelegen, die Herausführung aus Ägypten zu erwähnen. Dabei sei auf das Weinberglied (Jes 5, 1-7) oder die Klage über Israels Abfall (Jes 1, 2-4) hingewiesen, wo beidesmal von der Vergangenheit Israels geredet wird, ohne daß auch nur die leiseste Anspielung auf den Exodus erfolgt. Auch in der Botschaft des Amos hätte der Exodus seinen Platz gehabt. Warum erinnert Amos seine Zuhörer nie daran, daß Jahwe das Volk aus Ägypten geführt hat und sie deshalb keinen Grund hätten, anderen Göttern nachzulaufen? Warum erinnert der Prophet in den Visionen Am 7, 1-7 Jahwe nicht daran, daß er Israel ja aus der Knechtschaft erlöst hat? Stattdessen weist er nur auf die Kleinheit des Volkes hin.

Das weitsinnige Fehlen der Exodustradition in der vorexilischen Literatur deutet darauf hin, daß diese Tradition noch nicht zum normativen Bestandteil der Jahwereligion geworden war. Dieses Fehlen läßt ferner die Existenz des jehowistischen Werkes vor dem Exil als äußerst unwahrscheinlich erscheinen. Andernfalls wäre zu erwarten, daß diese für den späteren Glauben und die Literatur Israels so wichtige Überlieferung öfter erwähnt würde. Auf breiter Basis ist die literarische und theologische Verarbeitung der Exodustradition jedoch erst seit dem Exil nachweisbar. Diese These impliziert nicht, daß die Exodustradition erst im Exil entstanden sei. Sie kann vielmehr auf eine frühe Epoche zurückgehen, erhielt jedoch erst später ihre allgemeinverbindliche Ausformung.

4. Der Wüstenaufenthalt

In der Analyse der Belegstellen für den Wüstenaufenthalt kamen wir zu dem Ergebnis, daß für keinen der Texte eine vorexilische Entstehungszeit nachzuweisen ist. (1) Erst seit ungefähr 600 v. Chr. finden sich in der atl. Literatur Hinweise auf Israels Aufenthalt in der Wüste. Insbesondere dtr Texte, nachexilische Psalmen und andere späte Stellen erwähnen ab dieser Zeit die Ereignisse von Israels Wüstenwanderung. An den Themen "Botschaft an Edom", "Bileam und Balak" sowie "Sihon und Og" läßt sich demonstrieren, wie unterschiedlich und vielgestaltig die Überlieferungen vom Wüstenaufenthalt noch in der exilisch-nachexilischen Epoche waren.

Auch hier muß somit die erstaunliche Tatsache registriert werden, daß die vorexilischen Propheten den Wüstenaufenthalt nirgendwo erwähnen. Als Beispiel für die Strafe, die Jahwe dem Volk für seinen Abfall auferlegen kann, hätte sie gut in die Botschaft eines Jesaja oder eines Amos gepaßt.

---

1 S. o. S. 143ff.

Das Fehlen dieses Überlieferungskomplexes in der vorexilischen Epoche wird am ehestens so zu deuten sein, daß JE zu einem Zeitpunkt entstanden sein muß, in der die Beschäftigung mit diesen Stoffen sich auch sonst auf breiter Basis beobachten läßt. Dies war in der exilisch-nachexilischen Zeit der Fall. Für die vorhergehende Periode ist zwar damit zu rechnen, daß die Überlieferungen bereits existierten. Sie bestanden jedoch aus Einzeltraditionen und waren theologisch und literarisch noch unverarbeitet.

5. Offenbarung am Sinai

Die Analyse hat ergeben, daß das Sinaiereignis in der atl. Literatur nur äußerst selten erwähnt wird. (1) Es fehlt in der gesamten Prophetie, sowohl vor als auch nach dem Exil. Es wird lediglich in einigen dem Dtr und dem Chronisten zuzuordnenden Stellen sowie in Ps 99, 6f und 106, 19ff erwähnt. H. H. Schmid (2) spricht deshalb von einem "Sinaischweigen" der vorexilischen Propheten.

Von Rad (3) hat wohl als erster darauf hingewiesen, daß der Sinai in den großen geschichtlichen Rückblicken Dtn 6, 20ff; 26, 5ff; Jos 24; 1S 12; Ps 78; 105; 136 fehlt. Das dtr Geschichtswerk weist zwar auf die "Satzungen und Rechte" (vgl. 1K 2, 3; 3, 14; 8, 58; 9, 4 usw.) bzw. "Gebote" (vgl. 1K 2, 43; 6, 12 usw.) Jahwes hin. Es erwähnt jedoch nie, daß diese Gebote am Sinai durch Mose dem Volk vermittelt wurden. Der Prophet Jesaja spricht häufig von der Weisung Jahwes (vgl. 1, 10; 2, 3; 5, 24; 8, 16; 10, 1; 24, 5), ohne diese mit dem Sinaiereignis in Verbindung zu bringen. Jer 7, 22f; 11, 3f; 31, 31ff; Ez 20 berichten zwar von einer Gesetzgebung in der Wüste, erwähnen jedoch den Ort und die Mittlerschaft Moses nicht. Es gab demnach vielleicht die Tradition von einer Gesetzgebung in der Wüste, die die im Pentateuch berichteten konkreten Umstände, Orte und Personen noch nicht kannte. Der Dekalog als solcher wird außerhalb des Pentateuch nirgendwo erwähnt, geschweige denn die Tatsache, daß er Mose am Sinai von Jahwe mitgeteilt wurde.

Andrerseits hätte es insbesondere in der prophetischen Verkündigung nahegelegen, auf das Sinaiereignis Bezug zu nehmen. H. H. Schmid beobachtet: (4) "Nie wird ... die Begründung Israels als Volk Jahwes mit dem Sinai in Verbindung gebracht, nie der Anspruch Jahwes auf sein Volk auf die Offenbarung am Sinai zurückgeführt, nie die prophetische Anklage mit der Übertretung des am Sinai erfahrenen Rechtswillens Jahwes begründet." Warum erwähnen die Propheten niemals, wann, wie und wo Israel das Gesetz erhalten hat?

---

1 S. 215ff.

2 Jahwist 154.

3 Ges. St. 61.

4 Jahwist 156.

Warum erwähnen sie in ihrer Polemik gegen den Götzendienst nicht die Episode vom goldenen Kalb, obwohl z.B. Hosea das "Kalb von Bethel" ausdrücklich beim Namen nennt (vgl. Hos 8,5f; 10,5f; 13,2)? Warum reden sie nie ausdrücklich vom Dekalog, der doch in späterer Zeit als verbindliche Zusammenfassung des Rechtswillens Jahwes galt?

Das Fehlen der Sinaiereignisse in der vorexilischen Prophetie wurde bereits von Galling (1) bemerkt. Von Rad (2) betrachtet "die Verschmelzung der Sinaitradition in der Landnahmeüberlieferung" als "das freie Wagnis des Jahwisten, an das man sich noch lange Zeiten darnach nicht gewöhnen konnte; erst um die Zeit des Exils ist diese Verbindung populär geworden". Die Sinaiüberlieferung hatte seiner Meinung nach einen eigenen "Sitz im Leben", nämlich im Wochenfest, und stellte deshalb eine selbständige, kultisch gebundene Tradition dar. Doch sind dies kaum stichhaltige Argumente, die das Fehlen der Sinaiüberlieferung in der vorexilischen Zeit erklären. Der Jahwist steht - wenn man der herkömmlichen Datierung folgt - mit seiner die Offenbarung am Sinai einschließenden Geschichtskonzeption sowohl überlieferungs- und religions- und literaturgeschichtlich völlig allein da. Selbst wenn die Sinaitradition zu einem anderen Fest gehört hat, wäre eine zumindest andeutungsweise Erwähnung, etwa in Am 5,21ff, zu erwarten.

Gese (3) faßt das Sinaiereignis nicht als Geschichtsbekenntnis wie den Auszug auf, sondern betrachtet es als kultischen Akt. Deshalb fehle es in den geschichtlichen Rückblicken. Jesaja erwähnt den Sinai nicht, da der Sinai"bund" vom David"bund" verdrängt worden sei. Diese Erklärung beruht auf dem Mißverständnis, daß Sinai"bund" und David"bund" als parallele Größen aufzufassen seien. Doch handelt es sich im ersten Fall um ברית als Verpflichtung, im zweiten Fall um ברית als Verheißung. (4) Auch begründet diese Verdrängungstheorie nicht, warum die Sinaitradition später plötzlich wieder auftaucht.

J.M. Schmidt (5) weist die Sinaitradition einem eigenen Überlieferungskreis zu, der unabhängig von der Prophetie im kultischen Bereich tradiert wurde. Doch reicht auch dieses Argument für eine Erklärung kaum aus.

Die späte und spärliche Bezugnahme auf die Sinaiereignisse kann nur durch die Annahme erklärt werden, daß das jehowistische Werk und damit die Sinaiperikope erst spät schriftlich fixiert wurden. Die Propheten erwähnen dieses Ereignis nicht, weil es noch nicht zum Teil des offiziellen Credos geworden war und JE noch nicht als literarisches Produkt vorlag. Zwar können die Sinaiüberlieferungen durchaus in frühe Zeit zurückgehen, doch existierten sie bis zum Exil selbständig und unverbunden und waren noch nicht in das normative heilsgeschichtliche Schema eingebaut.

---

1 Erwählungstraditionen 37.
2 Ges. St. 61.
3 ZAW 79,137ff.
4 S. dazu Kutsch, Verheißung 70f u.ö.
5 ZAW 82,27.

6. Die Hauptgestalten der Exodus-, Sinai- und Wüstenerzählungen

Die Hauptgestalten der jehowistischen Exodus-, Sinai- und Wüstenerzählungen, nämlich Mose, Aaron, Mirjam und Josua, werden außerhalb des Pentateuch nur sehr selten und erst seit dem Exil erwähnt. (1) H. Schmid (2) hält es für einen Zufall, "daß in den vordeuteronomischen Belegen außerhalb des Pentateuchs Moses Beteiligung am Exodus und an der Wüstenwanderung nicht erwähnt wird". Dem hat de Boer (3) mit dem Hinweis auf die Art der Belege widersprochen. H. Schmid (4) führt noch an, daß Mose von der Jerusalemer Hoftheologie besonders mit Beschlag belegt und deshalb nicht erwähnt wurde. Dies erklärt jedoch nicht, warum auch Jesaja, der doch der Hoftheologie nahestand, Mose nicht nennt.

Auch Noth (5) beobachtet, daß Mose im gesamten Alten Testament "nur auffällig spärlich genannt" sei. Er sei "im geschichtlichen Bewußtsein Israels offenbar keineswegs zu der Bedeutung gekommen, ... die man nach seiner jetzigen Rolle im Pentateuch erwarten sollte". Der Grund für das völlig Fehlen Moses in der vorexilischen Literatur außerhalb des Pentateuch ist jedoch darin zu sehen, daß Mose erst in exilisch-nachexilischer Zeit eine normative Bedeutung für den Glauben Israels gewann und die mit ihm verknüpften Überlieferungen erst in dieser Zeit schriftlich fixiert wurden. Die Exodusüberlieferung ohne Mose scheint zudem weiter verbreitet gewesen zu sein als die Gestalt Moses selbst, da von ca. 80 Exodusbelegen nur zehn Mose namentlich erwähnen.

Auch hier ergibt sich also ein ähnliches Bild wie bei den übrigen Stoffen des jehowistischen Werkes: In der vorexilischen Literatur außerhalb des Pentateuch läßt sich eine Kenntnis der Hauptgestalten der jehowistischen Geschichtserzählung nicht nachweisen. Es fehlen auch jegliche Anzeichen einer literarischen oder theologischen Verarbeitung. Aus diesen Beobachtungen muß m.E. gefolgert werden, daß die Existenz von JE für die vorexilische Zeit weder nachweisbar noch wahrscheinlich ist. Sicher hat bereits in vorexilischer Zeit eine Überlieferung von Mose und Aaron bestanden. Doch spielte insbesondere Mose noch nicht - wie später - eine zentrale Rolle in der israelitischen Religion.

Insgesamt ergibt sich folgendes Ergebnis: Die in JE verarbeiteten Traditionsstoffe fehlen praktisch völlig in der vorexilischen Literatur. Obwohl JE eine normative Darstellung der Frühgeschichte des Volkes bietet, beziehen sich die vorexilischen Propheten kaum darauf. Sie reden vom Gesetz, ohne Mose und die Sinaiereignisse zu erwähnen. Sie reden vom Glauben,

---

1 S. o. S. 240ff.
2 Mose 99.
3 VT 19,134.
4 Ebd. 98.
5 Pentateuch 172.

ohne an das Beispiel Abrahams zu erinnern. Obwohl das Passa bereits beim Exodus eingesetzt wurde, erwähnt kein einziger Prophet diese Feier. Obwohl der Glaube an Jahwe als Schöpfer eine ideale Waffe im Kampf gegen die kanaanäische Fruchtbarkeitsreligion gewesen wäre, nimmt kein Prophet darauf Bezug. Die als Illustration für Jahwes Gerichtshandeln gut geeignete Flutgeschichte wird erstmals von Deuterojesaja erwähnt.

Setzt man JE in vorexilischer Zeit an, so muß man das "große Schweigen" (1) erklären, das dadurch entsteht. Die bisher vorgebrachten Erklärungsversuche erscheinen wenig stichhaltig. Das Problem löst sich am einfachsten dadurch, daß man die bisherige zeitliche Ansetzung von J und E aufgibt und einer Datierung in exilisch-nachexilische Zeit den Vorzug gibt. Seit dem Exil lassen sich auf breiter Basis die Stoffe nachweisen, die das jehowistische Werk aufgenommen und verarbeitet hat. Vorher sind diese Stoffe nur vereinzelt und bruchstückhaft bezeugt.

Eine Spätdatierung von JE bedeutet nicht, daß das jehowistische Überlieferungsmaterial erst im Exil geschaffen wurde. Es war vielmehr - wie vereinzelte Belege in der vorexilischen Literatur zeigen - bereits seit längerem vorhanden. Aber es existierte in verschiedenen Varianten, die frei überliefert wurden. Es gehörte offensichtlich noch nicht zum kanonischen Geschichtsbild der israelitischen Religion. Sonst wäre nicht erklärlich, daß praktisch die gesamte vorexilische Prophetie ohne Pentateuchstoffe auskommt.

Nun kann man hier entgegenhalten, daß dies eine Argumentation e silentio sei. (2) Doch möge man sich in Erinnerung rufen, daß die ganze sog. neuere Urkundenhypothese auf einem argumentum e silentio beruht. Wellhausen hatte in seinen Prolegomena (3) aufgezeigt, daß die entscheidende Ideen der Priesterschrift in der vorexilischen Literatur praktisch völlig fehlen und daraus den Schluß gezogen, P sei in die Spätzeit zu datieren. Erst in der nachexilischen Periode sind nämlich die Grundkonzeptionen von P, wie Priesterreligion, Betonung des Kultes, der Heiligtümer, Opfer, Feste und des Sabbats bezeugt, die in der Richter- und Königszeit fehlen. Natürlich wurde das argumentum e silentio später durch theologie- und religionsgeschichtliche Argumente unterbaut. Doch bildete das argumentum e silentio den Ausgangspunkt. Diese Methodik ist in analoger Weise auf die Datierung von J und E anzuwenden. Auch hier bildet das aufgrund der vorangehenden

---

1 Diebner-Schult, Fs. Rendtorff 25ff.

2 Damit hatte sich bereits Kuenen auseinandergesetzt, der in Einl I, 1, 183 schreibt: "Eine Notwendigkeit, über ihr Verhältnis zum Hexateuch direkt oder indirekt Zeugnis abzulegen, lag für die israelitischen Schriftsteller nicht vor; ihr Stillschweigen ist also kein stringenter Beweis für ihre Unbekanntschaft, geschweige denn für das Nichtvorhandensein des Werkes oder einzelner seiner Bestandtheile."

3 4ff.

Analysen gewonnene argumentum e silentio den Ausgangspunkt und soll im weiteren Verlauf der Arbeit durch theologie- und religionsgeschichtliche Argumente untermauert werden.

Dem argumentum e silentio muß deshalb eine größere Bedeutung als weithin üblich zugemessen werden. Die bisherigen Analysen stellen einen Grundpfeiler der für die vorexilische Datierung von J und E vorgebrachten Argumentation in Frage, wonach die Erwähnungen von Pentateuchstoffen in der vorexilischen Prophetie einen Beweis für das Vorhandensein von J bzw. E bilden. Doch stellt sich bei näherem Zusehen heraus, daß fast alle diese Belege sekundär sind und aus den echten Stellen im Hinblick auf die Existenz von J oder E nichts Sicheres entnommen werden kann.

Nach Rendtorff (1) zeigt "das 'Schweigen' der vorexilischen Literatur über die Themen des Pentateuch ..., daß sie zu dieser Zeit wohl kaum zentrale Themen in Israel waren". Es erscheint ihm jedoch fraglich, "ob man daraus ... ohne weiteres folgern darf, daß sie unbekannt waren". Man müßte nach seiner Meinung erst die verschiedenen "Sitze im Leben" der Überlieferungen feststellen. Es sei damit zu rechnen, daß einzelne Überlieferungen nur in bestimmten Kreisen tradiert wurden und in anderen unbekannt blieben. "Wer mit dem 'argumentum e silentio' arbeiten will, muß m. E. zunächst nachweisen, daß das von ihm an einer bestimmten Stelle Vermißte dort erscheinen müßte, wenn es zum Zeitpunkt des Entstehens dieses Textes bekannt war."

Nun wurde bei den einzelnen Themen aufzuzeigen versucht, wo Pentateuchstoffe in der vorexilischen Literatur zu erwarten gewesen wären und gut in die Botschaft der Propheten hineingepaßt hätten. Allerdings erheben diese Aufweise nicht den Anspruch absoluter Evidenz. Immerhin ist auffällig, daß eine ganze Reihe von Bezugnahmen auf Pentateuchstoffe in der vorexilischen Prophetie nach allgemeinem Konsens als sekundär angesehen werden. (2) Dies deutet darauf hin, daß späteren Generationen diese Bezugnahmen fehlten und sie deshalb nachgetragen wurden. Sicher haben die Überlieferungen zunächst je ihren eigenen "Sitz im Leben" gehabt. Doch setzt das jehowistische Werk bereits die kanonische Verknüpfung der verschiedenen Überlieferungen voraus. Und eben dafür fehlt in der vorexilischen Literatur jeglicher Anhalt. Im übrigen handelt es sich beim israelitischen Kernland um ein relativ kleines Gebiet, wo es schwer vorstellbar ist, daß die Überlieferungen allzulange - nach ihrer schriftlichen Fixierung - noch selbständig nebeneinander herliefen.

---

1 Pentateuch 172.

2 Schöpfung: Am 4,13; 5,8; 9,5f; Jer 5,22; 10,11ff; 27,5; 31,35; 32,17.
Erzväter: 1K 18,36; Jes 29,22; Mi 7,20; Mal 1,2f; Hos 12,13.
Exodus: Am 2,10; 3,1; 9,7; Hos 2,16f; 12,10.14; 13,4; Jes 4,5f; 10,24.26; Mi 6,4; 7,15; Hag 2,4f.
Wüstenwanderung: Hos 2,16f; 9,10; 13,5f; Am 5,25; 2K 18,4; Mi 6,5.

II. Der heilsgeschichtliche Aufriß

Im jehowistischen Werk wird das Material in einem bestimmten heilsgeschichtlichen Aufriß dargeboten, der offensichtlich einem auch sonst im Alten Testament belegten kanonischen Schema entspricht. Dazu gehören folgende Elemente:

a. Schöpfung

b. Erzväter, zumeist als Trias

c. Exodus, zumeist mit Plagen und Schilfmeer

d. Wüstenaufenthalt

3. Offenbarung am Sinai.

Tabelle B zeigt, wo die Elemente dieses Schemas bezeugt sind. Demnach sind in der vorexilischen Literatur zwar einzelne Elemente des Schemas belegt. Der dem jehowistischen Werk entsprechende Gesamtaufriß von Schöpfung bis Sinai findet sich teilweise in Ps 78; 105; 106 und Jos 24, vollständig jedoch erst in Neh 9. Die aus dem 6. Jh. stammenden dtr Texte führen die meisten Elemente des Credo auf. (1) Je früher man zurück geht in die exilisch-vorexilische Zeit, desto spärlicher werden die Belege für eine Kenntnis der Elemente des jehowistischen Geschichtsaufrisses. Für die Existenz einer Grundschrift, wie sie von einigen Forschern postuliert wird, gibt es in der vorexilischen Literatur ebenfalls keine Hinweise. Eine solche Grundschrift umfaßte nach Fohrer etwa die Erzählungen von Väterzeit, Exodus, Sinai, Wüstenwanderung, Aufenthalt im Ostjordanland und Tod Moses. Sie setzt ein als kanonisch angesehenes Geschichtsschema voraus, das in der außertetrateuchischen Literatur der vorexilischen Zeit keine Belege aufweist.

E. Meyer schrieb in seiner "Geschichte des Altertums" : (2) "Das Werk des Jahwisten hat eine gewaltige Wirkung ausgeübt, in Israel so gut wie in Juda; die Zusammenfassung der einzelnen Traditionen und ihre Einfügung in ein durch die Folge der Generationen im Stammbaum festgefügtes Schema ist maßgebend geworden für die Gesamtauffassung des Volks und seiner Vergangenheit." (3) Doch hier muß gefragt werden, wo in der vorexilischen Literatur diese "gewaltige Wirkung" zu bemerken ist? Erst vom Exil an begegnen die von JE verarbeiteten Stoffe auf einer breiteren Basis. Erst dann ist auch das "festgefügte Schema" zu beobachten, das der Jahwist zur Grundlage seines Werkes gemacht hat.

---

1 Richter, Fs. Schmaus I, 208ff, beobachtet zu Recht, daß die Formung eines Credo mit den Gliedern Herausführungsformel und Landübergabe typisch für die dtn Bewegung sei.

2 Bd II, 2, 304.

3 Ähnlich argumentiert Procksch, Sagen 262, in bezug auf die Wirkung des Elohisten.

Die relativ isolierte Stellung des Jahwisten bzw. Elohisten in der vorexilischen Literatur ist gelegentlich gesehen worden. Von Rad (1) bemerkt zur Verbindung von Sinaitradition und Landnahmeüberlieferung im jahwistischen Werk, daß "sie sich sogar in der Zeit nach dem Jahwisten so wenig in der herkömmlichen Vorstellung von der Heilsgeschichte eingebürgert hat. Nein, die Verschmelzung der Sinaitradition in die Landnahmeüberlieferung war das freie Wagnis des Jahwisten, an das man sich noch lange Zeiten darnach nicht gewöhnen konnte; erst um die Zeit des Exils ist diese Verbindung populär geworden." Von Rad sieht also durchaus, daß das in J vorliegende heilsgeschichtliche Schema sonst erst seit dem Exil belegt ist. Er hält an der frühen zeitlichen Ansetzung des Jahwisten jedoch fest, da er ihn als geistig hochstehenden Theologen betrachtet, der eine spätere "populäre" Entwicklung sozusagen vorausgenommen hat. Wenn man so argumentiert, so kann man ein Werk praktisch in jede beliebige Zeit ansetzen. Denn zu jedem Zeitpunkt ist es möglich, daß ein genialer Schriftsteller Werke verfaßt, für die es in seiner Epoche keine Parallelen gibt.

Eine andere Möglichkeit, das Fehlen der Stoffe und des geschichtlichen Aufrisses in der vorexilischen Literatur zu erklären, bietet die Annahme einer Privatschrift: J und E sind zwar in früher Zeit verfaßt worden, doch blieben sie mehr oder weniger die Schriften von Privatleuten. Erst im Exil erlangten sie breitere Bedeutung. Geht man auf diese Argumentationsweise ein, so stehen für die Datierung eines Werkes praktisch alle Epochen offen. Objektive Kriterien können jedoch nur anhand einer Literatur- und Traditionsgeschichte gewonnen werden, zu der die übrigen Texte einer Periode zum Vergleich herangezogen werden.

Die Gegner der Wellhausen'schen Schule hatten als Argument für eine frühe Ansetzung der Priesterschrift vorgebracht, daß es sich dabei um eine "Privatschrift" handele, die zunächst nur in Priesterkreisen zirkulierte, bis sie im Exil und darnach zum bindenden Gesetz wurde. (2) Damit versuchte man Wellhausen zu widerlegen, der darauf hingewiesen hatte, daß die priesterschriftlichen Ideen in der vorexilischen Zeit keine Bedeutung gehabt hätten. Von Rads Argumentation geht in eine ähnliche Richtung, indem auch er das Werk des Jahwisten als die "Privatschrift" eines überragenden Theologen ansieht, an dessen Konzeption "man sich noch lange Zeiten darnach nicht gewöhnen konnte".

Wildberger (3) versucht dem Dilemma durch die These zu entgehen, die Verknüpfung der Überlieferungen sei in erster Linie ein literarischer Vorgang gewesen. Deshalb sei diese Verknüpfung zunächst noch wenig wirksam gewesen. Doch ein solcher literarischer Vorgang hätte literarische Wirkungen ausstrahlen müssen. Nun sind jedoch solche literarische Wirkun-

---

1 Ges. St. 61.

2 So z.B. Schultz, Theologie II, 63; Baudissin, Priesterthum 280; Dillmann, Numeri 666.

3 Eigentumsvolk 68.

gen in der vorexilischen Literatur nicht nachzuweisen. (1)

In Anlehnung an von Rads Analyse des "formgeschichtlichen Problems des Hexateuch" wird vielfach angenommen, das vom Jahwisten benutzte heilsgeschichtliche Schema habe seinen "Sitz im Leben" ursprünglich im Kult gehabt. Wenn dies zuträfe, so ist umso unverständlicher, warum die vorexilische Prophetie, die doch in engem Zusammenhang mit dem Kult gesehen werden muß, auf dieses Schema bzw. seine Elemente kaum oder überhaupt nicht Bezug nimmt.

Häufig wird die Meinung vertreten, der Jahwist sei ein "Hofschriftsteller" gewesen und habe ein Werk verfaßt, das "kanonisches Ansehen" genoß. (2) Scharbert (3) faßt ihn als "Sprecher der israelitischen Kultusgemeinschaft" auf. Auch bei dieser Annahme bleibt es ein Rätsel, warum in alten Texten die wesentlichen Ereignisse und Konzeptionen des jahwistischen Werkes so wenig Niederschlag gefunden haben.

Die vorangehende Analyse hat zu erweisen versucht, daß die jehowistische Geschichtskonzeption nicht als Voraussetzung der Prophetie angesehen werden kann, da sie in der vorexilischen Prophetie kaum Spuren hinterlassen hat. Damit wird ein ähnlicher Beweisgang angetreten, wie ihn Duhm in seiner "Theologie der Propheten" im Hinblick auf die Priesterschrift vollzogen hat. Duhm hatte damals nachgewiesen, daß die Propheten P nicht kennen und diese deshalb nicht als Grundlage für ihre innere Entwicklung angesehen werden darf.

Eine ganze Reihe von Bezugnahmen auf Pentateuchstoffe in der vorexilischen Literatur wurden als sekundär erkannt, zumeist in Übereinstimmung mit der Mehrzahl der Forscher. Die Tatsache, daß spätere Redaktoren diese Bezugnahmen eingefügt haben, beweist, daß nach ihrer Meinung in der Botschaft der Propheten "etwas fehlte". Sie wollten also Elemente des Credos, die in der alten Religion fehlten, einbringen nachdem sie für ihre Zeit eine selbstverständliche Bedeutung gewonnen hatten.

III. Der Nachweis literarischer Abhängigkeit

Wir haben zu Beginn dieses Hauptteils Kriterien zu erarbeiten versucht, nach denen in einem Text auf literarische Abhängigkeit von JE zu schließen ist. (4) Demnach liegt literarische Abhängigkeit nur dann vor, wenn eine weitgehende inhaltliche und wörtliche Übereinstimmung nachzuweisen ist. In allen andern Fällen, insbesondere beim Vorkommen von formelhaften Wendungen, wird mündliche Überlieferung zugrundeliegen. Entsprechend

---

1 Sellin, Einl 38, nimmt an, das jahwistische Werk habe "sein Dasein (bis zur Ära Hisqias) zunächst überwiegend in Archiven gefristet".

2 S. 309.

3 MThZ 18, 107.

4 S. o. S. 23ff.

diesen methodischen Überlegungen haben die vorangehenden Analysen das Ergebnis gebracht, daß nur in folgenden Texten mit Sicherheit nachzuweisen ist, daß JE als literarische Grundlage benutzt wurde: Dtn 1,9ff; 9,7ff; 11,3ff; Ri 11,9ff; Neh 9; Ps 78 und Jer 48,45f. Nahe verwandt sind Jos 24,2ff und Ps 105. In allen übrigen Fällen handelt es sich um die selbständige Wiedergabe von Stoffen, die auch im jehowistischen Werk aufgenommen wurden. Es liegt jedoch keine direkte literarische Verwandtschaft vor.

Auf's ganze gesehen hat das jehowistische Werk in der atl. Literatur nur wenige unmittelbare literarische Spuren hinterlassen. Im Vergleich dazu war die dtn-dtr Geschichtsüberlieferung literarisch sehr viel wirksamer. Sie zeichnet sich durch einen charakteristischen Stil und bestimmte Inhalte aus, die in den geschichtlichen, prophetischen und poetischen Büchern des Alten Testaments häufig zu finden sind. Man kann zwar relativ einfach nachweisen, daß ein Text als "dtr" zu klassifizieren ist, jedoch ist der Nachweis, daß ein Text "jahwistisch" bzw. "elohistisch" ist, sehr viel schwieriger. Es gibt für JE keine der dtr Schule analogen stilistischen oder inhaltlichen Kriterien. Das jehowistische Werk steht in der atl. Literatur relativ isoliert da. (1)

Die oben aufgeführten Texte, die eine literarische Abhängigkeit von JE erkennen lassen, stammen sämtlich aus exilisch-nachexilischer Zeit. Erst damals hat also das jehowistische Werk in der heutigen Form mit Sicherheit schriftlich vorgelegen. Daß es bereits früher existiert hat, ist nach den Ergebnissen dieser Analyse unwahrscheinlich bzw. unbeweisbar. Bei einer vorexilischen Entstehungszeit wäre zu erwarten, daß die Propheten direkte literarische Anleihen bei J oder E machten. Dies ist jedoch nicht der Fall.

---

1 Zum Vergleich ist auf die Evangelien hinzuweisen, die in der übrigen ntl. Literatur nur wenige literarische Spuren hinterlassen haben. Sie sind auch erst nach den paulinischen Briefen verfaßt worden.

2. HAUPTTEIL: DARSTELLUNG UND KRITIK DER VOREXILISCHEN DATIERUNG DES JAHWISTEN UND DES ELOHISTEN

Im 1. Hauptteil wurde durch eine Analyse der außertetrateuchischen Belege des jehowistischen Materials darzulegen versucht, daß es keinerlei Beweise für die Existenz des jehowistischen Werkes in vorexilischer Zeit gibt. Vielmehr deutet die Erwähnung der in JE verarbeiteten Stoffe seit dem Exil darauf hin, daß das jehowistische Werk erst in exilisch-nachexilischer Zeit entstanden sein kann. Mit dieser These setzen wir uns in Widerspruch zu dem breiten Konsensus, der in der Forschung im Hinblick auf die vorexilische Datierung der Quellen J und E besteht. Die hier vorgeschlagene Datierung des Jehowisten ist nur stichhaltig, wenn die bisher angeführten Argumente für eine vorexilische Datierung von J und E widerlegt bzw. als mehrdeutig erwiesen werden. Deshalb soll in diesem Hauptteil eine Darstellung und Kritik der seit Wellhausen in der atl. Forschung vorgebrachten Argumente für die Datierung der sog. älteren Pentateuchquellen erfolgen. Bei der Kritik der Argumente nehmen wir teilweise Überlegungen auf, die die kleine Schar von "häretischen" Forschern angestellt hat, um die vorherrschende Frühdatierung der Pentateuchquellen J und E zu widerlegen bzw. in Frage zu stellen. (1)

---

1 Vgl. die Arbeiten von Winnett, JBL 84, 1ff; ders., FS May 171ff; Wagner, Canadian Journal of Theology 13, 225ff; ders., Abraham 117ff; Engnell, Scrutiny 50ff; Redford, Story 252f; Van Seters, JBL 91, 182ff; ders., VT 22, 64ff; ders., Abraham; de Boer, VT 19, 133ff; Diebner, DBAT 7, 38ff; Diebner-Schult, Fs. Rendtorff 24ff; Carlson, David 16ff; H.H. Schmid, Jahwist; Zuber, Studien 11; Rendtorff, Pentateuch 169ff. - Bereits vorher wurde die Frühdatierung des Jahwisten und des Elohisten von folgenden Autoren bezweifelt: Delitzsch, Paradies 93f; Lagarde, Nachrichten ... Göttingen, 1889, 319ff; Spiegelberg, Aufenthalt 26; Steindorff, ZÄS 30, 51; Kennett, JThSt 6, 182ff; ders., JThSt 7, 487ff; ders., ERE VII, 439 (=Church 1ff); Cook, Encyclopedia Britannica, 11th ed., 20, 616f; ders., JThSt 26, 171ff; ders., CAH III, 472ff; ders., JThSt 30, 304; ders., Old Testament 48f; Löhr, OLZ 29, 3ff; Pedersen, Israel I-II, 28f; III-IV, 725ff; ders., ZAW 49, 175f; Morgenstern, HUCA XIV, 93 A. 114; Hölscher, Geschichtsschreibung 179ff; ders., Fs. Gunkel I, 205ff; Nielsen, Tradition; Hoftijzer, Verheissungen; ders., OTS 12, 27.

1. Allgemeine Kriterien

1.1. Der Terminus a quo

Als terminus a quo für die zeitliche Ansetzung der Pentateuchquellen wird gewöhnlich die Zeit Davids angegeben, wobei folgende Gründe vorgebracht werden: (1)

a) J und E setzen die nationale Einheit Israels voraus. Diese wurde erst mit David verwirklicht, während Israel vorher als ein loser Stämmeverband existierte.

b) In Gen 31,31ff wird die Liste der edomitischen Könige mit der Bemerkung eingeleitet, daß diese Könige regiert hätten, "bevor Israel Könige hatte". Der Schreiber muß folglich frühestens in der Zeit Sauls gelebt haben.

c) Gen 12,6 findet sich die Bemerkung, daß zur Zeit Abrahams die Kanaanäer im Land wohnten. Dies setzt voraus, daß zur Zeit des Verfassers die Kanaanäer aus dem von Israel nun bewohnten Gebiet verdrängt oder in das Volk absorbiert worden sind. Dieser Prozeß hat erst mit Davids Staatsgründung eingesetzt.

d) Der Fluch Noahs in Gen 9,25-27 beinhaltet die Unterjochung der Kanaanäer. Nach unserer Kenntnis der frühen Geschichte Israels, wie sie sich insbesondere aus dem dtr Geschichtswerk ergibt, fand die Unterjochung der Kanaanäer erst mit der Errichtung des davidischen Reiches statt, während vorher die israelitischen Stämme teilweise von den Kanaanäern beherrscht wurden.

e) Num 24,8f und Gen 49,8-12 beziehen sich auf das davidische Königtum und sind deshalb vor jener Zeit nicht denkbar.

f) J und E schildern die Nachbarvölker der Philister, Ammoniter, Aramäer und Amalekiter als von Israel abhängig. Die Unterwerfung dieser Völker ist jedoch erst mit David geschehen.

Kritik

Den hier vorgebrachten Argumenten ist im wesentlichen zuzustimmen. Als obere Grenze für die zeitliche Ansetzung von J und E muß die Zeit Davids gelten, weswegen die z.B. von König, Orelli und Strack vorgeschlagene frühere Datierung abzulehnen ist.

---

1 Vgl. z.B. Wellhausen, Prolegomena 9f; Brightman, Sources 29f; Sellin, Einl 31; Sellin-Rost, Einl 60; Anderson, Introd. 34; Ruppert, Jahwist 91.

1.2. Der Terminus ad quem

Als untere Grenze für die Ansetzung von J und E gilt gewöhnlich die Entstehungszeit des Deuteronomiums, die seit de Wette auf ca. 650 angesetzt wird. Dabei werden folgende Argumente angeführt:

1. J und E setzen eine Vielzahl von Heiligtümern voraus: Die Patriarchen bringen in Sichem (vgl. Gen 12,7), Bethel (vgl. Gen 12,8; 28,10ff; 35,7), Mamre (vgl. Gen 13,18) und Beerscheba (vgl. Gen 46,1) Opfer dar. Jethro opfert zusammen mit Mose, Aaron und den Ältesten in der Wüste (vgl. Ex 24,6ff). Auch erwähnen J und E ohne kritische Anmerkung die Existenz von Masseben (vgl. Gen 28,18. 22; 35,14; Ex 24,5), während die jehowistischen Festkalender (Ex 23,14ff; 34,18ff) von mehreren Heiligtümern sprechen. Diese Vielzahl widerspricht der in Dtn 12 geforderten Kultzentralisation. J und E müssen deshalb aus einer Zeit stammen, in der sich die Kultzentralisation noch nicht durchgesetzt hatte. Sie kennen also das dtn Gesetz und die darauf basierende Reform des Josia noch nicht und müssen vor dem 7. Jahrhundert entstanden sein.

2. Während das Dtn das Priesteramt auf die Leviten beschränkt (vgl. Dtn 12,12; 14,27 usw.), können nach J und E Laien als Priester fungieren. Die Erzväter bringen selbst Opfer dar, in Ex 24,5 tun dies Jünglinge. J und E sind ferner die Bestimmungen unbekannt, wonach die Zadokiden (vgl. Ez 40,46; 43,19; 44,15) bzw. die Aaroniden (vgl. Ex 28,1; Num 3,5ff usw.) die allein legitimen Priester seien. Levi erscheint in Gen 29,34; 34,25; 46,11 usw. vielmehr noch als rein weltlicher Stamm. Diese Auffassung von J und E stimmt mit der aus der Richterzeit und der frühen Königszeit bekannten Praxis überein, wonach damals ebenfalls Laien priesterliche Funktionen ausüben konnten (vgl. Ri 17,5; 2S 8,18; 20,26). J und E müssen deshalb in die Zeit vor der Durchsetzung des dtn Gesetzes datiert werden.

3. Die geschichtlichen und gesetzlichen Partien des Dtn-Buches benutzen J und E als literarische Quellen und setzen folglich deren Existenz voraus.

4. Die Propheten des 8. Jh. erwähnen Gestalten und Ereignisse, die auch in JE vorkommen, z.B. Jakob (vgl. Hos 12,4-6), Exodus (vgl. Am 9,7; Hos 11,1 usw.), Wüstenaufenthalt (vgl. Hos 2,16f; Am 5,25usw.), Abfall zum Baal-Peor (vgl. Hos 9,10), Untergang von Sodom und Gomorrha

---

1 Vgl. z.B. Wellhausen, Prolegomena 5ff; Brightman, Sources 28; Rowley, Growth 28ff; Anderson, Introd, 29f; Bentzen, Introd. II 64f.

(vgl. Jes 1, 9 usw.). Dies läßt darauf schließen, daß J und E bereits im 8. Jh. schriftlich fixiert vorlagen.

5. J und E enthalten keinerlei Anspielungen auf das Exil.

6. Da für den Elohisten das Nordreich gewöhnlich als Herkunftsort angenommen wird, muß dieser vor dem Untergang Israels im Jahre 722 verfaßt worden sein. "Es ist ganz undenkbar, daß nach dem Untergang des Nordreichs noch jemand eine Geschichtsschreibung hervorgebracht hätte, wie sie uns in E entgegentritt". (1)

Kritik

ad 1.

Aus der Tatsache, daß J und E von einer Vielzahl von Heiligtümern berichtet, muß nicht notwendigerweise der Schluß gezogen werden, daß J und E vor der dtn Reform entstanden sind. Auch das gewöhnlich ins 6. Jh. angesetzte dtr Geschichtswerk, das zweifellos von Dtn abhängig ist, berichtet ohne Kritik von mehreren Heiligtümern, an denen die Israeliten geopfert haben: (2) Nach Jos 8, 30-35 baut Josua Jahwe einen Altar auf dem Berg Ebal nach der Anordnung Moses in Dtn 27, 2 ff und bringt dort Opfer dar. Der Dtr erwähnt ein "Heiligtum Jahwes" in Sichem (Jos 24, 26). Er berichtet, daß in Silo vor der Lade geopfert wurde (vgl. 1S 1, 3ff; 2, 12ff). Auch Gideon (vgl. Ri 6, 11ff), Salomo (vgl. 1K 3, 4ff), Samuel (vgl. 1S 7, 9f. 17; 9, 12ff; 10, 8; 13, 7ff; 14, 33ff), Saul (vgl. 1S 13, 8ff), Elia (vgl. 1K 18, 30ff) haben an verschiedenen Stellen Altäre gebaut und Opfer dargebracht. Das Aufrichten von Masseben bzw. Steinen kommt in Jos 4, 6ff. 20ff; 24, 16; 1K 18, 30ff vor. Nach 1S 9, 12ff werden im Beisein Samuels sogar auf einer sonst vom Dtr scharf verurteilten במה Opfer dargebracht. Die wohl der privaten Verehrung von "persönlichen Gottheiten" dienenden Kultgegenstände Ephod und Teraphim (3) werden innerhalb des dtr Geschichtswerkes in Ri 8, 27; 1S 14, 17; 23, 6. 9 usw. erwähnt.

Nach Noth (4) konnte der Dtr solche seiner Einheitsforderung widersprechenden Begebenheiten mitteilen, weil vor dem Bau des Jerusalemer Tempels gewisse Freiheiten möglich waren. Die Opferhandlungen waren legitimiert durch eine Anordnung Moses (vgl. Jos 8, 30ff), durch die Gegenwart der Lade (vgl. 1S 1, 3ff; 2, 1ff), durch das Erscheinen des Boten Jahwes (vgl. Ri 6, 11ff) oder Jahwes selbst (vgl. 1K 3, 4ff), durch die Anwesenheit von Gottesmännern wie Samuel (vgl. 1S 9, 12ff usw.) oder Elia (vgl. 1K 18, 30ff).

---

1 Procksch, Sagenbuch 182.
2 Vgl. Noth, Studien 106f.
3 Vgl. Vorländer, Mein Gott 176ff.
4 Ebd.

"Im ganzen aber gewinnt man den Eindruck, daß Dtr sich möglichst weitgehend selbst auf diesem ihm so wichtigen Gebiete an seine Quellen gehalten hat, ohne sie zu ändern oder auch nur zu glossieren; und das entspricht ja nur seiner grundsätzlich positiven Gesamteinstellung gegenüber den überkommenen Überlieferungen". (1)

Dieser aus dem dtr Geschichtswerk gewonnene Befund läßt sich auch auf J und E anwenden: Selbst ein auf dem Boden des dtn Gesetzes stehender Verfasser konnte eine Vielzahl von Heiligtümern sowie den Gebrauch von Masseben etc. erwähnen. Deshalb müssen J und E nicht notwendigerweise aus vordtn Zeit stammen. Auch ein späterer Verfasser konnte von der Existenz mehrerer Heiligtümer in der Frühzeit berichten, die durch das Erscheinen Jahwes (vgl. Gen 12, 7 usw.) legitimiert waren. J und E geht es zudem nicht um die Heiligtümer als solche, sondern um den an diesen Stätten erschienenen Gott Jahwe. Sie wollen diese Heiligtümer für Jahwe in Anspruch nehmen, da er hier den Vätern erschienen ist und das Land verheißen hat. Die Heiligtümer werden von J und E keineswegs als Götterwohnsitze aufgefaßt, sondern sind als Gedenkstätten und Orte verstanden, die ihren kultischen Wert durch die Offenbarung an die Väter erhalten haben. (2) Ebenso sind die Masseben bei J und E zu bloßen Gedenksteinen degradiert (vgl. Gen 35, 20; Ex 24, 4) und gefährden somit nicht die bildlose Verehrung und Einzigartigkeit Jahwes. Somit sind Aussagen über eine Vielzahl von Heiligtümern und deren religiöse Bedeutung auch in nach-dtn Zeit möglich (vgl. Jos 22).

Wenn Noth dem Dtr eine "grundsätzlich positive Gesamteinstellung gegenüber den überkommenen Überlieferungen" bescheinigt, so kann dies in gleicher Weise für J und E gelten. Auch sie haben altes Material aufgenommen und wollen es so weit wie möglich in seinem ursprünglichen Zustand bewahren. Da es in diesem Material auch um Kultstätten und Opfer ging, haben J und E diese Notizen stehengelassen und theologisch interpretiert.

Pedersen (3) weist darauf hin, daß keine der von Heiligtümern handelnden Erzählungen den Charakter einer Kultlegende tragen. "Sie sind von einer bewußten Tendenz getragen, welche darauf gerichtet ist, das Recht der Israeliten auf das ganze Land dadurch darzutun, daß ihre Väter überall Altäre gestiftet haben". J und E sind somit nicht an den Heiligtümern als solchen interessiert, sondern nur an den dort geschehenen Offenbarungen Jahwes. Auch spiegelt die Erwähnung dieser Orte nicht notwendigerweise die lebendige Volksreligion ihrer Verfasser wider, sondern stammt "aus gelehrtem Interesse an allerlei altertümlichen Sachen". (4)

---

1 Noth, Studien 107.

2 Vgl. Cook, CAH III, 474; Keller, ZAW 67, 141ff.

3 ZAW 49, 171; vgl. Keller, ZAW 67, 153.

4 Holzinger, Einl. 203.

Für die meisten israelitischen Schriftsteller war eine opferlose Religion sowieso nicht vorstellbar. Da der Jerusalemer Tempel noch nicht existierte, kamen dafür nur die althergebrachten heiligen Stätten in Frage, die in der israelitischen Überlieferung auch sonst eine große Rolle spielen.

Der Terminus ad quem wurde auch von einer anderen Richtung her kritisiert. (1) Die dtn Auffassung von der Kultzentralisation muß sich nicht sofort und überall durchgesetzt haben, zumal z.B. Ez, Dtjes und Tritojes kaum Spuren davon erkennen lassen. Es kann in nachexilischer Zeit verschiedene Auffassungen nebeneinander gegeben haben. Als Beweis dafür ist auf die späte Erzählung Jos 22 hinzuweisen. Demnach gab es noch in nachexilischer Zeit Kreise, die die Kultzentralisation nicht mitgemacht hatten und denen in dieser Erzählung ausdrücklich der Bau eines Altares im Ostjordanland zugestanden wird. Auch in den Elephantinetexten ist von der dtn Reform nichts zu spüren: Jüdische Kolonisten führen Verhandlungen mit den Oberpriestern in Jerusalem und Samaria betreffend den Wiederaufbau ihres Tempels. Möglicherweise haben unterschiedliche Konzeptionen eine Zeitlang miteinander rivalisiert. JE kann also Gruppen entstammen, die den dtn Gedanken distanziert gegenüberstanden.

Der Unterschied zwischen JE und Dtn muß somit nicht unbedingt auf ein zeitliches Nacheinander schließen lassen, sondern kann auch aus einem etwa gleichzeitigen Nebeneinander verschiedener Kreise und Milieus erklärt werden. (2) "Antiprophetische" oder "vorprophetische" Aussagen in J und E lassen sich als Reaktion auf die josianische Reform erklären. (3)

ad 2.

Die Kritik des 2. Arguments, daß JE die im Dtn vorausgesetzte Beschränkung des Priesteramtes auf die Leviten noch nicht kennt, kann im Anschluß an das eben Ausgeführte erfolgen. Auch das nach dem Dtn entstandene dtr Geschichtswerk kennt diese Beschränkung noch nicht. Vielmehr fungieren hier häufig "Laien" wie Gideon, Saul, Salomo und Elia als Priester. Auch wird in 2S 8, 18 berichtet, daß David seine Söhne zu Priestern einsetzte. Neben Zadok fungierte Abjathar aus der nichtlevitischen Elidenfamilie als Oberpriester am Jerusalemer Hof.

ad 3.

Eine literarische Beziehung läßt sich nur zwischen JE und Dtn 1, 9ff. 18ff und 9, 7ff nachweisen. Im übrigen handelt es sich bei JE und Dtn 1-11 um selbständige Darstellungen der Ereignisse der Frühgeschichte Israels. Die Einleitungsreden zum Dtn-Buch stammen wahrscheinlich aus dem 6. Jh.

---

1 Vgl. Kennett, ERE VII, 439; ders., JThSt 30, 304; Cook, CAH III, 473; ders., JThSt 26, 172; Pedersen, Israel I-II, 29; ders., ZAW 49, 178; Morgenstern, HUCA XIV, 93 A. 114.

2 Vgl. Pedersen, ZAW 49, 179.

3 So Kennett, ERE VII, 439.

und gehören somit in dieselbe Zeit wie JE. Es kann die Möglichkeit nicht von vornherein abgewiesen werden, daß JE Teile von Dtn 1-11 gekannt und benutzt hat.

ad 4.

Wie wir gesehen haben, sind die meisten Stellen, in denen bei den Propheten des 8. Jahrhunderts Ereignisse und Gestalten der Frühgeschichte Israels erwähnt worden, als sekundäre Zusätze anzusehen. Von den als echt anzusehenden Belegen (evt. nur Hos 11, 1) zeigt keiner eine literarische Abhängigkeit von JE. Zudem sind punktuelle Rückgriffe auf Ereignisse eher als Vorstufe als als Konsequenz einer Geschichtsschau anzusehen. (1) Auch im Neuen Testament werden zuerst einzelne Ereignisse der Geschichte Jesu formelhaft z.B. bei Paulus erwähnt; später sind dann ausführliche Evangelien entstanden. Die bruchstückhaften Bezugnahmen auf Personen und Ereignisse, die auch in J und E eine Rolle spielen, stammen wohl aus mündlicher Tradition und müssen nicht die Existenz dieser Quellen voraussetzen. (2)

ad 5.

Cook (3) versucht das Argument zu widerlegen, daß J und E vor dem Exil entstanden sein müssen, weil in ihnen jeglicher Hinweis auf den Untergang Jerusalems fehle. Nach seiner Meinung sind solche Hinweise auf derartige Katastrophen in populärer Literatur überhaupt nicht zu erwarten. Auch andere in nachexilischer Zeit entstandene Werke enthalten keinerlei Hinweise auf das Exil, so z.B. die Priesterschrift, der Prophet Hag, das Hiobbuch oder viele Psalmen. Man kann auch die Frage stellen, ob ein solcher Hinweis in JE überhaupt zu erwarten ist, da sich J und E mit der Vorgeschichte Israels beschäftigen. Ex 32, 34 enthält eventuell eine Anspielung auf das Exil; um an der vorexilischen Datierung festzuhalten, wird der Vers einer späteren Quelle E_2 zugeordnet. (4)

ad 6.

Die Argumentation, daß der Elohist vor 722 entstanden sein muß, steht und fällt mit der These, daß der Elohist im Nordreich entstanden ist. Doch wurde von einer Reihe von Forschern, zuletzt von Noth, Zweifel daran vorgebracht. (5) Auch der Jahwist bietet Traditionen, deren Ursprung gewöhn-

---

1 Vgl. H.H. Schmid, Jahwist 174ff.

2 Anders Sellin, Urgeschichte 31f, der argumentiert, daß Anspielungen ein Beweis dafür seien, daß die betreffenden Stoffe und Geschichtswerke bekannt seien. Doch wird auf diese Frage unten näher einzugehen sein.

3 CAH III, 475.

4 So z.B. Kuenen, Einl I, 1,239; Cornill, Einl 39; vgl. Noth, Exodus 206.

5 S. o. S. 20.

lich im Nordreich gesehen wird, so z.B. die Väter- oder Exodusüberlieferungen. Joseph wird von beiden Quellenschriften erwähnt. Das dtr Geschichtswerk enthält ebenfalls zahlreiche Traditionen aus dem Nordreich, obwohl es erst im Exil verfaßt wurde. Die gesamte atl. Überlieferung ging letzten Endes durch judäische Hände.

Rost gibt mit Recht zu bedenken, daß in der Zeit gegen Ende des Nordreiches kaum Muße zu einer ausführlichen Geschichtsschreibung bestand. (1) Dem gegenüber argumentiert Scharbert, (2) daß kurz vor dem Ende des Nordreiches die Notwendigkeit bestand, für die Jahwetreuen die Tradition aufzuzeichnen. Doch gibt es dafür keine Beweise; die Notwendigkeit zur Aufzeichnung der Tradition bestand gerade auch nach dem Untergang des Nordreiches sowie nach der Zerstörung Jerusalems. (3)

1.3. Das zeitliche Verhältnis von Jahwist und Elohist

Es wird in der atl. Forschung weithin die Meinung vertreten, daß der Elohist zeitlich später als der Jahwist anzusetzen ist. Dabei werden folgende Argumente angeführt: (4)

Der Elohist spiegelt eine fortgeschrittenere Zivilisation wider. Demgegenüber machen die Schilderungen bei J "einen natürlicheren, anschaulicheren und daher noch ursprünglicheren Eindruck". (5) Sie zeichnen sich durch "frische Lebendigkeit und realistische Kraft" aus. (6) Demgegenüber zeigen die elohistischen Stücke eine weiterentwickelte Reflexionsstufe, wobei Vergleiche zwischen Gen 30,28-43 und 30,1-12; 26,1-33 und 20,1-17; 21,22-31; 30,14-16 und 30,17f angestellt werden.

---

1 Einl 64. - Er folgert allerdings daraus, daß man mit der Ansetzung von Teilen von E in frühe Zeit zurückgehen müsse.

2 MThZ 18,109.

3 Kennett, ERE VII, 439, vertritt die These, daß E für die Neuansiedler in Samarien verfaßt wurde, um sie mit der Jahwereligion vertraut zu machen.

4 Vgl. Wellhausen, Prolegomena 95; Stade, Geschichte I, 59; Kuenen, Einl I,1,221ff; Cornill, Einl 37f; Holzinger, Einl 205ff; Meyer, Israeliten 306; Steuernagel, Deuteronomium 282; Gunkel, Gen LXXXVI; Sellin, Einl 30ff; Kittel, Geschichte I,310; Bewer, Literature 84f; Hempel, Literatur 113; Oesterley-Robinson, Introd. 52; Pfeiffer, Introd. 174f; v.Rad, Genesis 16ff; Sellin-Rost, Einl 59; Rowley, Growth 26ff; Weiser, Einl 95; Plöger, RGG^3 II, 436f; Gottwald, Light 252; Fohrer, Einl 169ff; Ruppert, Elohist 111f; Keel-Küchler, Texte II, 37; Zenger, Sinaitheophanie 161.

5 Sellin, ebd.

6 Sellin-Rost, Einl 59.

Vom religionsgeschichtlichen Standpunkt aus sind in J eine Fülle anthropomorpher Vorstellungen zu beobachten: Gott wandelt wie ein Mensch auf Erden (Gen 3,8), er arbeitet wie ein Handwerker (Gen 2,7), er verschließt die Tür der Arche (Gen 7,16), er riecht den Opferduft (Gen 8,21), er steigt vom Himmel herab, um den Turm zu besehen (11,5.7), er ist eifersüchtig und empfindet Reue (Gen 6,6). Demgegenüber vermeidet E anthropomorphe Aussagen: Gott redet vom Himmel her (Gen 21,17; 22,11), durch die Vermittlung von Träumen (Gen 20,3.6; 28,12; 31,11; 39f) oder von Engeln (Gen 21,17; 28,16). Er liebt die Ausschmückung der Erzählungen durch Wunder (Ex 5ff). Einige Passagen, wie Ex 3,14 und Gen 35,8ff deuten auf eine "schwerfällige theologische Reflexion" (1) hin. Auch das Moralverständnis des Elohisten ist tiefer als das des Jahwisten. E entschuldigt Abrahams Verhalten in der Episode von der Gefährdung der Ahnfrau (Gen 20, 12). Demgegenüber berichtet J unbekümmert, daß die Erzväter gelogen haben (Gen 12,10ff; 27,11ff). Abraham und seine Nachkommen werden in E stärker idealisiert. Zugleich betont der Elohist das Moment von Gottes Gericht in der Geschichte stärker als J (vgl. Gen 15,16; Ex 32,34).
Während beim Jahwisten das Verhältnis Gott/Land im Mittelpunkt steht, betont der Elohist das Verhältnis Gott/Volk. Sellin (2) zieht aus dem Sachverhalt, daß E keine Urgeschichte enthält, den Schluß, bei ihm liege ein fortgeschrittenes religiöses Stadium vor. Denn bei den Erzählungen der jahwistischen Urgeschichte sei "deren einstmals mythischer Charakter trotz des neuen Offenbarungsgehaltes nicht ganz verschwunden" (vgl. Gen 6,1; 11,7).

Alle diese auf Grund des Vergleichs von J und E zu beobachtenden Aspekte weisen auf eine spätere Entstehungszeit des Elohisten hin.

Kritik

Die hier vorgebrachten Argumente können kaum den Anspruch auf zwingende Stringenz erheben. Selbst Sellin (3) erwägt die Möglichkeit, die Unterschiede zwischen J und E darauf zurückzuführen, daß sie aus verschiedenen Volkskreisen stammen. Auch für Oesterley-Robinson (4) spricht ein allgemeines Gefühl dafür, daß J etwas älter sei. Doch kann dies seinen Grund darin haben, daß beide aus verschiedenen Teilen Israels stammen: "The differences in outlook then may have a local rather than chronological explanation." Weiterhin erwägt er die Möglichkeit, daß Juda eine langsamere theologische Entwicklung gehabt habe als Israel.

Baudissin (5) weist in Bezug auf die Pentateucherzählungen darauf hin, daß der Elohist "aus noch vollerm Strome der Sage schöpft als der Jahwist". Dies hängt nach seiner Meinung damit zusammen, daß im Nordreich

---

1 Fohrer, ebd. 170.
2 Ebd.
3 Ebd. 31.
4 Introd. 55f.
5 Einl 92f.

die Vätertradition in ihrem ursprünglicheren Zustand erhalten gewesen sei. Ähnlich beobachtet auch Noth (1), daß E oft näher zu den alten Überlieferungen steht als J. Es fehle deshalb an wirklichen Argumenten für eine Spätdatierung von E. Das Vorhandensein von Anthropomophismen muß nicht unbedingt auf ein höheres Alter hindeuten. Neben Anthropomorphismen und primitiven Gottesanschauungen enthält J auch "intellektuelles Raffinement" (Mowinckel) und einen hochentwickelten transzendenten Gottesbegriff. (2) Nach Gunkel (3) liegen beim Jahwisten "Derbes und Zartes, religiös und sittlich Uraltes und Junges" eng beieinander. Primitivität und Anthropomorphismen sind in gewisser Weise zeitlos. Wenn sie zum Kriterium für eine frühe Entstehungszeit genommen werden, so müßten die Targume und Midraschim aus ganz alter Zeit stammen. Denn hier kommen noch häufigere und massivere Anthropomorphismen vor als im AT. Auch die Propheten des 8. Jahrhunderts benutzen zahlreiche Anthropomorphismen, die der Höhe ihrer Gottesanschauung keinen Abbruch tun. Stellen wie Dtn 29,28 und Dtjes 51,9; 55,8 zeigen, daß auch späte Texte anthropomorphe Redeweisen enthalten können. Zudem gehören Anthropomorphismen zu den von J und E verarbeiteten altertümlichen Stoffen, die die Quellenschriften möglichst in ihrer ursprünglichen Form bestehen ließen. Andrerseits zeigt die jahwistische Urgeschichte einen universalen Gottesbegriff, der mit dem Gottesbegriff des Elohisten durchaus auf derselben Stufe steht.

Die Erwähnung von Träumen muß ebenfalls nicht auf ein späteres Entstehungsdatum hinweisen. Jenks (4) erinnert daran, daß Träume im Alten Orient bereits in früher Zeit belegt sind und nicht etwa ein spätes Stadium andeuten. Das Fehlen der Urgeschichte bei E weist eher auf ein früheres als auf ein späteres Stadium hin.

Der Schöpfungsglaube gehört zweifellos in ein fortgeschrittenes Entwicklungsstadium der israelitischen Religion, die durch das Exil markiert ist. Zugleich läßt sich beim "Kronzeugen" des israelitischen Schöpfungsglaubens, nämlich bei Dtjes, gut beobachten, wie mythisch-antropomorphe Elemente mit einem ausgesprochen reflektierten, monotheistischen Schöpfungsglauben verknüpft sind. Die Tatsache, daß J die Jahweverehrung mit der Urzeit beginnen läßt, muß ebenfalls als eine Fortentwicklung verstanden werden, indem die Jahweverehrung immer weiter zurückprojiziert wird.

Andrerseits könnte man aus dem häufigen Vorkommen von Masseben bei E (vgl. Gen 28,22; Ex 24,4 usw.) schließen, daß E älter als J ist. (5)

---

1 Pentateuch 248; ders., Exodus 6.

2 Darauf haben insbesondere Pedersen, ZAW 49,177; Cook, CAH III, 472.476; Engnell, Scrutiny 56, hingewiesen.

3 Genesis LXXXII.

4 Elohist 264.

5 So z.B. Dillmann, Genesis XI; Kuhl, Entstehung 85.

Die Argumente reichen nicht aus, um mit einiger Sicherheit die Priorität von J zu erweisen. Baudissin (1) weist mit Recht darauf hin, daß die Übereinstimmungen zwischen J und E weit größer sind als ihre Verschiedenheiten. E ist in vielem anders, aber nicht notwendigerweise später. Die zu beobachtenden Unterschiede müssen in erster Linie auf die Benutzung unterschiedlicher Traditionen und auf verschiedene Herkunftsorte und theologische Standorte zurückgeführt werden, nicht aber auf verschiedene Entstehungszeiten. J und E können durchaus etwa gleichzeitig entstanden sein.

---

1 Einl 95.

2. Die Datierung des Jahwisten

2.1. Die Datierung ins 10. Jahrhundert

In der Gegenwart wird am häufigsten die Meinung vertreten, der Jahwist sei im 10. Jahrhundert, d.h. in der Zeit Davids und Salomos entstanden. Deshalb soll mit einer Darstellung und Kritik dieser Forschungsmeinung begonnen werden. (1)

---

1 Ihre wichtigsten Anhänger sind: Procksch, Sagenbuch 284ff; ders., Genesis 16ff; Sellin, Urgeschichte, pass.; ders., Einl 29ff; Staerk, Entstehung 37ff; Hempel, Literatur 113ff; ders., Geschichte 188ff; v. Rad, Ges. St. 55ff; ders., Genesis 16f; ders., Ges. St. 272ff; ders., ThAT I, 62ff; Auerbach, Wüste 41f; Noth, Pentateuch 249; ders., Exodus 5f; Sellin-Rost, Einl 56ff; Rost, Credo 11ff; Schultze, Großreichsidee, pass.; Schmökel, ZAW 62, 319ff; Wright, God 73; Kuhl, Entstehung 78ff; Mendenhall, Covenant 71; Lewy, Growth 9ff; Jacob, Theology 195; Burrows, Israel 112; Napier, Faith 36ff; B.W. Anderson, Understanding 157ff; Maag, ThZ 13, 418ff; Weiser, Einl 94ff; v.Selms, OTS 12, 182ff; G.W. Anderson, Introd. 32ff; Gottwald, Light 214ff; Henry, Jahwist 10ff; diess., ThLZ 85, 145ff; Wildberger, Eigentumsvolk 68ff; Guthrie, God 29ff; Schreiner, BZ NF 6, 1ff; Cazelles, Thora 340ff; Speiser, Genesis XXVIII ff; Wolff, Ges. St. 345ff; ders., Wegweiser 78ff; Jenks, Elohist 254; Blenkinsopp, VTS 15, 44ff; Muilenburg, Int 19, 387ff; Kilian, Abrahamsüberlieferungen 285ff; ders., ThGl 56, 369ff; Maly, World 156f; Richter, BZ NF 10, 96ff; ders., Fs. Schmaus I, 209ff; Westermann, Genesis 782f; Clements, Abraham 53ff; McKenzie, JBL 86, 1ff; Ruppert, Jahwist 88ff; Scharbert, MThZ 18, 93ff; ders., Prolegomena 60ff; Albrektson, History 78; Schulte, Tag 7ff; diess., Geschichtsschreibung 8ff; Brueggemann, CBQ 30, 156ff; Ellis, Yahwist 40ff; Preuß, Jahweglaube 117ff; H.W. Schmidt, Glaube 16; ders., Exodus 39; Clark, JBL 88, 266ff; ders., ZAW 83, 184ff; ders., VT 21, 261ff; Kaiser, Einl 72ff; Koch, VT 19, 37ff; Müller, Eschatologie 50ff; Wallis, ZAW 81, 18ff; ders., ZAW 83, 1ff; Fritz, Israel 121f; Haag, Mensch 153ff; Steck, Paradieserzählung 28; ders., Fs. v. Rad 525ff; Wehmeier, Segen 200; Keel-Küchler, Texte II, 20ff; Zenger, Sinaitheophanie 138ff; Gunneweg, Geschichte 86; Fretheim, Int 26, 419ff; Stendebach, Mensch pass.; Zimmerli, Theologie 152; Weippert, VT 23, 415ff; Zobel, ZAW 85, 281ff; v. Soden, WO 7, 228ff; Jaroš, Stellung 49; Weimar-Zenger, Exodus 20; Halbe, Privilegrecht 307ff.

2.1.1. Historische Argumente

2.1.1.1. Der friedliche Charakter des Werkes (1)

Der Jahwist setzt eine friedliche Periode als Entstehungszeit voraus. Das Verhältnis zu den Nachbarvölkern ist geregelt, wie aus Gen 21,33; 26,28f in Bezug auf die Philister und aus Gen 31,48ff in Bezug auf die Aramäer zu entnehmen ist. Eine Spannung zwischen den Israeliten und der kanaanäischen Urbevölkerung läßt sich nicht beobachten. Die Zeit der Philisterkämpfe, die die vorstaatliche Zeit (vgl. Ri 13-16), das Königtum Sauls (vgl. 1S 13ff) und anfänglich auch die Regierungszeit Davids (vgl. 2S 5,17ff) bestimmte, ist offensichtlich vorüber. Andrerseits haben die zu Anfang des 9. Jh. beginnenden Aramäerkämpfe noch keine Spuren hinterlassen. Auch von der insbesondere seit der Schlacht von Karkar (853 v. Chr.) drohenden Assyrergefahr läßt sich noch nichts wahrnehmen. Daher legt sich das 10. Jh. als Entstehungszeit für den Jahwisten nahe, als Babylon und Ägypten machtlos waren und Israel sich friedlich entfalten konnte.

<u>Kritik</u>

Zwar erscheint die Argumentation zunächst ganz plausibel; doch muß zugleich die Frage gestellt werden, ob der hier postulierte geschichtliche Hintergrund für J allein auf das 10. Jh. zutrifft. Die Befürworter einer Datierung des Jahwisten ins 9. Jh. weisen darauf hin, daß Juda auch in der Regierungszeit Josaphats eine Periode der Ruhe und Sicherheit erlebte, die den Hintergrund für das jahwistische Werk bieten könnte. (2) Auch noch später gab es ruhigere Perioden, z. B. im 8. Jh. unter Jerobeam II. und Ussia, sowie im 7. Jh. unter Manasse. Die hier vorgetragene Argumentation ist somit mehrdeutig und kann kaum geeignet sein, mit Notwendigkeit auf das 10. Jh. als Entstehungszeit für J schließen zu lassen. Dabei ist noch ein weiterer Gesichtspunkt zu erwägen: Holzinger (3) und Mowinckel (4) vertreten die Ansicht, daß auch in Zeiten der Not und der Unruhe Geschichtswerke entstehen können, die die Vergangenheit als goldenes Zeitalter beschreiben. Die Verfasser wollen etwa nach einer Katastrophe mit ihrem Werk dem Volk neuen Mut verschaffen und die evtl. verlorene Einheit wiederherzustellen suchen. So schrieb z. B. Paulus Diaconus seine Gesta Langobadorum nach dem Fall des Langobardenreiches, der persische Schriftsteller Firdausi seine Geschichte nach dem Untergang Persiens, Livius sein Geschichtswerk nach dem Ende der römischen Republik; der

---

1 OTS 12,211; Schulte, Geschichtsschreibung 204; Müller, Eschatologie 52 A. 102; Kaiser, Einl 75f.

2 S. u. S. 322.

3 Einl 226.

4 Pentateuchquellenfrage 56.

Saxo Grammaticus wollte durch sein Opus das dänische Volk zu neuem geistigen und nationalen Leben anspornen. Auch der jüdische Schriftsteller Josephus entwirft in seinen Antiquitates ein glanzvolles Bild von der Geschichte des Volkes kurz nach der Zerstörung Jerusalems im Jahre 70 n. Chr. (1) So muß die positive Grundstimmung eines Geschichtswerkes nicht unbedingt mit einer friedlichen , glanzvollen Abfassungszeit konform gehen. Oft verdrängen Schriftsteller in einer Art Eskapismus die düstere Gegenwart durch die Darstellung einer idealisierten Vergangenheit.

Auch andere Geschichtswerke des AT, die im ganzen eine friedliche Grundstimmung widerspiegeln, sind nach Katastrophen und in Zeiten äußerer Wirren entstanden. Dazu gehören insbesondere die Priesterschrift und der Chronist, die beide nach dem Exil und damit nach der größten Katastrophe in der Geschichte Israels entstanden sind. Dennoch entwerfen sie ein positives Bild von der Vergangenheit. Somit kann der Jahwist in einer Zeit entstanden sein, die keineswegs einen friedlichen Charakter gehabt haben muß. Die übrigen Hinweise auf die politische Situation des 10. Jh. haben ebenfalls keine zwingende Beweiskraft. Auch die Priesterschrift läßt keine Spannungen zu den Nachbarvölkern sowie zur kanaanäischen Urbevölkerung erkennen. Auch wird zu fragen sein, ob man von Geschehen zwischen Einzelpersonen so ohne weiteres auf Israels Verhältnis zu seinen Nachbarvölkern schließen darf. Selbst wenn die politische Interpretation richtig ist, muß man zwischen dem historischen Hintergrund der Sage selbst und dem Standort des Verfassers des Geschichtswerkes genau trennen. Die sich in einer Sage widerspiegelnden politischen, sozialen und religiösen Verhältnisse müssen nicht mit der Position des späteren Sammlers und Schriftstellers identisch sein.

2.1.1.2. Der politische Horizont (2)

Der politische Horizont des jahwistischen Werkes paßt gut oder ausschließlich in die Zeit des davidisch-salomonischen Reiches. Die damals von David in das Reich eingegliederten Völkerschaften spielen nämlich auch in J eine hervorragende Rolle:

---

1 Als Beispiel aus späteren Zeiten ist auf das 19. Jh. hinzuweisen. Das politische zerrissene Deutschland verherrlichte in der Romantik die großen Taten des Mittelalters und die Einheit des katholischen Abendlandes.

2 So Procksch, Sagenbuch 289; Sellin, Einl 36; Sellin-Rost, Einl 59ff; Rost, VTS 7, 347; Schultze, Großreichsidee 35ff; Gottwald, Light 214f; Wolff, Ges. St. 348ff; Clements, Abraham 58f; Ellis, Yahwist 41; Preuß, Jahweglaube 117; Kaiser, Einl 76; Koch, VT 19, 71ff; Müller, Eschatologie 51; Wallis, ZAW 81, 28; Keel-Küchler, Texte II, 28; Fretheim, Int 26, 421; Halbe, Privilegrecht 312ff.

a) Edom wird in Gen 25,23.30; 27,39f; 36,31ff; Num 24,18 erwähnt. David hat es nach 2S 8,13 erobert und seinem Reich eingegliedert. Damit stimmt die Ankündigung in Gen 27,40a überein, daß Esau und seine Nachkommen Jakob und dessen Nachkommen untertan sein müssen. Bereits unter Davids Nachfolger Salomo fiel Edom wieder vom Reich ab (vgl. 1K 11,14ff). (1)

b) Moab wird Gen 19,30-38; 36,35; Num 21,29f; 22,1; 24,17; 25,1ff erwähnt. Gen 19,30ff bringt Moabs Abstammung in einer stark negativ gefärbten Erzählung mit Israel in Verbindung. In Num 24,17 findet sich die Verheißung, daß der "Stern aus Jakob" die Schläfen Moabs zerschmettern wird. Dies ist als ein vaticinium ex eventu auf David zu verstehen, der nach 2S 8,2f die Moabiter unterwarf und in sein Reich eingliederte.

c) Ammon kommt Gen 19,37f vor. Die Ammoniter wurden nach 2S 8,12 von David unterworfen.

d) Aram wird Gen 24,10 und 31,20 erwähnt. Nach dem Bericht von 2S 8,3ff besiegte David die Aramäerkönige und machte sie tributpflichtig.

e) Amalek wird in Ex 17,8.16 als Erbfeind Israels beschrieben. Saul hat gegen sie nach 1S 14,48; 15,1ff; 28,18 gekämpft, bis sie David schließlich unterwarf (vgl. 2S 8,12).

f) Die Philister kommen in Gen 10,14; 26,1-8 vor. Sie mußten nach 2S 8,12 David ebenfalls Tribut bezahlen. Der Jahwist erwähnt somit alle diejenigen Völkerschaften, die David nach 2S 8 in sein Reich eingegliederte. Er verfolgt damit eine bestimmte religiös-politische Absicht: Er will den neu eingegliederten Völkerschaften ein Zusammengehörigkeitsgefühl und gemeinsames Gottesbewußtsein im Rahmen des davidisch-salomonischen Reiches verschaffen. Die an Abraham ergangene Verheißung, ein Segen für die Völker zu sein (Gen 12,2f), hat somit eine politische Zielrichtung und meint Israels Bestimmung zur Hegemonie über seine Nachbarvölker.

Kritik

Die in J vorkommenden Völkerschaften werden keineswegs im AT nur im Zusammenhang mit ihrer Eroberung durch David erwähnt, sondern haben gerade in exilisch-nachexilischen Texten ihren Platz:

---

1 Die in Gen 27,40b ausgesprochene spätere Loslösung Edoms von Israel wird gewöhnlich als späterer Zusatz angesehen, so z.B. Gunkel, Genesis 314; Sellin, Einl 32; Wright, God 73 A.1; Wallis, ZAW 81,22. Dabei wird darauf hingewiesen, daß der Zusatz in Prosa formuliert ist, während der vorangehende Spruch poetische Form hat.

a) Edom: Jes 11, 14; Ps 83, 7; 108, 10; 137, 7; Jes 11, 14; 34; 31, 2; 63, 1; Jer 49, 17; Ez 25, 12ff; 32, 29; 35, 9f; 36, 5; Jo 4, 19; Ob 10ff; Mal 1, 3; Am 2, 1ff; 9, 12.

b) Moab: Jes 11, 14; 15f; 25, 10; Jer 9, 25; 25, 21; 27, 3; 40, 11; 48f; Ez 25, 8ff; Zeph 2, 8f; Mi 6, 5.

c) Ammon: Jes 11, 14; Jer 9, 25; 25, 21; 27, 3; 40, 11. 14; 41, 10. 15; 49, 1; Zeph 2, 8f; Ez 21, 25; 25, 2ff.

d) Aram: Sach 9, 2.

e) Amalek: 1Ch 4, 43.

f) Philister: Ob 1. 19; Zeph 2, 5; Jes 11, 14.

Insbesondere die Propheten der exilisch-nachexilischen Zeit (Ez, Jer, Ob, Mal, Jes 13ff) drohen den Nachbarvölkern das Gericht Jahwes an. Sie stellten zu jener Zeit offensichtlich eine Bedrohung des judäischen Restes dar. Nach Jer 49, 1 fielen die Ammoniter in judäisches Gebiet ein. Die Edomiter versuchten sich damals des Landes Juda und Israel zu bemächtigen (vgl. Ez 35, 9f; 36, 5). In diese Zeit paßt also die Weissagung von der Unterwerfung Edoms'(Gen 27, 40) ebenso gut. (1) Die gesamte Argumentation baut sich auf dem Eroberungsbericht 2S 8 auf. Doch kann dieser Bericht nicht ohne weiteres als historisch gelten, da er auf die "redigierende Arbeit von Dtr" zurückzuführen ist. (2) Auch steht die Notiz über die grausame Unterwerfung Moabs in Widerspruch zu 1S 22, 3ff, wo offensichtlich freundschaftliche Beziehungen zwischen David und den Moabitern vorausgesetzt sind. Wagner (3) weist darauf hin, daß die von J erwähnten Völkerschaften im Gegensatz zu den Berichten der Samuelbücher nicht als unmittelbare Feinde erscheinen, sondern wie Größen aus einer längst vergangenen Zeit geschildert werden. Nach Noth (4) haben die Pentateuchquellen "kaum ein unmittelbares Verhältnis zur jeweiligen Zeitgeschichte".

Auf die politische Bedeutung des Segens wird noch einzugehen sein. (5) Texte wie Gen 9, 25; 19, 30ff sind nicht gerade geeignet, ein Zusammengehörigkeitsgefühl der unterworfenen Völkerschaften mit Israel zu schaffen. Andrerseits paßt die vertragliche Regelung zwischen Jakob und dem Aramäer Laban nicht zu der militärischen Unterwerfung der Aramäerkönige durch David. Man wird somit den politischen Horizont des Jahwisten nicht ausschließlich oder notwendigerweise mit der davidisch-salomonischen Epoche in Korrelation bringen können. Begegnungen mit den in J erwähnten Völkerschaften gab es zu allen Zeiten; als Bedrohung erscheinen sie insbesondere in der exilisch-nachexilischen Epoche.

---

1 Vgl. Hölscher, Geschichtsschreibung 179ff.

2 So Noth, Studien 65; Wagner, Abraham 128f.

3 Ebd. 129.

4 Pentateuch 249.

5 S. u. S. 315.

2.1.1.3. Die Unterjochung Kanaans (1)

Nach Gen 9,25 wird Kanaan verflucht und zum Knecht Israels degradiert. Diese Aussage ist auf dem Hintergrund des Geschehens der davidisch-salomonischen Epoche zu sehen, als die Eroberung und Eingliederung der kanaanäischen Städte und Völkerschaften vollzogen wurde (vgl. 2S 5,6ff; 24,16ff; 1K 9,15ff).

Kritik

Die Aussage von der Verfluchung Kanaans läßt keinen eindeutigen Schluß auf das 10. Jh. als Entstehungszeit des jahwistischen Werkes zu. Die Befürworter der Datierung ins 9. Jh. weisen darauf hin, daß Gen 9,25 vorausgesetzt, die Unterjochung sei bereits vor einiger Zeit geschehen. (2)

Nur deshalb kann sie in so absoluter Weise ausgesagt werden. Andrerseits ist eine solche Aussage auch noch in späterer Zeit denkbar. Gerade nach der Katastrophe von 587 war der Anspruch Israels auf die Herrschaft über Palästina heftig umstritten. Deshalb paßt eine solche Aussage gerade in jene Zeit. (3)

Hoftijzer (4) vermutet zu Recht, daß Gen 9,25 eine Situation voraussetzt, in der Israel die Regierungsgewalt über die Kanaanäer verloren habe und von ihnen bedroht werde. Dies war erst nach dem Untergang Jerusalems der Fall.

Die Verfluchung Kanaans paßt im übrigen schlecht in die Situation des 10. Jh. Nach allem, was wir wissen, vollzog sich die Eingliederung der kanaanäischen Bevölkerung relativ friedlich und führte zu einem einträchtigen Miteinander von Israeliten und Kanaanäern. (5) Gelegentlich wird sogar von einem "staatlich geförderten Synkretismus" (6) gesprochen, der mit unserem Vers überhaupt nicht in Einklang zu bringen ist.

---

1 Vgl. Sellin, Einl 31.36; Sellin-Rost, Einl 60; Wright, God 73 A.1; Weiser, Einl 101; Wolff, Ges.St. 360ff; Koch, VT 19,22f.
2 S.u. S. 323.
3 Vgl. auch Ez 33,24.
4 OTS 12,27.
5 Vgl. Noth, Geschichte 176ff.
6 Soggin, ZAW 78, 179ff; vgl. Fohrer, JSS 13,68.

2.1.1.4. Die Grenzbeschreibung Gen 15, 18 (1)

Nach Gen 15, 18 reichen die Grenzen des verheißenen Landes vom "Bach Ägyptens" bis zum Euphratstrom. (2) Diese Grenzbeschreibung stimmt mit den in 2S 24, 5ff und 1K 5, 1 für das davidisch-salomonische Reich genannten Grenzen überein. Die Angabe deutet folglich darauf hin, daß der Jahwist in jener Zeit entstanden ist.

Kritik

Gen 15, 18 ist literarkritisch umstritten. Der Vers wird von Gunkel (3), Procksch (4) in dem für uns wichtigen zweiten Teil als sekundär bzw. dtr. angesehen. Dem widerspricht Kutsch (5) mit dem Hinweis, daß dann dem gesamten Abschnitt V. 7-18 sein Proprium genommen werde. Muß der Vers somit im Kontext bleiben, so scheint doch der gesamte Abschnitt in spätere Zeit zu gehören. Staerk (6) schlägt das 8.-7. Jh. vor; Kaiser (7) sieht darin eine "deuteronomistisch beeinflußte Hand". Kutsch (8) datiert den Abschnitt aufgrund der Grenzbeschreibung von V. 18 in die Josia-Zeit zwischen 625 und 609; damals erstreckte sich Juda nach 2K 23, 19. 29 bis weit in den Süden hinein. Perlitt (9) denkt wegen des Vorkommens von ברית ebenfalls an das 7. Jh., als man sich in einer Krisenzeit der bedrohten Gaben Jahwes zu vergewissern suchte. (10)

Die hier verwendeten Ortsangaben מנהר מצרים עד-הנהר הגדול נהר פרץ sind nur noch mit 2K 24, 7 und Jes 27, 12 zu vergleichen:

2K 24, 7 מנחל מצרים עד-נהר פרת

Jes 27, 12 משבלת הנהר עד-נחל מצרים

Bei 2K 24, 7 handelt es sich eindeutig um eine dtr. Stelle. (11)

---

1 Vgl. Brightman, Sources 29; Schultze, Großreichsidee 69; Wright, God 73 A. 1; Gottwald, Light 215; Kaiser, Einl 76; Koch VT 19, 80.

2 מנהר ist wohl in מנחל zu ändern (vgl. BHS). Der "Bach Ägyptens", heute wādi el-àriš, wird in Grenzbeschreibungen des öfteren genannt (vgl. Num 34, 5; Jos 15, 4. 47; 1K 8, 65; 2K 24, 7; Jes 27, 12; 2Ch 7, 8.

3 Genesis 183.

4 Genesis 105.

5 Verheißung 68.

6 Studien II, 43f.

7 ZAW 70, 118.

8 Ebd. 69f.

9 Bundestheologie 69ff.

10 Dagegen nehmen Kilian, Abrahamsüberlieferungen 67, und Lohfink, Landverheißung 82ff, an, J habe hier einen älteren Text im wesentlichen unverändert aufgenommen.

11 Vgl. Noth, Studien 77f; Kutsch, Verheißung 68.

Jes 27, 12 ist in spät-nachexilische Zeit anzusiedeln. (1) Diese Ortsangaben sind in den aus davidisch-salomonischer Zeit stammenden Grenzbeschreibungen nicht belegt. 1K 5, 1 lautet:

מן-הנהר ארץ פלשתים ועד גבול מצרים

Die Stelle wird als "plerophorische Aussage" (2) bzw. "spätere Übertreibung" (3) charakterisiert. 2S 24, 5ff bietet eine ausführliche Grenzbeschreibung unter Benutzung anderer Ortsangaben. Da die in Gen 15, 18 vorliegende Grenzbeschreibung in dieser Form nur in den nach 587 entstandenen Texten 2K 24, 7 und Jes 27, 12 belegt ist, kann der Text nicht vor dieser Zeit entstanden sein. Der Euphrat als Nordgrenze wird des öfteren in dtn-dtr Texten erwähnt (vgl. Dtn 1, 7; 11, 24; Jos 1, 4; Ex 23, 31). Auch der Ausdruck נחל מצרים kommt allein nur in exilisch-nachexilischen Texten vor (vgl. Num 34, 5; Jos 15, 4. 47; 1K 8, 65; 2Ch 7, 8).

Auf die Josiazeit kann das Datum des Textes nicht eingeschränkt werden. Zwar können die Grenzbeschreibungen von der damaligen Größe des judäischen Reiches her beeinflußt sein. Doch kommen sie - wie aus 1K 24, 7 und Jes 27, 12 hervorgeht - auch in Texten einer späteren Periode vor.

Somit muß Gen 15, 18 aus später Zeit stammen und ist als Argument für die Datierung des Jahwisten ins 10. Jh. nicht geeignet.

2. 1. 1. 5. Sidon als Erstgeborener Kanaans (Gen 10, 15)

Nach van Selms (4) paßt die Erwähnung Sidons als Erstgeborener Kanaans in Gen 10, 15 ausschließlich ins 10. Jh. Denn nur im 10. Jh. übte Sidon eine Art Hegemonie über die anderen Phönizierstädte aus. Später trat Tyrus an seine Stelle.

Kritik

Auch noch in späteren Texten steht Sidon als Synonym für das gesamte Phönizien. In Dtn 3, 9; Jes 23, 2; Ez 32, 30 werden die Phönizier als "Sidonier" (צידנים) bezeichnet. Ethbaal trägt nach 1K 16, 31 den Titel "König der Sidonier", obwohl er über Tyrus herrschte. Aus der Sicht der Israeliten galt Sidon bis in die Spätzeit hinein als die phönizische Stadt, sodaß man alle Phönizier Sidonier nannte. Diese Auffassung spiegelte sich auch in der jehowistischen Völkertafel Gen 10, 15 wider. Sie muß nicht aus dem 10. Jh. stammen, sondern kann mit ebenso großer Wahrscheinlichkeit in späterer Zeit konzipiert worden sein.

---

1 Vgl. Kaiser, Jesaja 185; Kutsch, ebd. 68.
2 Noth, Könige 75.
3 Kutsch, ebd. 69.
4 OTS 12, 187.

2.1.1.6. Die Einheit von Nord- und Südreich (1)

Der Jahwist läßt nichts von einer Gegnerschaft zwischen Nord- und Südstämmen erkennen. Er setzt vielmehr die Einheit des Volkes voraus. Auf die nach Salomos Tod vollzogene Reichsteilung findet sich keinerlei Anspielung. Die Kultorte des Nordreiches wie Sichem, Bethel und Pnuel werden ohne jegliche Kritik erwähnt (vgl. Gen 12, 6. 8; 28, 19; 32, 31 usw.). Die Gestalt Josephs als Symbol des Nordreiches hätte nach der Reichsteilung nicht mehr so positiv gezeichnet werden können.

Kritik

Mit diesem Argument setzen sich zunächst die Befürworter einer Datierung ins 9. Jh. auseinander; gerade nach der Reichsteilung sei die Entstehung von J denkbar, da der Jahwist durch sein Werk seinen Zeitgenossen das Ideal der religiös-völkischen Einheit vor Augen führen will. Doch können wir noch einen Schritt weitergehen: Auch spätere atl. Schriften erwähnen die Reichsteilung nicht, z.B. die Priesterschrift, das Deuteronomium oder der Prophet Jeremia, Ez und Dtjes. Die großisraelitische Idee wird gerade in der Zeit der getrennten Reiche und in der exilisch-nachexilischen Periode betont. Galling (2) führt hierfür Ez 34, 13; 36, 10. 28. 37; 37, 1ff; Dtjes 49, 6. 10; 52, 2; 55, 3f an. Der spätnachexilische Text Jes 11, 13 prophezeit für die Zukunft, daß es zwischen Juda und Ephraim keine Zwietracht mehr geben wird. Somit paßt die in J vorliegende Betonung der Einheit des Volkes genausogut in die Zeit während und nach dem Exil. (3)

Die Frage der Kultorte wurde bereits behandelt. (4) Sichem spielt auch in der späteren Überlieferung noch ein hervorragende Rolle, z.B. beim Dtr (Dtn 27; Jos 24).

Auch das Argument, daß die Gestalt Josephs nach 922 nicht mehr so positiv hätte gezeichnet werden können, ist nicht stichhaltig. In der Josephsgeschichte lassen sich J und E ohnehin nur schwer unterscheiden; beide zeichnen ein gleichermaßen positives Bild von Joseph. Dasselbe gilt von der Priesterschrift, die in Gen 41, 46 und 47, 5ff von Joseph berichtet. In einer Reihe von exilisch-nachexilischen Texten wird Joseph als Bezeichnung für das gesamte Volk verwendet (vgl. Ps 78, 67; 80, 1; 81, 5; Ez 37, 16. 19; 47, 13; 48, 32; Ob 18; Sach 10, 6 usw.); dies deutet darauf hin, daß der

---

1 Procksch, Sagenbuch 286; ders., Genesis 17; Brightman, Sources 29; Sellin, Einl 31; Sellin-Rost, Einl 60; Auerbach, Wüste 41; Wright, God 73 A. 1; v. Selms, OTS 12, 11; G.W. Anderson, Introd. 34; Wolff, Ges.St. 350; Ruppert, Jahwist 90; Ellis, Yahwist 41; Müller, Eschatologie 51.

2 Erwählungstraditionen 87ff.

3 S. u. S. 361.

4 S. o. S. 288ff.

Name auch für einen Judäer nach der Reichsteilung und sogar nach dem Untergang von Nord- und Südreich einen positiven Inhalt hatte.

2. 1. 1. 7. Die Stellung Judas (1)

Die Gestalt Judas nimmt in der jahwistischen Erzählung einen hervorragenden Platz ein: Er ist der Sprecher der Söhne Jakobs (vgl. Gen 37, 26; 43, 3; 49, 4ff). Der Hauptort des Stammes Juda, Hebron, mit seinem alten Heiligtum Mamre, spielt in den jahwistischen Abrahamserzählungen eine besondere Rolle (vgl. Gen 13, 18; 18, 1; 35, 27; Num 13, 22). In Gen 49, 9f wird Juda als der Stamm bezeichnet, von dem Szepter und Führerstab nicht weichen werden "bis der Herrscher kommt, dem die Völker gehorchen". Durch David hat der Stamm Juda die Führerrolle unter den israelitischen Stämmen erreicht; auf ihn zielen auch die Aussagen von Gen 49, 9f und Num 24, 17 hin. Deshalb muß J in der davidisch-salomonischen Zeit verfaßt worden sein.

Kritik

Es ist richtig, daß der Stamm Juda unter David und Salomo eine besondere Bedeutung innerhalb der israelitischen Stämme inne hatte. Doch hat er diese Bedeutung durch die Jahrhunderte hindurch erhalten. Das Haus David regierte bis 587 und der Stamm Juda formierte das Südreich. Insbesondere nach dem Untergang des Südreiches werden Juda und das Haus David mit einer spezifisch religiösen Würde ausgestattet. (Vgl. Mi 5, 2; Ps 78, 68; Chron) Deshalb werden sie in der exilisch-nachexilischen Literatur häufig erwähnt (vgl. z. B. Jer 3, 7ff; 9, 10; 11, 13 usw.; Sach 2, 16 usw.). Somit muß dieser Aspekt des jahwistischen Werkes nicht auf die davidisch-salomonische Epoche hindeuten, sondern kann auch in späteren Zeiten konzipiert worden sein.

2. 1. 1. 8. Die Moserede Ex 14, 13f

Als die Israeliten am Schilfmeer von den Ägyptern fast eingeholt worden waren, sagt Mose nach Ex 14, 13f zu den Israeliten: "Haltet stand, so werdet ihr sehen, wie Jahwe euch heute helfen wird. Denn so, wie ihr die Ägypter heute seht, werdet ihr sie niemals mehr sehen." Schmökel (2) hat zuerst die Aufmerksamkeit auf diesen Vers gelenkt. Er sah darin einen Beweis, daß J nur im 10. Jh. entstanden sein kann. Im Jahre 922/1 führte der ägyptische Pharao Schoschenk einen Feldzug gegen Palästina und plün-

---

1 Procksch, Sagenbuch 286; Brightman, Sources 29; Sellin-Rost, Einl 60; Schultze, Großreichsidee 72; Weiser, Einl 101; Gottwald, Light 214f; Wolff, Ges. St. 350; Clements, Abraham 56f; Ellis, Yahwist 41; Müller, Eschatologie 52 A. 102.

2 ZAW 62, 319ff.

derte in Jerusalem Palast und Tempel des Königs Rehabeam (vgl. 1K 14, 25). Deshalb ist ein Satz wie Ex 14, 13f im Munde eines Führers nach diesem Feldzug nicht mehr denkbar. Denn bei Schoschenks Invasion hatten die Israeliten ja erlebt, was die Ägypter ihnen antun können. Erst die Priesterschrift kann nach der Schlacht von Karkemisch (605) eine ähnlich überlegene Aussage machen (vgl. Ex 14, 4b. 18). (1)

Kritik

Schmökels Argumentationsweise geht von der Voraussetzung aus, daß J vorexilisch sein muß. Innerhalb der Zeit zwischen 1000 und 600 sucht er nun nach dem geeignetsten Datum; dann erscheint aufgrund von Ex 14, 13f nur die Zeit vor 922/1 als möglich. Dabei muß man jedoch fragen, ob die Erinnerung an diesen Feldzug während der ganzen Königszeit lebendig war und ob ein Verfasser des 8. oder 7. Jh. nicht eine ähnliche Aussage hätte machen können, da er von diesem Feldzug nicht mehr wußte. Schließlich waren die historischen Kenntnisse vergangener Ereignisse im Altertum nicht so vollständig wie sie vielleicht heute sind.

Der Satz Ex 14, 13f ist - wie Schmökel selbst beobachtet - in exilisch-nachexilischer Zeit wieder möglich und belegt; dies geht aus der priesterschriftlichen Parallelstelle Ex 14, 4b. 18 hervor. Schmökel führt dies auf die Schlacht bei Karkemisch zurück, als Ägypten von den Babyloniern vernichtend geschlagen wurde. Aus etwa dergleichen Zeit stammt die in Dtn 11, 4 überlieferte Aussage: "Was er (d. h. Jahwe) an der Heeresmacht der Ägypter getan hat, an ihren Rollen und Wagen, wie er das Wasser des Schilfmeeres über sie brachte, als sie euch nachjagten und Jahwe sie umkommen ließ, bis auf diesen Tag". (2) Hier wird folglich ähnlich wie in Ex 14, 13f die Vernichtung der Ägypter am Schilfmeer als endgültige und unüberbietbare Katastrophe des Volkes charakterisiert.

Ex 14, 13f kann deshalb nicht als zwingender Beweis für die Entstehung von J im 10. Jh. angesehen werden. Geht man von der weithin als Grunddogma angesehenen vorexilischen Datierung des Jahwisten ab, so ist aus Dtn 11, 4 und Ex 14, 4b. 18 P sofort ersichtlich, daß eine Aussage wie Ex 14, 13f auch in exilisch-nachexilischer Zeit denkbar ist.

---

1 Dieses Argument wurde von Weiser, Einl 101; Wolff, Ges. St. 348 A. 19; Müller, Eschatologie 52 A. 102, übernommen.

2 Wie S. 186 nachgewiesen wurde, bilden V. 3-6 wahrscheinlich einen späteren Zusatz.

2.1.1.9. Die Angabe Ex 1,11

W.H. Schmidt leitet aus Ex 1,11 einen Beweis für die Entstehung des Jahwisten im 10. Jh. ab. (1) Dort wird gesagt, daß die Israeliten für den Pharao מסכנות "Vorratsstädte" bauen mußten. Dieser Ausdruck findet sich - abgesehen von 2Ch 8,4.6; 16,4; 17,12; 32,28 - nur in Nachrichten über Salomos Bautätigkeit in 1K 9,19. Der Jahwist muß deshalb aus jener Epoche stammen, in der dieser Begriff geläufig war.

Kritik

Alter und Echtheit der Notiz 1K 9,19 sind umstritten. Nach Noth (2) handelt es sich bei V. 15-32 um ein vom Dtr konzipiertes Stück. Für Noth erscheint es fraglich, ob der Abschnitt sich auf amtliche Angaben stützt oder ob es sich um frei kombinierte Zahlen handelt. Er bezweifelt also, daß in diesem Kapitel authentisches Material aus dem 10. Jh. vorliegt. Somit kann der Ausdruck מסכנות auch auf den Dtr zurückgehen und muß nicht aus dem Sprachgebrauch des 10. Jh. stammen. Damit deutet auch der Gebrauch des Ausdrucks in Ex 1,11 nicht unbedingt darauf hin, daß J im 10. Jh. verfaßt sein muß. Hinzu kommt noch eine weitere Beobachtung: W.H. Schmidt selbst weist darauf hin, daß der Terminus מסכנות in der Chronik des öfteren belegt ist, nicht nur in der Parallelstelle 2Ch 8,4.6, sondern auch in 2Ch 16,4; 17,12; 32,28. Somit gehört dieser Ausdruck auch zum Sprachgebrauch einer späteren Zeit. Zudem nehmen Montgomery (3) und Redford (4) an, daß 1K 9,19 einen späteren, vom Chronisten beeinflußten Einschub bildet. Dem ist wohl zuzustimmen, zumal מסכנות in den übrigen Königbüchern nirgendwo sonst vorkommt, während er im chron Werk mehrfach belegt ist.

Spätere Zeiten liebten es offensichtlich - wie de Boer (5) beobachtet - noch genauere Schilderungen der von den Israeliten getätigten Bauarbeiten zu geben. Die LXX ergänzt, daß die Israeliten auch "On, das ist Heliopolis" gebaut hätten. Philo (6) berichtet, daß die Israeliten auch Häuser bauen und Kanäle graben mußten. Neben dem Bau von Kanälen, von Wällen für Städte und Uferbefestigungen schreibt Josephus (Ant II,202f) ihnen sogar die Errichtung der Pyramiden zu.

Die Notiz von Ex 1,11 muß somit mit Vorsicht behandelt werden. Es lassen sich daraus keine sicheren Schlüsse auf die Entstehungszeit des Jahwisten ziehen. Da der Terminus besonders in chron Texten belegt ist, erscheint eine exilisch-nachexilische Entstehungszeit ebenfalls möglich.

---

1 Exodus 39.
2 Studien 68f.
3 Kings 209.
4 VT 13,413f.
5 VT 19,134.
6 Vita Mosis I,38f.

2.1.1.10. Die fehlende Erwähnung der salomonischen Verfassung und des Tempels

Sellin (1) weist auf zwei weitere Phänomene hin, die nach seiner Meinung eine Entstehung während Davids Regierungszeit beweisen: Es fehlt jede Spur der Rücksichtnahme auf die von Salomo neugeschaffene Verfassung (vgl. 1K 4, 7ff; 9, 23). Weiterhin schweigt J über die Existenz des salomonischen Tempels.

Kritik

Die beiden Argumente haben wenig zwingende Überzeugungskraft und sind deshalb in der Folgezeit m. W. von keinem Forscher übernommen worden. Eine Rücksichtnahme auf die von Salomo neugeschaffene Verfassung ist in J überhaupt nicht zu erwarten. Dasselbe gilt für den Tempel, da Jerusalem bis David bekanntlich eine kanaanäische Stadt war. J aber berichtet von der vorköniglichen Epoche. Auch Jerusalem selbst wird vom Jahwisten nicht erwähnt. Somit wäre - folgte man der Argumentation Sellins - auch eine Entstehung unter David ausgeschlossen. Nur der Elohist berichtet in Gen 22 die Kultlegende für den Berg Moria, der wohl mit dem Zion zu identifizieren ist.

2.1.1.11. Der kulturgeschichtliche Hintergrund der davidisch-salomonischen Zeit (2)

Die Zeit Davids und Salomos bildete kulturgeschichtlich gesehen den idealen Nährboden für die Entstehung des jahwistischen Geschichtswerkes:

1. Als David Jerusalem eroberte (vgl. 2S 5, 6ff) fand er dort wahrscheinlich einen Königshof samt Schreiberschule vor. Damit bot sich für die bisher recht primitiv lebenden israelitischen Stämme erstmals die Möglichkeit, Hofannalen zu führen und alte Überlieferungen schriftlich zu fixieren. Am Hof entstand eine bisher nicht bekannte geistig-literarische Atmosphäre, die von Rad (3) den "davidisch-salomonischen

---

1 Einl 31.

2 Vgl. Procksch, Sagenbuch 289; ders., Genesis 17, Sellin, Einl 30ff; v. Rad, Ges. St. 78f; ders., ThAT I, 62ff; Auerbach, Wüste 41; Noth, Exodus 6; ders., Pentateuch 249f; Sellin-Rost, Einl 59f; Wright, God 73 A. 1; Lewy, Growth 186ff; B. W. Anderson, Understanding 161ff; Maag, ThZ 13, 429; Gottwald, Light 214; Henry, Jahwist 15; Wolff, Ges. St. 349; Blenkinsopp, VTS 15, 44ff; Maly, World, 156; Richter, BZ NF 10, 96ff; McKenzie, JBL86, 5ff; Ruppert, Jahwist 94; Scharbert, Prolegomena 60ff; Schulte, Anfänge 8ff; Brueggemann, CBQ 30, 156ff; Ellis, Yahwist 41. 66ff; Preuß, Jahweglaube 134; Clark, JBL 88, 266ff; Haag, Mensch 155ff; Keel-Küchler, Texte II, 28; v. Soden, WO 7, 228ff.

3 Ges. St. 76; ders., ThAT I, 68.

Humanismus" genannt hat. Auf diesem Hintergrund sind auch die in J zum Ausdruck kommenden weisheitlichen Elemente zu erklären. Die Redeweise von "gut und böse" ist in Schriften jener Zeit (vgl. 2Sam 13,22; 5,6; 19,36; 1 Kön 3,9.28 belegt. Die Aufzählung der Tiere in Gen 2,9 ist von 1Kön 5,13 gut verständlich, wonach Salomo weisheitliche Aufzählungen der Tiere, Vögel usw. zugeschrieben werden. In jener humanistisch geprägten Epoche lösten sich die ursprünglich kultisch gebundenen Traditionen aus ihrem bisherigen "Sitz im Leben" und wurden in die "Profanität" von Geschichtswerken übergeführt.

2. David weitete das Herrschaftsgebiet der Israeliten zu einer bisher ungeahnten Größe aus (vgl. 2 Sam 8; 24). Er und sein Sohn Salomo pflegten diplomatische Kontakte zu den Großen ihrer Zeit. (1) Durch Salomos internationale Handelsbeziehungen (vgl. 1Kön 10) lernten die Israeliten zum ersten Mal die damalige Welt kennen. Diese Kenntnis hat sich in der universalen Perspektive der Urgeschichte, besonders der Völkertafel Gen 10 niedergeschlagen.

3. Die Vereinigung der Stämme und der damit verbundene wirtschaftliche und politische Aufschwung brachte den Impetus mit sich, alte Traditionen zu sammeln und in großen geschichtlichen Werken niederzuschreiben. So entstanden damals der Jahwist und die sog. Thronnachfolgegeschichte (2 Sam 7-20). Auch sonst ist die Tatsache geschichtlich belegt, daß ein Volk auf dem Höhepunkt seiner Macht eine umfangreiche literarische Wirksamkeit entfaltet. Als Beispiele sind die Blütezeit Athens im 5. Jh., das Karolingerreich oder die Regierungszeit Elisabeths I. von England im 16. Jh. zu nennen.

4. Aus dem Charakter des jahwistischen Werkes muß geschlossen werden, daß der Verfasser am oder in der Nähe des Jerusalemer Hofes lebte und wirkte. Einige Forscher (2) nehmen an, daß J im Auftrag des Königs als politische Schrift bzw. als Staatsurkunde entstanden sei. J will den Anspruch der davidischen Dynastie und Israels auf sein Territorium und seine Herrschaft legitimieren. Der Verfasser wurde sogar mit einer bekannten geschichtlichen Persönlichkeit identifiziert, z.B. mit Abjathar (3) oder Nathan (4). Richter (5) hat die These einer "Hoftheologie" aufgestellt, die in J ihren Niederschlag gefunden habe. Er ordnet dieser "Hoftheologie" Begriffe wie אדמה (Gen 2f; 4,11; vgl. 1 Sam 20,15.31), גן (Gen 2,5.8; 3,23f; vgl. 2 Kön 21,1f; 25,4; Jer 39,4; 52,7), נחש (Gen 3; vgl. 2 Kön 18,4), כרובים (Gen 3,24; vgl. 1 Kön 8,6; Jes 6) zu.

---

1 Dabei ist auch auf Salomos Heirat mit der Pharaonentochter und auf seine Handelsbeziehungen mit Hiram von Tyrus hinzuweisen.

2 Erbt, Urgeschichte; Sellin, Einl 30.35; v.Soden, WO 228.

3 Auerbach, Wüste 41.

4 Lewy, Growth 186ff; v.Soden, WO 7,238. - Lewy sieht in J das "textbook for Prince Salomon".

5 BZ NF 10,96ff.

Kritik

ad 1.

Zunächst muß die These von dem davidisch-salomonischen Humanismus als Hintergrund für die Entstehung des Jahwisten kritisch geprüft werden. Sicher kann nicht von vornherein widerlegt werden, daß eine solch hohe geistige Kultur damals am Jerusalemer Hof herrschte. Andrerseits fehlen dafür jegliche außerbiblische Evidenzen. Weder wurde die salomonische Schreiberschule ausgegraben, noch wurden irgendwelche schriftliche Dokumente aus dieser Zeit gefunden. Auch die archäologischen Überreste, die mit einiger Sicherheit jener Epoche zugeordnet werden können, sind außerordentlich spärlich. Daß der salomonische Hof tatsächlich so glanzvoll und hochgeistig war, wie ihn die Geschichtsbücher des AT schildern, kann nicht ohne weiteres als historisches Faktum angesehen werden. Vielleicht hat die atl. Überlieferung die Vergangenheit teilweise mit allzu goldenen Farben gemalt. Im Vergleich zu anderen altorientalischen Kulturen erscheint es zweifelhaft, daß in Israel bereits wenige Jahrzehnte nach seinem Bekanntwerden mit höherer Kultur ein solch hochentwickeltes Geschichtswerk wie J entstehen konnte. Andere Völker des alten Orients, wie die Hethiter oder Babylonier, haben vergleichbare Geschichtswerke erst nach vielen Jahrhunderten oder gar Jahrtausenden geistiger Entwicklung hervorgebracht. Die schriftlichen Zeugnisse, die wir von den Israeliten besitzen, sind äußerst spärlich und beginnen erst mit dem 8. Jh. Erstaunlicherweise sind nicht einmal Königsinschriften erhalten.

Im Hinblick auf Homer hat Lord (1) die Meinung vertreten, daß die schriftliche Fixierung von Überlieferung zwar eine entwickelte Schreibkunst voraussetze, andrerseits die Existenz von Schreibkunst die mündliche Tradition nicht notwendigerweise beeinflusse. So kennen die Südslaven das Alphabet seit dem 9. Jh. n. Chr., doch existierten schriftliche und mündliche Tradition nebeneinander bis zum 19./20. Jh. Auch im europäischen Mittelalter gab es neben einer Schriftkultur eine lebendige mündliche Überlieferung. Das Nibelungenlied wurde erst um 1200 schriftlich fixiert, obwohl die Schreibkunst den Germanen schon lange bekannt war. So muß das Erlernen der Schreibkunst die Israeliten nicht notwendigerweise sofort veranlaßt haben, ihre bisher mündlichen Überlieferungen schriftlich niederzulegen. Beide Formen der Überlieferung können vielmehr lange Zeit nebeneinander existiert haben.

Das Vorkommen von weisheitlichen Elementen in J ist als Kriterium für eine absolute Datierung ebenfalls ungeeignet. Einerseits kann die Überlieferung von Salomo als Weisheitslehrer nicht ohne weiteres als historisch gelten. Wir erfahren darüber erst im dtr Geschichtswerk. Andrerseits stammt der größte Teil der atl. Weisheitsliteratur aus der nachexilischen Zeit, was nicht ausschließt, daß es bereits vorher weisheitliche Strömungen gab.

---

1 Sänger 199f.

Weisheitliche Elemente sind in gewisser Weise zeitlos und universal; sie können deshalb kaum als Beweismaterial für eine zeitliche Einordnung verwendet werden. (1)

ad. 2.

Es ist richtig, daß nach dem Bericht der Königsbücher insbesondere Salomo weitreichende diplomatische und kommerzielle Verbindungen pflete. Aber sicher gab es solche weitreichenden Kontakte auch noch in späteren Epochen der Geschichte Israels, z. B. unter Hiskia. Andrerseits lassen sich Parallelen zu der unoversalen Konzeption der jahwistischen Urgeschichte erst in exilisch-nachexilischen Texten nachweisen. Die vorexilischen Propheten lassen von einer solchen Kenntnis und Konzeption kaum etwas erkennen. (2)

ad 3.

Es wurde oben (3) bereits behandelt, daß Geschichtswerke nicht nur auf den Höhepunkten der Geschichte eines Volkes entstehen können, sondern auch und gerade aus Krisenzeiten stammen. Manche Forscher (4) sehen in einer solchen Krisenzeit den Hintergrund für die Entstehung des jahwistischen Werkes. Dabei wird auf den gewaltigen Umbruch hingewiesen, der sich durch die Umwandlung einer Stammesgesellschaft in einen zentralisierten Staat ergab. Doch fehlt in den von jener Epoche handelnden Texten jegliche Spur eines Krisenbewußtseins. Das dtr Geschichtswerk sieht die damaligen Ereignisse vielmehr in einem ungebrochenen positiven Licht (vgl. 1S 18,17; 25,28; 2S 5,12; 8,14f; 14,13; 21,3; 1K 5,1ff; 10,1ff usw.). Es kann natürlich nicht grundsätzlich bestritten werden, daß die Entstehung von Geschichtsschreibung damals sich auf dem Hintergrund großer politischer Erfolge tatsächlich vollzog. Doch ist J neben der Thronnachfolgegeschichte - falls sie aus jener Zeit wirklich stammt - das einzige Geschichtswerk, das damals entstanden ist. Die anderen großen Geschichtswerke

---

1 Whybray, VT 18,525f, macht in diesem Zusammenhang noch auf eine chronologische Schwierigkeit aufmerksam. Gewöhnlich wird angenommen, J habe die Josephsgeschichte bereits als fertiges literarisches Werk vorgefunden und nicht selbst konzipiert. Sie muß also bereits eine Generation vor ihm entstanden sein. Nun spiegelt aber bereits die von J benutzte Grundlage der Josephsgeschichte den sog. davidisch-salomonischen Humanismus wider. Whybray fragt deshalb, in welche Zeit diese Grundlage anzusiedeln sei, da sie aus vorköniglicher Zeit nicht stammen könne.

2 Die Frage des Universalismus wird u. S. 358ff noch ausführlich behandelt.

3 S. 297f.

4 Scharbert, MThZ 18,107; Schulte, Geschichtsschreibung 7; Keel-Küchler, Texte II,48; Weippert, VT 23,425.

(Dtr, P, Chron) sind erst später entstanden, hauptsächlich unter dem Einfluß der Zerstörung Jerusalems und des nachfolgenden Exils verfaßt worden. (1) Der Hinweis auf die Blütezeit Athens oder Englands genügt nicht, um die Entstehung von J in der davidisch-salomonischen Epoche zu beweisen. Die Entstehung in einer späteren Krisenzeit ist zumindest ebenso wahrscheinlich.

ad 4.

Bei der Annahme, daß J in der Nähe des Jerusalemer Hofes entstanden sei und sogar einen politischen Zweck verfolge, entsteht die Schwierigkeit, daß dies an keiner Stelle des jahwistischen Werkes explizit zum Ausdruck gebracht wird. So wird etwa David nirgendwo namentlich genannt. (2) Andrerseits kennt der auch dem Jerusalemer Hof nahestehende Prophet Jesaja das jahwistische Werk offensichtlich nicht, da er nirgendwo auf ein dort berichtetes Ereignis eingeht. Der Dtr erwähnt zwar die von ihm benutzten Hofannalen, nicht aber ein mit dem Jahwisten zu identifizierendes Geschichtswerk. Die von Richter aufgewiesenen Parallelen zwischen J und der von ihm postulierten "Hoftheologie" erscheinen überaus vage und fragwürdig. Es ist pure Willkür, die Vorstellung vom "Garten (in) Eden" von einem den Jerusalemer Palast umgebenden Park ableiten zu wollen. Gärten und Parks gab es nicht nur im Jerusalem des 10. Jh., sondern auch an vielen anderen Orten und zu allen Zeiten. Auch die Identifikation des Verfassers des jahwistischen Werkes mit Abjathar oder Nathan muß als bloße Spekulation angesehen werden.

2.1.1.12. Die Verwandtschaft mit der Thronnachfolgegeschichte (3)

Sowohl der Jahwist als auch die Thronnachfolgegeschichte (2Sam 7 - 1 Kön 2) sind im 10. Jh. entstanden. Dies geht aus motivgeschichtlichen Übereinstimmungen zwischen J und der Thronnachfolgegeschichte hervor, nämlich Brudermord (Gen 4 vgl. 2 Sam 13, 1ff), Motiv der fremden Frau (Gen 26, 34f vgl. 2 Sam 12 Bathseba), Führungsgedanke (Gen 12, 1ff usw. vgl. 2S 7, 16ff) und Botenformel (Gen 35, 2 vgl. 1 Kön 2, 30). Auch in ihrem Erzählstil stimmen sie weitgehend überein. Sie entstammen folglich demselben geistigen Nährboden, der in der davidisch-salomonischen Epoche zu suchen ist.

---

1 Vgl. die aus derselben Zeit stammenden Psalmen 78; 105, 106.

2 Vgl. Wagner, Abraham 133ff.

3 Vgl. v. Rad, ThAT I, 62ff; Rost, Credo 119ff; Blenkinsopp, VTS 15, 44ff; Brueggemann, CBQ 30, 156ff; Clark, ZAW 83, 202ff; Weimar-Zenger, Exodus 93; Ruppert, Josephserzählung 211.

Kritik

Wagner (1) kommt aufgrund einer Analyse dieser Parallelen zu dem Ergebnis, daß sie als vage und weithergeholt angesehen werden müssen. Brudermorde gab es sicher des öfteren in Israel. Bathseba mit Esaus hethitischen Frauen zu vergleichen, ist bloße Willkür. 2 Sam 11f stellt innerhalb der Thronnachfolgegeschichte eine ausführlich berichtete Episode dar, während J nur am Rande die hethitischen Frauen Esaus erwähnt. Die für J charakteristischen Elemente wie Schöpfung, Universalismus, Väterverheißung, Exodus, Sinai usw. fehlen in der Thronnachfolgegeschichte. (2)

2.1.2. Theologiegeschichtliche Argumente

2.1.2.1. Die Betonung von Land, Volk und Erwählung (3)

Der Jahwist ist durchdrungen von einem nationalen Hochgefühl und einer ungebrochenen Freude am Land. Dies wird insbesondere in den jahwistischen Väterverheißungen deutlich, in denen Jahwe Land, Mehrung und Segen zusagt (vgl. Gen 12,2f; 13,15; 15,8; 18,18; 22,18; 24,7; 26,4; 28,14; Ex 32,13). Auch die dem Jahwisten zugeschriebenen Bileamsprüche (Num 24,3-9. 15-19) zeugen von dieser Grundstimmung. Es herrscht ein "von keiner Reflexion und Skeptizismus getrübtes naiv sicheres Bewußtsein der Erwählung des g a n z e n Volkes" (4), das von einem blinden Vertrauen in die Führung Jahwes begleitet ist.

Diese für das jahwistische Werk charakteristische Grundstimmung paßt am besten in die Zeit Davids und Salomos. Damals fühlten sich die Israeliten auf dem Höhepunkt ihrer Macht. Texte aus dieser Zeit wie 1 Sam 8,14ff; 25,28; 2 Sam 5,12; 8,14f spiegeln den damaligen Optimismus wider. Nach dem Untergang des Nordreiches ist eine solche ungebrochene Freude am Land und Volk nicht mehr vorstellbar.

Kritik

Die hier vorgebrachten Gesichtspunkte sind mit einem bereits oben (5) behandelten Argument verwandt und können analog kritisiert werden. Auch spätere Schriftsteller des Alten Testamentes sind von nationalem Hochge-

---

1 Abraham 133ff.

2 Carlson, David, pass., bestreitet, daß die Thronnachfolgegeschichte aus dem 10. Jh. stammt.

3 Vgl. Procksch, Sagenbuch 286; Sellin, Einl 31; Staerk, Verheißungen 42; Hempel, Literatur 116; Sellin-Rost, Einl 60; Wright, God 73 A. 2; Mendenhall, Covenant 71; Weiser, Einl 101; G.W. Anderson, Introd. 34; Gottwald, Light 215; Henry. Jahwist, 15; Cazelles, Thora 342ff; Wolff, Ges.St. 347ff; Ruppert, Jahwist 90; Ellis, Yahwist 41; Müller, Eschatologie 51; Keel-Küchler, Texte II,28.

4 Sellin, Einl 31.

5 S. 297f.

fühl und ungebrochener Freude am Land durchzogen. Als Beispiele dafür sind die Geschichtswerke Dtr, Chron und P zu nennen. Die exilischen Propheten schildern Palästina in den wunderbarsten Farben und vergleichen es mit dem Garten Eden (vgl. Dtjes 41, 17ff; 49, 19ff; 51, 1ff; 55, 12f; Ez 36, 29f. 35; 47). Die Redeweise von dem "Land, wo Milch und Honig fließt" ist sonst nur in späten Texten belegt. (1) Auch der Chronist und die Priesterschrift zweifeln nicht an der Erwählung des Volkes, ebenso die exilisch-nachexilischen Psalmen 78; 105; 135; 136 usw. Die Aussage, daß Israel ein Segen für die Völker sein soll, ist sonst nur in späten Texten belegt (vgl. Ps 47; Jer 4, 2; Jes 19, 23-25; Dtjes 51, 2f; Sach 8, 13; Jes 2, 2-4). (2) Eißfeldt (3) weist darauf hin, daß das 10. Jh. nicht der allein mögliche Hintergrund für das in J zu findende nationale Hochgefühl sei. Auch die Mitte des 8. Jh. war "eine Zeit hochfliegender nationaler Hoffnungen und ungetrübter Freude an Land, Staat und Kultur". Wir können jedoch auch spätere Epochen erwägen. Gerade in Zeiten, wo der Landbesitz in Frage gestellt war, sind solche Verherrlichungen der Heimat möglich. Dies beweisen deutlich die o. zitierten Stellen aus der exilischen Prophetie.

2.1.2.2. Die Verwirklichung der Väterverheißung im davidischen Reich (4)

Die an die Erzväter ergangene Verheißung von Land, Mehrung und Segen ist im davidischen Reich Wirklichkeit geworden. Abraham und David stehen zueinander im Verhältnis von Verheißung und Erfüllung. Der "Abrahambund" entspricht dem "Davidbund". Mit der Ausweitung des ursprünglichen Stammesgebietes der Israeliten und der Eingliederung weiter kanaanäischer Gebiete und Völkerschaften ist Israel zu einem גוי גדול geworden, das Abraham in Gen 12, 2 verheißen wurde. Das am Jerusalemer Hof entstandene jahwistische Geschichtswerk will den Anspruch Israels auf das Land und den Herrschaftsanspruch der Davididen theologisch legitimieren. J enthält eine "einzige große Ätiologie des israelitischen Landbesitzes" (5). Als David sein Königstum in Hebron errichtete, konnte er sich auf die dort an seinen Ahnherrn Abraham ergangenen Verheißungen berufen. Die Segensverheißung (Gen 12, 2f usw.) meint den Hegemonieanspruch Israels über seine Nachbarvölker.

---

1 S. 356.
Auf die Frage, in welche Zeit das Theologumenon der Landverheißung einzuordnen sei, wird u. S. 354ff. noch einzugehen sein.

2 S. dazu u. S. 359.

3 Einl 266.

4 So Sellin, Einl 30. 35; v. Rad, Ges. St. 79; Mendenhall, Covenant 72; B.W. Anderson, Understanding 169; Jacob, Theology 195, Wolff, Ges. St. 351; Muilenburg, Int 19, 390ff; Clements, Abraham 53ff; Ruppert, Jahwist 94ff; Ellis, Yahwist 41; Preuß, Jahweglaube 117; Kaiser, Einl 77f; Müller, Eschatologie 51; Wallis, ZAW 81, 28; Fretheim, Int 26, 421ff; Stendebach, Mensch 165; Weippert, VT 23, 415ff.

5 Weippert, VT 23, 428.

Kritik

Wagner (1) widerlegt diese Argumentation mit dem Hinweis, daß sowohl Abraham als auch die übrigen Erzväter in den Daviderzählungen nirgendwo erwähnt werden. An keiner Stelle beruft sich David auf die an Abraham ergangene Verheißung, um seinen Anspruch auf Thron und Land zu untermauern. Es ist zu fragen, warum der Jahwist die politischen Intentionen nicht deutlicher ausgesprochen hat, wenn er sie tatsächlich im Blick gehabt hat. (2) Umgekehrt wird das Davidreich in den jahwistischen Erzvätererzählungen nie ausdrücklich genannt. Dies wäre zu erwarten, wenn der Verfasser im Davidreich die Erfüllung der an Abraham ergangenen Verheißungen gesehen hätte.

Wenn der Jahwist die Segensverheißung als Ausdruck der Hegemonie Israels über seine Nachbarvölker verstanden hat, so muß darin ein ziemlich subtiler Sarkasmus gesehen werden. Zwischen der in 2 Sam 8 geschilderten blutigen Unterwerfung der Nachbarvölker und der in Gen 12, 2f ausgesagten Segensverheißung kann wohl kaum eine direkte Beziehung bestehen! Auch die für die jahwistischen Erzvätererzählungen charakteristischen Verheißungen von Land, Mehrung und Segen fehlen völlig in den von der Davidzeit handelnden Texten. Die Aussage von Israel als "großem Volk" findet sich sonst erst in dtn-dtr Texten (vgl. Dtn 4, 7; 26, 5; 1Kön 3, 8 usw.). Eine theologische Legitimation des Landbesitzes war in der Zeit Davids und Salomos kaum notwendig. Israel hatte das Land fest in seiner Hand. Erst mit dem drohenden bzw. vollzogenen Landverlust wird die Frage des Landbesitzes relevant. (3) Daher findet sich in den aus der davidisch-salomonischen Epoche stammenden Texten keinerlei Reflexion über den Landbesitz.

2. 1. 2. 3. Der fehlende Einfluß der Prophetie (4)

Ein Einfluß des israelitischen Prophetismus, der ab der Mitte des 9. Jh. eine gewaltige Wirkung ausstrahlte, läßt sich im jahwistischen Werk noch nicht nachweisen. J trägt vielmehr einen vorprophetischen Charakter: Den Nichtisraeliten steht er positiv gegenüber, die Heiligtümer spielen eine prominente Rolle, die anderen Götter, insbesondere El, werden nicht ausdrücklich bekämpft. Ethik und Sündenbegriff des Jahwisten erreichen noch nicht die Höhe der prophetischen Botschaft. Gehorsam gegenüber Jahwes Gesetz wird nicht gefordert.

---

1 Abraham 133ff.

2 Bereits Muilenburg, Int 19, 393, stellte mit Erstaunen fest, daß Abraham in den Daviderzählungen nie genannt wird. Er zieht aus dieser Beobachtung jedoch keinerlei Konsequenzen.

3 S. dazu u. S. 354ff.

4 Vgl. Brightman, Sources 26f; Sellin, Einl 32; Sellin-Rost, Einl 61; Wright, God 73 A. 1.

Kritik

Die Kritik dieser Argumentation kann von zwei Stellen her erfolgen:

1. Auch wenn sich der Jahwist in seinen theologischen Grundkonzeptionen von der Prophetie des 9. und 8. Jh. unterscheidet, so darf nicht mit Notwendigkeit geschlossen werden, daß J vor- bzw. antiprophetisch sein muß. Vielmehr ist lediglich eine unprophetische Grundhaltung zu beobachten. (1) In Anknüpfung an die obigen Ausführungen (2) muß damit gerechnet werden, daß es auch in späterer Zeit "prophetische" und "unprophetische" Strömungen nebeneinander gab. So zeigen z.B. die in nachexilischer Zeit entstandenen Geschichtswerke der Priesterschrift oder des Chronisten weithin einen unprophetischen Charakter. Dasselbe gilt für Prov, Hiob und viele Psalmen. Die exilisch-nachexilische Zeit bot offensichtlich ein buntes Bild verschiedener theologischer Richtungen. Neben dem kollektiven Denken des Dtn steht Ez 18 mit seiner individuellen Vergeltungslehre. Während die Bücher Esra-Nehemia für eine streng partikularistische Absonderung Israels von anderen Völkern eintreten, geben Ruth und Jona von einem universal orientierten Glauben Zeugnis. Einige Bücher sind stark eschatologisch orientiert, in anderen fehlt jegliche Eschatologie (z.B. Hiob). Diese Vielfalt läßt sich bis in die Zeit Jesu hinein nachweisen, als die Fremden-freundlichen Sadduzäer mit den separatistischen Pharisäern rivalisierten. Im Neuen Testament zeigen nur die wenigsten Bücher den Einfluß der paulinischen Rechtsfertigungslehre, obwohl seine Briefe als die frühesten Schriften anzusehen sind. Die Evangelien oder die Apostelgeschichte sind davon kaum beeinflußt.

   Somit muß aus dem Unterschied zwischen J und der Prophetie nicht die Konsequenz gezogen werden, daß J früher als die Prophetie sein muß. Vielmehr können beide gleichzeitig in verschiedenen theologischen Zirkeln konzipiert worden sein, oder J ist erst nach der Prophetie entstanden.

2. Beim Jahwisten ist durchaus prophetischer Einfluß zu beobachten. Ältere Forscher, wie z.B. Kuenen (3), haben J und E gern als "prophetische" Schriftsteller charakterisiert. In Ex 3f finden sich das aus der Prophetie stammende Berufungsschema (vgl. Jes 6; Jer 1; Ez 1-3) (4) sowie das spezifisch prophetische Geschichtsdenken (5). In Ex 7, 15f. 26; 8, 16, 9, 13. 28f wird die sonst in der Prophetie bezeugte Botenformel כה אמר יהוה verwendet. Num 11f - falls diese Kapitel zum ursprüng-

1 Vgl. Kennett, ERE VII, 439; Cook JThSt 26, 172; ders., JThSt 30, 304.

2 S. o. S. 293ff.

3 Vgl. die Überschrift "Die 'prophetischen' Bestandteile des Hexateuch (JE)" (Einl I, 1, 33ff).

4 S. dazu Kutsch, ThLZ 81, 75ff; Richter, Berufungserzählungen, pass.

5 Vgl. H.H. Schmid, Jahwist 19ff.

lichen Bestand des Jahwisten gehören - zeigen eine deutliche Verwandtschaft mit prophetischem Gedankengut. Nach 12, 6ff ist Mose näher zu Jahwe als jeder Prophet. In Gen 18, 16ff wird das Problem der individuellen Gerechtigkeit diskutiert, das auch in der exilischen Prophetie (vgl. Ez 18; Jer 31, 29) eine große Rolle spielt. (1) Gegenüber der Prophetie vertritt J sogar einen noch radikaleren und universaleren Sündenbegriff (vgl. Gen 3ff): Bei den Propheten geht es um konkrete Verfehlungen des Volkes oder seiner Führer. Die jahwistische Urgeschichte handelt von der Entstehung der Sünde überhaupt und ihren universalen Auswirkungen. (2)

Es soll jedoch nicht geleugnet werden, daß weite Passagen von J wenig oder überhaupt keinen prophetischen Einfluß aufweisen. Doch kann dies seinen Grund darin haben, daß J altes, vorprophetisches Material aufgenommen und weitgehend in seiner ursprünglichen Form in sein Werk eingefügt hat. Volkstümliche Erzählungen stammen aus einem anderen Milieu als die Prophetie. Beide Milieus können nebeneinander existiert und je ihre eigenen Überlieferungen tradiert und niedergeschrieben haben. Auch das im dtr Geschichtswerk verarbeitete Überlieferungsmaterial zeigt teilweise einen unprophetischen Charakter (vgl. Ri 13-16 usw.).

2.1.2.4. Der theologiegeschichtliche Hintergrund des 10. Jh. (3)

Der Jahwist läßt sich theologiegeschichtlich gut im Rahmen des 10. Jh. verstehen. Er erfüllt hier eine kritische Funktion als "Hybris bannendes Regulativ" (4). Gegenüber dem äußeren Glanz der politischen Erfolge Davids und Salomos weist J auf die Sündhaftigkeit des Menschen hin (vgl. Gen 3-11). Wie die Väter trotz ihrer Bosheit am Leben erhalten worden sind, so will Jahwe auch in der Gegenwart sein Volk erhalten. Allerdings muß sich Israel an der göttlichen Willensnorm orientieren und seine Existenz als Geschenk aus Jahwes Hand nehmen. Es darf seine momentane Machtstellung nicht eigenmächtig ausnützen, sondern soll seine Aufgabe darin sehen, Segen zu vermitteln (vgl. Gen 12, 2f) und Fürsprache zu üben (vgl. Gen 26, 28). Durch die Wüstenerzählungen, in denen die Folgen des Murrens gegen Jahwes Führung dargestellt werden, warnt der Jahwist diejenigen Kreise, die sich damals gegen die Errichtung des davidischen Königstumes auflehnten (vgl. 2 Sam 20, 1 u.ö.).

---

1 S. dazu u. S. 360f; vgl. Morgenstern, HUCA XIV, 93 A. 114; Winnett, JBL 84, 4.

2 S. u. S. 358f.

3 Vgl. Henry, Jahwist 11.15 u.ö.; Cazelles, Thora, 245; Wolff, Ges.St. 361ff; Ruppert, Jahwist 105; Scharbert, Prolegomena 62; Preuß, Jahweglaube 117; Kaiser, Einl 76; Keel-Küchler, Texte II, 28; Zenger, Sinaitheophanie 145; Gunneweg, Geschichte 86; Fretheim, Int 26, 421ff; Zimmerli ThAT 155; v. Soden, WO 7, 228ff; Weimar-Zenger, Exodus 81ff.

4 Henry, Jahwist 15.

Zugleich enthält der Jahwist allerlei "verschlüsselte Kritik" (1) an David und Salomo. Auf die Fragen nach Davids Fehler und Sünden (vgl. 2 Sam 12) will der Jahwist in der Geschichte vom Sündenfall eine Antwort geben. (2) Dem Glanz und Versagen des Königshauses stellt er Jahwe als segnenden und strafenden Gott entgegen. (3) J macht dem König dessen Internationalismus und die Nachahmung kanaanäischer Kulte zum Vorwurf und kritisiert sein blindes Vertrauen auf die Weisheit der Ägypter. (4) Von Soden (5) beobachtet die starke Stellung der Pharaonentochter am Jerusalemer Hof, der Salomo sogar einen eigenen Palast baut (vgl. 1 Kön 3, 1; 7, 8; 9, 24). Der Jahwist will nach seiner Meinung durch die in Gen 3 beschriebene Abhängigkeit des Mannes von der Frau Salomos eigene "unwürdige Abhängigkeit" von seiner ägyptischen Gemahlin kritisieren. Mit dem Motiv der Erkenntnis von Gut und Böse möchte er den König mahnen, Gottes und nicht seine eigenen Maßstäbe zur Norm zu setzen. Angesichts der extensiven Bautätigkeit Salomos soll das Schicksal des babylonischen Turmes als warnendes Exempel dienen. Weimar-Zenger (6) sehen in dem Hymnus Ex 15. 21b ein Dokument von jahwetreuen Kreisen, die durch die Betonung von Jahwes Handeln den Machtanspruch Davids kritisieren wollen.

Kritik

Die hier zusammengefaßten Argumente haben mehr ausschmückenden als beweisenden Charakter. Sie fügen sich gut in das Bild ein, nachdem man die Datierung des Jahwisten ins 10. Jh. bereits von anderen Kriterien her gewonnen hat. Alle hier aufgeführten Theologumena passen praktisch in jede Zeit: Die Gefahr der Hybris und der Eigenmächtigkeit bestand nicht nur in der davidisch-salomonischen Epoche, sondern z. B. auch im 8. Jh., als die Propheten Amos, Hosea und Jesaja dagegen polemisierten. Kritik an menschlicher Hybris findet sich auch in späten Texten wie Ps 78; 106 u. a. Nicht nur der Jahwist, sondern auch die nachexilische Priesterschrift erzählt von der Gefahr des Murrens (vgl. Num 16, 6ff). Hölscher (7) verfolgt JE bis 2K 25 und sieht als dessen Absicht den Nachweis an, daß das Volk von Anfang an ungehorsam war und gegen Jahwe murrte. Die Forderung, sich an Jahwes Willensnorm zu orientieren und Segen zu vermitteln, gilt ebenfalls für jede beliebige Epoche.

Die Aufweise einer "verschlüsselten Kritik" am Königshaus sind vage und als Beweise ungeeignet. Wie bereits behandelt (8), fehlen in J jegliche

---

1 V. Soden, WO 7, 228ff.
2 Scharbert, ebd.
3 Zenger, ebd.
4 Cazelles, ebd.
5 Ebd.
6 Ebd.
7 Geschichtsschreibung 179ff.
8 S. o. S. 315 u. ö.

direkte Anspielungen auf David oder Salomo. Die durch v. Soden aufgezeigte Verbindung zwischen Gen 3 und Salomos Verhältnis zur Pharaonentochter erscheint absurd und weithergeholt. Daß Salomo für seine aus dem Pharaonenhaus stammende Frau einen Palast baut, versteht sich von selbst; daraus kann man keineswegs auf eine "unwürdige Abhängigkeit" Salomos von seiner ägyptischen Gemahlin schließen. (1)

Eine selbständige Beweiskraft enthalten die hier vorgebrachten Argumente nicht. Sie stehen und fallen vielmehr mit der anderweitig begründeten Datierung ins 10. Jh., die im Vorangehenden bereits ausführlich kritisiert wurde. Es handelt sich hier um allgemeine Theologumena, die zwar auch, aber nicht ausschließlich auf die Zeit Davids und Salomos passen. (2)

In Bezug auf manche von den Befürwortern dieser Datierung vorgebrachten Argumente kann das gelten, was Wellhausen (3) über seine Gegner sagt: "Man beweist das hohe Alter der priesterlichen Gesetzgebung damit, daß man sie in eine von ihr selbst aus ihren gesetzlichen Prämissen geschaffene historische Sphäre versetzt, die in der wirklichen Historie nirgendwo zu finden ist und damit ihr vorausgehen muß. So hält sie sich am eigenen Schopf über dem Boden in der Schwebe". Vielfach konstruiert man sich das Bild eines geistig hochstehenden davidisch-salomonischen Zeitalters mit bestimmten politischen und religiösen Konturen und siedelt dann J auf diesem Hintergrund an. Doch ist die textliche Basis für die Bestimmung des Charakters jener Epoche so schmal, daß auch die Beweiskraft der Argumente als wenig stichhaltig angesehen werden muß.

---

1 Von Soden übernimmt die gängige Datierung ins 10. Jh., ohne sie einer Überprüfung zu unterziehen.

2 Das Datum der Entstehung des jahwistischen Geschichtswerkes wird gelegentlich innerhalb des 10. Jh. noch genauer bestimmt: Sellin, Einl 31; Sellin-Rost, Einl 60; Ruppert, Jahwist 90; v. Selms, OTS 12, 211, nehmen das Ende der Regierungszeit Davids an. Procksch, Sagenbuch 287; Scharbert, 18, 107; Schulte, Anfänge 7f; Wolff, Ges. St. 349, denken an das Ende der Regierungszeit Salomos. Einige Forscher legen sich auf das 10. Jh. nicht ausschließlich fest: Brightman, Sources 29ff; Pfeiffer, Introd. 147ff, und Kaiser, Einl 76, schwanken zwischen dem 10. und 9. Jh. Gottwald, Light, 214ff, will unter Umständen sogar bis ins 8. Jh. hinuntergehen. Albright, Stone Age 190, hält grundsätzlich die Zeit zwischen 925 und 750 für möglich, wobei er ein Datum in der Nähe von 925 für am wahrscheinlichsten hält. Noth, Pentateuch 249f, scheidet die Möglichkeit nicht aus, daß J jünger sei als E; jedoch spricht seiner Meinung nach nichts gegen das 10. Jh. Fohrer, Einl 165, datiert zwar J ins 9. Jh., hält jedoch das 10. Jh. für die Entstehungszeit einer J, N und E zugrundeliegenden Grundschrift.

3 Prolegomena 39.

2.1.3. Gründe gegen eine Ansetzung des Jahwisten ins 10. Jh.

1. In den Exoduserzählungen erscheint der ägyptische Pharao in einem ausgesprochen negativen Licht. Der Pharao will die Israeliten durch Fronarbeiten ausrotten und weigert sich lange, bis er einer Auswanderung schließlich widerwillig zustimmt. Dies läßt auf schlechte Beziehungen zwischen Israel und Ägypten schließen. Auch aus Ex 14,13f (1) ergibt sich ein gespanntes Verhältnis zwischen beiden Völkern. Diese negative Sicht Ägyptens und seines Pharaos paßt überhaupt nicht in die salomonische Zeit. Salomo unterhielt umfangreiche diplomatische und kommerzielle Beziehungen zu Ägypten und heiratete sogar eine Pharaonentochter (2). Man konnte es sich damals garnicht leisten, die Großmacht Ägypten und seinen Pharao in einem negativen Licht zu zeichnen. Diese Sicht paßt eher in die exilisch-nachexilische Zeit, wo häufig Drohreden gegen Ägypten und den Pharao ausgesprochen werden (vgl. Ez 29-31; Jer 25,19; 44,30; 46; Jo 4,19 usw.).

2. Die Erzählung vom Turmbau zu Babel (Gen 11,1-9) setzt voraus, daß Babylon eine große Stadt ist und den Mittelpunkt der Welt bildet. Nun war aber Babylon im 10. Jh. lediglich eine unbedeutende Provinzstadt, die in zeitgenössischen israelitischen Texten nirgends vorkommt. Erst in 2 Kön 17,24ff usw.; Ps 137,1ff; Jes 13,1.19; 14,2; 21,9; 48,14; Mi 4,10; Sach 2,11; 6,10 wird Babylon namentlich genannt. V. Soden (3) hält Handelsbeziehungen zwischen Jerusalem und Babylon auf Grund der Entfernungen für unwahrscheinlich. Erst ab ca. 600 v. Chr. steigt Babylon unter der chaldäischen Dynastie zur Großstadt und zum Mittelpunkt eines Weltreiches auf. Auch der in Gen 11 vorausgesetzte überdimensionale Tempelturm existierte im 10. Jh. noch nicht. Damals gab es dort nur eine unbedeutende Ziggurat wie in vielen anderen mesopotamischen Städten. Erst seit dem 7. Jh. errichteten die chaldäischen Könige einen überdimensionalen Tempelturm. (4)

3. Wenn der Jahwist in davidisch-salomonischer Zeit entstanden wäre, so ist ein Hinweis auf das neugegründete Jahweheiligtum in Jerusalem zu erwarten. Gerade Jerusalem hätte der religiösen Legitimierung durch eine dort erfolgte Offenbarung Jahwes an die Erzväter bedurft. Doch bringt lediglich der Elohist in Gen 22 eine mit Moria-Jerusalem verknüpfte Episode.

4. Ein Satz wie Gen 12,6 "damals wohnten die Kanaanäer im Land" (vgl. 13,7) setzt voraus, daß die Kanaanäer zum Zeitpunkt des Verfassers entweder vertrieben oder ausgerottet sind. Doch wird in den von der

---

1 S.o. S. 305f.

2 S.o. S. 309

3 WO 7,236.

4 S. dazu u. S. 350ff.

davidisch-salomonischen Zeit handelnden Texten nirgendwo gesagt, daß die Kanaanäer damals ausgerottet oder vertrieben wurden. Sie lebten vielmehr im damaligen Großreich mit den Israeliten friedlich zusammen. (1) Soggin (2) und Fohrer (3) sprechen sogar von einem "staatlich geförderte(n) Synkretismus".

5. Die jahwistische Urgeschichte setzt eine genaue Kenntnis Mesopotamiens und des übrigen Orients voraus, die in den Texten der davidisch-salomonischen Epoche sowie der gesamten vorexilischen Literatur keinerlei Parallelen hat.

2.2. Die Datierung ins 9. Jahrhundert

Als sich in der zweiten Hälfte des 19. Jh. die sog. neuere Urkundenhypothese unter dem Einfluß von Reuß, Graf, Kuenen und Wellhausen durchsetzte, datierte man den Jahwisten gewöhnlich ins 9. Jh. Diese Datierung hat bis in die Gegenwart einige Anhänger gefunden, deren Argumente nun dargestellt und kritisiert werden sollen. (4)

---

1 Vgl. Noth, Geschichte 177f.
2 ZAW 78, 179ff.
3 JSS 13, 68.
4 Folgende Forscher vertreten diese Meinung: Graf, Bücher 148ff; Wellhausen, Prolegomena 9.13; Stade, Geschichte I, 58; Cornill, Einl 36ff; Budde, Urgeschichte 464ff; ders., Literatur, 58ff; Kuenen, Einl I, 1, 159ff; Meyer, Israeliten, pass.; ders., ZAW 8, 42ff; ders., Geschichte II, 2, 297ff; Holzinger, Einl 165ff; ders., Exodus X ff; Marti, Religion 51f; Luther, Persönlichkeit 105ff; Gunkel, Gen LXXX ff; ders., Literatur 22; Smend (sen.), Hexateuch 342ff; Greßmann, Mose 373; Driver, Introd. 116ff; Eichrodt, Quellen 58ff; Brightman, Sources 29ff; Bertholet, Kulturgeschichte 251; Kittel, Geschichte 1, 301ff; Bewer, Literature 60ff; Lods, Israel 14; Oesterley-Robinson, Introd. 48ff; Mowinckel, ZAW 53; 130ff; ders. Sources, pass., ders., JBL 58, 87ff; ders., Historiography 4ff; ders., Tetrateuch 2ff; ders., Erwägungen 47ff; Albright, Stone Age 189ff; Hölscher, Anfänge 82ff; ders., Geschichtsschreibung, pass; North, History 25ff; Rowley, Growth 18ff; Eißfeldt, Einl 264; ders., Genesis 26ff; Bright, History 61; Fohrer, Exodus 7f; ders., Einl 159ff.

2.2.1. Die friedliche Grundstimmung (1)

Bereits die Befürworter der Datierung ins 10. Jh. hatten auf die in J zu beobachtende friedlich-optimistische Grundstimmung hingewiesen. (2) Dies läßt auf eine friedliche Periode, die von Wohlstand und Ruhe gekennzeichnet ist, schließen. Eine solche friedliche Epoche war die lange Regierungszeit Josaphats in der Mitte des 9. Jh. Damals herrschte nach innen und nach außen Frieden. Israel und Juda unterhielten freundschaftliche Beziehungen zueinander. Josaphat von Juda unternahm zusammen mit Ahab von Israel Kriegszüge gegen Gilead (1K 22) und Moab (2K 3). Es kam sogar zu einer Verschwägerung der beiden Königshäuser (vgl. 2K 8, 26). Auch das Verhältnis Israels zu den Aramäern war geregelt (vgl. Gen 31, 44ff). Erst später begannen die lang anhaltenden Auseinandersetzungen mit den Aramäern. Auch mit den Philistern gab es damals keine Konflikte (vgl. Gen 26, 12ff). So läßt sich die Entstehung des Jahwisten in jener Zeit gut verständlich machen.

Kritik

Die Infragestellung dieser Argumentation kann in Analogie zu dem oben Gesagten erfolgen. Es ist keinesfalls eine zwingende Folgerung, daß J nur in dieser Zeit entstanden sein kann. Die friedliche Grundstimmung des jahwistischen Werkes muß nicht auf eine friedliche Entstehungszeit schließen lassen. Gerade in Krisenzeiten entstehen Geschichtswerke, die ein friedlich-verklärtes Bild der Vergangenheit als eines goldenen Zeitalters entwerfen. Man klammert sich an die guten alten Zeiten, um in der unruhigen Gegenwart einen Halt zu finden. Die in den jahwistischen Erzählungen enthaltenen Motive des Vertrages zwischen Jakob und Laban oder zwischen Isaak und Abimelech dürfen nicht ohne weiteres auf politische Verhältnisse umgesetzt werden. Man hat bei den Erzählungen ohnehin den Eindruck, daß es sich um Gestalten aus einer fernen Vergangenheit handelt. So trägt z. B. der Pharao in den Exodusgeschichten niemals einen Namen und erscheint wie eine sagenhafte Figur.

2.2.2. Die Betonung der Einheit des Volkes (3)

Der Jahwist rechnet mit zwölf Stämmen als der Gesamtheit von "Israel" und läßt keinen Bruch zwischen Nord- und Südstämmen erkennen. (4) Dies muß jedoch nicht bedeuten, daß J noch vor der Reichsteilung entstanden ist, wie die Anhänger der Datierung ins 10. Jh. meinen. Vielmehr will der

---

1 So Cornill, Einl 46; Holzinger, Einl 160ff; Gunkel, Genesis LXXXIX; Brightman, Sources 30; Pfeiffer, Introd. 147f; Hölscher, Anfänge 84.

2 S. o. S. 297.

3 Vgl. Mowinckel, Pentateuchquellenfrage 56; Rowley, Growth 32; Fohrer, Einl 165.

4 S. o. S. 304.

Jahwist damit in einer Zeit, als der Bruch bereits vollzogen war, die Einheit des Volkes als religiös-nationales Ideal den Zeitgenossen vor Augen führen. Mowinckel (1) weist darauf hin, daß Geschichtswerke gerade in Krisenzeiten entstanden sind, um einer Nation neuen Ansporn zu geben. So will der im 9. Jh. schreibende Jahwist den Zeitgenossen die alten national-religiösen Werte und das Ideal eines einheitlichen Reiches vor Augen führen.

Kritik

Zur Kritik dieser Argumentation kann auf das oben Dargelegte (2) verwiesen werden. Auch spätere Schriften des AT, wie Ez, Dtn oder P betonen die Einheit des Volkes. Eine Datierung des Jahwisten ins 9. Jh. kann deshalb mit diesen Argumenten nicht zwingend erwiesen werden.

2.2.3. Der politische Horizont (3)

Die Befürworter einer Datierung ins 10. Jh. hatten auf den politischen Horizont des jahwistischen Werkes verwiesen, der mit der Situation des 10. Jh. koinzidiert. (4) Doch muß J eine gewisse Zeit nach den in Gen 9,25 und 27,40 vorausgesetzten Ereignissen verfaßt worden sind, da die Unterwerfung der Kanaanäer und Edomiter offensichtlich bereits einige Zeit zurückliegt. Deshalb ist einer Datierung ins 9. Jh. der Vorzug zu geben.

Kritik

Es handelt sich hier um ein vages Abwägen zwischen einer Datierung ins 10. oder ins 9. Jh., ohne daß exakte Beweise geboten werden. Auch und besonders in exilisch-nachexilischen Texten wird von der Unterwerfung der Kanaanäer und der übrigen Nachbarvölker Israels gesprochen. (5)

2.2.4. Die Befreiung Edoms (Gen 27,40) (6)

Gen 27,40b spielt auf einen Versuch Edoms an, sich von der Herrschaft Israels zu befreien. Der erste Versuch dieser Art fand in der Mitte des 9. Jh. unter Joram und Ahasja statt (vgl. 2 Kön 8,20f). Ein zweiter Versuch führte um 800 zu der dauerhaften Unabhängigkeit Edoms (vgl. 2Kön 14,7). Somit gehört der Jahwist ins 9. Jh.

---

1 Ebd.

2 S.o. S. 304f.

3 Meyer, Israeliten 297.363; Brightman, Sources 29f; Hölscher, Anfänge 82; ders., Geschichtsschreibung 98.

4 S. o. S. 298f.

5 S. o. S. 300.

6 Vgl. Cornill, Einl 46; Brightman, Sources 30; Gunkel, Genesis LXXX; Hölscher, Anfänge 84; ders., Geschichtsschreibung 100.

Kritik

Bei der Kritik dieses Arguments kann an das oben Gesagte angeknüpft werden. Falls Gen 27, 40b echt ist, enthält die Stelle kein sicheres Beweismaterial für die Datierung des Jahwisten. Wagner (1) weist darauf hin, daß im Jahre 735 eine nochmalige Loslösung Edoms von der israelitischen Herrschaft stattfand (vgl. 2 Kön 16, 6). Somit könnte J auch aus dieser Zeit stammen. Andrerseits sprechen gerade eine Reihe von exilisch-nachexilischen Texten von der erfolgten Unterwerfung Edoms.

2.2.5. Die Grenzbeschreibung Gen 15, 18 (2)

Die in Gen 15, 18 enthaltene Grenzbeschreibung paßt gut auf die Zeit kurz vor 800, als sich Judas Herrschaft bis zum Golf von Eilat erstreckte. Hölscher zieht deshalb eine Datierung des Jahwisten im späten 9. Jh. vor. Zur Kritik kann auf das oben (3) Gesagte verwiesen werden. Dem ist hinzuzufügen, daß es in Gen 15, 18 nicht um Eilat als Südgrenze geht, sondern um den "Bach Ägyptens" im Südwesten des Landes.

2.2.6. Die Völkertafel (Gen 10) (4)

Einige Angaben der jahwistischen Völkertafel (vgl. Gen 10) müssen auf dem Hintergrund des 9. Jh. verstanden werden: Gen 10, 11 erwähnt Kalah, das erst von Assurnasirpal II. (884-861) wieder aufgebaut wurde. Niniveh und Assur, die in Gen 10, 11 erwähnt werden, spielen erst ab dieser Zeit eine politische Rolle. Meyer (5) interpretiert Nimrod (vgl. Gen 10, 8f) als ägyptisch-lybische Sagengestalt, die aus der Zeit der 22. Dynastie (943-735) stammt, wo der Name Nmrt häufig belegt ist. Seit der Schlacht bei Karkar im Jahre 853 bestanden zwischen Ägypten und Israel enge Beziehungen.

Kritik

Die hier vorgetragenen Argumente bestehen insofern zu Recht, als auf Grund der in Gen 10 erwähnten Städte die Völkertafel und damit der Jahwist nicht vor dem 9. Jh. entstanden sein kann. Doch ist damit nur der terminus a quo bestimmt, nicht jedoch auch der terminus ad quem. Zwar treten die genannten Städte in jener Zeit ins Licht der Geschichte, doch spielen sie durch die nachfolgenden Jahrhunderte hindurch eine Rolle. Besonders

---

1 Abraham 128f.

2 Vgl. Hölscher, Geschichtsschreibung 100.

3 S. o. S. 302f.

4 Vgl. Cornill, Einl 46; Holzinger, Einl 171; Albright, Stone Age 191; Meyer, ZAW 8, 47ff.

5 Ebd.

in exilisch-nachexilischen Texten werden Niniveh (vgl. Jon 1ff; Nah 1, 1; 2, 8; 2 Kön 19, 36; Jes 37, 37) Assur (1Ch 1, 17; Ez 27, 23; Jes 10, 5. 24; 11, 11. 16; 14, 25 usw.; Mi 5, 4f; 7, 12; Zeph 2, 13; Sach 10, 10; Ps 83, 9; Thr 5, 6), Nimrod (vgl. 1 Ch 1, 10; Mi 5, 6) erwähnt, während Kalah nur in Gen 10 vorkommt. Somit kann auch ein späterer Verfasser die Völkertafel zusammengestellt haben. Im übrigen muß auch hier zwischen dem Alter einer überlieferten Notiz und ihrer schriftlichen Fixierung unterschieden werden. J kann auch bei einem späten Entstehungsdatum älteres Material aufgenommen haben, das gelegentlich eine frühere geschichtliche Situation widerspiegelt.

2. 2. 7. Der fehlende Einfluß der Prophetie (1)

Das jahwistische Werk trägt einen vorprophetischen Charakter: (2) Das Konnubium mit den Kanaanäern gilt noch als unproblematisch (vgl. Gen 34; 38, 2). Die bei Amos und Hosea verschmähten Heiligtümer stehen in voller Geltung. Lediglich ein Einfluß der älteren Prophetie, insbes. Elias, kann festgestellt werden. Luther (3) siedelt J in Kreisen an, die in Verbindung mit Jehu und Elia rekabitisch-prophetische Ideen vertraten.

Kritik

Das oben Gesagte kann analog auch auf diese Argumentation angewandt werden. Zwar ist J in einigen Teilen unprophetisch, doch muß er nicht unbedingt vorprophetisch sein. Zwar gilt in Gen 34; 38, 2 das Konnubium mit den Kanaanäern als unproblematisch; doch distanziert sich Gen 24, 4 von solchen Mischehen. Falls wirklich Beziehungen zu rekabitisch-prophetischen Ideen vorliegen, so muß darauf verwiesen werden, daß diese Bewegung bis in die Zeit des Exils (vgl. Jer 35) lebendig war. Eine exakte Datierung läßt sich daraus folglich nicht entnehmen.

---

1 Brightman, Sources 30f; Holzinger, Einl 306; Luther, Persönlichkeit 167f; Hölscher, Anfänge 83; ders., Geschichtsschreibung 100; Fohrer, Einl 164.

2 Die dafür angeführten Belege wurden teilweise bereits o. S. 315 vorgestellt.

3 Ebd.

2.3. Die Datierung ins 8. Jahrhundert

Gelegentlich wird das 8. Jh. als Entstehungszeit für den Jahwisten angenommen. (1) Dabei spielt bei Dillmann und Baudissin eine Rolle, daß sie E für älter als J halten. (2) Hauptsächlich werden folgende Argumente angeführt:

1. Der Jahwist steht der Verkündigung des Amos und Hosea nahe. Er betont ebenso wie die Propheten des 8. Jh. die Sündhaftigkeit des Menschen. Er beschreibt in Num 12 die prophetische Offenbarung und nennt in Gen 20, 7 Abraham einen Propheten. Wie Hosea betont J den Erwählungsgedanken.

2. Die in der Völkertafel (Gen 10) aufgeführten Städte lassen sich auch aus der Situation des 8. Jh. erklären. Damals wurden die Städte am Tigris (Niniveh, Assur usw.) zum Mittelpunkt der damaligen Welt.

3. Die Aussagen von der Ausrottung der Kanaanäer (vgl. Ex 34, 11; Num 33, 52ff) deuten auf das 8. Jh. hin.

4. Der Jahwist muß vor 722 entstanden sein, da er keinerlei Anspielung auf die Zerstörung Samariens enthält.

Kritik

Bei der Kritik dieser vier Argumente kann vielfach auf das bereits Gesagte angeknüpft werden. Dem Hinweis auf die Nähe von J zur Prophetie des 8. Jh. kann nur zugestimmt werden; doch reicht der Einfluß dieser Propheten bis in die Exilzeit, wie man etwa an Jer oder Dtn beobachten kann. (ad 1) Die in Gen 10 aufgeführten Städte spielen auch noch nach dem 8. Jh. sowohl historisch als auch überlieferungsgeschichtlich eine Rolle. (3) Das Motiv des Ausrottens der Kanaanäer steht z. B. im Josuabuch im Vordergrund, das zu dem im Exil entstandenen dtr Geschichtswerk gehört (ad 3). Die Nichterwähnung der Zerstörung Samariens beweist so wenig wie die Nichterwähnung der Reichsteilung oder des Exils. (4) Abgesehen vom dtr Geschichtswerk erwähnt kein einziges biblisches Buch dieses Ereignis, weder in vor- noch in nachexilischer Zeit. Selbst der Chronist berichtet über dieses Ereignis nicht. Somit ist seine Nichterwähnung in J kein Beweis für dessen Entstehung im 8. Jh.

---

1 So Dillman, Genesis XI; Baudissin, Einl 95; Jepsen, WZ Lpz. 3, 265ff.
2 S. o. S. 292ff.
3 S. o. S. 352.
4 S. dazu o. S. 291.

2.4. Die Datierung ins 7. Jahrhundert

Aus terminologischen und theologiegeschichtlichen Gründen datiert Kuenen (1) einen Teil des jahwistischen Werkes, den er J_3 nennt, ins 7. Jh. Kennett (2) nimmt an, daß der gesamte Jahwist im 7. Jh. als Protestschrift gegen die josianische Reform verfaßt wurde. Die Bewohner des flachen Landes waren durch die josianische Kultzentralisation ihrer Altäre und Opfermöglichkeiten beraubt. Es entstand deshalb eine prophetische Schule, die die Notwendigkeit von heiligen Stätten, von Opfern und Festen betonte. Die alten Geschichten von Altarbauten und dort erfolgten Opferungen der Patriarchen wurden gesammelt und niedergeschrieben. Als Ergebnis dieser Bewegung liegt das jahwistische Werk vor, das in Analogie zu dem bereits kurz vorher im Norden entstandenen Elohisten konzipiert wurde.

Kritik

Kuenen und Kennett haben zwar darin Recht, daß sie den gesamten Jahwisten oder Teile davon in spätere Zeit datieren und eine neue Bestimmung des Verhältnisses von Dtn und J versuchen. Doch erscheint die Einschränkung auf das 7. Jh. zu eng. Gegenbewegungen gegen oder neben dem Dtn kann es auch noch bis ins 5. Jh. gegeben haben. - Einige Forscher sehen für die Entstehung des Jahwisten einen größeren zeitlichen Spielraum. Smend (3), Pfeiffer (4) und North (5) schwanken zwischen dem 10. und 9. Jh. Eißfeldt (6) erwägt die Zeit zwischen 10. und 8. Jh., wobei er aber das 10. Jh. nicht für unmöglich hält. Steuernagel (7) gibt einen Zeitraum zwischen 900 und 700 an, während Lods (8) annimmt, daß J aus einer Schule stammt, die in Juda im 9. und 8. Jh. blühte. Kuenen (9) vertritt die Ansicht, daß J "noch im 9. oder in den ersten Jahren des 8. Jh. v. Chr. geschrieben" wurde. Holzinger (10) datiert eine Quelle J_2 in die Zeit um 700 v. Chr., Smend (11) um 750. Stolz (12) siedelt J in der Periode zwischen Jesaja und dem Dtn an. Abschließend wird man mit Noth (13) sagen können: "Für die genauere Datierung der einzelnen Quellen fehlt es viel stärker an sicheren Anhaltspunkten, als man gemeinhin wahrhaben will".

---

1 Einl I, 1, 237 mit A. 23. 25. 26.
2 ERE VII, 439 = Church 38.
3 Hexateuch 31ff.
4 Introd. 147f.
5 History 25ff.
6 Einl 238.
7 Deuteronomium 280.
8 Israel 14.
9 Einl I, 1, 236f.
10 Einl 165f.
11 Hexateuch 30ff.
12 Kriege 7.
13 Pentateuch 248.

3. Die Datierung des Elohisten

3.1. Die Datierung ins 8. Jahrhundert

Da die überwiegende Mehrzahl der Forscher den Elohisten in die Mitte des 8. Jh. datiert, kann darin eine Art "Normaldatierung" gesehen werden. Es soll deshalb mit der Darstellung und Kritik der hierfür vorgebrachten Argumente begonnen und darnach die anderen Datierungsvorschläge behandelt werden. (1)

3.1.1. Die friedliche Grundstimmung (2)

Die allgemeine Grundstimmung des Elohisten deutet auf eine Zeit hin, in der das Volk in Ruhe und relativem Wohlstand lebte. Dies geht aus Stellen wie Num 23, 21 und Dtn 33, 13ff hervor. Gen 31, 43ff läßt auf ein friedliches Verhältnis zu den Aramäern schließen. Ein solcher Zustand herrschte zur Zeit Jerobeams II. in der Mitte des 8. Jh. v. Chr. Die Zeit der Aramäerkriege war damals vorbei. Noch bedrohten die Assyrer nicht die Existenz Israels. Die Herrscherstellung Josephs (vgl. Gen 37, 8) und seine hervorgehobene Bedeutung lassen vermuten, daß das nordisraelitische Königtum noch in Blüte stand.

---

1 Die Datierung ins 8. Jh. wird von folgenden Forschern vorgeschlagen: Wellhausen, Prolegomena 314ff; Stade, Geschichte I, 59; Kuenen, Einl I, 1, 237; Cornill, Einl 38ff; Marti, Geschichte 51f; Steuernagel, Dtn 282f; Meyer, Geschichte II, 2, 353ff; Budde, Literatur 59; Luther, Persönlichkeit 169; Procksch, Sagenbuch 181ff; ders., Genesis 281ff; Gunkel, Genesis XCI; Literatur 22; Greßmann, Mose 373; Smend, Hexateuch 31; Driver, Introd. 116ff; Eichrodt, Quellen 60; Brightman, Sources 112ff; Bertholet, Kulturgeschichte 251; Kittel, Geschichte I, 310, Bewer, Literature 74ff; Galling, Erwählungstraditionen 76; Lods, Israel 12; Hempel, Literatur 124ff; ders., Geschichte 197ff; Albright, Stone Age 189ff; Oesterley-Robinson, Introd. 47ff; Pfeiffer, Introd. 168ff; North, History 35ff; v. Rad, Genesis 16ff; Rowley, Growth 26ff; Eißfeldt, Einl 264; ders., Genesis 30ff; Sellin-Rost, Einl 62ff; Rost, Credo 30f; Weiser, Einl 104ff; Plöger, RGG ^{3}, II, 436ff; G. W. Anderson, Introd. 34ff; Gottwald, Light 246ff; Cazelles, Thora 354ff; Fohrer, Einl 166ff; Scharbert, MThZ 18, 93ff; Steck, Elia, pass.; Wallis, ZAW 81, 18ff; ders., ZAW 83, 1ff; Ruppert, Elohist 108ff; Wolff, EvTh 29, 59ff; Keel-Küchler, Texte II, 29ff; Zenger, Sinaitheophanie 161; Fretheim, Int 26, 419ff; Schulte, Geschichtsschreibung 73; Jarôs, Stellung 67f.

2 So Cornill, Einl 38; Steuernagel, Deuteronomium 282ff; Procksch, Sagenbuch 182; ders., Genesis 283; Gunkel, Genesis 16ff; Brightman, Sources 121; Hempel, Literatur 124; Pfeiffer, Introd. 174; North, History 35; Rowley, Growth 32f; Weiser, Einl 105; G. W. Anderson, Introd. 38; Fohrer, Einl 172; Kaiser, Einl 87f; Keel-Küchler, Texte II, 37.

Kritik

In Bezug auf die Einordnung des Elohisten in eine Periode von Ruhe und Wohlstand gilt analog das oben Gesagte. Die Hervorhebung Josephs muß nicht darauf hindeuten, daß E zu einer Zeit verfaßt wurde, als das nordisraelitische Königtum noch in Blüte stand. Joseph kann auch später noch positiv gezeichnet werden und dient als Name für das ganze Volk. (1)

3.1.2. Die Verwandtschaft mit der Prophetie des 8. Jh. (2)

Der Elohist weist eine enge Verwandtschaft mit der Prophetie des 8. Jh. auf: Seine in Ex 32 geäußerte Kritik am Stierkult stimmt mit Hos 8,5f; 10,5f. 11; 13,2; Am 8,2 überein. Wie Am und Hos lehnt er die Fremdgötterverehrung ab (vgl. Gen 35,1ff). Die Charakterisierung Moses als Fürbitter (Ex 32,30-34; Num 12,13) kann mit Am 7,1ff verglichen werden. E bezeichnet Abraham (vgl. Gen 20,7), Mose (vgl. Num 11) und Mirjam (vgl. Ex 15,20) als Propheten. Die Ex 18,21 vorausgesetzte Korruption der Rechtssprechung stimmt mit Am 5,12 überein. Die Drohung der Ahndung der Sünde (vgl. Ex 32,34f) erinnert an Am 5,2; 8,2. Zugleich finden sich Elemente aus der Prophetie des 9. Jh. Der Stab Moses (vgl. Ex 4ff) kann mit dem Stab Elisas (vgl. 2 Kön 4,29ff) verglichen werden. Der Eifer Moses (vgl. Ex 32,26.29; Num 23,5) erinnert an den Eifer Elias (vgl. 1 Kön 18,40) oder Jehus (vgl. 2 Kön 9f). Die Berührungspunkte lassen darauf schließen, daß E in geistiger und zeitlicher Nähe zur Prophetie des 8. Jh. entstanden ist. Vielleicht gehörte der Verfasser auch einer Prophetengilde an, wie sie in 2 Kön 2,3 beschrieben ist. Allerdings findet sich bei E noch eine "ungetrübte Hochachtung der alten Lokalheiligtümer" (3), während diese bei Am und Hos scharf kritisiert werden. Auch ist die Ablehnung der kanaanäischen Religion bei Hos viel schärfer als in E. Deshalb ist anzunehmen, daß der Elohist kurz vor Amos entstanden ist. Die Bezugnahmen auf elohistische Pentateuchstoffe in Am 4,4f; 5,5; 8,14; Hos 12,2 läßt darauf schließen, daß das elohistische Werk diesen Propheten bereits abgeschlossen vorlag.

---

1 S. o. S. 304f.

2 Vgl. Wellhausen, Prolegomena 95; Budde, Literatur 59; Stade, Geschichte 1,59; Sellin, Einl 41; Gunkel, Genesis LXXXIX; Procksch, Sagenbuch 182; ders., Genesis 281ff; Smend, Hexateuch 31; Driver, Introd. 118; Brightman, Sources 120f; Kittel, Geschichte I,308ff; Bewer, Literature 74ff; Hempel. Literatur 124; Pfeiffer, Introd. 168; Eißfeldt, Einl 268f; v.Rad, Genesis 16ff; Weiser Einl 105; G.W. Anderson, Introd. 34ff; Gottwald, Light 252; Fohrer, Einl 172; Kaiser, Einl 87f; Wallis, ZAW 81,18ff; Ruppert, Elohist 10; Wolff, EvTh 29,72; Keel-Küchler, Texte II,37; Zenger, Sinaitheophanie 163; Jarôs, Stellung 67f.

3 Kittel, ebd. 308f.

Kritik

Mit dem Aufweis der Nähe des Elohisten zur Prophetie des 8. Jh. ist sicher etwas Richtiges gesehen. Doch muß daraus nicht notwendigerweise die Konsequenz gezogen werden, daß E nur im 8. Jh. entstanden sein kann. Bekanntlich wirkten die Ideen Amos und Hoseas noch Jahrhunderte fort, wie an Dtn und Jer zu sehen ist. Andrerseits läßt die Verwendung prophetischer Ideen und Termini vermuten, daß der Elohist bereits in einigem Abstand von der Prophetie sein Werk schrieb. Das in der Exilszeit entstandene dtr Geschichtswerk zeigt deutlich prophetische Züge; auch das chronistische Geschichtswerk ist ohne die vorangehende prophetische Periode nicht denkbar.

Bei der Datierung ins 8. Jh. entsteht das Problem, daß in E jegliche Polemik gegen die althergebrachten Heiligtümer fehlt, während Am und Hos diese scharf ablehnen. Eine etwa frühere Ansetzung löst diese Problematik nur teilweise. Eher ist diese Haltung von E aus einer vermittelnden Position späterer Generationen zu erklären. (1)

3.1.3. Die Grenzangabe Num 21,13; 22,36 (2)

Die Kennzeichnung des Arnon als Nordgrenze des Moabiterreiches (vgl. Num 21,13; 22,36) paßt nur ins 8. Jh.

Kritik

Die Kritik dieses Argumentes kann von zwei Seiten her erfolgen: Einerseits kann eine vom Verfasser übernommene Notiz Grenzbeschreibungen einer früheren Epoche widerspiegeln, die mit der gegenwärtigen Situation nicht unbedingt identisch ist. Andrerseits wird der Arnon auch noch in exilisch-nachexilischer Zeit als Grenze der Moabiter erwähnt (vgl. Ri 11,28 Dtr; Jes 16,2; Jer 48,20).

3.2. Die Datierung ins 10. und 9. Jahrhundert

Abweichend von der "Normaldatierung" schlagen einige Forscher eine frühere Datierung vor, wofür sie folgende Argumente anführen: (3)

---

1 Auf die Bezugnahmen auf elohistische Pentateuchstoffe bei Am und Hos wurde bereits im 1. Hauptteil eingegangen.

2 Procksch, Sagenbuch 175; Hempel, Literatur 126.

3 So Graf, Bücher 144ff; Dillmann, Genesis Xff; ders., Numeri 579; Baudissin, Einl 89ff; Staerk, Entstehung 41; Sellin, Einl 35; Kuhl, Entstehung 80ff; Lewy, Growth 10; Speiser, Genesis XXXff; Jenks, Elohist 51ff; W.H. Schmidt, Glaube 16.

3.2.1. Die Nähe zur Prophetie (1)

Aufgrund der für E charakteristischen prophetischen Züge kann geschlossen werden, daß E bereits von einem mit der prophetischen Bewegung des 9. und 10. Jh. in Beziehung stehenden Autor verfaßt wurde. Jenks (2) nimmt an, daß z.B. die Gestalt Moses vom Elohisten analog zur Gestalt Samuels gezeichnet wurde.

Kritik

Die Erklärung des Elohisten auf dem Hintergrund des sog. frühen Prophetismus muß als vage bezeichnet werden. Der historische Kern der Überlieferungen von Samuel, Elia und Elisa, soweit sie im dtrG enthalten sind, ist nur schwer greifbar. Erst im 8. Jh. erreicht die prophetische Bewegung ihren ersten Höhepunkt. Eine sichere Datierung kann deshalb mit den hier vorgebrachten Argumenten kaum erfolgen. (3)

3.2.2. Die friedliche Grundstimmung (4)

Der Elohist setzt eine Periode von Ruhe und Prosperität voraus. Diese war im 10. Jh. unter David und Salomo oder im 9. Jh. unter Omri gegeben.

Kritik

Zur Kritik dieses Argumentes kann auf das o. S. 297f Gesagte verwiesen werden. Perioden der Prosperität gab es verschiedentlich in der Geschichte Israels. Auch kann gerade in einer notvollen Zeit ein Geschichtswerk entstehen, das ein glanzvolles Bild der Vergangenheit entwirft.

3.2.3. Die Einheit des Volkes (6)

Der Elohist enthält nicht "die leiseste Anspielung auf die Reichsteilung" und stellt Israel als ein einheitliches Ganzes dar.

Zur Kritik ist auf das oben (6) Gesagte zu verweisen.

---

1 Vgl. Dillmann, Genesis XI; Jenks, Elohist 250ff.
2 Ebd.
3 Vgl. im übrigen das o. S. 316f Gesagte.
4 So Jenks, Elohist 51f; Kuhl, Entstehung 80ff; Sellin, Einl 35ff;
5 Sellin, Einl 37.
6 S. 304f.

3.2.4. Das höhere Alter von E (1)

Der Elohist spiegelt traditions- und religionsgeschichtlich ein früheres Stadium als der Jahwist wider. Er muß deshalb vor dem Jahwisten entstanden sein.

Zur Kritik dieses Argumentes ist auf oben (2) zu verweisen.

3.3. Die Datierung ins 7. Jahrhundert

Die Ansetzung des Elohisten ins 7. Jh. wurde verschiedentlich vorgeschlagen, und zwar unter Verwendung folgender Argumente: (3)

3.3.1. Die Abhängigkeit von der Prophetie

Der Elohist setzt die prophetische Bewegung bereits voraus. Er kennzeichnet Jahwe als den einen Gott, der von den übrigen Göttern deutlich unterschieden ist. Ebenso hat sich das Volk von den Heiden und deren Götzen eindeutig getrennt (vgl. Num 23, 9; Gen 35, 1ff). Daraus folgt eine spätvorexilische Datierung von E.

Kritik

Die Beeinflußung von E durch prophetische Ideen muß nicht notwendigerweise beweisen, daß E im 7. Jh. entstanden ist. Die Abschaffung des Götzendienstes und die strenge Absonderung von den Heiden hat sich vielmehr auch und besonders im Rahmen der Reform Esras und Nehemias vollzogen. E kann deshalb auch in eine spätere Periode gehören.

3.3.2. Der Untergang des Nordreiches

Ex 32; Num 23 und Jos 24 setzen voraus, daß Israel unter den Heiden schwer gelitten hat und seine Zahl stark dezimiert ist. Daraus kann geschlossen werden, daß der Verfasser nach dem Untergang des Nordreiches lebte. "Der Untergang Samarias hat hiernach für E eine analoge Bedeutung wie der Untergang Jerusalems für die deuteronomistischen Schriftsteller". (4)

---

1 Dillmann, Gen XI; Baudissin, Einl 95; Kuhl, Entstehung 85; Jenks, Elohist 264.

2 S. 293ff.

3 Lagarde, Nachrichten... Göttingen 1889, 319ff; Smend, Hexateuch 31ff; Kennett, ERE VII, 439ff = Church 1ff; ders., JThSt 6, 161ff.

4 Smend, ebd. 35f; vgl. Lagarde, ebd. 320.

Kritik

Eine noch stärkere Dezimierung des Volkes fand nach dem Untergang Judas und der Zerstörung Jerusalems im Jahre 587 statt. Es gibt keinen sicheren Beweis dafür, daß E noch im 7. Jh. entstanden ist. Die obige Argumentation ist auf jeden Fall mehrdeutig und kann auch auf spätere Epochen bezogen werden.

3. 3. 3. Die Praxis des Menschenopfers (1)

Die in Gen 22 vorausgesetzte Praxis des Menschenopfers war erst seit dem 7. Jh. aktuell (vgl. 2 Kön 21, 6).

Kritik

Die Praxis des Menschenopfers wurde im syrisch-palästinensischen Raum besonders von den Phöniziern geübt, obwohl sie auf's ganze gesehen relativ selten war. Menschenopfer werden im AT für die Richterzeit (vgl. Ri 11, 30ff), für das 9. Jh. (vgl. 2 Kön 3, 27) und für die nachexilische Zeit (vgl. Mi 6, 7) bezeugt. In dem priesterschriftlichen Gesetz Num 3, 45 gelten die Leviten als Ersatz für das Erstgeborenenopfer. Dies zeigt, daß die Vorstellung des Menschenopfers auch in späterer Zeit aktuell war. Die dem Moloch geweihten Kinderopfer werden in exilisch-nachexilischen Texten häufig verdammt (vgl. Jer 7, 31; Ez 20, 26; Lev 20, 2ff; Jes 30, 33 u. ö.). Somit kann Gen 22 nicht als sicheres Kriterium für die Ansetzung des Elohisten im 7. Jh. dienen.

3. 3. 4. Die Deutung des Jahwenamens (2)

Die in Ex 3, 14 für das Tetragramm gegebene Deutung ist nur von einer Periode her verständlich, in der sich der Einfluß des Aramäischen geltend gemacht hatte. Denn nur im Aramäischen bedeutet "sein" הוה statt hebräisch היה . (3)

Kritik

Der Einfluß des Aramäischen auf Ex 3, 14 scheint richtig gesehen zu sein. Seit dem 7. Jahrhundert wird Aramäisch mehr und mehr zur lingua franca des fruchtbaren Halbmonds (vgl. 2 Kön 19, 26). Damit ist jedoch nur ein terminus a quo für die Datierung der Exodus-Stelle gegeben. Bis in die Zeit Jesu hinein war Aramäisch die Umgangssprache in Palästina, folglich kann Ex 3, 14 auch erst in exilisch-nachexilischer Zeit verfaßt worden sein.

---

1 Vgl. Smend, Hexateuch 37.
2 Vgl. Kennett, ERE VII, 446.
3 Vgl. dazu Rosenthal, Grammar 54.

3.3.5. Der ägyptische Hintergrund der Josephsgeschichte (1)

Namen und Motive der Josephsgeschichte stimmen mit ägyptischen Texten des 7. Jh. überein. Die in Gen 41,45 erwähnten Namen Aseneth, Potiphar und Zaphenath-Paneach sind erst seit dem 7. Jh. in ägyptischen Urkunden belegt und zu jener Zeit sehr verbreitet. Das Element Neth in dem Namen Aseneth deutet auf die besonders in Sais, dem Hauptort der damaligen Dynastie, verehrten Göttin Neth/Neit hin. Auch stimmen viele Motive und Episoden mit ägyptischen Texten des 7. Jh. überein. Der in Gen 41,45 für Joseph gebrauchte Titel צפנת פענח ist nur in der Saisdynastie belegt.

Kritik

Gunkel versucht nachzuweisen, daß die in Gen 41,45 erwähnten Namen bereits in älterer Zeit belegt sind, obwohl sie erst seit dem 7. Jh. geläufig wurden. Dennoch bleibt es bemerkenswert, daß wir diese Namen von dieser Zeit an verbreitet finden. Auch die übrigen von Redford vorgetragenen Argumente erscheinen durchaus plausibel, wonach die Josephsgeschichte in ihrer literarischen Gestalt nicht vor dem 7. Jh. entstanden sein kann.

Einige Forscher sind in der zeitlichen Ansetzung von E flexibel. V. Rad (3) datiert E "ein bis zwei Jahrhunderte später als J", Sellin-Rost (4) "zwischen 922 und 722". Zwischen dem 9. und dem 8. Jh. schwanken Lods (5) und Eißfeldt (6). Baudissin (7) setzt E "nicht viel früher als J (an) wegen der Verwandtschaft seiner Erzählweise und Ähnlichkeit seines Erzählmaterials". Sellin (8) datiert eine Quelle E_1 in die Zeit Salomos und deren spätere Überarbeitung E_2 um 800. E_2 wird von Kuenen (9), Procksch (10), Moore (11), Hempel (12), North (13) um 700 angesetzt, während Cornill (14) mit E_2 sogar bis ins 7. Jh. heruntergeht.

---

1 Vgl. Lagarde, Nachrichten ... Göttingen 1889, 319ff; Spiegelberg, Aufenthalt 26; Steindorff, ZÄS 30, 51; Redford, Story 242f.
2 Genesis 438f.
3 Genesis 16.
4 Einl 64.
5 Israel 14.
6 Einl 241.
7 Einl 95.
8 Einl 35.
9 Einl I, 1, 237.
10 Sagenbuch 238.
11 Judges XXVIII.
12 Literatur 126.
13 History 35ff.
14 Einl 41.

Als Ergebnis dieser Übersicht und Kritik der vorexilischen Datierungsvorschläge für J und E kann folgendes festgehalten werden:

1. Für eine vorexilische Datierung von J und E gibt es keine zwingenden Beweise. Zwar lassen sich einzelne Theologumena von J und E auch aus vorexilischen Perioden her verständlich machen. Doch handelt es sich dabei entweder um allgemeine, immer gültige Aussagen oder um vage Assoziationen.

2. Viele Charakteristika der jehowistischen Geschichtserzählung passen genauso gut, wenn nicht gar ausschließlich in die exilisch-nachexilische Epoche. Dies wird im 3. Hauptteil näher auszuführen sein.

3. Die Ergebnisse von Hauptteil 1 und 2 konvergieren. Einerseits kann aus den außertetrateuchischen Belegen die Existenz von J und E in vorexilischer Zeit nicht nachgewiesen werden. Andererseits sind die bisher für eine vorexilische Ansetzung von J und E vorgebrachten Argumente nicht stichhaltig.

3. HAUPTTEIL: DIE EINORDNUNG DES JEHOWISTISCHEN WERKES IN DIE EXILISCH NACHEXILISCHE EPOCHE

Der bisherige Verlauf der Arbeit war durch einen negativen Beweisgang bestimmt. Er hat ergeben, daß die Existenz von JE in vorexilischer Zeit weder beweisbar noch wahrscheinlich ist. Nun muß in einem 3. Hauptteil dargelegt werden, ob und wie sich das jehowistische Werk historisch und theologiegeschichtlich in die exilisch-nachexilische Epoche einordnen läßt. Einige Aspekte des jehowistischen Werkes deuten dabei mit Notwendigkeit auf eine exilisch-nachexilische Entstehungszeit hin, während andere gut in jene Epoche passen.

1. Historische und kulturgeschichtliche Argumente

1.1. Das Eindringen mythologischen Gutes in die israelitische Religion

Die Urgeschichte und andere Teile des jehowistischen Geschichtswerkes enthalten eine Reihe von mythologischen Elementen, die zumeist aus Mesopotamien stammen:

1. Das Material der Schöpfungsgeschichte (Gen 2f) zeigt deutliche Parallelen zu mesopotamischen Schöpfungsmythen, insbesondere zu enūma eliš. עדן ist ursprünglich ein sumerisches Wort und bedeutet "Steppe". (1) Die Bezeichnung אדם geht auf den sumerischen Begriff 'adamu "Menschheit" zurück. Der Gottesgarten kommt in der mesopotamischen Mythologie häufig vor. אד (Gen 2, 6) ist von sumerisch edû "Flut, Hochwasser" abzuleiten. (2) Auch die Vorstellung von Gut und Böse sowie Nacktheit haben ihre Vorbilder im Gilgamesch-Epos. (3) Die Geographie der vier Paradiesströme (Gen 2, 10-14) weist deutlich nach Mesopotamien. Die Cheruben (Gen 3, 24) hängen wohl mit den in Mesopotamien bezeugten Fabelwesen Šedu und Lamassu zusammen. (4) Allerdings hat der Verfasser oder die von ihm benutzte Überlieferung der Schöpfungs- bzw. Paradiesgeschichte bereits ein von der Situation Palästinas her beeinflußtes Gewand gegeben. (5)

---

1 Vgl. Gunkel, Genesis; Kapelrud, VT 24, 182.
2 Vgl. Gunkel, Genesis 5; HAL s.v. אד mit neuerer Literatur.
3 S. Speiser, Genesis 26f.
4 Vgl. Delitzsch, Paradies 149.
5 So Kapelrud, VT 24, 182; Thompson, VT 21, 197ff.

2. Zu der in Gen 5, 24 berichteten Aufnahme Henochs in den Himmel gibt es eine Parallele in der babylonischen Beschwörungsserie bīt mēseri. (1)

3. Die Flutgeschichte (Gen 6-8) ist von den mesopotamischen Epen Gilgamesch (Tafel XI) und Atramḫasīs abhängig. (2) Die biblische Gestalt Noahs entspricht Atram-ḫasīs bzw. Utnapištim, den Helden der babylonischen Epen. Viele Einzelelemente, wie der Bau eines Schiffes auf Befehl der Gottheit, das Hineinnehmen von Familie und Tieren, die Flut, das Auffahren des Schiffes auf einen Berg, das Aussenden von drei Vögeln und das abschließende Opfer hat der biblische Bericht mit seinen mesopotamischen Parallelen gemein. Allerdings hat der Jehowist der Geschichte seinen eigenen Stempel aus der Sicht der Jahwereligion aufgedrückt.

4. Die Geschichte vom Turmbau zu Babel (Gen 11, 1-9) weist deutlich nach Mesopotamien, wo derartige Tempeltürme (Zikkurats) weit verbreitet waren.

5. Die von Jakob im Traum geschaute Treppe סלם (vgl. Gen 28, 10ff) hat möglicherweise mesopotamische Zikkurats als Vorbilder. (3)

6. Das Motiv von der Aussetzung des kleinen Mosekindes (Ex 2, 1ff) stimmt mit der Geburtslegende Sargons I. von Akkade überein. (4)

Überblickt man diese mannigfachen mesopotamischen Elemente, die das jehowistische Werk aufgenommen hat, so stellt sich die Frage, wann dieses Gut in die israelitische Religion eingedrungen ist. In der Forschung gehen darüber die Meinungen auseinander:

a) Seit Gunkel und Greßmann herrscht die weithin vertretene Ansicht vor, das mesopotamische Gut sei bereits in vorstaatlicher Zeit nach Israel eingedrungen. (5) Gunkel (6) wies auf die Amarnabriefe hin, aus denen

---

1 Vgl. Borger, JNES 33, 183ff; Schmitt, Entrückung 192ff.
2 S. dazu zuletzt ausführlich Lambert-Millard, Atra-Ḫasīs.
3 Vgl. Parrot, Tower 47; Speiser, Genesis 218ff; Fretheim, Int 26, 429.
4 Vgl. ANET 119; Greßmann, Mose 8ff.
5 Gunkel, Schöpfung 121ff; ders., Genesis 39f. 67ff; Greßmann, Mose, pass.; vgl. z.B. Sellin, Urgeschichte 31f; Zimmern, Urgeschichte 39f; Schrader, Keilinschriften 53f; Woolley, PEQ 88, 14ff; Albright JBL 58, 91ff; Heidel, Genesis 132ff; Eißfeldt, Genesis; v. Rad, Genesis 98; Gaster, IDB III, 484; Childs, Myth 38; Barr, VT 9, 1ff.
6 Schöpfung 151.

hervorgeht, daß Babylon bereits im 14. Jh. einen bedeutenden sprachlichen und kulturellen Einfluß auf Palästina ausgeübt hat. Akkadisch diente als Diplomatensprache. Deshalb sei in jener Zeit auch die mesopotamische Mythologie von den Kanaanäern übernommen worden. Zum Beweis führte er die in den Amarnabriefen erhaltene Version des Adapamythos auf. Israel habe diese Mythologie über die Kanaanäer kennengelernt und entsprechend seinen eigenen religiösen Vorstellungen adaptiert. Es fand somit die mesopotamische Mythologie in kanaanäischer Gestalt bereits bei seiner Einwanderung vor. Die z.B. in der Urgeschichte zu beobachtenden altertümlichen Züge und Anthropomorphismen (1) deuten ebenfalls auf das hohe Alter der von Israel übernommenen Mythologie hin. (2)

Die Vertreter dieser Ansicht setzen sich auch mit der Tatsache auseinander, daß die vorexilischen Propheten nirgendwo Schöpfungsmythen erwähnen. Da sie in der exilischen Prophetie (vgl. Ez, Dtjes usw.) jedoch plötzlich auftauchen, müssen sie bereits vorher den Israeliten bekannt gewesen sein, sonst hätten sie nicht so schnell adaptiert und in der eigenen Sprache formuliert werden können. Die vorexilischen Propheten schweigen darüber, weil ihr Geschichtsbewußtsein noch weniger stark ausgeprägt gewesen sei. (3)

b) Ein Datum in der mittleren Königszeit haben Budde (4), Stade (5) und Mowinckel (6) vorgeschlagen. Gegenüber Gunkels These weist Stade (7) darauf hin, daß die Beeinflußung Palästinas durch babylonisches Gut mehr die Städte als das flache Land betroffen habe. Deshalb sei es unwahrscheinlich, daß das ländlich-rückständige Israel der vorstaatlichen Periode mit diesem Gut in Kontakt gekommen ist. Erst seit dem 8. Jh. sei es wahrscheinlich, daß mesopotamische Vorstellungen nach Israel eingedrungen sind. Damals bestanden enge Beziehungen zu Mesopotamien, als Manasse, Amon und Josia mesopotamische Götterbilder

---

1 S. o. S. 293ff.

2 Albright, ebd., vermutet, daß die Amoriter und Proto-Aramäer zwischen 2000 und 1700 v. Chr. die Mythologie in mündlicher Form in die obere Euphratgegend brachten und sie von dort durch die Ahnen Israels (Abraham) um die Mitte des 2. Jahrtausends nach Kanaan übermittelt wurde. Diese These wird auch von Sellin, Urgeschichte 36; Woolley, PEQ 88, 19; Childs, Myth 38, vertreten.

3 So Gunkel, ebd.; Sellin, ebd.; Woolley, ebd.; Barr, ebd. - Bei Gunkel Schöpfung 157, findet sich noch der Satz: "Sollen wir uns das alte Israel etwa zur Zeit eines Elia so roh vorstellen, daß es einen solchen Gedanken (sc. der Schöpfung) nicht hätte fassen können?" - Hier wird die subjektive Psychologie als Beweis zu Hilfe genommen.

4 Urgeschichte 515ff.

5 ThAT 52f. 93. 231; ders., ZAW 23, 176ff.

6 ZAW 53, 130ff; ders., Sources 72ff; ders., JBL 58, 87ff.

7 Ebd.

im Jerusalemer Tempel aufstellten. Zwar können einzelne Israeliten bereits in früherer Zeit Kenntnis der mesopotamischen Mythen gehabt haben; jedoch sind sie erst in der mittleren Königszeit ins breitere Bewußtsein gerückt. Damals wurden die Schöpfungsmythen auf Jahwe übertragen und zum Bestandteil der offiziellen Jahwereligion. Mowinckel bestreitet, daß die von Gunkel angeführten primitiven Züge der Mythologie auf ein hohes Alter schließen lassen. Solche Züge können vielmehr in populärer Tradition lange überleben. Die These, daß das mythologische Gut bereits in früher Zeit nach Israel eingewandert sei, ist "neither based on exact proofs nor upon detailed grounds of probability, but on general considerations" (1). Eine allgemeine Bekanntschaft mit der mesopotamischen Mythologie müsse nicht bedeuten, daß auch Israel damit vertraut war.

c) Um die Jahrhundertwende haben Delitzsch (2) und Haupt (3) das Exil als Datum für die Übernahme mesopotamischer Mythologie angegeben. Delitzsch (4) geht von der Tatsache aus, daß vor dem Exil auf keine der Urgeschichten Bezug genommen werde. Deshalb sei das Vorhandensein von J und P in vorexilischer Zeit literarisch und religionsgeschichtlich nicht nachweisbar. In der Gegenwart haben sich Morgenstern (5) und Winnett (6) dieser Meinung angeschlossen.

Auf dem Hintergrund dieses Forschungsüberblicks soll die in (c) dargestellte Meinung aufgenommen und durch weitere Argumente und Überlegungen begründet werden:

1. In der vorexilischen Prophetie fehlt jegliche Spur von Mythologie oder von Schöpfungsmythen. Sie sind erst seit Ezekiel nachweisbar. Bei Fohrer (7) finden wir die Aussage, daß außerhalb der Urgeschichte mythische Motive "erst wieder von Ezechiel verwendet" werden. "Das Vorkommen solcher Überlieferung kann daher geradezu als ein Merkmal später Entstehungszeit der Texte gelten, zumal es anscheinend auf einer durch Deportation und Diasporasituation beeinflußten, wenn gar hervorgerufenen veränderten Bewußtseinslage beruht". Auch Fohrer sieht demnach in der Situation des Exils die Hauptursache für das Eindringen mythologischen Gutes. Es handelt sich jedoch nicht um ein "erst wieder", sondern um ein "überhaupt erst". Denn seine Argumentation muß auch auf die jahwistische Urgeschichte angewandt werden.

---

1 Mowinckel, Sources 73.
2 Paradies 93.
3 Nach Delitzsch, ebd.; Original mir nicht zugänglich.
4 Ebd.
5 HUCA XIV, 93 A. 114.
6 JBL 84, 1ff.
7 Einl 96.

JE steht in seiner Aufnahme mythologischen Gutes völlig isoliert in der vorexilischen Literatur- und Religionsgeschichte da. Datiert man JE dagegen in die exilisch-nachexilische Zeit, so fügt sich das Werk reibungslos in eine Periode ein, in der auch sonst mythologische Elemente zu finden sind. Die von Budde u.a. für ein Datum der mittleren Königszeit angeführten Argumente sind nicht stichhaltig. Sie bauen lediglich auf den Notizen von dem Aufstellen mesopotamischer Götter im Jerusalemer Tempel auf. Doch stammen diese Notizen aus dem dtr Geschichtswerk und werden durch keinerlei Hinweise aus der übrigen vorexilischen Literatur gestützt.

2. Mit Recht beobachtet Gunkel (1), daß die bei Ezekiel verarbeitete Mythologie "bei weitem mythologischer als die von Gen 2f." sei. (2) Gen 2f hat die mythologischen Elemente bereits völlig in den jahwistischen Glauben integriert, während sie bei Ez noch in roher Gestalt vorliegen. Daraus ist zu folgern, daß Gen 2f ein religionsgeschichtlich späteres Stadium repräsentiert und bereits eine längere Epoche der Verarbeitung mythologischen Gutes voraussetzt.

3. Die Amarnabriefe reichen nicht als Beweis dafür aus, daß Israel bereits in vorstaatlicher Zeit mit der mesopotamischen Mythologie in Berührung gekommen ist. Dabei ist auf die von Stade und Mowinckel angeführten Argumente zu verweisen. Zwar wurde in Megiddo ein Fragment des Gilgameschepos gefunden (3); doch kann von dort nicht ohne weiteres auf das wesentlich rückständigere Juda und Jerusalem geschlossen werden. Auch die Gegner der Spätdatierung der Priesterschrift haben das Argument vorgebracht, daß die priesterschriftlichen Kultgesetze alt sein müssen, da sich ähnliche Gesetze bereits im Codex Hammurabi finden. (4) Doch beweist dies nichts über die Abfassungszeit einer atl. Schrift. Traditionen sind natürlich älter als der Zeitpunkt ihrer Verschriftung. Obwohl die Amarnabriefe den allgemeinen Schluß zulassen, daß damals in Palästina Babylonisch als Diplomaten- und Gelehrtensprache gesprochen wurde, so beweist dies nicht ohne weiteres, daß die Israeliten bereits um 1100 v.Chr. mit der mesopotamischen Literatur in Berührung gekommen sind. Die archäologischen Funde ergeben, daß die Israeliten im Bergland eine gegenüber der früheren Bevölkerung wesentlich niederere Kulturstufe besaßen. (5)

---

1 Genesis 35.
2 So auch Cooke, Ez 315; Gaster, IDB III, 484; Zimmerli, ThAT 147.
3 Goetze-Levy, 'Atiqot 2, 121ff.
4 S. die Forschungsübersicht bei Thompson, Moses 72ff.
5 Vgl. Kenyon, Archäologie 222ff. - Kenyon weist darauf hin, daß Megiddo um 1150 v.Chr. zerstört wurde und zur Zeit der Landnahme der Israeliten völlig unbesiedelt war.

Außerbiblische Zeugnisse über eine Bekanntschaft der Israeliten mit diesen Stoffen zur damaligen Zeit fehlen gänzlich. Das Alte Testament selbst gibt klar zu erkennen, daß in der vorexilischen Literatur jegliche Anspielung auf mythologische Stoffe fehlen. Dieses argumentum e silentio wiegt schwerer als der aus den Amarnabriefen abzuleitende Befund, der höchstens etwas über die frühere Periode und andere Völkerschaften aussagt. Offensichtlich lernten die Israeliten die mesopotamische Mythologie erst bei ihrem unfreiwilligen Aufenthalt im Zweistromland während des Exils kennen. Dies geht auch daraus hervor, daß zunächst nur die in Babylon wirkenden Propheten, wie Ezek und Dtjes, mythologisches Gut aufnehmen, während die etwa gleichzeitig in Palästina entstandenen Schriften, wie Dtn oder Jer, keine Spur davon enthalten. Die Aufnahme und Verarbeitung dieses Gutes kann innerhalb weniger Jahrzehnte erfolgen, so daß man nicht eine jahrhundertelange Vorgeschichte postulieren muß.

4. Schöpfungsmythen sind bisher im palästinensisch-syrischen Raum nicht nachgewiesen worden. Ugarit als "Kronzeuge" für die kanaanäische Religion kennt solche Mythen nach den bisherigen Textfunden nicht. Zwar wird dort El als Schöpfer der Götter und Menschen tituliert. Doch findet sich nirgendwo ein Hinweis auf Kosmogonien oder Schöpfungsgeschichten. Pope (1) beobachtet: "There is hardly anything that could be called a creation story or any clear allusion to cosmic creativity in the Ugaritic texts so far exhumed". (2) Das in Ugarit verbreitete Motiv des Chaoskampfes muß von der Schöpfungsvorstellung deutlich unterschieden werden. (3) Der Kampf zwischen Baal und Jam setzt die Schöpfung bereits voraus und schafft sie nicht erst. (4) Allerdings wurde in Ugarit ein akkadisch verfaßtes Tafelfragment der babylonischen Flutgeschichte gefunden. (5) Doch haben Schöpfungs- und Flutmythen keinen Eingang in die genuin ugaritische Mythologie gefunden. (6)

   Dieser Befund stellt die These einer frühen Übernahme mesopotamischer Mythologie durch Israel sehr in Frage. Wenn dieses Gut selbst in Ugarit, einer der bedeutendsten Handels- und Kulturzentren der damaligen Welt, nicht zum Bestandteil der lokalen Religion und Literatur wurde, wieviel unwahrscheinlicher ist dies für das entlegene Jerusalem! Somit muß bezweifelt werden, daß Israel diese Vorstellungen aus der kanaanäischen Religion übernehmen konnte. Der Befund innerhalb des AT

---

1 El 49.
2 Ähnlich auch W. H. Schmidt, Königtum 58ff; ders., Schöpfungsgeschichte 27; Donner-Röllig, WMyth I, 280. 309.
3 Vgl. Schmidt, ebd.; Fischer, VT 15, 313ff.
4 Vgl. Kaiser, Meer 76.
5 Vgl. Millard-Lambert, Atra-Ḫasīs 131ff.
6 Erst Philo von Byblos berichtet um 100 n. Chr. von phönizischen kosmogonischen Mythen.

und die historische Wahrscheinlichkeit deuten vielmehr darauf hin, daß Israel während des mesopotamischen Exils die dortige Mythologie kennenlernte und sie zur Ausschmückung und Verteidigung des Jahweglaubens benutzte. Auch die in der Urgeschichte zum Ausdruck kommende Vertrautheit mit der Geographie Mesopotamiens ist am besten auf dem Hintergrund des Exils verständlich.

Wenn die mesopotamische Mythologie somit erst seit dem Exil in Israel bekannt und literarisch verarbeitet wurde, kann auch das jehowistische Geschichtswerk erst in exilisch-nachexilischer Zeit entstanden sein. In etwa der gleichen Zeit hat auch die Priesterschrift mythologisches Material in ihre Darstellung der Heilsgeschichte aufgenommen und theologisch verarbeitet. Für die Absorption und Umformung mesopotamischer Vorstellungen in Israel muß nicht ein jahrhundertelanger Prozeß angenommen werden. Dies konnte in wenigen Jahrzehnten geschehen. So hat z.B. Deuterojesaja den aus der persischen Religion stammenden Dualismus in die Jahwereligion eingebracht, obwohl die Israeliten sicher erst im Exil damit vertraut wurden. Jehowist und Priesterschrift gehören in eine allgemeine restaurative Bewegung, die in der Mitte des 1. Jahrtausends in weiten Teilen des Alten Orients zu beobachten ist. (1) Damals wurden besonders in Mesopotamien die alten Mythen eifrig gesammelt und neu abgeschrieben. Die meisten uns erhaltenen Texte stammen aus jener Zeit, insbesondere aus der im 7. Jh. von Assurbanipal zusammengetragenen Bibliothek.

1.2. Der Einfluß der mesopotamischen Geschichtsschreibung

Der Jehowist weist auffallende Übereinstimmungen mit der mesopotamischen Geschichtsschreibung auf:

a) In Aufbau und Inhalt entspricht die Urgeschichte weithin der sumerischen Königsliste. (2) Sowohl in Gen 2-11 als auch in der Königsliste ist eine charakteristische Abfolge der Ereignisse zu beobachten: Schöpfung - Sintflut - Neubegründung der Welt. (3) Im Unterschied zur Königsliste sieht der Jehowist die Zeit vor der Flut als Unheilszeit an, während sie in der Königsliste als Heilszeit konzipiert ist. (4) Wie nach JE die Menschen vor der Flut eine lange Lebensdauer besitzen, so erwähnt auch die sumerische Königsliste große Regierungszahlen für die Zeit

---

1 Vgl. dazu Speiser, ANET 60; Heidel, Genesis 13f; Sollberger, Story 13f; Lambert-Millard, Atra-Ḫasīs 31ff; Parrot, Flood 22f; Albright, Stone Age 241ff. - S. dazu u. S. 346f.

2 Vgl. Jacobsen, Kinglist.

3 S. dazu v. Rad, ThAT I, 167ff; Gese ZThK 55, 134ff; Speiser, Gen LIII; Rendtorff, Ges.St. 198ff; Westermann, Gen 783.

4 Vgl. Rendtorff, Ges.St. 207.

vor der Flut. Die zehn Urväter der Bibel entsprechen den zehn Königen vor der Flut in der Königsliste. (1)

Auch sonst weist die Urgeschichte Elemente aus der mesopotamischen Geschichtsschreibung auf. Der Stil des "noch nicht" (vgl. Gen 2, 4ff) ist auch in dem babylonischen Schöpfungsepos enūma eliš belegt. Kosmologische Einleitungen sind in der mesopotamischen Literatur weit verbreitet. Die Genealogie und Völkertafel der biblischen Urgeschichte haben ihr Vorbild in der in Mesopotamien weit verbreiteten Listenwissenschaft. (2)

b) Die Gesamtkonzeption des jehowistischen Geschichtswerkes entspricht mesopotamischen Vorbildern. (3) Ähnlich wie in JE findet sich dort häufig die Vorstellung, daß die Geschichte nach einem göttlichen Plan verläuft. (4) Mit mesopotamischen Geschichtswerken hat JE auch den weltgeschichtlichen Aufriß und die universale Perspektive gemein. (5)

c) Van Seters (6) hat die Aufmerksamkeit auf die in JE häufig vorkommenden Ausdrücke Amoriter und Hethiter (vgl. Gen 25, 9f; 26, 34; 27, 46; Ex 3, 8. 17; 23, 20-23; Num 21, 21-35) gelenkt. Beide Termini sind in assyrischen und babylonischen Königsinschriften seit dem 8. Jh. belegt. Es handelt sich um ideologisch und rhetorisch gebrauchte Termini für die Urbevölkerung Syriens und Palästinas, die seit Sanherib synonyme Bedeutung haben. Sie stimmen darin mit ihrem atl. Gebrauch überein und deuten keineswegs auf ein hohes Alter hin.

d) Dion (7) weist nach, daß die Formel "fürchte dich nicht" (vgl. Gen 15, 1; 21, 17; 26, 23f; 28, 13; 46, 1ff) in Mesopotamien im 2. Jahrtausend nicht belegt ist, sondern sich erst bei Asarhaddon und Assurbanipal in der Mitte des 1. Jahrtausends häufig findet.

e) Die Art, in der z. B. in Num 21 die Eroberung des Westjordanlandes beschrieben wird, entspricht der aus assyrischen und babylonischen Königsinschriften häufig bezeugten Kriegsberichtserstattung. (8)

---

1 Vgl. Delitzsch, Paradies 149 A. 146; Albright, JBL 58, 91ff.
2 Vgl. Meissner, Babylonien II, 363ff; Mowinckel, Sources 83; v. Soden, Wissenschaft; ders., Zweisprachigkeit 15ff; Malamat, JAOS 88, 163ff.
3 S. zu den Übereinstimmungen besonders Albrektson, History 77ff.
4 Als Beispiele sind zu nennen: die sog. Weidner Chronik (s. dazu Güterbock, ZA 42, 47ff), der "Fluch über Akkade" (s. dazu Falkenstein, ZA 57, 43ff), die Inschriften Asarhaddons (s. dazu Luckenbill, Records II, 242ff; Borger, Asarhaddon 13ff).
5 Vgl. Gese, ZThK 55, 141.
6 VT 22, 64ff.
7 CBQ 29, 198ff.
8 Vgl. Van Seters, JBL 91, 182ff.

Wann und wie ist Israel mit der mesopotamischen Geschichtsschreibung in Berührung gekommen? Die Möglichkeit einer Vermittlung durch die Kanaanäer scheidet aus, da im gesamten syrisch-palästinensischen Raum Geschichtsschreibung im eigentlichen offensichtlich unbekannt ist. Zwar gibt es einzelne Königsinschriften, die aus Syrien, Phönizien, Ugarit, Moab stammen. Doch ist es hier zu einer zusammenhängenden Darstellung von Geschichte nicht gekommen. Aus Israel ist nicht einmal eine Königsschrift überliefert, die mit dem Mescha-Stein vergleichbar wäre. Da Palästina zu den archäologisch am intensivsten erforschten Gegenden gehört, kann dieses Fehlen nicht mit dem Hinweis auf die Zufälligkeit archäologischer Funde erklärt werden. (1) Es gibt lediglich etwas epigraphisches Material, wie die Samaria-Ostraka, die Siloahinschrift, sowie die Lachisch-Briefe, jedoch keinerlei Dokumente, die als Literatur oder Geschichtsschreibung zu betrachten wären.

Nur zwei Völker des Alten Orients haben klassische Geschichtsschreibung hervorgebracht: die Mesopotamier und die Hethiter. (3) In der ägyptischen Kultur läßt sich die Idee der Geschichte nicht nachweisen. (4) Zwar sind dort eine ungeheure Zahl schriftlicher Dokumente erhalten. Es fehlt jedoch die Vorstellung von Ursache und Wirkung, wie sie für die Geschichtsschreibung in Mesopotamien, bei den Hethitern und in Israel charakteristisch ist. Ein Bewußtsein von Vergangenheit und Zukunft ist nicht festzustellen, vielmehr ist die Welt als statisch und unwandelbar gedacht. Historische Ereignisse stören nur die ewige Ordnung. (5)

Die Assyrer benutzten die Geschichtsschreibung als Mittel, ihre expansive Politik als gottgewollt zu rechtfertigen und ihre politische Vorstellung zu propagieren. In Babylonien begann man erst nach 800, Chroniken mit den Hauptereignissen eines Jahres zu verfassen. Die Sumerer lassen Anfänge eines geschichtlichen Denkens in den von ihnen erhaltenen Listen erkennen, doch war es im Verhältnis zu späteren Epochen noch unterentwikkelt. (6)

---

1 Vgl. Nielsen, Tradition 55; Moscati, History 13 A. 3.

2 Nielsen, ebd. 60, hat daraus die Konsequenz gezogen, daß schriftliche Zeugnisse in vorexilischer Zeit unbedeutend gewesen waren und stattdessen die mündliche Tradition im Vordergrund stand.

3 S. dazu Güterbock, ZA 42, 1ff; Olmstead, Assyria 577ff; Meissner, Babylonien II, 363ff; Speiser in Dentan, Idea 35ff; Kramer, Sumerians 34ff.

4 S. dazu Gese, ZThK 55, 128; Frankfurt, Birth 20f; Speiser, IEJ 7, 204.

5 Die Perser haben später die geschichtliche Tradition Mesopotamiens weitergeführt. S. dazu Cameron in Dentan, Idea 91ff.

6 Vgl. v. Soden, Zweisprachigkeit 22.

Israel kann also die Anregung zur Geschichtsschreibung nur aus Mesopotamien erhalten haben. (1) Darauf weisen auch die oben dargestellten mannigfachen formalen und inhaltlichen Übereinstimmungen zwischen der mesopotamischen und der israelitischen Geschichtsschreibung hin. Dies führt zu der Frage, wann Israel mit der geschichtlichen Tradition Mesopotamiens in Berührung kam. Gese (2) nimmt zu der Verlegenheitsauskunft Zuflucht, daß diese Ideen "durch irgendwelche mündliche Tradition nach Israel gekommen" seien. Doch ist dies unwahrscheinlich, zumal diese Ideen dann zuerst zu den Phöniziern oder den Ugaritern hätten gelangen müssen, die mit Mesopotamien viel engere kulturelle und wirtschaftliche Beziehungen unterhielten. Nun hat Israel während und nach dem Exil die mesopotamische Kultur aus der Nähe kennengelernt. Somit legt sich diese Periode als der Zeitpunkt nahe, in dem Israel auch mit der mesopotamischen Geschichtsschreibung in Berührung kam. Dies bestätigt sich durch zwei Beobachtungen:

1. Alle übrigen Geschichtswerke des AT stammen aus exilisch-nachexilischer Zeit, nämlich DtrG, P und Chron.

2. In der vorexilischen Prophetie finden sich zwar - soweit es sich nicht um Zusätze handelt - gelegentliche Anspielungen auf Ereignisse aus der Geschichte des Volkes. Doch ist eine systematisch konzipierte Geschichtsschreibung bei ihnen noch nicht nachweisbar. Da Israel wohl erst im Exil die Kunst der mesopotamischen Geschichtsschreibung kennenlernte, kann auch das jehowistische Werk erst damals entstanden sein. Die deutliche Abhängigkeit von der mesopotamischen Geschichtsschreibung läßt eine Entstehung der israelitischen Geschichtswerke erst seit dem Exil als wahrscheinlich erscheinen. Der Aufenthalt in Mesopotamien gab den Israeliten die Mittel in die Hand, ihre eigene Vergangenheit darzustellen und zu interpretieren.

   In der Mitte des 1. vorchristlichen Jahrtausends läßt sich für den gesamten Alten Orient ein auffallendes Interesse an der Geschichte beobachten. (3) Insgesamt herrscht eine restaurative und archaisierende Tendenz. In Ägypten versuchte die Sais-Dynastie das Zeitalter des Alten Reiches zu erneuern. In den königlichen Inschriften wurden die alten Schriftzeichen imitiert. Eine ähnliche Tendenz ist auch in Mesopotamien zu finden: Sargon II, erwähnt in seinen Inschriften die Epen der altbabylonischen Epoche. Assurbanipal sammelt im 7. Jh. die größte Bibliothek von Werken aus der Vergangenheit, die der Alte Orient je gesehen hat. Sie ist die beste Quelle für unsere Kenntnis der altorientalischen Kultur und Geschichte. Der König ließ hierfür alle erreich-

---

1 So auch Speiser, IEJ 2, 209.

2 ZThK 55, 141.

3 S. dazu Albright, Stone Age 241ff; Ackroyd, Exile 31ff; Wiseman, Chronicles 3; Noth, Geschichte 275f; Thomas, JCS 6, 45f.

baren Texte zusammentragen und neu abschreiben. (1) Er selbst berichtet über seine Ausbildung als Kronprinz: "Ich lese die kunstvollen Tafeln in Sumerisch, das verdeckte Akkadisch, das schwer zu meistern ist; ich verstehe den Wortlaut von Steininschriften von vor der Sintflut, die völlig rätselhaft sind......" (2) Assurbanipals Bruder Šamaššumukin von Babylon verfaßte selbst sumerische Inschriften. Diese Tradition wurde von den neubabylonischen Herrschern Nebukadnezzar und Nabonid fortgesetzt. Sie berichten, daß sie den Grundstein Hammurabis gefunden hätten. Nabonid grub alte Tempel aus, entzifferte Inschriften und setzte alte Kulte wieder ein. Die unter Nebukadnezzar begonnene Renovation von Ur führte er weiter. (3) Nabonid zählte auf, welche Könige vor ihm regiert haben, um so den Nachweis der Kontinuität seines Einheitsreiches zu erbringen. (4)

Die Entstehung der israelitischen Geschichtsschreibung läßt sich somit gut auf dem Hintergrund der Mitte des 1. Jahrtausends verstehen. Als im gesamten Alten Orient das Interesse an alten Überlieferungen erwachte und Israel durch das Exil mit der großartigen mesopotamischen Geschichtsschreibung in Berührung kam, beschäftigen sich auch die Israeliten mit ihrer Vergangenheit. Es entstanden mehrere große Geschichtswerke, darunter auch JE.

1.3. Der Zeitpunkt der Verschriftung der israelitischen Überlieferung

Die im vorangehenden Abschnitt aufgezeigte literarische Aktivität in der Mitte des 1. Jahrtausends hatte für den mesopotamischen Raum noch einen speziellen Grund: Seit dem 8. Jh. war das Aramäische im Vordringen und nahm neben dem Assyrischen und Babylonischen immer mehr als Handels- und Umgangssprache den führenden Platz ein. Ab ca. 500 v. Chr. war Mesopotamien völlig aramäisiert. (5) Die persische Regierung erhob im 5. Jh. das Aramäische schließlich zur Amtssprache (sog. Reichsaramäisch). Da die alten Mythen und Epen in Sumerisch und Akkadisch verfaßt waren und bisher weithin nur mündlich tradiert wurden, waren sie vom Aussterben bzw. Vergessen bedroht. Um sie zu bewahren, mußten sie schriftlich fixiert werden. Bereits in altbabylonischer Zeit war die sumerisch verfaßte Überlieferung verschriftet worden, als sich das Babylonische durchsetzte. (6)

---

1 Vgl. v. Soden, Herrscher 131f. - Allerdings erwähnt bereits Salmanassar I, daß er Sumerisch gelernt habe. Vgl. AOB I, 140f.

2 Falkenstein-v. Soden, Hymnen 13; vgl. v. Soden, Herrscher 127.

3 Vgl. Saggs, Babylon 146.

4 Vgl. Langdon, Königsinschriften 226ff.

5 Vgl. Baumgartner, ZAW 45, 81ff; v. Soden, Herrscher 147; Mallowan, Archaeology 70; Bowman, JNES 7, 72ff.

6 Vgl. Falkenstein-v. Soden, Hymnen 16; Edzard, WMyth I, 27.

Nicht nur im mesopotamischen Raum, sondern auch in Syrien, Phönizien und Palästina setzte sich das Aramäische immer mehr durch. Die bisher gesprochenen Sprachen (Phönizisch, Hebräisch usw.) wurden in der Umgangssprache durch das Aramäische abgelöst. Bereits zur Zeit Hiskias verstanden nach dem Bericht von 2K 18, 26 = Jes 36, 11 die Führer Judas Aramäisch. Koch (1) nimmt deshalb mit Recht an, daß "während des Exils und kurz danach ein intensives planmäßiges Bestreben eingesetzt hat, religiöse Tradition schriftlich niederzulegen". Da das Hebräische immer mehr zurückging, drohte die bisher hebräisch tradierte Überlieferung auszusterben. Deshalb setzte eine Bewegung ein, die Überlieferung zu verschriften. Gunkel (2) hatte bereits vermutet, daß J und E aus einer Zeit stammen, als man befürchten mußte, die mündliche Tradition könnte aussterben, wenn sie nicht verschriftet wurde. Zu keiner anderen Periode der israelitischen Geschichte bestand eine solche Bedrohung mehr als in und nach dem Exil. Hinzu kam der politische und kulturelle Niedergang des Volkes. Mit der Zerstörung Jerusalems waren auch die Archive weitgehend verloren gegangen. Die Deportation der oberen Schichten bedrohte die Weiterexistenz von Volk und Kultur. Deshalb bestand durch das Exil die Notwendigkeit, die noch im Gedächtnis verbliebene Überlieferung zu sammeln und niederzuschreiben, denn Tafeln konnten unmöglich mit nach Mesopotamien genommen werden. (3) Die sog. Uppsalaschule (4) vertritt bereits seit längerem die These, daß bis zum Exil die mündliche Überlieferung vorherrschend war. Nyberg schreibt: "The written Old Testament is a creation of the post-exilic Jewish community; of what existed earlier undoubtedly only a small part was in fixed written form." (5) Es ist zwar nicht grundsätzlich ausgeschlossen, daß bereits in vorexilischer Zeit einige schriftliche Dokumente vorlagen. Doch spricht vieles dafür, daß eine Verschriftung auf breiter Basis erst mit dem Exil eingesetzt hat. Der größte Teil der atl. Literatur stammt ohnehin nach allgemeinem Konsensus aus der exilisch-nachexilischen Epoche. Damals entstanden die großen Geschichtswerke des Dtr, der Priesterschrift und des Chronisten. Die meisten Psalmen und die weisheitliche Literatur stammen ebenfalls aus jener Zeit. Auch wird gewöhnlich angenommen, daß die prophetische Überlieferung damals zumindest neu bearbeitet wurde. (6)

---

1 Formgeschichte 93.

2 Genesis LXX.

3 Vgl. Mowinckel, IDB IV, 685.

4 Engnell, Scrutiny 50ff; Nielsen, Tradition; sowie die Arbeiten von Nyberg und Widengren.

5 Studien zum Hoseabuche 8, zitiert nach Nielsen, Tradition 39.

6 Selbst G.W. Anderson, Introd. 105, gesteht zu, daß für das Vorhandensein von schriftlichen Dokumenten in vorexilischer Zeit wenige direkte Beweise vorhanden sind.

Es muß deshalb angenommen werden, daß die Verschriftung der altisraelitischen Überlieferung auf breiter Basis erst in und nach dem Exil erfolgte. Somit kann auch der Jehowist nicht vorher entstanden sein. Er gehört vielmehr in jene Bewegung hinein, die das durch die Ablösung des Hebräischen durch das Aramäische und durch die politischen Umstände drohende Aussterben der Tradition zu verhindern suchte. Damals sammelten auch der Dtr und die Priesterschrift alte Überlieferungen und verarbeiteten sie in ihren Geschichtswerken. (1)

1.4. Die negative Sicht Ägyptens in den Exoduserzählungen

Es wurde bereits darauf hingewiesen, (2) daß die Exoduserzählungen Ägypten und den Pharao in ein sehr negatives Licht rücken. Offensichtlich gehört diese negative Sicht Ägyptens wesentlich zum sog. Exodus pattern. (3) Eine solche Sicht ist im 10. Jh. undenkbar, denn damals bestanden zwischen Israel und Ägypten freundschaftliche Beziehungen und zwischen den beiden Königshäusern sogar verwandtschaftliche Bande.

Man könnte dann auf die Zeit nach dem Feldzug Schoschenks (922/1) hinweisen. Doch hat dieser Feldzug offensichtlich keine nachhaltige Wirkung ausgelöst, da sich die judäischen Könige später angesichts der Bedrohung durch die Assyrer häufig um gute Beziehungen zu Ägypten bemühten (vgl. 2K 18,21; Jes 31,3 u.a.). In der älteren Prophetie wird vor Ägypten nur gewarnt, weil es zu schwach sei, aber nicht, weil es damals die Israeliten unterdrückte. Nirgendwo werden die Ägypter als Sklavenhalter apostrophiert, noch die Israeliten vor einem Bündnis mit ihnen im Hinblick auf die Ereignisse während des Exodus gewarnt. Selbst in der Warnung Jeremias vor einer Auswanderung nach Ägypten (Jer 42) fehlt jegliche Erwähnung des Exodus. Noch in Dtn 23,8f erscheint Ägypten in einem positiven Licht.

Erst seit ca. 600 sind in der atl. Literatur negative Aussagen über Ägypten belegt. In der exilisch-nachexilischen Prophetie finden sich zahlreiche Drohworte gegen Ägypten und seinen Pharao. (Vgl. Jes 19; Jer 46; Ez 29-31; Jo 4,19 usw.) Als Beginn der dauernden Feindschaft zwischen Ägypten und Israel muß der Zusammenstoß der Heere beider Völker bei Megiddo im Jahre 609 betrachtet werden, der den Tod Josias zur Folge hatte. Damals versuchte Ägypten, seine alte Vorherrschaft über Palästina zurückzugewinnen. Später galt im 4. Jh. Ägypten als der eigentliche Feind

---

1 Aus der neueren Geschichte ist auf die Gebrüder Grimm hinzuweisen, die zu Beginn des 19. Jh. die alten Märchen sammelten, als die mündliche Erzählkunst vom Aussterben bedroht war.

2 Oben S. 320.

3 Ausdruck von Daube (Exodus pattern). - Zur Klärung der folgenden Erörterungen bin ich für ein Gespräch mit P.A.H. de Boer, Leiden, dankbar.

des Judentums, als es zwischen 408 und 343 selbständig war. Auf dem Hintergrund der exilisch-nachexilischen Zeit muß deshalb die in den Exoduserzählungen zum Ausdruck kommende negative Sicht Ägyptens und des Pharao gesehen werden. Trotz des gespannten Verhältnisses gab es damals eine lebhafte Kommunikation zwischen beiden Völkern. In Ägypten, insbesondere in Alexandria existierte eine große jüdische Diaspora. Somit konnten die Judäer damals eine Detailkenntnis über die ägyptischen Verhältnisse erwerben, die sich sowohl in der Josephsgeschichte als auch in den Exoduserzählungen niederschlug. (1)

1.5. Die Geschichte vom Turmbau zu Babel (Gen 11, 1-9)

Es wurde bereits oben erwähnt, daß der in Gen 11, 1ff im Mittelpunkt stehende Turm zu Babel mit der dortigen Zikkurat zu identifizieren ist. Die Geschichte setzt zugleich voraus, daß diese Zikkurat unvollständig bzw. zerstört ist und seine Erbauer in alle Welt zerstreut sind. Aus welchem historischen Hintergrund ist diese Episode zu erklären? (2)

Bereits im 2. vorchristlichen Jahrtausend stand im Tempelbezirk von Babylon eine Zikkurat. Sie wurde jedoch zerstört und dann wahrscheinlich um 1100 von Nebukadnezzar I. wieder aufgebaut. (3) Ein Bautext dafür ist allerdings nicht bekannt. Der Turm blieb unvollendet und wurde schließlich im Jahr 689 von Sanherib zerstört. Seine Nachfolger Asarhaddon und Assurbanipal bauten ihn wieder auf. Letzterer mußte ihn allerdings bei dem Aufstand seines Bruders Šamaš-šumukin teilweise zerstören. Unter Nabupolassar und Nebukadnezzar II. wurde er in für damalige Zeiten unerhörten Dimensionen aufgebaut. (4) Schließlich zerstörte der Perserkönig Xerxes den Turm im Jahre 480.

Gen 11 setzt voraus, daß der Turm außergewöhnliche Ausmaße besitzt. Diese Ausmaße hat er jedoch erst unter Nabupolassar und Nebukadnezzar im 7. und 6. Jh. erreicht. Vorher unterschied sich die in Babylon existierende Zikkurat kaum von den zahlreichen anderen Zikkurats Mesopotamiens. Zudem fehlen für die Zeit vor 700 jegliche archäologischen Überreste. Auch die textliche Bezeugung ist sehr spärlich und setzt für das 10. und 9. Jh.

---

1 Vgl. Redford, VT 13, 417f.

2 S. zu den folgenden Ausführungen Dombart, Turm 15ff; Jeremias, Das Alte Testament 171ff; Parrot, Tower 18ff; v. Soden, UF 3, 253ff; Frenz, VT 19, 190ff; Westermann, Gen 1-11, 95ff.

3 Von Soden, ebd. stützt dieses Datum jedoch hauptsächlich auf die von ihm als selbstverständlich angenommene Datierung des Jahwisten ins 10. Jh.

4 Die Höhe des Turms erreichte ungefähr 90 Meter, während sein Grundriß ca. 90 x 90 Meter betrug.

völlig aus. (1) Somit kann die Turmbauerzählung - zumindest in ihrer jetzigen Form - nicht vor dem 7. bis 6. Jh. entstanden sein.

Die Bauinschriften der neubabylonischen Könige zeigen mancherlei Übereinstimmungen mit Gen 11: Im Baubericht Nabupolassars werden Asphalt und Brandziegel (vgl. Gen 11, 3) als Baumaterial erwähnt. Nebukadnezzar berichtet, daß weite Völkerscharen, die Gesamtheit der Nationen, zum Bau des Turmes aufgeboten wurden. Von einem Plan Marduks, Land und Leute zu zerstreuen, berichtet bereits die vorhin erwähnte Inschrift Sanheribs. (2) Dies läßt darauf schließen, daß der Verfasser des jehowistischen Werkes mit den neubabylonischen Bauinschriften vertraut war und diese für seine Erzählung benutzt hat. Gen 11 kann deshalb nicht vor dieser Zeit entstanden sein.

Noch ein weiterer Gesichtspunkt kommt hinzu: In Gen 11 geht es nicht nur um den Bau eines Turmes, sondern zugleich um den Bau einer riesigen Stadt, (3) die als Mittelpunkt der Welt gedacht ist. Nun weist v. Soden - der im übrigen an der traditionellen Datierung von J festhält - darauf hin, daß Babylon erst unter Nebukadnezzar nach 600 zu einer wirklichen Weltstadt wurde. Vorher hatte es im 1. Jahrtausend keine überregionale Größe oder Bedeutung. Erst als die neubabylonischen Herrscher die Hauptstadt ihres riesigen Reiches nach Babylon verlegten, wurde die Stadt zur Weltmetropole. Somit ist die Erzählung von Gen 11 auch von diesem Motiv her nicht vor dem 7. Jh. denkbar.

Zwar berichtet 2 Kön 20, 12 = Jes 39, 1 von einer Gesandtschaft des babylonischen Hönigs Merodach-Baladan an Hiskia, doch kommt die Stadt sonst nirgendwo in alten Texten vor. Erst vom Exil an erscheint sie in verschiedenen Zusammenhängen (vgl. DtrG; Ps 137, 1ff; Jes 13, 1. 19; 14, 2; 21, 9; 48, 14; Mi 4, 10; Sach 2, 11; 6, 10 usw.). Von Soden (4) hält Handelsbeziehungen zwischen Babylon und Jerusalem aufgrund der großen Entfernungen für unwahrscheinlich. Es findet sich im AT darauf auch keinerlei Hinweis.

---

1 Vgl. Saggs, Archaeology 42. - Speiser, Gen 75, gibt die Identifikation mit der Zikkurat von Babylon völlig auf, da er an der herkömmlichen Datierung von J festhält und dies dann nicht mit der Tatsache in Einklang bringen kann, daß die babylonische Zikkurat erst im 7. - 6. Jh. gebaut wurde.

2 So Dombart, Turm 32f.

3 Gunkel, Gen 92ff, unterscheidet deshalb eine "Stadtrezension" und eine "Turmbaurezension". Die Einheitlichkeit der Erzählung wird andrerseits zu Recht von Pedersen, Israel I-II, 249; v. Rad, Genesis 125, und Westermann, Gen 1-11, 100f betont.

4 WO 7, 236.

Der Inhalt der Turmbauerzählung läßt sich auf dem Hintergrund der exilisch-nachexilischen Epoche gut verständlich machen. Babylon wurde für die dorthin deportierten Israeliten zum Inbegriff einer gottlosen Stadt. Die riesigen Bauten und insbesondere der überdimensionale Tempelturm mußten den Israeliten als Inbegriff menschlicher Überheblichkeit und Selbstherrlichkeit erscheinen. Dies kommt in den Drohworten nachexilischer Propheten häufig zum Ausdruck. (vgl. Jes 13f; Jer 50f). Gen 11 spiegelt diese Empfindungen der Deportierten wider. Eine mesopotamische Vorlage ist bisher nicht nachgewiesen worden. (1) Es ist auch unwahrscheinlich, daß eine solche existiert hat, denn nur aus israelitischer Sicht erschien die Weltstadt Babylon und ihr Tempelturm als widergöttliches Unternehmen.

1.6. Die Völkertafel (Gen 10)

Die Völkertafel von Gen 10 wird gewöhnlich den Quellen P und J zugeschrieben. Dabei ist die quellenmäßige Zuordnung im Einzelfall umstritten. Wir rechnen V. 8-19. 21. 24-30 zu J bzw JE. In welche Zeit ist die Völkertafel anzusetzen?

Städte wie Babylon, Erech, Niniveh und Nimrod haben natürlich bereits im 2. Jahrtausend existiert. Andere Städte und Völker, wie z.B. die Meder (V. 2), Griechenland (V. 2), Lydda (V. 22) oder die Japhetiten (V. 5), treten erst um die Mitte des 1. Jahrtausends ins Licht der Geschichte. (2) Doch werden die entsprechenden Verse zu P gerechnet. Jedoch ist die Erwähnung Kuschs in V. 8 vor dem 7. Jh. nicht denkbar, denn erst damals übte Kusch= Äthiopien die Herrschaft über Ägypten aus. (3) Gegen eine Datierung der Völkertafel ins 2. Jahrtausend spricht die Beobachtung, daß das Hethiterreich nicht erwähnt wird. Nach Winnett (4) weisen die arabischen Genealogien (V. 26-30) ins 6. Jh., da es erst aus dieser Zeit einheimische arabische Quellen gibt. Andernfalls wäre J älter als irgendeine arabische Quelle.

Die Völkertafel setzt eine umfassende Kenntnis der damaligen Welt voraus. Weder die Propheten des 8. Jh. noch sonstige vorexilische Texte lassen ein solches universales Wissen erkennen. Es ist eine unbewiesene Annahme, daß die Israeliten unter Salomo sich diese Kenntnis erwarben. Erst mit der Exilszeit treten die anderen Völker des Orients in den Gesichtskreis Israels und werden deshalb in den aus jener Zeit stammenden Texten des öfteren erwähnt.

---

1 Das Motiv der Sprachverwirrung durch die Gottheit ist neuerdings in dem sumerischen Fragment "Enmerkar and the Lord of Aratta" durch Kramer nachgewiesen worden. S. den Bericht in JBL 88, 504f.

2 Vgl. Simons, OTS 10, 155ff.

3 Schmidtke, Völkertafel 17.

4 Fs. May 171ff.

1.7. Der Befund der Elephantine-Texte

Auf der Insel Elephantine in Ägypten bestand im 5. und 4. Jh. v. Chr. eine jüdische Militärkolonie, von der eine Anzahl Papyri erhalten sind. Sie befassen sich mit Angelegenheiten des dortigen Tempels und seines Kultes, sowie mit geschäflichen und rechtlichen Dingen. Eine Kenntnis des Pentateuchs sowohl in seinen gesetzlichen als auch in seinen geschichtlichen Partien kann den Elephantine-Papyri nicht entnommen werden: "So far as we learn from these texts Moses might never have existed, there might have been no bondage in Egypt, no exodus, no monarchy, no prophets. There is no mention of other tribes and no claim to any heritage in the land of Judah. Among the numerous names of colonists Abraham, Jacob, Joseph, Moses, Samuel, David, so common in later times, never accur .... nor any other name derived from their past history as recorded in the Pentateuch and early literature". (1) Auch der Sabbat wird nicht erwähnt, obgleich man erwarten würde, daß er gelegentlich geschäftliche Transaktionen behinderte.

Dieser negative Befund in Elephantine muß als weiteres Argument gegen die Existenz von JE in vorexilischer Zeit gewertet werden. Hätte JE bereits existiert, so wären in den Texten Bezugnahmen auf die großen Gestalten und Ereignisse der frühen Geschichte Israels zu erwarten. Auch bei der Frage des Kultes und des Wiederaufbaus des Tempels wird der Pentateuch nirgendwo erwähnt.

2. Theologiegeschichtliche Argumente

2.1. Der theologische Anstoß zur Geschichtsschreibung

Wir haben bereits behandelt (2), daß Israel im Exil die mesopotamische Geschichtsschreibung kennenlernte und gleichzeitig durch das Vordringen des Aramäischen als Umgangssprache die Notwendigkeit bestand, die alten Überlieferungen schriftlich zu fixieren. In der besonderen Situation, in der sich Israel damals befand, kamen noch andere Gründe hinzu:

Durch die babylonische Eroberung war Israel seiner nationalen Existenz beraubt. Nach der Gefangennahme seines Königs und der Deportation der Oberschicht sah es so aus, als hätte das Volk keine Zukunft mehr. Durch die Aufarbeitung der alten Überlieferungen ergab sich jedoch die Möglichkeit, die Identität des Volkes auf eine neue theologische Basis zu stellen. (3)

---

1 Cowley, Papyri XXIII.

2 Oben S. 346ff.

3 Es läßt z. B. in der Gegenwart sich an der Geschichte der Armenier demonstrieren, daß in der Diasporasituation eine Neubesinnung auf die eigene Vergangenheit und Kultur erfolgt. Dies geschah offensichtlich auch in der babylonischen Diaspora, von der die entsprechenden Impulse zum Neuanfang ausgingen.

Die Überlieferungen erzählten von der großen Vergangenheit des Volkes, von bedeutenden Königen und gewaltigen Siegen. Daraus konnte sich eine neues Selbstverständnis und Selbstbewußtsein entwickeln, das die Basis für den völkischen Zusammenhalt und die Hoffnung auf Rückkehr in das Land der Väter bildete. Für den Jehowisten gilt, was Elliger (1) in Bezug auf die Priesterschrift sagt: "Weil das Volk Israel abermals in den Händen einer Großmacht und fern von seinem Erblande ist, deshalb wird ihm die alte Geschichte und vor allem, was aus ihr zu lernen ist, in dieser Prägnanz vor Augen geführt. Der Bund und die Verheißung gerade des Landes Kanaan bestehen noch immer".

Mit der äußeren politischen Katastrophe ging eine gewaltige religiöse Krise einher: Der Tempel war zerstört und damit das Volk der Grundlage seines bisherigen religiösen Lebens beraubt. Die Überlebenden bewegte die Frage, ob Jahwe sein Volk für immer im Stich gelassen habe (vgl. Djes 40, 27; 49, 14), oder ob er durch mächtigere Götter besiegt worden sei. In dieser Krisensituation war die Rückbesinnung auf Jahwes Taten in der Vergangenheit durch die Sammlung und Interpretation der alten Überlieferungen eine hilfreiche Notwendigkeit. Durch den Rückgriff auf die Vergangenheit konnte dem Volk der Weg in die Zukunft gewiesen werden. Als Fortführung der im dtr Geschichtswerk gegebenen "Ätiologie des Landverlustes" lieferte JE eine "Ätiologie des Landbesitzes" (2). Dem Volk wurde die Vergangenheit als Mahnung und Vorbild vor Augen gestellt.

Die exilisch-nachexilische Zeit bot somit auch und besonders in theologischer Hinsicht den Anstoß zur Geschichtsschreibung. Geschichtsschreibung hat im AT immer auch Theodize-Funktion. Jahwes Heilswille ist aus den Ereignissen der Vergangenheit klar zu erkennen; es liegt allein an Israel, sich in Gehorsam gegenüber Jahwes Geboten für die Zukunft Gottes zu öffnen. Im Rahmen dieses theologiegeschichtlichen Zusammenhangs ist auch die Entstehung des jehowistischen Werkes zu verstehen, das die Größe Jahwes in der Schöpfung und in der Geschichte Israels preisen will.

2.2. Der theologiegeschichtliche Hintergrund der Väterverheißung (3)

Im Mittelpunkt des jehowistischen Geschichtswerkes steht die Verheißung von Land und zahlreicher Nachkommenschaft, die sich wie ein roter Faden durch die Erzählungen hindurchzieht (vgl. Gen 12, 1-3. 7; 13, 14-17; 15, 1-7. 18; 24, 7; 26, 3f; 28, 13; Ex 32, 13; 33, 1). (4) Die an die Väter ergangenen Offenbarungen bedeuten nach Keller (5): "Jahwe ist Herr des Lan-

---

1 Kl. Schr. 196.
2 Ausdrücke bei Weippert, VT 23, 425.
3 S. zum Folgenden Van Seters, Abraham 269ff.
4 S. dazu z.B. Sellin, Einl 31; Fohrer, Einl 136.
5 ZAW 67, 153.

des, und er hat Abraham damit belehnt". Damit wird der Anspruch der Kanaanäer auf die Heiligtümer bestritten und das Land Abraham und seinen Nachkommen wie einer Dynastie zum Lehen gegeben. (1) Weippert (2) bezeichnet die jahwistisch - elohistische Geschichtsdarstellung als "eine einzige große Ätiologie des israelitischen Kulturlandbesitzes". Westermann (3) kommt bei einer Analyse der "Arten der Erzählung in der Genesis" zu dem Ergebnis, daß "nur ein sehr geringer Teil der Erzählungen in Gen 12-50 ursprünglich als Verheißungserzählungen konzipiert sind. Die meisten Erzählungen, in denen die Verheißungen begegnen, sind erst nachträglich zu Verheißungserzählungen umgestaltet worden oder die Verheißungen stehen außerhalb der alten Erzählungen als Erweiterungen, Ein- und Anfügungen, als Zwischenstücke oder als besondere Szene, die das Ergehen einer Verheißung darstellen. Das Verheißungsmotiv gehört ganz überwiegend dem Stadium des Zusammenfügens der alten Erzählungen zu größeren Einheiten an". Somit war es in erster Linie der Jahwist, der das Verheißungsmoment in den Mittelpunkt seines Werkes rückte und dadurch die verschiedenen Überlieferungen miteinander verklammerte.

Welches ist der theologiegeschichtliche "Sitz im Leben" der Väterverheißung? Bereits vor zwei Jahrzehnten hat Hoftijzer (4) die Meinung vertreten, die Erzväterverheißung sei erst in später Zeit entstanden. Er kritisiert zugleich die zuerst von A. Alt aufgestellte These, daß das Verheißungsmotiv aus der bis in die vorstaatliche Zeit zurückgehenden nomadischen Vätergottreligion stamme. (5) Hoftijzer nimmt stattdessen an, daß die Verheißungstradition erst im letzten Stadium mit den Erzvätererzählungen verknüpft wurde. (6) Sie ist nämlich erst in einer Zeit entstanden, da sowohl der Landbesitz als auch die Fortexistenz des Volkes gefährdet war, "um in den unsicheren Umständen religiöse Sicherheit zu bieten". (7) Als zeitgeschichtlicher Hintergrund ist somit die Periode kurz vor oder während des Exils anzunehmen.

Die These Hoftijzer ist in der Folgezeit weithin entweder zurückgewiesen oder stillschweigend ignoriert worden. Doch läßt sie sich anhand des atl. Materials leicht verifizieren:

In der gesamten vorexilischen Literatur wird die Frage des Landbesitzes und der Mehrung des Volkes nirgendwo erörtert. David beruft sich in den uns überlieferten Texten niemals auf die seinem Vorfahr Abraham

---

1 Vgl. auch Budde, Literatur 63; Galling, Erwählungstraditionen 42.65; Pedersen, ZAW 49, 178; Gordon, JNES 17, 30f.

2 VT 23, 428.

3 Forschung 33.

4 Verheißungen.

5 S. zur Kritik dieser These auch Vorländer, Mein Gott 184ff.

6 Ebd. 81.98.

7 Ebd. 99; vgl. 52.

8 S. auch H.H. Schmid, Jahwist 47ff.

gegebene Verheißung. (1) Erst seit dem Exil bzw. kurz vorher spielt dieses Thema eine Rolle. Ottosson (2) beobachtet richtig: "Die früheren Propheten stellen in der Regel den Landbesitz nicht in Frage ... Viel häufiger wird das Land bei Jer und Ez erwähnt". Folgende Stellen sind zu nennen:

a) Land: Jer erwähnt die Gabe des Landes in 2, 7; 3, 19; 7, 7; die Rückkehr in das "Land der Väter" in 12, 15; 23, 8; 30, 3. 10; 31, 8f; 32, 24. 37; 33, 7. Ez spricht von einer neuen Landnahme in 36, 28, von einer neuen Landverteilung in 47, 13ff, von der Rückkehr in das Land in 11, 17; 33, 24; 37, 25f; 45, 1. In 24, 1ff und 33, 24 erörtert er die Frage, wem das Land gehört und weist den Landanspruch der Zurückgebliebenen ab, vgl. 36, 16ff. Im dtr Geschichtswerk steht die Frage des Landes neben dem davidischen Königtum im Mittelpunkt des Interesses: Dtn 1, 8. 35; 2, 29; 4, 1. 38; 6, 3ff; 7, 8ff; 8, 1ff; 9, 3ff; 10, 11; 11, 9. 17. 21. 25. 31; 12, 10ff; 15, 4. 7; 16, 20; 19, 8; 20, 16; 21, 23; 24, 4; 26, 3. 15; 27, 3; 28, 11; 31, 7; Jos 1, 3; 21, 43; 1K 5, 1; 8, 33ff u. ö. (3)
In exilisch-nachexilischen Texten werden des öfteren Beschreibungen des israelitischen Gebietes gegeben, die unterschiedliche Grenzen enthalten (vgl. Ex 23, 31 Dtr; Dtn 1, 7; 11, 24; Num 13, 11P; 34, 1-12P; Ez 37, 15ff; 38, 1; Jos 1, 4; 13, 5; Ri 3, 3). Eine neue Landnahme wird in Jer 30, 8; Ez 36, 28 und Sach 8, 7f; 10, 8ff geweissagt. In exilisch-nachexilischen Texten findet sich eine ausgesprochene Verherrlichung des Landes. In Dtn 8, 7-9; 11, 10-12; Dtjes 51, 2; Ez 37; Jes 29, 17; 30, 23ff wird die wunderbare Fruchtbarkeit des Landes beschrieben. Im Dtn wird es stereotyp als הארץ הטובה bezeichnet (1, 25. 35; 3, 25; 4, 21f; 6, 18 usw.). Aus dieser Zeit stammt auch der Ausdruck ארץ זבת חלב ודבש . (4)

b) Mehrung: Die Mehrungsverheißung ist bei weitem seltener belegt. Sie fehlt ebenfalls in der vorexilischen Periode. In exilisch-nachexilischer Zeit ist sie in Dtjes 51, 2; Ez 36, 37; Jer 30, 19; 33, 22; Jos 24, 2f belegt. Zugleich finden sich Stellen, die die Größe des Volkes wie in JE mit dem Sand am Meer (Gen 22, 17; 32, 12; vgl. Dtjes 48, 19; Jes 10, 22; 2K 4, 10), mit dem Staub der Erde (Gen 13, 16; 28, 14; vgl. 2Ch 1, 9), mit den Sternen am Himmel (Gen 15, 5; 22, 17; 26, 4; vgl. Dtn 1, 10; 10, 22; 28, 62; Neh 9, 23) vergleichen. Der in Gen 18, 18 belegte Ausdruck גוי גדול ועצום kommt auch in Dtn 4, 38; 9, 1; 11, 23; 26, 5;

---

1 S. 315.

2 Vgl. die Stellenübersichten bei H. H. Schmid, ThAT I, 235f; Ottosson, ThWAT I, 436.

3 S. dazu Hoftijzer, Verheißungen 56ff; Plöger, Untersuchungen 60ff.

4 P: Lev 20, 24; Num 14, 8; 16, 14. Dtn: 6, 3; 11, 9; 26, 9. 15; 27, 3; 31, 20; Jos 5, 6; Jer 11, 5; 32, 22; Ez 20, 6. 15. Die beim Jehowisten vorkommenden Belege (Ex 3, 18; 13, 5; 33, 5; Num 14, 27) gehen auf dtr Beeinflußung zurück. S. zu diesem Ausdruck Stade, ZAW 22, 321ff; Fenshan, PEQ 98, 116f; Weippert, VT 23, 418; H. H. Schmid, THAT I, 235.

Jos 23, 9 vor. (1) Aus Stellen wie Dtjes 49, 19-21; Jer 15, 7; Tritojes 66, 7f geht hervor, daß Israel sein Schicksal nach der Zerstörung Jerusalems und der damit verbundenen ungeheuren Dezimierung des Volkes mit einer kinderlosen Ehefrau verglich. Der Angst vor dem Aussterben begegnen die Propheten mit der Verheißung neuen, ungeahnten Wachstums. (Vgl. Dtjes 44, 3f; 54, 1-3; Tritojes 60, 22)

Als theologiegeschichtlicher Hintergrund für die Verheißung von Land und Nachkommenschaft wird deshalb am besten die exilisch-nachexilische Periode anzusehen sein. Damals rückte die Frage des Landes in den Mittelpunkt des Interesses, nur damals fühlte sich das Volk vom Aussterben bedroht. Durch die Betonung der an die Väter ergangenen Verheißungen und ihrer Verwirklichung in der darauffolgenden Geschichte will JE dem Volk die Größe und Treue Jahwes vor Augen führen. Weil Jahwe es ist, der Abraham das Land und eine zahlreiche Nachkommenschaft verheißen hat, deshalb kann das Volk jetzt sein Vertrauen in Jahwe setzen, daß er ihm auch in Zukunft diese Heilsgüter geben bzw. erhalten will.

Auch in der Priesterschrift "wird nachdrücklich ... Wert und Bedeutung des Landes als der entscheidenden Heilsgabe Jahwes hervorgehoben und Jahwe als der gezeigt, der treu zu seinem einmal gegebenen Wort steht und sich als der machtvoll in der Geschichte Handelnde erweist". (2) P benutzt den Ausdruck טובה הארץ (Num 14, 7) und betont den unwandelbaren Charakter der Väterverheißung durch die Verwendung des Begriffes ברית עולם (Gen 17, 7. 19). (3) Er stellt seinen Lesern oder Hörern die "Bedeutung des Landes als entscheidende Heilsgabe" vor Augen. (4) Dadurch daß P die Verheißung erst im Land selbst ergehen läßt, will er nach Kilian (5) und Keel-Küchler (6) seinen Zeitgenossen sagen, daß sie nur dann am Erbe der Väter teilhaben können, wenn sie nach Kanaan zurückkehren. In Num 14, 27-29. 35 warnt die Priesterschrift diejenigen, die murren und böse Gerüchte über das Land verbreiten. Ihnen wird der Tod angedroht (vgl. Num 14, 36ff). Als Hintergrund für diese Aussagen ist die stockende Rückwanderung anzunehmen, die die Neubegründung der Volksgemeinschaft nach dem Exil bedrohte (vgl. Neh 7, 4f; 11, 1f). Die Diaspora wurde dringend aufgefordert, nach Palästina zurückzukehren und das Herz nicht an die "Fleischtöpfe Ägyptens" zu hängen (vgl. Dtjes 48, 20; 52, 7f, Sach 2, 10ff; 8, 1ff). In das teilweise entvölkerte Land strömten

---

1 Vgl. גוי רב ועצום in Dtn 7, 1; 9, 14.

2 Weimar-Zenger, Exodus 21; vgl. Kilian, BiLe 7, 39ff; Keel-Küchler, Texte II, 45.

3 S. dazu Kutsch, Verheißung 109ff.

4 Weimar, Exodusgeschichte 251.

5 Ebd.

6 Ebd.

die Nachbarvölker ein und bedrohten so die Zukunft des Volkes (vgl. Ez 35, 10f; 36, 5).

Die Hervorhebung des Landes und die Verheißung einer großen Nachkommenschaft im jehowistischen Werk kann analog zur Priesterschrift verstanden werden. Wie P will auch JE die Zeitgenossen auffordern, auf Jahwes Land- und Mehrungszusage zu vertrauen und in ihrem ihnen verliehenen Land zu einem großen Volk zu werden. Das Geschichtswerk betont zugleich die Legitimität des Anspruchs der Judäer auf Palästina gegenüber den Nachbarvölkern.

2. 3. Jahwe als der eine Schöpfer

Schöpfungsglaube und Monotheismus gehören eng zusammen. Als sich mit Deuterojesaja der Glaube an Jahwe als den Schöpfer der Welt durchsetzte, verbindet er sich mit dem Bekenntnis zu e i n e m Gott. Auch im jehowistischen Werk sind beide Aspekte des Jahweglaubens vereinigt. (1) Dies kommt insbesondere in der Urgeschichte zum Ausdruck, die Jahwe als den einen Schöpfer der Welt und der Menschheit beschreibt. Nun wurde bereits oben (2) nachzuweisen versucht, daß der Schöpfungsglaube vor dem Exil nicht belegt ist. Er tritt uns neben einem expliziten Monotheismus zuerst bei Dtjes entgegen. Erst damals ist er zum integrierten Bestandteil der Jahwereligion geworden. (3) Somit ist dieser Aspekt des jehowistischen Werkes theologiegeschichtlich nur in der exilisch-nachexilischen Epoche anzusiedeln.

2. 4. Der Universalismus

Insbesondere die Urgeschichte gibt Zeugnis von dem im jehowistischen Werk vorausgesetzten Universalismus: Gen 2f handelt von der Erschaffung der gesamten bewohnbaren Welt sowie der ganzen Menschheit. Die Menschheit insgesamt ist vom Sündenfall betroffen, so daß Sünde ein universales Phänomen darstellt. Jahwes Name wird seit Urzeiten von der Menschheit angerufen (vgl. Gen 4, 26). Die Flut ergeht über die gesamte Menschheit und löscht alles Leben aus. Die von Jahwe Noah gegebene Zusage gilt sodann der gesamten Menschheit und garantiert die Erhaltung der Welt durch Gott (Gen 6-8). Die Völkertafel (Gen 10) ordnet alle in der damaligen Welt bekannten Völkerschaften einander zu. Am Turmbau zu Babel (Gen 11, 1-9) beteiligen sich alle Völker, die dann auch sämtlich von der Sprachverwirrung betroffen werden. Der Prolog der Vätergeschichte (Gen 12, 1-3) ent-

---

1 Allerdings enthält das von ihm aufgenommene Material noch polytheistische Reste (vgl. Gen 6, 1-4; 18, 1ff).

2 S. 27ff.

3 So auch Stade, ZAW 15, 157ff.

hält eine universale Perspektive: In Abraham und seinen Nachkommen sollen alle Völker gesegnet werden bzw. sich Segen wünschen (vgl. 18, 18; 22, 18; 28, 14). Völker und Nationen sollen Israel dienen (Gen 27, 29).

In der atl. Literatur ist ein solcher Universalismus erst seit dem Exil belegt. (1) Die Propheten des 8. Jh. haben nur die Völker in Blick, mit denen Israel unmittelbar zu tun hatte, d. h. besonders die Nachbarvölker. Dagegen lassen exilisch-nachexilische Texte eine universale Perspektive erkennen: Jes 2, 2-4; 13, 11; Jer 1, 5; 18, 7f; Dtjes 41, 8f; 49, 7; Ez 20, 5; 5, 5ff; 26, 19; Zeph 1, 2; Dtn 7, 6f; 10, 14f; 14, 2; 2 Sam 7, 23; 1K 8, 53; Es 19, 5f; Ps 28, 9. Zugleich ist seit dieser Zeit die Vorstellung belegt, daß Israel - wie in Gen 12, 3 usw. - zum Segen für die Völker werden soll: Ps 47; Jer 4, 2; Jes 19, 23-25; Dtjes 51, 2f; Tritojes 65, 16; Sach 8, 13; Jes 2, 2-4; Ps 72, 17. (2) Eerdmans (3) vermutet deshalb, daß die universale Konzeption des Jehowisten unter dem Einfluß Deuterojesajas entstanden sei. In dem Aufweis der universalen Auswirkung der Sünde geht JE über die vorexilische Prophetie hinaus. Dort findet sich nirgendwo eine Reflexion über die Universalität der Sünde. Vielmehr verurteilen die Propheten nur konkrete Vergehen und künden derentwegen Unheil über Israel und andere Völker an. (4) Nun ist der Frage nachzugehen, woher Israel die Anregung zu einem solchen Universalismus erhielt. Überblicken wir die uns aus Syrien und Palästina überlieferte Literatur, so läßt sich dort nirgendwo eine Spur von Universalismus erkennen. Dies hängt u. a. sicher damit zusammen, daß Syrien und Palästina niemals Zentren großer Reiche waren. Als Durchgangsländer wurden sie immer von den Großmächten des Alten Orients beherrscht. Demgegenüber war Mesopotamien fast immer das Zentrum von Weltreichen. Politische, wirtschaftliche und kulturelle Beziehungen konzentrierten sich in den dortigen Hauptstädten Assur, Niniveh oder Babylon. Die Religion und Literatur des Zweistromlandes strahlen deshalb universale Gedanken wieder.

Es legt sich nahe, daß Israel während seines Aufenthaltes in Mesopotamien die dort verbreiteten universalen Vorstellungen kennenlernte und in sein eigenes Denken aufnahm. Nicht zufällig begegnen sie besonders bei solchen Schriftstellern, die in Mesopotamien gewirkt haben, wie z. B. Dtjes und Ez (5)

---

1 S. dazu Wellhausen, Geschichte 29; Altmann, Universalismus 5ff; Fohrer, Rel. 331, Gunkel, Schöpfung 162ff:

2 S. zu dieser Vorstellung Muilenburg, Int 19, 38ff; Schreiner, BZ NF 6, 13ff.

3 Studien 93.

4 So Winnett, JBL 84, 4.

5 Nach Morgenstern, HUCA XIV, 26ff, diente die gleichzeitige Übernahme mythologischen Gutes der Betonung des universalen Charakters der israelitischen Religion.

2.5. Das Problem der Gerechtigkeit

Gen 18, 22ff berichtet von dem Handel Abrahams mit Jahwe, worin dieser schließlich erreicht, daß Jahwe Sodom verschonen will, wenn sich nur zehn Gerechte darin finden. Dem Abschnitt liegt die Vorstellung eines individualistischen Denkens zugrunde, das das Solidaritätsprinzip zugunsten einer Minderheit durchbricht. Auch in Gen 7, 1; 15, 6 .und die Frage der Gerechtigkeit erörtert.

Bereits seit längerem ist bemerkt worden, daß die Behandlung dieses Problems erst in der späteren Literatur zu beobachten ist. In Dtn 24, 16; Ez 18; Jer 5, 1ff; 31, 29 und Zeph 2, 3 steht die Frage der individuellen Gerechtigkeit im Mittelpunkt. Der Abschnitt Gen 18, 22ff wird deshalb häufig als sekundärer Zusatz betrachtet, da er theologiegeschichtlich in das 10. oder 9. Jh. nicht paßt. (1) Andere Forscher (2) gestehen zwar durchaus zu, daß V. 22b-33 einen eigenen Abschnitt bilden, der vom Vorhergehenden und Nachfolgenden zu unterscheiden ist. Doch halten sie das Stück für echt jahwistisch, da z. B. der Sprachgebrauch nicht gegen J spricht. Noth (3) kommt zu dem Schluß: "Gerade sein tiefer theologischer Inhalt spricht durchaus dafür, daß es nicht von irgendeinem Interpolator, sondern aller Wahrscheinlichkeit nach von dem Theologen J stammt". (4)

Es ist leicht ersichtlich, daß diejenigen, die den Abschnitt J absprechen, dies nur aus theologiegeschichtlichen Gründen tun. Literarkritische Bedenken müssen nicht gegen JE sprechen, da in JE bekanntlich auch sonst redaktionelle Stücke eingefügt sind, in denen die theologische Konzeption des Verfassers zum Ausdruck kommt. Deshalb entfällt jeglicher Anlaß, den Abschnitt JE abzusprechen, wenn man JE in die exilisch-nachexilische Periode datiert. Vielmehr spiegelt der Abschnitt die theologiegeschichtliche Situation jener Epoche wider, in der das Problem der individuellen Gerechtigkeit auch sonst diskutiert wurde.

---

1 So Wellhausen, Composition 25f; Gunkel, Gen 204; Bewer, Literature 73; Gillischewski, ZAW 41, 76ff, Eichrodt, ThAT III. 110 A. 10; Kutsch, 'anawah 99ff; Winnett, JBL 84, 14.

2 Procksch, Genesis 117f; Eißfeldt, Hexateuch-Synopse 28f*; Noth, Pentateuch 258f mit A. 625; v. Rad, Gen 182f; Kilian, Abrahamserzählungen 108ff.

3 Ebd.

4 Von Rad sieht in seinem Genesiskommentar von 1952 (S. 128) den Abschnitt als ein Zwischenstück an, das evtl. nicht aus der Feder des Jahwisten stammt. Es steht jedoch in seiner "ganzen gedanklichen Prägung ihm ungleich näher als die eigentlichen alten Erzählungen". In seiner ThAT (393) kommt er dann zu dem Schluß, der Abschnitt sei "für uns theologiegeschichtlich kaum einzuordnen".

Gen 15,6 wird gewöhnlich als spät angesehen. Skinner, (1) Kutsch (2) und Kaiser (3) vermuten dtn-dtr Einfluß, wobei Kutsch auf die Verwandtschaft mit Gen 18,16ff hinweist. Die von Kutsch als Datum angegebene "letzte Königszeit" ist jedoch erst der Beginn der dtn-dtr Bewegung. Staerk (4) hält die Überlieferung von Gen 15,1-6 für "legendarische Einkleidungen religiöser Grundgedanken, also K u n s t f o r m e n, nicht für echte alte Sage".

2.6. Die gesamtisraelitische Idee

Nach Galling (5) will der Jahwist durch seine Darstellung der Erzvätertradition "die E i n h e i t des Volkes in seinen Stämmen und die geschichtlich gegebenen Rangstufen legitimieren. Es herrscht oder herrschen: d e r g r o ß i s r a e l i t i s c h e G e d a n k e. E i n Ahnherr- viele Söhne - aber e i n V o l k". Nun paßt die Hervorhebung der Einheit des Volkes gerade in die exilisch-nachexilische Zeit, wo Stellen wie Jer 31 und Ez 36 diese Konzeption betonen. Dagegen läßt sich in der älteren Literatur ein solches Interesse nicht nachweisen.

2.7. Das Schema Heilsgabe-Schuld-Strafe-neues Heil

An mehreren Stellen des jehowistischen Werkes erscheint das Schema Heilsgabe - Schuld - Strafe - neues Heil. (6) Dieses Schema ist zuerst in der Urgeschichte zu beobachten: Jahwe schenkt dem Menschen das Leben und gibt ihm den Garten als Existenzgrundlage. Doch dieser lehnt sich gegen ihn auf. Er wird bestraft, aber Jahwe schenkt ihm neues Heil (vgl. Gen 4,21). Auch in der Kaingeschichte (Gen 4) läßt sich das gleiche Schema beobachten. Als sich die gesamte Menschheit immer mehr an Gott versündigt, verhängt Jahwe ein universales Gericht. Er errettet jedoch Noah und eröffnet der nachnoachitischen Menschheit eine neue Lebensmöglichkeit (Gen 6-8). In der Josephsgeschichte beschreibt der Verfasser, wie Jahwe sein Volk gerade aufgrund von schuldhaftem Handeln zu neuem Leben führt. Im Buch Exodus wird berichtet, wie Jahwe dem Volk die Freiheit aus der Knechtschaft schenkt. Israel lehnt sich jedoch in der Wüste immer mehr gegen seinen Gott auf. Es wird bestraft, doch Jahwe nimmt sich seiner wieder an.

---

1 Genesis 277.
2 'anawah 100 zu Gen 18 II. Teil.
3 ZAW 70, 107ff.
4 ZAW 42, 63.
5 Erwählungstraditionen 65.
6 Zenger, Sinaitheophanie 141; ähnlich bereits früher v. Rad, ThAT I, 162ff; Westermann, Forschung 47ff; Stendebach, Mensch 17ff.

In der vorexilischen Prophetie gibt es für dieses Schema keine Parallele. Es kommt jedoch in Texten aus der exilisch-nachexilischen Zeit häufig vor, z.B. Ez 20; Ps 78; 106; Esr 9 und Neh 9. Die Geschichte Jahwes mit seinem Volk verläuft nach dem Schema Schuld-Strafe-Rettung-neue Schuld-Bekenntnis-neues Heil-usw. Die Periode zeichnet sich durch ein ausgeprägtes Schuldbewußtsein aus, das mit dem Hervorbringen dieses Schemas eng zusammenhängt (vgl. Thr 1ff; Ez 33, 10. 16; 36, 33; Sach 3, 4 usw.). Die vorexilischen Propheten kritisieren demgegenüber, daß das Volk keinerlei Schuldbewußtsein an den Tag legt.

2.8. Das Verständnis einzelner Motive und Symbole auf dem Hintergrund der exilisch-nachexilischen Zeit

Verschiedene Forscher haben aufzuzeigen versucht, daß sich J gut in die theologische Situation des 10. Jh. einordnen läßt. (1) Eine kritische Untersuchung hat jedoch ergeben, daß es sich hier um allgemeine Theologumena handelt, die nicht ausschließlich auf das 10. Jh. passen. Nun lassen sich einige in JE enthaltene Motive und Symbole gut auf dem Hintergrund der exilisch-nachexilischen Periode verstehen, ohne daß damit der Anspruch auf eine stringente Beweisführung erhoben wird.

<u>2.8.1.</u> Kennet (2) und Cook (3) machten darauf aufmerksam, daß sich die Sintflut als Symbol für das Exil deuten läßt. Wie auf die Flutkatastrophe die Verheißung neuen Lebens durch Jahwe folgte, so wird Gott auch das am Boden liegende Volk und sein zerstörtes Land zu neuem Leben erwecken. Es kommt nicht von ungefähr, daß gerade Dtjes 54, 9 die Exilierten auf die an Noah ergangene Verheißung hinweist. Noah und seine Familie werden mit dem Rest verglichen, der die Katastrophe des Exils überlebte und dem Jahwe einen Neuanfang schenkte (vgl. Esr 9, 14). Die Babylonier haben Land überschwemmt und seine sündigen Bewohner getötet, ähnlich wie die Sintflut das Land überschwemmte und die sündige Menschheit tötete.

<u>2.8.2.</u> Als Symbol für die Deportation kann die Wüstenwanderung verstanden werden. Deuterojesaja vergleicht die Situation der Exilierten mehrfach mit einer Wüste, die Jahwes Handeln wie Wasser in ein Paradies verwandelt. (4) Ez 20, 35 benutzt das Bild von der "Wüste der Völker" מדבר העמים in die Jahwe sein abtrünniges Volk schicken will. Dort will er mit ihm rechten, so wie er mit ihren Vätern in der "Wüste des Landes Ägypten" (Ez 20, 36) gerechtet hat. Man kann also hinter der Beschreibung der Wüstenwanderung die Erfahrung des Exils sehen, währenddessen das Volk fern vom ver-

---

1 S. 317ff.

2 Essays 10.

3 JThSt 30, 205 A. 4.

4 S. o. S. 356.

heißenen Land umherirrte, weil es Schuld auf sich geladen hatte (vgl. Num 13f).

Fritz (1) hat in Anlehnung an Noth (2) darauf hingewiesen, daß das Motiv des Murrens in den Wüstenerzählungen hauptsächlich auf den Jahwisten selbst zurückgeht und in dem von ihm verwendeten vorjahwistischen Material noch nicht vorhanden war. (3) Nun scheint der Jehowist dieses Motiv auf dem Hintergrund der Erfahrung der exilisch-nachexilischen Zeit ausgestaltet zu haben. Elliger schreibt in Bezug auf die Verwendung des Motivs in der Priesterschrift: (4) "Gott läßt sich durch noch so bittere Erfahrungen selbst mit einer ganzen Generation, also auch der Generation, die den Untergang Jerusalems erleben mußte, nicht von seinem (!) Bunde abbringen". Was Elliger hier für P sagt, kann in analoger Weise für JE gelten: Den exilisch-nachexilischen Generationen erscheint die gesamte bisherige Geschichte, insbesondere die Königszeit, als eine Periode des Abfalls und der Auflehnung gegen Jahwes Gesetz und Führung (vgl. Ez 20; Esr 9; Neh 9 usw.). JE will durch das Motiv des Murrens das Volk warnen, sich nicht wie seine Väter gegen Jahwes Führung aufzulehnen, denn dies führt nur zu Gericht und Untergang. Vielmehr gilt es nach dem Vorbild Kalebs (vgl. Num 13f), auf Jahwes Verheißungen zu vertrauen.

2.8.3. Offensichtlich wollten nicht alle Exilierten nach Palästina zurückkehren. Viele fühlten sich in ihren neuen Heimatländern wohl. Sie hatten dort inzwischen Fuß gefaßt und wollten ihre neugegründeten Existenzen nicht aufgeben. In Palästina erwartete sie ein hartes Pionierleben in einem Land, das sich von den Wunden des Krieges noch nicht erholt hatte. Die Propheten fordern das Volk deshalb immer wieder mit beschwörenden Worten auf, in das Land der Väter zurückzukehren (vgl. Dtjes 48, 20; 52, 7f; Sach 2, 10ff; 8, 1ff). Nur dort können sie das Heil erlangen, denn Jahwe selbst nimmt auf dem Zion wieder seinen Wohnsitz (vgl. Dtjes 55, 1ff; 52, 7ff; Ez 43 usw.).

Auf diesem Hintergrund kann vielleicht die Berufung Abrahams, seine mesopotamische Heimat zu verlassen und in das verheißene Land zu ziehen, als implizite Aufforderung an die mesopotamische Diaspora verstanden werden, seinem Beispiel zu folgen. Sie soll sich auch aufmachen, in das ihnen von Jahwe zugedachte Land zu ziehen. Sie soll Jahwes Ruf in demselben glaubenden Gehorsam folgen, wie es ihr Ahnherr Abraham tat. Nur so können sie zu einem großen Volk werden.

---

1 Israel 117f.

2 Pentateuch 134ff.

3 Einen Ansatz gab es lediglich zu diesem Motiv in der Erzählung Ex 17, 1ff. S. dazu De Vries, JBL 87, 51ff; Coats, Rebellion 53ff.

4 Ges.St. 196.

Im Hinblick auf die Priesterschrift schlug Kilian (1) vor, im Exil ein Symbol für Israels Aufenthalt in Ägypten zu sehen. Dies kann analog auf die jehowistischen Exoduserzählungen angewandt werden. Sie können als implizite Aufforderung an die ägyptische Diaspora verstanden werden, nach Palästina zurückzukehren. In Jer 16, 14ff wird der Exodus aus Ägypten ausdrücklich mit der Rückkehr der Diaspora parallelgesetzt. Wie ihre Väter sich durch Jahwe und seinen Knecht Mose führen ließen, so sollen auch die Exilierten dem Ruf der Propheten folgen, nach Palästina sich aufzumachen. Nach Ex 14, 12 lehnten sich die Israeliten damals mit den Worten auf: "Haben wir es dir nicht schon in Ägypten gesagt: Laß uns in Ruhe, wir wollen den Ägyptern dienen! Es wäre besser für uns, den Ägyptern zu dienen, als in der Wüste zu sterben!" (vgl. Ex 16, 3; Num 14, 4) Darin spiegelt sich der Unwillen der ägyptischen Diaspora wider, ihre inzwischen liebgewonnene neue Heimat zu verlassen. Lieber wollten sie unter ägyptischer Oberhoheit leben, als in das rückständige Palästina zurückzukehren. Das jehowistische Werk will seine Zeitgenossen warnen: Die Verschmähung des Landes führt zum Gericht (vgl. Num 13f).

2.8.4. Josephs Verkauf in die Sklaverei nach Ägypten (Gen 37ff) kann als Symbol für die Verschleppung der Israeliten nach Ägypten verstanden werden. (2) Ähnlich wie Joseph gelangten viele Deportierte in angesehene Stellungen. Doch will der Erzähler an das Beispiel Josephs erinnern, der den Gedanken an die Rückkehr nach Palästina nicht aufgab (vgl. Gen 50, 26). Vielmehr soll Ägypten nur ein Zwischenaufenthalt bis zur endgültigen Inbesitznahme des gelobten Landes sein.

2.8.5. Nach Kilian (3) will der priesterschriftliche Exodusbericht die Geschichtsmächtigkeit und Wunderkraft Jahwes zeigen, der bei seinen Hörern und Lesern das Vertrauen wecken will, daß Jahwe sein Volk jetzt aus dem Exil befreien wird. Diese Beobachtung läßt sich analog auf den jehowistischen Exodusbericht anwenden: Jahwe hört das Schreien der Deportierten (vgl. Ps 137) wie er das Schreien ihrer Väter gehört hat (Ex 3, 7). Wie er die Väter errettet hat (vgl. Ex 3, 8), so will er auch die gegenwärtige Generation erretten. Er ist bereit und in der Lage, die an die Väter ergangenen Verheißungen wahrzumachen und das Volk in eine neue Zukunft zu führen. In Jer 16, 14ff wird deshalb die Rückkehr aus dem Exil in Parallele zum Exodus gesetzt.

So bildet das jehowistische Werk analog zur Priesterschrift "nicht nur ein Buch des Trostes für die Heimatlosen im babylonischen Exil, sondern ein Buch voll Hoffnung und Zuversicht" (4) JE will zeigen, wie Jahwe in der Vergangenheit am Volk gehandelt hat und wie er seine Verheißungen zu erfüllen vermag. Er zeigt zugleich, wohin die Auflehnung gegen Jahwes Füh-

---

1 BiLe 7, 47.

2 So Redford, Story 250.

3 Kilian, ebd. 51.

4 So Kilian, ebd., im Hinblick auf die Priesterschrift.

rung führt und möchte seinen Zeitgenossen Mut machen, jetzt Jahwes Wort zu vertrauen und den Wiederaufbau der nationalen Existenz in dem verheißenen Land zu wagen.

ZUSAMMENFASSUNG

1. Die im 1. Hauptteil durchgeführte Analysen haben folgende Ergebnisse erbracht:

1.1. In der vorexilischen Literatur fehlen sämtliche in JE verarbeiteten Geschichtsstoffe. Selbst wenn andere gewöhnlich herangezogene Belegstellen echt sein sollten, fällt auf, daß die vorexilischen Schriftsteller praktisch ohne Pentateuchstoffe auskommen. Propheten wie Jesaja, Amos oder Micha beziehen sich nirgendwo auf Ereignisse, die in JE einen breiten Raum einnehmen.

1.2. Der in JE dargebotene und vorausgesetzte heilsgeschichtliche Aufriß ist in der vorexilischen Literatur nicht belegt. Dort kommen lediglich verstreute Elemente dieses Aufrisses vor. Erst bei P und in Neh 9 ist er in allen wesentlichen Elementen nachweisbar, während Ps 78; 105; 106 und Jos 24 nahe verwandt sind (vgl. Tabelle B). Die für die jehowistische Geschichtserzählung wesentliche Erzvätertrias findet sich erst seit dem Exil.

1.3. Nur ganz wenige Texte, nämlich Dtn 1,9ff. 19ff; 9,7ff; 11,3ff; Ri 11,9ff; Neh 9; Ps 78 und Jer 48,45f, lassen eine deutliche literarische Abhängigkeit von JE erkennen. Nur aus diesen Stellen geht also hervor, daß JE damals bereits schriftlich fixiert vorlag. Die übrigen Texte beruhen auf selbständiger mündlicher oder schriftlicher Tradition, die inhaltlich mehr oder weniger mit der in JE aufgenommenen Überlieferung übereinstimmt.

1.4. Die Priesterschrift und das chronistische Geschichtswerk setzen die Existenz des jehowistischen Werkes offensichtlich voraus. P ist ohne die Benutzung des jehowistischen Geschichtsaufrisses kaum denkbar. Neh 9 stimmt mit JE im Hinblick auf die Terminologie als auch auf das heilsgeschichtliche Schema überein. Die Genealogien von 1Ch 1-9 sind wohl als Zusammenfassung der Pentateucherzählung aufzufassen.

1.5. Somit ist die Existenz von Jahwist und Elohist in vorexilischer Zeit weder beweisbar noch wahrscheinlich. Die außertetrateuchische Literatur enthält keinerlei sicheren Hinweise darauf, daß Werke wie J oder E vor 600 v. Chr. verfaßt wurden. Andernfalls wäre ein häufigerer Bezug der Propheten auf diese Werke bzw. die in ihnen enthaltenen Stoffe und theologischen Aussagen zu erwarten. Die Abfassungszeit von J und E muß in eine Periode der israelitischen Geistesgeschichte angesetzt werden, in der sowohl die Stoffe als auch der heilsgeschichtliche Aufriß auf breiter Basis bekannt und bezeugt sind.

2. Der 2. Hauptteil hat ergeben, daß die bisher für die vorexilische Datierung von J bzw. E vorgebrachten Argumente nicht ausreichen, um einen sicheren Beweis zu erbringen. Die Argumente sind sämtlich mehrdeutig und passen genauso gut oder besser in die exilisch-nachexilische Periode.

3. Im 3. Hauptteil wurde dargelegt, daß JE aus historischen und theologiegeschichtlichen Gründen in die exilisch-nachexilische Zeit zu datieren ist. Seine Entstehung gehört in eine Periode, in der im gesamten Alten Orient ein spezifisches Interesse an der Vergangenheit zu beobachten ist. Israels Beschäftigung mit der eigenen Geschichte wurde wahrscheinlich durch die reiche Geschichtstradition Mesopotamiens angeregt, die Israel insbesondere im Exil kennenlernte. Das jehowistische Werk benutzt deutlich Stilmittel aus der mesopotamischen Geschichtsschreibung für seine Darstellung. Durch die Katastrophe des Exils drohten die alten Überlieferungen verloren zu gehen, so daß eine Verschriftung notwendig war. Durch die schriftliche Fixierung geschah zugleich eine Neubesinnung auf die eigene Vergangenheit. Die verzweifelte und zerstörte Diaspora erhielt ein Fundament, auf dem die Zukunft des Volkes gebaut werden konnte.

4. Im Hinblick auf die absolute zeitliche Einordnung des jehowistischen Werkes ist größte Vorsicht geboten. JE gehört in den Umkreis des dtr Geschichtswerkes und der es tragenden Bewegung. (1) Der überwiegende Teil der außertetrateuchischen Belege für Erzväter, Exodus, Wüstenaufenthalt und Sinai stammt aus dem dtr. Bereich. Nun ist mit dem Kürzel "dtr" keineswegs ein einzelner Verfasser gemeint. Vielmehr handelt es sich dabei wohl um eine Schule, deren Wirksamkeit sich über einen längeren Zeitraum erstreckte. (2) Insbesondere sind zwischen Dtn 1-11 und JE enge formale und inhaltliche Berührungspunkte zu erkennen. Damit kommen wir in das 6. Jahrhundert v. Chr. In jener Zeit ist die Kenntnis der in JE verarbeiteten Geschichtsstoffe in der Prophetie bezeugt, jedoch ohne daß man eine literarische Beziehung nachweisen kann. Auch der in JE vorausgesetzte heilsgeschichtliche Aufriß findet sich in Texten, die aus ungefähr derselben Zeit stammen. Die Priesterschrift und der Chronist setzen JE offensichtlich voraus. Daraus ergibt sich als terminus ad quem die Zeit um 400 v. Chr. JE ist das Produkt

---

1 Darauf hat mit Nachdruck H. H. Schmid, Jahwist, pass., hingewiesen.

2 Auf den komplexen Charakter der hinter dem DtrG stehenden Verfasser haben v. Rad, ThAT I, 358f; Hertzberg, Samuel 9f; Steck, Eliaerzählung 115; Fohrer, Einl 143ff, und Dietrich, Prophetie 143ff aufmerksam gemacht.

eines längeren Überlieferungsprozesses und geht wahrscheinlich auf eine Schule - analog zu Dtr und P - zurück. (1)

5. Die Verarbeitung und theologische Interpretation der Geschichte läßt sich anhand der außertetrateuchischen Belege erst seit Beginn des Exils nachweisen. Ezechiel und Deuterojesaja sind Beispiele dafür, wie intensiv sich die exilischen Propheten mit der Vergangenheit auseinandergesetzt haben (vgl. Ez 16; 20; 23; Dtjes 41, 8; 48, 21; 51, 2; 54, 9). Das Interesse an der Geschichte hat theologische und existentielle Gründe. In der Not des Exils, als man an Jahwes Macht und seiner Bereitschaft zu helfen zweifelte, erinnerten sich die Israeliten an Jahwes große Taten in der Vergangenheit. Sie schöpften daraus die Hoffnung, daß er sich auch in der Zukunft als der Gott Israels erweisen würde. Zur Verdeutlichung dieses theologiegeschichtlichen "Sitzes im Leben" sei auf die Gattung des Volksklageliedes hingewiesen, das als Formelement den "Hinweis auf Gottes frühere Heilstaten" (2) enthält. Die Beschäftigung mit der Geschichte diente somit in Israel nicht antiquarischen Interessen, sondern erfüllte die Funktion der Theodizee.

6. Nachdem das dtr Geschichtswerk eine "Ätiologie des Landverlustes" entworfen hatte, bot das jehowistische Werk eine "Ätiologie des Landbesitzes". (3) Beide Entwürfe ergänzen sich gegenseitig. Zunächst war es notwendig, die Vergangenheit zu bewältigen. Dies geschah durch das Aufzeigen, daß nicht Jahwes Schwäche, sondern die Sünde des Volkes die Katastrophe des Exils verursacht hatte. Nun galt es, den Blick in die Zukunft zu richten. Das jehowistische Werk will Hoffnung und Zuversicht beim Volk wecken: Jahwe hat Israel das Land verheißen, obwohl es eine Zeitlang aus ihm vertrieben wurde. Die Exilierten sollen sich wie ihre Väter aufmachen, das Land in Besitz zu nehmen. Sie sollen nach dem Vorbild ihres Vaters Abraham dem Ruf Jahwes glaubend folgen. JE warnt seine Leser davor, sich wie ihre Väter gegen Jahwes Führung murrend aufzulehnen. Aus der "Wüste der Völker" bahnt er den Weg in das verheißene Land. Er nimmt sich des Volkes trotz seiner Schuld gnädig an. Er verheißt ihm eine zahlreiche Nachkommenschaft. Weil er der universale Schöpfer und Herr Himmels und der Erde ist, kann er sein Volk erretten und die Exilierten in die Heimat zurückführen.

---

1 Bereits Steuernagel, Deuteronomium 280, hatte die Meinung vertreten, daß die J-Schicht in einem längeren Zeitraum entstanden sei. Winnett, JBL 84, 1ff, rechnet mit einer jahwistischen Schule, die bis ins 2. Jh. literarisch tätig war. Vgl. auch Moore, Judges XXVI, und Morgenstern, HUCA XIV, 93 A. 114.

2 Westermann, Loben 41.

3 Ausdrücke bei Weippert, VT 23, 415ff.

7. Für das Bild der Traditionsgeschichte des Alten Testaments ergeben sich aus der vorliegenden Untersuchung wesentliche Veränderungen, die hier nur angedeutet werden können. Die bisher vorherrschende Sicht hängt entscheidet von der Datierung der sog. älteren Pentateuchquellen ab. Da man den Jahwisten ins 10. oder 9. Jh. ansetzte, mußten die Entstehung und Verknüpfung der Überlieferungen bereits in vorstaatlicher Zeit erfolgt sein. Wenn die bisherige Datierung nicht mehr aufrechterhalten werden kann, so vergrößert sich der Zeitraum der Traditionsbildung erheblich. Die Analyse der außertetrateuchischen Literatur hat ergeben, daß die Pentateuchüberlieferungen in vorexilischer Zeit nur vereinzelt erwähnt werden. Daraus kann mit einiger Sicherheit geschlossen werden, daß die Überlieferungen noch nicht als normativer Bestandteil der Jahwereligion angesehen wurden. Sie waren zwar bereits vorhanden, doch existierten sie unverbunden und in verschiedenen Ausformungen nebeneinander.

Wie verschiedenartig die einzelnen Traditionen noch lange Zeit nebeneinander herliefen, läßt sich an den Überlieferungen von Bileam und Balak, von der Botschaft an Edom und dem Kampf mit Og und Sihon ersehen. (1) Abraham ist nach Jes 63, 16 eine halbgöttliche Fürsprechergestalt, die sich von der in JE dargestellten Figur deutlich abhebt. Ez 33, 24 kritisiert diejenigen, die sich auf die an ihn ergangene Verheißung berufen. Jeremia spricht von der Gebotsvermittlung durch Jahwe in der Wüste, ohne den Sinai zu erwähnen (vgl. Jer 7, 22f; 11, 3f; 31, 31ff). Dies zeigt, daß die in JE verarbeitete Gestalt nur eine unter mehreren war. Man kann sich den Reichtum und die Vielgestaltigkeit der israelitischen Überlieferung nicht bunt genug vorstellen.

Auch aus den Anhängen zum Richterbuch (Ri 17-21) geht hervor, daß Einzeltraditionen noch lange Zeit selbständig existiert haben. Obwohl es sich um Ereignisse aus der vorstaatlichen Zeit handelt, wurden sie erst nachträglich in das dtr Geschichtswerk eingefügt. Die gesamten vom Dtr verarbeiteten Stoffe haben offensichtlich in der Königszeit vorwiegend mündlich existiert und waren nicht überall bekannt. Deshalb beziehen sich die vorexilischen Propheten nie auf Gestalten wie Josua, Gideon, Saul oder Samuel, obwohl sie als Beispiele für Menschen, die Jahwe gehorcht haben, gut in ihre Botschaft gepaßt hätten.

Die These von der Spätdatierung des jehowistischen Werkes impliziert keineswegs, daß die JE-Stoffe sozusagen erst im Exil aus dem Boden gestampft wurden. Zwischen dem Alter von Stoffen und dem

---

1 S. o. S. 195ff.

Zeitpunkt ihrer schriftlichen Fixierung muß genau unterschieden werden. (1) Die Priesterschrift hat anerkanntermaßen altes Material verarbeitet, obwohl ihre Entstehungszeit ins 6. bzw. 5. Jh. angesetzt wird. Die pentateuchischen Traditionsstoffe haben als volkstümliche Überlieferungen zwar bereits in der Königszeit existiert, doch gehörten sie noch nicht zum offiziellen Bestandteil der Jahwereligion bzw. zum allgemein verbreiteten Bild der Frühgeschichte des Volkes. Deshalb greifen z.B. die vorexilischen Propheten selten oder nie auf diese Stoffe zurück. Die Überlieferungen von Abraham, Isaak und Jakob (je einzeln), vom Auszug aus Ägypten, von den Ereignissen am Sinai und in der Wüste wurden von verschiedenen Gruppen im Volk weitgehend unabhängig voneinander bewahrt. Erst im Exil erfolgte die systematische Sammlung der Überlieferungen. Sie wurden miteinander verknüpft und in ein kanonisches Geschichtsschema eingefügt. Auf der Grundlage dieses Schemas verfaßten Jahwist, Elohist und Priesterschrift ihre Werke. (2)

Lediglich die urgeschichtlichen Stoffe sind wahrscheinlich erst im Exil in das Volk eingedrungen. (3) Die Schöpfungstraditionen des jehowistischen Werkes sind stark von Mesopotamien her beeinflußt und wurden von den Israeliten wohl erst in der Zeit der babylonischen Gefangenschaft rezipiert. Die Flutüberlieferung knüpfte an die altisraelitische Gestalt Noahs als eines exemplarischen Gerechten an (vgl. Ez 14, 14. 20). Erst Deuterojesaja (54, 9) bringt Noah mit der Flut in Zusammenhang und setzt somit die Identifikation Noahs mit dem Helden der mesopotamischen Flutgeschichte, Utnapištim voraus. Zur Zeit Deuterojesajas waren die Israeliten also mit dieser Form der Überlieferung bereits vertraut.

Hier mag sich der Einwand erheben, wie die Israeliten in so kurzer Zeit diese Stoffe kennengelernt und verarbeitet haben können. Als Antwort muß darauf verwiesen werden, daß zwischen dem Beginn des Exils und der Verkündigung Deuterojesajas ungefähr 50 Jahre

---

1 Darauf haben folgende Forscher hingewiesen: Gunkel, Genesis LXXXVI; Wellhausen, Prolegomena 346. 364; Löhr, OLZ 29, 8; Pedersen, Israel I-II, 29; ders., ZAW 49, 175ff; Cook, Old Testament 49; Sparks, JThSt 50, 141; Nielsen, Tradition 94; Winnett, JBL 84, 1ff. Noth, Pentateuch beobachtet, daß E trotz seiner späteren Abfassungszeit der alten Tradition näher steht als J. S. dazu o. S. 294.

2 Zum Vergleich ist auf die Sammlung und schriftliche Fixierung der volkstümlichen Märchen durch die Brüder Grimm im 19. Jh. hinzuweisen. Bis zu Beginn dieses 19. Jh. existierten die Märchen nur mündlich und in verschiedenen Varianten und wurden dann von den Brüdern Grimm in ihrer heutigen Fassung schriftlich niedergelegt. Allerdings geht dieser Verschriftungsprozeß in Israel nicht auf eine romantische Bewegung zurück, sondern hat theologische Gründe, s. dazu o. S. 353f.

3 S. o. S. 337ff.

liegen. Diese Zeitspanne reicht m.E. für die Rezipierung und Verarbeitung der mesopotamischen Stoffe aus. Der bei Deuterojesaja eine Rolle spielende Dualismus wurde ja nach weit verbreiteter Meinung (1) auch erst kurz vorher von den Persern übernommen. In ähnlicher Weise nehmen die Befürworter einer Datierung des Jahwisten in die davidisch-salomonische Zeit an, daß die sich mit der Reichsgründung durchsetzenden neuen Ideen des sog. "davidisch-salomonischen Humanismus" sowie der Einheit des Volkes sofort in die Literatur eingingen.

8. Die Konsequenzen für das Bild der Redaktionsgeschichte des Pentateuch können nur in ihren Grundlinien aufgezeigt werden. Nach der bisher weithin anerkannten Urkundenhypothese sind die einzelnen Quellenschriften oder Schichten in einer Zeitspanne von ca. 500 Jahren entstanden und redaktionell miteinander verflochten worden. Datiert man JE in das 6. Jahrhundert, so schrumpft dieser Zeitraum auf ca. 100 Jahre zusammen. Doch ist es m.E. nicht notwendig, einen langen Zeitraum zu postulieren, um die Verschiedenheiten von J, E und P erklären zu können. Zuber (2) kritisiert zu Recht, daß die bisherige Pentateuchforschung zu stark vom Evolutionsdenken her bestimmt war und man eher mit der Gleichzeitigkeit verschiedener Entwicklungsstufen rechnen müsse. Bereits Pedersen (3) hatte gefordert, die Verschiedenheit der Quellenschriften nicht evolutiv, sondern parallel zu verstehen. Auch innerhalb von ca. 100 Jahren können ganz verschiedenartige Werke entstehen. Zum Vergleich ist auf die ntl. Literaturgeschichte zu verweisen, wonach die voneinander theologisch sehr unterschiedenen Schriften der Evangelien und der Briefe insgesamt innerhalb von ca. 80 Jahren entstanden sind. In der nachexilischen Zeit sind so divergierende Werke wie die kultisch-gesetzliche Priesterschrift und das unkultisch-spekulative Hiobbuch entstanden.

Wir nehmen an, daß die jahwistischen und elohistischen Schichten des Pentateuch etwa gleichzeitig im 6. Jahrhundert entstanden sind. Die zeitgenössische Literatur läßt erkennen, daß man sich in jener Epoche intensiv mit den geschichtlichen Überlieferungen des Volkes beschäftigte (vgl. Dtr). Die Priesterschrift wurde im wesentlichen im 5. Jahrhundert verfaßt, (4) wobei sie die inzwischen zu JE vereinigten älteren Quellen als Vorlage und Vorbild benutzte. Gegen

---

1 Vgl. Gunneweg, Geschichte 121; Mayer, BZ NF 12, 1ff; Winston, Hist. of Rel. V, 183ff; Ackroyd, Israel 340ff.

2 Studien 11f.

3 ZAW 49, 178. S. dazu o. S. 294.

4 So mit Oesterley-Robinson, Introd. 62; Weiser, Einl 128; Fohrer, Einl 201; Kaiser, Einl 95. Anders Elliger, Kl. Schr. 174ff; Noth, Exodus 7; Ackroyd, Israel 148ff; Keel-Küchler, Texte II, 48.

Ende des 5. Jh. vereinigte ein Redaktor JE mit P und fügte die dtr Passagen ein, so daß um 400 der Pentateuch abgeschlossen vorlag. Das um diese Zeit entstandene chronistische Werk setzt den abgeschlossenen Pentateuch offensichtlich voraus.

9. Auf Grund der Ergebnisse dieser Untersuchung muß die Gestalt der vorexilischen Religion Israels überdacht und neu bestimmt werden. Im vorexilischen Jahweglauben spielten offensichtlich der Schöpfungsglaube und die Ereignisse der Frühgeschichte noch keine zentrale Rolle. Deshalb kann es damals so etwas wie ein "heilsgeschichtliches Credo" noch nicht gegeben haben. Die vorexilischen Propheten lassen nichts davon erkennen. Die "Historisierung" der Jahwereligion erfolgte erst in späterer Zeit, wovon besonders das dtn-dtr Schrifttum zeugt.

Im Mittelpunkt der vorexilischen Religion stand Jahwe als der Gott des Königs (1) und der Gott des Volkes. Jahwe erwartete von seinem Volk die Einhaltung bestimmter ethischer Normen und die Treue zu ihm. Als das Volk von diesen Normen abweicht und sich anderen Göttern zuwendet, erheben die Propheten ihre warnende Stimme und künden das Gericht an. Erst später entstand auf Grund der veränderten Situation die Notwendigkeit, auf die Geschichte zurückzugreifen. Dann wurden die bisher unzusammenhängend tradierten Überlieferungen gesammelt und zu einem normativen Geschichtsaufriß verknüpft. Der Beginn des Gottesverhältnisses und die Offenbarung der für das Volk gültigen Normen wurden nunmehr mit bestimmten Ereignissen der Vor- und Frühgeschichte (Schöpfung, Erzväter, Exodus, Sinai) in Verbindung gebracht. Erst als man das Land verloren hatte, dachte man über den Landbesitz nach und formulierte die Landverheißungen. (2) Wie ich in meiner Dissertation (3) nachzuweisen versucht habe, müssen diese keineswegs zum Typ einer nomadischen Sonderreligion gehören, die nur in vorstaatlicher Zeit existiert haben kann.

Im Hinblick auf das Verhältnis von Prophetie und Geschichte kommt der englische Gelehrte Cook zu folgendem Ergebnis: (4) "The convenient formula, the Prophets precede the Law, should be extended to, the Prophets precede both the History and the Law." Geschichte und Gesetz sind somit nicht Vorläufer und Voraussetzung der Prophetie, vielmehr hat umgekehrt die Prophetie ein neues Verständnis von Geschichte und Gesetz hervorgebracht. Auf Grund der Erfahrungen der Prophetie kam Israel zur Darstellung und Interpretation der Ereignisse der Vergangenheit.

---

1 Vgl. Vorländer, Mein Gott 231ff.
2 S. dazu o. S. 354ff.
3 Mein Gott 184ff.
4 JThSt 26, 172.

10. Eine Reihe von Texten aus der exilischen Prophetie sprechen von einer Wende, die das Exil im Verhältnis zwischen Jahwe und seinem Volk bewirkt: Israel wird sich nunmehr ausschließlich der Verehrung seines Gottes hinwenden, es wird ein neues Gesetz (ברית) erhalten, das in sein Herz eingepflanzt ist. Mit der Rückkehr in sein Land wird es die Götzen wegwerfen, sich von den andern Völkern absondern und sich völlig zu Jahwe bekehren. (Vgl. Jer 24; 30f; 29,16; Ez 11,14ff; 31,31ff; 36f; Dtn 30,3ff) Das Exil ist also ein Wendepunkt der israelitischen Religions- und Theologiegeschichte. Das Volk war durch den Untergang Jerusalems und die Wegführung nach Babylon in eine tiefe politische, geistige und religiöse Krise geraten. Es gehört zu den großen Ereignissen der Geistes- und Religionsgeschichte, daß Israel in dieser Krise nicht untergegangen ist. Vielmehr bewirkte diese Krise eine theologisch außerordentlich kreative Epoche. (1) Gestalten wie Jeremia, Ezechiel, Deuterojesaja und Tritojesaja wiesen den Weg zur Bewältigung der Krise und zu einem Neuanfang. Geschichtsschreiber, wie die Verfasser des jehowistischen Werkes, des dtr Geschichtswerkes und der Priesterschrift haben Entscheidendes dazu beigetragen, daß durch den Aufweis von Jahwes Taten und Verheißungen das Volk Mut schöpfte, im Vertrauen auf Gottes Macht und Treue den Weg in die Zukunft zu wagen.

Die Datierung des jehowistischen Werkes in die exilisch-nachexilische Periode soll seine literarische und religionsgeschichtliche Leistung keineswegs mindern. Im Gegenteil! Dieses Werk hat in großartiger Freiheit und Fähigkeit die alten Überlieferungen gesammelt, verarbeitet und theologisch gedeutet. Es benutzte dabei die altorientalische Kunst der Geschichtsschreibung, um ein einzigartiges Bild der Vergangenheit seines Volkes zu entwerfen.

---

1 Vgl. die aufschlußreichen Ausführungen "The Sixth Century: A Creative Epoch in the History of Israel" von D. W. Thomas, JSS 6, 3ff. - Auf die Wende, die sich im Exil vollzog, hat bereits Lessing in "Die Erziehung des Menschengeschlechts" (§ 34. 35. 39. 40) aufmerksam gemacht.

BIBLIOGRAPHIE

ACKROYD, Peter R. — Hosea and Jacob. VT 13, 1963, 245-259

---- — Exile and Restoration. Philadelphia 1968

---- — I & II Chronicles, Ezra, Nehemiah. (TBC) London 1973

ALBERTZ, Rainer — Weltschöpfung und Menschenschöpfung. (CTM A 3) 1974

ALBREKTSON, Bertil — History and the Gods. (Coniectanea Biblica O. T. Series 1) Lund 1967

ALBRIGHT, William F. — The Names Shaddai and Abram. JBL 54, 1935, 173-204

---- — The Babylonian Matter in the Predeuteronomic Primeval History (JE) in Gen 1-11. JBL 58, 1939, 91-103

---- — From the Stone Age to Christianity. Baltimore 1940

---- — The Oracles of Balaam. JBL 63, 1944, 207-233

---- — Archaeology and the Religion of Israel. 3rd ed. Baltimore 1953

ALT, Albrecht — Das Gottesurteil auf dem Karmel. Kl. Schr. II, 135-149

ALTMANN, Peter — Erwählungstheologie und Universalismus im Alten Testament. (BZAW 92) 1964

ANDERSON, Bernhard W. — Understanding the Old Testament. Englewood Cliffs 1957

---- Exodus Typology in Second Isaiah. Israels Prophetic Heritage. Essays in Honor of James Muilenburg. Ed. by B. W. Anderson and W. Harrelson. New York 1962, 177-195

ANDERSON, George W. Introduction to the Old Testament. London 3rd ed. 1962

AUERBACH, Elias Wüste und Gelobtes Land, I, 1938

---- Die große Überarbeitung der biblischen Bücher. VTS 1, 1953, 1-10

BACH, Robert Die Erwählung Israels in der Wüste. ThLZ 78, 1953, 687

BÄCHLI, Otto Israel und die Völker (AThANT) 41, 1962

BALSCHEIT, Bruno Alter und Aufkommen des Monotheismus in der israelitischen Religion. (BZAW 69) 1938

BALTZER, Dieter Ezechiel und Deuterojesaja. (BZAW 121) 1971

BARR, James The Meaning of "Mythology" in Relation to the Old Testament. VT 9, 1959, 1-10

BARTH, Christoph Zur Bedeutung der Wüstentradition. VTS 15, 1966, 14-23

BAUDISSIN, Wolf W. Die Geschichte des alttestamentlichen Priesterthums. Leipzig 1889

---- Einleitung in die Bücher des Alten Testaments. Leipzig 1901

BAUMGARTNER, Walter Das Aramäische im Buche Daniel. ZAW 45, 1927, 81-133

BEA, August Der heutige Stand der Pentateuchfrage. Bibl 16, 1935, 175-200

BECKER, Joachim Gottesfurcht in Alten Testament. (AnBibl 25) 1965

BEER, Georg - GALLING, Kurt Exodus (HAT I, 3) 1939

BELTZ, Walther Die Kalebtraditionen im Alten Testament. (BWANT 98) 1974

BENDER, A.	Das Lied Exodus 15. ZAW 23, 1903, 1-48
BENTZEN, Aage	Daniel (HAT I, 19) 2. Aufl. 1952
----	Introduction to the Old Testament, II, Copenhagen 6th ed. 1961
BENZINGER, Immanuel	Die Bücher der Könige. (KHC IX) 1899
----	Die Bücher der Chronik (KHC XX) 1901
----	Jahvist und Elohist in den Königsbüchern (BWAT NF 2) 1921
BERG, Werner	Die sogenannten Hymnenfragmente im Amosbuch (EHS XXIII, 45) 1974
BERNHARDT, Karl-Heinz	Zur Bedeutung der Schöpfungsvorstellung für die Religion Israels in vorexilischer Zeit. ThLZ 85, 1960 821-824
----	Die Umwelt des Alten Testaments. Bd I, 1967
BERTHOLET, Alfred	Das Buch Hesekiel. (KHC XII) 1897
----	Deuteronomium (KHC V) 1899
----	Kulturgeschichte Israels. 1902
BERRY, George R.	The Date of Deuteronomy. JBL 59, 1940, 133-139
BEWER, Julius A.	The Literature of the Old Testament. New York 8th ed. 1949
BEYERLIN, Walter	Die Kulttraditionen Israels in der Verkündigung des Propheten Micha. (FRLANT 72) 1959
----	Herkunft und Geschichte der ältesten Sinaitraditionen. Tübingen 1961
BLEEK, Friedrich	Einleitung in das Alte Testament. Hrsg. v. J. Bleek und A. Kamphausen 5. Aufl. bes. v. J. Wellhausen, 1886
BLENKINSOPP, J.	Theme and Motif in the Succession History (2 Sam. XI, 2ff) and the Yahwistic Corpus. VTS 15, 1966, 44-57
DE BOER, P.A.H.	Review of Herbert Schmid, Mose. VT 19, 1969, 133-135

BORGER, Riekele — Die Beschwörungsserie bit meseri und die Himmelfahrt Henochs. JNES 33, 1974, 183-196

BORST, Arno — Der Turmbau von Babel. Bd. I, 1957

BOUSSET, Wilhelm — Die Religion des Judentums im spät-hellenistischen Zeitalter. 1903

BOWMAN, Raymond A. — Arameans, Aramaic, and the Bible. JNES 7, 1948, 65-90

BRIGGS, C.A. & E.G. — A Critical and Exegetical Commentary on the Book of Psalms. (ICC) 1906

BRIGHT, John — A History of Israel. London 5th ed. 1967

---- — Jeremiah (AnchorB) Garden City 1965

BRIGHTMAN, Edgar — The Sources of the Hexateuch. N.Y. 1918

BRUEGGEMANN, Walter — David and His Theologian. CBQ 30, 1968 156-181

BUDDE, Karl — Die Biblische Urgeschichte (Gen 1-12, 5). Giessen 1883

---- — Das Buch der Richter. (KHC VII) 1897

---- — Die Bücher Samuel. (KHC VIII) 1902

---- — Geschichte der althebräischen Literatur (Litteraturen des Ostens, 7) Leipzig 1906

---- — Zu Jesaja 1-5. ZAW 50, 1932, 38-72

BÜCKERS, Hermann — Zur Verwertung der Sinaitraditionen in den Psalmen. Bibl 32, 1951, 401-422

BUHL, Frants — Einige textkritische Bemerkungen zu den kleinen Propheten. ZAW 5, 1885, 179-184

BURROWS, Millar — Ancient Israel. The Idea of History in the Ancient Near East, ed. R.C. Dentan, Yale 1955, 99-131

BUTLER, T.C. — "The Song of the Sea": Exod. 15: 1-18. Diss. theol. Graduate School of Vanderbilt University, Nashville 1971

CARLSON, R.A. — David the Chosen King. Stockholm 1964

CARMICHAEL, Calum — The New View of the Origin of the Deuteronomic Credo. VT 19, 1969, 273-289

CASSUTO, U. — A Documentary Hypothesis and the Composition of the Pentateuch. Jerusalem 1961

CAZELLES, Henri — Die Thora. Einleitung in die Heilige Schrift, hrsg. v. A. Robert und A. Feuillet, I, Wien 1963

CHEYNE, Thomas Kelly — The Origin and Religious Contents of the Psalter in the Light of Old Testament Criticism and the History of Religions. London 1891

CHILDS, Brevard S. — Myth and Reality in the Old Testament (SBT 27) London 2nd ed. 1962

---- — Deuteronomic Formulae of the Exodus Traditions. Hebräische Wortforschung (FS W. Baumgartner), VTS 16, 1967, 30-39

---- — Isaiah and the Assyrian Crisis. (SBT II, 3) London 1967

A Traditio-Historical Study of the Reed Sea Tradition. VT 20, 1970, 406-418

CLARK, W. Malcolm — A Legal Background to the Yahwist's Use of "Good and Evil" in Genesis 2-3. JBL 88, 1969, 266-278

---- — The Flood and the Structure of the Prepatriarchal History. ZAW 83, 1971, 184

---- — The Righteousness of Noah. VT 21, 1971, 261-280

CLEMENTS, Ronald E. — Prophecy and Covenant. (SBT 43) London 1965

---- — Abraham und David. (SBT II, 5) London 1967

COATS, George W. — The Traditio-Historical Character of the Reed Sea Motiv. VT 17, 1967, 253-265

---- — Rebellion in the Wilderness. Nashville-New York 1968

COOK, Stanley A.	Art. Jews. Encyclopedia Britannica, 11th ed., 1910, XV, 371-392
----	Art. Palestine. Encyclopedia Britannica 11th ed., 1910, XX. 605-617
----	The Prophets of Israel. CAH III, 1925, 458-500
----	The Fall and Rise of Judah. CAH III, 1925, 388-415
----	The Inauguration of Judaism. CAH VI, 1927, 167-199
----	Some Tendencies in Old Testament Criticism. JThSt 26, 1925, 156-173
----	Book Review. JThSt 30, 1928-9, 295-312
----	The Old Testament. A Reinterpretation. London 1936
COOKE, G.A.	A Critical and Exegetical Commentary on the Book of Ezekiel. (ICC) 2nd ed. 1951
CORNILL, C.H.	Einleitung in das A.T. mit Einschluß der Apokryphen und Pseudepigraphen. 3.4. Aufl. -Freiburg und Leipzig 1896
COWLEY, A.	Aramaic Papyri of the Fifth Century B.C. Oxford 1923
DAHOOD, Mitchell	Psalms (Anchor Bible) Garden City 1966ff
DAVIES, G. Henton	The Yahwistic Tradition in the Eighth Century Prophets. Studies in Old Testament Prophecy presented to Th.H. Robinson, ed. by H.H. Rowley, Edinburgh 1950 (=1957), 37-51
DELITZSCH, Friedrich	Wo lag das Paradies? Leipzig 1881
DENTAN, Robert C.	The Literary Affinities of Exodus XXXIV:6f. VT 13, 1963, 34-51
DE VRIES, Simon J.	The Origin of the Murmuring Tradition. JBL 87, 1968, 51-58

DIEBNER, Bernd - SCHULT, Hermann	Argumenta e silentio. Das große Schweigen als Folge der Frühdatierung der "alten Pentateuchquellen". Sefer Rendtorff (FS Rendtorff), DBAT Beih 1, 1975 24-35
DIEBNER, Bernd	"Isaak" und "Abraham" in der alttestamentlichen Literatur außerhalb Gen. 12-50. DBAT 7, 1974, 38-50
DIEDRICH, Friedrich	Die Anspielungen auf die Jakob-Tradition in Hosea 12, 1 - 13, 3. (fzb 27) 1977
DIEPOLD, Peter	Israels Land. (BWANT 95) 1972
DIETRICH, Walter	Prophetie und Geschichte. (FRLANT 108) 1972
DILLMANN, August	Die Genesis. (KeH 11) 4. Aufl. 1882
-----	Die Bücher Numeri, Deuteronomium und Josua (KeH 13), 2. Aufl. 1886
DION, Hyacinthe M.	The Patriarchal Traditions and the Literary Form of the Oracle of Salvation. CBQ 29, 1967, 198-206
DOMBART, Th.	Der Babylonische Turm. (AO 29, 2) 1930
DRIVER, Samuel R.	A Critical and Exegetical Commentary on Deuteronomy (ICC) 1895
-----	Notes on the Hebrew Text and the Topography of the Books of Samuel. 2nd ed. Oxford 1913
-----	An Introduction to the Literature of the Old Testament. New York 1914
DUHM, Bernhard	Die Theologie der Propheten als Grundlage für die innere Entwicklungsgeschichte der israelitischen Religion. Bonn 1875
-----	Das Buch Hiob. (KHC XVI) 1897
-----	Das Buch Jeremia. (KHC XI) 1901
-----	Das Buch Jesaia. (HK III, 1) 2. Aufl. 1902
-----	Die Psalmen. (KHC XIV) 2. Aufl. 1922
-----	Anmerkungen zu den zwölf Propheten. ZAW 31, 1911, 1-43

EERDMANS, B. D.	Alttestamentliche Studien. Bd. I, 1908
EHRLICH, Arnold B.	Randglossen zur hebräischen Bibel. Bd IV, 1912 (= 1968)
EICHRODT, Walther	Die Quellen der Genesis von neuem untersucht. (BZAW 31) 1916
-----	Der Prophet Hesekiel. (ATD 22) 1959. 1966
EIßFELDT, Otto	Hexateuch-Synopse. Darmstadt 1962 (= 1922)
-----	Der geschichtliche Hintergrund der Erzählung von Gibeas Schandtat. Fs. G. Beer, 1935, 19-40 =Kl. Schr. II, 1963 64-80
-----	Die Komposition der Bileam-Erzählung ZAW 57, 1939, 212-241 = Kl. Schr. II, 1963, 199-226
-----	Einleitung in das Alte Testament unter Einschluß der Apokryphen und Pseudepigraphen sowie der apokryphen und pseudepigraphischen Qumran-Schriften. Tübingen 3. A. 1964
-----	Ps 80. Geschichte und Altes Testament. Fs. A. Alt (BHTh 16), 1953, 65-78 = Kl. Schr. III, 1966, 221-232
-----	Die Genesis der Genesis. 1958
-----	Das Lied Moses Deuteronomium 32, 1-43 und das Lehrgedicht Asaphs Ps 78 samt einer Analyse der Umgebung des Moseliedes. (BAL 104, 5) 1958
	Die Komposition der Sinaierzählung, (SAL 113, 1) 1966
ELLIGER, Walter	Sinn und Ursprung der priesterlichen Geschichtserzählung. ZThK 49, 1952, 121-143 = Kl. Schr. (TB 32), 1966, 174-198
ELLIS, Peter F.	The Yahwist. The Bible's First Theologian. Notre Dame (USA) 1968
ENGNELL, Ivan	The Pentateuch. A Rigid Scrutiny. Critical Essays on the Old Testament. Nashville-New York 1969, 50-67

EWALD, Heinrich — Geschichte des Volkes Israel. Bd. I, 3. Aufl. 1864

FALKENSTEIN, Adam — Fluch über Akkade. ZA 57, 1965, 43-124

----- und v. SODEN, Wolfram — Sumerische und akkadische Hymnen und Gebete. 1953

FENSHAM, F. Charles — An Ancient Tradition of the Fertility of Palestine. PEQ 98, 1966, 166f

FISCHER, J. — Das Problem des neuen Exodus in Isaias c. 40-55. ThQ 110, 1929, 111-130

FISHER, Lorel — Creation at Ugarit and in the Old Testament. VT 15, 1965, 313-324

FOHRER, Georg — Ezechiel. (HAT I, 13) 1955

----- — Das Buch Jesaja. (ZürcherB) 1960-4

----- — Das Buch Hiob. (KAT XVI) 1963

----- (E. SELLIN-) — Einleitung in das Alte Testament. Heidelberg 10. Aufl. 1965

----- — Elia (AThANT 31) 1957

----- — Überlieferung und Geschichte des Exodus. (BZAW 91) 1964

Die Struktur der alttestamentlichen Eschatologie. Studien zur Alttestamentlichen Prophetie (1949-65), BZAW 99, 1967, 32-58

----- — Jesaja 1 als Zusammenfassung der Verkündigung Jesajas. Studien zur alttestamentlichen Prophetie (1949-65), BZAW 99, 1967, 148-166

----- — Zum Text von Jesaja 41, 8-13. Studien zur alttestamentlichen Prophetie (1949-65), BZAW 99, 1967, 182-189

----- — Israels Haltung gegenüber den Kanaanäern und anderen Völkern. JSS 13, 1968, 64-75

----- — Geschichte der israelitischen Religion. Berlin 1969

De FRAINE, J. Genesis. (De Boeken van het oude Testament) Roermond en Maaseik 1963

FRENZ, Albrecht Der Turmbau VT 19, 1969, 183-195

FRETHEIM, Terence E. The Jacob Traditions. Int 26, 1972, 419-436

FRITZ, Volkmar Israel in der Wüste. (Marburger Theologische Studien 7) 1970

FUß, W. Die deuteronomische Pentateuchredaktion in Exodus 3-17. (BZAW 126) 1972

GADD, C.J. The Harran Inscriptions of Nabonidus. AnSt 8, 1958, 35-92

GALL, August, Frhr. von Zusammensetzung und Herkunft der Bileam-Perikope in Num. 22-24. Festgruß B. Stade, 1900, 1-47

----- Basileia tou theou. Heidelberg 1926

GALLING, Kurt Die Erwählungstraditionen Israels. (BZAW 48) 1928

GASTER, T.H. Art. Myth, Mythology, IDB III, 481-487

GERTNER, M. An Attempt at an Interpretation of Hosea XII. VT 10, 1960, 272-284

GESE, Hartmut Geschichtliches Denken im Alten Orient und im Alten Testament. ZThK 55, 1958, 127-145

GESE, Hartmut Bemerkungen zur Sinaitradition. ZAW 79, 1967, 137-154

GILLISCHEWSKI, Eva Zur Literarkritik von Gen 18 und 19. ZAW 41, 1923, 76-83

GINSBERG, H.L. Hosea's Ephraim, More Fool Than Knave. JBL 80, 1961, 339-347

GOETZE, A. - LEVY Fragment of the Gilgames Epic from Megiddo, Atiqot 2, 1959, 121-128

GOFF, Beatrice L. The Lost Yahwistic Account of the Conquest of Canaan. JBL 53, 1934, 241-249

GOOD, Edwin M. Hosea and the Jacob Tradition. VT 16, 1966, 137-151

GORDON, Cyrus H. Abraham and the Merchants of Ura. JNES 17, 1958, 28-31

GOTTWALD, Norman K. — A Light to the Nations. New York 1959

GRAF, Karl-Heinrich — Die Geschichtlichen Bücher des Alten Testaments. Leipzig 1866

GRAY, George Buchanan — A Critical and Exegetical Commentary on Numbers. (ICC) 1903

----- — A Critical and Exegetical Commentary on the Book of Isaiah. (ICC) 1912

GREßMANN, Hugo — Sage und Geschichte in den Patriarchenerzählungen. ZAW 30, 1910, 1-34

----- — Mose und seine Zeit. (FRLANT 18) 1913

----- — Ursprung und Entwicklung der Joseph-Sage. Eucharisterion H. Gunkel, I (FRLANT 36), 1923, 1-55

----- — Die älteste Geschichtsschreibung und Prophetie Israels. (SAT II, 1) 2. A. 1921

----- — Die Anfänge Israels. (SAT I, 2) 1914

GUETERBOCK, Hans-Gustav — Die historische Tradition und ihre literarische Gestaltung bei Babyloniern und Hethitern. ZA 42, 1934, 1-91

GUNKEL, Hermann — Schöpfung und Chaos in Urzeit und Endzeit. 1895

----- — Genesis (HK I, 1) 6. Aufl. 1964

----- — Die Psalmen (HK II, 2) 5. Aufl. 1968

----- — Die Komposition der Josephsgeschichte. ZDMG 76, 1922, 55-71

----- — Die israelitische Literatur. Darmstadt 1963

GUNNEWEG, Antonius H. J. — Mündliche und schriftliche Tradition der vorexilischen Prophetenbücher als Problem der neueren Prophetenforschung. (FRLANT 73) 1959

GUTHRIE, Harvey H. — God and History in the Old Testament. London 1961

HAAG, Herbert — Der Mensch am Anfang. (Trierer Theologische Studien 24) Trier 1970

HALBE, Jörn — Das Privilegrecht Jahwes. Ex 34, 10-26. (FRLANT 114) 1975

HARPER, William R. — A Critical and Exegetical Commentary on Amos and Hosea. (ICC) 2nd ed. 1910

HEIDEL, Alexander — The Babylonian Genesis. Chicago 6th ed. 1969

HELCK, Wolfgang — Tkw und die Ramsesstadt. VT 15, 1965, 35-48

HEMPEL, Johannes — Die althebräische Literatur und ihr hellenistisch-jüdisches Nachleben. (Handbuch der Literaturwissenschaft 14) Wildpark-Potsdam 1930

----- — Geschichte und Geschichten im Alten Testament bis zur persischen Zeit. Gütersloh 1964

HENRY, Marie-Louise — Jahwist und Priesterschrift. (ATh 3) 1960

----- — Phänomene religiöser Lebensbewegungen in der jahwistischen und priesterlichen Überlieferung. ThLZ 85, 1960, 145-148

HERTZBERG, Hans-Wilhelm — Die Bücher Josua, Richter, Ruth. (ATD 9) 2. Aufl. 1959

----- — Die Samuelbücher. (ATD 10) 2. Aufl. 1960

HEßLER, Eva — Die Struktur der Bilder bei Deuterojesaja. EvTh 25, 1965, 349-369

HOBBS, T. R. — Amos 3:1b and 2:10. ZAW 81, 1969, 384-387

HOELSCHER, Gustav — Komposition und Ursprung des Deuteronomiums. ZAW 40, 1922, 161-255

----- — Geschichte der israelitischen und jüdischen Religion. Giessen 1922

----- — Das Buch der Könige, seine Quellen und seine Redaktion. Eucharisterion H. Gunkel, I, 1923, 158-213

----- — Hesekiel. (BZAW 39) 1924

----- — Die Anfänge der hebräischen Geschichtsschreibung. SAH 1941/2, 3) Heidelberg 1942

HOELSCHER, Gustav — Geschichtsschreibung in Israel. Lund 1952

HOFTIJZER, J. — Die Verheißungen an die drei Erzväter. Leiden 1956

----- — Some Remarks to the Tale of Noah's Drunkenness. OTS 12, 1958, 22-27

HOLLADAY, William L. — Chiasmus the Key to Hosea XII 3-6. VT 16, 1966, 53-64

HOLZINGER, Heinrich — Einleitung in den Hexateuch. Freiburg, Leipzig 1893

----- — Exodus. (KHC II) 1900

----- — Das Buch Josua. (KHC VI) 1901

HORST, Friedrich — Die Doxologien im Amosbuch. ZAW 47, 1929, 45-54 = Gottes Recht (TB 12), München 1961, 155-166

----- — Nahum bis Maleachi. Robinson-Horst, Die Zwölf Kleinen Propheten (HAT I, 14), 3. Aufl. 1964

----- — Das Privilegrecht Jahwes. (FRLANT 45) 1930

HUFFMON, Herbert B. — The Exodus, Sinai and the Credo. CBQ 27, 1965, 101-113

HUPFELD, Hermann — Die Quellen der Genesis und die Art ihrer Zusammensetzung. Berlin 1853

HVIDBERG, Flemming — The Canaanitic Background of Gen. I - III. VT 10, 1960, 285-294

HYATT, Edmond — Theology of the Old Testament. London 4th ed. 1967

JACOBSEN, Thorkild — The Sumerian Kinglist. (AS 11) Chicago 1939 (= 1964)

JAROS, Karl — Die Stellung des Elohisten zur kanaanäischen Religion (Orbis Biblicus et Orientalis 4) 1974

JASPER, F. N. — Early Israelite Traditions and the Psalter, VT 17, 1967, 50-59

JENKS, Alan W. — The Elohist and North Israelite Tradition. Diss. theol. Harvard 1965

JENNI, Ernst — Art. יצא jsᶜ hinausgehen. THAT I, 755-761

JEPSEN, Alfred — Zur Überlieferungsgeschichte der Vätergestalten. WZ Leipzig 3, 1953/4, 265-281

JEREMIAS, Alfred — Das Alte Testament im Lichte des Alten Orients. 3. Aufl. 1916

JEREMIAS, Jörg — Theophanie. (WMANT 10) 1965

JIRKU, Anton — Die älteste Geschichte Israels im Rahmen lehrhafter Darstellungen. Leipzig 1917

JUNKER, Hubert — Die Entstehungszeit des Ps 78 und des Deuteronomiums. Bibl 34, 1953, 487-500

KAISER, Otto — Traditionsgeschichtliche Untersuchung von Genesis 15. ZAW 70, 1958, 107-126

----- — Die mythische Bedeutung des Meeres in Ägypten, Ugarit und Israel. (BZAW 78) 2. Aufl. 1962

----- — Einleitung in das Alte Testament. Gütersloh 1969

----- — Der Prophet Jesaja: Kapitel 1-12 (ATD 17) 3. Aufl. 1970

----- — Der Prophet Jesaja: Kapitel: 13-39. (ATD 18) 1973

KAPELRUD, Arvid S. — The Mythological Features in Genesis Chapter I and the Author's Intentions VT 24, 1974, 178-186

KAUFMANN, Yehezkel — The Religion of Israel. Chicago 1960

KEEL, Othmar - KÜCHLER, Max — Synoptische Texte aus der Genesis. Teil I + II (Bibl. Beiträge 8) Fribourg 1971

KEIL, Carl Friedrich — Biblischer Commentar über die Bücher Mosis. (Biblischer Commentar über das Alte Testament, hrsg. v. Keil und Delitzsch, I, 1) Leipzig 1861

KELLER, Karl A. — Über einige alttestamentliche Heiligtumslegenden. I. ZAW 67, 1955, 141-168

KENNETT, Robert H. — The Origin of the Aaronite Priesterhood JThSt 6, 1904-5, 161-186

----- — The Date of Deuteronomy. JThSt 7, 1906, 481-500

----- — Art. "Israel". ERE VII, 1914 (= 1961) 439-456 = The Church of Israel. Cambridge 1933, 1-72

KENYON, Kathleen — Archäologie im Heiligen Land. 1967

KILIAN, Rudolf — Der heilsgeschichtliche Aspekt in der elohistischen Geschichtstradition. ThGl 56, 1966, 369-385

----- — Die vorpriesterlichen Abrahamsüberlieferungen literarkritisch und traditionsgeschichtlich untersucht. (BBB 24) 1966

----- — Die Hoffnung auf Heimkehr in der Priesterschrift. BiLe 7, 1966, 39-51

KITTEL, Rudolf — Geschichte der Hebräer, I (Handbuch der Alten Geschichte I, 3) 1888

----- — Das Buch der Könige. (HK I, 5) 1902

----- — Die Psalmen. (KAT XIII) 1914

----- — Geschichte des Volkes Israel. I, 4. Aufl. 1921, II, 5. Aufl. 1922

KNIERIEM, Rolf — Exodus 18 und die Neuordnung der mosaischen Gerichtsbarkeit. ZAW 73, 1961, 146-171

KOCH, Klaus — Zur Geschichte der Erwählungsvorstellung in Israel. ZAW 67, 1955, 205-226

----- — Der Tod des Religionsstifters.

----- — KuD 8, 1962, 100-123

----- — Was ist Formgeschichte? Neukirchen 1964

----- — Die Hebräer vom Auszug aus Ägypten bis zum Großreich Davids. VT 19, 1969, 37-81

KOENIG, Eduard	Einleitung in das Alte Testament mit Einschluß der Apokryphen und der Pseudepigraphen Alten Testaments. (Sammlung Theologischer Handbücher II, 1) Bonn 1893
KRAUS, Hans-Joachim	Psalmen. (BK XV) 3. Auflage 1966
-----	Gottesdienst in Israel. (BEvTh 19) 2. Aufl. 1962
KUECHLER, Max	S. Keel-Küchler
KUEHLEWEIN, Johannes	Geschichte in den Psalmen. (CTM A2) 1973
KUENEN, Abraham	Historisch-kritische Einleitung in die Bücher des Alten Testaments hinsichtlich ihrer Entstehung und Sammlung, I, 1, Leipzig 1887
KUHL, C.	Die Entstehung des Alten Testaments. (Sammlung Dalp 26) München 1953
KUTSCH, Ernst	Das Herbstfest in Israel. Diss. Mainz 1956 (Masch.)
-----	Gideons Berufung und Altarbau Jdc 6, 11-24. ThLZ 81, 1956, 75-84
-----	ענוה ("Demut"). Habilitationsschrift Mainz (Masch.) 1960
-----	Verheißung und Gesetz. (BZAW 131) 1973
De LAGARDE, Paul	Kleinigkeiten. Nachrichten von der Kgl. Gesellschaft der Wissenschaften und der Georg-Augusts-Universität zu Göttingen, 1889, 293-322
LAMBERT, W.G. - MILLARD, A.R.	Atra-Ḫasīs. The Babylonian Story of the Flood. Oxford 1969
LANGDON, Stephen	Die neubabylonischen Königsinschriften (VAB IV) Leipzig 1912
LAUHA, Aarre	Die Geschichtsmotive in den alttestamentlichen Psalmen. Helsinki 1945
-----	Das Schilfmeermotiv im Alten Testament. VTS 9, 1963, 32-46
LEWY, Immanuel	The Growth of the Pentateuch. New York 1955

LIPINSKI, E. — Nimrod et Assur. RB 73, 1966, 77-93

LODS, Adolphe — Israel des origines au milieu du viiie siècle (L' evolution de l' humanité XXVII) Paris 1930 (= 1949)

LOEHR, Max — Psalmenstudien. (BWAT NF 3) 1922

----- — Zum Hexateuchproblem. OLZ 29, 1926, 3-13

LOHFINK, Norbert — Darstellungskunst und Theologie in Dtn 1,6-3,29. Bibl 41, 1960, 105-134

----- — Das Hauptgebot. Eine Untersuchung literarischer Einleitungsfragen zu Dtr 5 - 11. (An Bibl 20) Roma 1963

----- — Die Landverheißung als Eid. (SBS 28) 1967

LOISY, Alfred — The Religion of Israel. London 1910

LORD, Albert B. — Der Sänger erzählt. 1965

LOZA, Josè — Exode XXXII et la Redaction JE. VT 23, 1973, 31-55

LUBSCZYK, Hans — Der Auszug aus Ägypten. (Erfurter Theologische Studien 11) Leipzig 1963

LUTHER, Bernhard — Die Persönlichkeit des Jahwisten. In: E. Meyer, Die Israeliten und ihre Nachbarstämme, 1906 (=1967), 105-173

MAAG, Viktor — Jakob - Esau - Edom. ThZ 13, 1957, 418-429

MALAMAT, Abraham — King Lists of the Old Babylonian Period and Biblical Genealogies. JAOS 88, 1968, 163-173

MALLOWAN, M.E.L. — Nimrud. Archaeology and Old Testament Study, ed. D.W. Thomas, Oxford 1969 57-72

MALY, Eugene — The World of David and Salomon. Englewood Cliffs 1966

MARTI, Karl — Geschichte der Israelitischen Religion 3. verb. Aufl. von Aug. Kayser's Theologie des Alten Testaments. Strassburg 3. A. 1897

----- — Das Buch Jesaja. (KHC X) 1900

MARTI, Karl — Das Dodekapropheton. (KHC XIII) 1904

MATOUS, L. — Semitistischer Cercle V (1967/8). ArOr 37, 1969, 597-601

MAUCHLINE, John — Isaiah 1-39. (Torch Bible Paperbacks) 2nd ed. London 1966

----- — The Book of Hosea. (IB VI) 1956, 551-725

MAYS, James L. — Amos (OTL) Philadelphia 1969

McCULLOUGH, Steward W. — The Book of Psalms: Exegesis of Psalms 72-92. 94. 97-99. 101-119. 139. (IB IV) 1955, 3-763

McKEATING, Henry — The Book of Amos, Hosea and Micah. (The Cambridge Bible Commentary) Cambridge 1971

McKENZIE, John L. — Reflections on Wisdom. JBL 86, 1967, 1-9

MEISSNER, Bruno — Babylonien und Assyrien. I, 1920, II, 1925

MENDENHALL, George E. — Covenant Forms in Israelite Tradition. BA 17, 1954, 50-76

Van der MERWE, B. J. — Pentateuchtradisies in die Prediking van Deuterojesaja. Groningen- Djakarta 1956

MEYER, Eduard — Kritik der Berichte über die Eroberung Palaestinas. ZAW 8, 1881, 117-146

----- — Miscellen. ZAW 8, 1888, 42-49

----- — Geschichte des Altertums. II, 2. 3. Aufl. 1953

----- — Die Israeliten und ihre Nachbarstämme. 1906 (= 1967)

MILLARD, A. R. — s. Lambert-Millard

MITTMANN, Siegfried — Num 20, 14-21 - Eine redaktionelle Komposition. Fs. K. Elliger, hrsg. v. H. Gese und H. P. Plöger (AOAT 18) 1973,143-149

----- — Deuteronomium 1, 1-6, 3 literarkritisch und traditionsgeschichtlich untersucht (BZAW 139) 1975

MOELLE, Herbert — Das "Erscheinen" Gottes im Pentateuch. (EHS XXIII, 18) 1973

MOEHLENBRINK, Kurt — Josua im Pentateuch. ZAW 59, 1942/3, 14-58

MONTGOMERY, James A. - GEHMAN, Henry S. — A Critical and Exegetical Commentary of the Book of Kings. (ICC) 1951

MOORE, George F. — A Critical and Exegetical Commentary on Judges. (ICC) 5th ed. 1918

MORGENSTERN, Julian — The Oldest Document of the Hexateuch, HUCA IV, 1927, 1-138

----- — The Mythological Background of Psalm 8, HUCA XIV, 1939, 29-126

MOSCATI, Sabatino — Historical Art in the Ancient Near East. (Studi Semitici 8) Roma 1963

MOWINCKEL, Sigmund — Der Ursprung der Bileamsage. ZAW 48, 1930, 233-271

----- — Hat es ein israelitisches Nationalepos gegeben? ZAW 53, 1935, 130-152

----- — The Two Sources of the Predeuteronomic Primeval History (JE) in Gen. 1-11. (Abhandelinger utgitt av De Norske Videnskaps-Akademi i Oslo II Hist.-Filos. Kl 1937, 2) Oslo 1937

----- — The Babylonian Matter in the Predeuteronomic Primeval History (JE) in Gen 1-11. JBL 58, 1939, 87-91

----- — The Psalms in Israel's Worship I, Oxford 1962

----- — Israelite Historiography. ASTI II, 1963, 4-26

----- — Erwägungen zur Pentateuchquellenfrage, Trontheim 1964

----- — Tetrateuch - Pentateuch - Hexateuch. (BZAW 90) 1964

----- — Art. Tradition, Oral. IDB IV, 683-685

MUELLER, Hans Peter — Ursprünge und Strukturen alttestamentlicher Eschatologie. (BZAW 109) 1969

MUELLER, Werner E.	Die Vorstellung vom Rest im Alten Testament. Hrsg. v. H. D. Preuß, Neukirchen 1973
MUILENBURG, James	The Book of Isaiah. Chpts. 40-66. (IB V) 1956, 381-773
-----	Abraham and the Nations. Int 19, 1965, 387-398
NAPIER, B. D.	From Faith to Faith. New York 1955
NICHOLSON, Ernest W.	Preaching to the Exiles. Oxford 1970
NIELSEN, Eduard	Oral Tradition. (SBT 11) London 1955
NORTH, Christopher R.	The Old Testament Interpretation of History. London 1946
-----	Isaiah 40-55. (Torch Bible Commentaries) London 5th ed. 1966
NOTH, Martin	Die israelitischen Personennamen im Rahmen der gemeinsemitischen Namengebung. (BWANT IV, 1=52) 1930
-----	Überlieferungsgeschichte des Pentateuch. 1948
-----	Überlieferungsgeschichtliche Studien. Tübingen 2. Aufl. 1957
-----	Das Buch Josua. (HAT I, 7) 2. Aufl. 1953
-----	Das zweite Buch Mose. Exodus. (ATD 5) 3. Aufl. 1965
-----	Das vierte Buch Mose. Numeri. (ATD 7), 2. Aufl. 1973
NOWACK, Wolfgang	Richter, Ruth und die Bücher Samuelis übersetzt und erklärt. (HK I, 4) 1902
-----	Die kleinen Propheten. (HK III, 4) 3. Aufl. 1922
OESTERLEY, W. O. E. - ROBINSON, Th. H.	An Introduction to the Books of the Old Testament. London 4th ed. 1941
OLMSTEAD, A. T.	History of Assyria. New York - London 1923
ORR, James	The Problem of the Old Testament Considered With Reference to Recent Criticism. New York 1914

OTTO, Eckart	Das Mazzotfest in Gilgal. (BWANT 107) 1975
-----	Erwägungen zum überlieferungsgeschichtlichen Ursprung und "Sitz im Leben" des jahwistischen Plagenzyklus. VT 26, 1976, 3-27
OTTOSSON, M.	Art. ארץ 2. ThWAT I, 421-436
PARROT, André	The Flood and Noah's Ark. London 1955
-----	The Tower of Babel. London 1955
PEDERSEN, Johannes	Israel. I-IV. London-Copenhagen 1926
-----	Die Auffassung vom Alten Testament. ZAW 49, 1931, 161-181
-----	Passahfest und Passahlegende. ZAW 52, 1934, 161-175
PERLITT, Lothar	Bundestheologie im Alten Testament. (WMANT 36) 1969
PETER, Adalbert	Das Echo von Paradieserzählung und Paradiesmythen im Alten Testament unter besonderer Berücksichtigung der prophetischen Endzeitschilderungen. Diss. theol. Würzburg 1947 (Masch.)
PFEIFFER, Robert H.	Introduction to the Old Testament. New York - London 4th ed. 1941
PHILLIPS, Josef G.	Deuteronomy. (Cambridge Bible Commentary) Cambridge 1973
PLÖGER, Otto	Literarkritische, formgeschichtliche und stilkritische Untersuchungen zum Deuteronomium. (BBB 26) 1967
-----	Art. Elohist. RGG, 3. Aufl., II, 436f
-----	Art. Jahwist. RGG, 3. Aufl., III, 516f
POPE, Marvin H.	El in the Ugaritic Texts. VTS 2, 1955
POPE, Marvin H. - ROELLIG, Wolfgang	Syrien. Die Mythologie der Ugariter und Phönizier. Wörterbuch der Mythologie, I, hrsg. v. H.W. Haussig, Stuttgart 1965, 217-312
PREUß, Horst Dietrich	Jahweglaube und Zukunftserwartung. (BWANT 87) 1968

PRITCHARD, James B. (Ed.) — Ancient Near Eastern Texts Relating to the Old Testament. Princeton 1955

PROCKSCH, Otto — Das nordhebräische Sagenbuch. Die Elohimquelle. Leipzig 1906

----- — Die Genesis. (KAT I, 1) 1913

----- — Die letzten Worte Davids. Alttestamentliche Studien (FS R. Kittel). BWAT 13, 1913, 112-125

----- — Jesaia I. (KAT IX) 1930

von RAD, Gerhard — Das theologische Problem des alttestamentlichen Schöpfungsglaubens. (BZAW 66) 1936, 138-147 = Ges. St. (TB 8), München 1958, 136-147

----- — Das formgeschichtliche Problem des Hexateuch. (BWANT 26) 1938 = Ges. St. (TB 8) München 1958, 9-86

----- — Das erste Buch Mose. Genesis. (ATD 2/4) 7. Aufl. 1964

----- — Josephsgeschichte und ältere Chokma. VTS 1, 1953, 120-127 = Ges. St. (TB 8) München 1958, 272-280

----- — Theologie des Alten Testaments, I. München 6. Aufl. 1969

----- — Das fünfte Buch Mose. Deuteronomium. (ATD 8) 1964

RAVN, Otto E. — Der Turm zu Babel. ZDMG 91, 1937, 352-372

REDFORD, Donald B. — Exodus I: 11. VT 13, 1963, 401-418

----- — A Study of the Biblical Story of Joseph (Gen 37-50). (VTS 20) 1970

RENDTORFF, Rolf — Die theologische Stellung des Schöpfungsglaubens bei Deuterojesaja. ZThK 51, 1954, 3-13 = Ges. St. (TB 57), 1975, 209-219

----- — Genesis 8, 21 und die Urgeschichte des Jahwisten. KuD 7, 1961, 69-78 = Ges. St. 188-197

----- — Hermeneutische Probleme der biblischen Urgeschichte. FS Fr. Smend, 1963, 19-29 = Ges. St. 198-208

RENDTORFF, Rolf — Art. Pentateuch. EKL III, 109-114

----- — Das überlieferungsgeschichtliche Problem des Pentateuch. (BZAW 147) 1977

REUß, Eduard — Die Geschichte der Heiligen Schriften Alten Testaments, I. Braunschweig 1881

REVENTLOW, Henning Graf — Wächter über Israel. (BZAW 82) 1962

RICHTER, Wolfgang — Traum und Traumdeutung im AT. BZ NF 7, 1963, 202-220

----- — Die Bearbeitung des "Retterbuches" in der deuteronomischen Epoche. (BBB 21) Bonn 1964

----- — Urgeschichte und Hoftheologie. BZ NF 10, 1966, 96-105

----- — Beobachtungen zur theologischen Systembildung in der alttestamentlichen Literatur anhand des "kleinen geschichtlichen Credo". Wahrheit und Verkündigung FS Schmaus, I, München 1967 175-212

----- — Die sogenannten vorprophetischen Berufungsberichte. (FRLANT 101) 1970

ROBINSON, Theodore H. — Hosea bis Micha. Robinson-Horst, Die Zwölf Kleinen Propheten. (HAT I, 14), 3. Aufl. 1964

----- — S. Oesterley-Robinson

ROELLIG, Wolfgang — Erwägungen zu neuen Stelen König Nabonids. ZA 56, 1964, 218-260

----- — S. Pope-Röllig

ROHLAND, Eduard — Die Bedeutung der Erwählungstraditionen Israels für die Eschatologie der alttestamentlichen Propheten. Diss. theol. Heidelberg 1956 (Masch.)

ROSENTHAL, Franz — A Grammar of Biblical Aramaic. Wiesbaden 1963

ROST, Leonard — Die Überlieferung von der Thronnachfolge Davids. (BWANT 42) 1926 = Das kleine Credo und andere Studien zum Alten Testament, Heidelberg 1965, 119-253

ROST, Leonard	Die Vorstufen von Kirche und Synagoge im Alten Testament. (BWANT 76) 1938
----- (Sellin, E.)	Einleitung in das Alte Testament. 8. Aufl. Heidelberg 1949
-----	Noah der Weinbauer. Geschichte und Altes Testament (FS A. Alt), BHTh 16, 1953, 169-178 = Das kleine Credo und andere Studien zum Alten Testament, Heidelberg 1965, 44-53
-----	Zum geschichtlichen Ort der Pentateuchquellen. ZThK 53, 1956, 1-10 = Das kleine Credo ..., 25-35
-----	Das kleine geschichtliche Credo. Das kleine Credo ..., 11-25
-----	Theologische Grundgedanken der Urgeschichte. ThLZ 82, 1957, 321-326 = Das kleine Credo ..., 36-44
-----	Die Gottesverehrung der Patriarchen im Lichte der Pentateuchquellen. VTS 7, 1960, 346-359
ROWLEY, Harold H.	The Growth of the Old Testament. London 3rd ed. 1969
RUDOLPH, Wilhelm	Der "Elohist" von Exodus bis Josua. (BZAW 68) 1938
-----	S. Volz-Rudolph
-----	Esra und Nehemia samt 3. Esra. (HAT I, 20) 1949
-----	Jeremia. (HAT I, 12) 1958
-----	Chronikbücher. (HAT I, 21) 1955
-----	Hosea. (KAT XIII, 1) 1966
RUPPERT, Lothar	Die Josephserzählung der Genesis. (STANT 11) 1965
-----	Der Jahwist - Künder der Heilsgeschichte Wort und Botschaft, hrsg. v. J. Schreiner. Würzburg 1967, 88-107
-----	Der Elohist - Sprecher für Gottes Volk. Ebd., 108-117

RUPRECHT, Eberhard	Stellung und Bedeutung der Erzählung vom Mannawunder (Ex 16) im Aufbau der Priesterschrift. ZAW 86, 1974, 269-307
SAGGS, H. W.	Ur of the Chaldees. Iraq 22, 1960, 200-209
-----	The Greatness That Was Babylon. London 1962
-----	Babylon. Archaeology and Old Testament Study, ed. D. W. Thomas, Oxford 1969, 39-56
SCHARBERT, Josef	Heilsmittler im Alten Testament und im Alten Orient. (Quaestiones Disputatae 23/24), 1964
-----	Offenbarung, Tradition und Schrift im Pentateuch. MThZ 18, 1967, 93-118
-----	Prolegomena eines Alttestamentlers zur Erbsündenlehre (Quaestiones Disputatae 37) 1968
SCHICKLBERGER, Franz	Die Ladeerzählungen des ersten Samuelbuches. (fzb 7) 1973
SCHILDENBERGER, Johannes	Psalm 78 (77) und die Pentateuchquellen. Lex tua Veritas (Fs. Junker) Trier 1961, 231-256
SCHMID, Hans Heinrich	Der sogenannte Jahwist. Zürich 1976
-----	Art. ארץ aeraes Erde, Land. THAT I, 228-236
SCHMID, Herbert	Mose. (BZAW 110) 1968
SCHMIDT, Hans	Die großen Propheten. (SAT II, 2) 2. Aufl. 1923
-----	Die Psalmen. (HAT I, 15) 1934
SCHMIDT, Johann Michael	Erwägungen zum Verhältnis von Auszugs- und Sinaitradition. ZAW 82, 1970, 1-31
SCHMIDT, Ludwig	De Deo. (BZAW 143) 1976
SCHMIDT, Werner H.	Die deuteronomistische Redaktion des Amosbuches. ZAW 77, 1965, 168-193

SCHMIDT, Werner H.	Königtum Gottes in Ugarit und Israel. (BZAW 80) 2. Aufl. 1966
-----	Die Schöpfungsgeschichte der Priesterschrift. (WMANT 17) 1964
-----	Alttestamentlicher Glaube und seine Umwelt. Neukirchen 1968
-----	Exodus. (BK II) 1974ff
SCHMIDTKE, Friedrich	Die Japhetiten der biblischen Völkertafel. (Breslauer Studien zur historischen Theologie VII) 1926
SCHMITT, Armin	Entrückung - Aufnahme - Himmelfahrt. (fzb 10) 1973
SCHMOEKEL, Hartmut	Zur Datierung der Pentateuchquelle J. ZAW 62, 1950, 319-321
SCHRADER, Eberhard	The Cuneiform Inscriptions and the Old Testament. London - Edinburgh 1885
SCHREINER, Josef	Segen für die Völker in der Verheissung an die Väter. BZ NF 6, 1962, 1-31
SCHULT, Hermann	S. Diebner-Schult
SCHULTE, Hannelis	... bis auf diesen Tag. Der Text des Jahwisten, des ältesten Geschichtsschreibers der Bibel. 1967
-----	Die Entstehung der Geschichtsschreibung im Alten Israel. (BZAW 128) 1972
SCHULTZE, Herbert	Die Großreichsidee Davids wie sie sich im Werk des Jahwisten widerspiegelt. Diss. theol. Mainz 1952 (Masch.)
SCHULZ, Hermann	Das Todesrecht im Alten Testament. (BZAW 114) 1969
SEALE, Morris S.	The Glosses in the Book of Genesis and the JE Theory. ExpT 67, 1955/6, 333-335
SEELIGMANN, I. L.	A Psalm from Pre-Regal Times. VT 14, 1964, 75-92
SEITZ, Gottfried	Redaktionsgeschichtliche Studien zum Deuteronomium. (BWANT 93) 1971

SELLIN, Ernst — Mose und seine Bedeutung für die israelitisch-jüdische Religionsgeschichte. Leipzig 1922

----- — Einleitung in das Alte Testament. Heidelberg 1910 (7. Aufl. 1935)

----- — Die biblische Urgeschichte. (Bibl. Zeit- und Streitfragen IV, 7/8) 2. Aufl. 1913

----- — Wann wurde das Moselied Dtn 32 gedichtet? ZAW 43, 1925, 161-173

Van SELMS, A. — The Canaanites in the Book of Genesis. OTS 12, 1958, 182-213

Van SETERS, John — The Terms "Amorite" and "Hittite" in the Old Testament. VT 22, 1972, 64.81

----- — The Conquest of Sihon's Kingdom: A Literary Examination. JBL 91, 1972 182-197

----- — Abraham in History and Tradition. New Haven/New York/London 1975

SEYBOLD, Klaus — Elia am Gottesberg. EvTh 33, 1973, 3-18

SIEGFRIED, C. — Esra, Nehemia und Esther. (HK I, 6, 2) 1901

SIMONS, J. — The "Table of Nations" (Gen. X): Its General Structure and Meaning. OTS 10, 1954, 155-184

SIMON, Ulrich E. — A Theology of Salvation. A Commentary on Isaiah 40-55. London 1961

SIMPSON, Cuthbert A. — The Early Traditions of Israel. Oxford 1948

----- — The Growth of the Hexateuch. (IB I) 185-200

SKINNER, John — A Critical and Exegetical Commentary on Genesis. (ICC) 1910 (=1951)

----- — Prophecy and Religion. Studies in the Life of Jeremiah. Cambridge 1963

SMART, James D. — History and Theology in Second Isaiah. Philadelphia 1965

SMEND, Rudolf (sen.) Die Erzählung des Hexateuch auf ihre Quellen untersucht. Berlin 1912

SMEND, Rudolf (jun.) Das Mosebild von Heinrich Ewald bis Martin Noth. (Beiträge zur Geschichte der bibl. Exegese 3) Tübingen 1959

----- Art. Pentateuchforschung. BHH III, 1413-1419

----- Das Nein des Amos. EvTh 23, 1963 404-423

----- Das Wort Jahwes an Elia. VT 25, 1975, 525-543

SMITH, George The Chaldean Account of Genesis. New York 1876

SMITH, Henry P. A Critical and Exegetical Commentary on the Books of Samuel. (ICC) 3rd ed. 1912

SMITH, John M. P. A Critical and Exegetical Commentary on the Books of Micah, Zephaniah and Nahum. (ICC) 1911

SMITH, Morton The Common Theology of the Ancient Nea East. JBL 71, 1952, 135-147

----- II Isaiah and the Persians. JAOS 83, 1963, 415-421

von SODEN, Wolfram Frhr. Herrscher im Alten Orient. Berlin-Göttingen-Heidelberg 1954

----- Zweisprachigkeit in der geistigen Kultur Babyloniens. (Österr. Akademie der Wiss., Phil. -hist. Kl. 235, 1) Wien 1960

----- Etemenanki vor Asarhaddon nach der Erzählung vom Turmbau zu Babel und dem Erra-Mythos. UF 3, 1971, 253-263

----- Der Mensch bescheidet sich nicht, Symbolae Biblicae et Mesopatamicae F. Th. de Liagre Böhl Dedicatae, Leiden 1973, 349-358

----- Verschlüsselte Kritik an Salomo in der Urgeschichte des Jahwisten? WO 7, 1974, 288-240

Von SODEN, Wolfram Frhr.	S. Falkenstein - von Soden
SOGGIN, J. Alberto	Der offiziell geförderte Synkretismus in Israel während des 10. Jhs. ZAW 78, 1966, 197-204
-----	Art Ur. RGG^3, VI, 1148f
SOLLBERGER, Edmond	The Babylonian Story of the Flood. London 1971
SPARKS, H. F. D.	The Witness of the Prophets to Hebrew Tradition. JThSt 50, 1949, 129-141
SPEISER, Elmar A.	The Biblical Idea of History in its Common Near Eastern Setting. IEJ 7, 1957, 201-216
-----	Genesis. (AnchorB) Garden City 1964
SPIEGELBERG, Wilhelm	Der Aufenthalt in Ägypten im Lichte der aegyptischen Monumente. Strassburg 1904
-----	Die sogenannte Demotische Chronik des Pap. 215 der Bibliotheque National zu Paris. Leipzig 1914
STADE, Bernhard	Bemerkungen über das Buch Micha. ZAW 1, 1881, 161-172
-----	Zur Entstehungsgeschichte des vordeuteronomischen Richterbuches. ZAW 1, 1881, 339-343
-----	Weitere Bemerkungen zu Micha 4. 5. ZAW 3, 1883, 1-16
-----	Der Text des Berichtes über Salomos Bauten 1 Kö. 5-7, ZAW 3, 1883, 1-16
-----	Miscellen 1. Jes 4, 1884, 149-151
-----	Geschichte des Volkes Israel. I, 1887
	Beiträge zur Pentateuchkritik. ZAW 15, 1895, 157-178
-----	Ein Land, wo Milch und Honig fließt. ZAW 22, 1902, 321-324
-----	Der Mythos zum Paradies Gen. 2. 3 und die Zeit seiner Einwanderung in Israel. ZAW 23, 1903, 172-179

STADE, Bernhard — Biblische Theologie des Alten Testaments, I + II, Tübingen 1905

STAERK, Willy — Studien zur Religions- und Sprachgeschichte des Alten Testaments, I + II, Berlin 1899

----- — Die Entstehung des Alten Testamentes. (Sammlung Göschen) 2. Aufl. 1918

----- — Zur alttestamentlichen Literarkritik. ZAW 42, 1924, 34-74

STECK, Odil Hannes — Überlieferung und Zeitgeschichte in den Elia-Erzählungen. (WMANT 26) 1968

----- — Die Paradieserzählung. (BSt 60) Neukirchen 1970

----- — Genesis 12, 1-3 und die Urgeschichte des Jahwisten. Probleme biblischer Theologie (FS G. Rad) 1971, 525-554

STEINDORFF, Georg — Weiteres zu Genesis 41, 45. ZÄS 30, 1892, 50-52

STENDEBACH, Franz J. — Der Mensch ... wie ihn Israel vor 3000 Jahren sah. Stuttgart 1972

STEUERNAGEL, Carl — Übersetzung und Erklärung der Bücher Deuteronomium und Josua und allgemeine Einleitung in den Hexateuch. (HK I. 3) 1. Aufl. 1900 / 2. Aufl. 1923

----- — Die Weissagung über die Eliden (1. Sam. 2, 27-36). Alttestamentliche Studien R. Kittel dargebracht, Leipzig 1913, 204-221

STOEBE, Hans Joachim — Gut und Böse in der Jahwistischen Quelle des Pentateuch. ZAW 65, 1953, 188-204

----- — Das erste Buch Samuels (KAT VIII, 1) 1973

----- — Überlegungen zu den geistigen Voraussetzungen der Prophetie des Amos. Wort-Gebot-Glaube (FS Eichrodt), (AThANT 59) 1970, 209-225

STOLZ, Fritz — Zeichen und Wunder. ZThK 69, 1972 125-144

STOLZ, Fritz — Jahwes und Israels Kriege. (AThANT 60) 1972

----- — Die Bäume des Gottesgartens auf dem Libanon. ZAW 84, 1972, 141-156

----- — Das Alte Testament. Gütersloh 1974

STRACK, Hermann L. — Einleitung in das Alte Testament einschließlich Apokryphen und Pseudepigraphen. München 6. Aufl. 1906

STUHLMUELLER, Carroll — Creative Redemption in Deutero-Isaiah. (AnBibl 43) 1970

STUMMER, Friedrich — Einige keilinschriftliche Parallelen zu Jes 40-66. JBL 45, 1926, 171-189

SUMMER, W.A. — Israel's Encounters with Edom, Moab, Ammon, Sihon, and Og According to the Deuteronomist. VT 18, 1968, 216-228

TAYLOR, William R. — The Book of Psalms: Exegesis of Psalms 1-71. 93. 95-96. 100. 120-138. 140-150. (IB IV) 1955

THIEL, Winfried — Die deuteronomische Redaktion von Jeremia 1-15. (WMANT 41) 1973

THOMAS, D. Winton — The Sixth Century B. C.: A Creative Epoch in the History of Israel. JSS 6, 1961, 33-46

----- — A Consideration of Some Unusual Ways of Expressing the Superlative in Hebrew. VT 3, 1953, 209-224

THOMPSON, R. J. — Moses and the Law in a Century of Criticism since Graf. VTS 19, 1970

THOMPSON, P. E. S. — The Jahwist Creation Story. VT 21, 1971, 197-208

TORREY, Charles C. — Pseudo-Ezekiel and the Original Prophecy. (YOS XVIII) New Haven 1930

VERGOTE, J. — Joseph en Egypte. (Orientalia et Biblica Lovaniensia III) Louvain 1959

VOLLMER, Jochen — Geschichtliche Rückblicke und Motive in der Prophetie des Amos, Hosea und Jesaja. (BZAW 119) 1971

VOLZ, Paul — Der Prophet Jeremia. (KAT X) 1922

VOLZ, Paul — Jesaia II. (KAT IX) 1932

----- und RUDOLPH, Wilhelm — Der Elohist als Erzähler. Ein Irrweg der Pentateuchkritik? (BZAW 63) 1933

VORLAENDER, Hermann — Mein Gott. Die Vorstellungen vom persönlichen Gott im Alten Orient und im Alten Testament. (AOAT 23) 1975

VRIEZEN, Theodorus C. — Die Erwählung Israels nach dem Alten Testament. (AThANT 24) 1953

----- — Exodusstudien: Exodus I. VT 17, 1967, 334-353

----- — Bemerkungen zu Genesis 12:1-7. Symbola Biblicae et Mesopotamicae F. M. Th. de Liagre Böhl Dedicatae, Leiden 1973, 349-358

WAGNER, Norman E. — Pentateuchal Criticism: No Clear Future Canadian Journal of Theology, XIII, 1967, 225-232

----- — Abraham and David? The Studies on the Ancient Palestinian World, ed. J. Wever and D. Redford. Toronto 1972, 117-140

WALLIS, Gerhard — Die Tradition von den drei Ahnvätern. ZAW 81, 1969, 18-40

----- — Die Sesshaftwerdung Alt-Israels und das Gottesdienstverständnis des Jahwisten im Lichte der elohistischen Kritik. ZAW 83, 1971, 1-15

WANKE, Gunther — Die Zionstheologie der Korachiten in ihrem traditionsgeschichtlichen Zusammenhang. (BZAW 97) 1966

WATTS, J. D. W. — The Song of the Sea - Ex XV. VT 7, 1957, 371-380

WEHMEIER, Gerhard — Der Segen im Alten Testament. (Theologische Dissertation VI) Basel 1970

WEIMAR, Peter — Untersuchungen zur priesterschriftlichen Exodusgeschichte. (fzb 9) 1973

----- (- Zenger) — S. Zenger

WEINFELD, Moshe — Deuteronomy and the Deuteronomic School Oxford 1972

WEIPPERT, Manfred	Fragen des israelitischen Geschichtsbewußtseins. VT 23, 1973, 415-442
WEISER, Artur	Die Profetie des Amos. (BZAW 53) 1929
-----	Einleitung in das Alte Testament. Göttingen 5. Aufl. 1963
-----	Die Psalmen (ATD 14/15) 6. Aufl. 1963
-----	Samuel. (FRLANT 81) 1962
-----	Das Buch des Propheten Jeremia. (ATD 20/21) 6. Aufl. 1969
-----	Das Buch der Zwölf kleinen Propheten. Bd. I (ATD 24) 4. Aufl. 1963
WELCH, Adam C.	The Source of Nehemiah IX. ZAW 47, 1929, 130-137
WELLHAUSEN, Julius	Die Composition des Hexateuchs und der historischen Bücher des Alten Testaments. Berlin 4. Aufl. 1963
-----	Prolegomena zur Geschichte Israels. 6. Aufl. 1905 (=1927)
-----	Israelitische und Jüdische Geschichte. Berlin 3. Aufl. 1897
-----	Die kleinen Propheten übersetzt und erklärt. Berlin 4. Aufl. 1963
WESTERMANN, Claus	Das Loben Gottes in den Psalmen. Göttingen 3. Aufl. 1963
-----	Arten der Erzählung in der Genesis. Forschung am Alten Testament (TB 24) 1964, 9-91
-----	Das Buch Jesaja Kapitel 40-66. (ATD 19) 1966
-----	Genesis. (BK I) 1974
-----	Genesis 1-11 (Erträge der Forschung 7) 1972
-----	Genesis 12-50 (Erträge der Forschung 48) 1975
WESTPHAL, Gustav	Aaron und die Aaroniden. ZAW 26, 1906, 201-230

De WETTE, Wilhelm M. D. — Lehrbuch der historisch-kritischen Einleitung in die kanonischen und apokryphen Bücher des Alten Testaments. Berlin 5. Aufl. 1840

WHYBRAY, R. N. — The Joseph Story and Pentateuchal Criticism. VT 18, 1968, 522-528

WIJNGAARDS, J. — הוציא and העלה A Twofold Approach to the Exodus. VT 15, 1965, 91-102

WILDBERGER, Hans — Israel und sein Land. EvTh 16, 1956, 404-422

----- — Jahwes Eigentumsvolk. (AThANT 37) 1960

WINNETT, Frederick V. — Re-Examining the Foundations. JBL 84, 1965, 1-19

----- — The Arabian Genealogies in the Book of Genesis. Translating and Understanding the Old Testament. Essays in Honor of H. G. May. ed. H. T. Frank and W. L. Reed. Abingdon 1970. 171-196

WISEMAN, J. — Chronicles of Chaldaean Kings (626-556 B. C.) in the British Museum. London 1961

WOLFF, Hans Walter — Dodekapropheton 1: Hosea (BK XIV, 1) 1963

----- — Amos' geistige Heimat. (WMANT 18) 1964

----- — Das Kerygma des Jahwisten. EvTh 24, 1964, 73-98 = Ges. St. (TB 22), 1964 345-373

----- — Wegweisung. München 1965

----- — Dodekapropheton 2: Joel und Amos. (BK XIV, 2) 1969

----- — Zur Thematik der elohistischen Fragmente im Pentateuch. EvTh 29, 1969, 59-72

WOOLLEY, Leonard — Stories of the Creation and the Flood. PEQ 88, 1956, 14-21

WRIGHT, G. Ernest	God Who Acts. (SBT I, 8) London 9th ed. 1973
WUERTHWEIN, Ernst	Amos 5,21-27. ThLZ 72, 1947, 143-152
-----	Die Erzählung vom Gottesurteil auf dem Karmel. ZThK 59, 1962, 13-44
ZENGER, Erich	Die Sinaitheophanie. (fzb 3) 1971
----- (-Weimar, Peter)	Exodus. (SBS 75) 1975
ZILLESSEN, Alfred	Der alte und der neue Exodus. ARW 6, 1903, 289-304
-----	"Tritojesaja" und "Deuterojesaja". ZAW 26, 1906, 231-276
ZIMMERLI, Walther	Verheißung und Erfüllung. EvTh 12, 1952/3, 34-59
-----	Art A und B. ThW V, 658-676
-----	Ezechiel. (BK XIII) 1969
-----	Erkenntnis Gottes nach dem Buche Ezechiel. Gottes Offenbarung. Ges. Aufs. (TB 19), 1963, 41-119
-----	Grundriß der alttestamentlichen Theologie (Theol. Wissenschaft 3) 1972
ZIMMERN, Heinrich	Biblische und babylonische Urgeschichte (AO 23), 1901
ZOBEL, Hans-Jürgen	Stammesspruch und Geschichte. (BZAW 95) 1965
-----	Das Selbstverständnis Israels nach dem Alten Testament. ZAW 85, 1973, 281-294
ZUBER, Beat	Vier Studien zu den Ursprüngen Israels (Orbis Biblicus et Orientalis 9) 1976

-.-.-.-.-.-.-.-.-.-.-.-.

STELLENREGISTER (IN AUSWAHL)